中国·天津·五大道

历史文化街区保护与更新规划研究

（修订版）

WUDADAO TIANJIN CHINA

CONSERVATION AND REGENERATION OF HISTORIC AREA

主　编　朱雪梅

副主编　沈　佶　尔　惟

参编人员　江　北　马　睿　孙红雁　杨慧萌　褚　君　周方杰　王　琰　王　靖
杨　宏　陈　清　肖　卓　程宇光　冯天甲　张　伟　何　瑾　张　军

江苏凤凰科学技术出版社

序

我所在的天津市城市规划设计研究院城市设计研究所长期从事城市设计和历史保护工作。在不断的规划实践和专业成长过程中，我们逐渐摸索出一条“国际视野、地方行动”的技术道路——强调脚踏实地长期扎根天津开展规划设计实践，全方位持续深入地跟踪和研究自己所在的城市，并有选择性地参与国内其他城市的建设活动，提高对中国社会整体生存环境和发展方式的了解，同时，放眼全球，积极参与到国际性的学习、实践和交流活动之中。我们发现，每个城市不仅能够给人们提供休养生息的物质环境，同时还会展现独特的城市空间文化，它们是城市灿烂文明的精髓。因此，“重视已有的人居环境并努力促进社会和经济稳定”逐渐成为我们在专业上的行动准则。

在中国城市二十余年的快速发展过程中，我们亲眼目睹了某些城市更新项目毅然切断了与母城文化联系的纽带，大量缺乏关联、脱离人性化尺度的城市空间恣意出现；在另一些建设项目中，由于城市的文化与新项目之间有着千丝万缕的联系，规划设计师对文化传统的了解程度使得他们无法应对当前的工作，不得不进行一些即时和片段性的研究工作。坦率地说，以上两种方式都无法获得令人满意的结果。城市随时间流逝而发生的空间演变、形态表征以及它所代表的社会文化意义，从本质上反映出城市丰富的历史价值和错综复杂性，需要我们持续不断、深入耐心地研究和体会。

五大道是天津市十四个历史文化街区中规模最大、保存最完好的街区。这片当初英租界高档居住区延续了英国城镇体系的一系列做法，邻里花园、学校、公共设施、体育场地分散设置在居住街区内，可亲可触，体现了亲好邻里的设计初衷。想要继续维护这种氛围，更加深刻地理解五大道地区在过去上百年间发展出了哪些因素、格局和特点从而造就了这种生活品质是必不可少的。五大道历史上一些约定俗成的关系结构和空间特点集中反映在建筑类型、街廓肌理、街道与街巷三个方面，这也是本书能够在五大道的保护和更新工作中激发合理的设计思维、具有一定参阅价值的意义所在。当改造和重建行为发生时，此类研究尤为重要。

2010年，天津规划院邀请美国伯克利大学环境设计学院Renee Chow教授和研究生们来津参与五大道空间研究。他们选取了位于成都道北侧的五大道建设控制地带内的五个街坊进行了历时一年的创造性工作。他们认为，天津，和中国众多城市一样，正在经历着前所未有的高速发展和转变，此项工作将向大众表明，设计师们希望尝试突破20世纪末以来普遍的大尺度、高楼林立的建设行为，为当代城市的成长提供另一种可能。在与本地规划专业人员的互动中，通过观察与亲身经历，伯克利师生们逐渐理解了住宅发展的社会背景与建筑实践如何互动，他们的研究内容和思维方式也让本地设计师受益匪浅。

在此，感谢对天津市五大道历史文化街区保护工作做出贡献的单位和个人：天津市规划局早在20世纪90年代便组织编制了《五大道地区建设管理保护规划》，对五大道地区整体格局和建筑尺度的保护起到了至关重要的作用；规划局保护规划处自2009年甫一成立，便开展了大规模的历史建筑普查，组织编制了各个层次的保护规划工作，全面系统地建立了天津市保护规划的层次和体系；天津市国土资源和房屋管理局及其保护风貌建筑办公室、风貌建筑整理公司对一大批历史风貌建筑进行了抢救性的保护和修缮，长期以来收集整理了大量宝贵的历史资料；天津市城市规划设计研究院的几代规划师持续不断地参与编制和维护天津市的各类历史保护规划，他们在为城市贡献专业智慧的同时，更为事业坚守、不计得失；院主要领导不仅身体力行、亲自指导保护规划的编制工作，并且在资金和政策上给予了大力帮助和支持。感谢其他对天津市历史文化保护事业做出杰出贡献的单位和个人，正是由于大家的努力，我们城市的文化遗产才如此丰饶、富有魅力，而本书也才有了创作源泉和出版的价值。谢谢大家！

朱雪梅

本书数据指标截至2012年4月

本书内容为作者之学术研究，仅供参考

目录

引 言

城市是人类文明的产物，人们聚集在城市里是为了追求美好的生活，这是世界各地人们的普遍共识。然而，中国的城市在近三十年的时间里发生了巨大的变化，它不再是人们享受美好生活的地方，而是一个巨型财富机器高速运行的通道。时至今日，在追求财富的路上疲惫不堪的人们开始放慢脚步重新思考，这是否是我们期待已久并为之奋斗的城市？这种思考和随之而来的探索或许能够为中国城市的未来找到一条新的可持续发展的道路。

一、历史保护是一种态度

传统的城市可以孕育出新的城市，但新的城市却不一定需要彻底的创新，而是需要对传统文化和价值进行继承和发展。“历史保护是一种态度”，就是强调在城市中要优先重视建立与历史环境的关联和呼应。西方现代主义思潮泛滥时期，城市曾遭受了令人痛心的破坏，进入了最大限度地获取经济利益的循环过程。现代的很多城市为避开历史地区改造的矛盾或以历史保护为借口，过分强调在城市边缘或外围发展，强硬分解了具有空间延续性的复杂城市。而新的城市建设手段又是如此单一，形成大量重复而乏味的新兴地区。难怪不久前美国建筑和城市设计大师丹尼尔·所罗门在拜访了中国若干个城市之后，无奈而不解地问：为什么我的中国同行在不同的城市都画一样的图纸？

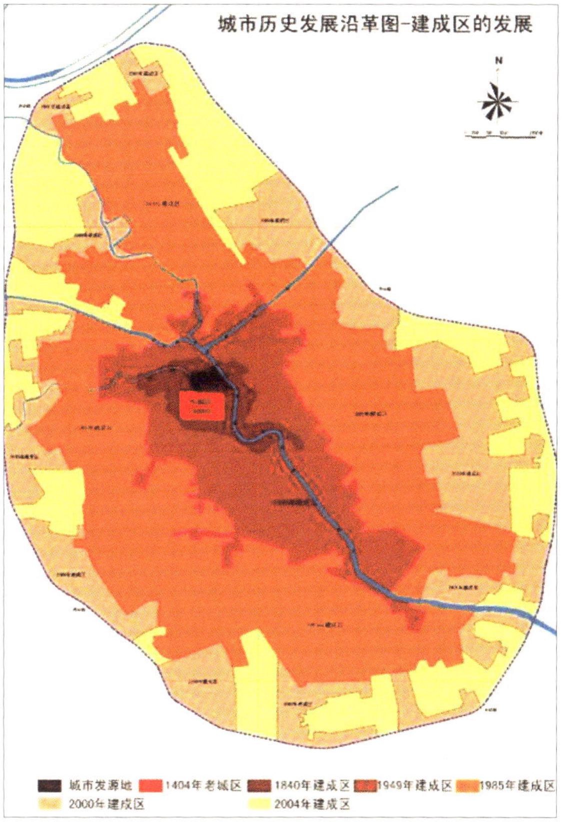

天津市中心城区建成区的历史发展沿革图，深色部分为历史城区

高度发展的消费社会中，许多城市正在丧失它的历史和地方特色，成为没有个性的城市。在城市发展压力巨大的今天，强调吸引有头脑和有资本的人士拉动经济增长的目标无可非议，但自信而聪明的城市会努力地用生活方式和文化方式去吸引他们，继而获得可持续的生活品质。面对文化趋同和传统文化日渐消失的危机，专业的规划设计师应更加重视历史遗产的保护和地域文化感的建立，强调地方文脉的设计观念，并应通过自己的专业之手将它们投射在城市空间的各个角落。

在当今的中国，历史保护的观念正在深入人心，但就具体的手段和方法而言还有很多值得探讨的空间。比如：历史街区是历史建筑集中的地区，随着城市的发展，有很多需要整治和改造的部分，这是城市新陈代谢的自然规律。但为数不少的专业人士难以把握取舍的尺度，很多人将“保护”理解为对历史建筑的“绝对保护”，或许是担心历史建筑遭到进一步破坏而无奈采取的权宜之计。但棘手的问题是，“绝对保护”并不能使历史街区和历史建筑免于衰败，其衰败的速度远远超出人们的想象。不仅历史建筑不断老化破损导致其价值迅速降低，甚至涉及居民生命财产安全及其他不可回避的社会问题。若为了防止衰败和改造失当而采取规范化的统一模式也会适得其反，导致历史特色加速消失。

由于历史街区处于特定的区域和地段，其个性会有明显的差异，通常是特殊和无规律可循的。在此情况下，我们提出“历史保护是一种态度”，目的是强调在历史街区改造更新过程中，把历史资源保护放到绝对优先的地位、保持高度尊重历史的慎重态度是十分必要的，但在具体解决问题的手法上则没有统一标准，需要缜密的分析和判断，运用深厚精细的专业技巧和灵活机智的变通能力化解矛盾。

“历史保护是一种态度”，这种态度不仅反映在历史城区中，同时也反映在中心城区和城市新区中，它是一种尊重历史的价值观，是一种优先重视生态环境和已有的人居环境并促进社会和经济稳定、可持续发展的观念，同时，也是一种面对当下、积极寻求对策的实事求是的价值观念。

二、体会历史的内涵

历史对城市的作用在于它独特的场所意义和它自身相对的稳定性。城市历史或建筑历史与语言史相似，不是后一阶段彻底否定前一阶段的过程，而是与过去遗存下来的建筑形式同时并存。这在疾速发展的中国相当重要，犹如相对稳定的语言对人类稳步发展所起的作用。

小白楼地区是天津传统的商务中心，与五大道历史街区毗邻，是历史街区与城市中心发展新旧交替、相互碰撞的地区（魏斌摄）

历史城区——城市文化的源泉

对于天津来说，历史遗产价值最集中和特色最突出的历史城区是城市的文化核心地带，它是城市不断成长的个性基因和持续发展的文化源泉。天津有中国传统特色的老城厢和古文化街，还有由于外来文化入侵而形成的九国租界，现在它们都成为以浓郁风格见长的各类历史文化街区，它们营造出的特有的场所感和认同感是构成天津城市魅力的重要部分。近几年，对城市历史文化遗产进行保护已获得社会广泛认同，即：保护大多数有价值的城市要素，新的建设要被控制在一定范围内。有价值的城市要素不单是指具有特别意义的历史建筑，还包括城市的空间肌理、社会文化，还包括新与旧的和谐。保护的目的也不仅仅是恢复和强调建筑自身和空间的美学价值，更是要使历史城区融入整个城市生活，使之继续成为有人居住、有城市活力的地方，同时还要从现存的实体样本中发现可供当今借鉴的历史参照，使得同一城市中的文化脉络得以延续和生长。

城市新区——在传承中发展

目前中国的城市新区看上去通常只有居民稀少的封闭小区、千篇一律的建筑外观、空旷的公路和加油站，容易给人陌生感、窘迫感或难以接近的感觉。如果城市新区能够合理地利用与自然更亲近的环境，从母城的文化基因中汲取营养，创造充满勃勃生机的文化和空间多样性，将各种功能紧密联系并实现彼此之间有效的互动交流，那么这样的新区不仅让人耳目一新，又会与传统的城市多了几分情感上的关联。

新区的“新”是一把双刃剑。新区建设模式中的“大规模”和“一次性”是它与传统建设方式截然不同的特点，也是导致新区建设人性化尺度丧失的重要原因。天津城市外围的新区从诞生之日起就一直在不断地演变，向着更加复杂、完善的方向变化。它越是接近布局紧凑、设施丰富、充满多样性的、具有包容和综合品质的中心城区，居民的入住率就越高，发展得就越发成熟。在一个历史村落的基础上推陈出新的新区远比在一片空白区建造一个全新的新区有趣丰富得多，那里面会出现让市民倍感亲切的公共中心和市民乐于聚会的场所，易于建立文化上的联想和共鸣。这是历史的价值，也是城市生长发展的根基，更是人们心灵深处难以言说的生动记忆。

梅江南地区临近天津外环线，是于20世纪90年代末统一规划的城市新区，大约花费十余年时间建设完成

中心城区——真实生活的写照

看似普通的中心城区的一般地区，在基础设施建设、用地指标以及投资力度等方面均不如城市新区，在建筑和空间特征的代表性方面又明显弱于历史城区。中心城区在空间特征上呈现出多样性和复杂性，这些空间所谓的“特色”是城市生活的真实写照。城市新区和历史城区之间若没有中心城区的传承和维系，城市肌理和社会结构就会发生明显的断裂，新旧两

中心城区是新老城市联系的纽带，也是城市居民日常生活的真实写照

个地区在尺度和密度等空间特征上的差异会越来越大。中心城区在提升城市的协调性和整体感两方面所起的作用是至关重要的，它也是反映城市整体环境品质和生活质量最重要的地区。城市的变化和适应性是中心城区最为实质、明确和有形的表征，它创造出建造、生长、发展各阶段之间的相互协调和平衡。这不仅反映在建筑之间的平衡上，还反映在建筑之间的空间如何响应这种平衡，以创造出有机、协调、连续的城市地区。

三、传统之外的价值

准备接受挑战

今天，当我们要在城市的历史文化街区进行任何不同于以往的改变时，除了需要注意传统文物保护相关的事项之外还面临更加复杂的挑战，那就是如何应对城市发展新的需求，并且增强这座城市最核心的、区别于其他城市的价值感与可识别性。有趣的是，历史文化街区实际所能感觉的生动意象，与某些抽象的、普遍缺乏内容的所谓现代都市追求的意象之间，虽有一些差别，却并不全然对立。这主要的缘由是：人们认同一个地区并在脑海中印刻出它的全貌，几乎都是通过地面上的日常活动得到的——衣着光鲜的精英集聚的摩天大楼脚下令人着迷的餐饮店、书报亭、精心照料的花木、有阴凉的露天座位，这些司空见惯的场景下发生的活动不正是我们久违了的生活画面？一个历史街区有利于延续地面公共活动，并因此而被激活，体现出该街区综合的环境品质和它表象传达的代表这里独特风尚的文化精神与生活方式。

和普遍性的大规模的城市开发设计案相比，在一个成熟的、富于历史资源的城市中心地带做城市设计或建筑设计，遇到难以调和的争议也在情理之中。但大多数时候，规划主管部门与设计师本人受到的各种批评和抵制，是在他们自己尚未准备充分却不得不仓促上阵的情况下发生的。设计师容易缩手缩脚，不知如何下手，而且弄不好就被拉入中西风格的口水战中。这种态度既源于我们对历史的谨慎，也源于我们对城市更新认识的局限。

历史街区的保护需要有正确的观念，否则就会把历史街区的改造当作一般性的旧城改造，或是将地区推倒重建，把历史街区变成仿古一条街，或是把居民短时间内全部赶出去，任意改变原来的功能，使生活气息浓郁的历史街区变成布景式的旅游景区。这些做法都违背了历史街区保护的基本原则。历史街区禁不起标准化的街道整治——按照统一的标牌、铺地和绿化小景重新给一条街贴上标牌，这种强制性运动对脆弱的民生自发形成的历史街区的破坏是很难恢复的，任何一种为了单一需求而做出统一步调的改变都必须三思而行。

感受人的尺度

城市设计以人的活动和感受为出发点，这是因为它才是所有公共活动、交往和行为的基础。新世纪的大都市，最时尚的选择是用从人的视角出发的街道、社区、公共建筑的图片作为噱头宣传自己的城市，而城市竞争的重要标准是看慢行交通是否舒适宜人、有足够的吸引力。人的感受本身已经成为一项重要的考量项，有人停留的地方更容易成为有故事发生和值得纪念的场所，小到街角邻居们见面互相问候的小花园，大到一场季节性演出或节庆活动。人们待在这里，很多年以后会回忆：这里曾经是年幼时与小伙伴约定捉迷藏的巷子，路口拐弯便是那年花车上跑下来演员的地方，这里是每天送奶工停靠自行车的小树，它已经长大足够遮蔽烈日。从这里我们联想到，怎样才能从规划师多年来惯用的工作尺度过渡到人的景观尺度呢？

1. 规划师惯用的工作尺度不一定能够保证都市环境的生活品质

规划常常着眼于低空鸟瞰的尺度上发生什么或者应该怎样运作，而只有很少的城市设计项目涉及人眼在地面上看到的尺度。五大道地区对城市的重要价值之一在于它的街区、建筑和环境鲜明的人性化尺度，和目前普遍性的城市大规模开发相比，这片曾经的英国租界高档居住区延续了英国城镇体系的一系列做法，邻里花园、学校、公共设施、体育场地分散设置在居住街区，可亲可触，体现了亲好邻里的初衷。想要继续维护这种氛围，更加深刻地理解五大道地区在过去上百年间发展出的哪些因素、格局和特点造就了这种生活品质是必不可少的。

首先确定的一点是，这种品质并不是单凭规划的大手笔生成的。每家每户的兴趣投资和设计师的聪明才智相互碰撞，又依循一定的规则建造，才产生了变化无穷又和谐相处的街区面貌。而现今的规划师其实很少理会地面上发生什么，运作得怎么样。我们常常把工作对象看作是一个悬在空中横剖过去的截面，以大块组合每一个区域功能来满足这些功能之间协作的需要，回避了追问我们布置的这些功能是否真的发挥了设想的功能效果，更很少能延伸地想象到它们未来会怎样。因此，城市建设者们需要一套富有远见的规划原则来唤醒我们更深刻的思想，以保证和提升都市生活的品质。

在城市建成区的插建在发达国家的主流城市已经形成一种常态的项目类型，有一大批当地的建筑师、城市设计师擅长这种像牙医一样为街区肌理“补缺”的小手术。我们的城市其实很快也会迎来这一时期，尽管规模上不足以与普遍性的开发项目比肩，但是它所引起的社会关注——无论是文物保护专家、当地政府还是民间力量——都不容小觑。由于项目本身的复杂性和挑战，只有双手最灵巧的高明医师才有能力担当城市中难度系数最高的精巧手术。

2. 在人的景观尺度上工作能创造富有活力、安全、可持续发展的健康的城市

规划师习惯的工作单位是“平方千米”，在平方千米的尺度上考虑到人的体验和感受得需要多少经验和想象力！比如：超级乐高玩家西恩·肯尼用了1.5万个乐高积木构件建构了一个复杂又精巧的大型棒球场，这除了宏大的创意构思、把握正确的尺寸和细节，还需要寻找合适的积木构件以及足够的耐心。进行大尺度规划的难度较之大型乐高模型有过之而无不及。乐高模型不过是小团体或个人作品，走样了顶多是贻笑大方，但城市规划的败笔却可能影响无数人的生活。城市的生长和运作神奇而复杂，有时像一道完全不知道结果的数学题，唯有

超级乐高玩家西恩·肯尼用了1.5万个乐高积木构件建构了一个复杂又精巧的大型棒球场，这除了宏大的创意构思、把握正确的尺寸和细节，还需要寻找合适的积木构件以及巨大的耐心

通过创新思维和经验累积才能破解，而驾驭平方千米以上的规划也并非仅凭一朝一夕的幼稚技巧能够胜任。站在人性化尺度上理解城市布局对规划人员来讲是一项最基本的技能，也是艰难的挑战。

五大道历史街区中的人性化尺度为我们分析城市的意义提供了活的标本。建筑类型的交错是五大道与其他城市地区相比展现出的特别之处。虽然整个街区的氛围安详宁静，但小巧的建筑尺度总是能够使人不断发现新的空间和景致。你感受到的安全和活力特性在不知不觉中一点一点地释放出来。因此，人的尺度反映在建筑和街道上便是一个“小”字——小巧、细腻。

环境塑造人，人也会影响环境或者说某种气氛。在人的尺度上判断一个地区是否受欢迎，除了视觉以外，其他的感知方式也应该被考虑进去：我们能嗅到远处花园里的芬芳或者街道另一边转角的食物的香气，我们通过皮肤感知温度的变化，一些重要的信息还包括来自街面标牌、文字和声音等媒介与人交流产生的作用。

关于五大道研究的详细内容将在后续部分深入介绍，这里强调的是，以虔诚的态度对待历史，它丰富的空间景致、细腻的人性化尺度、悠缓的生活节奏……值得我们细细品味，同时对照当下，找回疾速发展过程中不慎丢失的宝贵传统，是一项必要而迫切的工作。现代生活渗透城市空间的每一个角落，而历史和文化的痕迹也无处不在。古往今来，城市虽然发生了翻天覆地的变化，但我们对美好生活的追求一如往昔。

五大道历史街区的规模之大、完整性之好为国内大城市所罕见。从小白楼的高层办公楼凭窗俯瞰雪后初晴的五大道，静谧祥和。画面中弯曲的道路为马场道（何方、何易摄）

工商学院
HAUTES ETUDES INDUSTRIELLES ET COMMERCIALES

1. 工商学院主楼

原天津工商学院主楼，现为天津外国语大学图书馆与电教中心大楼。始建于 1925 年。由法商永和营造公司设计。为三层混合结构，带半地下室，总建筑面积 4917 平方米，层高：首层 5 米，二、三层均为 4.7 米。中间大屋顶标高 27 米。

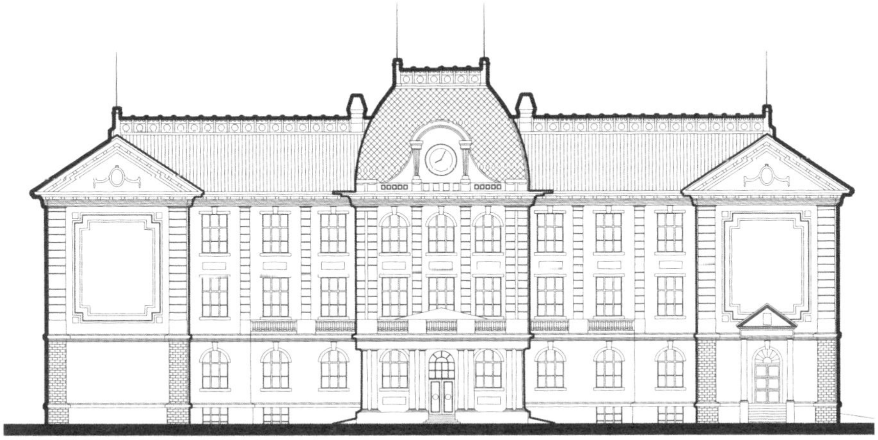

立面图

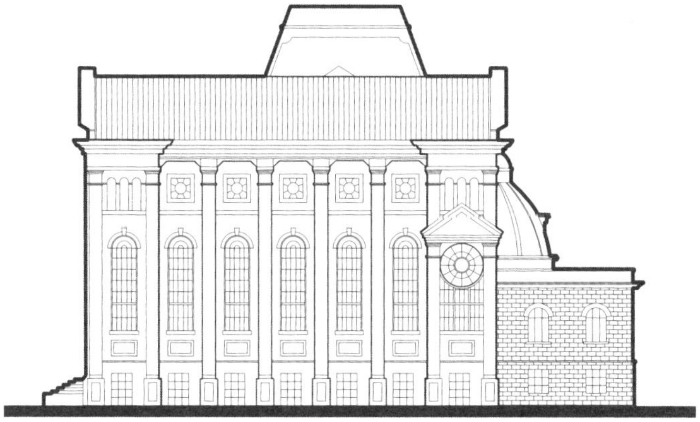

侧立面

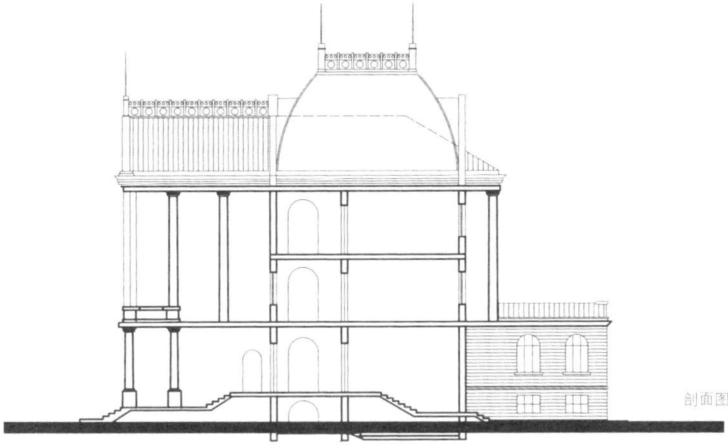

剖面图

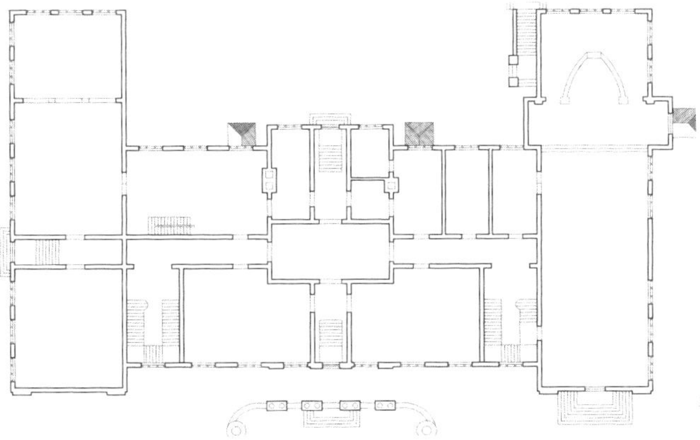

平面图

大楼的正立面，采用了中心对称的构图形式，中轴线突出。半地下室和首层墙面按基座处理，做成大块蘑菇石墙面。二、三层采用带砌筑花式的红机砖清水墙，四周以横向凹槽分格的混水壁柱和砖砌壁柱控制整个外檐墙面。正面中间部分，利用二层平面往里缩退的空间，组成凸字形大平台。平台的外边缘是预制钢筋混凝土瓶式透空栏杆。门厅平台的下面是四组塔斯干双柱组成的门廊。首层采用弧券窗，二、三层为矩形窗，主门厅之上的外檐也采用弧券窗。正面东、西两翼的山墙，则完全采用了带砌筑花式的实墙，表现出精细的砖工。屋顶的组成较为复杂。东、西两翼主要为双坡顶，山墙顶部饰以山花，两翼南端首层采用了平台屋顶，以便同前面凸字形大平台相呼应。屋顶的中心部位高而突出，采用法国曼塞尔式屋顶，覆以鱼鳞式瓦片。屋顶顶部为长条形平顶，四周设钢筋混凝土圆孔花式栏杆。屋顶内设有水箱间。屋顶的前后各设大圆钟一座，并分别采用巴洛克式的券罩和断山花加以防护和突出。室内装修实用而讲究。门厅、大厅、内廊均采用彩色马赛克美术图案地面，拱券形门洞。教室、办公室为人字地板。钢筋混凝土楼梯的踏步带铁护角，黑漆方铁花饰透空栏杆木扶手。二、三层，除东翼大教室的地面为松木人字地板外，其余房间及内廊，均为混凝土轧花预制块铺砌的地面。大厅及楼梯间过厅为四开或两开落地式木门，镶有轧花玻璃带圆弧形上亮子。

于正中、背面和东面另设有门厅。半地下室设实习工厂、储藏间、锅炉房等。一至三层，主要是教室、各课室及办公室。西翼是教堂，并设有单独入口，将教堂组织在教学楼内的做法比较少见。大楼内廊两端设有双跑楼梯，直通顶层。顶层内廊的尽端，设铁质螺旋式小楼梯，可通屋顶。

2. 工商学院宿舍楼

原天津工商学院宿舍楼，现为天津外国语大学留学生宿舍。位于河西区马场道的南侧、工商学院群体建筑的西南。建于 1924 年前后。由法商永和营造公司设计、承建。为二层砖木结构，多坡鱼鳞瓦顶。总建筑面积 1052 平方米。

建筑平面呈"门"形。共有 30 个自然间。居室沿楼道布置，两端设双跑式木楼梯。另有厕所、浴室、洗衣间等。此外，每层还设三间附属房间为集体活动之用。主入口门厅，采用圆柱承托大筒券的形式，有精美的线脚花饰。建筑立面对称、均衡。正面两端，突出部分为二层四坡鱼鳞瓦顶，又延伸出一单层四坡顶开间作为辅助性入口，形成高低错落、主次分明的形体。屋顶中间部位的两个铁塔风标，是法式传统建筑中经常出现的细节。立面为大面积红机砖清水墙，凹凸多变，比例协调。立面主从部位的做法不一，体现了内部使用功能与外部立面造型的呼应。

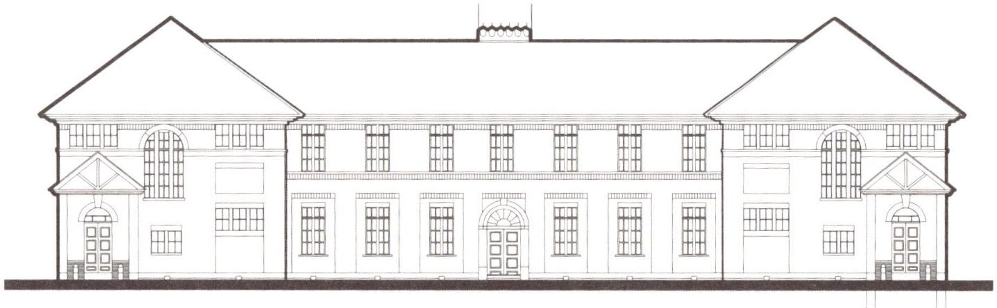

立面图

3. 工商学院办公楼

原天津工商学院办公楼，建于1923年，由法商永和营造公司设计。为二层砖木结构，建筑面积1710平方米。外檐清水墙面，砖砌倚柱屋顶重檐型挑檐及老虎窗等，严谨的对称手法突出入口的中心轴线。大厅的东、西两侧为校长室和会议室，再往后分别为楼梯间、会议室、休息室，封闭式外廊通往各办公室及楼的南端。二楼为教师办公室及化学实验室。室内装饰一般。平面呈"门"字形，主要出入口及正立面临马场道，入口处高台阶八字坡道，由条石砌筑，有塔斯干柱式门廊，列柱支撑着檐头，大筒瓦多坡屋顶，屋脊设置由金属花饰连接的四个顶针，丰富外轮廓的装饰效果。

立面图

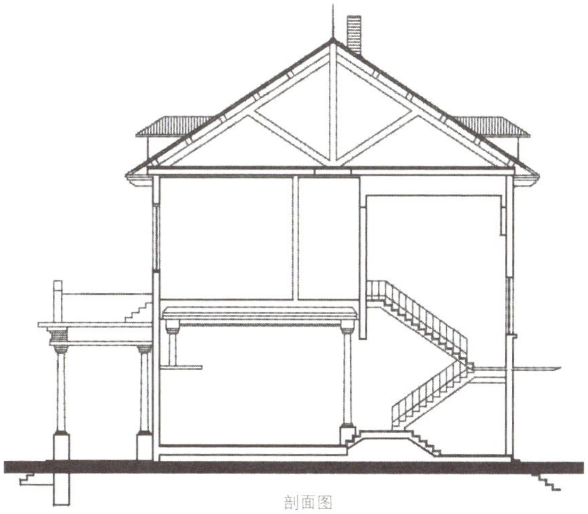

剖面图

上篇

追溯历史

第 1 章 天津的历史城区及其生活品质

天津作为港口城市而兴。江海通津的优越地位，使天津能够发挥河、海双重港口的功能，促进地区间贸易蓬勃发展并形成市集。开埠前天津的城市建设集中在三岔河口及老城厢地区，开埠后各国租界以老城厢为起点，沿海河向东南方向依次排列分布，北洋政府时期又在河北地区沿新开河建设了城市新区。城市的不同地区沿着海河以各异的风格进行建设，从而形成今天天津多元特色街区并存的独特格局。1949 年新中国成立时的建成范围在今天被划定为天津历史城区，约 53 平方千米，其城市形态的形成大致分为 4 个阶段：

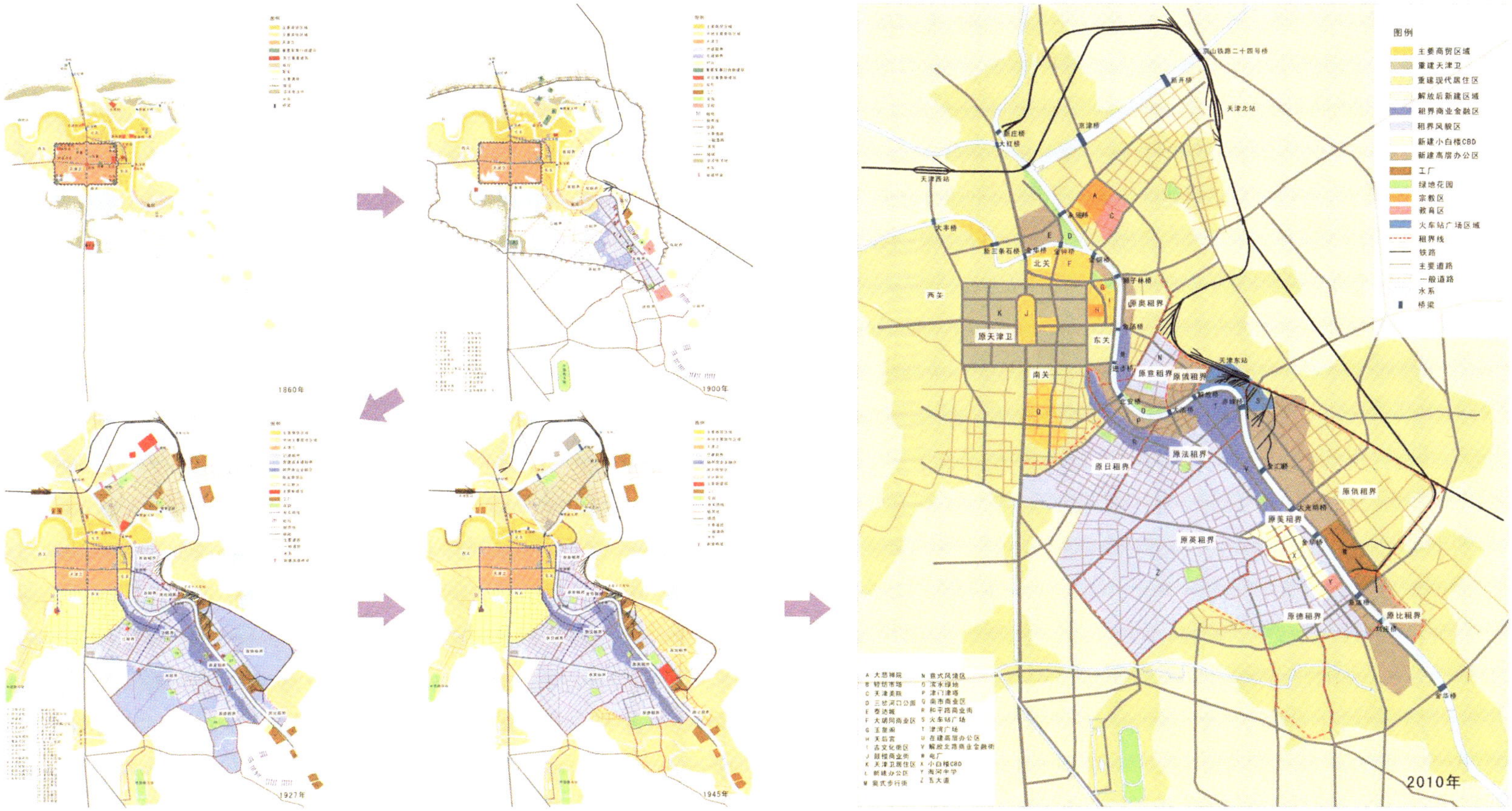

天津市历史城区发展演变图（选自《海河历史文化街区保护规划》）

1.1 传统天津的“一城”“一市”，城里城外的市井生活

从明永乐二年（1404 年）明成祖在三岔河口西南处设卫筑城，天津城揭开了历史的篇章。卫城整体布局符合传统的河港城市形态，可概括为“一城”“一市”：“一城”是指老城厢，城垣呈 1.5 千米 × 1.0 千米的矩形，布局为“方城十字街”形式，中建鼓楼，高三层，四面穿心，通四大街。城里建有镇、道、府、县等衙署，还有文庙、城隍庙等公共建筑，集中布置

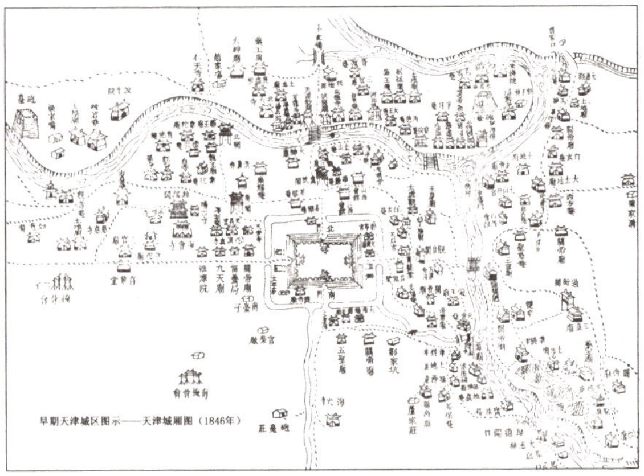

清道光二十六年(1846)天津城厢图

寺庙众多、文化繁荣的天津城厢图（1846年）

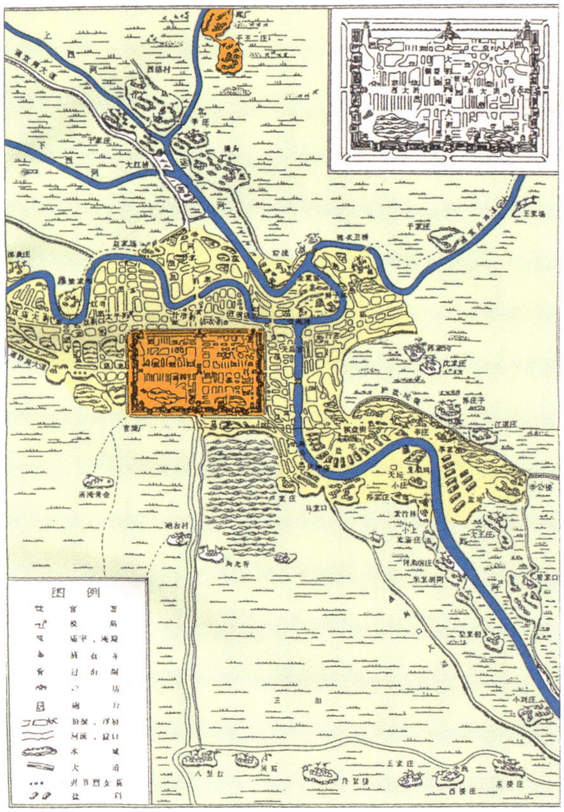

1846年的天津城乡图所反映的"官府衙署、卫戍机构在城内，商贸活动在城外"的局部封闭、总体开敞的空间格局，是历史上天津独具特色的地方

在东西中轴线以北，以南主要是民居建筑。"一市"在城外的发展明显快于城内，紧靠南运河和海河的城北、城东地区是商业区，商业区沿东西向发展。这种"官府衙署、卫戍机构在城内，商贸活动在城外"的局部封闭、总体开敞的空间格局，是历史上天津独具特色的地方。

由于地处北方水陆要冲和漕运咽喉，明代漕运得到了更大的发展，促进了造船业、河海运输业的崛起，而交通业的发展又促使盐业、商贸、手工业等迅速发展，经济开始急剧繁荣，到明代中后期，天津已经初步发展成为北方商品的集散地、重要的工商业大商埠。

公元 1644 年清兵入关，中国封建社会发生了变化，商业经济和资本主义开始缓慢发展。在这种历史背景下，作为河口都市的天津也随之发生显著变化。这期间的短短七年里，天津从"天津卫"升格至"天津州"再升格为"天津府"，下辖六县一州，政治建制的一升再升，表明了天津政治、经济地位日趋提高。

清朝初年的天津，河、海、陆交通运输业高度发达，成为规模巨大的河漕和盐业的储运枢纽，商业和金融业快速发展，同全国甚至海外的经济联系空前密切，洋行、钱铺等国内汇兑业首先在天津出现。而各地商旅纷纷放舟北洋，对天津城市发展起了重要的催化作用。船户、盐商、铺户、鱼贩等主要集中在东门外、北门外、东北角、西北角，城内主要是衙署和居民，这反映出天津的发展和水路交通的关系。由于城北毗邻南运河，城东紧靠海河，东北城角是南北运河汇流入海河的三岔河口，因此，城北的针市街、估衣街等，以及城东的宫南、宫北大街等都成为繁华的市井。同时城外居住区也迅速扩大，以三岔河口为基点沿海河发展，与城内连成一片，初步形成月牙形的带状城市布局。

在这个时期天津文化繁荣，集中表现为寺庙众多，为全国罕见，其中以城东南最为密集，城市空间呈现出沿海河两岸向入海口方向发展的趋势。建筑以明清建筑形制为主，其中民居多采用北方四合院形式。建筑色彩以青砖灰瓦为主，辅以天后宫、鼓楼等宗教礼制的砖红色建筑。

从城市布局形态方面来看，天津从最早的原始聚落开始到能够筑城设卫，其职能之所以能够不断升级，除了其作为首都门户这一特殊地位外，九河下梢的自然地理特征是同等重要的原因，而且在其后相当长的一段时间内，这一自然地理特征成为支撑天津城市发展的主要动因。虽然在以后海运逐渐兴起并在南北物资交流中起着重要作用，但其对城市发展、对城市布局形态的变化并没有起到特别重要的作用，城市一直以老城为依托、以三岔口为支点沿海河特别是沿南运河向海河上游方向发展，这不但与一般平原城市用地以老城为中心扩张的规律不同，而且也与开埠以后城市用地的发展方向有着明显的区别。

到开埠前，天津的社会性质仍然是封建社会，作为一个局部封闭、总体开敞的封建贸易城市和华北的经济中心，人口已达 30 万，建成区面积达 4.5 平方千米，是京畿第一大城市。

1.2 沿河发展的九国租界，耻辱的开放改变了城市

1860 年至 1900 年间，天津出现了英、美、法、德、日、俄、意、比、奥九国租界。第二次鸦片战争迫使清政府签订了中英、中法《北京条约》，天津开埠成为通商口岸。英国最早

划海河西岸紫竹林、下园一带为英租界；次年，法、美两国在英租界南北分别设立租界；30年后，邻美租界开辟了德国租界；随后的两年，日本在法租界以西开辟了租界，英国也强行将其原租界扩张到南京路北侧；1900年八国联军入侵，俄国在海河东岸大幅圈地划作租界；比利时随后划定租界；同年在俄租界以北开辟了意大利租界；奥匈帝国在意租界以北划定租界，与此同时，英、法、日、德四国又趁机扩大其租界地；美国将其在天津的租界并入英租界；至此形成了九国租界聚集海河两岸拼贴并置的总体格局。

到20世纪30年代，九国租界占地达到15.57平方千米，相当于1840年天津建成区的3.17倍，城厢区的9.98倍，城市以海河为轴线向东南拉长了近5千米。随着西方的科学、技术和物质文明的传入，天津很快成为华北对外贸易中心。租界成为了“国中之国”，各个租界区路网皆因河就势，与海河呈垂直或平行关系，各自进行功能布局安排，割据现象十分严重；另外，各国在租界内按照自己的审美标准和使用需求进行建筑活动，从而使各种风格、各种流派的建筑纷纷涌现，逐渐西化的城市风貌弱化了原来的北方传统特色。

原法租界区位于锦州道至营口道一带，街区规划采用欧洲传统古典主义规划手法。在空间格局上，以轴线和中心花园来控制整个区域，笔直的街道尽端多以高大的建筑做底景，如西开教堂就是滨江道轴线的底景，具有很强的辨识度。至20世纪三四十年代，劝业场一带进入极盛时期，街区气氛豪华、恢宏，除商场外，仅影剧院、饭馆、舞厅等就有60家，高楼大厦鳞次栉比，著名的建筑有浙江兴业银行、惠中饭店、交通旅馆、国民饭店、中国大戏院、渤海大楼等，被誉为“东方的小巴黎”。

原英租界区，大体分为解放路银行街、小白楼商业区、五大道住宅区三部分。今解放路（包括英、法、德租界）是租界内较早形成的一条街，既是三国领事馆、俱乐部所在，又是银行业集中的地方，因此在建筑外观上保存了很多西洋古典主义手法，形制完美；小白楼商业区出现在劝业场商业区之前，是由租界里的洋人店铺慢慢聚集而成的，名声最大的起士林西餐厅至今仍是天津人吃西餐的首选之地，还有音乐厅这类高雅休闲场所；五大道在当时的高级住宅区中规模最大、社会名流最多，其建设受当时花园城市思潮影响，街道略带弯曲，建筑置于绿化之中，神秘而幽静，备受人们向往。

原日租界区位于老城厢以南的南市到鞍山道一带，沿袭日本井字街区布局，方格形街坊，形制规整，街坊尺度较小，建筑多为2～3层，建筑为“和风”与“洋风”的混合体，一般室内是“和风”式，室外是“洋风”式。旭街（今和平路）包括了诸多近现代商业娱乐建筑，是中国最早的近现代商业街之一，今日仍然是城市最有活力的商业街。日租界内后又修建了大和公园（今八一礼堂等）和一些高级豪华住宅。

原意租界区，位于河北区第一工人文化宫一带，顺应地形，采用近似方格路网，马可波罗广场和附近的回力球场、小花园是该区的中心，当时是高级豪华的住宅区，街区建筑多为2～3层。意工部局对建筑要求严格，临街建筑形式不许雷同，加之意大利建筑师普遍艺术造诣深厚，所以意租界内建筑造型优美、风格多样。

奥租界与老城厢仅隔一河，在开辟租界前已形成居民区，在租界划定后，东浮桥大马路（今

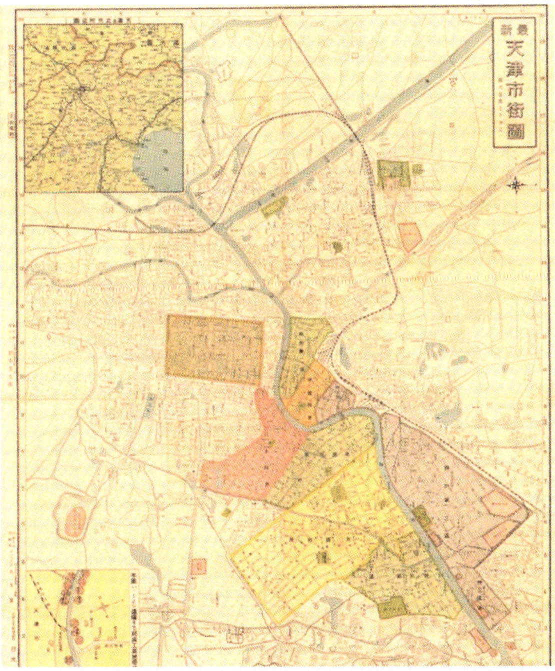

1918年天津市街图，九国租界沿海河两岸瓜分领土

意租界的马可波罗广场

日租界的旭街

建国道）两旁商店、戏院、茶园、饭馆等相继建设起来，形成繁华市景。俄租界面积广阔，紧临车站，有较长的岸线，控制了天津水陆交通，成为棉花、粮食、木材、皮货、煤炭等大宗货物的集散地。比租界由于位置比较偏僻，始终未进行成规模的建设，只有英商和记洋行在 1922 年建和记蛋厂（今食品一厂前身）。

解放桥

这个时期，在租界以外也发生了很大变化。八国联军入侵之后，1901 年老城墙被拆除，改建为环城马路。袁世凯任直隶总督后，开辟了北站和一条自大胡同北端渡河直通北站的大经路（今中山路），又辟与大经路直交的纬路，并在这一带建直隶工艺总局、北洋铁工厂、教育品制造所和实习工厂、北洋法政学堂、北洋高等女学堂、直隶高等工业学堂。辛亥革命以后，在大经路两侧以及大胡同又出现了许多新建筑，形成繁华街道。南市一带在八国联军入侵之后逐渐建设起来，成为歌楼、酒肆集中的地方。

金钢桥

随着天津城市建设的发展，城市的现代化基础设施也开始发展。1902 年建设西站，以后随着津浦铁路全线通车，西站一带也渐渐发展起来。1884 年仿西式创建铁桥——金华桥，1906 年先后又修建了老龙头铁桥、金钢桥、金汤桥，这就是天津桥梁史上著名的海河上三大桥。

这一时期的城市布局形态虽然也表现为滨河带状特征，但就其内容来看，已经与开埠以前有着深刻的变化和明显的区别。这主要可以归结为开埠以前“滨河”这一特征的内容除了具有依托老城的特点外，向内陆方向即向海河上游方向发展是其主要趋向，而开埠以后，用地向下游方向拓展是城市布局形态变化最明确的指向。

开埠前的天津，多是传统的中国殿宇建筑和明清时期的城市民居；开埠后，租界的设立、拥有特权的各国在租界大兴土木，促进天津城市近代建筑有较快的发展。这类建筑功能完备，设计和施工广泛使用新技术和材料。建筑师多以西方建筑理论为基础，在西方不同设计风格的影响下，设计建造出的作品风格各异、形式多姿多彩，成为天津近代建筑的主流。

法租界的柏油马路和银行建筑

就住宅建筑而言，九国租界时期天津老城厢及郊区主要受传统北方四合院建筑的影响，其格局还保持着传统四合院的形式，但某些局部或细部受到租界西洋建筑风格的影响；而租界内住宅建筑大都具有欧洲各国当时流行的风格，加上有些部分受中国传统建筑的影响，形成中西合璧的折中主义建筑风格。从类型而言，租界内的住宅建筑分为别墅式的独院住宅、里弄式的联排住宅和少量多层公寓住宅，适合不同收入阶层的居民使用。

在复杂多变的历史发展时期，公共建筑的使用功能也非常多样，既包括寺庙、教堂等多种宗教性建筑，银行、洋行、商铺等商业金融建筑，也有工部局、领事馆等办公性建筑，还有俱乐部、饭店等娱乐性建筑，学校、学堂等教育建筑，以及一些其他公共设施建筑等。在 20 世纪二三十年代工业大发展的时期，还留下许多特征鲜明的厂房建筑。另外由于其特殊的军事地位，保留有军营等在其他城市十分鲜见的建筑类型。

柏油马路、高楼大厦、新式桥梁、电灯、火车……已随处可见。当时的租界地成为有钱人的乐园和时尚的天堂，沐浴着近代文明的曙光。

1.3 洋为中用的河北新区，租界之外的城市建设

1901 年，袁世凯接替李鸿章担任直隶总督兼北洋大臣，后接管天津督统衙门，实行新政。当时，老城厢一带已没有发展空间，而海河沿岸已被各国瓜分辟为租界，袁世凯决定开发海河上游以北的河北新区，形成与租界区相抗衡的格局。从兴建铁路北站到架设道路桥梁，河北新区大力推进城市建设。与此同时，还修筑了从新车站到总督衙门的大经路，并以大经路作为新区的轴线，规划建设了与大经路平行或垂直的马路，平行者为经路，垂直者为纬路，形成方格网状的路网格局。

经过袁世凯及其后历届政府的苦心经营，河北新区有了很大的改观，包括政府机构、学校、工厂、园林等在内的城市建设各个方面都有巨大的发展。原来的泥坑洼地变成了颇具规模的城区，地价也随之大涨。河北新区的规划建设虽然有着特定的历史背景，但在一个世纪以前，能够自觉地在城市建设中采用西方的现代城市规划理念并很好地实施，是一个非常具有前瞻性的决定，在中国堪称第一，可以说河北新区是中国第一个体现现代城市规划思想的城区。

河北新区的整体规划中，充分体现了现代城市规划中以交通枢纽带动城市建设这一基本的思路。整个河北新区的规划以大经路为主干线，贯穿南北，北部修建火车站天津总站连通京师外省，形成便利的对外交通；南部修建金钢桥，与天津城区内部其他各区相通。同时，在大经路沿线设立重要的行政署衙和公建设施，使河北新区成为一个既交通便利又功能完整齐全的城中城。

作为主干道，大经路宽 24 米，其设计宽度标准要超过当时租界最宽的马路。城市主干道宽阔通畅方便，这一点融合了当时西方道路的修建理念。同时，也足以证明当时中国虽遭庚子之祸，而民族未失去自信。这样的建设理念在德国柏林、英国伦敦都可以找到相同的范本，足见当时河北新区的建设已经与世界接轨。

现代城市规划中反复强调的“宜居”原则，在河北新区的规划中有着很好的体现。与大经路向北并行的道路是四条经路，与这四条经路相切，东西向从南至北依次是从《千字文》中取字，以天、地、元、黄、宇、宙、日、月、辰、宿、律、吕、调、昆等命名的 14 条纬路。这样一来就形成了以主干经路为主，周边配合以高密度辅路的方格网状道路。不仅如此，由于当时河北新区内，无论是沿街所建的商铺、政府行政机关，还是民宿设施，大部分都为结构相对统一的平房建筑，这一设计不但大大促进了城区内建设形制的规范与统一，也使得新区内地块分明，道路与街区沿线建筑相互融合，在方便出行的同时，也促进了区域内居民的沟通与交流。

而这种以密集道路连接城区的建设理念，在当时的天津五大道租界区的建设中也十分明显。在当时的西方建设者眼中，这样的设计有助于增加区域内的亲切感。可见由中国人建造的河北新区与依据西方理念建设而成的五大道租界区有着异曲同工的效果，也凸显了当时河北新区与国际接轨的特色。河北新区建成后，当时开发范围大致为东起铁路、西抵北运河、南临金钟河、北至新开河，占地约 4 平方千米。新城作为清朝政府推行新政的重要地段，也承载着当时天津的政治、经济、文化、教育的多功能分区的作用。河北新区的最初规划和后

河北新区的道路呈方格网状布局

河北新区西化的建筑

续建设无疑充分考虑到该城区的这一功能。

总体来说，由于租界的开辟和袁世凯对河北新区的开发，天津城市面貌发生了很大的变化，城区面积有了较大的扩展，这些各具特色的城市空间区块由海河与老城厢东马路、和平路、建设路、建国道、解放路等连接，共同形成历史城区的基本格局。传统历史地区、九国租界区和河北新区三大块连成一片，市区面积达 16.5 平方千米。

1930年的天津地图，反映出传统历史地区、九国租界区和河北新区三大块已连成一片

1.4 环形扩展与海河复兴，对生活品质的更高追求

1949 年新中国的成立标志着城市建设进入了一个崭新的历史时期，天津虽经历了“大跃进”、“文化大革命”和唐山大地震等波折，但总的趋势是城市空间在逐步扩展，由单一城市模式向组合型城市模式转变。改革开放前，城市的发展速度缓慢，虽然外围新增了很多工

业仓储用地，但城市发展重心始终集中在历史城区及周边。虽然老城厢和八国租界拼贴并置的空间格局业已形成，但在此基础上扩展的城市路网系统的连通性明显不足且方向不明。

改革开放之后，由于海河航运功能的逐渐丧失，城市布局的滨河带状特征逐渐被环形放射的城市结构所取代，80 年代建设的“三环十四射”主干道系统加强了城市主要地区的连通性，而 90 年代以后建设的“两环十四射”快速路系统又大大提高了天津的对外出行速度，同时也将城市用地进行了新的分割。可以看出，一个时期的主流交通方式可以主导城市的空间发展方式。这个时期的天津渐渐进入了快速发展的阶段，规划上采取了“振兴老城，保护和发展并举”的策略。中心城区以海河为轴线，加快了老市区的改造，像中山门地区、谦德庄地区、南市地区、老城厢地区等的危陋平房都进行了大规模拆迁改造，这些地区之前的落后面貌得以改观；与此同时，市容环境综合整治和新居住区的规划建设同步推进，像体院北居住区、华苑居住区、丽苑居住区、梅江居住区等都是在建成区外围新建的大型居住区，环境清新、配套设施比较完善，承接了大量从老市区迁出的人口；另外大型公共设施的建设对提升城市整体环境品质和对外吸引力也起到了积极的作用，像南市食品街与和平路商业街的改造、自然历史博物馆、天津电视塔、体育中心等重要公共设施的建设，既促进了历史城区的改造更新和活力营造，又带动了外围新区的建设发展，对天津的生活品质提升起到了积极作用。

在这个时期，历史城区的老城厢和三岔河口一带北方传统地区的历史环境受到了一定冲击，像南市、老城厢、三条石等地区，除个别文物建筑之外，基本被整体拆除重建了；而作为中国洋务运动时期最具有代表性的历史地段——河北新区，一直未被划定在历史文化保护区内，保存下来的历史建筑较少；相对而言，租界区的历史建筑绝大部分保留了下来，尤其突出的是五大道地区，无论外界环境如何变化，它始终作为高尚生活之地令人向往。有些专家把这种现象批判为“重西洋轻传统”，然而客观地讲，主要原因在于传统地区的生活条件普遍较差而租界区的建筑和环境品质较高。

天津市中心城区在漫长的历史演变过程中，渐渐形成了一种类似“马太效应”的现象——以贯穿东南和西北方向的海河和北运河为界，西南区域拥有各具特色的历史文化街区、高品质的大学、良好的文化体育设施、广阔的水面和绿地，以及高尚居住区；而西北区域的生活环境明显拥挤，缺乏公共绿地和公共设施，仓储和工业景观落寞凄凉、了无生气。改革开放后的二十多年，海河两岸生活品质的差距不但没有缩小反而有加大的趋势。

2002 年之后，海河综合开发改造成为天津自改革开放以来第一次大规模引进国际一流规划设计团队参与的巨大工程，城市建设水平由此达到了一个新的高度，海河上游段（贯穿历史城区、长约 7 千米）经过近十年的建设显露成效。此项工程，以海河为重心和纽带，通过营造积极的滨水空间重新组织城市生活，增加一系列桥梁贯通两岸，面向海河建设富有特色的高品质公共建筑，不仅改善了两岸的形象，更是通过向纵深的辐射带动作用，缩短了两岸生活品质的差距，城市面貌焕然一新，历史城区也迎来了新的春天。

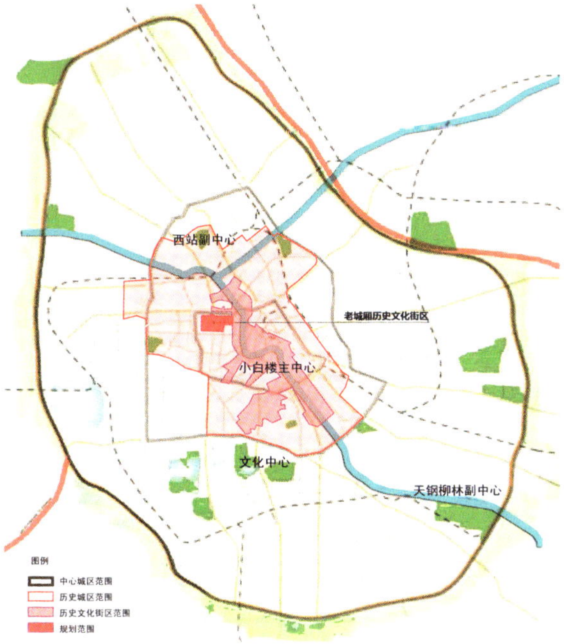

天津市中心城区内的历史城区及历史文化街区

海河两岸旧貌换新颜（上图为2003年拍摄，下图为2010年拍摄）

夕阳映津城（天津城建档案馆提供）

徐世章旧居

XU SHI ZHANG'S RESIDENCE

坐落在河北路与睦南道拐角处，为二层混合结构，建于 1934 年，建筑面积 700 平方米。

平面布局采用灵活不规则的构图手法。首层设有门厅、客厅、餐厅、备餐厅、厨房、库房和杂房等。二层为起居室、卧室和卫生间，卧室内设有壁橱，卫生设施齐全，使用方便。阁楼做杂房使用。

住宅楼的东面有花坛，南面有露台并植有花草。立面线条简洁明快，建筑比例和谐。四坡大瓦顶带阁楼，琉缸砖清水外墙，腰线和屋檐下采用水泥浆黏河光石混水墙面。正入口设有大玻璃门窗，二层设有阳台，横向无棂玻璃窗，光线充足，视野开阔，二层和檐口有大小挑檐，层次分明。院门处设有汽车库，北侧临街小院有平房。

立面图

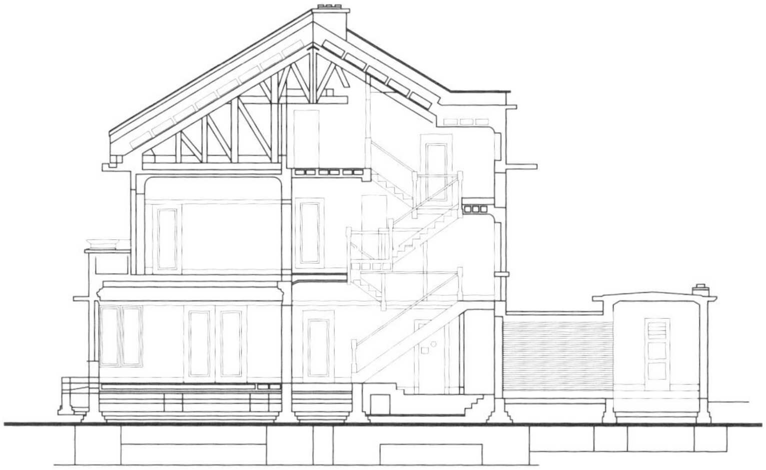

剖面图

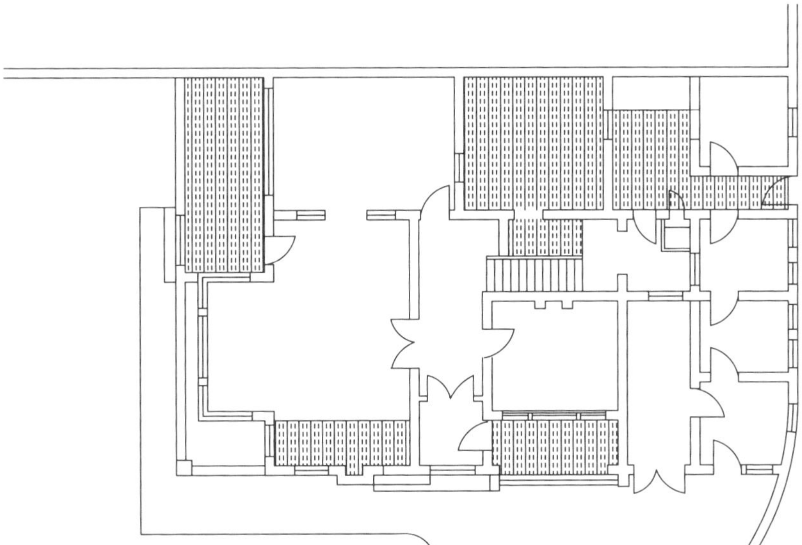

平面图

机动车
禁止驶入

香港大楼

HERACLES MANSIONS

香港大楼是高级公寓式住宅楼。由奥地利建筑设计师盖苓设计。建于1937年。东临马场道，南沿睦南道，建筑平面呈"L"形。占地1750平方米，建筑面积4248平方米。标准层高3.6米。为砖混结构。建筑地上五层，地下一层。各层单元的平面布局紧凑合理，各单元使用面积及附属面积集中布置，主要房间设在东面和南面，以利于日照和采光，居室的面积约为20平方米。厨房、备餐室、储藏室、浴室等设施齐全。每个单元设有主楼梯，另设有小楼梯，专供用人使用，可不经过分户门进入厨房，避免干扰。地下层为车库。该楼还设有钢筋混凝土疏散楼梯。室内装饰高级，客厅内设有装饰壁炉，楼梯、厨房、走道等，采用水磨石地面，门窗均采用上等木料制作。该建筑东、南两面外墙以二层开始向外挑出2米直至顶层，既增大居室面积，又作为封闭暖廊。外檐采用大面积玻璃窗和砖墙形成虚实对比；圆窗、方窗、联角窗形形体对比；浅色水泥饰面与深色清水墙形成色彩对比。整个建筑简洁明快，交叉叠砌的围墙，产生生动的阴影效果，明显受到现代建筑的影响。

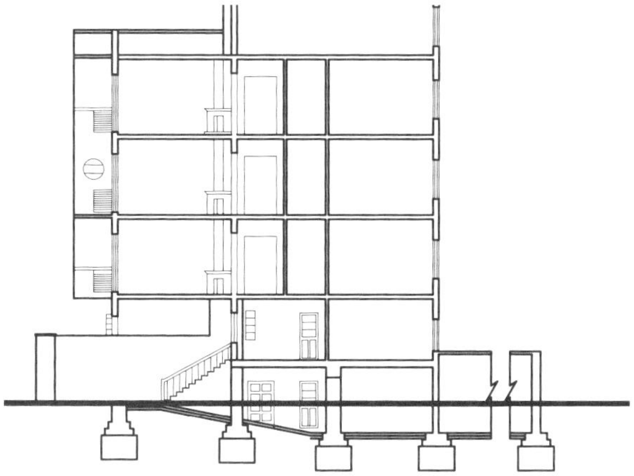

剖面图

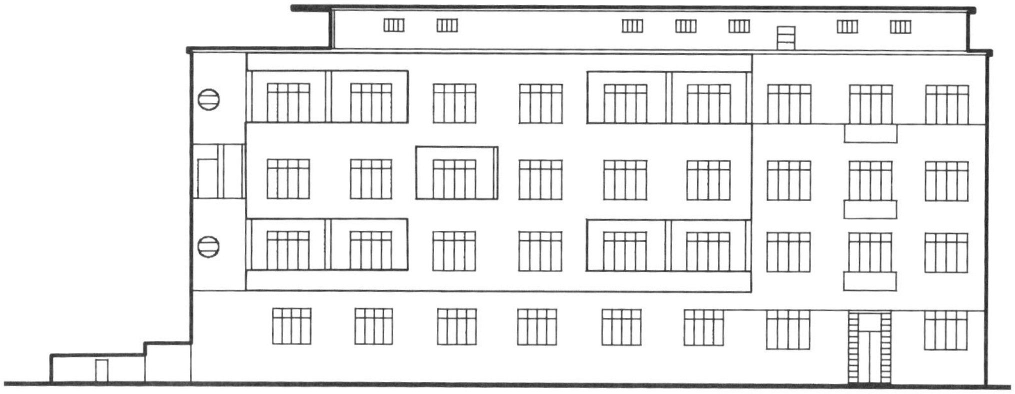

立面图

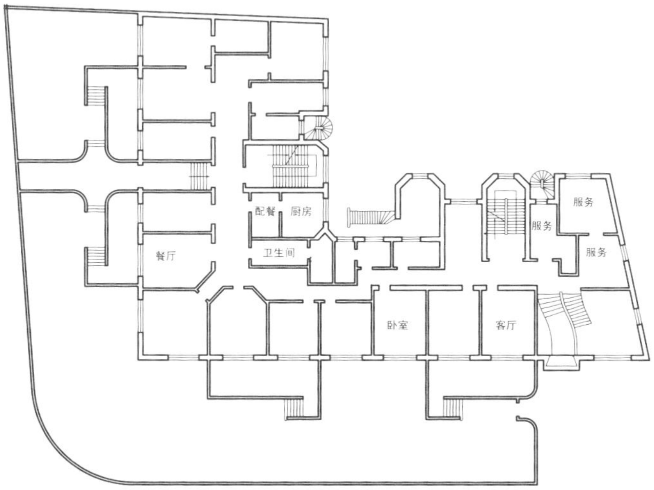

首层平面图

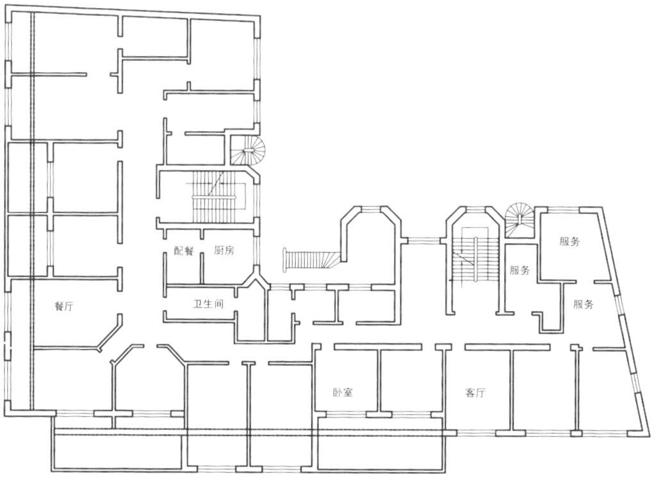

二层平面图

第 2 章 五大道的形成及百年历程

2.1 英租界南扩形成的五大道

1902 年，英国凭借当时所取得的军事、政治霸权，迫使清政府又一次签订"合同"，将原租界进一步推至围墙以外，称"英国墙外推广界"。越过原墙子河（今南京路）向西到海光寺道（今西康路），同时又将美租界纳入其中。自此，五大道地区被划入英租界。

2.1.1 英租界南扩形成的高级住宅区

1902 – 1919 年间，英租界的原定租界和扩充界开始大规模的规划建设，至 1920 年基本建设完毕。但是由于发展迅速，面积不断扩大，早期快速建设产生的狭隘街道和简陋的市政设施已经无法满足其继续发展的需求。于是英租界当局根据道路网规划制定填土计划，与海河工程局签订协议，通过吹淤垫地，将墙外推广界（五大道）的低洼区域改造成为平坦的住宅区和工业区。

英国人在租界外建设了跑马场和高级俱乐部，将其租界范围不断向西扩展。20 世纪 30 年代英租界的新区建造了大批各式住宅，形成了由今马场道、睦南道、大理道、常德道、重庆道等五条马路组成的英租界"五大道"高级住宅区，即"天津小洋楼"的集中区域。

2.1.2 北方最大的"安全岛"

近代中国的历史，是铁血纷争、战火硝烟的历史，鸦片战争、洋务运动、义和团运动、辛亥革命、军阀混战……清室的遗老遗少们来到天津，大大小小的政客们携家眷也来到天津租界。在动荡不安的年代，任何势力都不可能也不敢把触角伸到外国租界，于是这里便成了中国北方最大的"安全岛"。而他们所建的花园别墅和西式住宅，便被统称为"天津小洋楼"。小洋楼的第一代居民，自然是有治外法权的外国人，他们是殖民地开发者，他们要在中国营建自己的乐园；随后一些退役的军阀和下野的政客为了寻求外国保护，也在租界地购置房产。

但实际上，天津小洋楼的主人中洋人却是极少的一部分，大多数是中国人出资盖的，其中商人、企业家并不多，最多的是倒台的皇族、下野的总统、失势的督军、落魄的官僚。这些人从全国各地携巨资来到租界，盖起了洋楼，虽然失去了天时，但总算占了地利，交通方便，可进可退。从小洋楼昔日的社会身份来说，它为上层社会所拥有。由于小洋楼的地带（即租界）的权利独立于皇权之外，它便成了中国政治生活中一个优越的、神秘的、深邃难测的空间，重大事件的后台，世外桃源与世间桃源，那些形形色色特殊人物的种种幕后活动与隐私，填满了这里的各种各样曲折而美丽的建筑。这些在今天看来千奇百怪的房屋，其中许多都是近代史上举足轻重的棋子。

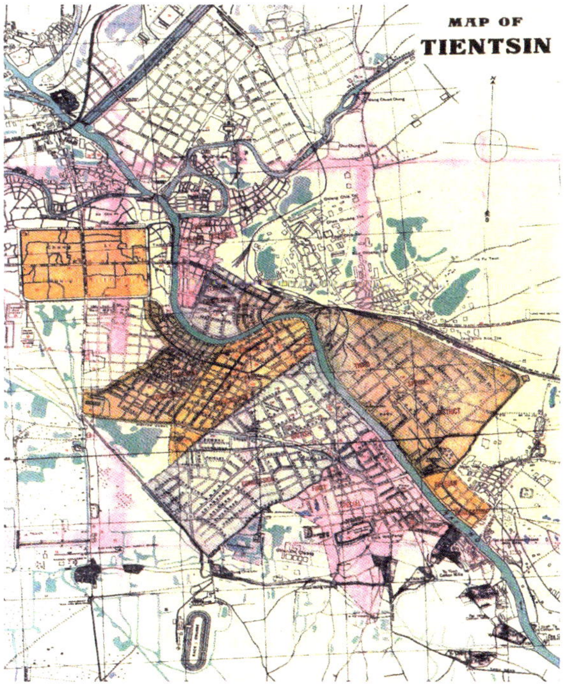

五大道位于英租界东南部，是英租界南扩形成的高级居住区

2.2 有五条半马路的五大道

五大道并不是一个历史称呼。追溯到新中国成立前后，大约只有"墙子河南"、"民园"等含混不清的方位指向。

这个地处曾经的英租界的住宅区，原来并无"五大道"之称，是 20 世纪 60 年代的时候，

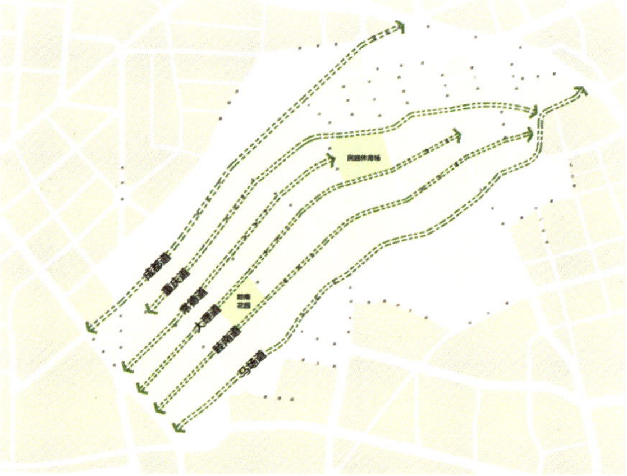

由于五大道中的常德道并不是一条完整的道路，它被占地较大的民园体育场切断，只有半条，因此没有算在五大道之内

城管部门为了便于称呼，对这片十分集中的西方住宅建筑称为五大道，若言“大道”，应是六条，但是说久了，约定俗成，五大道反成了一种“官称”。坊间还有一种解释，说是由于五大道中的常德道并不是一条完整的道路，它被占地较大的民园体育场切断，只有半条，因此没有算在五大道之内。五大道中五条半几近平行的马路历史上和现在对应的路名分别是：伦敦路——成都道；爱丁堡道、剑桥道——重庆道；科伦坡道——常德道；新加坡路——大理道；香港道——睦南道；马厂道——马场道。

五大道应被认为是一个区域性称呼，它坐落在和平区体育馆街，范围是马场道以北，成都道以南，西康路以东，马场道和南京路交口以西，占地面积约 130 公顷。“五大道”这个称谓已经使用了半个多世纪，它牢牢地印刻在了天津人的脑海里。近年来五大道的文化含金量似乎愈来愈高，对于天津人来说，它不再被视作过了时的昔时遗物，相反渐渐成了天津的一种城市标志，甚至升华为一种骄傲了。

2.3 富有特色的五大道

五大道地区，作为天津租界时期的居住建筑和环境文化的典型代表而别具特色。

2.3.1 花园城市的规划理念

五大道建设之初，正值英国“花园城市”规划思想盛行之时。霍华德在花园城市理论中提出把农村和城市结合起来，用“疏散”的方法以求达到“公平”的目标，使得“城乡协调，均衡发展”，并通过“人类向自然的回归”，最终建立新型的、良好的社会经济关系。“花园城市”在社会组织方式上，采取“公司城”的思想，在花园城内建立劳资双方的和谐关系；从城市特性上看，它既要保持城市的经济活动和社会秩序，又要结合乡村自然幽雅的环境；从对后世的影响上看，“花园城市”模式导致了后来的新城运动。在 20 世纪初，以当时的社会风尚，西方先进的东西都有可能在海外的殖民地实现，租界新区便成了将这一理论付诸实践的理想之地。花园城市思想反映在五大道的规划布局和空间形态上，是略带弯曲的方格路网，连续并富有变化的街巷空间，户户有院落的花园住宅，体育场、学校、影院、教堂、公园、医院、市政等充足的公共配套设施。至 1945 年，五大道基本上形成了一个配套设施齐全、格局完整的高档住宅区。区内约有居住人口 1.5 万人，建筑 1600 余幢，是当时天津规模最大的“富人居住区”。

2.3.2 姿态万千的建筑景观

早在 1879 年，李鸿章的德国顾问汉纳根坐轿看津城时这样评价：在这个城市宽阔的街道上，拥有数量众多的两三层小洋楼并且带有很大的花园，让人看起来就舒服，这样的景象即使在上海和香港也不多见。冯骥才先生在《阐释五大道》中写道：“若论中国近代城市所拥有的富人区的规模，天津当属第一。但有两点需要强调：一是五大道的住户洋人很少，基本上是中国人；二是这些作为甲方的中国房主，不懂得西方建筑的风格准则，于是就随心所欲地删减与添加。各种外来的建筑样式，好比自助餐那样放在一起，喜欢什么拿什么。他们觉得科林森式（现多译成“科林斯式”）的柱子好看就在房子上加几根；喜欢哥特式的拱顶，便在自家门厅里造一个。反正是私人住宅，各由其便。这反而给建筑师们更多自由发挥的空间，更多的个性色彩。比起解放北路那些正经八百、不错规矩的西方建筑，五大道的洋楼要随意得多了。如果留意去看，偶尔还会发现一些西式山墙上的通气孔竟然被改成一枚老钱图案。实际上，五大道的小洋楼已经中国化了。外来的事物中，凡属生活性质的，最容易被本地化。当年起士林西餐的成功，正在于它不是原样的西餐，而是加入中国人的口味。这也正是天津小洋楼的文化特色，更是五大道独具的地区本色。”五大道各具特色的历史建筑和城市肌理，对日后天津城市空间的形成和建筑特色的塑造发挥了重要作用。

民园大楼的方孔围墙

2.3.3 幽雅安静的街区风格

五大道的另一特色，是建筑的私密性构成的深邃和幽静的环境氛围。这里的住户，无论是寓公式的军政要人，还是成功的实业家们，在当时吉凶难卜的社会背景下，全都希冀安逸，不事张扬。这种心理外化在五大道的空间环境上，房屋的尺度宜人，倾向低矮，没有高楼；居室隔院临街，院中花木遮翳，掩住里边的楼窗，而且院墙全是实墙，很少使用栏杆，像民园大楼的方孔式围墙，它巧妙地采用百叶窗的原理，看似透空透光，实际上从外边根本不可能对院内一览无余，这就适应了主人深居与保护隐私的心理，自然也构成了五大道独有的幽雅沉静又稳定温馨的氛围。

五大道的住户在当年吉凶难卜的社会背景下，全都希冀安逸，不事张扬

2.3.4 近代名人的荟萃之地

五大道作为中国近现代历史的一个缩影，蕴藏着丰富的文化内涵。20 世纪初，由于时势变化，天津在中国的位置变得极为特殊与重要。一方面社会与朝政更迭变幻，租界成了政治

潘复旧居

的避风港；另一方面天津得地理、交通与海关之利，充满了商机。各种要人及富人涌入津门，一为安全，二为立业发财，三为了住进设施齐全的小洋楼。五大道地处英租界的黄金地段，人们便争相置地建房，毗邻而居，于是，这一带花园别墅和西式住宅林立，成了天津名副其实的富人区。包括大总统曹锟、徐世昌以及北洋内阁六位总理、美国第 31 届总统胡佛、国务卿马歇尔等上百位中外名人曾居住于此。马场道上的潘复旧居、睦南道上的孙殿英旧居、大理道上的陈光远旧居、重庆道上的庆王府、成都道上的张自忠旧居、常德道上的张福运旧居等是天津有名的“小洋楼”，是当时的商人富豪、下野军阀、没落贵族等在五大道建造或购置的房产。许多近现代史上的重要人物在这里留下了足迹，每幢建筑里都有故事，可以说五大道展现了近代中国的百年风云。

2.4 在动荡和大拆大建的背景下幸存

1976年大地震后天津市南京路上地震棚的情景

如果说 1949 年以前，许多曾影响社会时局的重要人物在五大道留下了足迹、展现了近代中国历史的百年风云的话，那么新中国成立后的六十多年，五大道则是历经磨难，劫后余生。无论是居民更替、社会变迁还是建筑更新、环境改造，都经历了常人难以想象的苦难，它的命运随着国家和民族的命运起伏跌宕，每一次冲击（无论是人为的还是自然的）都留下了深深的印记。

2.4.1 历经动荡，劫后余生

新中国成立以来，五大道地区有三次非自然的居民更替和人口变化，使得居民结构发生重大重组。

一是 1949 年，随着政权的更替，原居住在五大道地区的权贵大部分逃离此处或主动献产，由军管会接管，大部分西式洋房成为政府的办公用房和干部宿舍，一部分花园别墅成为高级干部的独用住宅。这个时期，还出现了计划体制下住房分配造成的部分独立住宅内同一单位、同一阶层的不同家庭分室伙住的情况。

“独户住宅伙住，院落空间杂住”的“五大道高级住宅区”成为了杂居混住区，居住环境品质大幅下降

二是“文革”期间，国家创建初期的功臣成为“走资派”，被赶出了五大道“小洋楼”，一部分解放初期未被清理走的漏网的中产阶级也被扫地出门，而军代表、工宣队、工人阶级等进驻五大道。至此，20 世纪 40 年代的居民阶层已基本更替，“文革”期间被贴上“洋人买办老爷太太们的老巢”政治标签的五大道，其居民的社会身份已发生了根本变化。

三是 1976 年唐山大地震后，由于五大道的建筑密度低、院落空间较大，成为搭建抗震棚的理想场所。震后五大道居民的很多受灾亲属投亲靠友而来，外来居民大量涌入，人口激增，达到 4.5 万人。至 1978 年，五大道地区的抗震棚基本覆盖了原有住宅的院落空间。有些抗震棚随着时间的推移逐渐改造升级，与主体建筑一样建成为 2 ~ 3 层建筑，坚固耐用，形成了“独户住宅伙住，院落空间杂住”的局面。一时间，居住人口暴涨，建筑密度增大，新中国成立前的“五大道”高级住宅区遂成为了杂居混住区，居住环境品质大幅下降。

五大道内温和的更新改造也一直在持续不断地进行。新中国成立后一段时期，小规模的新建住宅组团主要集中在“五大道”地区西侧留有的空地上，另有少量“见缝插针”式的住宅建设。20世纪90年代以后，除新建少量单元住宅楼外，新建或改造原有建筑作为办公、餐饮、娱乐等用途的项目占五大道建设项目的绝大多数，土地使用功能由原来较为单纯的居住逐渐向居住、小型商业服务及办公的混合功能转变。

针对当时的五大道历史文化保护区存在的历史建筑损坏、环境破败等主要问题，1998年成立了“天津市保护风貌建筑领导小组”及其办事机构“天津市保护风貌建筑办公室”，负责对天津市历史风貌建筑整修保护，1999年，正式启动对五大道风貌建筑区的综合整修保护工程。综合整修保护项目荣获2004年“中国人居环境范例奖”。迄今为止，“风貌办”在五大道内分6批共认定了470余幢历史风貌建筑。

负责天津市历史风貌建筑保护工作的路红女士认为：“五大道地区作为20世纪初至20世纪中叶中国沿海开放城市高档居住建筑最集中的区域，集中体现了中国由传统封闭型社会向现代开放社会转变的轨迹，集中展示了近现代中国居住建筑、生活方式的演进历史，是不可多得的活化历史书，具有潜在的世界文化遗产价值。”

2.4.2 在大拆大建的背景下幸存

20世纪90年代初，国家通过一系列法律规定的制定实施，对城镇土地使用制度完成了改革，我国建立起土地有偿、有限期、可依法进行土地交易的有偿使用制度。2000年初颁布实施了《招标拍卖挂牌出让国有土地使用权规定》，明确规定包括商业、旅游、娱乐、商品住宅用地的经营性用地必须通过“招拍挂”方式出让。在包括土地有偿出让、分税制等一系列经济政策的刺激下，全国各地的城市建设突然提速，规模越来越大，发展速度惊人。整个90年代以及后来的十年，城市建设规模扩大的速度远远超过了人口城市化的速度，土地财政的效果凸显。

正在拆除的一幢“小洋楼”

许多大城市的旧城区经历过数轮“大拆大建”，大片新中国成立前和20世纪五六十年代建造的街区被拆除重建，改造后的城市肌理更接近于新城模式——道路大大拓宽，新建的住宅小区也采用大尺度的封闭小区，尽可能提供更多的停车位等，形成新旧城市肌理混杂却反差极大的面貌。在这种城市建设模式影响下，大批能够体现城市历史的老城区面临消失的境地。在上海，历史文化保护区的整体尺度被不断出现的高层建筑所破坏；北京最有代表性的四合院也面临大量减少或处于残破失修的状态；六朝古都南京正经历着城市经济发展、居民生活条件改善与历史文化遗产保护相冲突的困境。天津的历史风貌保护区在这段时间里也受到了影响，像意大利租界区所在的一宫花园历史文化保护区、解放北路历史文化保护区等，虽然总体得到了保护，但还是在低矮的历史环境中出现了新建的高层建筑，有些历史街道也被拓宽。五大道在这一轮又一轮的“大拆大建”过程中，除了外围局部地区被蚕食、受了点“轻伤”之外，竟然奇迹般幸运地被保存了下来。尤其是今天，当我们走遍中国的沿海特大城市，竟然找不到一处像天津五大道这样品质尚好、保存完整、核心保护区面积达1.2平方千米的历史文化街区时，在痛心之余也感到庆幸。

有人说，五大道有一种魔力，这种魔力使得它历经沧桑后依然得以幸存，天津的老城厢

拆迁前的老城厢，建筑密度高达81%，居住环境十分恶劣

因为缺乏这种魔力不得已拆掉了。什么是五大道的魔力？与老城厢相比，五大道的魔力源于以下几个方面。第一，五大道的历史约一百年，建筑相对年轻，而老城厢六百多年前始建，后来虽不断改造插建，但年代确实久远并长期缺乏维护，大部分建筑的寿命已尽；第二，五大道采用了西方先进的规划设计思想，道路顺畅，配套设施完善，建筑内部空间也基本能够满足现代生活的功能需要，而老城厢不仅街巷狭窄，像厨房、厕所、上下水等基本的配套设施也严重不足，冬天漏风，夏天浸水，生活条件极其恶劣；第三，五大道历史上是富人住宅区，比老城厢的建筑造价更高、结构更坚固耐久，不易损坏；第四，五大道的建筑密度很低，平均约 38%，一平方千米的居民仅一万多人（1976 年后增至 4 万人），而老城厢的建筑密度高达 81%，人口密度达到每平方千米 5 万人，建筑损耗严重；第四，五大道居民的受教育程度普遍比较高，其行为举止更有教养，懂得爱护建筑和环境（虽然“文革”后人口素质下降，但与老城厢还是不可同日而语）；第六，五大道是一些社会名流经常出入的地方，这些人在社会事务中具有更多的话语权，稍大规模的动作都会引发社会反响。由于这些显而易见的因素，再加上各级政府、规划和风貌保护等相关部门、文物保护志愿者以及热心市民的长期努力和通力合作，五大道得以幸存。

研究历史的重要目的是使今人以史为鉴，五大道的先例是否能够对今天的城市建设有所启发？现在的生活就是未来的历史。传说中的“天津两件宝，海河五大道”，表达了五大道一直都是天津人十分向往的理想居住地。二十年来我国的城市建设量飞涨，在各个城市或郊区大批千篇一律的高层建筑拔地而起并美其名曰“节约土地”的时候，我们是否要客观地发问：一百年后这些建筑是否还有存在的价值？它能持久地承载人类向往的理想生活吗？它能否成为我们的后代为之骄傲的历史？人类的历史文化以口述、文字、操作实践和人工环境的形式保持下去，与物理环境比较，个体生命的历程相对短暂，而物质环境的形式会表现得相当持久。五大道的建筑和环境所记载的人类历史文化的足迹，跨越了过去的一个世纪，也将达到遥远的未来。

五大道一直以来都是天津人向往的理想居住地（选自网络）

重庆道 4 号 张作相旧居

ZHANG ZUO XIANG’ S RESIDENCE DWELLING HOUSE AT NO.4 CHONG QING ROAD

张作相旧居位于重庆道 4 号，砖木结构，二层带阁楼、半地下室。建筑立面呈白色，墙面凹凸多变，镶有西式雕花，红筒瓦，坡屋顶，楼两侧设有青石条阶通向正厅。三层立面上的方窗和拱形窗形成对比。底层六间，中央南侧为大客厅，六十多平方米，内有雕饰精致的护墙板，有罗马柱、拱券、花式柱头，墙上镶有比利时生产的巴洛克式大玻璃镜。厅前有大平台，楼前原有花园。

立面图

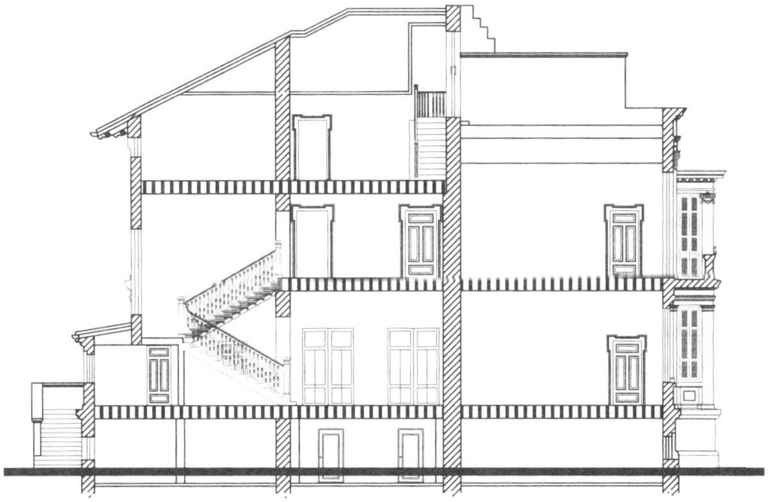

剖面图

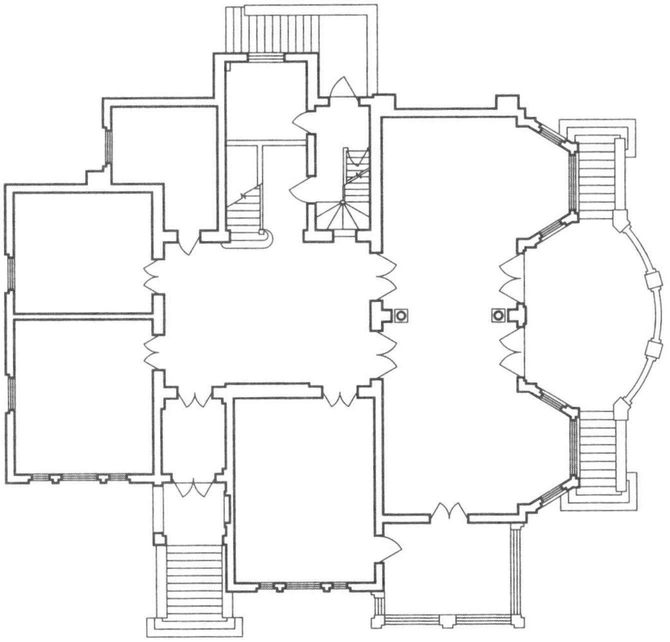

首层平面图

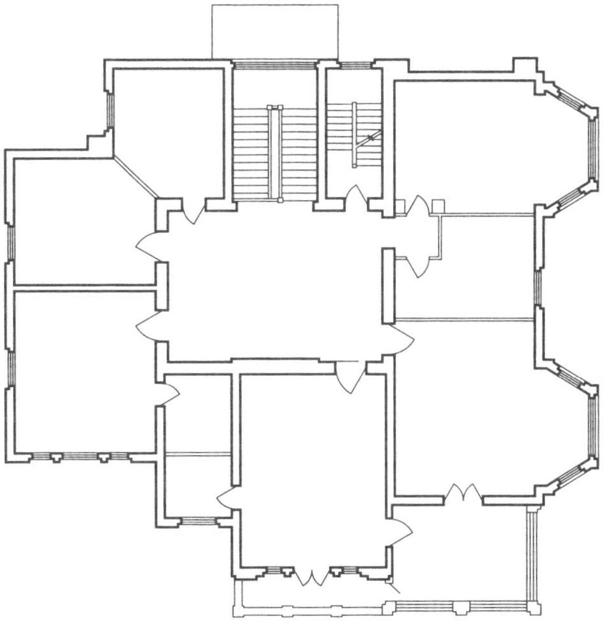

二层平面图

（天津市保护风貌建筑办公室提供）

桂林里住宅
GUI LIN LANE DWELLING HOUSES

坐落在和平区桂林路。建于 1941 年。占地 17 200 平方米，建筑面积 8259 平方米。该建筑群共十幢，是独立式和毗连式别墅住宅。由义品公司比利时籍工程师沃尔盖设计，天主教首善堂建。居者多是天主教会的神父。

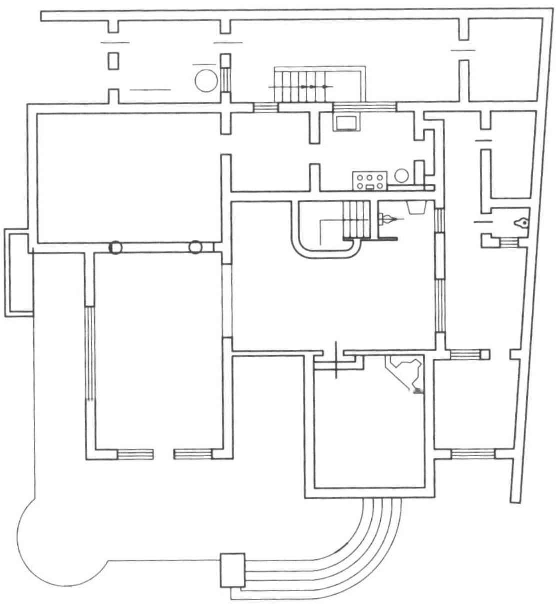

首层平面图

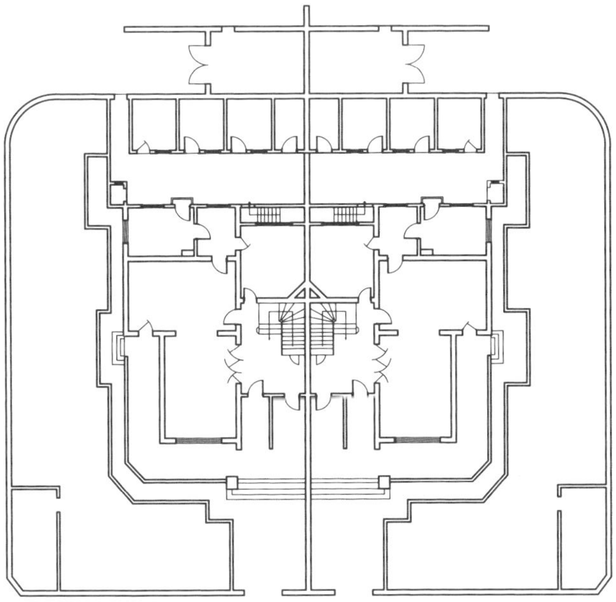

二层平面图

立面图

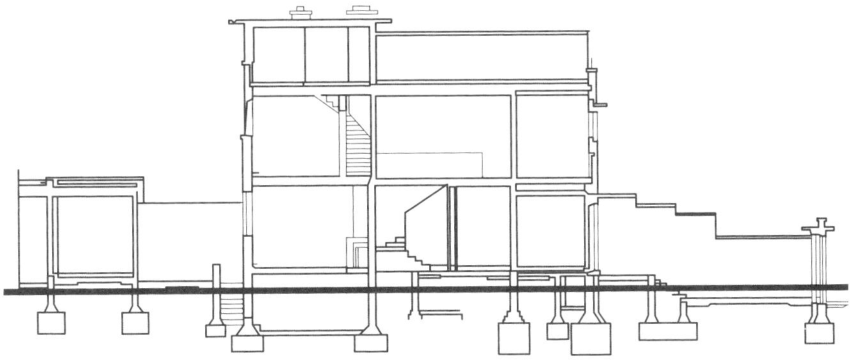

剖面图

桂林里建筑群为“品”字形建筑，总体前后错列布置，有较好的日照通风，节约占地，临街和弄堂设置汽车房，南北街道各通入两条“人”形弄道，东面街道通入一条单向“T”形弄道，改善中部住宅交通。每幢住宅均有庭院，院前绿植与建筑相互辉映，使群体空间显得宁静而富于变化。整个建筑群除东西两侧三幢外，均为双联式住宅，每幢房屋居住单元出入口分散布置，减少干扰。建筑单体平面一层为起居室、餐室、备餐间等；二层为卧室，另设一小扶梯通至宽敞的屋顶平台，平台上局部设有雨罩。地下室设有锅炉房。局部三层为水箱间兼杂房及休息平台。后平房为用人居住和放置杂物之用。每间卧室设有独用的卫生间，干扰性小。窗子均采用大玻璃木窗。阳台与平台形成一定的高差，产生了高低及凸凹对比，丰富了立面景观。外檐为清水砖墙，内檐为中级装修。建筑结构采用砖木混合结构，横墙承重，屋顶平台采用小肋空心砖，阳台为钢筋混凝土板，楼盖板为木屋面，木地板，木楼梯。

该房屋现多为居民使用，内部使用功能有所改变。

第 3 章 历次规划对五大道的影响

五大道是天津保护得最好的历史文化街区，它的空间尺度和整体环境大体上延续了历史原貌，尺度舒适宜人。这个结果看起来波澜不惊、顺理成章，而实际上几代规划人为此结果付出了艰苦的努力。在 20 世纪 90 年代以来的二十多年中，天津的城市建设像中国其他城市一样可谓“风起云涌”，在经济发展和城市建设的巨大压力之下，天津的城市规划部门坚持在科学规划的指导下严格管理五大道的建设。虽然规划的历程起起伏伏，时紧时慢，但始终在持续不断地向前推进；虽然规划编制的内容深深浅浅，偶有偏差，但大的方向始终没有背离，这也是五大道得以完整保存的重要原因。五大道的规划对天津的历史文化保护工作做出了积极贡献，同时也对未来的城市发展产生了深远的影响。

历年来，五大道历史文化街区编制了一系列规划，规划内容涉及历史建筑和街区的保护，环境综合整治和改善以及地区的更新发展等几部分，规划涵盖控制性详细规划、城市设计、环境整修及整治规划、保护规划等多种类型。

3.1 控制性详细规划

《天津市和平区五大道控制性详细规划》，2000 年

确定了五大道地区各个地块的用地性质、建筑密度、建筑高度、建筑色彩、容积率等指标和要求。同时，根据五大道已经配置的基础设施进行深化定位、整修和加扩建，并在现有路网格局的条件下，修改审定道路红线宽度、建筑退线等要求。（注：这个时期的道路红线和建筑退线并没有针对历史街区采取尊重历史原貌量身定制的保护策略，许多道路都加宽了红线，道路转弯半径也按照现行规范加大到了 12 ~ 15 米，很多历史建筑和围墙院落被压在红线下面或者被划进了道路红线内；建筑退线依照全市通用的规划管理规定执行。这些条件对新建

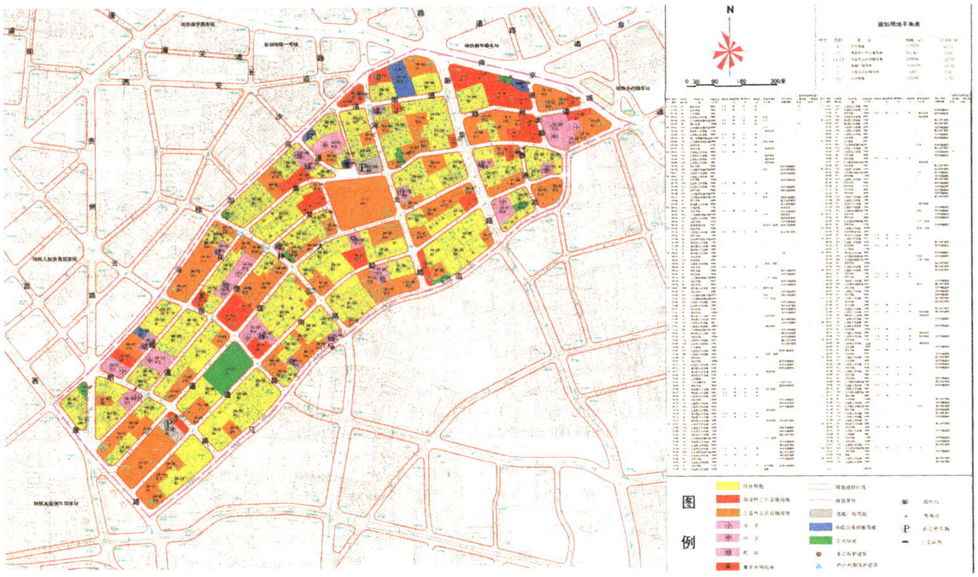

五大道控制性详细规划 — 用地规划图

地块项目的建设审批产生了影响，建筑后退红线后未设立围墙，对局部环境的完整性造成损坏，但庆幸的是对绝大部分现存的历史建筑没有造成既成的破坏。）

3.2 城市设计

3.2.1《五大道地区城市设计》，2000 年

这是在《睦南道整修规划》、《马场道整修规划》、《大理道、常德道、重庆道整修规划》以及相关规划的基础之上，对五大道地区的城市形态、空间环境特征、城市肌理、历史文脉等所做的一次系统性的梳理工作，意在增强五大道地区的空间形态特征。

3.2.2《澳门路两侧城市设计》，2001 年

该城市设计的目的在于提升商业潜力相对较大的澳门路的整体形象并强化其特色。内容包括：

(1) 改变街道的性质，由城市支路改为步行街。

(2) 增加绿化面积，形成街道两侧的“点”、“线”、“面”绿化系统。

(3) 在街道两端设置街角广场或绿化，增强对景效果。

(4) 规划设计沿街建筑立面形式更加协调统一。

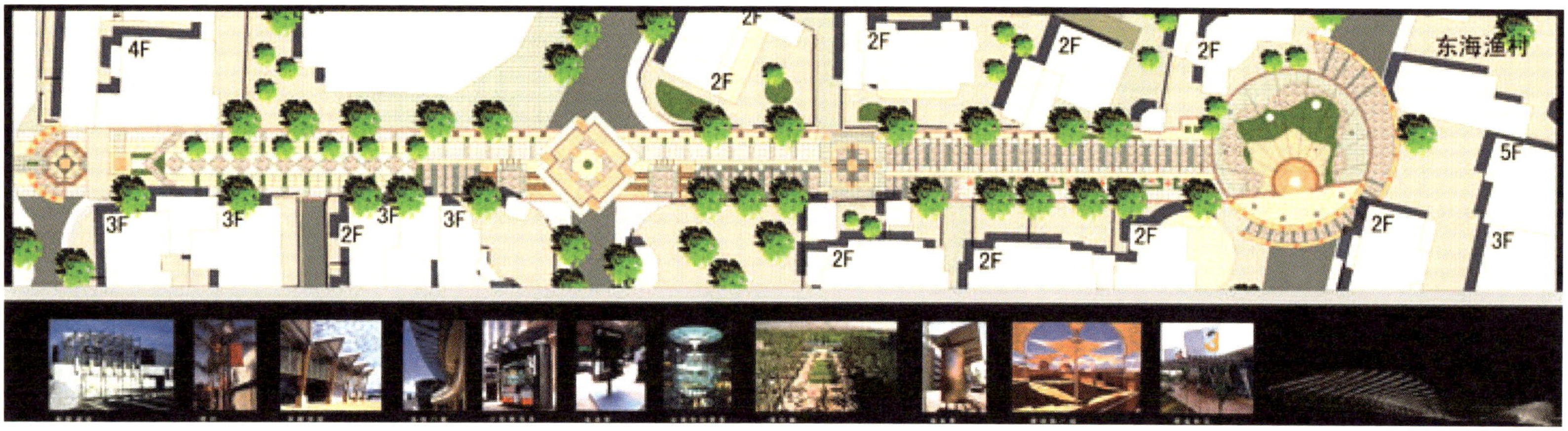

澳门路两侧城市设计总平面图及环境意象

3.3 环境整治规划

3.3.1《睦南道整修规划》，1998 年

选取五大道地区中具有代表性的睦南道先行进行规划设计，意在研究探讨整个五大道地区建筑和环境整修的方法和途径。主要的规划内容包括：

(1) 挖掘建筑的历史价值和内涵。

(2) 在保持原貌的基础上加固、整修建筑。

(3) 封闭的围墙改为半透空式，强化街景效果。

(4) 注重院内外植物的种植。

此项规划指导了睦南道两侧建筑和环境的改造和修缮，部分违章建筑被拆除了，建筑变得整齐干净了，街道绿化也增加了，从环境面貌上看取得了不错的效果。但拆除部分封闭的历史围墙、新建透空围墙的做法遭到了一些专家学者的质疑。冯骥才先生在《阐释五大道》中不无遗憾地写道："……近日，我看到睦南道有几处拆掉了围墙，改为铁栏，这样做可能想更加美观和时髦。尤其是李勉之的故居——奥地利建筑师盖苓设计的那四幢古典风格的花园别墅，居然将与建筑和谐一体的围墙拆去，换上铁栏，里边一院子的桌椅什物绽露无疑，原有那种静谧神秘之感荡然无存，显然改造者一定不知道五大道特有的文化特征与建筑美。"

3.3.2《马场道整修规划》，1999 年

参照睦南道改造的经验，对马场道两侧的建筑、空间环境以及设施进行整修和规划设计。

(1) 标出道路两旁的所有点状、片状绿地和开放空间，逐一进行分析、设计。

(2) 选择格调风格一致并与街道风格协调的街头小品，进行规划布置。

(3) 统一围墙的形式，使其大部分为半透空式。

(4) 对街道两侧建筑的立面形式、建筑高度进行规划，使整个街道具有统一感和协调性。

3.3.3《大理道、常德道、重庆道整修规划》，2000 年

在对睦南道、马场道先后实施改造的经验基础上，将五大道地区的整修范围拓展到大理道、常德道、重庆道。

3.3.4《天津市五大道地区整治规划》，2000 年

以提升五大道的整体环境质量为目标，以相关控制性详细规划和城市设计为依据，重点治理了影响五大道地区环境品质的"私搭乱建"和违章建筑。这一时期的环境综合整治，拆

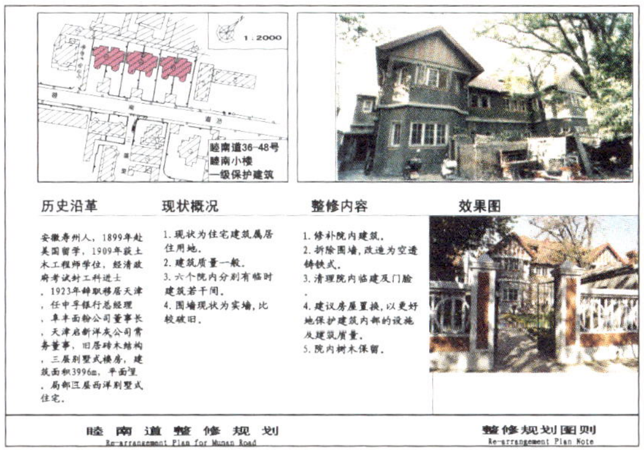

睦南道整修规划

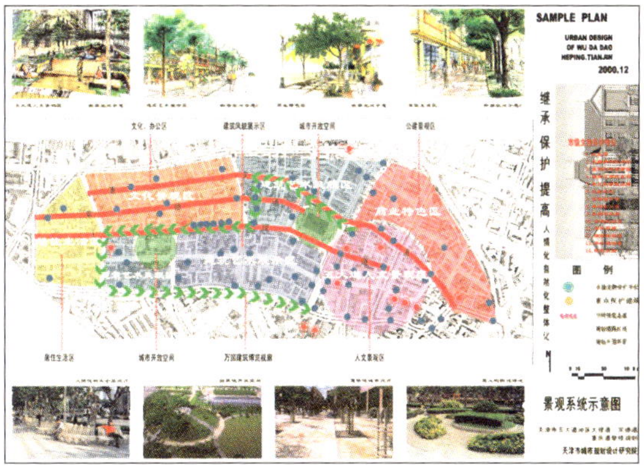

大理道、常德道、重庆道整修规划

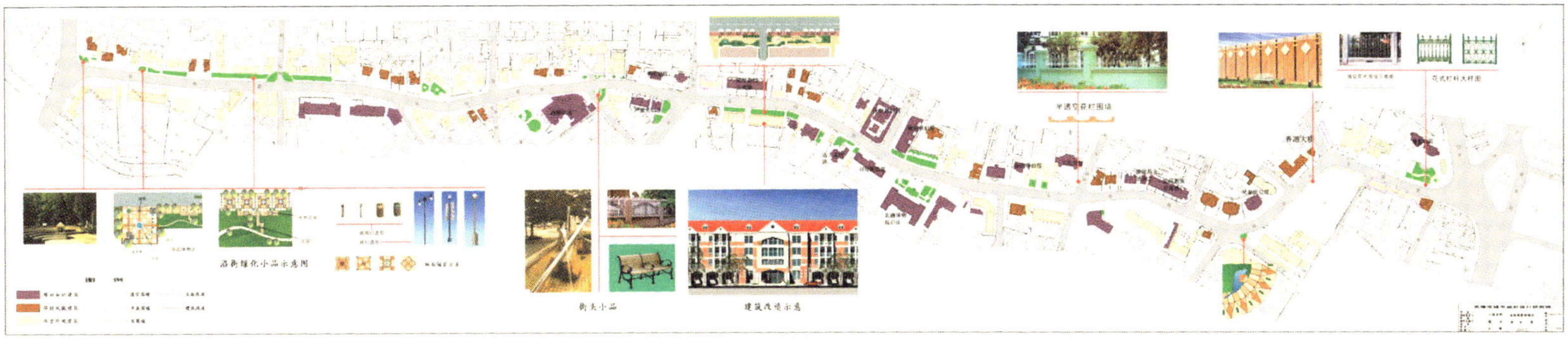
马场道整修规划

2005年民园体育场改造后的河北路立面

2005年民园体育场改造后的重庆道入口主立面

除了 1976 年地震之后陆续搭建的违章建筑约十六万平方米。（注：20 世纪 90 年代的五大道，私搭乱建的危棚简屋随处可见，“小洋楼”像蒙尘的宝石无法辨认，街道环境破败不堪。据当时参与过拆迁工作的人员回忆，违章建筑拆除时遇到了很大的阻力，总共 17.7 万平方米的违章建筑，拆掉了 16 万平方米，剩余的 1.7 万平方米由于各种原因无法拆除，有部分历史围墙是在与违章户主的僵持对抗中，不得已拆掉的。）

针对五大道历史文化街区的局部建设和改造的规划设计也一直在持续不断地进行，不再详细赘述。像民园体育场经过 1954 年、1982 年和 2005 年三次改造后，从原来的简易看台变成了现在的由罗马柱式围合的形制规整的标准 400 米跑道和足球赛场。

3.4 保护规划

3.4.1《五大道地区建设管理保护规划》，1994 年

规划将五大道定义为“西洋古典传统风貌保护区”（注：后来的一些新建地块，由于只强调“西洋古典”风，即“欧式建筑”，没有深入研究五大道花园式居住建筑特点，建成后显得十分强势突兀，造成了新建建筑形式和体量与周边历史环境产生冲突），保护范围分为三个层次：核心区 24 公顷，中心区 90 公顷，外围区 47 公顷。该规划第一次将五大道作为一个完整的历史地区进行了有针对性的规划编制，提出了保护、建设和管理的整体思路。

（1）明确提出保护对象不再仅仅是个体或群体建筑的结构与外表，而是扩大到院落、围墙、绿地等风貌区的整体环境。

（2）保护五大道历史上形成的整体城市轮廓线，对可改造地块的高度、层数、外檐形式、挑台宽度、塔楼高度与基底面积比等提出了明确的要求与建议。

（3）重视新、旧建筑协调并存的研究和设计。提出新、旧建筑并存是社会发展的必然，对可改造地块的建筑形式、风格、与周围建筑的协调关系提出控制要求。

（4）将保护建筑划分为三级，不得改变外观，但允许对其内部进行改造，以适应社会发展的需要，并有利于风貌建筑的保护。

（5）将部分住宅建筑改作办公用房，有利于风貌建筑的修缮维护。

（6）将风貌区同经济发展联系起来，配合旅游增添社会、文化、习俗等方面的内容，并通过一定的设计使之成为丰富多彩的历史、文化、教育活动场所。

3.4.2 完善原《五大道地区建设管理保护规划》，2001 年

在延续 1994 年编制的《五大道地区建设管理保护规划》的原则、措施等整体思路的基础上，结合原规划在建设管理使用中反馈出的不足和问题，在操作细节上进一步深化完善，尤其针对当时五大道内单体建筑的信息整理、历史价值、建筑风格等方面加大了分析和研究的深度。

规划成果共分为四部分：

第一部分为规划说明书，包含四个章节：

第一章为现状部分，包括基本情况介绍、土地使用情况、建筑使用情况和地区风貌建筑四节。对五大道地区的区位、历史沿革、租界建筑和环境等现状情况进行了较为深入的研究，在延续原规划确定的保护对象不仅是建筑也包括院落、围墙、绿地等整体环境的同时，针对当时五大道内单体建筑加大了分析和研究的深度和广度，在建筑形式、建筑风格等方面进行了更为系统的总结归纳。

第二章为综合分析部分，包括传统风貌建筑保护、保护管理发展战略两节。分析了现状和存在的问题，指出了传统风貌建筑保护的必要性和迫切性，并提出了保护原则、发展方向、控制与管理的基本思路。

第三章为规划部分，包括总体规划控制、土地使用规划两节。确定了五大道地区的定位为西洋古典传统风貌保护区，用地性质为高级住宅区。提出保留原有路网格局，按“点、线、面”三种形式进行分类保护管理，将保护区划分为核心区、中心区和外围区三个层次进行保护。在土地使用规划中确定了用地结构和规划布局。

第四章为规划管理部分，包括总体规划控制对策、地块控制规划、规划设计技术规定、建筑管理补充规定四节。从建筑保护、空间环境保护、土地利用、城市设计等多角度出发，提出规划细则，为规划管理指明了方向。

第二部分为总图图则，包含一幅用地现状图和一幅用地规划图，与规划说明书相对应。

第三部分为分图图则。结合原规划在建设管理使用中反馈出的不足和问题，本版规划以制定分图图则的方法在操作细节上进一步深化完善。规划中以道路为界将五大道地区划分为34个街坊，以街坊为单位分别制定分图则。在分图则中详尽表达了街坊位置、现状概况及地块规划指标，并附相应的现状图和规划图与文字表述的规划控制要求相对应。在现状概括一栏中，对建筑的保护等级、建筑层数及质量、用地情况、传统风貌景观评价做出了详细的说明并指出了规划意向。在地块规划指标一栏中，除对土地利用方面的用地性质、用地面积、容积率、绿地率等给出指标外，还从城市设计的角度对建筑限高、出入口方向、建筑形式和环境景观等方面提出了具体的规划控制及引导要求，为五大道地区的空间形态和环境品质的保护与提升提供了具体而有意义的管理指导意见。

第四部分为名人名宅及重点保护建筑简介，以街道的门牌号为线索整理了名人名宅及重点保护建筑的名录、主要信息及历史价值。

该版保护规划相对先进的规划思想在街坊分图则中得到贯彻，凭借其便于操作的成果形式成为此后十年间规划管理部门对五大道地区进行建设管理的直接依据，为今天五大道历史文化街区的完整性做出了贡献。

3.4.3《天津历史文化名城保护规划》，2006年

出于完整性的考虑，规划将保护区范围划至四周城市主要道路，保护区面积141公顷，保护区控制地带59公顷。作为《天津市城市总体规划》的一个专项规划，提出了五大道历史文化保护区要重点保护大量的19世纪末20世纪初的殖民地居住建筑、略带弯曲的方格路网、连续并富有变化的街巷空间，完整保护整体空间格局与风貌。在保护历史建筑的前提下，进行适当更新，保持地区活力。对于保护区建设控制地带，提出了与保护区风貌相协调的原则。

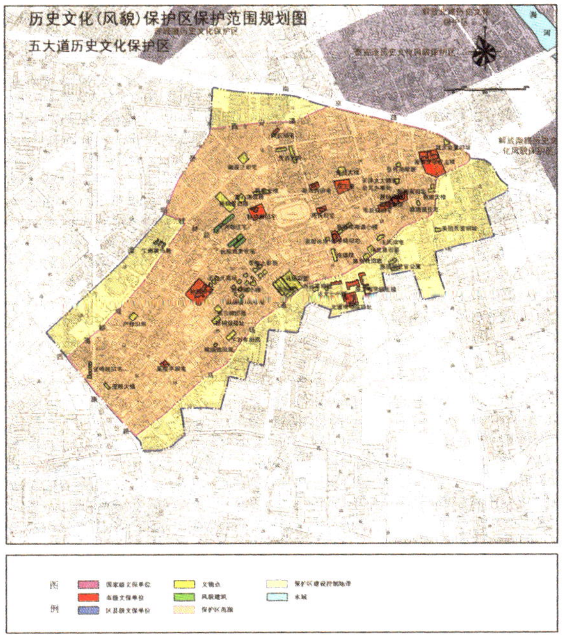

五大道历史文化保护区保护范围规划图——《天津历史文化名城保护规划》，2006年

《五大道地区建设管理保护规划》

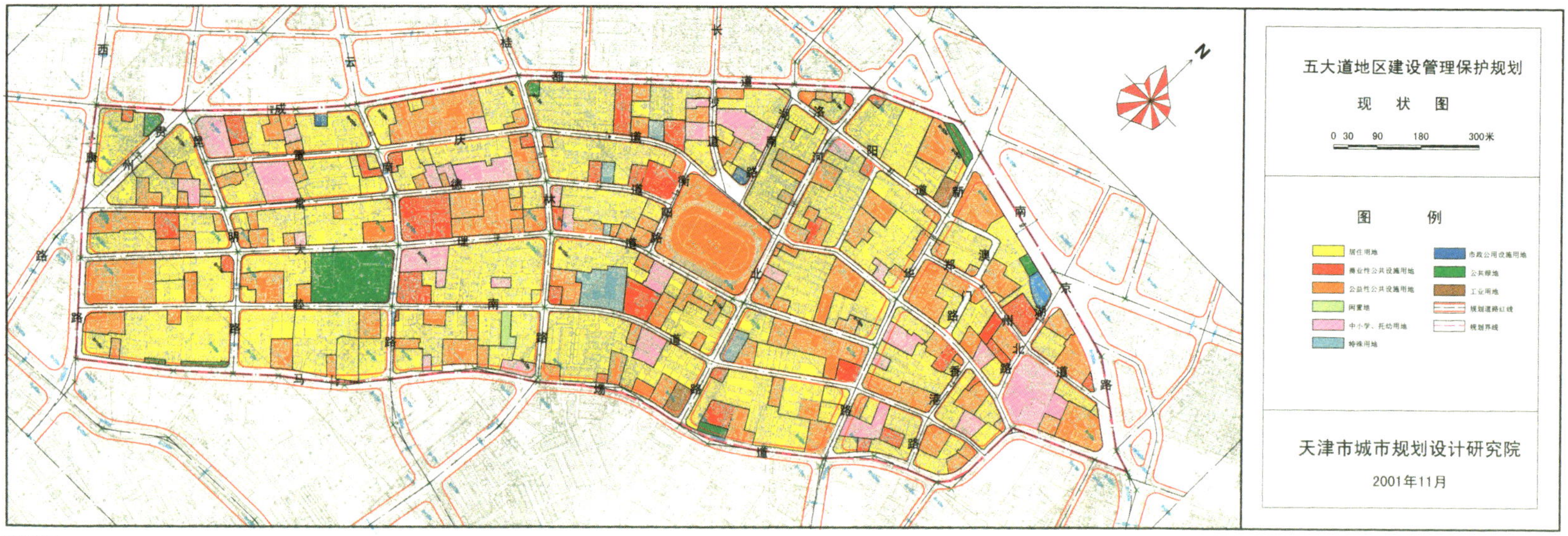

现状图

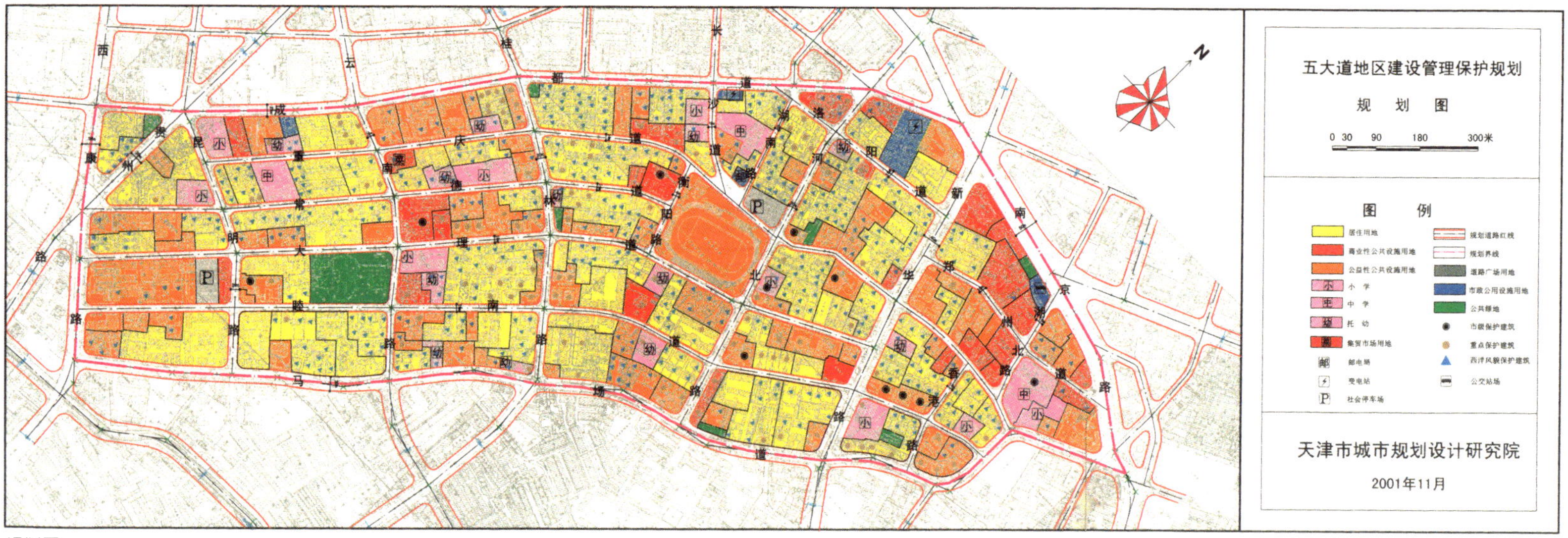

规划图

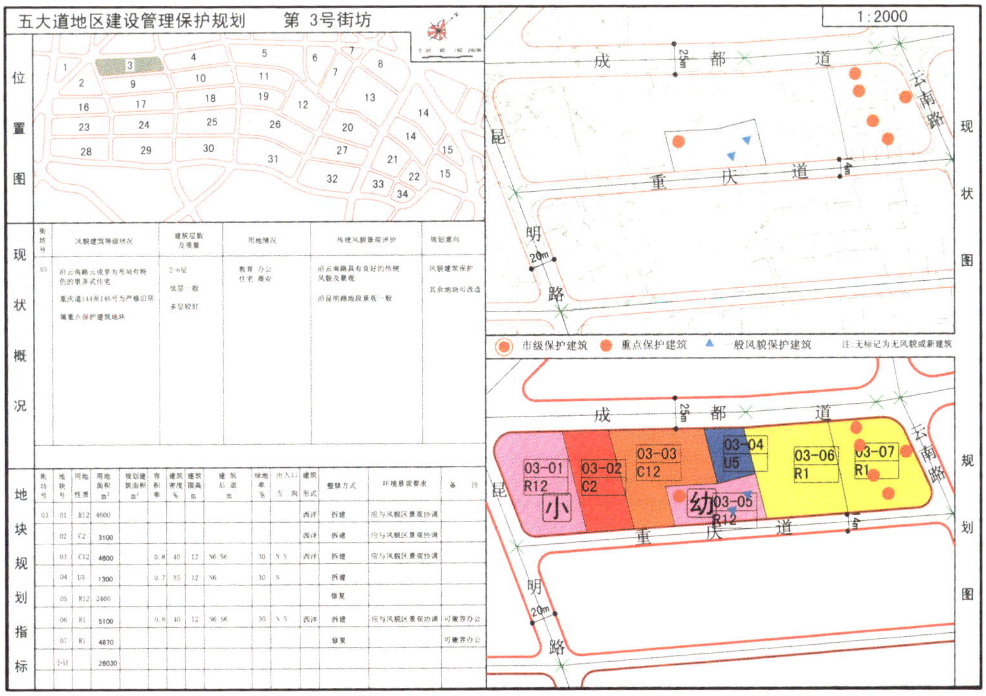

规划管理分图图则

成 都 道

25 号 金城银行(现为工商银行)

36 号 陶茂正旧居(民园办事处)

建于 1938 年，砖混结构，带亭子间，二层公馆式楼房。建筑面积 602m²。正立面横向处理为三段，且从左至右逐一退线、减层，富有层次感。主楼顶部多为坡顶，出檐上开天窗，楼内房间互通。建筑构思合理，使用方便。外墙原为琉砖清水墙。1976 年地震后以圈梁加固。前后两院由左、右侧相通。

60 号 张自忠旧居

建于 1936 年，旧居为砖混结构，二层楼房，建筑面积 1999m²。外檐中部由方柱支撑，形成上、下两层内廊，设金属护栏。首层两翼外凸，呈多边形，上筑阳台，顶层为平顶，后檐设过桥与后楼相接。

名人名宅及重点保护建筑

2005年民园体育场改造前的重庆道主立面

2005年民园体育场改造前的河北路立面

2005年民园体育场改造前的衡阳路立面（博风公司提供）

五大道现状三维模型 1

五大道现状三维模型 2

睦南道 50 号 张学铭旧居

ZHANG XUE MING' S RESIDENCE DWELLING HOUSE AT NO.50 MU NAN ROAD

张学铭旧居位于睦南道 50 号。建于 1925 年。为庭院式住宅，二层砖木结构，外墙采用紫红色机砖砌筑，多坡筒瓦屋顶，建筑立面比例和谐。总平面布局为前主楼，后辅助用房，主前楼有花园，布置简约自然。从院门通往主楼和汽车房的是一条四十多米的通道，铺淡紫色地面砖，道旁植有一排低矮的冬青树。主楼首层设有带暖廊和花室的大厅，并与宾客卧室、餐厅和楼梯间相连。大厅内采用彩色玻璃提拉通天窗采光，门窗和地板用上等硬木制作，顶棚和柱子带有装饰灰线。餐厅内有木制护墙板，局部有木雕花饰，以暖色调为主。客厅内设有装饰考究的壁炉。餐厅和客厅由镶有磨花玻璃的高大木拉门连接，在举行宴会和舞会时将门推入墙内扩大空间。后楼是用人房间及家庭教室等，汽车房设在底层。

立面图

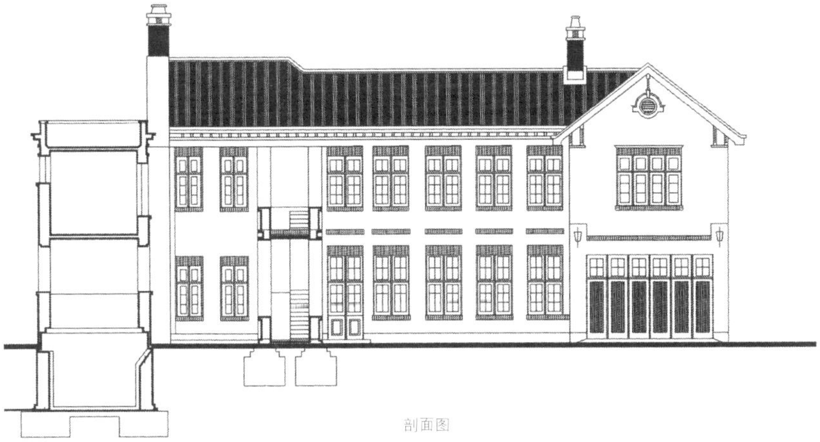

剖面图

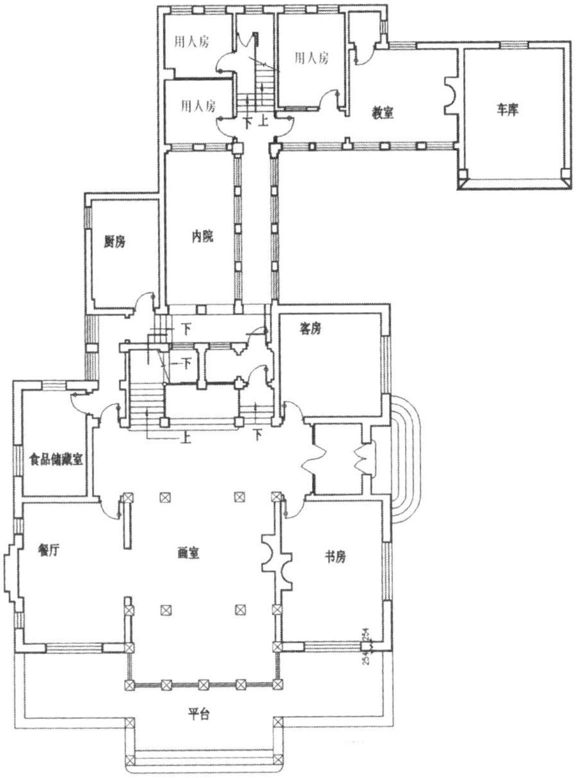

首层平面图

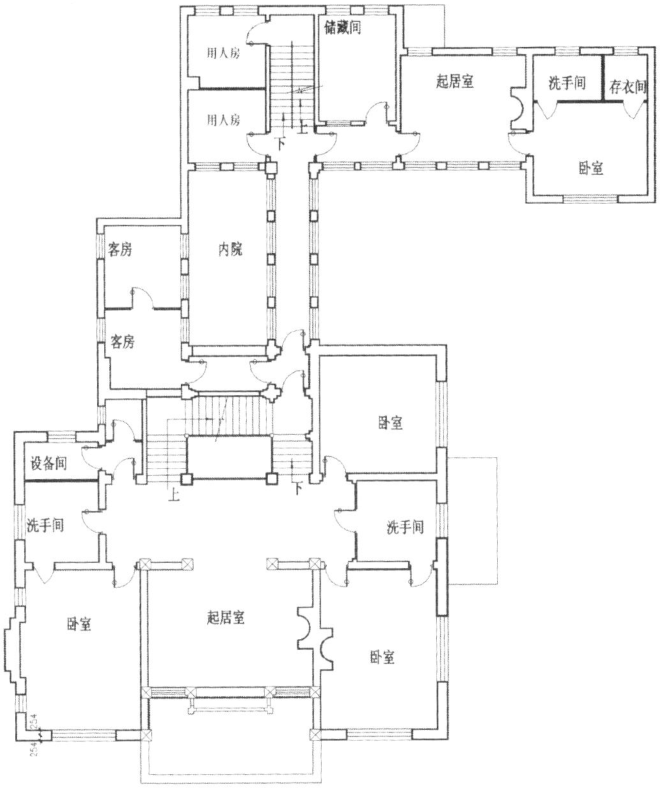

二层平面图

（天津市保护风貌建筑办公室提供）

马场道住宅
MA CHANG ROAD RESIDENCE

位于马场道 106 号。建于 1941 年。为三层砖木结构，平屋顶，庭院式高级住宅。占地 1500 平方米。建筑面积 1200 平方米。建筑首层有客厅、餐厅、起居室、花厅等。客厅有不对称的通窗，具有良好的采光及视野。二层有卧室、阳台，并设有设施齐全的卫生间及储藏室。在平面布局和立面处理上，均采用严格的对称手法，但平面不失灵活多变。立面装修采用混水和清水墙对比，大面积平窗和圆窗的形体对比，丰富了立面。建筑体量逐层收缩，两端带有半圆形玻璃窗，二层带有虚实对比的栏板，中间部位为露台。主楼后面有两层附属用房，通过封闭走廊与主楼二层相连，既有分隔又有联系。楼前庭院内有草坪花坛和装饰小品，美化了环境。

立面图

睦南道 15–17 号
DWELLING HOUSE AT NO.15-17, MU NAN ROAD (EX HONGKONG ROAD)

坐落在睦南道和香港路交口处。占地约 650 平方米，建筑面积 907 平方米。该建筑庭院宽阔，分南、北两部分。南部拱形的门洞和二层的拱券窗相对应，并采用木屋架外露的形式，体现了英国乡村传统建筑特色。北部地上三层，带半地下室。立面装饰简洁，内部装饰较为考究。楼梯、地板、护墙均为木制，顶棚四周有装饰灰线。

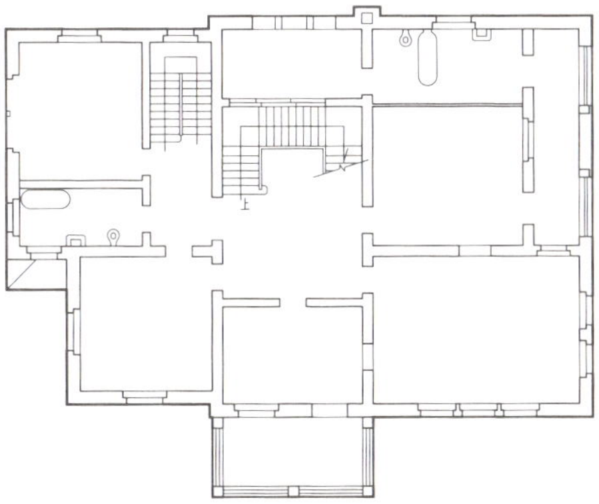

平面图

立面图

中篇

研究与思考

百年流光

五大道魅力夜景（尔惟摄）

欧陆风情

睦南花园地区（祝昭飞摄）

参考文献

[1] 天津市城市规划设计研究院 . 天津市历史城区保护规划 [R] . 天津：2012.

[2] 天津市城市规划设计研究院 . 五大道历史文化街区保护规划 [R] . 天津：2012.

[3] 天津市城市规划设计研究院 . 五大道地区建设管理保护规划 [R] . 天津：1994.

[4] 天津市人民政府 . 天津市历史风貌建筑 [M] . 天津：天津大学出版社，2010.

[5] 天津日报传媒集团 . 天津小洋楼：名人故居完全档案 [M] . 天津：天津教育出版社，2011.

[6] 郭长久，孙华起，杨族耀 . 五大道的故事 [M] .4 版 . 天津：百花文艺出版社，2009.

[7] 周俭，张恺 . 在城市上建造城市 [M] . 北京：中国建筑工业出版社，2003.

图书在版编目（CIP）数据

中国·天津·五大道 ：历史文化街区保护与更新规划研究 / 朱雪梅主编. -- 修订本. -- 南京 ：江苏凤凰科学技术出版社，2019.1
ISBN 978-7-5537-9531-7

Ⅰ. ①中… Ⅱ. ①朱… Ⅲ. ①城市道路-研究-天津
Ⅳ. ①K922.1

中国版本图书馆CIP数据核字(2018)第171499号

中国·天津·五大道
历史文化街区保护与更新规划研究（修订版）

主　　编　朱雪梅
项目策划　凤凰空间／陈　景
责任编辑　刘屹立　赵　研
特约编辑　陈　景

出版发行　江苏凤凰科学技术出版社
出版社地址　南京市湖南路1号A楼，邮编：210009
出版社网址　http：//www.pspress.cn
总　经　销　天津凤凰空间文化传媒有限公司
总经销网址　http：//www.ifengspace.cn
印　　刷　广东省博罗县园洲勤达印务有限公司

开　　本　787 mm×1 092 mm　1/12
印　　张　42
版　　次　2019年1月第1版
印　　次　2019年1月第1次印刷

标准书号　ISBN 978-7-5537-9531-7
定　　价　528.00元（精）

第 4 章 五大道的建筑

4.1 建筑类型

4.1.1 突出建造时代背景的建筑年代

五大道现存建筑总数为 2514 栋，新中国成立前建造的已不足半数，这些建筑大多由于主人的殷实家底而用料考究、品质精良，并由于地处租界中心免遭战争侵害，都很好地保持了原貌。新中国成立之初至 1976 年地震，多数公产化的花园洋房所面临的最大的挑战莫过于人口膨胀，还有一批新建的集体住宅，像 20 世纪 50 年代在昆明路东侧建造的苏制大院就是这个时代的典型代表，反映了新中国成立初期进入新社会人民当家做主追求新生活的精神面貌，建造手法受前苏联影响，严谨而规整。1976 年大地震本身对五大道的建筑影响不大，但救灾和避难等震后次生影响严重，整个地区私搭乱建严重、环境恶化，且正值改革开放初期，一批住房变为公用房，少量新建建筑品质不高。20 世纪 90 年代城市进入快速发展时期，五大道地区增加了相当数量和规模的办公、商业与服务业建筑，风格混乱，良莠不齐。

重庆道34号

4.1.2 标明历史文化价值的保护等级

五大道街区内现有不可移动文物 112 处，其中市级 14 处，区级 98 处。同时街区内还有天津历史风貌建筑 317 处。根据国家《历史文化名城名镇名村保护条例》（2008 年）及天津历史建筑的认定标准，2011 年的保护规划除将历史风貌建筑纳入历史建筑名录之外，同时新认定历史建筑

五大道建筑年代类别

建筑年代	建筑数量（栋）	建筑面积（万平方米）	建筑面积百分比（%）
1949 年以前	1137	75.9	32.97
1949 年—1976 年	547	22.1	9.60
1977 年—1990 年	636	45.0	19.55
1991 年至今	194	87.2	37.88
总计	2514	230.2	100

五大道建筑年代分类示意

49年以前 →

49年–1976年 →

977年–1990年 →

991年至今 →

158 处。五大道历史文化街区内 2514 栋建筑按照保护与更新的等级与程度分为五个类别：①不可移动文物：包括全国重点文物保护单位、天津市市级文物保护单位、天津市区级文物保护单位及尚未核定公布为文物保护单位的不可移动文物；②历史建筑：指经天津市人民政府确定公布的具有一定保护价值，能够反映历史风貌和地方特色，未公布为文物保护单位，也未登记为不可移动文物的建筑物、构筑物；③传统风貌建筑：指具有一定建成历史、能够反映历史文化街区不同历史时期风貌的建筑物、构筑物，是构成历史文化街区街巷空间格局与风貌的重要组成部分；④与传统风貌相协调的建筑：指历史文化街区内，在高度、体量、形式等方面与传统风貌建筑相协调的建筑物、构筑物（一般以新建建筑物、构筑物为主）；⑤与传统风貌不协调的建筑：指历史文化街区内，在高度、体量、形式等方面与传统风貌有冲突的建筑物、构筑物（一般以新建建筑物、构筑物为主）及危棚、简屋、违章建筑。

4.1.3 体现主人审美取向的建筑风格

五大道曾是英国租界的高级居住区，这里面表现出西方不同时代和文化背景下的风格。如按照不同国家传统和来源分类，可以分为英式、西班牙式、德式、意大利式、法式、哥特式等。比如张作霖三姨太许氏故居采用双坡屋顶，陡峭的屋顶下突出木梁，体现的是 19 世纪英国浪漫主义

五大道建筑保护与更新类别

文物建筑
历史建筑
传统风貌建筑
与传统风貌相协调的建筑
与传统风貌不协调的建筑

建筑特点。部分庭园住宅细节表达出英国早期的风格：张子善旧宅外形朴素、小窗深嵌、圆形面窗、角石长短相间，符合西班牙乡村别墅的风格；而另一些住宅建筑为凸显主人的气魄和尊贵，模仿公共建筑的手法，采用古罗马式的拱券，围以粗圆的立柱，如李赞臣旧居的建筑造型严格对称，古朴庄重，主入口由三联拱券构成，其上部有四根通高八角柱支撑挑檐。为了便于说明，这些体现各国风情的建筑统一被编入古典主义风格，这类风格也几乎代表着五大道建筑中最有鲜明个性和历史价值的一大类。

若将一些式样混合但依然具有浓郁的风格特征的建筑进行归类的话，它们理应被归入折中主义建筑。折中主义源于美洲大陆，当时的英裔移民模仿欧洲本土建筑，无原则地将各种年代、多种风格拼凑在一起的做法和理论，衍生为吸收多种特点形成的建筑形式的统称。位于桂林路和大理道交叉口的陈光远旧居是典型的中西合璧风格，建筑主体是简约的现代主义风格，而顶部则加建了一个中式的凉亭；孙殿英旧宅代表了英殖民地后期将民族风带入室内装饰的特点，它可以说是传统的哥特式和文艺复兴风格的混合，显现出折中主义的建筑特征。庆王府为内天井围合式建筑，两层外檐均设通敞柱廊，建筑形体简洁明快，有现代建筑之风，但建筑内外多处采用中式传统建筑元素，如琉璃等，看起来颇为怪异。

现代主义是 20 世纪中叶起在西方建筑界居主导地位的建筑思潮，它大胆创造了符合工业化条件和要求的新建筑。英籍华人奥运冠军李爱锐的住所是混合结构的三层平顶楼房，琉缸砖清水墙面，简洁朴素，可谓现代主义建筑的代表。徐树强旧居布局依据地形变化，整体方正规矩，枣红色清水砖墙肌理细腻，没有多余的装饰，强调建筑的比例、墙面与窗子的关系。虽说五大道以西洋风格闻名，但这个地区少量的现代主义建筑却显示出相当高的设计建造水平。原茂根大楼为混合结构，建筑的平面和居住单元均按照新的生活方式布局，即每层以楼梯间为中心布置居住单元，每个居住单元以起居室为中心，设置独立卧室、工作间、厨房、用人房、公共卫生间等，该建筑在卧室中还设置了独立卫生间。建筑外部运用大面积的深色琉缸砖墙面和浅色的阳台体块对比，矩形窗、角窗和圆窗辉映，既简约明快，又体现了现代建筑的结构之美。

在 20 世纪初的各国租界中，一般建筑业务多由该国租界的外籍建筑师把持，而中国的一些官僚、军阀也迷信外国建筑师，不少的高级别墅也由外国建筑师设计。外国建筑师们把他们本国流行的建筑式样带到中国；从西洋留学归来的中国建筑师也受西洋建筑影响，设计出不少西洋古典主义、折中主义、现代主义的建筑作品来，因此，租界区当时盛行着欧美流行的建筑思潮。

4.1.4 体现实用价值的建筑功能

五大道的总建筑面积约为 230 万平方米，其中 45% 左右为住宅，分布在整个街区的各个街坊内，有独栋的别墅式住宅、联体的多层住宅以及里弄住宅。此外还有办公、酒店、餐饮娱乐、体育、教育、医院、市政等建筑，同样也较分散地分布在整个街区内。其中：住宅建筑面积 104.9

古典主义风格

许氏故居

张作相旧居

工商学院

徐世昌旧居

重庆道21号宅

折中主义风格

孙殿英旧居

陈光远旧居

法国教会公寓

庆王府

现代主义风格

王占元旧居

茂根大楼

剑桥大楼

孙桐萱旧居

万平方米，居住用地 69.8 万平方米；办公建筑面积 44.1 万平方米，用地面积 26.9 万平方米；餐饮娱乐建筑面积 18.7 万平方米，酒店建筑面积 5.9 万平方米，用地面积 10.5 万平方米；学校托幼建筑面积 39 万平方米，用地面积 14 万平方米；医疗建筑面积 4.4 万平方米，用地面积 3.4 万平方米；体育场馆建筑面积 2.9 万平方米，用地面积 5.9 万平方米；已腾迁建筑面积 8.8 万平方米；其他（市政、工业）建筑面积 1.5 万平方米。

1. 居住建筑

一类居住建筑中，除少量近几年新建的高档别墅（香港花园）外，大部分是保存完好的建于 20 世纪二三十年代的低层住宅，住宅形式以独栋别墅和围合院落为主，也有部分质量较好的公寓式住宅（香港大楼、茂根大楼）及里弄式住宅（安乐邨、山益里）。二类居住建筑绝大部分是建

建筑使用类别	住宅	办公	餐饮	酒店	学校托幼	医疗	体育	腾迁待定	其他	总计
面积（万平方米）	104.9	44.1	18.7	5.9	39.0	4.4	2.9	8.8	1.5	230.2
比例	45.6%	19.2%	8.1%	2.6%	16.9%	1.9%	1.3%	3.8%	0.6%	100%

五大道现状建筑使用性质

于 20 世纪七八十年代的多层住宅，建筑数量较少，但单栋建筑的建筑高度和体量较大。三类居住建筑的特点是建成年代较早，居住条件拥挤、人多杂居，建筑破损严重，这类住宅建筑也是未来五大道建筑修缮的重点和难点。

2. 学校托幼

五大道在英租界时代已有为居住配套服务的教育设施。新中国成立后，随着居住人口的不断增长，又陆续增建中小学、幼儿园，目前规划范围内共有中学 6 所、小学 8 所、幼儿园 20 所。尽管这些教育设施受场地限制占地规模较小，但其师资力量及教学质量较高，代表市级先进水平。因此，五大道地区的学校、幼儿园既服务于本区又服务于全市，在为地区带来活力的同时，也引发了上、下学高峰时段出现道路拥堵状况。

3. 行政办公

五大道内现状行政办公建筑多为政府机关、公司企业机构驻地（企业会所）及部分外地驻津办事处等，现状用于行政办公的建筑历史上多为规模庞大的私人府邸。随着殖民地历史的结束及 1956、1958 年的两次社会主义改造，这些私人住宅大多已归为国有产业，如中共天津市委办公楼（纳森旧居）、市财政局办公楼（卞万年旧居）、市房产总公司（张学铭旧居）等。五大道内的办公建筑一般在初建成时建筑结构、建筑材料均有很高质量，同时，使用单位也有足够的财力对建筑的保护和修缮进行投入，既用房又养房，使得这些宝贵的社会物质财富和历史文化财富保存完好。

4. 商业金融

五大道的商业金融建筑分布较分散，除个别地块（如国际大厦、和平宾馆）用地规模较大外，其余规模均较小，建筑使用性质主要为高档餐饮、西餐、酒吧及宾馆、酒店等。目前，五大道建设控制地带内新建部分体量较大的商务办公类建筑（国际大厦、中国银行），其余位于核心保护范围内的商业建筑绝大部分是利用原有老建筑，根据使用要求对建筑进行局部改造和修缮，个别建筑（如疙瘩楼）存在改造后改变了历史建筑既有特征或与周边历史环境不协调的现象。

5. 体育场馆

五大道现有两处体育场馆，分别是民园体育场及人民体育馆。民园体育场初建于 1920 年，当时因开展体育活动的需要，英租界工部局在租界新区建起了民园体育场。1925 年，获得奥运冠军后回到天津的李爱锐因其在世界体坛上的名气，以及在各地参赛的丰富阅历，受邀参加对民园体育场的改造设计。于是，李爱锐根据世界田径场的标准及自己参赛的经验，对诸如跑道结构、灯管设备、看台层次等，提出了一系列改建建议，这些建议在当时看来是具有世界先进水平的。在他的筹划与监督下，民园体育场终于以全新的面貌成为当时在亚洲范围内首屈一指的综合性体育场。几十年来，民园体育场历经数次翻新改造，正逐步发展为全民健身及旅游接待的中心。

人民体育馆初建于 1954 年，于 1956 年正式启用，它是新中国成立后天津建设的第一批大型公共建筑。该馆曾在 20 世纪 70 年代发生火灾，房顶被烧塌，之后经过落地重修后成为现在的人民体育馆。

6. 医疗卫生

五大道现有医疗卫生机构 5 处，分别为天和医院、天津市第一工人疗养院、两所天津市劲松老年护养院、和平区中医医院。

天和医院，坐落于睦南道 122 号，诞生于 1942 年的太平洋战争的硝烟中。当年，北京协和医院一批著名的爱国专家张纪正、柯应夔、邓家栋、朱宪彝等人来到天津，创建了天和医院，寓"天津的协和"之意。它集国内外医学之精粹，培养了一批又一批的医学人才，造就了安若昆、陈佩璋、王今达、孔令震等一大批医学专家，挽救了无数患者的生命。当时，民众皆知"北京有协和，天津有天和"。

天津市第一工人疗养院，坐落于大理道 60 号，隶属于天津市总工会，建于 1951 年 4 月，又名天津市职工医院。位于"五大道"风景区，环境优雅，街道幽静，绿树成荫，占地面积 7623 平方米，建筑面积 6515.79 平方米，绿化面积 1200 平方米，是一处花园式的疗养地。

两所天津市劲松老年护养院，建于 1997 年 5 月，现建有三所院舍。其中两所为和平区劲松护养院和和平区第二劲松护养院，分别坐落于湖北路 22 号和河北路为平巷 4 号。各院舍床位均在 100 张以上，总床位 330 张。

和平区中医医院，为医保定点医院。始建于 1979 年，是本市最早建立的区属二级中医医院。

7. 教育科研

五大道现有教育科研机构 6 处，总用地面积 17.6 公顷。分别为天津外国语学院、天津医科大学继续教育学院、天津医科大学广东路校区、市半导体技术研究所、天津市中华旅游育才职专、天津市人民美术出版社。

天津外国语大学，原北疆博物院，坐落于河西区马场道 117 号至 119 号（现天津外国语大学校内），是我国早期的博物院之一，为天津市重点保护等级历史风貌建筑和市级文物保护单位。该博物院由法国天主教耶稣教会桑志华神父于 1914 年创建，主要收藏和研究黄河、白河（海河）流域的地质、动植物标本，院名由此译为"北疆"。博物院由博物馆、试验馆两个建筑组成，博物馆（北楼）于 1922 年由比商义品公司设计、建造，试验馆（南楼）于 1925—1929 年由法商永和营造公司承建，两楼间由封闭式天桥相连。建筑为混合结构三层楼房（局部二层），清水砖墙，立面简洁大方，平面布局满足功能要求。天津工商学院为法国天主教会创办的一所大学，筹建于 1920 年，初名工商大学，1921 年选址于英租界马厂道（现河西区马场道 117 号—119 号）。1925 年主楼建成，初设工、商两科。1933 年改名为天津工商学院，校训为"实事求是"。1937 年曾设建筑系，为天津建筑教育之始，著名建筑师沈理源、阎子亨、陈炎仲及法国建筑师穆乐等均曾在此任教。1948 年改为津沽大学。1970 年原址改为天津外国语学院。2010 年更名为天津外国语大学。现院内存有历史风貌建筑 7 幢。其主楼为特殊保护等级历史风貌建筑，由法商永和营造公司设计。该建筑为混合结构三层楼房，红瓦坡顶，清水砖墙；建筑平面对称；立面强调古典构图原则，楼顶建有法国孟莎结构穹顶；西侧建有内部小教堂，采用半穹顶，独具特色。

4.2 建筑高度

五大道地区中的建筑大部分建于 20 世纪 30 年代之前，大都为 2 ～ 3 层（12 米以下）的独栋

学校托幼

二十中学

市卫生局幼儿园

逸阳梅江湾国际学校

四十一中学

商业金融

狗不理贵宾楼

和平宾馆

天津市房产总公司

中国农业银行和平支行

医疗卫生

天津第一工人疗养院

天津市劲松老年护养院

天和医院

天和医院

体育教育

人民体育馆

民园体育场

天津外国语大学

天津外国语大学

别墅式建筑，也有 4 ～ 6 层（24 米以下）的多层建筑，核心保护区内建筑高度一般在 24 米以下，大部分建筑檐口高度不超过 12 米，建设控制地带中有少量中高层和高层（50 米以上）建筑，大多集中在南京路沿线、友谊北路附近及岳阳道与成都道之间的部分街坊内。整体上看，五大道地区的建筑高度呈由中心向四周逐渐增高的趋势。置身于五大道地区的睦南道、大理道、常德道、重庆道中，不会受到高层建筑的影响，仍然可以感受到五大道历史文化街区的风貌特色。

建筑层数	1F	2F	3F	4~5F	6~8F	9~17F	18~28F	29F 以上
建筑高度（米）	< 8	< 8	8~12	12~24	12~24	24~50	50~100	> 100
建筑面积（万平方米）	9.9	32.8	57.8	47.8	33.0	9.9	19.6	19.4

五大道现状建筑高度分析图

4.3 建筑产权分类

五大道地区的建筑产权大致包括八类：公产；企业产、代管产；私产、涉外产、港澳台产；军产、宗教产。其中公产建筑数量最多，企业产和代管产总建筑面积最多。公产建筑主要作为居住之用。政府机构和办事处办公用房多为个人捐赠或政府征收的私产。企业产、代管产建筑现状用途与公产建筑相似，多为居住办公之用，但这些建筑主要是企业从私人或政府手中购得的或仍属于私人但交给其他人或机构代管。私产、涉外产、港澳台产的建筑多为办公之用，也有部分做居住之用。军产、宗教产主要作为军事设施、军事基地和宗教建筑之用，也有一些用于商业娱乐用途。五大道地区大部分街坊中各种产权的建筑错综混杂，街坊性质特点很难在产权的基础上分类归纳。建筑产权的混杂以及其中的军产和宗教产，都给街区管理和保护更新带来了一定的障碍。

建筑权属	建筑栋数	建筑面积（万平方米）
公产	963	54.1
企业产 / 代管产	755	89.1
私产 / 涉外产 / 港澳台产	590	46.6
军产 / 宗教产	206	40.4

五大道现状建筑产权分类

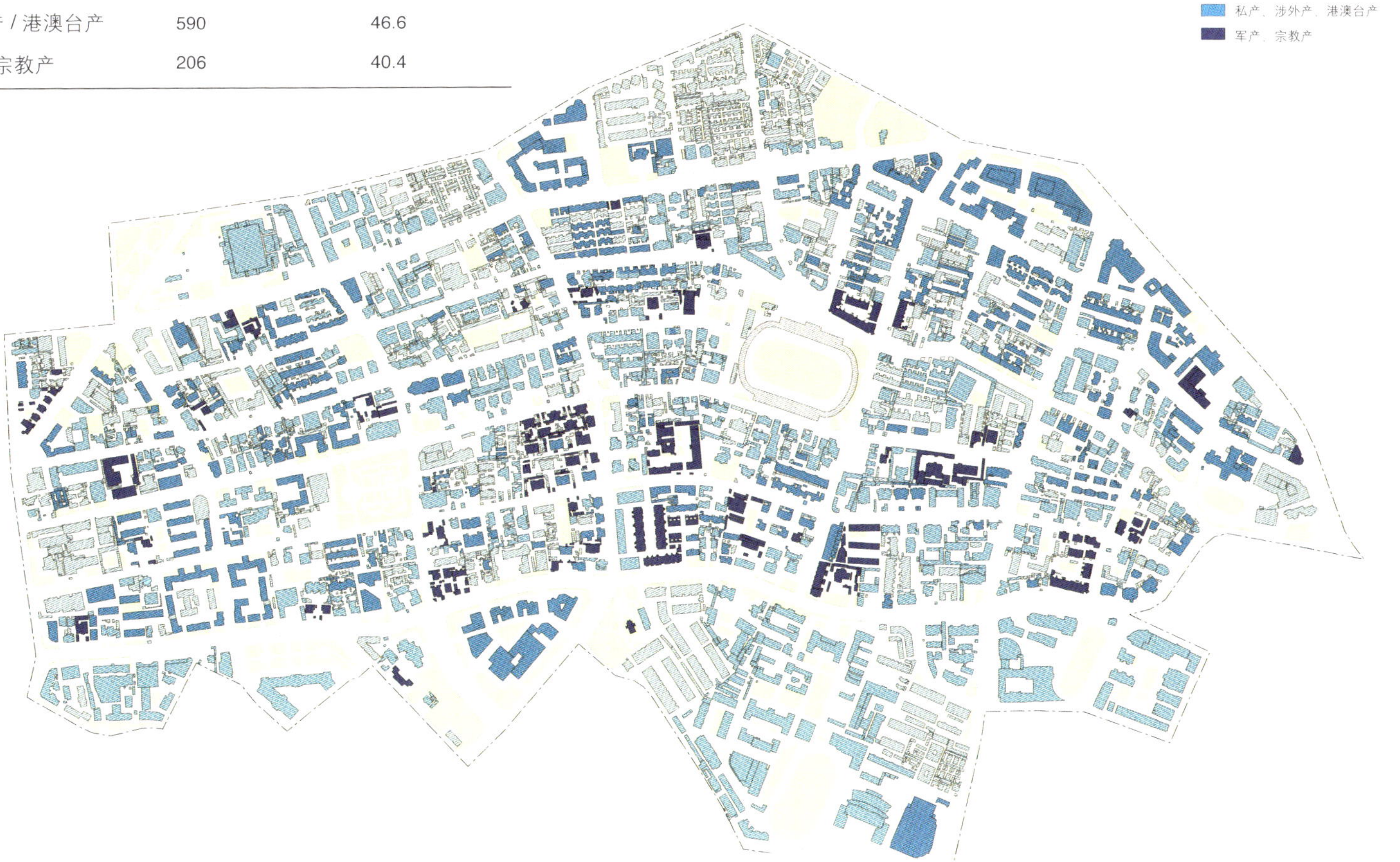

4.4 建筑现状与类型划分

对地区建筑的筛查是一项复杂而艰巨的任务，却是历史保护规划中必不可少的内容，在下面的篇幅中，将以街坊为单元，整理对建筑现状的调查统计信息，主要包括五方面内容：街坊位置、街坊内现状建筑分类（包括不可移动文物、历史建筑、传统风貌建筑、与传统风貌相协调的建筑以及与传统风貌不相协调的建筑五类）、建筑现状照片（按类型加以标识）、不可移动文物及历史建筑一览表，以及主要文物建筑简介。由于篇幅有限，对内容较少的个别地块加以整合，在一页内展示。在页侧提供便于查找的街坊编号信息。

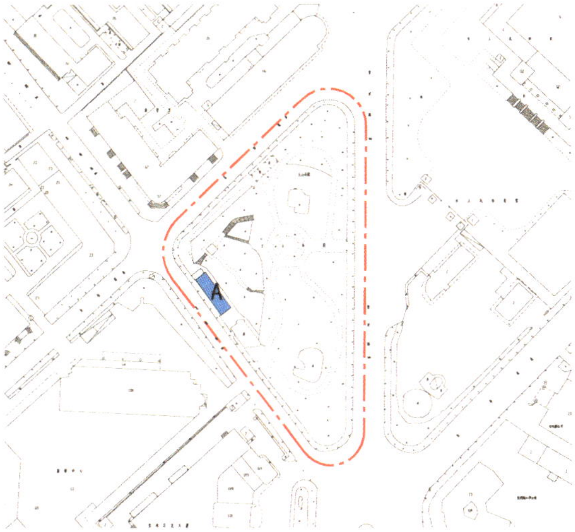

现状建筑分类　不可移动文物　历史建筑　传统风貌建筑　与传统风貌相协调的建筑　与传统风貌不协调的建筑

A 公厕

主要文物建筑简介

◎ 土山公园

现今土山公园的前身叫久不利花园，始建于1937年。该园位于成都道之西北部，占地0.8公顷，呈三角形，园中设喷泉和扇形花坛，现代月季从英国引入种在园中。此园修建带有偶然性，英租界工部局在此处修建大口径下水道，挖出的土没有运走，形成6米高左右的小土包，英国人顺势栽花植树，建成公园。该公园虽不大，却几度更名，最初叫“久不利花园”，太平洋战争后叫“南山公园”，又称“兴亚二区第三公园”，抗战胜利后改名“美龄公园”，几乎成了政治的代名词；新中国成立后改称“土山公园”。公园虽以自然方法布局，却有英格兰风景园林的味道，以幽静、典雅取胜。空间虽不大，草木也不多，但季节更替产生的春华秋实夏荫冬雪的情调，令人神清气爽、心旷神怡。

01 街坊

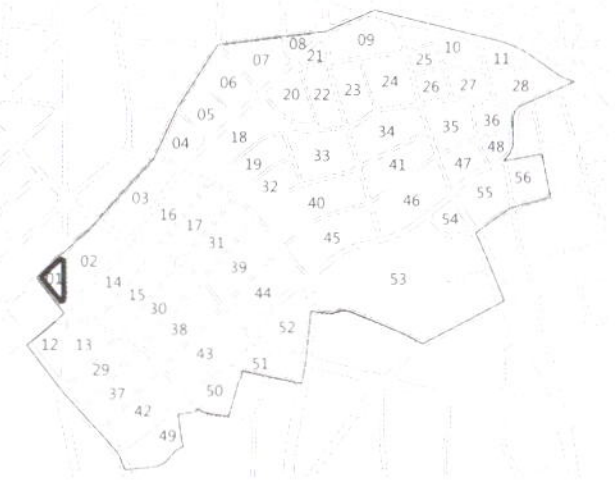

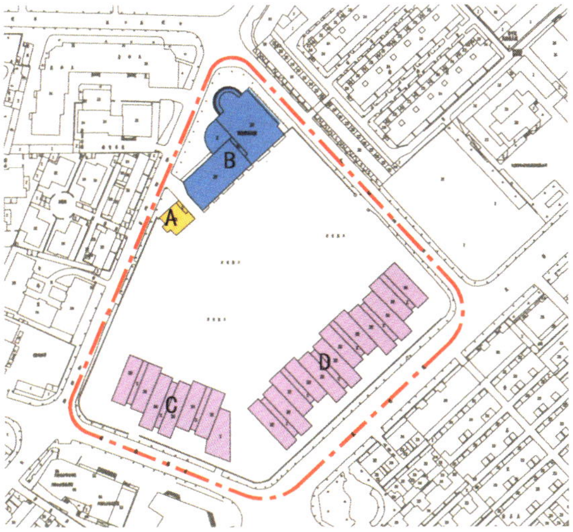

现状建筑分类　不可移动文物　历史建筑　传统风貌建筑　与传统风貌相协调的建筑　与传统风貌不协调的建筑

A 市体育局

B 裕城国际大酒店

C 商业

D 商业

04 街坊

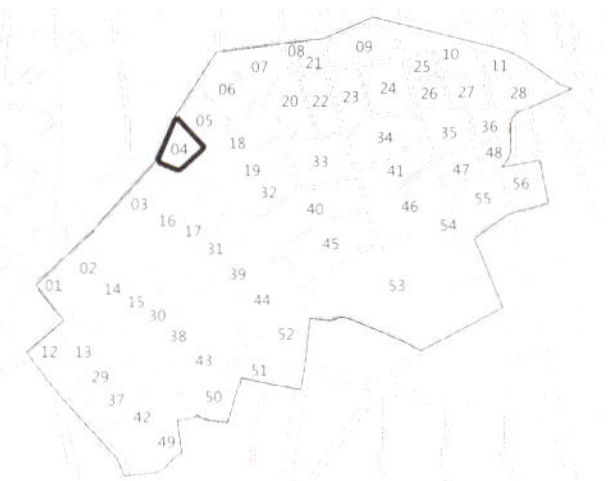

A 市体育局

B 市人民体育馆

C 市体育局

D 市食品药业监督管理局

E 市体委招待所

F 二楼视听

G 市体育局

H 市体委招待所

I 市人民体育馆售票处

J 9201商务会所

K 市体委招待所

L 市人民体育馆

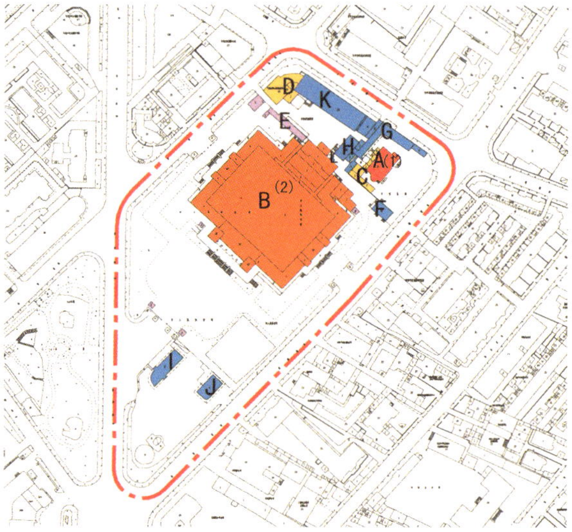

现状建筑分类　不可移动文物　历史建筑　传统风貌建筑　与传统风貌相协调的建筑　与传统风貌不协调的建筑

不可移动文物及历史建筑一览

建筑编号	原使用性质	现使用性质	地址	建筑面积(m^2)	保护等级
(1)	张叔诚旧居	天津市体育局	成都道118号	1496	文物、风貌
(2)		市人民体育馆	贵州路33号	7927	历史

02 街坊

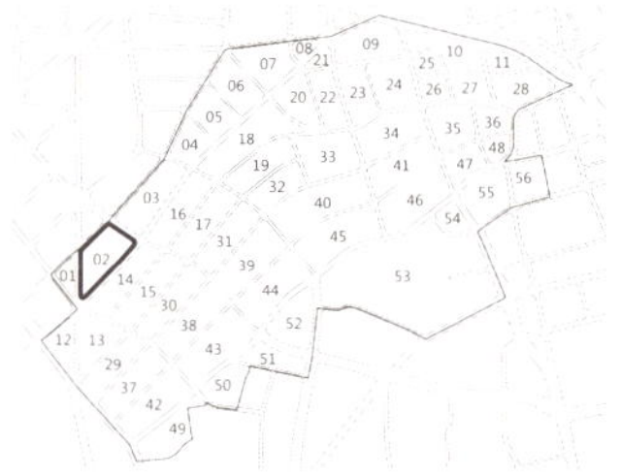

主要文物建筑简介

◎ 张叔诚旧居

张叔诚，1898—1995，北京通县人，著名实业家，文物收藏家，文物鉴赏家。1913年在南开学校就读，与周恩来是同学。曾任山东枣庄中兴煤矿公司监察人、董事、协理、常务董事。新中国成立后，任天津文史馆馆员，天津市政协委员。20世纪80年代，曾将《雪景寒林图》等455件文物无私奉献给国家，一时传为佳话。

张叔诚旧居建于1936年，原为二层小楼（"文革"中加盖一层），并有后楼，也为二层，由比利时工程师设计，位于成都道118号。该楼为三层砖混结构的现代建筑，平顶大开窗，外形简洁大方。内部装饰讲究，二层有阳台，门窗地板均为菲律宾木。楼内许多房间用于收藏文物。楼周围庭院很大，包括现人民体育场用地，是一座花园宅邸。1956年，在张叔诚旧居一侧建成人民体育馆。1958年初，李耕涛通过周叔弢与张叔诚协商由政府购买此楼，供市体委办公用。张叔诚迁往重庆道231号（现189号）新居。

◎人民体育馆

人民体育馆初建于1954年，于1956年正式启用，它是新中国成立后天津建设的第一批大型公共建筑。人民体育馆曾在20世纪70年代发生火灾，房顶被烧塌。之后经过落地重修后建成现在的样子，外观为暖灰色，比例得当，端庄典雅。

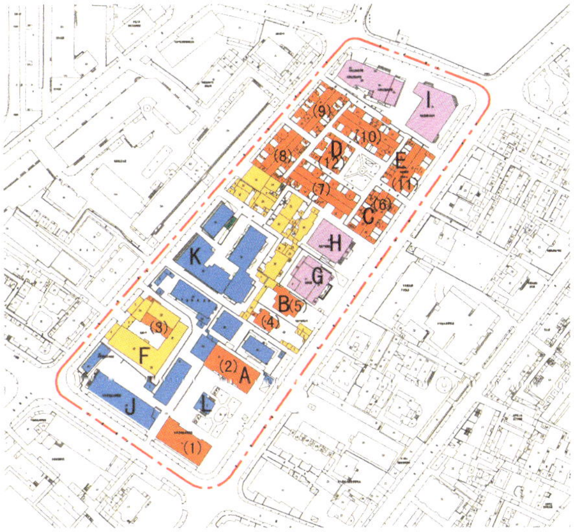

现状建筑分类　不可移动文物　历史建筑　传统风貌建筑　与传统风貌相协调的建筑　与传统风貌不协调的建筑

不可移动文物及历史建筑一览

建筑编号	原使用性质	现使用性质	地址	建筑面积(m²)	保护等级
(1)	办公	市半导体研究所		1758	历史
(2)	办公	市半导体研究所		1815	历史
(3)	办公	昆鹏小学		495	历史
(4)	居住	居住	成都道112号	418	历史、风貌
(5)	居住	办公	成都道110号	310	历史、风貌
(6)	朱宪彝、朱继圣、孙冰如旧居	居住	成都道94-104号	1655	历史、风貌
(7)	居住	居住	成都道永定里	1752	历史
(8)	居住	居住	成都道永定里	1096	历史
(9)	居住	居住	成都道永定里	1655	历史
(10)	居住	居住	成都道永定里	1544	历史
(11)	朱有济旧居	居住	成都道86-92号	1052	历史、风貌
(12)	胡仲文旧居	居住		1151	历史

A 市半导体技术研究所

B 市房产经理公司

C 永定里

D 永定里

E 市房屋置换中心

F 昆鹏小学

G 正信集团

H 市ⅹⅹ档案馆

I 市金属材料总公司

J 市半导体技术研究所

K 居住

L 市半导体技术研究所

主要文物建筑简介

胡仲文旧居

胡仲文，1901—1982，淮安淮城人。南开大学商科毕业后，历任天津北四行储蓄会副总经理、联合银行副总经理、盐业银行董事。1940年，他与陈亦侯历经万难保护了金编钟，并于新中国成立后上交给政府，现陈列于故宫博物院。

胡仲文旧居位于成都道永定里。永定里由中国工程师阎子亨设计，胡仲文投资建设，以永定河命名。当年多为银行职员居住。砖木结构三层平顶楼房，由独户单元联排组成，每个单元设前后小院，沿街逐级跌落，富有层次。深色琉缸砖墙体，局部混水抹灰装饰，白条收边，白色木门窗。虽为现代主义设计手法，但布局紧凑细腻，立面比例极佳。室内木地板和木楼梯至今保存良好。永定里居住过很多名人。

朱宪彝旧居

朱宪彝，1903—1984，天津人，我国临床内分泌学的创始人和奠基人，杰出的医学教育家，天津医科大学创建人。毕业于北京协和医学院，获医学博士学位，后又赴美国哈佛大学医学院做博士后研究，发表多篇医学学术论文，在国际上享有盛誉。历任天津医学院院长、天津市内分泌研究所所长、河北医学科学院院长、中华医学会常务理事、内分泌学会会长、全国人大代表、市科协副主席。

朱宪彝旧居位于成都道100号，三层砖木结构，机砖墙身，水泥屋顶，木地板，三槽窗，有前后小院。建筑布局紧凑，室内宽敞明亮。

朱继圣旧居

朱继圣，1894—1972，浙江鄞县人。毕业于北京清华学堂，后赴美国威斯康星大学学习经济学、货币学和银行学，获硕士学位。曾任北京仁立公司经理，创办天津仁立毛纺厂。朱继圣旧居位于成都道104号，是永定里联排别墅中的一幢。

丁懋英旧居

丁懋英，1891—1969，上海人。上海名中医丁甘仁之女。在严氏女学读书时，为严修所爱重，在其资助下赴美留学习医。1923年在严氏任董事长的天津公立女医院（现水阁医院）任院长，1935年在英租界（今成都道）创立天津女医院。

丁懋英旧居位于成都道106号，前部平房做诊所，后部二层楼房做私宅。仿中式硬山做法，出檐，彩绘，垂脊饰立兽。

孙冰如旧居

孙冰如，1896—1966，天津人，出生于面粉世家。北京大学经济系毕业。历任寿丰面粉公司副理事、三津磨坊业公会会长、天津市商会常务理事。新中国成立后，任寿丰面粉公司经理、天津市人大代表、人民政府委员、市工商联副主席。

孙冰如旧居位于成都道94号，是永定里联排别墅中的另一幢。

朱有济旧居

朱有济，1886—卒年不详，天津人。南开学校毕业。曾任潘复内阁财政次长。好京剧、工武生，演票戏，与王庚生、刘叔度合称“天津票界三杰”。

朱有济旧居位于成都道92号，建于1934年，由中国工程司设计建造，三层砖混结构，前后有院。

03 街坊

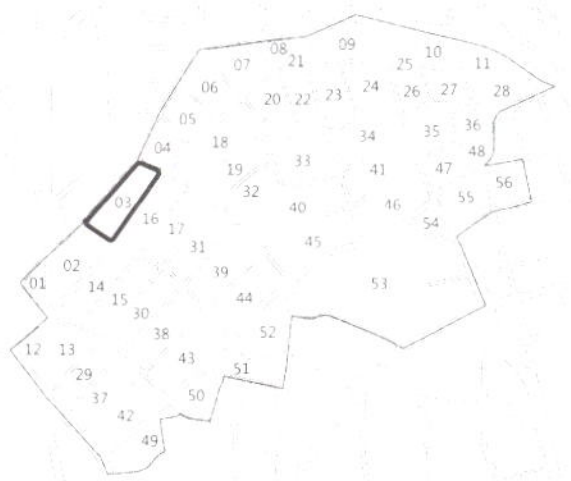

A 滨海市政建设发展有限公司

B 闲置

C 居住

D 居住

E 市滨海市政建设发展有限公司

F 居住

G 居住

H 泰华里二幢

I 泰华里三幢

J 居住

K 商住混合

L 居住

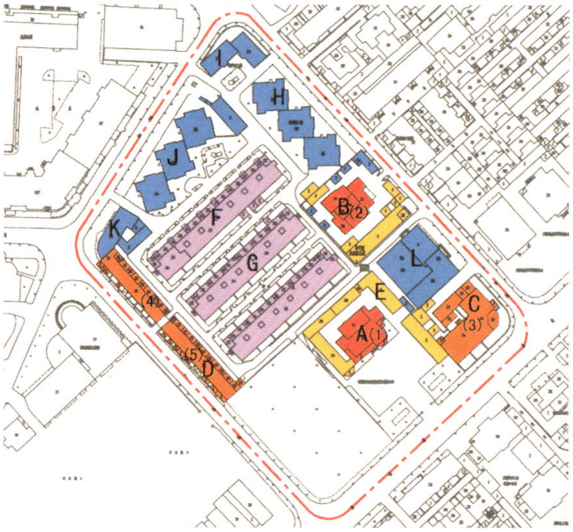

现状建筑分类

不可移动文物　历史建筑　传统风貌建筑　与传统风貌相协调的建筑　与传统风貌不协调的建筑

不可移动文物及历史建筑一览

建筑编号	原使用性质	现使用性质	地址	建筑面积(m²)	保护等级
(1)	张自忠旧居	滨海市政建设发展有限公司	成都道60号	867	文物、风貌
(2)	王怀庆旧居	闲置	成都道54−58号	1337	文物、风貌
(3)	居住	居住	芷江路18号	2263	历史、风貌
(4)	居住	居住		1578	历史、风貌
(5)	居住	居住		2014	历史、风貌

05 街坊

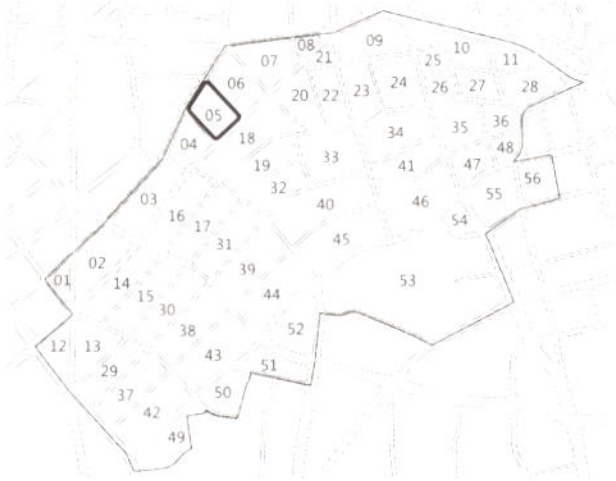

主要文物建筑简介

◎ 张自忠旧居

张自忠，1891−1940，山东临清人，著名抗日爱国将领，是第二次世界大战中反法西斯阵营在前线牺牲的最高将领之一。1936年5月曾任天津市长。张自忠在天津先后有两处故居，一处在现在的河北区金钢桥医院附近；另一处在英租界伦敦道也就是今天的成都道60号。他任天津市长期间大部分时间居住在此。

张自忠旧居位于成都道60号，1936年张自忠以“安庆堂”名义买下这块空地建成此楼。是一座庭院式公馆，砖木结构两层建筑，局部三层。立面处理遵循现代简约风格，采用天津地方材料，造型朴实无华。楼前面向花园有两层外廊，楼侧有对称外凸多边形房间。院落宽阔，占地1400多平方米，建筑占院子的四分之一，院里种植各种花草，花园设计和绿化布置极为讲究，建筑的外廊设计呼应环境，可凭栏观赏院落的花草绿化。

◎ 王怀庆旧居

王怀庆，1875−1953，河北宁晋县人，北洋直系老将，徐世昌在军界的第一心腹，历任北京步军统领、京畿卫戍总司令、第十三师师长、热河统领、热察绥三特区巡阅使。第二次直奉战争后，寓居天津。

王怀庆旧居位于成都道54−58号，为二层砖木结构住宅楼，建筑外观端庄大方，有混凝土的窗套和少量欧式装饰元素。

现状建筑分类　不可移动文物　历史建筑　传统风貌建筑　与传统风貌相协调的建筑　与传统风貌不协调的建筑

不可移动文物及历史建筑一览

建筑编号	原使用性质	现使用性质	地址	建筑面积(m²)	保护等级
(1)	杜友樵旧居	住非混合	长沙路42号	542	文物、风貌
(2)	居住	闲置	成都道38号	779	历史、风貌
(3)		天津社科界联合会	成都道52号	1456	历史、风貌
(4)	居住	住非混合	成都道46–50号	616	历史、风貌
(5)	袁家骝旧居	住非混合	成都道40–44号	850	历史、风貌
(6)	居住	教育科研	长沙路44号	675	历史、风貌

主要文物建筑简介

◎ 袁家骝旧居

袁家骝，1912–2003，河南安阳人。华裔美国物理学家，袁世凯次子袁克文之子。燕京大学物理学硕士，曾赴美国加利福尼亚理工学院研读。历任普林斯顿大学物理研究员，布鲁克黑文国立实验室高级物理研究员，中国科学院高能物理研究所学术委员会委员，南开大学名誉教授。

袁家骝旧居位于成都道40－44号，二层琉缸砖清水砖墙，有拱形大门，比例协调，临街围墙以红砖收边，线条精致细腻。

◎ 李季达旧居

李季达，1900–1927，生于四川省巫山县。中共早期革命活动家，曾任中共天津地委书记、顺直省委宣传部长、工人部部长、天津市委书记。1927年遭直系军阀杀害。

李季达旧居位于长沙路求志里17号，1925年英租界填土垫地，次年胡尚义购地建房成巷并命名。为一组里弄式住宅，主入口在长沙路，内部巷道呈“日”字形，砖木结构三层建筑，清水红砖墙。

◎ 杜友樵旧居

杜友樵，生卒年不详，是孙传芳五省联军总司令部秘书长。

杜友樵旧居位于长沙路42号，始建于1928年，为砖混结构西式三层楼房，左侧局部为二层并建条状平台。建筑平面为多角形，顶部为平顶出檐。建筑外立面为青砖砌筑，建筑入口处设有夹角，门口的台基上设有4根高柱从而形成柱式门厅。新中国成立后，该建筑成为大杂院，目前，附近的居民仍称之为“杜家大院”。

06 街坊

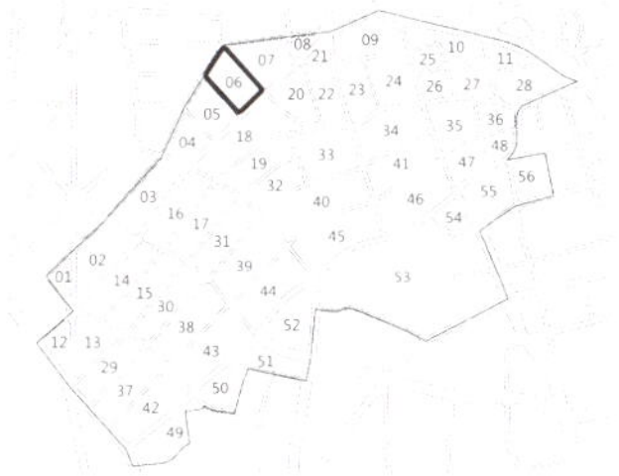

A 幼儿园

B 和平区体育馆街道劳动保障服务中心

C 居住

D 办公

E 商业

F 市房地产开发企业协会

G 天津天泰服装进口有限公司

H 居住

I 居住

J 天津旅游育才职专

K 居住

L 居住

现状建筑分类

不可移动文物　历史建筑　传统风貌建筑　与传统风貌相协调的建筑　与传统风貌不协调的建筑

不可移动文物及历史建筑一览

建筑编号	原使用性质	现使用性质	地址	建筑面积(m²)	保护等级
(1)	石敬亭旧居	办公	长沙路69号	1360	文物、风貌
(2)	庆云堂刘公馆旧址	幼儿园	文星里7号	1720	文物、风貌
(3)	陶茂正旧居	办公	成都道36号	838	文物
(4)	居住	居住	明德里1-5号	1433	历史、风貌
(5)	居住	居住		1415	历史
(6)		办公		928	历史
(7)		居住		521	历史
(8)	金邦正旧居	商业	成都道30号	1101	历史
(9)		办公		1042	历史
(10)	居住	市房地产开发企业协会		1101	历史
(11)		居住		1042	历史

07 街坊

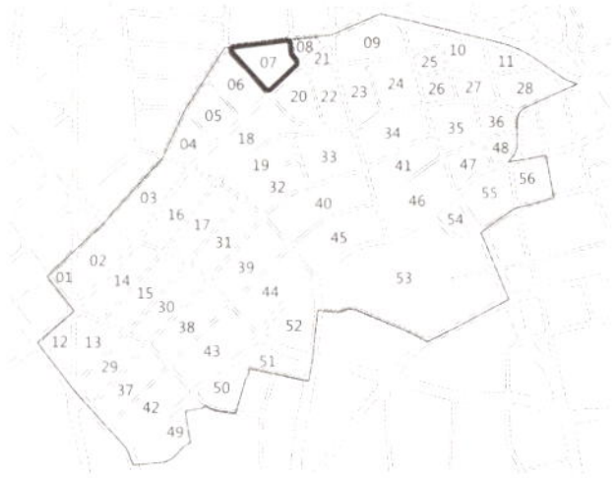

主要文物建筑简介

◎ 石敬亭旧居

石敬亭，1884—1969，山东省利津县人。考入东北武备学堂。1911年参加滦州起义。历任绥远第十六混成旅参谋官、营、团长，国民一军整编第四混成旅中将旅长、第五师师长、第五军军长兼西北陆军干部学校校长、山东省政府委员、国民党第六届中央执行委员会委员等职。解放战争末期，石敬亭由重庆去台湾，被聘为所谓的国民党"总统府"国策顾问。"中原大战"后，石敬亭曾在现五大道长沙路69号隐居两年时间。

石敬亭旧居为砖木结构三层西式楼房，平顶出檐，墙体水泥饰面，入口前设高石阶，两侧由石柱承托弧形水泥阳台，风格新颖别致。

◎ 陶茂正旧居

陶茂正，生卒年不详，河南人。20世纪三四十年代天津较为知名的文物收藏家和鉴赏家，收藏范围涉猎较广泛，收藏品位较高，曾得到徐世章等收藏名家的赞赏。

陶茂正旧居位于成都道36号，建于1938年，为三层砖混结构公馆式楼房，当年是陶氏一家居住的地方。陶氏旧居建筑奇巧，新颖别致，室内设施完善。正立面为三段式逐一退线、减层，清水砖墙，部分混水砂石罩面。在这所公馆之后，有一条小有规模的巷子，名叫"瑞玮山庄"，据说这里也是陶茂正名下的产业，是陶氏专门用于出租的经营性地产。原陶茂正旧居在大平台上有两个亭子，一个是六角形，一个是圆形，结构很巧妙。今大平台上的亭子已经不见，取而代之的是一层加盖的房间。

◎ 金邦正旧居

金邦正，1886—1946，安徽黟县人。教育家、林业学者、北洋政府官员。美国康奈尔大学林科硕士。曾任国立北京农业专门学校校长，后出任清华学校校长。1922年参与创建秦皇岛耀华平板玻璃厂，任总工程师。

金邦正旧居位于成都道30号，建于20世纪40年代，为砖木结构西式平房，清水砖墙，装修精致。

现状建筑分类　不可移动文物　历史建筑　传统风貌建筑　与传统风貌相协调的建筑　与传统风貌不协调的建筑

不可移动文物及历史建筑一览

建筑编号	原使用性质	现使用性质	地址	建筑面积(m^2)	保护等级
(1)	陶湘旧居	闲置	成都道14号	619	文物

A 闲置

主要文物建筑简介

陶湘旧居

陶湘，1870–1939，江苏武进人。长期在实业界和金融界任职。历任上海三新纱厂总办，上海轮船招商局董事兼天津分局经理，天津中国银行经理，天津华新、裕元、北洋等纱厂经理，北京、上海交通银行经理等职。1915年，在北京创办修便堂书店，成为天津近代藏书家之一。晚年专于刻印图书，享有盛誉。

陶湘旧居位于成都道14号，由天津乐利工程司的荷兰籍建筑师乐伦森设计，建成于1933年，是一幢颇为少见的立体主义风格建筑。立体主义是欧洲20世纪二三十年代流行的一种现代主义建筑风格，体现了绘画的线条美和雕塑的立体美。1941年4月7日的图纸表明，该楼曾进行了改建，但主体结构变动不大。该建筑构思精巧，依据用地范围和功能需要可分为三个院落，即一个主院落和两个附属院落。起居厅为跃层式，高二层，在二层部分有一个内部挑出平台，可俯视整个客厅，并与后面的餐厅相通。起居厅南侧为落地窗，东为横向长窗，二层书房和三层主卧室均有转角窗。整幢建筑多处有休闲平台和大阳台，半圆形楼梯间突出于三层以上。建筑外观为白色，远远看去颇像一件立体构成的艺术作品。

08 街坊

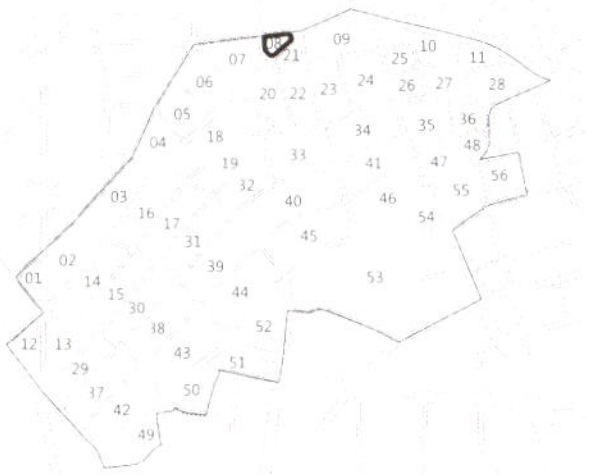

现状建筑分类　不可移动文物　历史建筑　传统风貌建筑　与传统风貌相协调的建筑　与传统风貌不协调的建筑

A 居住

B 宝石轴承厂

C 手表宝石轴承厂

D

E 居住

09 街坊

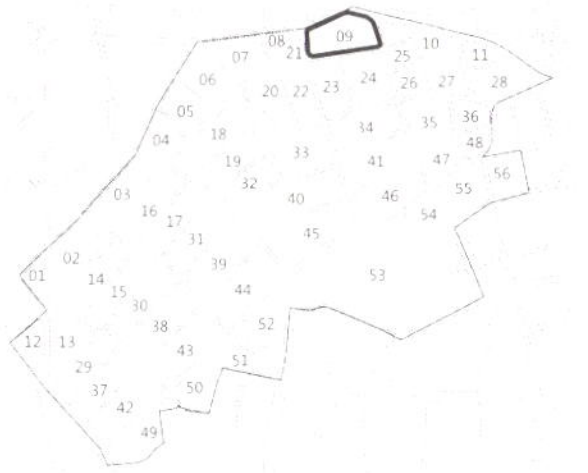

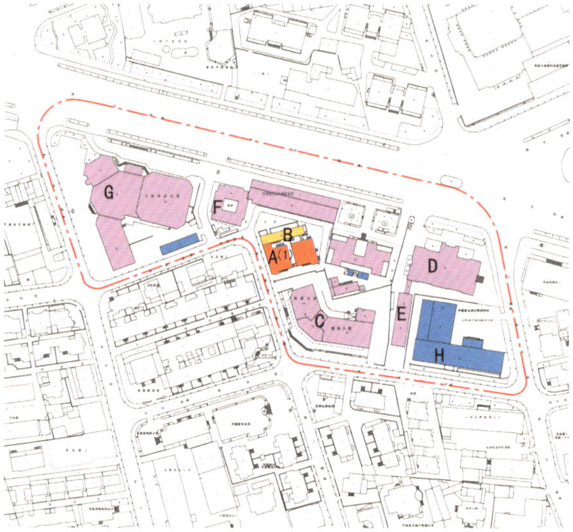

现状建筑分类

不可移动文物　历史建筑　传统风貌建筑　与传统风貌相协调的建筑　与传统风貌不协调的建筑

不可移动文物及历史建筑一览

建筑编号	原使用性质	现使用性质	地址	建筑面积(m^2)	保护等级
(1)	周学熙旧居	办公	澳门路1-3-5号	1364	历史、风貌

10 街坊

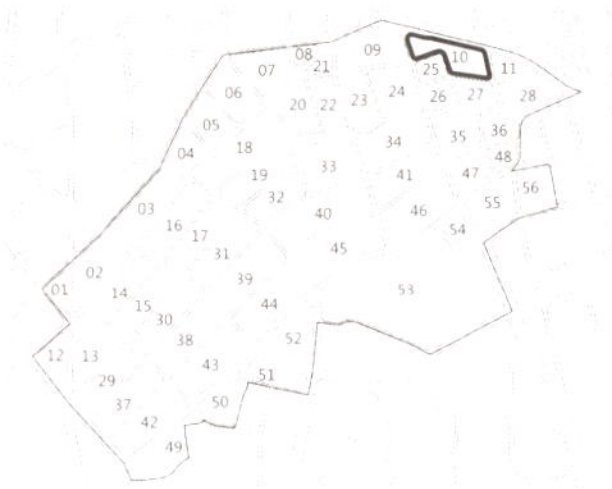

主要文物建筑简介

① 周学熙旧居

周学熙，1866-1947，安徽东至人，近代著名实业家。1906年在唐山创办启新洋灰公司、滦州矿务局。1908年在北京创办京师自来水公司。辛亥革命后，两次出任北洋政府财政总长，创办华新纺织公司，在天津、青岛、唐山、卫辉创办四个华新纱厂，是近代民族工业创始人之一，也是华北地区早期工业化的奠基者之一。

周学熙旧居位于澳门路1-3-5号，为中西合璧三层砖木结构，机砖清水墙，部分砂石罩面，窗口镶嵌花纹装饰。楼内三层槽窗，卫生、暖气设施齐全。

现状建筑分类

不可移动文物　历史建筑　传统风貌建筑
与传统风貌相协调的建筑　与传统风貌不协调的建筑

G 丽晶轩

A 香港潮州轩

B 天津计划委员会

C 居住

D 私房菜

E 居住

F [illegible]

不可移动文物及历史建筑一览

建筑编号	原使用性质	现使用性质	地址	建筑面积(m²)	保护等级
(1)	原犹太会堂	香港潮州轩	南京路55号	1300	文物、风貌
(2)	居住	居住	郑州道2号	328	历史、风貌
(3)	居住	居住		328	历史
(4)	居住	办公	南京路57号	2516	历史
(5)	居住	私房菜		548	历史
(6)	张嘏臣旧居	居住	湖北路57号	1233	历史、风貌

主要文物建筑简介

11 街坊

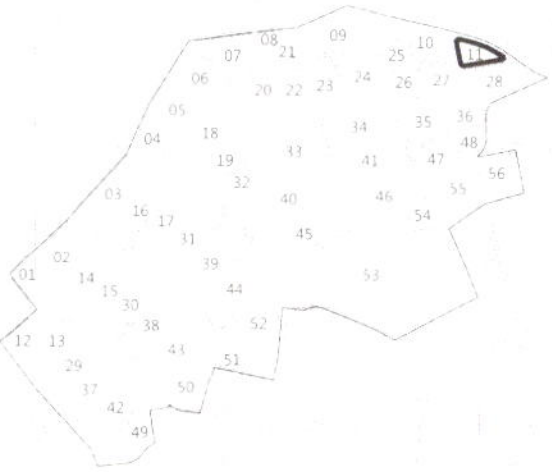

张嘏臣旧居

张嘏臣，1886–1953，河北省丰润县人。曾任烟台警察厅厅长，烟台市代市长。1924年离职回到天津做寓公，在张志潭的关照下经营盐务。

张嘏臣旧居位于湖北路57号，建于20世纪30年代，为三层带地下室的西式楼房，砖木结构，三楼有大露台，清水红砖墙，局部混水装饰。

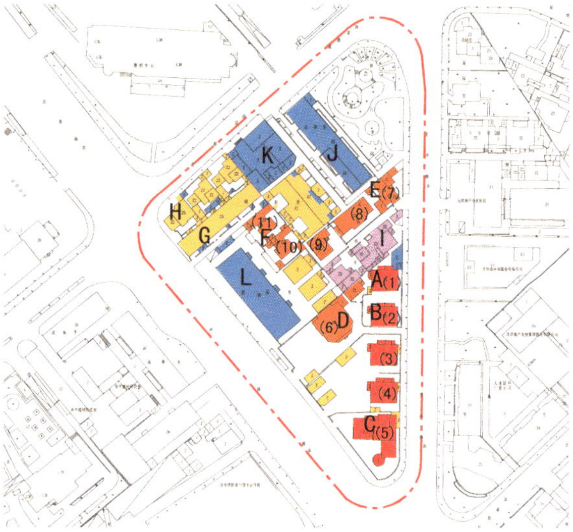

现状建筑分类

不可移动文物　历史建筑　传统风貌建筑
与传统风貌相协调的建筑　与传统风貌不协调的建筑

不可移动文物及历史建筑一览

建筑编号	原使用性质	现使用性质	地址	建筑面积(m^2)	保护等级
(1)	居住	居住	贵州路82号	443	文物、风貌
(2)	居住	居住	贵州路84号	462	文物、风貌
(3)	曹汝霖旧居	居住	贵州路86号	373	文物、风貌
(4)	居住	居住	贵州路88号	371	文物、风貌
(5)	张鸣岐旧居	居住	贵州路90号	371	文物、风貌
(6)	居住	办公	西康路63号	473	历史、风貌
(7)	居住	居住	贵州路76号	265	历史
(8)	居住	居住	花园西里1-3号	338	历史
(9)	居住	居住	花园西里5号	212	历史
(10)	居住	居住	乐安别墅6号	166	历史
(11)	居住	居住	乐安别墅7号	204	历史

12 街坊

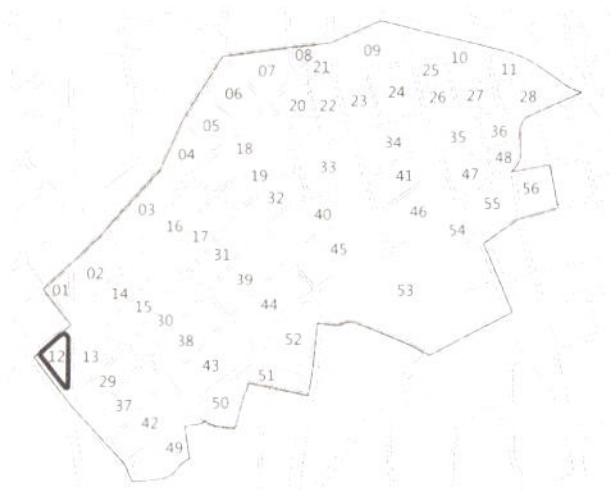

主要文物建筑简介

◎ 曹汝霖旧居

曹汝霖，1867–1966，上海人。18岁时以第五名的成绩考中秀才，1901年赴日留学，拥护君主立宪。历任外交次长、交通总长。五四运动后蛰居天津。抗日战争时期任汉奸组织华北临时政府担任最高顾问，后辗转中国香港、日本、美国。

曹汝霖旧居位于贵州路86号，由奥地利建筑师盖苓设计，沿贵州路四幢相同的砖木结构四层建筑，长短坡大坡屋顶，英式乡村风格别墅，大开间大进深，棕灰色水泥混水墙。室内设施完善，装修考究。院内绿荫环绕，环境优美。

◎ 张鸣岐旧居

张鸣岐，1875–1945，山东无棣人，前清举人。曾任广西布政使、广西巡抚。凭借贿赂奕劻署理两广总督，广州将军，镇压黄花岗起义，杀害林党民，喻云纪等四十余人，后任广西民政长，会办广西军务。1916年因赞助袁世凯称帝，被封为一等伯。1927年迁居天津。日本侵华后公开投敌。1942年被聘为伪华北政务委员会咨议会议委员。

张鸣岐旧居位于贵州路90号，贵州路和西康路所夹的锐角转弯处。为二层砖木结构，英国乡村风格建筑，白色混水外墙面，大坡度红色瓦顶，比例匀称。

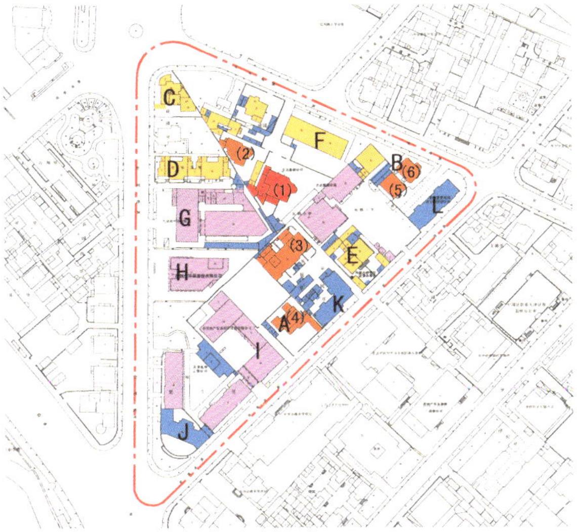

现状建筑分类　不可移动文物　历史建筑　传统风貌建筑　与传统风貌相协调的建筑　与传统风貌不协调的建筑

不可移动文物及历史建筑一览

建筑编号	原使用性质	现使用性质	地址	建筑面积(m²)	保护等级
(1)	毕鸣岐旧居	办公	昆明路欣园3号	627	文物、风貌
(2)	居住	办公	昆明路欣园2号	449	历史、风貌
(3)	居住	居住	乐民里14号	1244	历史
(4)	居住	办公	常德道76号	310	历史、风貌
(5)	居住	居住	常德道71号	762	历史、风貌
(6)	居住	居住	昆明路140号	305	历史、风貌

A

B 居住

C 居住

D 居住

E 内蒙古经贸厅驻津办事处

F 居住

G 天津和平中医医院

H 市创业环保股份有限公司

I 市房地产发展集团股份有限公司

J 居住

K 居住

L 市物资管理局老干部活动中心

主要文物建筑简介

毕鸣岐旧居

毕鸣岐，1902—1971，山东省利津县毕家嘴村人。曾在沈阳礼和洋行、福茂洋行、张家口华德洋行和上海德孚洋行任翻译、文书、华人经理等职。新中国成立后，任新民化工厂、建业砖瓦厂经理，曾被选任全国人大代表、全国工商联副主席、民建中央常委、天津市副市长、政协天津市委员会副主席、天津市工商业联合会主任委员等。抗美援朝运动中，他率先捐献飞机1架，带头认购公债，并担任华北人民赴朝慰问团副总团长赴朝慰问志愿军。“文革”期间毕鸣岐遭受迫害，于1971年含冤逝世。

毕鸣岐旧居坐落在昆明路欣园3号，他生前长期居住在这所西式平房内。该宅邸系他于1944年10月以“水顺堂毕”名义购自“玉德堂苏”的房产，转年赠与其子毕守藩。为琉缸砖大筒瓦尖顶西式一层建筑，内有13个房间，另有一灰砖平顶建筑，内有房5间。设有卧室、会客厅、餐厅、厨房、卫生间、锅炉房、杂房等，室内装饰讲究，木地板，三槽窗，卫生和采暖设施俱全。

苏锡麟旧居

苏锡麟，1880—1972，直隶宁河县人。曾任袁世凯的定武军统领，后脱离军旅，在张学良的帮助下，经营裕蓟盐业公司。

苏锡麟旧居为常德道72号，三层砖混结构连体公寓，外观简单方正，分为两户。

马达旧居

马达，1903—1978，广西北流人，版画家。原名陆诗瀛，笔名马达。曾任中国美术家协会天津分会主席。作品有《保卫大西北》等。

马达旧居位于昆明路132号，二层砖木结构，折中主义风格，清水砖墙，双坡瓦顶，院落宽敞。

卢景贵旧居

卢景贵，1891—1967，辽宁沈阳人。早年赴美留学。历任铁路局长、路政主任委员等职。“七七”事变后，避居天津潜心著书，后发起成立中国天文学会。著有《高等天文学》、《月理初编》等。

卢景贵旧居位于贵州路吉安别墅，西班牙建筑风格，砖木结构二层建筑，红瓦黄墙坡顶。于1976年大地震中受损，修复后改为平顶。现仍为卢氏后人居住。

13 街坊

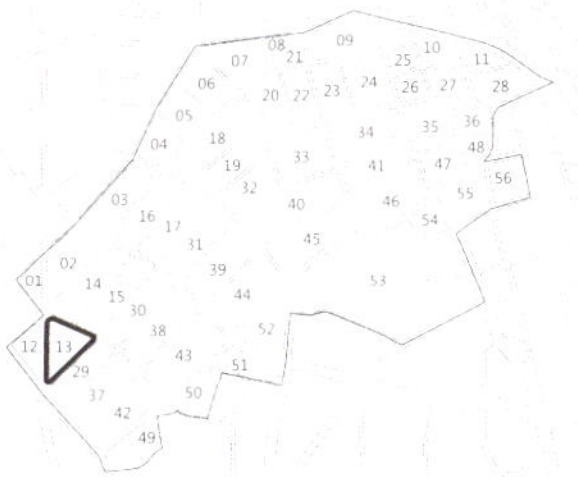

A 居住

B 居住

C 住非混合

D 和平区生殖健康服务中心

E 市和平区道路管理所

F 居住

G 市电影公司

H 三源电力集团

I 办公

J 居住

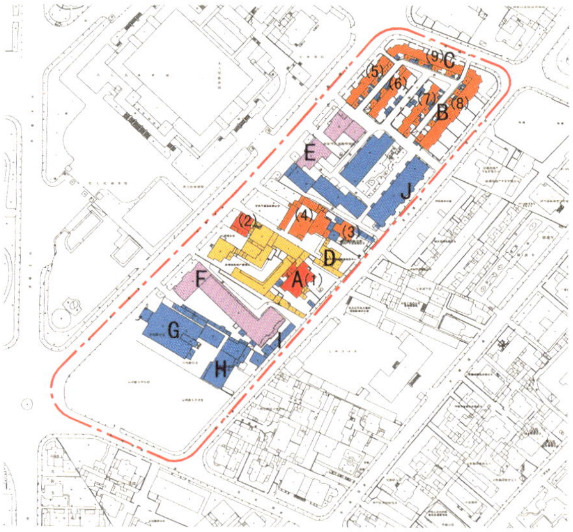

现状建筑分类 不可移动文物　历史建筑　传统风貌建筑　与传统风貌相协调的建筑　与传统风貌不协调的建筑

不可移动文物及历史建筑一览

建筑编号	原使用性质	现使用性质	地址	建筑面积(m²)	保护等级
(1)	严修旧居	居住	重庆道144–148号	763	文物、风貌
(2)	居住	办公	成都道157号	341	文物、风貌
(3)	居住	办公	重庆道140号	346	历史、风貌
(4)	居住	办公	成都道155号	1254	历史、风貌
(5)	云成里住宅	居住、办公	成都道141–147号	620	历史、风貌
(6)	云成里住宅	居住	云成里1–7号	552	历史、风貌
(7)	云成里住宅	居住	云成里2–8号	558	历史、风貌
(8)	云成里住宅	居住	重庆道126–134号	1076	历史、风貌
(9)	云成里住宅	居住、办公	云南路22–30号	800	历史、风貌

14 街坊

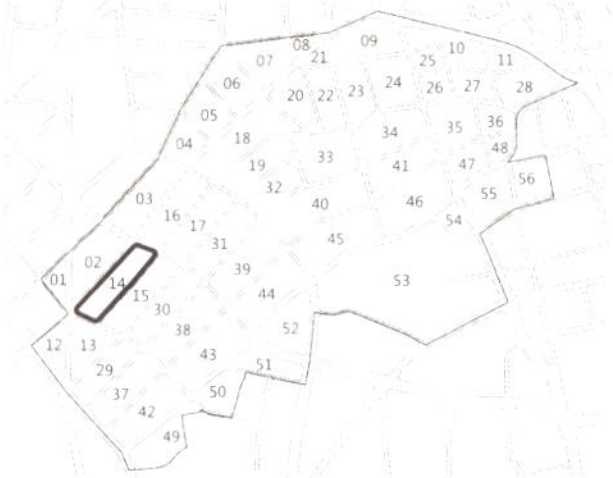

主要文物建筑简介

云成里住宅

位于和平区成都道与云南路交口处。二层砖木结构住宅楼。沿成都道、云南路、重庆道各布置一排，里弄内两排。平面布局紧凑，充分利用地形。沿街建筑立面以清水墙为主，部分水泥罩面，做横线条。其他部分均为清水墙。多坡大筒瓦屋顶。内部装修注重实用，进深较小，辅助面积较大，后部房屋顶子做凉台使用。前后均设有小院，独户使用，实用方便。由23个单体组成，分甲、乙两种类型。甲型：首层设一间会客室、一间卧室、一间厨房和一间厕所；二层为三间卧室、一间卫生间。乙型：首层设一间会客室、两间卧室及厨房、厕所；二层为三间卧室、一间卫生间。

严修旧居

严修，1860–1929，近代著名教育家、学者，推进教育现代化的先驱。早年入翰林院，后出任贵州学政、学部侍郎等职。两次东渡日本考察教育，后筹建南开中学堂。1919年又与张伯苓共同创办南开大学，捐赠土地和图书典籍等，为南开大学的早期发展提供物质支持。此后又成立南开女中、南开小学。

严修旧居位于重庆道144–148号，砖混结构，二层欧式建筑，清水红砖墙，墙身有白色抹灰横带，白色窗套，四坡屋顶，院墙较高，院内大树参天。

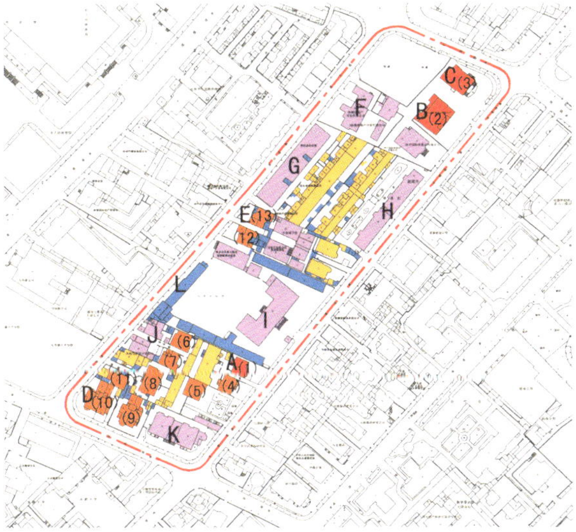

现状建筑分类　■不可移动文物　■历史建筑　■传统风貌建筑　■与传统风貌相协调的建筑　■与传统风貌不协调的建筑

A 居住

B 办公

C 办公

D 住非混合

E 住非混合

F 鼎盛房地产开发有限公司

G 市物业办公室

H 居住

I 华光中学

J 居住

K 办公、经营

L 华光中学

不可移动文物及历史建筑一览

建筑编号	原使用性质	现使用性质	地址	建筑面积(m²)	保护等级
(1)	佟兆元旧居	居住	常德道60–62号	494	文物、风貌
(2)	居住	办公	常德道50号–2	800	文物
(3)	居住	办公	常德道50号–1	500	文物
(4)	佟兆元旧居	居住	常德道64号	553	历史、风貌
(5)	居住	居住	常德道66号	353	历史、风貌
(6)	居住	居住	协同里4号	429	历史
(7)	居住	居住	协同里2、3号	387	历史
(8)	居住	居住	保园里3、4号	482	历史、风貌
(9)	田大文旧居 胡奇旧居	居住、办公	昆明路103–105号	539	历史、风貌
(10)	居住	居住、办公	昆明路101号	637	历史、风貌
(11)	居住	居住	保园里1号	204	历史、风貌
(12)	居住	居住	重庆道227号	372	历史
(13)	居住	居住、办公	重庆道223号	372	历史

主要文物建筑简介

佟兆元旧居

佟兆元，1881–1948，清末举人。民国时期曾任奉天省第一届省议会议长，创办奉天纺纱厂，任奉天交涉署署长。曾是奉系军阀张作霖的下属，1931年为躲避日本人纠缠，落户至天津。

佟兆元旧居位于常德道60–64号，为英式三层小楼，顶层前面呈坡形，二层上面附带阁楼。首层为凸出的弧形，二层阳台。建筑线条简洁、明快，有院落。室内壁橱与地板为菲律宾木，卫生间铺设比利时高级地砖。

田大文旧居

田大文，1897–1966，天津人，眼科专家。毕业于北洋海军医学院，后赴法国波尔多医科大学眼科深造，创办天津第一所眼病治疗机构——防盲医院，任院长，并陆续在全国各地设分诊所。其对眼肌学和有关眼病的颅脑神经学颇有研究，编写多部专著。

田大文旧居位于昆明路103号，建于20世纪30年代，为二层砖木结构，折中主义风格建筑，清水砖墙，朝南有大阳台，室内宽敞明亮，三槽窗，水磨石地面。

胡奇旧居

胡奇，1902–1969，浙江绍兴人，生于天津，漫画家。早年就读上海美术专科学校，师从刘海粟。后毕业于南开大学商科，入中南银行工作，期间从事漫画创作，发表于《北洋画报》、《大公报》等报刊。作品集有《胡奇漫画集》、《胡奇素描集》、《胡奇炭画集》等。

胡奇旧居位于昆明路105号，建于20世纪30年代，为二层砖木结构，折中主义风格建筑，清水砖墙，朝南有大阳台，外形简洁大方。室内宽敞明亮，三槽窗，水磨石地面。

15 街坊

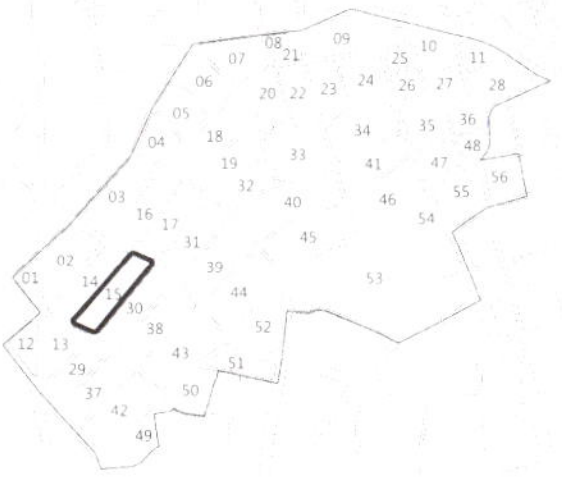

A 环渤海房地产商会

B 远洋运输公司

C 市证券管理办公室

D 办公

E 办公

F 居住

G 浩天房地产

H 市市政公路管理局

I 国家安全局

J 居住

K 居住

L 市市政公路行业协会

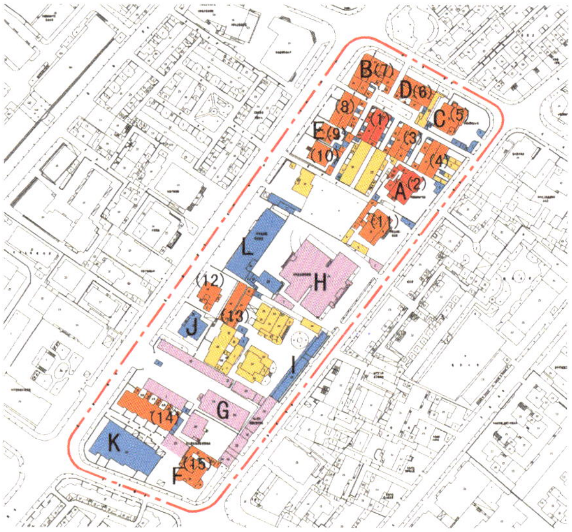

现状建筑分类

不可移动文物　历史建筑　传统风貌建筑　与传统风貌相协调的建筑　与传统风貌不协调的建筑

不可移动文物及历史建筑一览

建筑编号	原使用性质	现使用性质	地址	建筑面积(m²)	保护等级
(1)	居住	居住	生牲里5-7号	691	文物
(2)	金邦平旧居	办公	重庆道114号	1134	文物、风貌
(3)	居住	居住	生牲里2-4号	692	历史
(4)	居住	居住	重庆道108-112号	767	历史
(5)	张召兰旧居	办公	重庆道106号	1131	历史、风貌
(6)	居住	办公	桂林路8-10-12号	786	历史
(7)	居住	远洋运输公司	成都道117号	309	历史、风貌
(8)	袁克文旧居		成都道121-125号	784	历史
(9)	居住	办公	成都道127号	430	历史
(10)	乐氏旧居		成都道129号	647	历史
(11)	杨济时旧居	华夏未来二幼	重庆道116号	843	历史
(12)	居住		成都道139号	543	历史
(13)	居住		重庆道122号－13	537	历史
(14)	居住	居住	光洁里1-9号	1391	历史、风貌
(15)	居住	居住	云南路33号	809	历史、风貌

16 街坊

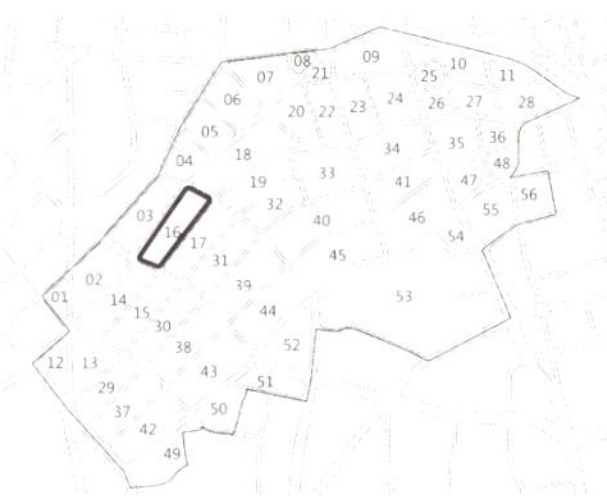

主要文物建筑简介

◎ 金邦平旧居

金邦平，1881－卒年不详，安徽黟县人。早年留学日本早稻田大学，回国后任北洋大臣袁世凯秘书。民国时期，历任中国银行筹备处总办、充政事堂参议、农商部次长兼全国水利局总裁。后任段祺瑞内阁农商部总长。1927年辞职来天津英租界居住，主要致力于实业活动，1931年为启新洋灰公司经理。1938年任耀华学校校长。

金邦平旧居位于重庆道114号，为砖木结构二层局部三层仿德国庭院式建筑，清水砖墙，一层中部房间凸出，二层中部为多边形阳台，顶部为多坡瓦顶，房屋左侧为陡峭的牛舌瓦，右侧为稍缓的大筒瓦顶，上有天窗，门窗均有白色窗套。居室宽敞明亮，大厅为彩色马赛克地面，三槽硬木窗。院落宽敞。

◎ 杨济时旧居

杨济时，1900－1970，江苏苏州人。早年毕业于协和医学院，获医学博士学位。先后担任南京中央医院内科主任、湘雅医学院教授、贵阳医学院教授。新中国成立后，任天津市第一中心医院副院长。他长期从事内科临床及医学教育工作，在血液病研究上做出了重要贡献，著有《肾盂肾炎》和《心血管》两部专著。

杨济时旧居位于重庆道116号，为砖木结构，呈前后两排对称布置。室内地板、楼梯与门窗均为木质，楼前有高台阶，两侧有平房。

◎ 李汉元旧居

李汉元，生卒年不详，湖北南漳人。历任天津警察局特务处主任、英租界工部局警务处副处长，1945－1949年，任天津警察局局长。

李汉元旧居位于桂林路生牲里20号，建于1937年。生牲里有三个出口，分别通往成都道、桂林路和重庆道。共有西式普通公寓8幢，砖木结构，主体二层局部三层，错落平屋顶。外檐琉缸砖清水墙，前有半封闭矮墙，背面两翼墙体突出。前后有小院，结构合理，布局紧凑。

◎ 张召兰旧居

张召兰，1874－1940，天津人。曾任永丰银号经理、中和银号经理、天津钱业公会理事、天津商会监事等职。张召兰旧居位于重庆道106号生牲里。

◎ 袁克文旧居

袁克文，1898－1931，袁世凯次子。生于朝鲜，生母是朝鲜王妃之妹金氏。袁克文熟读四书五经。后因反对袁世凯称帝，生活放浪不羁，触怒其父，逃往上海，加入青帮，并在上海、天津等地开香堂广收门徒。袁克文旧居位于成都道121－125号，英式里弄房屋，三层砖木结构，建筑立面舒展，比例恰当，围墙颇有特点。

◎ 乐氏旧居

乐达仁，1877－1934，祖籍浙江宁波慈水镇，北京同仁堂乐氏家族第十二代孙，天津达仁堂创始人。乐肇基，1902－1972，乐达仁的侄子，南开大学化学系毕业，达仁堂药店副经理，后接替乐达仁任经理。

乐氏旧居位于成都道129号，建于1938年，由天津近代著名建筑师雍慧民设计，砖混结构三层建筑，现代风格，现为天津医学图书馆使用，曾先后两次扩建，面积由原来的800平方米增加至现在的2000平方米。

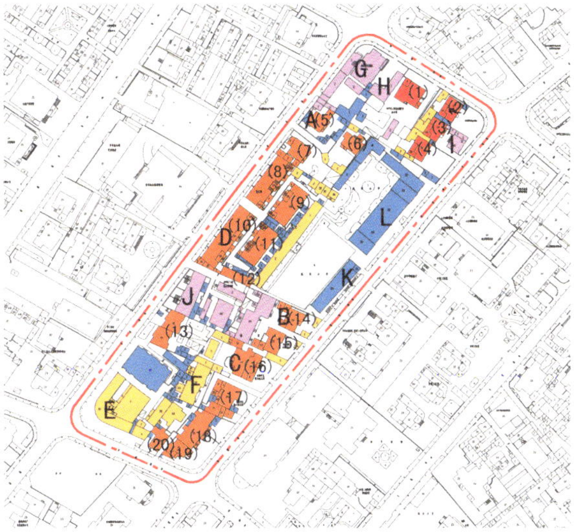

现状建筑分类　不可移动文物　历史建筑　传统风貌建筑　与传统风貌相协调的建筑　与传统风貌不协调的建筑

不可移动文物及历史建筑一览

建筑编号	原使用性质	现使用性质	地址	建筑面积(m²)	保护等级
(1)	居住	办公	桂林路18号	379	文物、风貌
(2)	范权旧居	居住	常德道24号	483	文物、风貌
(3)	孟氏旧居	体育馆街办事处	常德道26号	347	文物
(4)	孟氏旧居	居住	常德道28号	483	文物
(5)	居住	居住	重庆道153号	425	历史、风貌
(6)	居住	居住	重庆道155号	483	历史、风貌
(7)	居住	市安全局	重庆道157号	331	历史、风貌
(8)	居住	居住	重庆道159－165号	1246	历史
(9)	居住	居住	育文坊10－12号	929	历史
(10)	居住	住非混合	重庆道167－175号	1551	历史
(11)	居住	居住	育文坊13－15号	931	历史
(12)	居住	居住	育文坊17－21号	88	历史
(13)	居住	中小企业信用担保管理中心	重庆道189－191号	917	历史、风貌
(14)	居住	威哥鲍鱼	常德道34号	457	历史、风貌
(15)	居住	天津易人和平培训中心	常德道36号	289	历史、风貌
(16)	林修竹旧居	和平四幼	常德道38号	964	历史、风貌
(17)	居住	和平八幼	常德道40号	640	历史
(18)	居住	铭源茶府	常德道42－48号	990	历史、风貌
(19)	居住	腾迁	云南路41－43号	439	历史、风貌
(20)	居住	居住	云南路37号	392	历史

A 居住

B 威哥鲍鱼

C 市和平区第四幼儿园

D 住非混合

E 住非混合

F 居住

G 香江假日酒店

H 廊坊驻天津办事处

I 体育馆街办事处

J 居住

K 逸阳小学

L 逸阳小学

主要文物建筑简介

◎ 范权旧居

范权，1907－1989，江苏省吴县人，我国儿科医学奠基人之一。1923年考入北平协和医学院，曾任哈佛大学医学院儿科研究员。1942年日本侵略者关闭协和医院后，他转到天津开业行医。新中国成立后，他参与筹建天津市儿童医院并长期担任院长。范权在小儿水盐代谢、代谢性疾病、实验性佝偻病等方面具有很深的造诣，在我国首先提出对吐泻患儿水电解质紊乱的治疗方案，发明了“范氏输液法”。

范权旧居位于常德道24号，建于20世纪30年代，为二层英庭院式砖木结构楼房，大筒瓦顶，木质门窗，室内装修精致，有灯光灰线，设施完善，院落宽阔，靠东侧临马路有一排牛舌瓦顶的平房，十分独特。

◎ 孟氏旧居

孟广宦，1891－1955，山东章丘人，执掌自家商号“谦祥益”，在天津开办“谦祥益保记”，生意遍布大江南北。1928年全家从山东迁往天津定居。孟氏旧居位于常德道26－28号，清水红砖墙，外墙为“三七墙”，墙体厚实，三层窗玻璃，冬暖夏凉。建筑附带车库和锅炉房，前后各有院子，前大后小，后院封闭。

◎ 林修竹旧居

林修竹，1884－1948，山东掖县人，实业教育家。他17岁考中秀才第一名，后被清政府派送日本高等工业学校留学，历任山东省高等学校教务长、黄河河务局局长、教育部次长，著有《澄怀阁诗集》、《历代治黄史》等多部著作。林修竹旧居位于常德道38号，为三层砖木结构小洋楼，一楼书斋名为“澄怀阁”，三楼楼顶为露台。前后有院，前院有门房，后院有用人房，院内种植海棠树、梨树及其他花草树木。

17 街坊

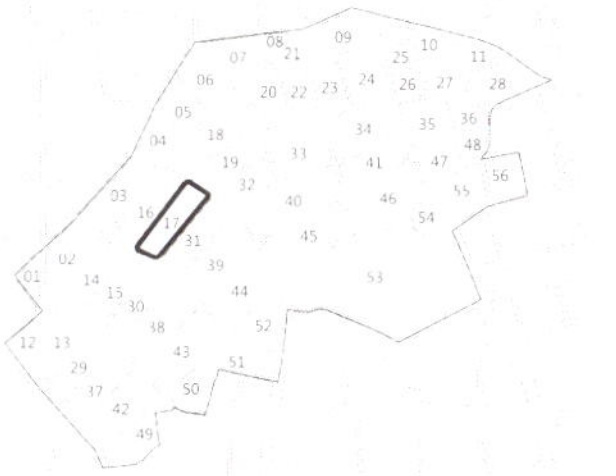

A 天津市胸科医院

B 居住

C 居住

D 居住

E 市民族事务委员会

F 经营

G 居住

H 商住混合

I 华泰国际旅行社

J 朝日俱乐部

K 市监察局

L 居住

现状建筑分类

不可移动文物　历史建筑　传统风貌建筑　与传统风貌相协调的建筑　与传统风貌不协调的建筑

不可移动文物及历史建筑一览

建筑编号	原使用性质	现使用性质	地址	建筑面积(m²)	保护等级
(1)	孙桐萱旧居	天津市胸科医院	重庆道68号	592	文物、风貌
(2)	龚心湛旧居	经营	重庆道64号	892	文物、风貌
(3)	民园大楼	居住	长沙路66–68号	7412	文物、风貌
(4)	刘汝明旧居	第十一幼儿园	长沙路64号	885	文物、风貌
(5)	居住	住非混合	成都道53–61号	1631	历史
(6)	居住	居住	成都道63–67号	646	历史
(7)	居住	居住	成都道69–71号	446	历史
(8)	杨十三旧居	居住	鹏程里1–20号	5865	历史、风貌
(9)	居住(赵天麟遇害地)	住非混合	成都道73号	617	历史、风貌
(10)	资耀华旧居	居住	昭明里1–14号	3101	历史、风貌
(11)	谷良民旧居	办公	成都道77号	782	历史
(12)	王荜、缪天瑞旧居	居住	博爱里1号	506	历史
(13)	居住	住非混合	成都道79–89号	920	历史、风貌
(14)	居住	居住	兴富里1–23号（单）	4613	历史、风貌
(15)	居住	住非混合	重庆道72–78号（双）	1209	历史、风貌
(16)	居住	居住	重庆道80–90号（双）	1769	历史、风貌
(17)	居住	居住	重庆道92–104号（双）	2462	历史
(18)	施剑翘、李厚基、陈少梅旧居	居住	世界里1–40号	5698	历史、风貌
(19)	居住	住非混合	成都道93–107号（单）	1987	历史、风貌
(20)	居住	经营	成都道113–115号	508	历史、风貌
(21)	居住	居住	协兴里1–12号	1987	历史、风貌

18 街坊

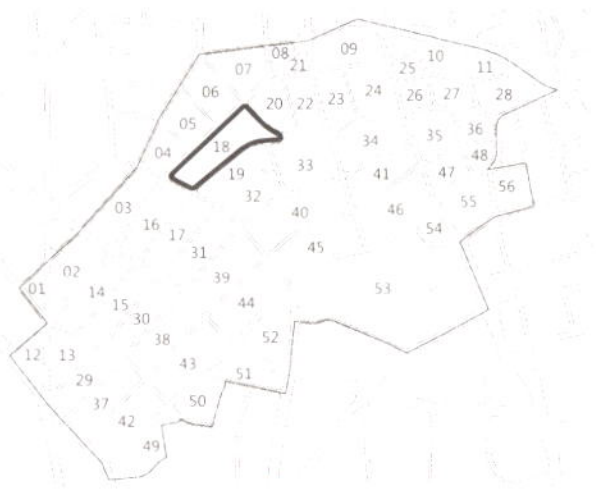

主要文物建筑简介

◎ 孙桐萱旧居

孙桐萱，1895–1978，河北交河人。历任冯玉祥部队第十五师师长、第二十师师长、第十二军军长。抗战时期任第三集团军总司令。曾在河南创办桐萱中学，在天津投资东亚毛呢公司。

孙桐萱旧居位于重庆道68号，建于1931年。为现代风格的三层砖混结构建筑。平面不规则布局，一侧为半圆形墙体，门窗均有雨厦。内装修豪华。院落宽阔，遍植花草。现已经过大修改造，作为办公使用。

◎ 龚心湛旧居

龚心湛，1871–1943，安徽合肥人。历任汉口中国银行行长、安徽国税筹备处处长、财政厅长、安徽省长。1919年代理国务总理三个月。后任内务总长、交通总长。1926年移居天津，兴办实业，任中国实业银行董事，启新洋灰公司总经理、董事长。启新洋灰公司被日军军管后愤懑而死。

龚心湛旧居位于重庆道64号，为西式三层砖木结构建筑，清水砖墙，平顶带护栏，有地下室。首层中央为高阶出檐门厅，门厅上方筑护栏式阳台。门窗做假柱，庄重典雅，自成院落。

主要文物建筑简介（续）

民园大楼

王光英，生于1919年，北京市人，辅仁大学化学系毕业。曾任天津近代化学厂厂长、利生针织厂厂长、天津市工商联秘书长、中华全国青联副主席、河北省主委、天津市主委、天津市副市长、民盟中央常务副主席。1983年组建光大公司。周总理称其为“红色资本家”。其兄妹11人均颇有建树，长姐王光美为刘少奇主席的夫人。王光英全家曾居住在民园大楼20号。

民园大楼建于1936－1937年，由奥地利籍建筑师盖苓设计。因邻近民园体育场故命名“民园大楼”。建筑平面结合地形展开，由四个不同的单元组合而成，各个单元内部的布局因地形的变化各不相同。建筑主体四层局部带半地下室。底层东面和南面设有庭院，幢门口设在北面。各层平面功能基本一致，标准层平面为两户，每户均设带有壁炉的起居室及卧室、厨房、备餐间和卫生间。平面有几个小天井以保证厨房间的采光和通风。建筑平面布局合理紧凑，使用方便。民园大楼的立面比例协调，南立面中段9个开间长的阳台，形成了整个立面的虚实对比，并富有层次变化。通透的方格院墙衬托出建筑的立面效果。内装修较为讲究。起居室和卧室硬木拼花地板，居室门上镶有大片的磨花玻璃，铜把手。其余房间均为水磨石地面。卫生间内设有浴缸、脸盆和坐式便器。厨房设有储藏柜。小院内的花草繁茂，环境幽美。

刘汝明旧居

刘汝明，1895－1975，河北献县人。为冯玉祥部下，任第一旅旅长，第二十九军第二师师长。曾在喜峰口重创伪军，在台儿庄会战中打击日军。解放战争中，刘全军被歼。天津的寓所是刘汝明在抗战前夕偶尔居住之地。

刘汝明旧居位于长沙路64号，砖木结构，二层英式别墅，有宽敞的外廊。

世界里

世界里是一组里弄式建筑，里巷可贯通，布局紧凑严谨。共有砖木结构二层住宅十二幢，分六排，每排两幢，其中两幢由过街楼相连，位于成都道的出口处。清水砖墙，带地下室。世界里居住过很多名人。

施剑翘，1905－1979，女，安徽桐城人，因刺杀孙传芳而出名。新中国成立后因病移居北京，后又移居五台山光明寺村，以居士身份在碧山寺修行。施剑翘刺杀孙传芳时就住在成都道世界里。

李厚基，1869－1942，江苏铜山人。曾任福建省省长。1920年投靠直系军阀。后遭北伐军讨伐，内部兵变，被逐出福建。此后寓居天津长达20年，经营房地产、木行等，此期间居住在世界里。

陈少梅，1909－1954，湖南衡山人。擅长山水、人物画，推出了“北骨南风”的独特画风。先后担任中国美术家协会天津分会副主席、天津美术学校校长。是中国现代画坛最有影响力的画家之一。陈少梅曾居住在世界里。

谷良民旧居

谷良民，1889－1975，山东巨野县人。国民党中将参议。曾任冯玉祥第二师师长。抗战胜利后移居天津。

谷良民旧居位于成都道77号，现代风格平顶三层建筑，顶层有退台，外墙面饰以白色，风格别致。

杨十三旧居

杨十三，1889－1939，直隶迁安人。由天津工艺学堂赴美获博士学位，回国后首创苇草造纸新技术。回乡创办了冀东第一所“立三私立平民女子学校”。在数次抗日活动中，屡建战功。

杨十三旧居位于鹏程里，是典型的老式居民里弄住宅，狭窄而安静。两层带地下室。曾为民航宿舍。

赵天麟遇害地

赵天麟，1886－1938，天津人。公派赴美留学获芝加哥大学法学博士学位。曾出任北洋大学校长，确定了“实事求是”的校训。后出任天津公学（耀华中学前身）校长，以“勤朴忠诚”为校训。52岁时遭日本特务暗杀。

赵天麟遇害地在成都道73号，二层砖木结构带地下室，门前台阶较高，二楼有大平台。

资耀华旧居

资耀华，1900－1996，湖南耒阳人。毕业于日本京都帝国大学经济学院，曾在美国宾夕法尼亚、哈佛大学进修考察。历任上海商业储蓄银行调查部主任、天津分行经理、华北管辖行总负责人。新中国成立后曾任中国银行常务董事。资耀华旧居位于昭明里，1934年建房成巷，里巷呈“T”字形，名字取永远光明之意。砖木结构三层。

博爱里

1945年建房成巷，为砖木结构二层建筑，长45米。楼前有比较宽阔的院落。

缪天瑞，1908－2009，浙江瑞安人。著名音乐教育家、音乐学家。历任中央音乐学院副院长、天津市文化局副局长、天津音乐学院院长。是我国著名的音乐辞书编纂家、律学家、翻译家、教育家。著有《律学》，主编《中国音乐辞典》等。曾居住在博爱里。

王莘，1918－2007，江苏无锡人。先后担任天津音乐团团长、天津人民艺术剧院副院长、天津歌舞剧院院长、天津音协主席等职务，创作歌曲《歌唱祖国》。曾居住在博爱里。

A 市委常德道招待所

B 空置

C 居住

D 居住

E 住非混合

F 天津市开发区新技术应用公司

G 经营

H 居住

I 居住

J 金大陆发展有[illegible]公司

K 市物资房地产开发公司

L 常德道礼堂

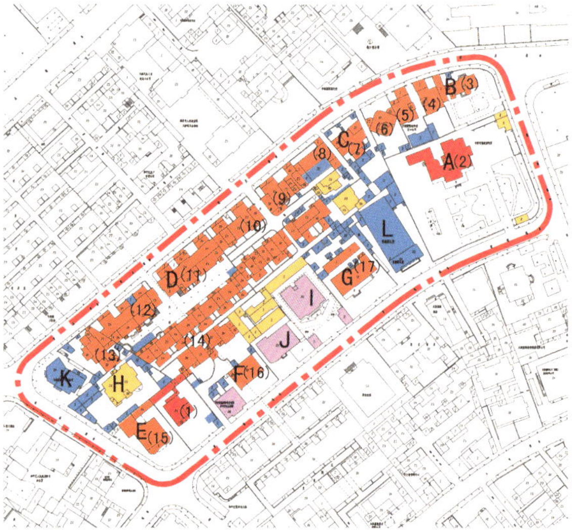

现状建筑分类

不可移动文物及历史建筑一览

建筑编号	原使用性质	现使用性质	地址	建筑面积(m²)	保护等级
(1)	孙啸南旧居	办公	常德道20号	544	文物、风貌
(2)	张福运、林鸿赉旧居	市委招待所	常德道2号	1238	文物
(3)	居住	空置	重庆道89号	307	历史、风貌
(4)	居住	空置	重庆道91号	406	历史、风貌
(5)	居住	办公	重庆道93号	402	历史、风貌
(6)	居住	居住	重庆道95号	196	历史、风貌
(7)	居住	居住	重庆道97–99号	658	历史
(8)	居住	居住	重庆道105–107号	347	历史、风貌
(9)	居住	办公	重庆道123–133号(单)	542	历史、风貌
(10)	居住	居住	重庆道115–121号(单)	909	历史、风貌
(11)	居住	居住	重庆道123–133号(单)	1990	历史、风貌
(12)	居住	居住	重庆道135–145号(单)	2112	历史、风貌
(13)	居住	腾迁	重庆道147号	744	历史、风貌
(14)	董维基旧居	居住	大兴老邨1–8号	2749	历史、风貌
(15)	居住	居住、办公	常德道22号	680	历史、风貌
(16)	居住	天津开发区新技术应用公司	常德道12号	497	历史、风貌
(17)	孙凤藻旧居	经营	常德道6号	610	历史

19 街坊

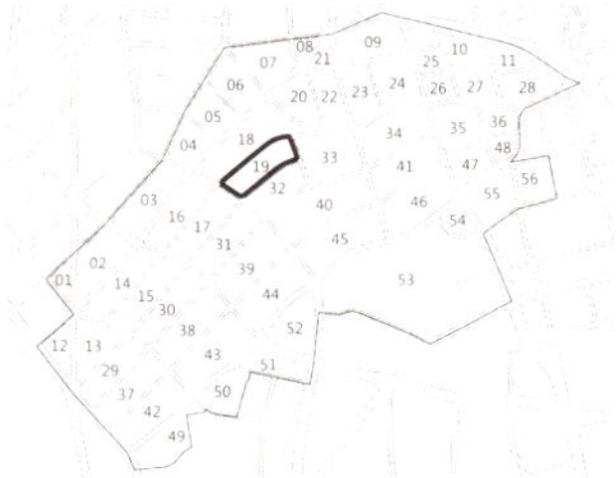

主要文物建筑简介

◎ 董维基旧居

董维基，1897–1973，河北丰润县人。创办大兴工程股份有限公司，先后承修数条铁路、公路及兵工厂、码头、飞机场等，声名鹊起。

董维基旧居位于重庆道上的大兴老邨1–8号，建于1938年，由中国工程公司建筑师阎子亨设计；大兴新邨建于1939年，由大兴工程股份有限公司建筑师雍惠民设计。均为联排公寓，现代风格里弄住宅，各有一个出口。

◎ 孙啸南旧居

孙啸南，1894–1987，浙江平阳县人，出生于商贾之家。曾担任中孚银行副经理。"文革"期间，孙啸南因其"民族资本家"的成分遭到冲击，搬到北京居住。20世纪70年代，孙啸南夫妇返回天津旧居，直至去世。

孙啸南旧居位于常德道20号，由孙啸南亲自监督建造，造价为5万现大洋，为当时普通建筑造价的两倍。建筑用砖是定做的，质量极佳。为英国庭院式三层建筑，砖木结构，棕灰色清水砖墙，多坡大筒瓦顶，四周出檐，入口处有方柱支撑的小过厅，上有铁艺护栏。院落以琉缸砖清水围墙环绕，高大坚固。

◎ 林宪祖旧居

林宪祖，1891–1980，山东掖县人。曾任山东省省长。创办山东大学。日军侵占东北后，举家迁往天津。林宪祖旧居位于常德道8号，建于20世纪30年代，为英国庭院式砖木结构尖顶红瓦三层小楼，清水砖墙，房屋高大。该建筑坐北朝南，楼门前有高台阶，四根水磨石柱子，上有阳台。楼下设客厅、餐厅，二楼为卧室，三楼用于存放物品。院内遍植花草。

◎ 孙凤藻旧居

孙凤藻，1884–1932，天津人。历任直隶教育厅长、津浦铁路局长。

孙凤藻旧居位于常德道6号，为20世纪20年代建成的砖木结构二层建筑，清水砖墙，多坡瓦顶，大开间，三槽窗，装修完善。

◎ 张福运旧居

张福运，曾就读清华学堂。其妻李国秦是李鸿章的侄孙女，家境殷实。张福运旧居位于常德道2号，建于1935年。1945年天津市接受日本投降的指挥部设在此处，宋子文、孔祥熙来天津时住过此楼。为二层西式小楼，砖混结构，小肋空心砖楼板，红砖清水墙面。

◎ 林鸿赉旧居

林鸿赉，早年毕业于清华大学经济系。1941年任中国银行经理。

林鸿赉旧居位于常德道2号，为二层西式楼房，混合结构，小肋空心砖楼板，红砖清水墙面，具有欧洲庭院式住宅建筑的风格。正门门厅彩色大理石地面，两侧有穿衣镜和衣帽龛，门厅入口有两根水刷石饰面的圆柱承托着梳形拱券井字格式筒顶。南立面两侧为明廊，中间是露台，明廊上是铁栏杆装饰的阳台，屋顶是由挑梁支托的大挑檐筒瓦多坡顶。台基为水泥砂浆断块饰面。房间各有不同式样的花饰，并设有不同风格的壁炉。一楼客厅墙身由四组成双的附墙西洋古典柱组成，双柱、双梁，周边镶嵌花饰。二楼走廊附墙壁柱为罗马塔斯干式。该建筑门厅、走廊和各房间尺度合宜，比例匀称，雕刻精细。建筑周围是绿树成荫的花园。

现状建筑分类

不可移动文物　历史建筑　传统风貌建筑　与传统风貌相协调的建筑　与传统风貌不协调的建筑

不可移动文物及历史建筑一览

建筑编号	原使用性质	现使用性质	地址	建筑面积(m²)	保护等级
(1)	关麟征旧居	和平区房管局	长沙路95号-3	592	文物、风貌
(2)	米春霖旧居	和平区房管局	长沙路93号	892	历史、风貌
(3)	居住	天津社会科学界联合会	德望里1-5号	7412	历史、风貌
(4)	居住	住非混合	湖南路6-14号	885	历史、风貌
(5)	居住	住非混合	成都道37号	1631	历史、风貌
(6)	居住	居住	成都道39、41号	646	历史
(7)	居住	办公	成都道43、45号	446	历史、风貌
(8)	居住	办公	成都道47号	5865	历史
(9)	居住	办公	成都道49号	617	历史、风貌
(10)	居住	五大道综合执法大队	福长里2号	3101	历史
(11)	居住	居住	福长里4号	782	历史
(12)	居住	居住	福长里1号	506	历史
(13)	居住	居住	福长里3号	920	历史

A

B 居住

C 住非混合

D 住非混合

E 办公

F

G 住非混合

H 居住

I 市第六十一中学

J 市电力公司黄所35KV变电站

K 居住

L 和平区房地产管理局

主要文物建筑简介

关麟征旧居

关麟征，1905–1980，陕西户县人，国民党陆军总司令。黄埔军校第一期毕业，历任国民党陆军现编第五师副师长、第二十五师师长、第五十二军军长、第三十二军团团长、第十五集团军总司令、陆军军官学校校长、国民党陆军总司令等。1949年赴香港。

关麟征旧居位于长沙路95号，砖木结构三层建筑，英格兰风格庭院式建筑，外檐为琉缸砖清水墙，白色横向线条修饰，立面中部筑半圆形塔楼。院内原有草坪、花坛和鱼池。

米春霖旧居

米春霖，1882–1953，辽宁锦西人，奉天法政专门学校毕业。历任黑龙江督军署副官长、吉林军械厂厂长、奉天将军公署兵部处处长、东三省兵工厂总办。“九一八”事变后，任辽宁省政府代理主席。曾参与和平解决西安事变。在张学良被蒋介石软禁后，辞职来天津做寓公。

米春霖旧居位于长沙路93号，整幢建筑为欧式风格砖木结构，分前后两部分：后半部分为尖顶带阁楼的三层建筑；前半部分有平顶大阳台，共14个房间。楼内装修考究，并有锅炉房。

20 街坊

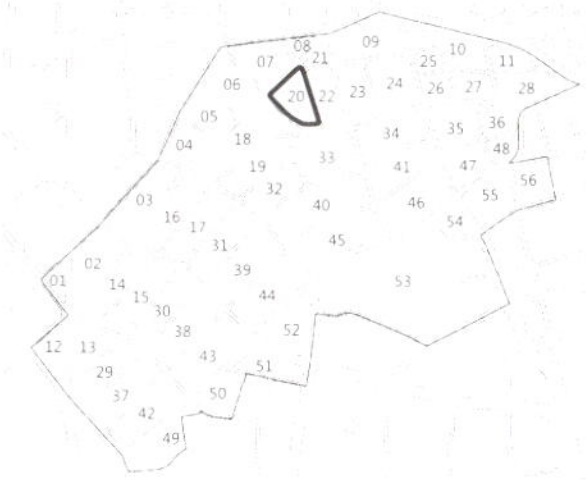

A 住非混合

B 住非混合

C 居住

D 工商银行

E 和平区中医医院

F 曙光影院

现状建筑分类　不可移动文物　历史建筑　传统风貌建筑　与传统风貌相协调的建筑　与传统风貌不协调的建筑

不可移动文物及历史建筑一览

建筑编号	原使用性质	现使用性质	地址	建筑面积(m²)	保护等级
(1)	居住	居住、办公	洛阳道26-36号	1587	历史、风貌
(2)	居住	居住、办公	河北路276-286号	1788	历史、风貌
(3)	李廷玉旧居	居住	成都道27-31号	575	历史、风貌

21 街坊

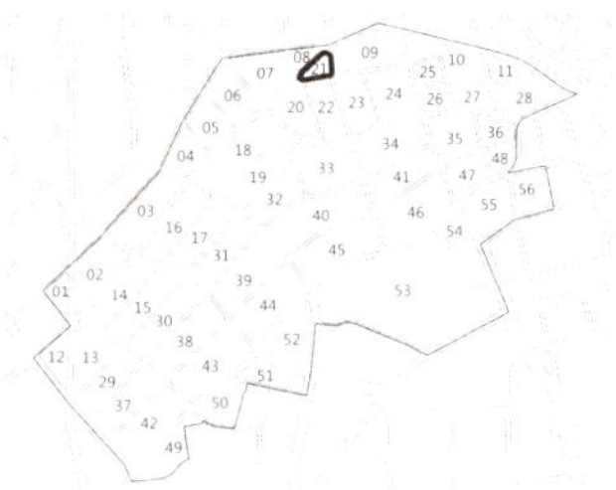

主要文物建筑简介

◎ 李廷玉旧居

李廷玉，1869—1952，天津人。曾任江西省省长，后辞职寓居天津。后创立国学研究社并任社长。

李廷玉旧居位于成都道27—31号，砖木结构两层建筑，多坡瓦顶，清水红砖墙饰以水泥饰面。内部装修中等，菲律宾木门窗，房屋舒适。

现状建筑分类 不可移动文物 历史建筑 传统风貌建筑 与传统风貌相协调的建筑 与传统风貌不协调的建筑

不可移动文物及历史建筑一览

建筑编号	原使用性质	现使用性质	地址	建筑面积(m²)	保护等级
(1)	居住	居住	洛阳道55-67号	1966	历史、风貌
(2)	谭丹崖旧居	居住、办公	河北路288-308号	3827	历史、风貌
(3)	居住	居住	先农大院4号	1380	历史、风貌
(4)	居住	腾迁	先农大院5-7号	793	历史
(5)	居住	居住	湖南路9号-1	1210	历史、风貌
(6)	居住	腾迁	湖南路9号-4	265	历史
(7)	居住	腾迁	先农大院3号	337	历史
(8)	居住	居住	厚泽里5-9号	1897	历史、风貌
(9)	居住	居住	河北路316-322号	1485	历史、风貌
(10)	金梁旧居	居住、办公	重庆道46-62号	5035	历史、风貌

A 居住

B 住非混合

C 居住

D 住非混合

E 居住

F 天津外贸商业展销部

G 天津市历史文化保护促进会

H 居住

I 居住

J 居住

K 居住

L 居住

主要文物建筑简介

金梁旧居

金梁，1878–1962，浙江杭县（今杭州）人。清光绪三十年进士。历任京师大学堂提调、内城警厅知事、民政部参议、奉天旗务处总办、奉天新民府知府、奉天清丈局副局长、奉天政务厅厅长、蒙古副都统等。曾为大公报撰社评，工书法，擅篆、籀，著述丰富。光绪三十四年典守沈阳故宫古物。1922年自序成书《美术年鉴》、《书画书录解题》。新中国成立后迁居北京，在国家文物部门任顾问等职。

金梁旧居位于重庆道46–62号，建于20世纪20年代，砖木结构联排住宅，呈座椅形，坐北朝南，朴实无华。外跨水泥楼梯直上二楼，拱形门厦，铁艺木门。楼内房间宽敞明亮。

马占山旧居

马占山，1885–1905，河北丰润县人，曾代理黑龙江省主席。"九一八"事变后，他临危受命，率部与日军血战，一时声名远播。解放战争时，出面帮助傅作义起义，推动了北平和平解放。

马占山旧居位于湖南路11号，建于20世纪20年代，砖木结构二层建筑，局部三层，带地下室，折中主义建筑风格。

谭丹崖旧居

谭丹崖，1880–1933，江苏淮安人。少时学习成绩优异，后考取官费留日生，入日本东京高等商业学校学习银行经济。回国后，考取清政府商科举人。历任中国银行会计局长、国库局长、中国银行南京分行行长、中国银行行长。后得到冯国璋支持，于1919年创办天津大陆银行，任董事长兼总经理13年。

谭丹崖旧居位于河北路300号先农大院，建于1925年，由英商先农股份有限公司英籍工程师雷德设计。入口处位于洛阳道，内为组团式，临河北路一侧为联排式。先农大院为毗连式住宅楼，采用周边式布局方式，由甲乙单元组成，每户均设前后院。该楼为三层砖木结构，大筒瓦顶，带老虎窗。临街的外檐墙插入花饰，形成艺术的形体对比，凸出及凹进的立面设计使建筑造型产生阴影交错的效果。院内遍植花草。早期因大院住户多为先农公司高级职员，故取名"先农大院"。

22 街坊

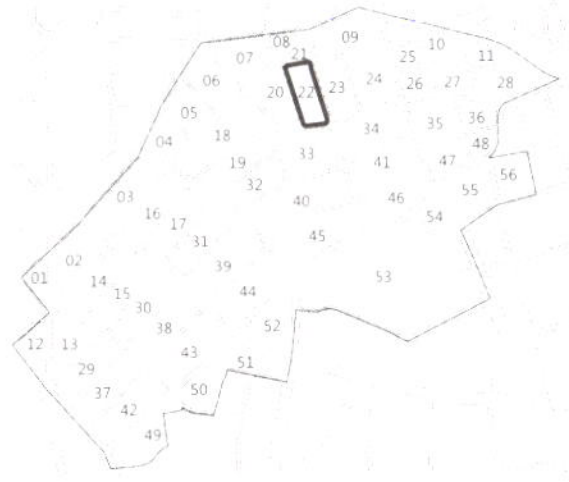

A 市文化局幼儿园

B 市财政局财税管理二处

C 民革天津市委员会

D 居住

E 居住

F 居住

G 市和平区第五幼儿园

H 市财政局财税管理二处

I 居住

J 居住

K 居住

L 重庆道煤业门市部

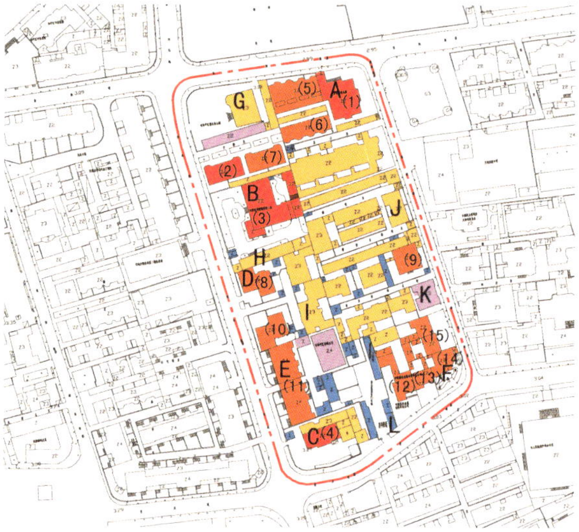

现状建筑分类

不可移动文物　历史建筑　传统风貌建筑　与传统风貌相协调的建筑　与传统风貌不协调的建筑

不可移动文物及历史建筑一览

建筑编号	原使用性质	现使用性质	地址	建筑面积(m²)	保护等级
(1)	曹锟旧居	市文化局幼儿园	南海路2号	1051	文物、风貌
(2)	马鸿逵旧居	居住	宁静里1-2号	521	文物
(3)	李氏旧居	办公	河北路239号	2648	文物、风貌
(4)	顾维钧旧居	民革天津市委员会	河北路267号	1452	文物
(5)	居住	居住	洛阳道47-53号	643	历史、风貌
(6)	居住	居住	泉山里2-8号	509	历史
(7)	居住	居住	宁静里3-4号	483	历史
(8)	居住	居住	河北路241-243号	722	历史、风貌
(9)		居住	尚有村2号	393	历史、风貌
(10)	杜持礼旧居	住非混合	河北路251-253号	757	历史、风貌
(11)	居住	居住	河北路255-265号	2299	历史、风貌
(12)	李爱锐旧居	办公	重庆道38号	1358	历史、风貌
(13)	居住	天津市残疾人基金会	重庆道36号	296	历史
(14)	居住	居住	重庆道34号	370	历史
(15)	居住	居住	南海路20-22号	553	历史

23 街坊

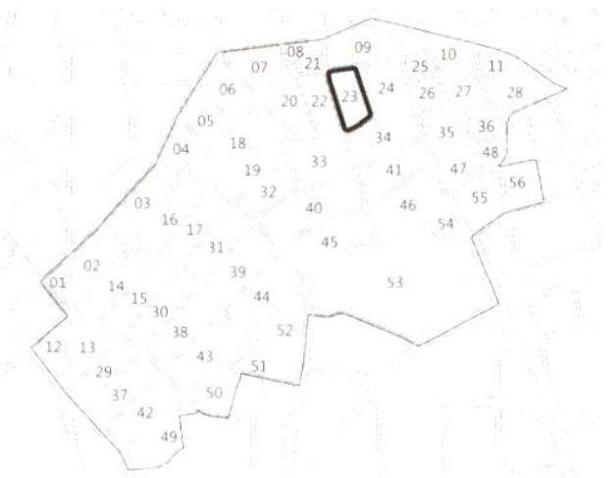

主要文物建筑简介

◎ 顾维钧旧居

顾维钧，1888—1958，江苏嘉定人，中国近代才思敏捷、善于辞令的外交家。早年留学美国哥伦比亚大学获法学博士学位。1922年至1926年，曾担任外交总长、财政总长，两次代理内阁总理。1956年至1976年，先后任海牙国际法庭法官，国际法院副院长。

顾维钧在津寓所建于1921年，坐落于河北路267号，系1927年以顾少川名义购入英租界工部局土地2.058市亩，建造成一所三层带地下室西洋古典式楼房。主楼三层，砖木结构，木屋架起脊，建筑立面为红砖墙，窗子与拱券门相结合，门前一对巴洛克式麻花形柱，端庄典雅。底层六间两厅，从门厅进入大厅，内有大壁炉，靠窗有固定座椅，旁有书房、餐厅、花厅等，厅外有大平台。二、三层为卧室、卫生间，设有平台。整幢建筑设备考究，共有楼房45间，平房2间。

主要文物建筑简介（续）

◎ 李爱锐故居

李爱锐，1902—1945，原名埃里克·亨利·利迪尔(Eric Henry Liddell)，生于天津，父母均为苏格兰人。英国爱丁堡大学毕业。1924年第八届巴黎奥运会400米跑金牌获得者，并打破世界纪录。1925年回到天津，在新华中学任教近20年。1945年在日寇潍坊集中营患脑瘤去世。半个多世纪以后，李爱锐奥运夺魁的故事在英国被改编成电影，名为《火的战车》，制片人和导演为国际著名的戴维·朴特南，这部电影在1987年的国际电影节上荣获奥斯卡原创剧本奖。

李爱锐故居位于重庆道38号，建于20世纪20年代，为英式现代风格建筑，砖木结构，墙体为琉缸砖，部分砂石鹅卵石，墙面新颖别致。阳台墙为砖砌，上部透视孔有精巧的铁艺。室内设施齐全。

◎ 曹锟旧居

曹锟，1862—1938，天津人。历任陆军第三师师长、直隶督军、直隶省长，1923年当上“中华民国”第五任“大总统”。辞职后，寓居天津英租界。

曹锟旧居位于南海路2号，为砖混结构带地下室三层意大利风格小楼，正立面中部前凸，腰线上下均有立柱支撑，顶层四坡出檐，外墙镶有黄色瓷砖，菲律宾木门窗。

◎ 马福祥旧居

马福祥，1876—1932，回族，甘肃临夏人，武举出身。民国后历任宁夏镇总兵、绥远都统、西北边防会办。1928年归附蒋介石，历任民国政府委员、青岛特别市市长、安徽省主席、蒙藏委员会委员长。

马福祥旧居位于河北路237号，马氏父子旧居俗称“马家楼”，包括现第五幼儿园、宁静里及洛阳道临街楼房。宁静里由马福祥建房成巷，巷弄长45米、宽3米，以安宁清净之意命名。两侧为砖木结构二层楼房，清水砖墙、坡瓦顶、上开天窗。

◎ 梁斌旧居

梁斌，1914—1996，河北省蠡县人，曾担任中共蠡县县委领导、河北省政协副主席、河北省文联主席、全国政协委员。著有长篇小说《红旗谱》、《播火记》、《翻身纪事》等。

梁斌旧居位于南海路永健里，建于1923年，由实业家胡氏投资建设，因其原籍为浙江省永康县，故名永康里，1982年重命名改为永健里。为砖木结构二层楼房，局部三层，清水砖墙，坡式台阶，内部装修考究。

◎ 马鸿逵旧居

马鸿逵，1892—1970，回族，甘肃河州人，西北军阀“三马”之一，任宁夏主席长达17年，集军政大权于一身，人称宁夏“土皇帝”。1949年逃往台湾，后赴美国。

马鸿逵旧居位于河北路宁静里，为砖木结构二层楼房，四门普通公寓，清水砖墙，坡瓦顶，上开天窗。

◎ 杜持礼旧居

杜持礼，1913—1984，天津人。毕业于北平协和医学院，获医学博士学位。著名医学放射学专家，我国放射医学专业创建人之一。历任天津放射学科协会理事、中华放射学杂志编委、天津市胸科医院放射科主任。

杜持礼旧居位于河北路251－253号，由盖苓设计并督造施工，建于20世纪30年代初，砖木结构三层建筑。顶部有平台，带女儿墙，一楼为混水墙，有水泥抹面和疙瘩面两种。二、三楼为清水砖墙，木质门窗，外有百叶窗，房间挑高达4米。

◎ 李氏旧居

李淮生、李警予兄弟系原英商仁记洋行天津分行买办李吉圃之子。

李氏旧居位于河北路239号，1937年建造，由著名建筑师齐玉舒设计，砖木结构两层建筑，局部三层。为环境优雅的高级花园别墅，首层有石柱支撑，形成门廊。

A 居住

B 居住

C 和平区对外幼儿园

D 腾迁

E 药材公司

F 和平区奉民中西医门诊

G 中国民主促进会天津市委员会

H 住非混合

I 闲置

J 天津双菱中学

K 天津市医药连锁集团有限公司

L 空置

现状建筑分类　不可移动文物　历史建筑　传统风貌建筑　与传统风貌相协调的建筑　与传统风貌不协调的建筑

不可移动文物及历史建筑一览

建筑编号	原使用性质	现使用性质	地址	建筑面积(m^2)	保护等级
(1)	居住	空置	南海路7号	1787	文物、风貌
(2)	剑桥大楼旧址	居住	重庆道24号-1	2317	文物、风貌
(3)	居住	居住	重庆道24号-2	849	文物、风貌
(4)	居住	居住	重庆道32号	268	历史、风貌
(5)	居住	居住	永健里3-6号	928	历史、风貌
(6)	居住	和平区对外幼儿园	重庆道20-22号	1232	历史
(7)	居住	腾迁	重庆道14号	503	历史
(8)	居住	居住	重庆道12号	286	历史
(9)	居住	居住	鸿源里1-3号	275	历史
(10)	居住	居住	鸿源里2-4号	271	历史
(11)	居住	市医药公司	新华路210号	784	历史、风貌
(12)	居住	居住	鸿源里5-9号	797	历史
(13)	居住	药材公司	新华路204-208号	219	历史、风貌
(14)	居住	居住	济厚里5号	386	历史
(15)	居住	居住	和安里9号	454	历史、风貌
(16)	居住	富通尼特公司	永健里8号	1209	历史、风貌
(17)	居住	和平区奉民中西医门诊	和安里1-3号	1209	历史、风貌
(18)	居住	住非混合	永健里3-6号	928	历史、风貌
(19)	居住	中国民主促进会天津委员会	永健里1号	634	历史、风貌
(20)	居住	中建机械天津分公司	洛华里8-11号	885	历史、风貌
(21)	居住	天津市公用局招待所	洛华里3-5号	749	历史、风貌
(22)	居住	唐华食韵	新华路186号	849	历史、风貌
(23)	居住	办公	新华路184号	310	历史、风貌
(24)	居住	天津市公用局招待所	洛阳道13-15号	393	历史、风貌
(25)	居住	住非混合	洛阳道17-23号	929	历史、风貌
(26)	居住	住非混合	洛阳道25-31号	888	历史、风貌

24 街坊

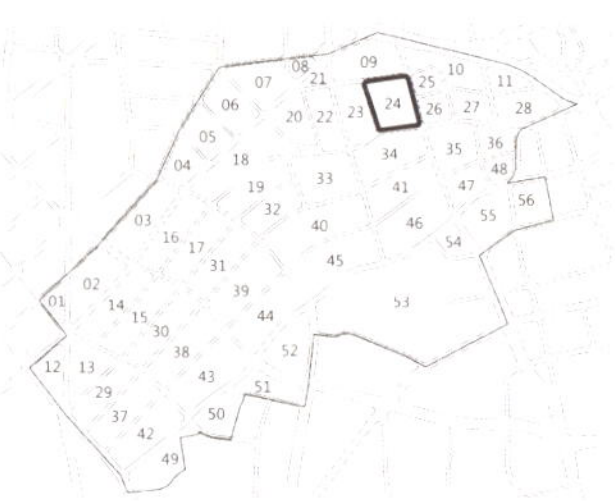

主要文物建筑简介

◎ 剑桥大楼

罗尔夫·盖苓，1884—1952，奥地利人，奥地利国家建筑鉴定议员，著名建筑设计师。曾在朱启鈐统筹规划的北戴河建设中担任多处酒店、路桥等设施的设计。在中国的三十年间，他的作品遍布天津、沈阳、大连、青岛、上海等地，其中以天津最多，有二百五十余座。香港大楼、剑桥大楼、民园大楼等公寓建筑以及吴松平、章瑞庭旧居等均出自盖苓之手。

剑桥大楼位于重庆道24号，建于1036年，为公寓式住宅楼，因临近英租界的剑桥道（今重庆道）而得名。建筑分前后两幢，为混合结构四层建筑，外檐为清水砖墙。各层间均用通长混凝土板做装饰兼窗台、雨棚，体现了现代建筑轻盈的结构美感。

现状建筑分类

不可移动文物　历史建筑　传统风貌建筑
与传统风貌相协调的建筑　与传统风貌不协调的建筑

不可移动文物及历史建筑一览

建筑编号	原使用性质	现使用性质	地址	建筑面积(m²)	保护等级
(1)	孙季鲁旧居	居住、办公	郑州道20号	437	文物、风貌
(2)	王普旧居	居住、商业	郑州道22–34号	2292	历史、风貌
(3)	居住	居住、商业	庆云里2–18号	2858	历史、风貌
(4)	李书田、刘彭久旧居	居住、商业	庆云里1–25号	3959	历史、风貌
(5)	居住	办公	洛阳道1–3号	888	历史、风貌
(6)	居住	居住	洛阳道5号	364	历史、风貌
(7)		三联会馆	洛阳道7号	249	历史

A 新华有限责任会计师事务所

B 住非混合

C 住非混合

D 办公

E 三联会馆

F 住非混合

G 经营

主要文物建筑简介

李书田旧居

李书田，1900–1988，河北省人。曾以第一名的成绩毕业于北洋大学土木系，随后赴美国康奈尔大学深造，获博士学位。1932年任北洋工学院院长，创办研究院，开创了中国研究生教育培养方式。1946年任北洋工学院院长，1949年赴美，创建世界开明大学，是美国土木工程师学会会员。诺贝尔物理学奖得主朱棣文是其外孙。

李书田旧居位于庆云里。庆云里住宅建于1932年，由两幢相对的联排建筑组成，砖木结构二层住宅，有地下室，每户独门，前后均设小院。功能按照现代生活方式设计，房间宽敞，是当时较为高档的公寓式住宅。建筑具有折中主义建筑特征，外檐首层以水泥断块抹灰为主，女儿墙用“甩疙瘩”抹灰装饰，与清水墙面交界处用花纹装饰线条分隔，阳台由内嵌式和出挑式搭配设置。屋顶为大筒瓦坡屋顶，屋面设雕花装饰的老虎窗。

刘彭久旧居

刘彭久，1884–1969，天津宁河县人。其兄刘彭寿曾任吉林省财政厅厅长，刘彭久在兄长的培养下，曾任奉天官银号经理，后任中华懋业银行营业主任，福星面粉公司总经理。刘彭久曾在庆云里居住过。

王普旧居

王普，1890–1957，阜阳县人。曾在军中任旅长，两度代理安徽省省长，后任蒋介石第七十二军副军长。

王普旧居位于郑州道22–34号，四层砖木结构建筑，原为张嘏臣名下房产，后售予王普。

25 街坊

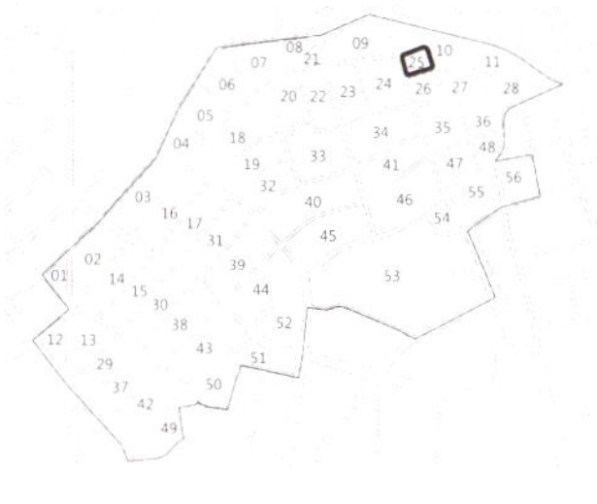

A 中国烟草公司天津公司

B 办公

C 居住

D 天鼎春酒楼

E 市烟草专卖局

F 市卷烟销售公司

G 市照相机公司

H 市照相机公司

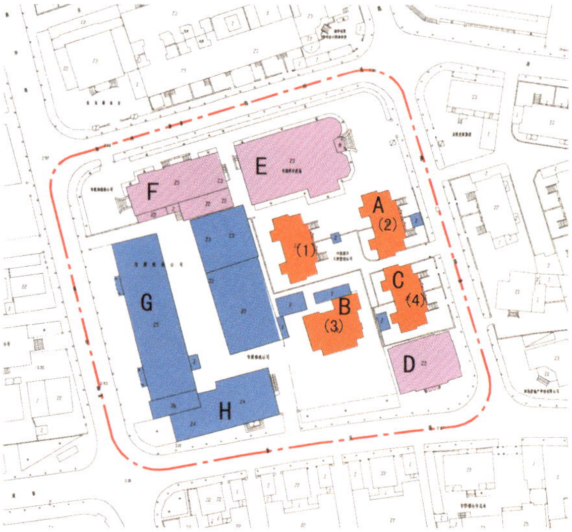

现状建筑分类

不可移动文物　历史建筑　传统风貌建筑
与传统风貌相协调的建筑　与传统风貌不协调的建筑

不可移动文物及历史建筑一览

建筑编号	原使用性质	现使用性质	地址	建筑面积(㎡)	保护等级
(1)	居住	中国烟草天津公司	澳门路16-18号	679	历史、风貌
(2)	居住		澳门路12-14号	679	历史、风貌
(3)	居住	办公	重庆道10号	549	历史、风貌
(4)	居住	居住	澳门路20-22号	649	历史、风貌

26 街坊

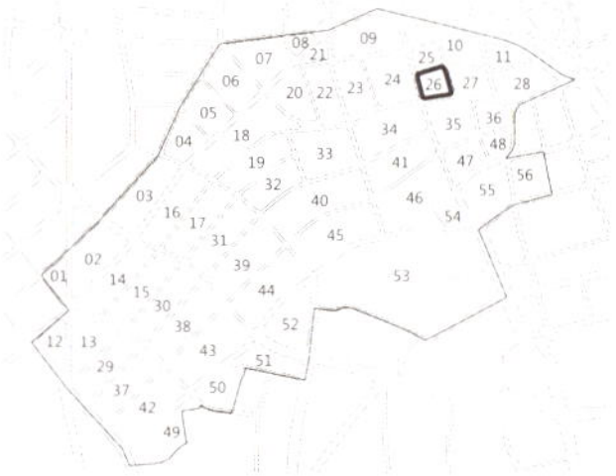

主要文物建筑简介

◎ 郑氏旧居

郑翼之，1861–1921，俗称"太古郑"，是天津四大买办之一，任太古洋行天津分行买办。其极善经营，聚敛了大量财富，系天津广东帮的核心人物之一。他去世后，其两个儿子先后继任买办。

郑氏旧居位于郑州道25号，二层砖木结构建筑，欧洲中世纪古典风格，水泥横断块墙面。一楼为高台阶，敞开式门廊，两对罗马柱。二楼有大阳台，房檐为牛角支撑，红瓦顶开双老虎窗。整座建筑坐西朝东，楼北侧有拜占庭式八角硐楼，双层翘檐，造型优美，内部装修豪华。主楼后有一幢二层小楼，造型与装修水平略逊于主楼。

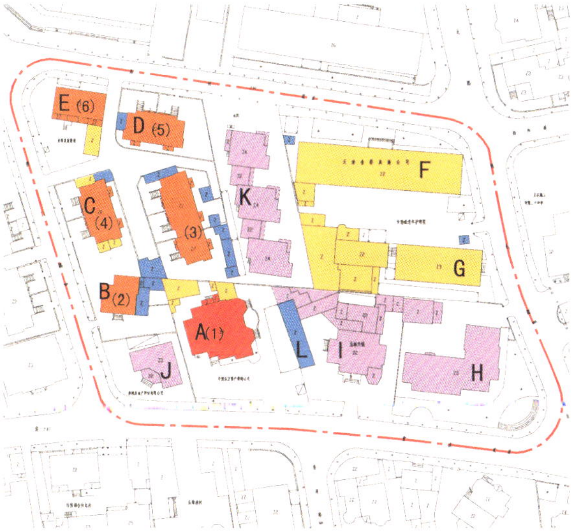

现状建筑分类　不可移动文物　历史建筑　传统风貌建筑　与传统风貌相协调的建筑　与传统风貌不协调的建筑

不可移动文物及历史建筑一览

建筑编号	原使用性质	现使用性质	地址	建筑面积(m²)	保护等级
(1)	张作相旧居	中国东方资产管理公司	重庆道4号	777	文物、风貌
(2)	居住	居住	澳门路21号	269	历史
(3)	居住	腾迁	澳门路11–15号	689	历史、风貌
(4)	居住	腾迁	澳门路17–19号	670	历史、风貌
(5)	居住	腾迁	郑州道29–31号	691	历史、风貌
(6)	居住	亚得发展集团	澳门路9号	581	历史、风貌

主要文物建筑简介

张作相旧居

张作相，1881–1994，辽宁义县人，张作霖的拜把兄弟，张学良的“辅帅”，绿林出身。历任陆军第二十七师炮兵团团长、旅长、代理师长、奉天警备司令、吉林省省长。1933年辞职后寓居天津。

张作相旧居位于重庆道4号，砖木结构，二层带阁楼，半地下室。建筑立面呈白色，墙面凹凸多变，镶有西式雕花，红筒瓦，坡屋顶，楼两侧设有青石条阶进入正厅。三层立面上的方窗和拱形窗形成对比。底层六间，中央南侧为大客厅，60多平方米，内有雕饰精致的护墙板，有罗马柱、拱券、花式柱头，墙上镶有比利时生产的巴洛克式大玻璃镜。厅前有大平台，楼前原有花园。

27 街坊

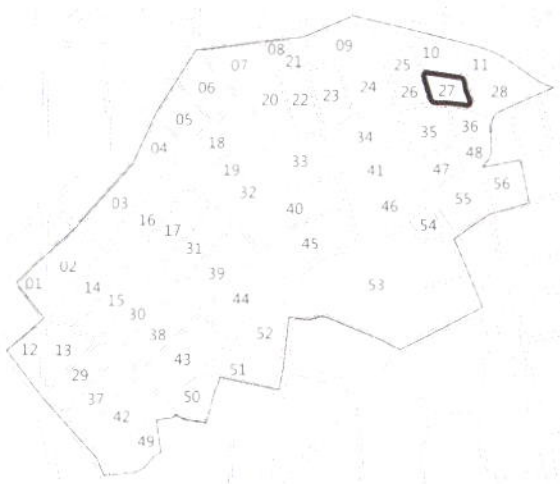

A 天津市二十中学

B 天津市二十中学

C 天津市二十中学

D 天津市二十中学

E 天津市二十中学

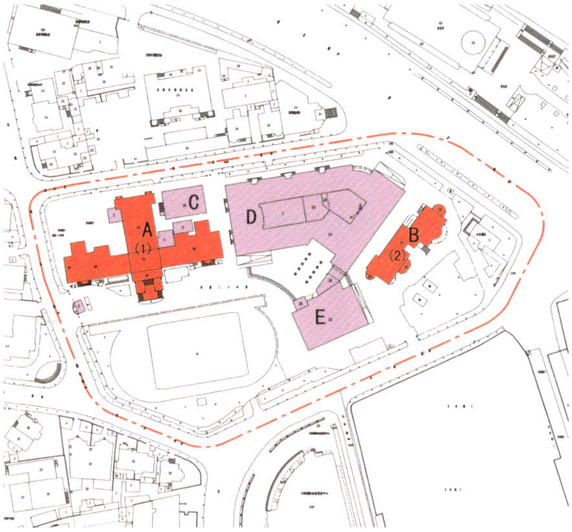

现状建筑分类　不可移动文物　历史建筑　传统风貌建筑　与传统风貌相协调的建筑　与传统风貌不协调的建筑

不可移动文物及历史建筑一览

建筑编号	原使用性质	现使用性质	地址	建筑面积(m²)	保护等级
(1)	英国文法学校主楼	天津市二十中学	湖北路59号	3800	文物、风貌
(2)	潘复旧居		马场道2号	2076	文物

28 街坊

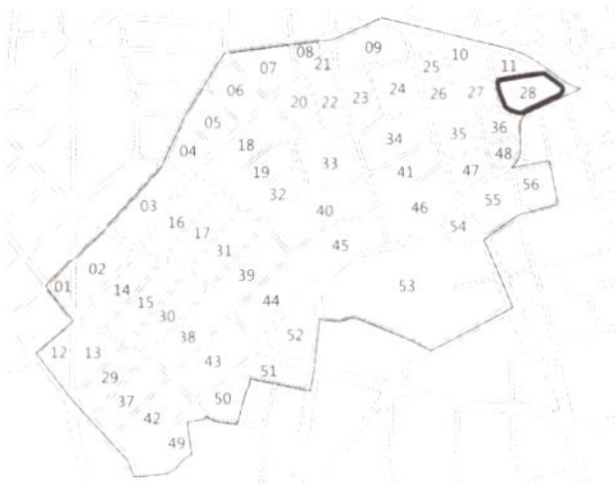

主要文物建筑简介

◎ 潘复旧居

潘复，1883–1936，山东济宁人。清末举人，生于世代官宦名门望族，潘家共出了41个进士，潘复之父潘守廉是清光绪年间的进士。潘复于1912年在南京临时政府财政部任职，后三次出任北洋政府财政次长，1926年任财政总长。1927年任国务总理兼交通总长。1928年退居津门。

潘复旧居位于马场道2号，是马场道东起点的第一座小洋楼，现为二十中学校园。1919年，潘复委托开滦煤矿董事庄乐峰邀请法国建筑师设计并承建。整体为白色新古典主义花园住宅。砖木结构，主体三层，西北角部分一层。该址庭院宽阔，虽建筑体量较大达3800余平方米，但房屋仅占庭院面积的五分之一。建筑设计突出圆形、五边形阳台。内部共117个房间，宽敞明亮，装修豪华。西楼一楼有两间大会客厅，原墙壁、顶棚均有法国画家绘制的精美油画，墙壁是花、木、鱼、虫之类的图案，顶棚绘有四个西方美女形象，画工精细，栩栩如生。

◎ 英国文法学校旧址

爱泼斯坦，1915–2005，犹太人，生于波兰。自幼随父定居中国，1931年起在《京津泰晤士报》从事新闻工作，后任美国联合社记者。1951年，应宋庆龄之邀，参与《中国建设》杂志创刊工作，后加入中国籍。

爱泼斯坦1930年毕业于英国文法学校，现位于湖北路59号，建筑主体为二层砖混结构，现浇钢筋混凝土和钢筋混凝土小肋空心砖楼板，木屋架，多坡筒瓦屋顶，雨水暗排。坐北朝南，对称布置，首层为拱形窗，上为矩形窗。外观稳重坚实，基座之上外檐为仿花岗石的水刷石大块分割，有很强的质感。

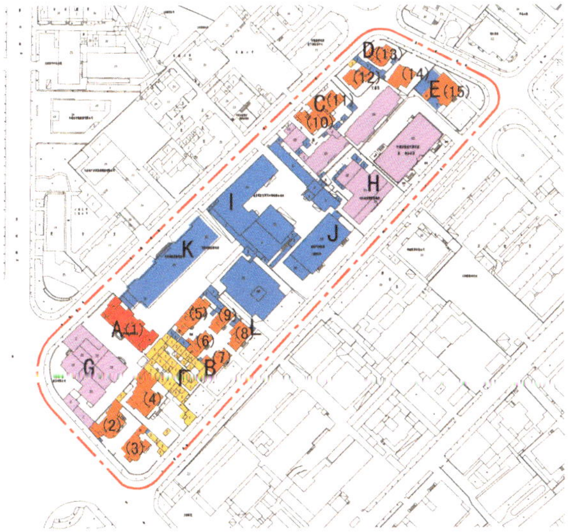

现状建筑分类

不可移动文物　历史建筑　传统风貌建筑
与传统风貌相协调的建筑　与传统风貌不协调的建筑

不可移动文物及历史建筑一览

建筑编号	原使用性质	现使用性质	地址	建筑面积(m²)	保护等级
(1)	茂根大楼	市劳教局	常德道119-123号	2103	文物、风貌
(2)	居住	居住	西康路53号	547	历史、风貌
(3)	居住	居住	大理道108号	396	历史、风貌
(4)	居住		大理道106号	892	历史、风貌
(5)	居住	居住	大理道晓园7-8号	468	历史
(6)	居住	居住	大理道晓园6号	256	历史
(7)	杨文凯旧居	居住	大理道晓园4号	233	历史
(8)	居住	居住	大理道晓园3号	263	历史
(9)	居住	居住	大理道晓园5号	257	历史
(10)	居住	居住	常德道113号	216	历史、风貌
(11)	居住	办公	常德道111号	392	历史、风貌
(12)	居住	办公	常德道109号	250	历史、风貌
(13)	居住	办公	常德道107号	186	历史、风貌
(14)	居住	居住	昆明路148号	133	历史、风貌
(15)	居住	经营	常德道92号	456	历史、风貌

A 茂根大楼

B 居住

C 办公

D

E 经营

F 居住

G 市台北小城娱乐有限公司

H 对外经济律师事务所

I 北京军区空[illegible]建办事处

J 房地产开发集团

K 市劳动教养管理局

L 居住

主要文物建筑简介

茂根大楼

许大纯，1910-1997，曾在瑞士、德国学习，柏林工业大学学士。后任河南省财委专家。他精通德、英、法三国语言。1981年为公安部翻译德文版指纹学技术资料达65万字。许大纯是徐世昌二女婿。茂根大楼和旁边的茂根别墅均为许大纯投资建造，茂根别墅为自住，茂根大楼则出租给外国职员和管理人员。

茂根大楼地处常德道西头南侧119－123号，高级公寓式住宅楼，中间四层，两翼三层，带半地下室。砖木混合结构，平屋顶。中国工程司阎子亨、陈炎仲设计。建于1936-1937年。由茂根堂投资建造，故叫茂根大楼。当时，这幢大楼的租用户多为外籍人，现为天津市司法局办公楼。大楼坐东朝西，南北为长向，底平面可视为大小若干个矩形的组合。

杨文凯旧居

杨文凯，1883-1965，河北永清人。曾任北洋政府农商总长。早年就读于日本振武学堂和日本士官学校，1909年回国后历任军职。曾任东南五省联军总司令部总参议、北洋政府农商总长。新中国成立后，曾任天津农使馆馆员。65年病逝于河北路的林东大楼。

杨文凯旧居位于大理道的晓园，1947年由德茂恒烟酒罐头进出口行陈汉杰营建，由于占地面积不大故称“晓园”。一条主巷中间横交三条支巷，呈“羊”字形。建筑均为砖木结构三层楼房，现代风格，外观典雅，门窗为暗红色，与外墙深棕色琉缸砖搭配别具韵味。

29 街坊

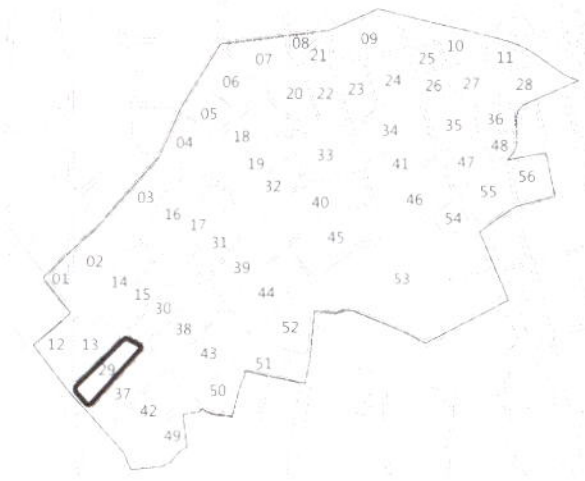

A 居住

B 腾迁

C 居住

D 办公

E 民族幼儿园

F 居住

G 住宅

H 环亚集团

I 朝日集团

J 办公

K 居住

L 居住

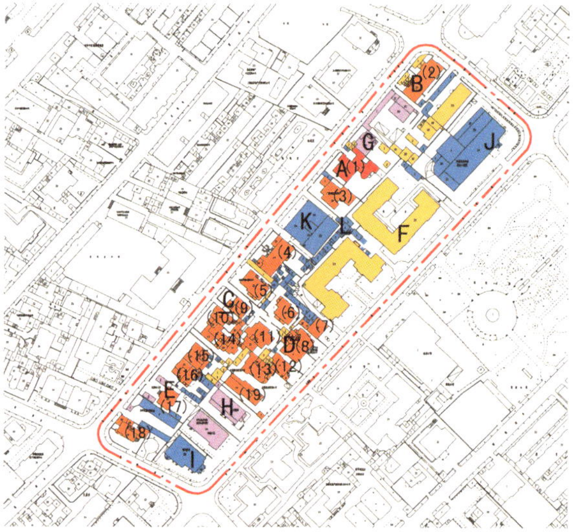

现状建筑分类

不可移动文物　历史建筑　传统风貌建筑
与传统风貌相协调的建筑　与传统风貌不协调的建筑

不可移动文物及历史建筑一览

建筑编号	原使用性质	现使用性质	地址	建筑面积(m²)	保护等级
(1)	赵以成、汪培娴旧居	居住	常德道69号	623	文物、风貌
(2)	居住	腾迁	常德道63-67号	1181	历史、风貌
(3)	居住	办公	常德道73号	252	历史、风貌
(4)	居住	居住	常德道77-79号	596	历史、风貌
(5)	居住	办公	常德道81号	577	历史、风貌
(6)	居住	外企专家服务总公司	常德道83号	356	历史、风貌
(7)	居住	居住	大理道74号	278	历史
(8)	居住	办公	大理道76-78号	575	历史、风貌
(9)	居住	居住	大理道89-91号	307	历史、风貌
(10)	居住	办公	常德道93号	500	历史、风貌
(11)	居住	办公	常德道85-87号	590	历史
(12)	居住	办公	大理道80号	246	历史、风貌
(13)	居住	天铁集团	大理道82号	407	历史、风貌
(14)	居住	腾迁	常德道95号	715	历史
(15)	居住	腾迁	常德道97号	766	历史、风貌
(16)	居住	腾迁	常德道99号	551	历史、风貌
(17)	居住	民族幼儿园	常德道101号	377	历史、风貌
(18)	居住	居住	昆明路111号	531	历史、风貌
(19)	居住	办公	大理道84号	838	历史

30 街坊

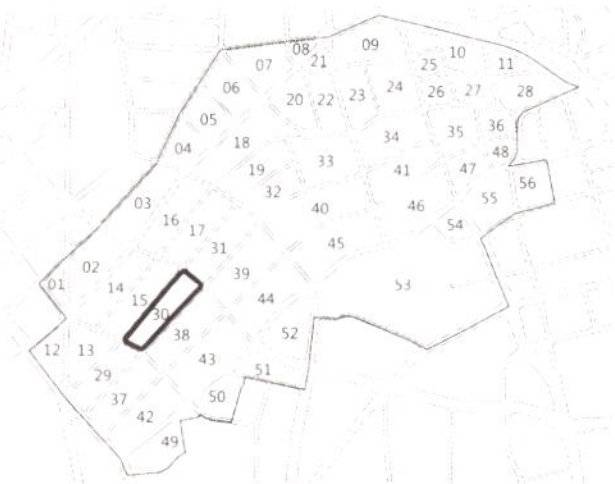

主要文物建筑简介

◎ 赵以成、汪培娴旧居

赵以成，1908–1974，福建漳州人，毕业于北京协和医学院，医学博士，外科住院医师，神经精神科研究员。曾赴加拿大蒙特利尔神经病学研究所深造，回国后任协和医学院讲师。抗战时期，在京津一带私人行医。新中国成立后，先后在天津和北京医院建立脑系科、神经外科和北京神经外科研究所，被誉为"中国神经外科奠基人"。

汪培娴，1904–2005，山东泰安人，赵以成夫人。北京协和医学院医学博士，获妇产科特等荣誉奖。后遵周恩来总理嘱托，协丈夫开展神经外科工作。

赵以成、汪培娴旧居位于常德道69号，为英格兰别墅式二层小楼。拱券形大门入口，外檐部分清水砖墙，部分水泥断块。室内铺菲律宾木地板，中世纪拱券形砖砌壁炉精美别致。后院宽敞，有甬道、花坛、葡萄架，环境优雅宁静。

◎ 刘茀祺旧居

刘茀祺，1904–1955，我国著名给排水专家。自清华学校赴美留学，获康奈尔大学土木工程专业硕士学位。历任天津济安自来水股份公司总工程师、给排水设计院副院长兼总工程师，1953年被评为特等劳动模范。

刘茀祺旧居位于常德道71号，为地中海风格二层小楼，砖木结构，外墙拉毛抹灰，红砖窗台，造型简洁。

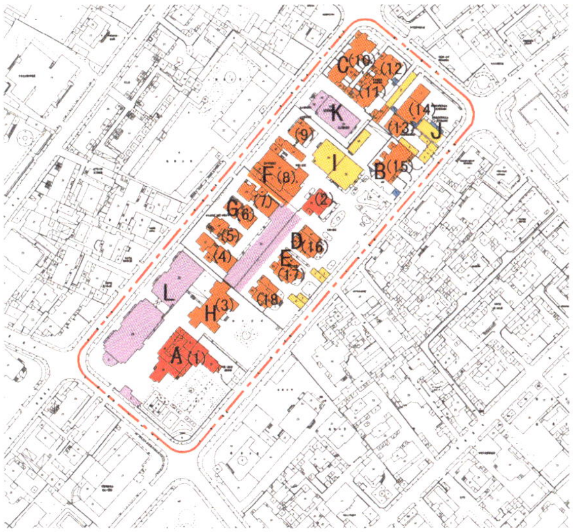

现状建筑分类　不可移动文物　历史建筑　传统风貌建筑　与传统风貌相协调的建筑　与传统风貌不协调的建筑

不可移动文物及历史建筑一览

建筑编号	原使用性质	现使用性质	地址	建筑面积(m²)	保护等级
(1)	孙氏旧居	和平宾馆	大理道66号-1	1900	文物
(2)	王占元旧居	天津市第一工人疗养院	大理道66号-6	336	文物、风貌
(3)	孙氏旧居	和平宾馆	大理道66号-4	1734	历史
(4)	居住	天津市冶金工业总公司	常德道57-59号-2	854	历史、风貌
(5)	居住		常德道57-59号-3	715	历史、风貌
(6)	居住		常德道57-59号-4	684	历史、风貌
(7)	居住		常德道57-59号-5	857	历史、风貌
(8)		嘉年华歌舞厅	常德道53、55号	1442	历史
(9)	过之翰旧居	北方国际集团	常德道51号	500	历史、风貌
(10)	居住	住非混合	常德道41-47号	1089	历史、风貌
(11)	居住	住非混合	协盛里1-3号	879	历史
(12)	居住	住非混合	桂林路22号	400	历史、风貌
(13)	办公	天津市注册税务师协会	大理道50号	358	历史、风貌
(14)	办公	滨海新区管理委员会	桂林路30号	452	历史、风貌
(15)	居住	腾迁	大理道52-56号	2336	历史、风貌
(16)	王占元旧居		大理道60号-3	704	历史、风貌
(17)	王占元旧居	市职工医院	大理道60号-2	704	历史、风貌
(18)	王占元旧居		大理道60号-1	704	历史、风貌

A 和平宾馆

B 腾迁

C 住非混合

D 市职工医院

E 市职工医院

F 嘉年华歌舞厅

G 市冶金集团（控股）有限公司

H 和平宾馆

I 市职工医院

J 滨海新区管理委员会

K 北方国际集团

L 和平宾馆

主要文物建筑简介

孙氏旧居

安徽寿州孙氏是清末民初新兴的家庭实业集团，近祖孙家鼐历任工、礼、吏部尚书。他有六子，长子孙多鑫、次子孙多森和幼子孙多钰，均在津经营实业，遂成巨富。

孙多钰，1882–1951，曾在美国康奈尔大学学习土木工程专业，回国后被授予工科进士。历任北京通惠实业公司总裁、中孚银行总经理、浦口商埠管理局局长，北京政府交通部次长，阜丰面粉公司董事长，直隶滦州矿物公司副董事长，启新洋务公司常务董事，开滦矿务局华方经理。孙多钰旧居为大理道66号中的“润园宾馆”，新中国成立后，毛主席、周总理和许多中央领导人曾在此下榻。

润园宾馆系西班牙乡村别墅式建筑风格。砖木结构，有主楼、配楼两幢。主楼三层，平面呈凹字形，正立面为对称式，门厅居中，琉缸砖清水墙面，花岗岩台座台阶，正立面二层外挑长廊，方铁栏杆，彩色水磨石断块地面。配楼在后，分设于东、西两翼，院宇宽阔，有小型游泳池。配楼二层木檐口，木屋架，瓦楞铁坡屋顶，白色拉毛院墙具有浓郁的欧陆风情。室内装饰讲究，窄条硬木地板，各细部均为优质木材精工制作。院宇宽阔，院内有成排的白杨树、西府海棠、藤萝花架甬道、小型游泳池。院落西南角有一高台，作为休息望远之地。阁楼状的门楼独具特色，水波状白色拉毛院墙具有浓郁的地中海风情。

31 街坊

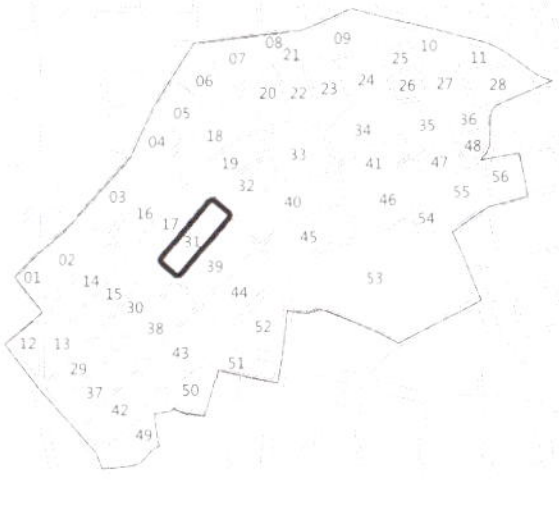

主要文物建筑简介（续）

孙震方，为孙多森的长子，幼年赴美。回国后任津浦铁路局出纳科科员、通惠实业公司总经理，后让位于孙多钰。孙震方1931年在英租界新加坡道建豪宅一所，现为大理道66号中的“和平宾馆”，与“润园宾馆”毗邻。

现和平宾馆主楼为2004年翻建。砖混结构，三层别墅式楼房，平面呈“U”形，一层石材基座，二、三层仿琉缸砖墙体，三角坡顶，上开天窗，入口设于中部，上为露天阳台，整体对称，风格典雅。沿大理道体量较长的三层建筑也于同期建设，与前院的主楼相比设计手法更加现代，形体凸凹变化，光影丰富。

◎ 王占元旧居

王占元，1861—1934，山东馆陶人。北洋武备学堂第一期毕业。历任淮军哨官、新建陆军工程营队官、第七营管带，后升新军第三协协统。1913年率部调往湖北，因镇压“二次革命”有功，1915年晋级壮威将军。1916年授襄武将军督理湖北军务。袁世凯死后，任湖北督军，一度兼任省长。1920年任两湖巡阅使。1921年直奉两系争权矛盾日趋尖锐，国务总理靳云鹏召集曹锟、张作霖、王占元等三巡阅使商讨时局于天津，时称“四巨头”会议。同年因湖北境内多次兵变，再加湘鄂战起，鄂军败北，被迫辞职，匿居天津。

王占元旧居坐落于大理道60号，三幢西式楼房，每幢楼的布局、格局均一致，混合结构，局部三层，平顶。每幢楼自身的布局为非对称，首层的前方突出部位为半圆形玻璃花厅，其上前部为阳台，二层屋顶上则探出混凝土制大凉棚，阳台后半部分有居室，可视为第三层，设计颇具匠心。室内地面和楼板均为高级硬木拼花地板，墙面和顶棚均有花饰灰线，材料和质量均为上乘。

◎ 过之翰旧居

过之翰，1887—1965，安徽省蒙城县人。曾任国民军炮兵上尉、军需处长。新中国成立后，任上海市委委员。

过之翰旧居位于常德道51号，建于20世纪30年代，砖木结构，水泥饰面，筒瓦坡顶，挑檐，布局严谨对称，建筑立面采用西洋古典三段式构图，比例协调，线脚丰富细腻，典雅温馨。

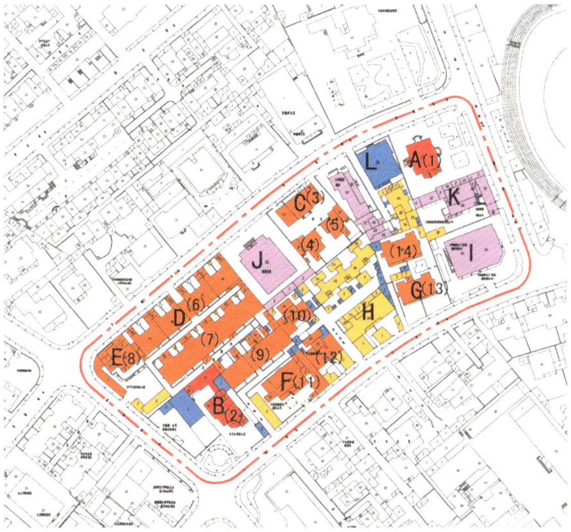

现状建筑分类

不可移动文物　历史建筑　传统风貌建筑　与传统风貌相协调的建筑　与传统风貌不协调的建筑

不可移动文物及历史建筑一览

建筑编号	原使用性质	现使用性质	地址	建筑面积(m²)	保护等级
(1)	曾延毅旧居	居住	常德道1号	695	文物、风貌
(2)	陈光远旧居	市卫生局幼儿园	大理道48号	930	文物、风貌
(3)	居住	住非混合	常德道17–21号	966	历史、风貌
(4)	居住	居住	常德道照星别墅2号	285	历史、风貌
(5)	居住	居住	常德道照星别墅1号	301	历史、风貌
(6)	居住	居住	常德道25–39号	1411	历史、风貌
(7)	居住	居住	民园西里1–9号	1946	历史、风貌
(8)		和平区第四幼儿园	桂林路23号	716	历史
(9)	居住	居住	美德里1–6号	1220	历史
(10)	居住	居住	新中美里1、2号	734	历史
(11)	居住	非居住	大理道46号	962	历史、风貌
(12)	林鸿赉旧居	市文化局文物管理处 和平区公用公房管理所	大理道42–44号	890	历史、风貌
(13)		天津市房地产发展有限公司与民居混用	大理道32号	562	历史、风貌
(14)	卢弼旧居	居住	大理道34–36号	465	历史、风貌

A 居住

B 市卫生局幼儿园

C 住非混合

D 居住

E 和平区第四幼儿园

F 天津顺驰置业有限公司

G 商住混合

H 居住

I 天津渤海化工（集团）股份有限公司

J 建设投资

K 天津滨海投资控股有限公司

L 居住

主要文物建筑简介

◎ 陈光远旧居

陈光远，1873–1939，武清人。北洋将领，将军府鉴威将军。天津武备学堂毕业，清末任北洋军统领。民国成立后，为北洋军阀直系骨干。历任热河巡防营统领兼赤峰镇守使、军事模范团团副、陆军第十二师师长、京津警备副司令、绥远都统、江西督军等职。1922年被免职，回津寓居，并投资工商业和房地产业，成为北洋寓公中首屈一指的百万富翁。

陈光远原居英租界博罗斯道（现烟台道62号，已拆除重建），后居新加坡道与格拉斯哥道交口处（现为大理道48号）。该宅建于1924年，是建筑主体为现代风格的别墅，三层砖混结构，外墙为黄色琉缸砖墙面。二层至三层有退台，顶部为大阳台，台上建有一个中式凉亭，因而呈现出中西合璧的特点。该房坐北朝南，大房间，大进深，设施完善，装修豪华。院落宽敞，花木扶疏。

◎ 民园西里住宅

坐落在常德道，三层砖木混合结构里弄式住宅，建于1939年。华信工程司沈理源设计，济安公司施工。

全里共三幢楼房，每幢由分户单元联排组成，每户有前院，直接出入。半开间纵向楼梯间，入口设有小过厅。该建筑横墙承重，木屋架筒瓦屋顶，楼层是木龙骨、木地板、木楼梯，卫生间为钢筋混凝土板。外檐为过火砖清水墙。一层设有起居室、餐室、厨房、用人住房及储煤室。起居室与餐室用推拉门连通和分隔。二层卧室与卫生间相连，卫生间设有坐式恭桶、澡盆、手盆等卫生用具。局部三层设有储藏室。屋顶做晒台。有后院与用人间相连，后门通往户外。院内建有平房小厕所。

◎ 林鸿赉旧居

林鸿赉，1900–1981，浙江宁波人。曾就读天津新学书院、清华大学经济系，公派保送至美国霍普金斯大学学习三年，回国后任国民党政府财政部关务署科长、天津统税管理所主任。后被宋子文选调进入中国银行任杭州襄理、中国银行总经理。

林鸿赉旧居位于大理道42–44号，三层砖木结构，清水墙面，线条简洁，室内设施完善，中等装修，有菲律宾木地板和楼梯。

◎ 卢弼旧居

卢弼，1876–1967，湖北人。留学日本早稻田大学，攻读政治经济学，归国后任国务秘书等要职。

卢弼旧居位于大理道34–36号，三层砖木结构，四坡挂瓦顶，向阳面有大阳台，木质门窗，室内房间较大，院落宽敞，树荫浓密。

◎ 曾延毅旧居

曾延毅，1892–1964，湖北人。历任山西陆军第四旅旅长、天津市警察局局长。

曾延毅旧居位于常德道1号，建于20世纪30年代，为带罗马柱式的欧洲中世纪风格三层建筑，正门有迭台式圆台阶，二层半圆形阳台恰为一楼入口遮雨棚。整幢建筑规整严谨又不失活泼精巧。常德道1号为小说《潜伏》中提到的国民党军统特务站地点。

32 街坊

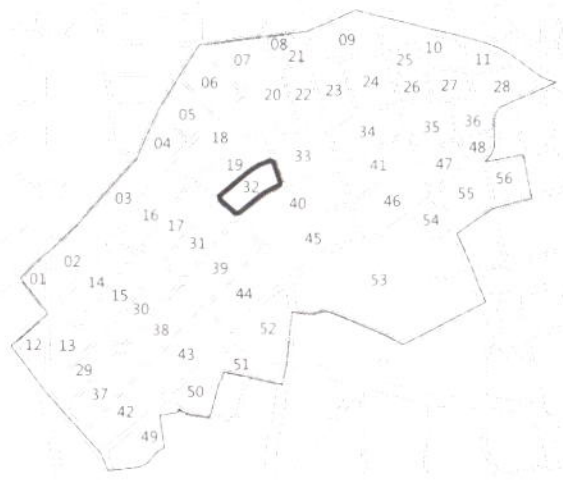

A 天津市民园体育场

B 天津市民园体育场

C 天津市民园体育场

D 天津市民园体育场

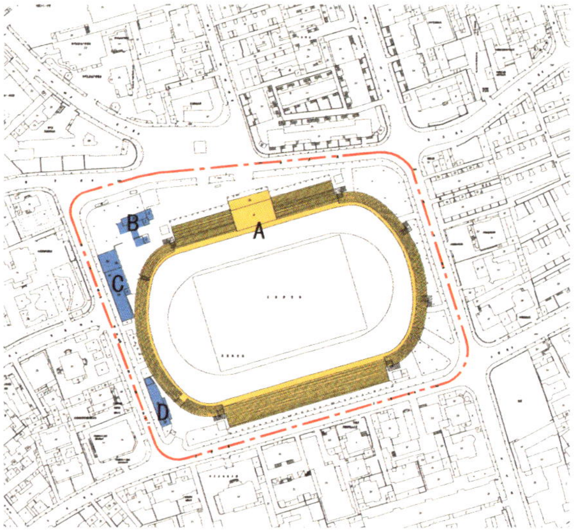

现状建筑分类

不可移动文物　历史建筑　传统风貌建筑
与传统风貌相协调的建筑　与传统风貌不协调的建筑

33 街坊

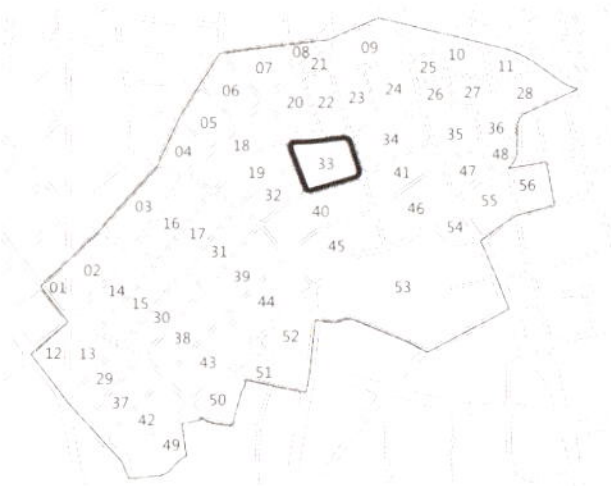

主要文物建筑简介

◎ 民园体育场

民园体育场是以地命名，早年为沼泽洼碱地带，后因海河疏通航道，用淤泥填成平地。1918年旧英租界将侵占的新地分区划片转卖给军阀买办兴建楼房，中间留有的空地形成了民园体育场，占地41 200平方米。英工部局在此修建铁柱围墙，西面建有木质和水泥看台，辟有田径场地和两个足球场，四周有500米跑道6条，在场地西面看台前，有200米直线跑道6条（因当时世界比赛仅承认200米直线跑道成绩）。场地四周种有杨树和柏树，环境幽雅、安静，成为人们进行体育活动的场所。

1925年，获得奥运冠军后回到天津的李爱锐因其在世界体坛上的名气，以及在各地参赛的丰富阅历，受邀参与设计对民园体育场的改造。于是，李爱锐根据世界田径场的标准及自己参赛的经验，对诸如跑道结构、灯管设备、看台层次等，提出了一系列改建建议，这些建议在当时看来是具有世界先进水平的。在他的筹划与监督下，民园体育场终于以全新的面貌成为当时在亚洲范围内首屈一指的综合性体育场。相当规模的万国足球赛和万国田径赛也曾在此举行。

1941年日本军国主义在津接管旧英、法等租界并改为军事特管区，1942年日本侵略军将民园体育场移交伪市政府教育局。1943年民园体育场铁柱围墙全部被日本拆走制造军火，改建为砖砌围墙，从此民园体育场的纵轴从南北向改为东西向，主席台设在北面，以砖砌成。其他周围看台均以炉灰沙土堆成斜坡，田径场改为400米跑道8条。

新中国成立后，民园体育场于1951年1月迎接首次来津访问的前苏联男子篮球队，天津观众第一次看到了篮球场上令人眼花缭乱的快攻场面。同年12月，我国首次全国足球比赛在民园体育场举行，东北、华北、西北、中南、西南、华东六大行政区与解放军、铁路共8个队参赛，第一次选拔出国手29人。

1953年5月，全国篮球、排球、网球、羽毛球四项球类运动大会在民园体育场举行，长达12天，国家体委主任贺龙亲临赛场。1953年9月，前苏联体操队来津访问，在民园体育场中央搭台表演，数万观众争相一睹现代体操表演。同年11月，全国民族形式体育表演及竞赛大会在民园体育场举行，全国六大行政区、内蒙古自治区、解放军及铁路系统的13个民族近400名运动员参加，观众达12万人次。

1954年，民园体育场进行大规模改建，四周盖起水泥看台，足球场地铺设了草坪，四角搭起了24米高的木质灯架，成为当时我国第一个灯光草坪足球场。市长李耕涛亲笔题写了“民园体育场”五个大字，悬在民园体育场正门上方。据不完全统计，从1956年至1976年的20年间，民园体育场接待了世界各国足球队的来访达36次，并成为天津市大中型田径运动会及足球比赛的主要场地。

1980年至1982年民园体育场再一次进行大规模改建，建成椭圆形封闭式看台，可容观众两万人，场地中央为标准草坪足球场，足球场四周铺设8条400米塑胶田径跑道，看台四角有40米高的大型灯光塔架，成为国际标准田径、足球比赛场地。

几十年来，民园体育场历经数次翻新改造，现已基本退出竞技体育的舞台，正逐步发展为全民健身及旅游接待的中心。

现状建筑分类

不可移动文物　历史建筑　传统风貌建筑　与传统风貌相协调的建筑　与传统风貌不协调的建筑

不可移动文物及历史建筑一览

建筑编号	原使用性质	现使用性质	地址	建筑面积(m²)	保护等级
(1)		军事医学科学院	大理道2号	700	文物、风貌
(2)	张志潭旧居	军事医学科学院	大理道4号	700	文物、风貌
(3)	徐世章旧居	市信访办	大理道26号	410	文物、风貌
(4)	周氏旧居	居住	河北路277号	913	文物
(5)	麻袋王旧居	居住	河北路275号	1150	文物、风貌
(6)	庆王府	市外事办公室	重庆道55号	3702	文物
(7)	居住	居住	新华路216-224号	900	历史、风貌
(8)	居住	居住	守善里1-9号	928	历史
(9)	居住	居住	晨光里1-9号	1507	历史
(10)	居住	居住	民园东里1-15号	4265	历史、风貌
(11)	居住	饭店	大理道6-8号	320	历史、风貌
(12)	居住	居住	大理道12号前楼	382	历史
(13)	居住	办公	大理道12号后楼	404	历史、风貌
(14)	居住	居住	义生里1-16号	3310	历史
(15)	居住	居住	大理道14-16号	682	历史、风貌
(16)	鹿钟麟旧居	居住	大理道18-22号	985	历史、风貌
(17)	居住	天津市安居办	大理道24号	587	历史、风貌
(18)	居住	居住	润兴里1-14号	1920	历史
(19)	张国忱旧居	腾迁	重庆道67-79号	1757	历史、风貌
(20)	居住	腾迁	重庆道57-65号	1092	历史、风貌
(21)	居住	腾迁	山益里1-42号	5115	历史、风貌
(22)	居住	居住	津南里1-13号	7070	历史、风貌

A 军事医学科学院　B 军事医学科学院　C 水柏居潮州私房菜
D　E 居住　F 居住
G 居住　H 腾迁　I 居住
J 和田玉专卖店　K 市公用公房经营管理处　L 体育馆派出所

主要文物建筑简介

◎ 张志潭旧居

张志潭，1884-1936，河北丰润人，前清举人。1917年任北洋政府内务部次长，同年段祺瑞执政时，任国务院秘书长。后历任陆军次长、内务总长、交通总长、财政整理会会长。皖系失败后下台，隐居天津英租界。"九一八"事变后，在天津成立日特操纵的中日密教研究会，参与策划建立华北伪政权。

张志潭旧居位于大理道4号，砖木结构，三层带地下室，红砖清水墙，局部水泥饰面，大筒瓦顶，朝东南面为入口处，高台阶。整幢楼呈"L"形，规整严谨，设备齐全。后为王声义私产。现作为部队招待所使用，保持完好。

◎ 鹿钟麟旧居

鹿钟麟，1884-1966，定州北鹿庄人。西北军著名将领，国民党二级上将。

鹿钟麟旧居位于大理道18-22号义生里，为砖木结构二层联排建筑，清水砖墙，檐口配有简单的线脚，拱形入口门洞。整体外观简洁，朴实无华。

34 街坊

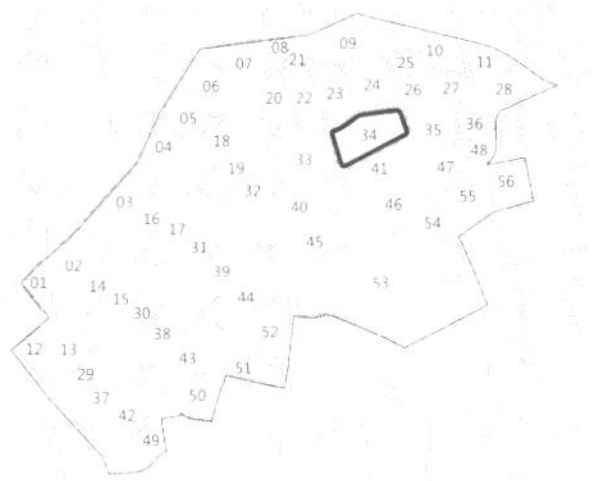

主要文物建筑简介（续）

◎ 周氏旧居

周明泰为近代著名实业家周学熙的长子，其住宅位于河北路277号，建于1933年，砖混结构，正立面首层为三拱券式前廊，有古希腊风格雕塑，为英国外廊式庭院住宅楼。

◎ 庆王府

载振，1876–1947，清满洲正黄旗宗室，爱新觉罗氏。光绪十五年被赏头品顶戴，后晋封二等镇国将军，被赏加贝子衔，后任农工商部尚书要职。光绪三十三年，因妓女杨翠喜案被迫辞职。宣统三年任弼德院顾问大臣。辛亥革命后远离政治。载振1925年迁居天津，购买太监小德张在旧英租界剑桥道楼房一所，俗称"天津庆王府"。

庆王府位于重庆道55号，是一所中西合璧式住宅。砖木结构，局部三层，平屋顶，带地下室。整座大楼布局严谨，内外呼应，既具有中式传统建筑"四合套"的模式，又有西式楼房建筑的风格。大楼北面正中门厅为主入口，青条石"宝塔式"高台阶，十分威严。在大楼外回廊的东、西、南面，还设有次要入口。大楼墙体采用青砖砌筑。外檐以清水墙为主，部分墙面和列柱采用仿花岗石水刷石，大块分格。一、二楼的列柱式外回廊，采用中西结合的柱式，黄、绿、紫三种色彩的六棱柱体琉璃栏杆。内外檐门窗也采用中西结合的形式，多以高级硬木制作，带筒子板。

楼房及附属平房共94间。建筑平面为矩形，南北向。中部为中空到顶，面积350平方米的长方形大厅，大罩棚式厅顶。一、二层房间沿大厅周围周边式设置。东、西、南、北四面的开间，均为"明三暗五"对称排列。一楼除大厅、客厅之外，多为住房。二楼的房间多做附属房间。局部三层的八间房，是载振购房后又加盖上去的。专作为祭祀、供奉先祖的影堂。二楼大厅四周设有列柱式回廊。通过东、西、北三面的中间穿堂过厅，相互连通，形成大楼内外空间巧妙结合，给人一种幻化的空间叠进的感觉。一楼大厅地面及内外回廊的地面，均为铜条镶嵌的美术磨石。窗上镶嵌绘有山水花草的磨花彩色玻璃，过厅和客厅的木隔断有精美的木雕。顶棚为鹤形、蝙蝠形等石膏雕饰。大厅和客厅还陈设着中式紫檀雕刻的长条案，镶嵌着贝螺八仙桌椅及围屏等，以求古香古色，富丽堂皇。其余房间采用白色釉面砖铺地。中厅两边木隔断上是大面积木雕。大楼的东面是花园，园中建有中国传统式六角凉亭。

◎ 张国忱旧居

张国忱，1898–1986，辽宁省辽中县人。少时习俄文。曾任东北保安司令部秘书、张学良俄文主任秘书、东三省特派教育厅长、天津财政局长。

张国忱旧居位于重庆道67–79号，山益里联排公寓中的一幢，主体为二层砖木结构，带阁楼，清水砖墙。有前后院，前院通重庆道，后院有厨房、锅炉房、用人房等。

现状建筑分类　不可移动文物　历史建筑　传统风貌建筑　与传统风貌相协调的建筑　与传统风貌不协调的建筑

不可移动文物及历史建筑一览

建筑编号	原使用性质	现使用性质	地址	建筑面积(m²)	保护等级
(1)	孙殿英旧居	天津市长芦盐务管理局	睦南道20–22号	2153	文物
(2)	原伪满州国领事馆(颜惠庆旧居)	天津市滨海汇能公司	睦南道24–26号	2457	文物
(3)	李赞臣旧居	天津市教育委员会	睦南道28号	1427	文物
(4)	居住	腾迁	新华路253号	684	文物、风貌
(5)	孟恩远旧居	东海渔村	重庆道23号	2508	文物、风貌
(6)	居住	办公	香港路2–8号	1320	历史、风貌
(7)	居住	住非混合	重庆道31–39号	690	历史、风貌
(8)	居住	居住	重庆道41–43号	843	历史、风貌
(9)	居住	腾迁	重庆道45–49号	1217	历史、风貌
(10)	居住	居住	新华路福进里	2364	历史、风貌
(11)	居住	经营	新华路251号	775	历史、风貌
(12)	居住	居住	福进里6–14号	1278	历史
(13)	居住	居住	照余里1–2号	567	历史
(14)	居住	市财政局老干部处	重庆道29号	360	历史
(15)	居住	办公	重庆道25号	637	历史、风貌

A 市长芦盐务管理局

B 天津滨海汇能投资股份有限公司

C 市学位委员会

D 东海渔村

E 居住

F 市和平区第二十一幼儿园

G 居住

H 居住

I 办公

J 公安局幼儿园

K 香港路10号国际村

L 市供销合作总社

主要文物建筑简介

◎ 孙殿英旧居

孙殿英，1889–1947，河南人。行伍出身，1928年任国民党第六军团第十二军军长，因在河北马兰峪盗掘清东陵而闻名。抗战爆发后，历任冀察游击总司令、新五军军长。被俘后投汪伪任“豫北剿共军总司令”。

孙殿英旧居位于睦南道20–22号，1930年建造。英国古典式建筑风格，略带折中主义建筑特征。整个建筑物的外形高低错落有致，别具一格。三层砖木结构楼房(带地下室)，红瓦坡顶，清水砖墙。建筑高大舒展、富丽堂皇、错落有致，拱券窗、矩形窗以及绞绳状双柱等诸多立面装饰均有体现。一楼的平台有八根白色的立柱直顶到二楼，显得古朴典雅，二楼的中间四个房间朝南处有四个门通向平台，三楼的东西两端各有一个平台。在静谧的睦南道上，孙殿英旧居称得上是这条路上最有气派的建筑之一。高高的大楼雄壮挺拔，看上去不像是曾经用来做民居，反而像政府机构的办公大楼。室内中间门厅有三跑主楼梯，东侧通道内有两跑次楼梯。底层房间为客厅、花厅、餐厅、备餐室，设备齐全。一层房间布置紧凑，中间是方厅，四周为居室、卫生间和杂房，二楼可通往大阳台。室内地面和楼板均为高级硬木拼花地板，墙面和顶棚均有花饰灰线，材料和质量均为上乘。

35 街坊

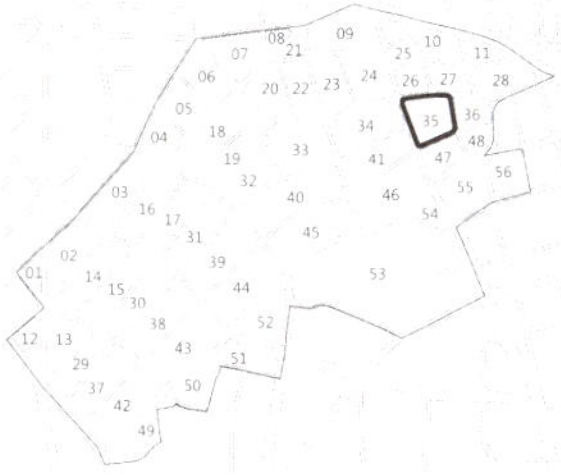

主要文物建筑简介（续）

◎ 颜惠庆旧居

颜惠庆，1877–1950，上海人。美国弗吉尼亚大学毕业，回国后任圣约翰大学英文教授，商务印书馆编辑，清朝驻美使馆参赞，后任外交部股长，清华大学总办，北洋政府外交次长，德国、丹麦、瑞典公使，巴黎和会代表顾问，北京政府外交总长，内务总长，国务总理等职。1926年移居天津后，任大陆银行董事长，自来水公司董事长。新中国成立后，历任华东军政委员会副主席，中央人民政府政治法律委员会委员等职。

颜惠庆旧居位于睦南道24–26号，建于20世纪20年代中期，为三层砖混结构楼房，欧洲中世纪古典主义建筑特征，红瓦坡顶，琉缸砖清水墙面，四联拱形外廊十分精巧，墙体外檐砖有规律地外凸。建筑立面对称，端正规整。内部房间装修考究，设有造型各异的壁炉，房间宽敞明亮，地板及门窗均为名贵的菲律宾木材。墙头上面方形的日式玻璃灯十分别致新颖，铸铁大门典雅秀丽。颜惠庆旧居后转给了大连永源轮船公司经理李学孟，李又出租给伪满洲国作为驻津领事馆使用至1945年日本投降。

◎ 李赞臣旧居

李赞臣，1882–1955，天津人，天津近代“八大家”之一盐商李春城“李善人”的后代，是“李善人”第三代中举足轻重的人物。李春城共有四子十孙，李赞臣是李春城的孙辈，曾任长芦盐区纲公所纲总，兼任纲商所天津职业银行经理。他除经营本家族所办和与本房弟兄合营的企业外，还独资开设了一些商号，如：“新光皮货店”、“万和堂药店”。李家搬到睦南道时已经家道中落了。20世纪20年代，李赞臣父辈四房分家析产，各立门户，大家族从此瓦解。李赞臣和同胞兄弟三人全家老小搬到位于睦南道28号的这栋小洋楼。

李赞臣旧居建于20世纪20年代，三层混合结构楼房（带地下室），大部分为清水墙面，楼层间窗间墙为水泥砂浆抹灰饰面。建筑造型为欧洲古典风格，严格对称，古朴庄重。主入口由三联拱券构成，其上部有四根通高八角柱支撑挑檐，构成开敞柱廊，柱头为科林斯式雕花。室内装修讲究。

◎ 孟恩远旧居

孟恩远，1856–1933，天津人，行伍出身。袁世凯小站练兵时入伍，累迁马队队官，直隶巡防队统领，南阳镇总兵。光绪三十四年，任吉林巡防督办。民国时期，任陆军第二十三师师长，吉林护军使。后任镇安右将军，吉林督军，此间支持、参与张勋复辟，任吉林巡抚。失败后，张作霖以此为借口，并利用其经济上的问题，唆使吉林士商向北京政府控告。1918年，当局授其惠威将军空衔，令其进京供职。孟拒不服从，并唆使其部下及外甥吉林第二混成旅旅长高士傧等反对易督，举兵反抗后张作霖勾结日本吉林驻军，制造宽城子事件，并派吴俊升和孙烈臣率大军南北夹击吉林，迫使就范。孟恩远被迫离吉，回天津寓居。

孟恩远故居坐落在和平区重庆道23号，为砖混结构的二层（局部为三层）小楼，其住宅两侧建有对称式塔楼，有地下室，布局对称，造型庄重。建筑面积为1539平方米，具有英国古典主义建筑风格。新中国成立后，该旧居曾为中波海运公司使用。

现状建筑分类

不可移动文物　历史建筑　传统风貌建筑　与传统风貌相协调的建筑　与传统风貌不协调的建筑

A 居住

B 经营

C 住非混合

D 居住

E 办公

F 经营

G 腾迁

H 居住

I 居住

J 办公

K 天津顺驰集团

L 住非混合

不可移动文物及历史建筑一览

建筑编号	原使用性质	现使用性质	地址	建筑面积(m²)	保护等级
(1)	香港大楼	居住	马场道10号	2807	文物、风貌
(2)		经营	重庆道1-3号	444	历史、风貌
(3)	居住	住非混合	重庆道7-9号	405	历史、风貌
(4)	居住	居住	重庆道11-15号	1358	历史、风貌
(5)	居住	办公	重庆道17号	737	历史、风貌
(6)	居住	经营	香港路1号	536	历史、风貌
(7)	居住	腾迁	香港路3-5号	660	历史、风貌
(8)	居住	居住	睦南道14-18号	770	历史
(9)	居住	居住	睦南道10-12号	710	历史

主要文物建筑简介

香港大楼

香港大楼新中国成立后被称作“高干楼”，曾居住过天津市委副书记张淮三、副市长白桦、副市长路达、市委秘书长于志远、中央统战部副部长李定、市委宣传部副部长方纪、侯岿一等人。

香港大楼是实业家李希明在1937年亲自聘请奥地利建筑师盖苓设计建造的。盖苓与天津有着很深的渊源。盖苓一家自1922年来到天津居住。在长达三十年的时间里，盖苓在天津设计建造了约250座楼宇，坐落在马场道的香港大楼、坐落在重庆道上的民园大楼等著名建筑都出自盖苓之手。

香港大楼是清水与混合墙面相互对应的五层楼房，现代主义建筑风格，建筑平面是个大形“L”形，平面布局紧凑，立面结构简洁大方，在韵律之中富于变化。立面上长条带形窗，方窗和圆窗交替出现，虚实相间。东南两面二层悬挑至顶层，作为封闭暖廊颇有特色。设计虽运用现代主义手法，却不失典雅清丽。沿街围墙水平红白相间，既有动感又精巧细腻，立体感强。整个建筑地下一层地上五层共183间房，每个单元均设主楼梯和小楼梯。楼内幽静的走道上吊着少见的西洋吊灯，房间的大门看上去厚重典雅，镶嵌的是细长的磨砂玻璃，而卧室的门上镶嵌的是一人高的花式凹凸玻璃，既不会遮挡光线，还起到屏蔽的作用，门把手由黄铜制造，配合浅黑色厚实的大门，打开时需用力。菲律宾木材打造的人字地板光可鉴人，细滑软腻，踩上去感觉非常奢侈。

36 街坊

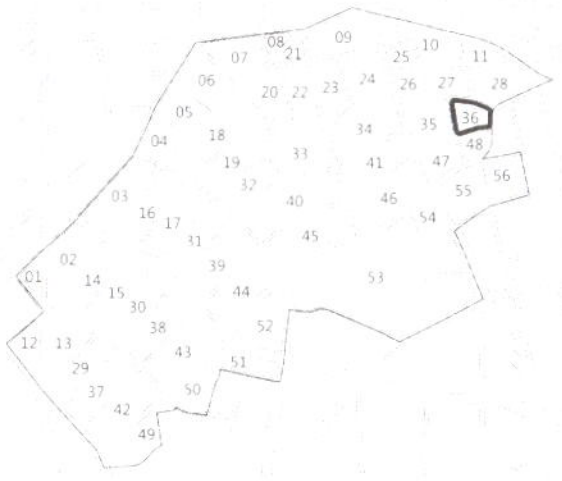

A 天和医院

B 居住

C 天和医院

D 天和医院

E 天和医院

F 天和医院

G 津联集团有限公司

H 旺粤酒楼

I 居住

J 居住

K 居住

L 天和医院

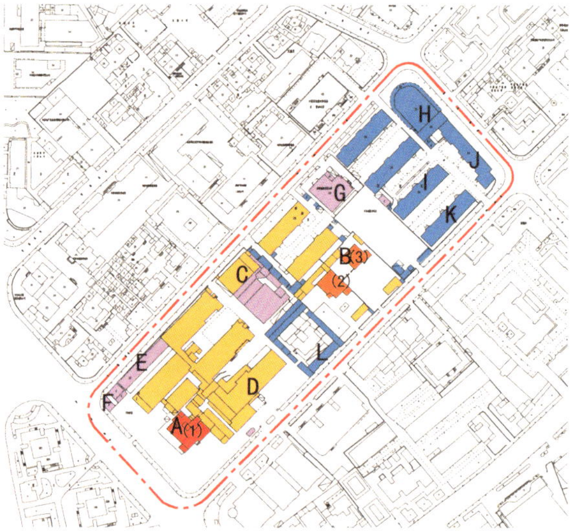

现状建筑分类

不可移动文物　历史建筑　传统风貌建筑
与传统风貌相协调的建筑　与传统风貌不协调的建筑

不可移动文物及历史建筑一览

建筑编号	原使用性质	现使用性质	地址	建筑面积(m²)	保护等级
(1)	徐世章旧居	天和医院	睦南道126号	1295	文物、风貌
(2)	居住	居住	睦南道120号	591	历史、风貌
(3)	居住	居住	睦南道118号	360	历史、风貌

37 街坊

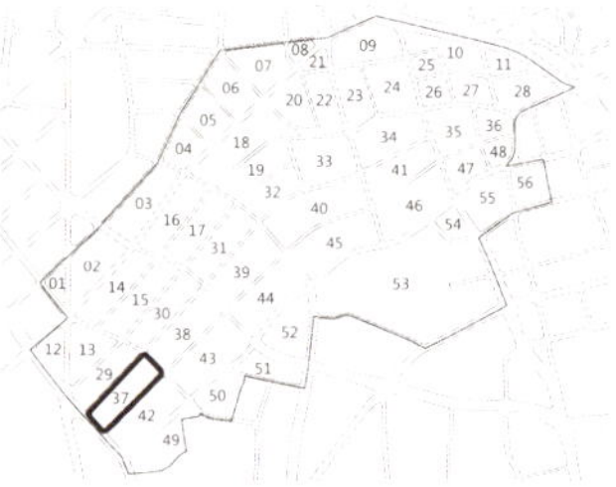

主要文物建筑简介

◎ 徐世章旧居

徐世章，1889—1954，天津人。京师大学堂译学馆毕业，后留学比利时学习经济管理。历任京汉铁路管理局副局长、津浦铁路局局长、津浦铁路防疫局局长、交通部次长、交通银行副总裁、国际运输局局长、制币局总裁等职。离任后寓居天津。

徐世章旧居位于睦南道126号，建于1922年，英国庭院式二层砖木结构建筑，现代风格，立面线条简洁明快，建筑比例和谐。双脊大瓦顶带阁楼，琉缸砖清水外墙，腰线和屋檐下采用水泥浆黏河光石混水墙面。正入口设有大玻璃门窗，二层设有阳台，横向无棂玻璃窗，光线充足，视野开阔，二层和檐口有大小挑檐，层次分明。院门处设有汽车库，北侧临街小院有平房。内部装修为欧式和日式混搭，一楼书房有古希腊风格的壁挂式烛台，汉白玉制成。门上亮子有精美中式玉雕，现保存完好，为天和医院办公楼。

◎ 天和医院

天和医院坐落于睦南道122号，诞生于1942年的太平洋战争的硝烟中。当年，北京协和医院一批著名的爱国专家张纪正、柯应夔、邓家栋、朱宪彝等人来到天津，创建了天和医院，寓"天津的协和"之意。它集国内外医学之精粹，培养了一批又一批的医学人才，造就了安若昆、陈佩璋、王今达、孔令震等一大批医学专家，挽救了无数患者的生命。当时，民众皆知"北京有协和，天津有天和"。

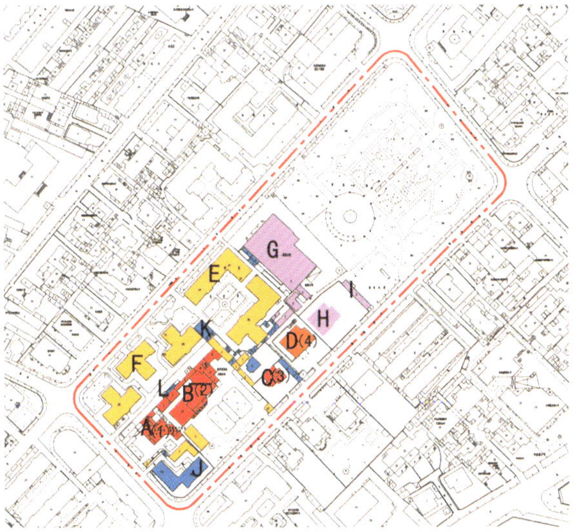

现状建筑分类 ■不可移动文物 ■历史建筑 ■传统风貌建筑 ■与传统风貌相协调的建筑 ■与传统风貌不协调的建筑

不可移动文物及历史建筑一览

建筑编号	原使用性质	现使用性质	地址	建筑面积(m²)	保护等级
(1)	吴颂平旧居	117花园别墅	昆明路117号	700	文物
(2)	林子香旧居	新华社天津分社	睦南道114号	2036	文物、风貌
(3)	居住	立达集团	睦南道112号	318	文物、风貌
(4)		机关事务管理局	睦南道110号	592	历史、风貌

A 117花园别墅

B 新华社天津分社

C 立达集团

D 机关事务管理局

E 居住

F 居住

G 睦南公馆

H 住非混合

I 闲置

J 居住

K 居住

L 居住

主要文物建筑简介

◎ 吴颂平旧居

吴颂平，1882—1966，安徽婺源人，生于天津，其父吴调卿为天津四大买办之一。曾赴美学习军事，回国后任山西教育厅厅长。天津沦陷后，曾任日资企业大华煤油公司常务董事。

吴颂平旧居位于昆明路117号，建于1934年，是由奥地利建筑师盖苓设计的英租界花园别墅，砖木结构二层建筑，局部三层，平面呈“八”字形，琉缸砖墙体，高耸的大坡度双尖脊屋顶，造型别致，具有英式乡村别墅风格。

◎ 睦南花园

睦南花园占地17 700平方米，原为英租界的一处花圃，布局规整。1952年，被改做培育繁殖月季花品种的半开放式花圃。1982年天津市政府决定将其改为供市民休闲活动的开放式公园，采用了公园的布局手法，增设亭、廊、花架、园灯、座椅等设施，并点缀了一些园林小品。1998年，睦南公园重新改造建设，增建约二百平方米的花卉展厅，展出名贵花卉三百余种。2009年，睦南公园再次改造提升，成为经典欧式月季主题公园，延续了以月季的品种栽植和繁育为主要特色的全园风格。

38 街坊

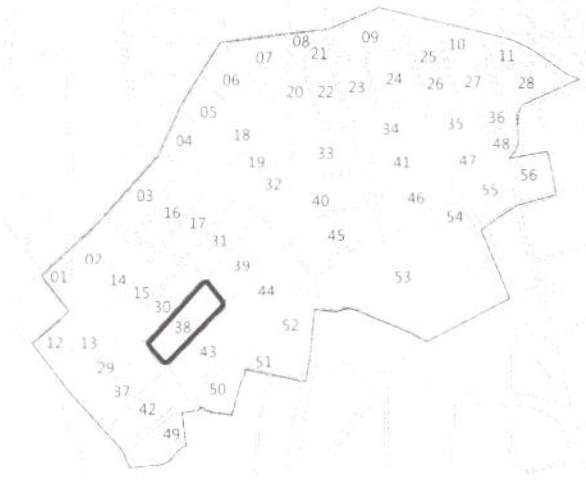

A 市政府第二招待所

B 居住

C 住非混合

D 居住

E 办公

F 空置

G 办公

H 居住

I 逸阳小学

J 逸阳小学

K 居住

L 居住

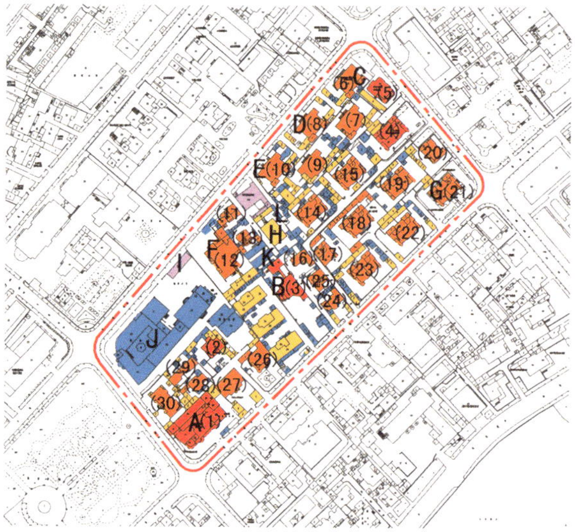
现状建筑分类
不可移动文物　历史建筑　传统风貌建筑
与传统风貌相协调的建筑　与传统风貌不协调的建筑

39 街坊

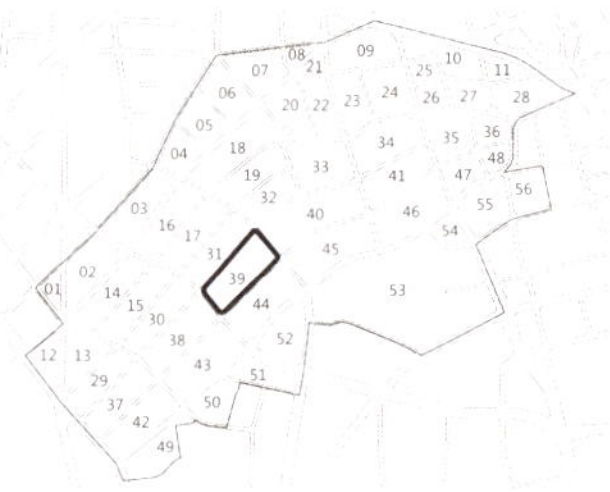

主要文物建筑简介

◎ 徐树强旧居

徐树强，1914—1951，日本陆军士官学校30期毕业，为淞沪警察厅厅长徐国良之子。曾任伪天津公署水上警察分局局长、天津警局特务科科长。

徐树强旧居位于睦南道108号，现代主义风格建筑，平顶，清水红砖墙面，建筑整体简洁厚重，形体高低错落，凹凸变化，入口处上方有凸出圆柱形体运用，形体严谨而富于变化，展现出设计师深厚的设计功底。

◎ 张兰德旧居

张兰德，1879—1957，字祥斋，官号小德张，清末太监总管。原籍静海县，因年少家贫并受富家子弟欺辱，遂用刀自净其身入宫为太监。在宫里因容貌端正，身体健壮，被选入南府升平署——宫内戏班学京剧。因其毅力超绝，勤学苦练，武功超群，被酷好京剧的慈禧太后赏识，随侍太后左右。曾在三年之内被慈禧连升五级。后宣统登基，小德张被晋升为长春宫四司八处大总管，可谓权倾一时。小德张从贫寒起步，在逆境中练出多才多艺的本领，不但擅长唱京剧，而且精通房屋设计、土地开发、烹饪、制药、花卉栽培、园林布局等。

不可移动文物及历史建筑一览

建筑编号	原使用性质	现使用性质	地址	建筑面积(m^2)	保护等级
(1)	徐树强旧居	市政府第二招待所	睦南道108号	1953	文物、风貌
(2)	张兰德旧居	居住	睦南道金林村4号	335	文物、风貌
(3)	腾迁	居住	睦南道100号	974	文物、风貌
(4)		居住	桂林里1–2号	643	文物、风貌
(5)	居住	农工民主党 天津市委办公楼	桂林路26号	567	文物、风貌
(6)	居住	住非混合	大理道67–69号	883	历史、风貌
(7)	居住	居住	大理道71–73号	885	历史、风貌
(8)	居住	居住	大理道75–77号	865	历史、风貌
(9)	居住	居住	大理道79–81号	842	历史、风貌
(10)	居住	办公	大理道83–91号	864	历史、风貌
(11)	居住	腾迁	大理道105号	356	历史、风貌
(12)	居住	空置	云南路45–47号	701	历史、风貌
(13)	居住	居住	大理道103号	230	历史
(14)	居住	居住	桂林里5–6号	692	历史、风貌
(15)	居住	居住	桂林里3–4号	538	历史、风貌
(16)	居住	空置	睦南道98号	249	历史、风貌
(17)	居住	居住	桂林里7号	422	历史
(18)	居住	和平第二幼儿园	睦南道88号	799	历史
(19)	居住	居住	睦南道80–82号	672	历史、风貌
(20)	居住	经营	桂林路28号	427	历史、风貌
(21)	居住	办公	睦南道76–78号	725	历史、风貌
(22)	宋棐卿旧居	居住	睦南道84–86号	603	历史、风貌
(23)	居住	居住	睦南道90–92号	735	历史、风貌
(24)	居住	市国家安全局用房	睦南道94号	373	历史、风貌
(25)	居住	办公	睦南道96号	296	历史、风貌
(26)	居住	市第二招待所	睦南道104号	468	历史、风貌
(27)	居住	办公	睦南道106号	1318	历史、风貌
(28)	居住	居住	睦南道金林村1号	344	历史、风貌
(29)	虞颂庭旧居	居住	金林村2、3号	246	历史、风貌
(30)	居住	居住	云南路45–47号	701	历史、风貌

主要文物建筑简介（续）

张兰德旧居建成于1922年，是小德张三处私宅中的一座。1950年底，小德张将宽敞阔绰的第二套居所原郑州道宅转让给市纺织局做工人疗养院（1976年地震后被拆除），并选购了马场道金林村4号小楼居住。该楼为二层砖木结构，构造坚固，外墙贴琉缸砖，蒙古式尖状楼顶，筒子瓦。四周有围墙，正面有两扇大铁门，院内建有门房和车库。后院有朝阳的大花窖，平房为厨房和储藏室，后院有锅炉房。

◎ 宋棐卿旧居

宋棐卿，1898–1956，山东益都人。由燕京大学赴美国学企业管理。1928年在天津开办德昌贸易公司，经营进出口业务。1932年成立东亚毛呢纺织股份有限公司，任董事长兼总经理，生产"羝羊牌"毛线。

宋棐卿旧居位于睦南道84–86号，建于1937年，欧式二层砖木结构，清水墙，二层两侧设有弧形阳台，风格朴素简洁，自成院落，环境优雅。

◎ 虞颂庭旧居

虞颂庭，1914–1991，浙江慈溪人。我国泌尿外科奠基人之一、著名医学教育家。1939年获北京协和医院医学博士学位。曾任协和医院医师、重庆中央医院主治医师。新中国成立后，历任天津医学院总医院外科主任、天津医学院教授、九三学社中央常委、天津市委主任委员、天津市政协副主席。其夫人俞霭峰是著名妇产科专家，协和医学院博士，天津医学院附属医院妇产科主任，《中华妇产科》杂志副总编。

虞颂庭旧居位于金林村2、3号，为西式二层楼房，清水砖墙，入口处做转角处理，上筑阳台，顶部为不规则多边坡顶，周边出檐，开有天窗。

A 经营

B 住非混合

C 和平房管局体育馆房管站

D 天津市保护风貌建筑办公室

E 居住

F 住非混合

G 和平区委老干部局

H 居住

I 闲置

J 解放军某部队办公楼

K 经营 办公

L 居住

现状建筑分类 不可移动文物 历史建筑 传统风貌建筑 与传统风貌相协调的建筑 与传统风貌不协调的建筑

40 街坊

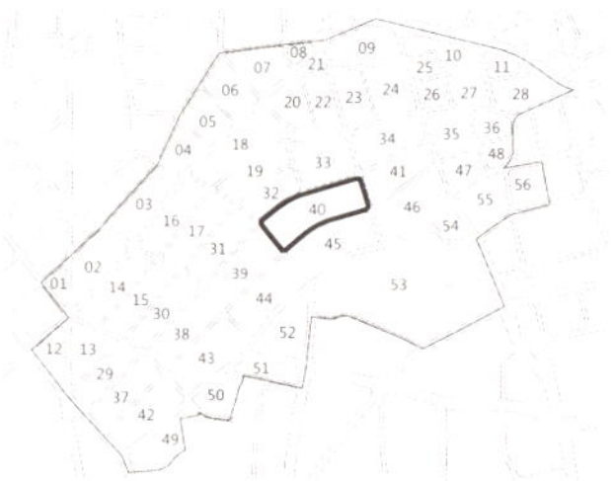

主要文物建筑简介

◎ 李勉之旧居

李勉之，1898－1976，天津人。爱国商人，先后在华新纺织厂、中天电机厂等企业任要职。

李勉之旧居位于睦南道74号，建于1937年，由著名奥地利设计师盖苓设计的外形完全一致的四幢小楼。由启新洋灰公司总经理大富豪李希明的四个儿女——李勉之、李允之、李进之、李慎之分别居住。是具有德国风格的庭院式别墅，英式庭院设计。每幢小楼地下一层地上三层，砖木结构，花岗石基座，琉缸砖饰面，卵石混水罩面。室内铺设高级硬木地面及护墙板。客厅为六角形，内有精致壁炉。

◎ 纳森旧居

爱德华·乔纳·纳森，1889－不详，英籍犹太人，在津期间通称其为纳森爱德。1910年来华，历任开滦矿务局副总经理、董事部主席兼总经理。他残酷剥削工人，勾结日军镇压工人运动，引发开滦五矿大罢工和冀东起义。1943年，纳森被解往山东潍县集中营。

纳森旧居位于睦南道70号，建于1928年，砖木结构，局部三层西式建筑，红砖清水墙，人字屋架，大坡度筒瓦顶，高低错落，风格别致。内部装修豪华典雅，高级大理石地面，硬木装饰，内设客厅、舞厅、书房等。宽敞的院落种植塔松、藤萝等各种花草树木，后院有一花窖和马厩。是一座具有典型英国乡村别墅风格的私人花园住宅。

不可移动文物及历史建筑一览

建筑编号	原使用性质	现使用性质	地址	建筑面积(m^2)	保护等级
(1)	李勉之旧居	经营	睦南道74号贵宾楼	1041	文物、风貌
(2)	纳森旧居	中共天津市委办公室	睦南道70号	1168	文物、风貌
(3)	訾玉甫旧居	市卫生局幼儿园	大理道37号	1140	文物、风貌
(4)	林东大楼	居住	河北路林东大楼	4884	文物、风貌
(5)	居住	经营	大理道9号	1037	历史
(6)	居住	经营	大理道11号-4	665	历史
(7)	居住	经营	大理道11号-1	117	历史
(8)	办公	体育馆房管站	大理道13号	259	历史、风貌
(9)	居住	风貌建筑办公室	大理道21号	297	历史、风貌
(10)	居住	居住	大理道17、19号	338	历史、风貌
(11)	居住	居住	大理道33、35号	1050	历史
(12)	居住	居住	大理道27-31号	1192	历史
(13)	居住	办公	睦南道68号-2	957	历史、风貌
(14)	居住	办公	睦南道68号-1	695	历史、风貌
(15)	居住	居住	睦南道64-66号	576	历史、风貌
(16)	林必锦旧居	住非混合	睦南道54-60号	912	历史、风貌
(17)	张伯苓旧居	居住	大理道39号	397	历史
(18)	居住	腾迁	大理道47号	408	历史、风貌
(19)	居住	住非混合	大理道41-43号	684	历史、风貌
(20)	居住	居住	大理道45号	323	历史、风貌
(21)	居住	居住	大理道49号	262	历史、风貌
(22)	居住	居住	大理道55号	254	历史、风貌
(23)	张纪正旧居	居住	大理道51-53号	714	历史
(24)	王天木旧居	和平区委老干部局	大理道55-57号	385	历史、风貌
(25)	居住	居住	大理道翠竹里1号	396	历史
(26)	居住	居住	大理道59号	464	历史
(27)	高少洲旧居	居住	大理道翠竹里2号	485	历史
(28)	居住	天津市台湾同胞联谊会	大理道63号	490	历史
(29)	居住	居住	大理道贤邻别墅1号	552	历史、风貌
(30)	居住	居住	大理道63号	395	历史、风貌
(31)	陈调甫旧居	居住	大理道贤邻别墅2号	278	历史、风貌
(32)	居住	居住	大理道65号	509	历史、风貌
(33)	居住	居住	桂林路29号	1982	历史
(34)	居住		睦南道74号-2	1055	历史、风貌
(35)	居住	房地产信托投资集团办公楼	睦南道74号-3	1055	历史、风貌
(36)	居住		睦南道74号-1	1042	历史、风貌
(37)	居住	办公	睦南道72号	1565	历史、风貌

主要文物建筑简介（续）

訾玉甫旧居

訾玉甫，生卒年不详，为近代实业家，“永发顺”木器行资东、经理。

訾玉甫旧居位于大理道37号，高墙深院，黑铁大门，内为二层砖木结构的英式公馆。清水砖墙，红色多坡瓦顶，砖木结构。正面顶层配以曲线优美的角楼式造型天窗，白色门窗，衬以白色水泥镶边，色调明快。进门处有4根白石柱，上为二楼阳台，下为过廊门厅。室内设施完善，配以菲律宾木地板和门窗。近年经过整修，保存完好。

张伯苓旧居

张伯苓，1876—1951，天津人，近代著名教育家。北洋水师学堂毕业后入海军服役，后停职从事教育工作。1904年赴日本考察后，协助严修创办敬业学堂，后改名南开中学，次年增设高等师范科。1917年赴美国研究教育，两年后创办南开大学，后又开办南开女子中学、实验小学等。抗战期间，南开大学与其他学校改组为西南联合大学，其任校委会常委。1948年出任国民党考试院院长。

张伯苓旧居位于大理道39号，砖木结构，坡屋顶，老虎窗，清水砖墙，腰檐及门窗套秀美。整体为现代建筑风格，质朴厚重，线条简洁。高档内装修，房屋宽敞明亮。后院很大，花草绿地相映。

林必锦旧居

林必锦，1911—1996，福建永泰人，耳鼻咽喉头颈外科专家。1938年获协和医学院博士学位。曾任北平中央医院耳鼻喉科主任，天津恩光医院医师。1951年创制金属橄榄头式食道引线扩张探子，解决了化学烧伤后食道瘢痕性狭窄的扩张手术问题。1981年研究喉发声重建术获得成功。在副鼻窦、中耳肿瘤手术治疗方面有突破性贡献。

林必锦旧居位于睦南道54—60号，建于20世纪20年代末，砖木结构西式一层建筑，大筒瓦顶，三槽窗，房间布局舒适，方便合理，内部装修豪华。室外院落宽敞，花木扶疏。

张纪正旧居

张纪正，1905—1984，山东潍县人，北京协和医学院医学博士。曾在协和医院担任医师、副教授。1937年赴美国密歇根大学研究院深造，主攻胸外科。1940年回国，任协和医院外科主任。著述颇丰，在医学界德高望重。张纪正的太太陈必弟1938年毕业于美国奥尔根大学，后随张纪正来到中国，1963年由周恩来总理亲自批准加入中国国籍，成为华籍美人。历任第六至第十届全国政协委员。

张纪正旧居位于大理道51—53号，建于20世纪20年代，英式庭院三层建筑，砖木结构，清水砖墙，坡瓦顶，大屋檐。室内菲律宾木地板和楼梯，欧式壁炉，天花板有灯光灰线，三槽窗。房屋规整，环境幽静。

王天木旧居

王天木，1891—1995，早年就读于保定军官学校、东北讲武堂，曾任西北军参议，后经吴泰勋介绍认识戴笠，成为特务处骨干分子，是军统天津站首任站长。1939年投敌，成为汪伪政权的要员。

王天木旧居位于大理道55—57号，建于20世纪20年代，由著名建筑师阎子亨设计。主体为连体建筑，三层砖木结构，平屋顶，清水砖墙，二层有方形阳台，配有百叶窗。一层为客厅、餐厅和书房，二、三层为卧室、起居室。楼西侧有一排平房。

高少洲旧居

高少洲，1892—1950，天津人，天津洋行买办代理人。第一次世界大战爆发后，作为洋行职员的高少洲受委托代管兴隆财产。战后兴隆洋行由其接办，并招收新股，同时代理洋商客栈业务，获利颇丰。

高少洲旧居位于翠竹里2号，建于20世纪30年代，欧洲古典风格，水泥墙面，平顶为大露台。一层有锅炉房、餐厅、客厅，二、三层有书房、起居室、卧室，全部门窗均为菲律宾高级木料，室内有灯光灰线，装潢考究。楼内有大小4个卫生间，配有英制斯坦福老式铸铁大澡盆。

陈调甫旧居

陈调甫，1889—1961，江苏吴县人，化工专家、化工实业家。曾任化工部华北研究院副院长、天津化工学院副院长、天津市人民政府委员。

陈调甫旧居位于贤邻别墅，建于20世纪30年代，砖木结构二层小楼。四坡大筒瓦顶，坡式台阶，一楼拱券形窗套，木门窗，外观典雅。

A 市教育委员会

B 解放军预防医学杂志编辑部

C 市医疗急救指挥中心和平分站

D 空置

E 市房产总公司

F 办公

G 居住

H 中国农业发展银行市分行营业部

I 银建大药房

J 居住

K 军事医学科学院卫生医学研究所

L 居住

现状建筑分类　不可移动文物　历史建筑　传统风貌建筑　与传统风貌相协调的建筑　与传统风貌不协调的建筑

不可移动文物及历史建筑一览

建筑编号	原使用性质	现使用性质	地址	建筑面积(m²)	保护等级
(1)	原英商颐中烟草公司总办住所	市教育委员会	新华路226号	1360	文物、风貌
(2)	蔡成勋旧居	解放军预防医学杂志编辑部	大理道3号	1720	文物、风貌
(3)	原蔡氏家祠	市医疗急救指挥中心和平分站	大理道5号	838	文物、风貌
(4)	英国诊所	空置	睦南道52号	1433	文物、风貌
(5)	张学铭旧居	市房产总公司	睦南道50号	1415	文物
(6)	英商睦南道小楼	办公	睦南道36–38号	928	文物、风貌
(7)	李霁野旧居	居住	大理道7号	521	历史
(8)	英商睦南道小楼	办公	睦南道44–48号	1101	历史、风貌
(9)	英商睦南道小楼	办公	睦南道40–42号	1042	历史、风貌

41 街坊

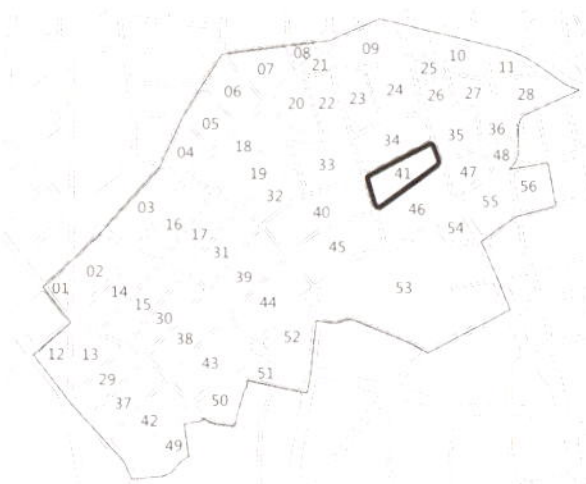

主要文物建筑简介

◎ 蔡成勋旧居

蔡成勋，1871–1945，天津人。毕业于天津武备学堂。1911年任浙江第四十一混成协协统。1914年任第一师师长，南方征讨军第七军军长。冯国璋任大总统时，任察哈尔都督。1922年任陆军总长，之后任江西督军。1924年回天津寓居。

1926年蔡成勋在现河北区日纬路84号，修建一所公馆，有多栋豪华楼房和宽敞的中式花园，被称为“蔡家花园”。后又在英租界新加坡路东头南面盖了寓所和家祠，现为大理道3号和5号，是一座公馆式建筑，折中主义建筑风格。院落宽敞，围墙高阔，朱褐色大门豪华庄严。寓所为三层砖木结构楼房，灰砖清水墙，大屋顶，白色窗楣，三层带有凸出檐的平台。内装修中西特色兼具，进门处有双层精美中式雕花木隔扇，第一道中间为方门洞，两侧为月亮门，堪称一绝。大开间的房间和楼梯均铺设硬木地板、护墙板。

◎ 张学铭旧居

张学铭，1908–1983，辽宁海城人。张作霖次子，爱国民主人士，国民党陆军中将。东北讲武堂、日本步兵专门学校毕业，曾任驻日使馆见习武官、天津警察局局长、天津市市长。新中国成立后，历任天津市建设局副局长、市政工程局副局长。

张学铭旧居位于睦南道50号，建于1925年。庭院式住宅，二层砖木结构，外墙采用紫红色机砖砌筑，多坡筒瓦屋顶，建筑立面比例和谐。总平面布局为前主楼，后为辅助用房，主楼前有花园，布置简约自然。从院门通往主楼和汽车房的是一条四十多米的通道，铺淡紫色地面砖，道旁植有一排低矮的冬青树。主楼首层设有带暖廊和花室的大厅，并与宾客卧室、餐厅和楼梯间相连。大厅内采用彩色玻璃提拉通天窗采光，门窗和地板用上等硬木制作，顶棚和柱子带有装饰灰线。餐厅内木制护墙板，局部并有木雕花饰，以暖色调为主。客厅内设有装饰考究的壁炉。餐厅和客厅由镶有磨花玻璃的高大木拉门连接，在举行宴会和舞会时将门推入墙内扩大空间。后楼是用人房间及家庭教室等，汽车房设在底层。

◎ 李霁野旧居

李霁野，1904–1997，安徽霍邱人。肄业于燕京大学中文系。历任天津女师、辅仁大学、百洲女师、台湾大学外语系教授、系主任，南开大学外语系名誉主任，天津市文化局局长，天津市文联主席。

李霁野旧居位于大理道7号，建于20世纪30年代，为砖木结构二层小楼。四坡大筒瓦顶，坡式台阶。一楼拱券形窗套，木质门窗，外观典雅，朴实无华。院内有白色花架和观赏树木。

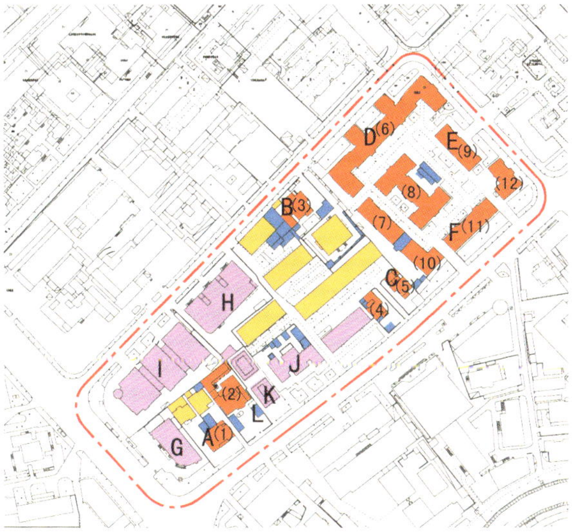

现状建筑分类
不可移动文物　历史建筑　传统风貌建筑
与传统风貌相协调的建筑　与传统风貌不协调的建筑

不可移动文物及历史建筑一览

建筑编号	原使用性质	现使用性质	地址	建筑面积(m^2)	保护等级
(1)	居住	空置	马场道162号	416	历史、风貌
(2)	居住	办公	马场道160号	1350	历史
(3)	居住	泰益投资发展公司	睦南道145号	531	历史、风貌
(4)	居住	商住混合	马场道154号	339	历史
(5)	居住	办公	马场道152号	338	历史
(6)	居住	居住	团员里2–8号	4348	历史
(7)	居住	居住	团员里11–12号	1478	历史
(8)	居住	居住	团员里9–10号	2523	历史
(9)	居住	居住	团员里13–14号	1478	历史
(10)	居住	居住	团员里7号	924	历史
(11)	居住	居住	团员里3–5号	1285	历史
(12)	居住	居住	团员里1号	924	历史

A 空置

B 泰益投资发展有限公司

C 办公

D 居住

E 居住

F 居住

G 渤海银行

H 办公

I 天和医院急救医学中心

J 居住

K 空置

L 办公

42 街坊

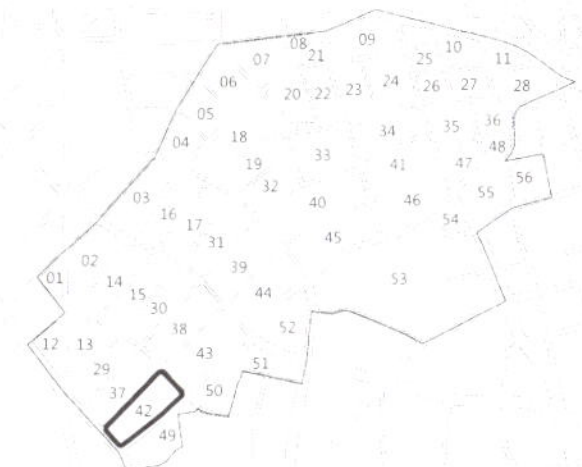

A 居住

B 居住

C 居住

D 天津市金盈公司

E 腾迁

F 办公

G 居住

H 居住

I 市津能投资公司

J 市房信房产经营有限公司

K 天津人民美术出版社

L 居住

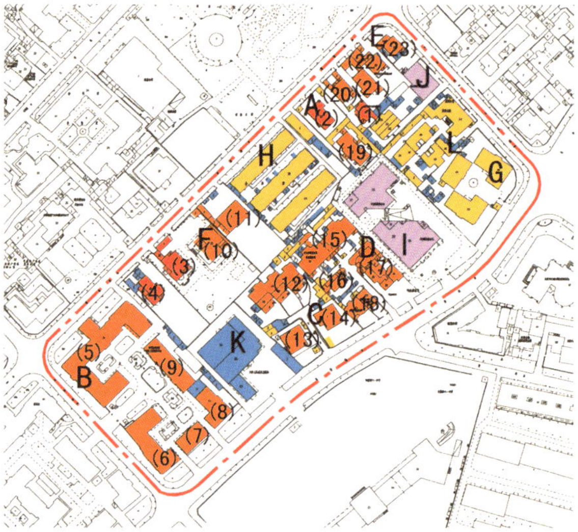

现状建筑分类

不可移动文物　历史建筑　传统风貌建筑　与传统风貌相协调的建筑　与传统风貌不协调的建筑

43 街坊

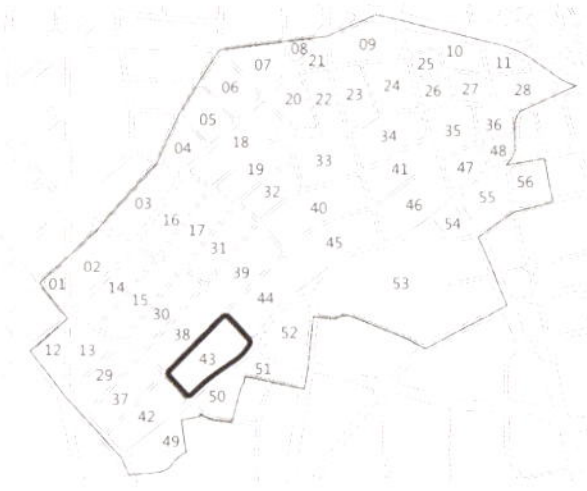

主要文物建筑简介

◎ 熊炳琦旧居

熊炳琦，1885–1959，山东济宁人。毕业于天津武备学堂炮兵科和参谋学堂，曾三度赴日本考察军事，深得冯国璋的信任。1921年"鲁案"发生后，熊炳琦会同外交使团王正廷去青岛与日本交涉，被任命为山东省省长，胶澳督办。1925年回天津经营兴中公司，后又投资东亚毛呢厂，任董事长。

熊炳琦故居坐落在睦南道127号，是一座二层砖木结构的小洋楼，自成院落。建筑外檐为清水砖墙，檐口出挑。前院种有花草树木，有一个车库。楼下有餐厅、厨房，其间有一个可转动的窗户。熊炳琦的书房、卧室也在楼下。他喜好书画，有一个大双面的写字台。楼上为卧室、卫生间等。

◎ 周叔弢旧居

周叔弢，1891–1984，中国古籍收藏家，文物鉴藏家。生于安徽东至县，是北方民族工商业代表人物。周叔弢与其祖父周馥、叔父周学熙三代周家人，扛起了振兴近现代中国北方实业的大旗。他曾任唐山华新纱厂、天津新华纱厂经理，启新洋灰公司总经理。解放战争时期，他赞同中共和平建国，召开新政协的主张，出席中国人民政治协商会议第一届全体会议。历任中央人民政府政务院财经委员会委员、天津市副市长、天津市人大常委会副主任、天津市工商联副主任、中国佛教协会常务理事、天津市国际信托投资公司董事长、全国人大常委会委员、全国工商联副主席、全国政协副主席等职。

不可移动文物及历史建筑一览

建筑编号	原使用性质	现使用性质	地址	建筑面积(m^2)	保护等级
(1)	熊炳琦旧居	腾迁	睦南道127号	233	文物、风貌
(2)	周叔弢旧居	居住	睦南道129号	390	文物、风貌
(3)	柯应夔旧居	银监局	睦南道137–139号	514	文物、风貌
(4)	高树勋旧居	帝旺集团有限公司	睦南道141号	525	文物、风貌
(5)	居住	居住	友好里3–9号	4393	历史
(6)	居住	居住	友好里8–10号	2318	历史
(7)	居住	居住	友好里6号	678	历史
(8)	居住	居住	友好里4号	929	历史
(9)	居住	居住	友好里1–2号	1383	历史
(10)	居住	办公	睦南道137–139号	800	历史
(11)	居住	居住	睦南道135号	367	历史、风貌
(12)	居住	居住	互助里3–9号	2503	历史
(13)	居住	居住	互助里2号	436	历史、风貌
(14)	居住	居住	互助里1号	443	历史、风貌
(15)	住非混合	住非混合	友爱里2–5号	1142	历史、风貌
(16)	居住	腾迁	友爱里1号	457	历史、风貌
(17)	非居住	天津市金盈公司	马场道144号	841	历史、风貌
(18)	非居住	渤海铝业有限公司	马场道146–148号	683	历史、风貌
(19)	居住	居住	睦南道131–133号	248	历史、风貌
(20)	居住	居住	睦南道125号	310	历史、风貌
(21)	居住	居住	睦南道123号	605	历史、风貌
(22)	居住	天津市房信房产经营有限公司	睦南道121号	514	历史、风貌
(23)	居住	腾迁	睦南道117号	354	历史、风貌

主要文物建筑简介（续）

周叔弢旧居为睦南道129号，为砖木结构二层别墅，红瓦坡顶，琉缸砖清水墙面。建筑外形精巧别致，简洁大方。楼房和院落紧凑而舒展，一楼是客厅和饭厅，二楼是卧室和办公室。

柯应夔旧居

柯应夔，1904–1978，福州人。上海沪江大学毕业后，入北京协和医院，获博士学位。美国妇产科专家学会会员。曾任北京协和医学院妇产科住院医师、助教、讲师，河北医学院妇产科教授，天津医学院妇产科教授，天津天和医院院长，妇产科主任，天津中心妇产医院主任。著有《生理产科学》、《病理产科学》等。曾任九三学社天津市常委，政协天津市委员会委员等职。

柯应夔旧居为睦南道137–139号，建于民国初年，砖木结构，红砖清水墙。建筑主体二层，局部一层，立面层次丰富，院内环境优雅，建筑内部设施完善考究。

高树勋旧居

高树勋，1898–1972，河北盐山人。出身贫苦，18岁加入冯玉祥的部队，后因作战英勇，由普通士兵累升至师长。后受进步思想影响，逐渐倾向共产党。抗战时期屡建奇功，被誉为“飞虎将军”，并因除掉大汉奸石友三被世人称道。抗战胜利后担任新八军军长，第十一战区副司令长官，因反对内战，于1945年在邯郸起义，不久，经邓小平，薄一波介绍加入共产党。毛泽东以此为契机发动“高树勋运动”瓦解国民党。新中国成立后，高树勋曾任全国政协委员，国防委员会委员，河北省副省长等职。

高树勋旧居在睦南道141号，砖混结构，主体建筑为造型别致的二层英式别墅小楼，红瓦砖墙，左侧有一突出的伞状造型设计，风格独特。院内花木扶疏，柏树四季常青。

梁锦萱旧居

梁锦萱，1897–1961，河北丰润县人。知名建筑学家，一生致力于铁路、公路、房屋的建筑设计。1915年南开学校毕业后，入大学学习建筑。曾在天津、上海等地担任铁路、公路工程师。新中国成立后先后任天津建筑公司设计科科长、建筑工程局技术处处长。后由周恩来总理亲自签发任命书任建筑工程局副局长，后任天津市政协常委。

梁锦萱旧居位于建设村1号，是一座具有中西合璧特色，砖木结构的一层建筑，有宽敞的前后院。建筑主体呈对称式布局，中间为客厅，两边共有4间居室，内设厨房和两个卫生间，室内装潢讲究。木质地板，门窗全包木装饰，主体中间有长度约为20米的长廊。

A 腾迁

B 银监局

C 居住

D 居住

E 居住

F 市对外经济联络局

G 居住

H 居住

I 房地产杂志社

J 空置

K 人民日报天津记者站

L 居住

现状建筑分类　不可移动文物　历史建筑　传统风貌建筑　与传统风貌相协调的建筑　与传统风貌不协调的建筑

44 街坊

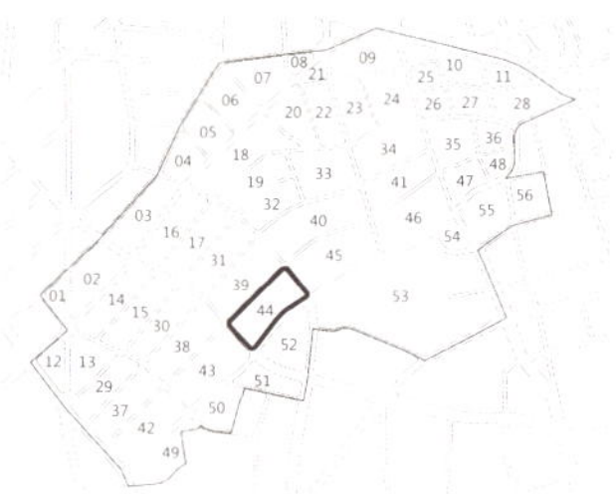

主要文物建筑简介

◎ 方先之旧居

方先之，1906—1968，中国骨科先驱，天津骨科医院创始人，毕业于北京协和医学院，曾赴美深造。1944年，方先之成立了天津市第一家骨科医院，1953年，他在天津创办了全国骨科医师进修班，他主持编辑的《骨科进修通讯》成为中国第一份骨科医学专业杂志，并最终演变为今天的《中华骨科杂志》。方先之为中国现代骨科医疗事业的发展做出了巨大的贡献。

方先之旧居位于睦南道109号，为摩登风格的英式别墅，两层砖木结构。建筑外墙面与院墙面均为混水砂石罩面，点缀规则的点状琉缸砖，浑然一体，典雅清丽。内装修的材料虽不十分奢华，但壁炉、楼梯、门窗的设计都极有特色，工艺考究。

◎ 蒋恩钿旧居

蒋恩钿，1908—1975，女，江苏太仓人，毕业于清华大学西洋文学系。新中国成立后，潜心研究月季花种植技术，被人民大会堂、北京天坛公园特聘为月季顾问，陈毅元帅称她"月季夫人"。2007年，中国生物多样性保护基金会设立蒋恩钿月季基金会，以纪念她为中国月季事业发展所做出的重要贡献。

不可移动文物及历史建筑一览

建筑编号	原使用性质	现使用性质	地址	建筑面积(m²)	保护等级
(1)	方先之旧居	办公	睦南道109号	503	文物、风貌
(2)	卞万年旧居	办公	云南路57号	849	文物、风貌
(3)	宋棐卿旧居	和平区第九幼儿园	马场道116号一栋	415	文物、风貌
(4)	居住	和平区第九幼儿园	马场道116-118号	870	历史、风貌
(5)	居住	居住	马场道124号	355	历史、风貌
(6)	居住	和平区第二幼儿园	马场道120-122号	577	历史、风貌
(7)	居住	居住	桂林路32-34号	641	历史、风貌
(8)	蒋恩钿旧居	办公	睦南道97号	549	历史、风貌
(9)	居住	居住	睦南道99号	405	历史、风貌
(10)	居住	居住	睦南道105号	560	历史、风貌
(11)	住非混合	育文坊居委会	睦南道107号	677	历史、风貌
(12)	居住	居住	睦南道111号	449	历史、风貌
(13)	居住		云南路53号	238	历史、风貌
(14)	居住		云南路55号	76	历史、风貌
(15)	居住	市卫生局后勤服务部	马场道安裕里2号	380	历史、风貌
(16)	居住	居住	马场道138号	537	历史、风貌
(17)	居住		云南路61号	403	历史、风貌
(18)	居住	居住	云南路59号	260	历史、风貌
(19)	居住	居住	云南路63号	277	历史、风貌
(20)	居住		马场道140号	163	历史、风貌
(21)	居住	市卫生局后勤服务部	马场道136号	490	历史、风貌
(22)	居住	腾迁	马场道134号	376	历史、风貌

主要文物建筑简介（续）

蒋恩钿旧居位于睦南道97号，始建于20世纪30年代初，为砖木结构的三层楼房，设计独特新颖，现代风格。立面东侧为圆形，两侧为方形，比例协调，错落有致，美观大方。室内空间宽敞，装饰材料高级，楼梯和地板均为木质。

◎ 王襄旧居

王襄，1876—1965，天津人。著名古文字学家，一生致力于学术研究，博通金石考古，尤精甲骨，为我国最早鉴识及收藏研究甲骨文字的第一人，所著有关甲骨文字的著作有很高的学术价值。曾任天津市文史研究馆馆长、天津市政协委员、中国科学院历史研究所《甲骨文全集》编委会委员。

王襄旧居位于睦南里，为新中国成立初期建成的普通三层砖木结构公寓住宅楼。

◎ 宋棐卿旧居

宋棐卿，山东益都人，早年留美习商，1932年集资在津开设东业毛呢纺织股份有限公司，任董事长兼经理。产品“羝羊牌”毛线畅销全国，后又创建东亚麻袋厂等企业。

宋棐卿旧居位于马场道116号，二层砖木结构，欧式楼房，红砖清水墙，红色半圆筒缓坡瓦顶，四周出檐，设大面积钢窗，入口为方门，上筑雨厦，二楼阳台设铁护栏。院内共有风格相似的小楼两座。现为第九幼儿园。

◎ 卞万年旧居

卞白眉，1884—1968，卞万年的父亲，为著名银行家，曾担任中国银行天津分行副经理，香港中国银行天津办事处副总经理，在金融界颇负盛名。

卞万年为卞白眉的四子，生卒年不详，毕业于北平协和医院，擅长内科、心脏科。抗战期间和友人来津，共同接办恩光医院，任院长。

卞万年旧居位于云南路57号，建于1937年，是建筑设计大师贝聿铭的早期作品，为英格兰乡村别墅式建筑，砖木结构二层楼房。整幢建筑坐东朝西，立面为三层人字形组合造型，顶部为人字形大坡瓦顶，错落有致。室内为菲律宾木地板，木楼梯，三槽窗，内装修十分考究。院落宽敞，遍植花草，景色优美，环境幽静。

A 居住

B 居住

C 天津贵宾楼

D 天津警备区第二幼儿园

E 住非混合

F 住非混合

G 居住

H 天物燃料公司

I 办公

J 中财集团

K 交通银行

L 居住

现状建筑分类　不可移动文物　历史建筑　传统风貌建筑　与传统风貌相协调的建筑　与传统风貌不协调的建筑

45 街坊

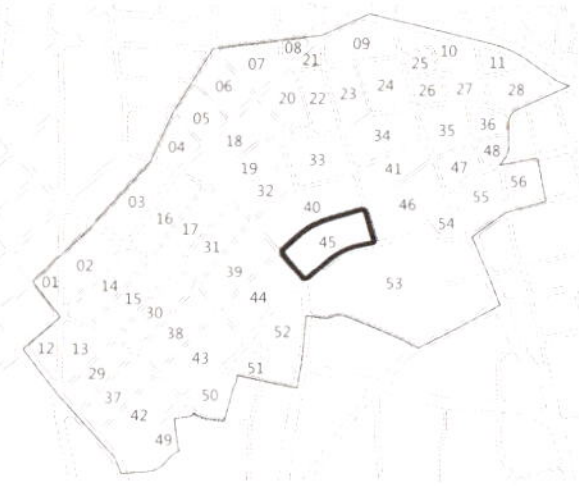

主要文物建筑简介

◎ 李烛尘旧居

李烛尘，1882－1968，湖南永顺人。日本东京高等工业学校毕业。永利化学工业公司副总经理，久大盐业公司总经理，青岛永裕盐业公司董事长，成为我国近代化学工业的开拓者之一。新中国成立后历任食品工业部部长、轻工业部部长、全国政协副主席、中国贸促会副主席。

李烛尘旧居位于马场道102号，1949年天津新中国成立后，李烛尘迁居这里。1951年12月28日，毛泽东同志趁来津参观华北区城乡物资交流展览会之机，曾来此看望过李烛尘先生。其旧居为英国天主教会“首善堂”所建，原名新武官胡同，因居住过英国武官而得名，现为安乐邨公寓住宅。由意大利建筑师鲍乃弟设计，为砖木结构四层西式公寓。共有三幢，呈“品”字形布局，由里弄联系。沿马场道一侧为八个门，人称“横八所”。外观为红砖墙，红瓦坡顶，周边出檐，首层高台阶拱券门洞，上筑铁护栏阳台，二层为连拱双柱古典形式，局部半圆花饰，墙上有兽头点缀，有部分开敞式过廊。整幢建筑风格工整流畅，浪漫华丽。里弄内间距宽敞，参天槐树浓荫蔽日，春夏之际槐香四溢。

不可移动文物及历史建筑一览

建筑编号	原使用性质	现使用性质	地址	建筑面积(m²)	保护等级
(1)	安乐邨(李烛尘旧居)	居住	马场道98–112号	3120	文物、风貌
(2)	居住	居住	马场道别墅2号	842	文物
(3)	张绍曾旧居	经营	河北路334号	1098	文物、风貌
(4)	卞氏旧居	天津警备区第二幼儿园	睦南道79号	2078	文物、风貌
(5)	居住	住非混合	河北路332号	426	历史、风貌
(6)	居住	居住	睦南道65号	382	历史、风貌
(7)	居住	居住	睦南道67号	377	历史、风貌
(8)	居住	百兴公司	睦南道73号	353	历史、风貌
(9)	居住	居住	睦南道75号	342	历史、风貌
(10)	居住	住非混合	河北路330号	927	历史、风貌
(11)	金显宅旧居	天津港保税区管委会	睦南道69、71号	693	历史、风貌
(12)	居住	居住	睦南道77号	374	历史、风貌
(13)	卞氏旧居	和平区房屋鉴定中心	睦南道81号	225	历史、风貌
(14)	卞氏旧居	住非混合	睦南道87号	281	历史、风貌
(15)	居住	居住	睦南道83、85号	530	历史、风貌
(16)	居住	居住	马场道88号–6	122	历史、风貌
(17)	居住	居住	马场道88号–4	133	历史、风貌
(18)	居住	居住	马场道88号–7	155	历史、风貌
(19)	居住	居住	马场道88号–2	131	历史、风貌
(20)	居住	居住	丽华里3、4号	383	历史、风貌
(21)	居住	居住	马场道88号–9	266	历史、风貌
(22)	居住	住非混合	马场道88号–1	266	历史、风貌
(23)	居住	住非混合	马场道86号	439	历史、风貌
(24)	居住	居住	马场别墅6–10号	751	历史
(25)	居住	居住	马场别墅7–11号	704	历史
(26)	居住	居住	马场别墅1–5号	737	历史
(27)	新武官胡同	居住	安乐邨1–19号	3124	历史、风貌
(28)	新武官胡同	居住	安乐邨2–20号	3114	历史、风貌
(29)	居住	居住	桂林路37号	1970	历史
(30)	居住	居住	睦南道91号–1	1328	历史
(31)	居住	居住	睦南道91号–2	1832	历史

主要文物建筑简介（续）

安乐邨

骆玉笙，1914–2002，女，艺名小彩舞，骆派京韵大鼓创始人，曾任中国曲艺家协会主席。曾居住在安乐邨9号。

杨荣环，1927–1994，著名京剧表演艺术家。曾居住在安乐邨10号。

刘松庵，1911–1995，天津人，出身名门，精于中医，擅长书画。曾居住在安乐邨16号。

安乐邨曾居住过很多名人，也居住过很多名医。名医欧阳乾曾住安乐邨1号，名医毛羽鸿住在7号，名医陈微尘住在17号，中心妇产医院创始人杨珂住在18号，“横八所”里还住过名医张天泽。

马场道住宅

位于马场道106号。建于1941年。三层砖木结构，平屋顶，庭院式高级住宅。占地1500平方米，建筑面积1200平方米。建筑首层有客厅、餐厅、起居室、花厅等。客厅有不对称的通窗，具有良好的采光及视野。二层有卧室、阳台，并有设施齐全的卫生间及储藏室。在平面布局和立面处理上，均采用严格的对称手法，但平面不失灵活多变。立面装修采用混水和清水墙对比，大面积平窗和圆窗的形体对比，丰富了立面。建筑体量逐层收缩，两端带有半圆形玻璃窗，二层带有虚实对比的栏板，中间部位为露台。

马场别墅

建于1938年，砖木结构。全弄共三幢，占地2650平方米，建筑面积1944平方米。宏记工程公司建造。因坐落在马场道，故叫“马场别墅”。该建筑远离街道，内部空间封闭，避免了街道噪声对住宅的干扰。建筑物之间辟有大面积的花坛绿地，美化了居住环境。建筑平面呈矩形，每幢房屋前后错层布置，前部三层，后部为二层及单层。前后有门通向户外，使用方便。每个入口为一个居住单元，配有较齐全的生活设施。首层设客厅及餐厅，中间隔墙设有推拉门。半开间为单跑楼梯，纵向布置。前部有小门厅。二、三层为书房、卧室及卫生间，并有阳台。为增加居室采光，前部采用较大面积的门窗，后部附属房间为浴厕、厨房及小锅炉房等。建筑为木屋架筒瓦坡屋顶，砖墙承重，木龙骨楼板和地板。顶棚板条吊顶白灰抹面，主要房间有挂镜线。外檐立面以过火砖清水墙为主，加以部分水泥腰线，整个建筑外檐简洁明快。主楼后面有两层附属用房，通过封闭走廊与主楼二层相连，既有分隔又有联系。楼前庭院内有草坪花坛和装饰小品，环境优美。

张绍曾旧居

张绍曾，1880–1928，河北大城县人，早年留学日本，后任北洋督练公所教练处总办、新军二十一镇统制。曾举兵反清，后调任长江宣抚大臣，又任绥远将军、陆军训练总监、陆军次长，1923年任国务总理。他主张迎孙中山入京协商南北统一，为曹锟所忌，不久去职，退居天津。1928年遇刺身亡。

张绍曾旧居位于河北路334号，建于20世纪20年代初，为清新风格二层小楼，砖木结构，外观规整华丽，线条流畅。楼门口朝东，由两根罗马柱支撑拱形小雨厦，柱上有水波纹花饰。外檐为奶黄色拉毛混水墙面，檐口出挑，窗外均有百叶。室内宽敞明亮，过厅由拱券分割，肃穆庄重。室内铺有菲律宾木人字地板。

卞氏旧居

睦南道上的卞氏后人，无论是住在79号的卞颖新，还是旁边81–87号的卞俶成，同属于“乡祠卞家”的后人。“乡祠卞家”因“隆顺号”卞家老铺发迹，卞家第四代传人卞树榕怀着“济世寿人”的思想，开设了卫药老字号“隆顺榕”。卞颖新，1908–1972，曾经营新亚油厂、宏孚化工厂和隆和货栈。卞俶成，1889–1952，曾赴欧洲游历求学，后转至美国纽约大学商学院，曾任天津中央银行经理。

卞颖新旧居为砖木结构四层楼房，外檐为清水砖墙，缓坡瓦顶，顶部出檐，立面两侧前凸，各有一方形三层阳台。二层中部筑有一排半圆曲线形阳台，阳台正门两侧有绞绳式立柱，上部有欧式山花。整幢建筑线条明快，庄重古朴，具有西班牙建筑风格。卞俶成旧居建于20世纪30年代，设计师为阎子亨。四室两厅的西式平房，内部设计巧妙，颇为实用。入门右侧即为宽敞客厅，后有饭厅，左边是三间卧室，一间书房，其中主卧带有独立卫生间。饭厅后面是用人房、厨房、储藏间、锅炉房及车库。房屋周围原有松柏树相间，无院墙，四幢平房既相对独立，又彼此联系。四幢平房统称为“友爱村”，寓意着卞俶成希望自己13个子女团结友爱。

金显宅旧居

金显宅，1904–1990，朝鲜人，著名医学家，中国肿瘤医学创始人。天津肿瘤医院院长，肿瘤研究所所长，美国肿瘤外科学会名誉会员，被誉为“中国肿瘤医学之父”。

金显宅旧居位于睦南道69、71号，建于20世纪30年代，为折中主义建筑风格，主体二层，局部三层，砖木结构，清水砖墙，四坡瓦顶，大屋檐。室内设施豪华考究，有菲律宾木地板和楼梯、欧式壁炉，天花板有灯光灰线，三槽窗。房屋布局规整，花园花草茂盛，环境幽雅。

A 中国农业银行

B 天津港保税区管委会

C 居住

D 住非混合

E 非居住

F 住非混合

G 居住

H 居住

I 居住

J 天津中煤进出口有限公司

K 天津住宅集团

L 居住

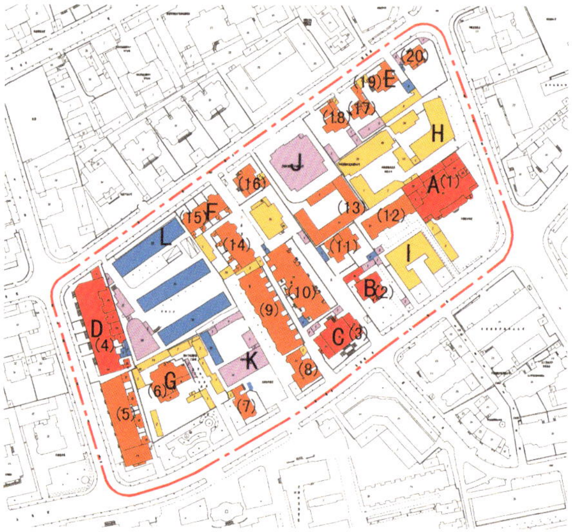

现状建筑分类

不可移动文物　历史建筑　传统风貌建筑
与传统风貌相协调的建筑　与传统风貌不协调的建筑

46 街坊

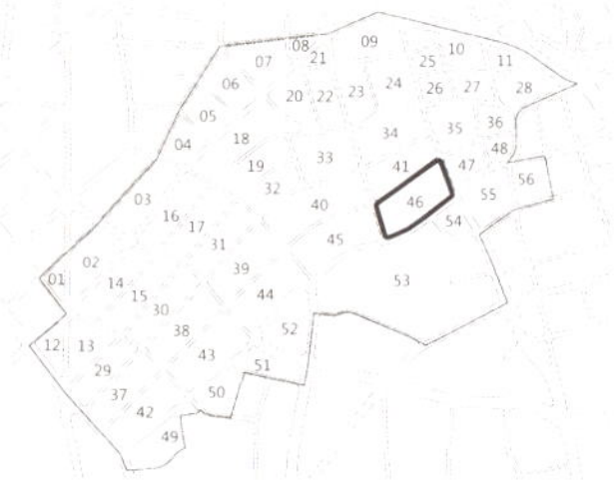

主要文物建筑简介

◎ 王仲刘旧居

王仲刘，1866–1938，河南卫辉汲县人，曾任河南高等学教堂教务长，禹州三峰煤矿公司、洛潼铁路主办人之一。是袁世凯兴办实业的重要助手，为开滦矿务局、启新洋灰公司副总办、股东。1911年袁世凯委其帮办军火，延为幕府。1916年袁世凯死后，他主持袁氏私产分配。晚年撰写《抑斋自述》。

王仲刘旧居位于马场道54号，砖混结构，英式三层高级别墅，外檐墙水泥饰面，局部清水墙，首层两端为外凸式半圆形转角造型，上承弧形阳台，和对称圆窗相对应。建筑逐层内收，外观形似军舰，为现代风格建筑。楼内建有客厅、花厅，院内筑花坛、假山、凉亭、水池，树木葱郁，花草芬芳。新中国成立后，这里居住过另外两位“名人”——刘青山、张子善。

◎ 徐世章旧居

徐世章，1889–1954，天津人。曾留学比利时，获列日大学经济管理学士学位。历任津浦铁路局局长、金浦铁路防疫局局长、交通部次长、交通银行副总裁、国际运输局局长、制币局总裁。

徐世章旧居位于马场道58号，是徐世章在天津56所房屋中的一处。建筑主体二层局部三层，地中海风格，黄色墙面，红色坡顶，石材基座，线条流畅大气。

不可移动文物及历史建筑一览

建筑编号	原使用性质	现使用性质	地址	建筑面积(m²)	保护等级
(1)	王仲刘旧居	中国农业银行	马场道54号	1916	文物、风貌
(2)	徐世章旧居	天津港保税区管委会	马场道58号	716	文物、风貌
(3)	雍建秋旧居	居住	马场道60–62号	2007	文物、风貌
(4)	疙瘩楼(马连良旧居)	住非混合	河北路283–297号	2726	文物、风貌
(5)	居住	住非混合	河北路299–311号	3396	历史、风貌
(6)	居住	居住	马场道72号	336	历史、风貌
(7)	居住	居住	马场道68号	443	历史、风貌
(8)	居住	住非混合	马场道64号	719	历史、风貌
(9)	居住	居住	三盛里15–31号	2627	历史、风貌
(10)	居住	天津基督教女青年会	革新里3–9号	3104	历史、风貌
(11)	居住	居住	革新里11号	410	历史、风貌
(12)	居住	居住	马场道56号	1248	历史、风貌
(13)	居住	居住	睦南道43号	1184	历史、风貌
(14)	居住	居住	二盛里1–7号	1318	历史、风貌
(15)	居住	住非混合	睦南道47–53号	1373	历史、风貌
(16)	居住	天津三源电力公司	睦南道45号	864	历史、风貌
(17)	张克忠旧居	天津电力公司	睦南道37号	277	历史、风貌
(18)	居住	天津美通液化有限公司	睦南道39号	570	历史、风貌
(19)	居住	非居住	睦南道33、35号	440	历史、风貌
(20)	居住	居住	睦南道31号	180	历史、风貌

主要文物建筑简介（续）

雍剑秋旧居

雍剑秋，1875–1948，江苏高邮人。1911年任天津造币厂副厂长，后改任德商礼和洋行及捷成洋行军火买办，成为当时国内最大的军火中介商。1918年定居天津，开始经营房地产并创办学校投资实业，任德商德义洋行经理。曾为基督教会、教会医院及学校大量捐款，先后被选为江苏会馆、广仁堂、天津基督教青年会、中西女中、汇文中学等机构和学校的董事长。1942年春，雍剑秋把自己的西湖饭店惠租给张纪正、方先之等名医，设立了天和医院。

雍剑秋旧居位于马场道60–62号，建于1920年，三层砖混结构，折中主义风格建筑，稳重大方，层次丰富。水泥墙面，大筒瓦顶。设有地下室，平面布局舒适合理，严整对称。建筑立面采用欧洲古典建筑三段式构图，比例协调，线条丰富细腻，首层为长方形洞门，二层两侧有阳台。一、二层立面对称，三层局部收缩。坡顶舒缓，挑檐较深。内部装修以雕花木制品为主，典雅而温馨。

马连良故居

马连良，1901–1966，北京人。著名京剧老生，自创扶风社。他9岁入喜连成科班，23岁自行组班，后形成独树一帜的“马派”表演风格，盛行不衰。著名戏目有《借东风》、《甘露寺》、《清风亭》等。

马连良故居位于河北路283–297号，由意大利著名设计师鲍乃弟设计。是一幢具有浓郁意大利风情的毗连式高级住宅楼，四层砖木结构，前后有小院，底层为汽车房，二层为客厅、餐厅，三、四层为居室、书房。三层设有圆拱形阳台。外檐立面巧妙利用琉缸砖形成“疙瘩”作为点缀，故称“疙瘩楼”，该楼之特点在疙瘩上，外墙体上的砖面凹凸参差，与阳台珍珠串式的栏杆、窗边的水波纹花饰相映成趣，妙若天然。

张克忠旧居

张克忠，1903–1954，祖籍静海，化学工程学家，教育家。是美国麻省理工大学第一位中国留学生，获化学工程科学博士学位，归国后受聘南开大学教授，创办了南开大学化学工程系和我国第一个高校应用化学研究所，主要著作有《扩散原理》、《无机化学工业》、《有机化学工业》等，其博士论文提出的扩散原理，被命名为“张氏原理”。他为开创我国化学工程教育和振兴我国早期化学工业做出了杰出贡献。

张克忠旧居位于睦南道37号，建于20世纪30年代，为三层砖木结构小楼，多坡瓦顶，清水砖墙，白色门窗，暖气及卫生设备一应俱全，保存完好。

A 居住

B 市国家安全局用房

C 住非混合

D 市教育委员会

E 居住

F 办公

G 居住

H 居住

I 居住

J 天津市和平区新华南路小学

K 居住

L 居住

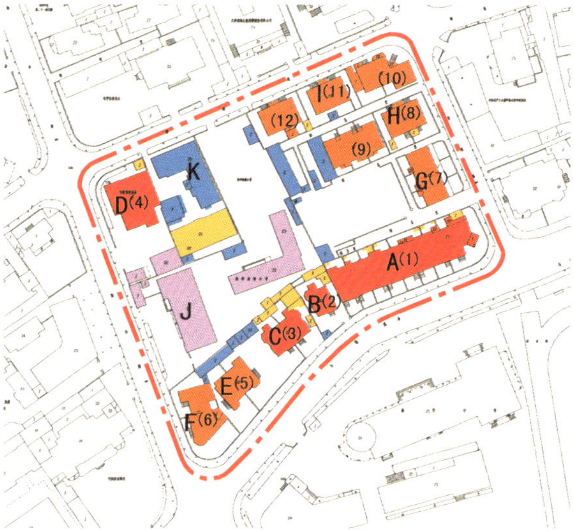

现状建筑分类

不可移动文物　历史建筑　传统风貌建筑　与传统风貌相协调的建筑　与传统风貌不协调的建筑

不可移动文物及历史建筑一览

建筑编号	原使用性质	现使用性质	地址	建筑面积(m²)	保护等级
(1)	法国教会公寓楼	居住	马场道26–40号	3200	文物、风貌
(2)	徐氏旧居	市国家安全局用房	马场道42号	444	文物、风貌
(3)	徐氏旧居	住非混合	马场道44–46号	875	文物、风貌
(4)	徐世昌旧居	市教育委员会	新华路255号	1237	文物
(5)	徐世昌旧居	居住	马场道50–52号	848	历史、风貌
(6)	居住	办公	新华路259–261号	1059	历史、风貌
(7)	居住	居住	香港路18–22号	1168	历史
(8)	居住	居住	香港路14–16号	907	历史
(9)	居住	居住	齐乐里3–7号	822	历史
(10)	居住	居住	睦南道13–17号	854	历史
(11)	居住	居住	睦南道19–21号	836	历史
(12)	居住	居住	睦南道23–25号	820	历史

47 街坊

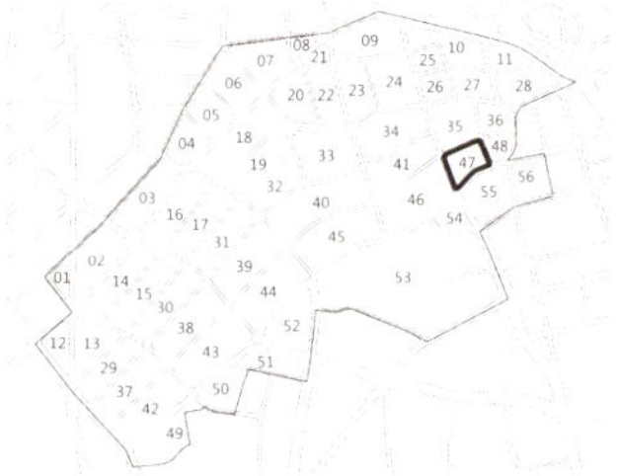

主要文物建筑简介

◎ 法国教会公寓

法国教会公寓楼位于马场道26–40号，1921年建造，为西式高级连体公寓住宅，由七幢同形楼房组合而成，砖混结构，主体为二层，局部三层。首层入口处有高石阶，长方形门洞，二层有条形护栏阳台，三层平台筑4个托体封闭阳台，风格独特，一到二层曾安装小型升降机。原为外国商人居住。著名表演艺术家金乃千曾在此居住。

◎ 同乐里住宅

高级里弄住宅，位于马场道与香港路交口处，三面临街，由三幢形状各异的建筑组成，建于1939年。总体基本为轴线对称，沿街转角处作局部处理。砖木结构，局部三层，带地下室，有杂房、厨房和锅炉房，并设有小型升降机供楼上送餐使用。首层有带暖廊的客厅、餐厅。二层有卧室和卫生间，一层暖廊屋顶做二层阳台。卫生间设备齐全，并设有镜台。三层有卧室和杂房，并利用二层部分平顶做阳台。立面水平划分层次清楚，半地下室为基座，形成高台和高台阶。首层外檐为罗汉墙，二、三层错退作为阳台。二层出挑檐，配以托座、花饰和栏杆，栏板立柱上有托盘装饰，窗间墙上有柱式点缀。大瓦屋顶，局部多坡顶，屋顶的中间和两侧对称设置四坡塔楼。中间二层窗采用四联圆拱券，两侧为平拱窗。

◎ 徐世昌旧居

徐世昌，1855–1939，曾任清末、北洋政府官僚，北洋政府总统。

徐世昌旧居位于新华路255号，建于20世纪20年代，当时一共修建9所楼房，自成体系。徐自住一个独立大院，西式三层建筑，混合结构，红砖瓦顶。徐世昌另一处旧居位于马场道50–52号，三层建筑，折中主义风格，方形门窗，多坡瓦顶，内部装修豪华，设施完备。

◎ 徐氏旧居

位于马场道44–46号，徐世昌女儿之旧居，为白色水泥墙体，四周有云格图案装饰，人字形大坡度瓦顶，带挑檐，两边对称各开一圆形老虎窗及人字形天窗，两侧方窗均以水泥饰边，二楼腰部横跨一条形阳台，入口为小石阶，弧形方门窗带小过厅，层次分明，保存尚好。

◎ 胡若愚旧居

胡若愚，1897–1962，国立北京大学毕业，法学士。历任民国法制院参事、参政院参政、京师税务监督、清室私产清理局总办、卫生部政务次长、青岛市市长、代北平市长、故宫博物院理事等职。

胡若愚旧居，位于马场道42–46号，建于20世纪20年代。现挂牌为徐氏旧居，因最初为徐世昌送给女儿的嫁妆。20世纪50年代，胡若愚购得此处房产，度过晚年。该楼为砖木结构，二层西欧乡村别墅式建筑。白水泥墙体，棕色门窗，人字形红色坡瓦顶，上开老虎窗及三角顶天窗，入口为小石台阶，方门厅。建筑造型小巧别致，风格鲜明，保存良好。

现状建筑分类 不可移动文物 历史建筑 传统风貌建筑 与传统风貌相协调的建筑 与传统风貌不协调的建筑

不可移动文物及历史建筑一览

建筑编号	原使用性质	现使用性质	地址	建筑面积(m²)	保护等级
(1)	许氏旧宅	共青团天津市委员会	睦南道11号	890	文物、风貌
(2)	吴泰勋旧居	经营	马场道16-18号	951	文物、风貌
(3)		办公	马场道14号	370	历史
(4)	居住	腾迁	马场道20-22号	1243	历史、风貌
(5)	居住	腾迁	马场道24号	1318	历史、风貌

主要文物建筑简介

许氏旧居

许氏，张作霖的四夫人。张作霖一生有过六位夫人，除早逝的原配赵氏和三夫人戴氏外，其余四位都在天津住过，她们在天津的居住地点有两座，睦南道27号小楼由于破损已于2005年拆除，现在只剩下睦南道11号“许氏旧居”一座。

许氏旧居，建于1926年，由沈理源设计，该楼东、南两面均抵马场道，西邻香港路，北沿睦南道，为一座三层砖木结构、英国庭院式建筑，外檐采用外露式人字屋架，大坡度多层式屋顶，错落有致，楼内设客厅、书房、餐厅、卧室等，装修考究。

吴泰勋旧居

吴泰勋，1912–1957，奉系军阀吴俊生之子。东北陆军讲武堂毕业，后任张学良卫队骑兵队队长。

吴泰勋旧居位于马场道16–18号，建于20世纪20年代，为砖木结构英式别墅，外檐为水泥细石饰面，出口处外凸，方形门厅，上筑阳台。正立面首层两侧各前凸一弧形圆窗，顶部为缓坡瓦顶，开天窗，出挑檐。

48 街坊

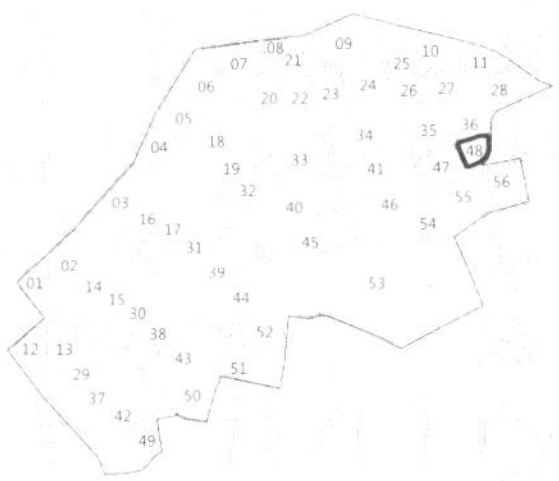

A 居住

B 经营

C 居住

D 天津市水利勘测设计院

E 天津市水利勘测设计院

F 居住

G 天津市天海集团有限公司

H 居住

I 老干部活动中心

J 渤海银行

K 居住

L 空置

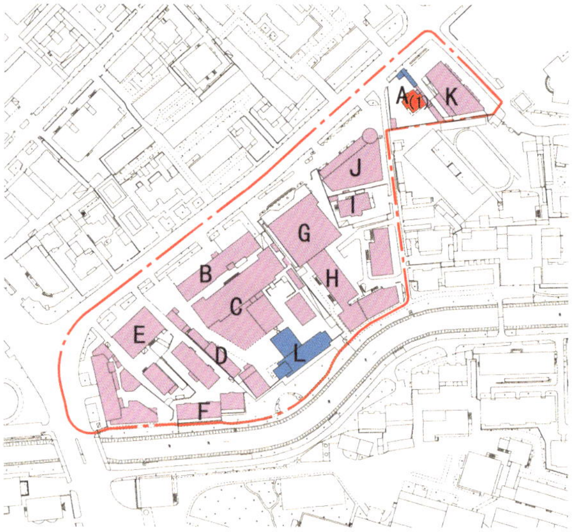

现状建筑分类
不可移动文物　历史建筑　传统风貌建筑
与传统风貌相协调的建筑　与传统风貌不协调的建筑

不可移动文物及历史建筑一览

建筑编号	原使用性质	现使用性质	地址	建筑面积(m²)	保护等级
(1)		居住	马场道199号	257	文物、风貌

49 街坊

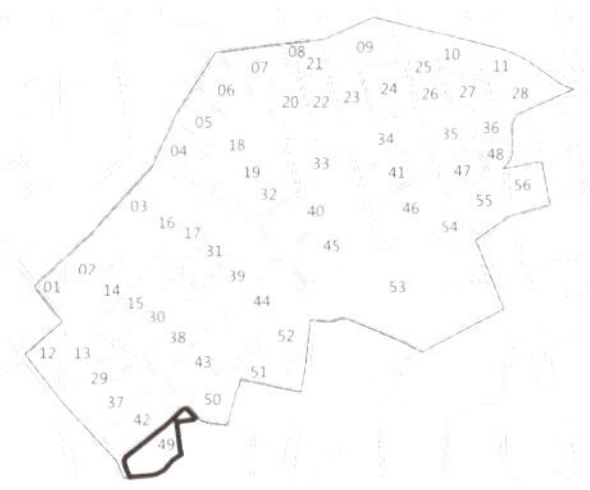

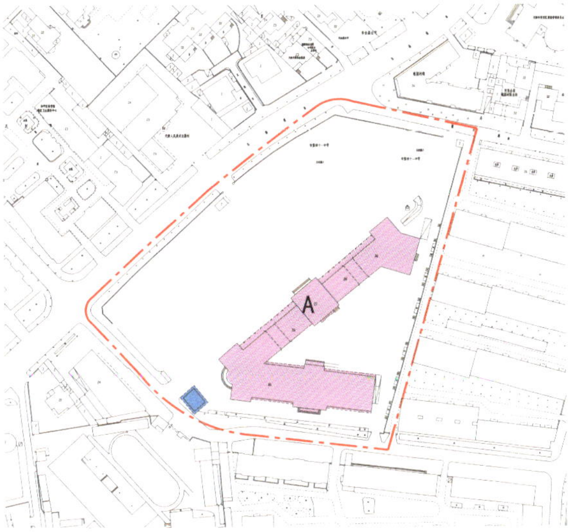

现状建筑分类　不可移动文物　历史建筑　传统风貌建筑　与传统风貌相协调的建筑　与传统风貌不协调的建筑

A 市第四十一中学

50 街坊

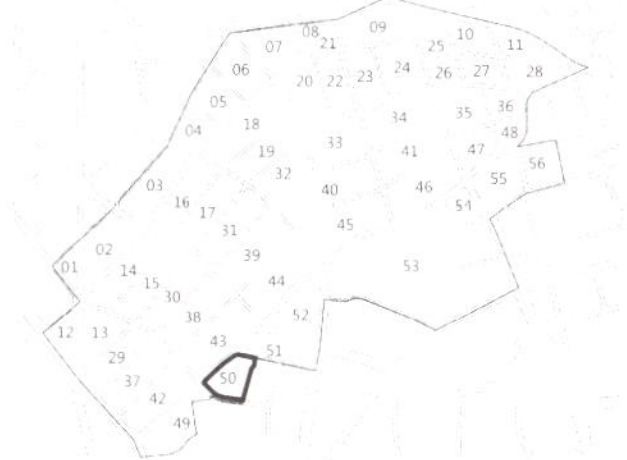

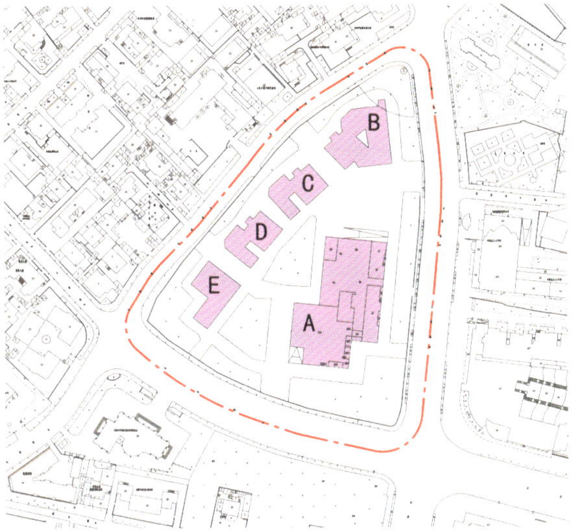

现状建筑分类　不可移动文物　历史建筑　传统风貌建筑　与传统风貌相协调的建筑　与传统风貌不协调的建筑

A 办公

B 办公

C 办公

D 办公

E 办公

52 街坊

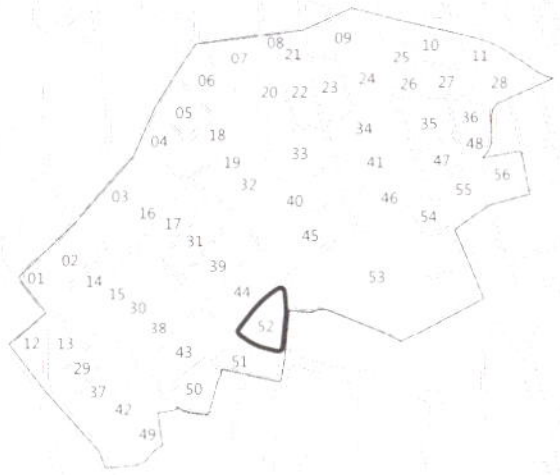

A 天津市河西区建设管理委员会

B 武警天津总队宿舍楼

C 办公

D 居住

E 居住

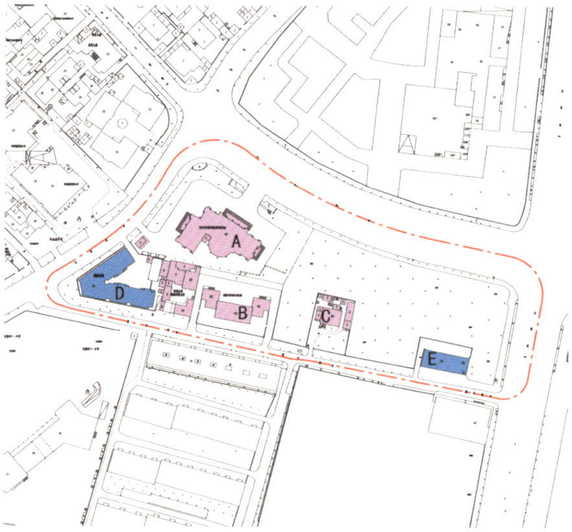

现状建筑分类　不可移动文物　历史建筑　传统风貌建筑　与传统风貌相协调的建筑　与传统风貌不协调的建筑

51 街坊

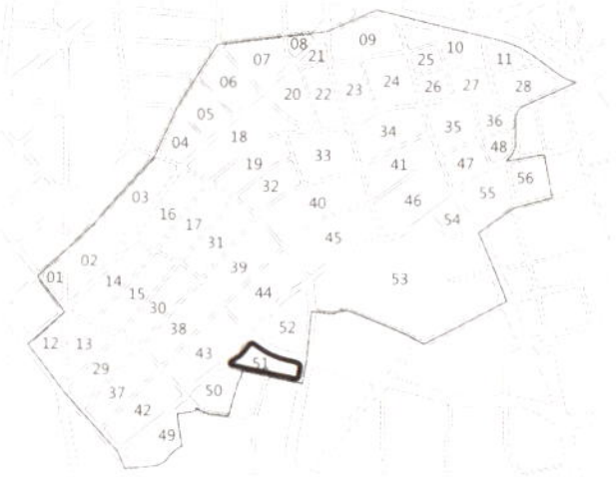

主要文物建筑简介

◎ 崔伯旧居

崔伯，1881—1947，生于美国，哥伦比亚大学文学系毕业，喜爱中国传统文化。1906年受清政府聘请来津任教，执教于官立中学（今天津三中），后就任南开学校中学部英文科顾问，后娶中国少女何淑娴为妻，加入中国国籍。1930年受邀担任天津市立师范学校英语教师。

崔伯旧居位于湛江路19号，建于20世纪20年代，为一座造型别致的花园别墅洋房，砖木结构的两层建筑，首层窗户高挑细长，建筑整体比例得当。外檐为白色混水墙面，双坡屋顶。其建筑所用门窗、地板均为原产美国松木。主客厅宽敞明亮，有两米高落地式拉窗，客厅北侧有壁炉。楼前花园花木茂盛。

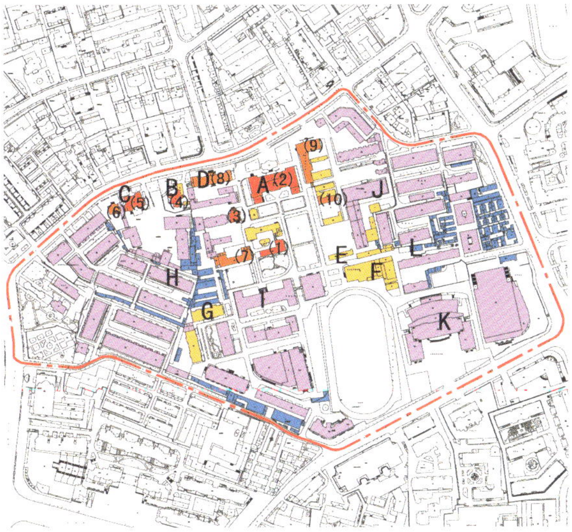

现状建筑分类

不可移动文物　历史建筑　传统风貌建筑　与传统风貌相协调的建筑　与传统风貌不协调的建筑

A 天津外国语大学

B 居住

C 天津财经大学

D 天津外国语大学

E 天津外国语大学

F 天津外国语大学

G 天津外国语大学

H 居住

I 天津外国语大学

J 天津外国语大学

K 天津外国语大学

L 居住

不可移动文物及历史建筑一览

建筑编号	原使用性质	现使用性质	地址	建筑面积(m²)	保护等级
(1)	北疆博物馆旧址	天津外国语大学	马场道117－119号	1640	文物
(2)	工商学院主楼	天津外国语大学	马场道117－119号	4917	文物
(3)	桑志华旧居	天津外国语大学	马场道117－119号	612	文物、风貌
(4)	达文士旧居	居住	马场道121号	650	文物、风貌
(5)	刘冠雄旧居	天津财经大学	马场道123号	1672	文物、风貌
(6)	居住	办公	马场道125号	88	历史
(7)	工商学院教学楼	天津外国语大学	马场道117－119号－21	1023	历史、风貌
(8)		天津外国语大学	马场道117－119号－3	2492	历史、风貌
(9)		天津外国语大学	马场道117－119号－2	1985	历史、风貌
(10)	工商学院教学楼	天津外国语大学	马场道117－119号－4	2281	历史、风貌

主要文物建筑简介

刘冠雄旧居

刘冠雄，1857—1927，福建闽县人，福建船政后学堂毕业，光绪十二年(1886年)官派赴英国学习枪炮阵图及驾驶技术，光绪二十年(1894年)参加过中日甲午战争，解职；复为"海天"舰管带，德州兵工厂总办，江防舰队统领。辛亥革命中起义，民国元年（1912年）任南京临时政府海军部顾问，北洋政府时期曾任海军总长、交通总长、教育总长等职。1923年隐居津门。

刘冠雄旧居位于马场道123号。1922年，刘冠雄按照自己的构想建起了三幢西式砖木结构洋楼。该楼为象征主义建筑，寓意深刻，契合其海军将领身份。中楼为航空母舰式，西楼为巡洋舰式，北楼为望远镜造型。中楼和西楼均已拆除，现还保留着北楼。主、配两幢楼房，共有房81间。主楼（北楼）三层带地下室，红机砖清水墙，部分砂石罩面，挑梁，大瓦顶。一楼为大厅、饭厅、书房和会客厅；二、三楼为生活起居室，整个大楼装潢讲究、富丽堂皇。新中国成立后，该楼由天津市人民政府接管，现为天津财经大学分院教学楼。

桑志华旧居

桑志华，原名Emile Licent，1876－1952，法国著名地质学家、古生物学家、考古学家。1914年以法国天主教耶稣会神父的身份来到中国，从事田野考察和考古调查工作25年，足迹遍及中国北方各省市，采集地质、古生物标本达几十万件，创建了北疆博物院。1923年夏，他和德日进从天津出发，联袂北上，发现和发掘了水洞沟遗址，使之成为中国最早发现、发掘和进行系统研究的旧石器时代晚期文化遗址，为中国的史前考古做出了重大贡献。桑志华旧居位于马场道117－119号北疆博物院。

北疆博物院旧址

北疆博物院旧址位于马场道117－119号，现天津外国语大学校园内，是我国早期的博物院之一。博物院由南楼（博物馆）和北楼（试验馆）两个建筑组成。北楼于1922年由比商仪品公司设计建造，南楼于1925年由法商永和营造公司承建。平面呈"工"字形，北楼三层，南楼二层，两楼之间用跨空封闭式天桥相连，陈列室采用中心牛腿柱框架结构，设计独具罗马式建筑风格。馆内珍藏有1919年在甘肃庆阳发现的旧石器时代遗物及华北、西北乳类动物群标本。中外学者杨仲建、裴文中、德日进等曾在此做过富有成效的研究，现为天津自然博物馆仓库。保存完好。

达文士旧居

达文士，英侨，生卒年不详，曾在今建设路附近开办经营皮毛货的洋行。

达文士旧居位于马场道121号，建于1905年，为典型的西班牙式建筑，外表为淡黄色。砖木结构，二层带阁楼。瓦垄铁坡顶，水泥拉毛外墙。立面呈几何状，首层错落。大门为实木制作，雕有欧式花纹。一、二楼之间有水泥雨檐腰线。立面以长方窗为主，部分圆窗作为点缀，严谨而不失活泼精巧。山墙设老虎窗，尖圆兼有，造型独特。内装修豪华，设备齐全，椭圆拱券甬道，天花板有灯光灰线。一楼有大客厅、餐厅、备餐厅、厨房、卫生间。菲律宾人字细木地板，双槽窗。保存较好。

53 街坊

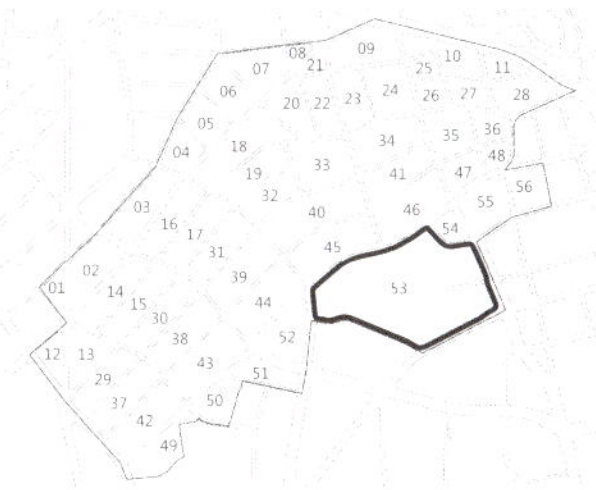

A 住非混合

B 九三学社天津市委员会

C 经营

D 中国钢铁炉料华北公司

E 经营

F 滨海国际商务会所

G 华宜集团驻津办事处

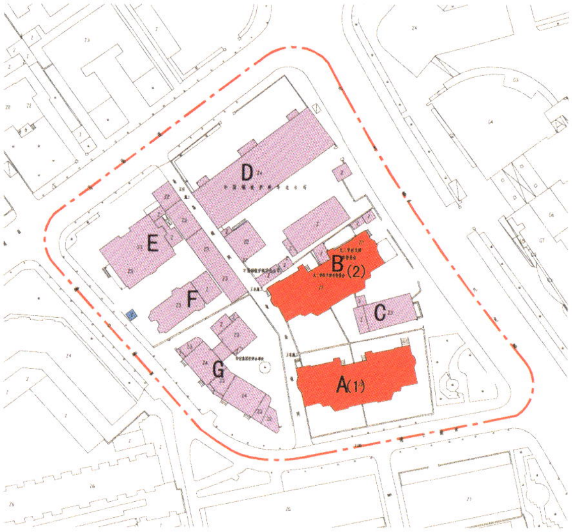

现状建筑分类

不可移动文物　历史建筑　传统风貌建筑　与传统风貌相协调的建筑　与传统风貌不协调的建筑

不可移动文物及历史建筑一览

建筑编号	原使用性质	现使用性质	地址	建筑面积(m²)	保护等级
(1)	原德国武官公寓	住非混合	九龙路1号	1756	文物、风貌
(2)	原德国武官公寓（杨度旧居）	九三学社天津市委员会	九龙路3号	1810	文物、风貌

54 街坊

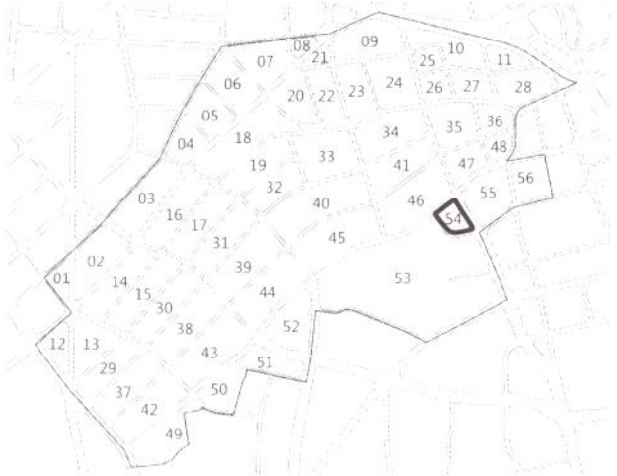

主要文物建筑简介

◎ 杨度旧居

杨度，1875—1931，湖南湘潭人。早年留学日本，曾任留日学生联合会副会长，与梁启超为"天下至好"。1907年主编《中国新报》，主张君主立宪。后任袁世凯政府参政院参政，著《君宪救国论》一文，组成筹安会筹划恢复帝制。袁世凯死后被通缉。1922年，投奔孙中山，为民主革命竭力奔走。后参加共产党。

杨度旧居位于浦口道的青岛胡同（现九龙路），始建于1924年，为砖木结构二层建筑，疙瘩小卵石混水墙面，多坡大筒瓦顶，屋顶设老虎窗。该建筑由英国人戈尔出资建造，德国建筑师设计，外观典雅秀丽，风格浪漫。此地原为德租界推广界，最初的地名为清鸣台，建房前为一个小水坑。房子得名于附近的青岛路。

现状建筑分类

不可移动文物　历史建筑　传统风貌建筑　与传统风貌相协调的建筑　与传统风貌不协调的建筑

不可移动文物及历史建筑一览

建筑编号	原使用性质	现使用性质	地址	建筑面积(m²)	保护等级
(1)	圣功学校旧址	新华中学	马场道201号	291	文物、风貌

A 新华中学

B 新华中学

C 新华中学

D 新华中学

E 新华中学

F 新华中学

主要文物建筑简介

◎ 圣功学堂旧址

位于马场道201号，始建于1914年，初创时名为“圣功学堂”，更名为“圣功女中”、师大女附中、师院附中、河北大学附属中学等。1973年易名为“天津市新华中学”，占地4万平方米，是天津市教委直属重点中学之一。

55 街坊

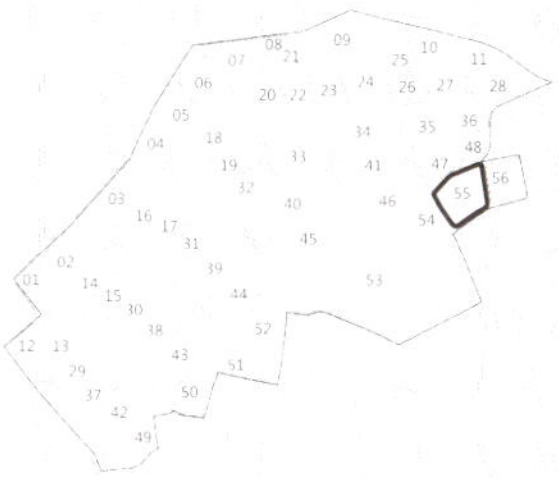

A 天津医科大学广东路校区

B 天津医科大学广东路校区

C 天津医科大学广东路校区

D 天津医科大学广东路校区

E 天津医科大学广东路校区

F 天津医科大学广东路校区

G 天津医科大学广东路校区

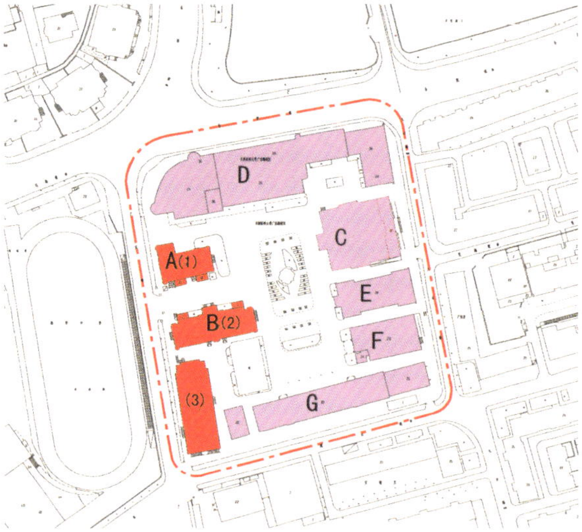

现状建筑分类

不可移动文物　历史建筑　传统风貌建筑　与传统风貌相协调的建筑　与传统风貌不协调的建筑

不可移动文物及历史建筑一览

建筑编号	原使用性质	现使用性质	地址	建筑面积(m²)	保护等级
(1)	美国兵营旧址	天津医科大学广东路校区	广东路1号-1	1663	文物、风貌
(2)	美国兵营旧址	天津医科大学广东路校区	广东路1号-8	2102	文物、风貌
(3)	美国兵营旧址	天津医科大学广东路校区	广东路1号-7	2572	文物、风貌

56 街坊

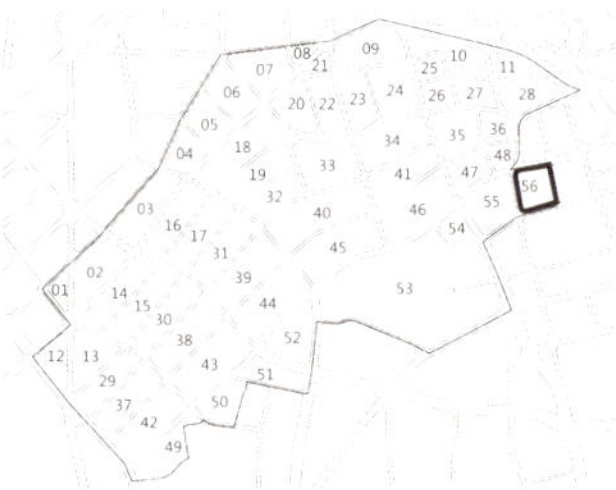

主要文物建筑简介

◎ 美国兵营旧址

美国兵营旧址中，曾走出过五位美国将军。他们分别是：

马歇尔，二战时期担任美国国防部参谋总长，战后出任国务卿，是美军为数不多的五星上将之一。当年他来到天津时，是驻津美军第十五步兵团副团长。

史迪威，毕业于西点军校，曾是马歇尔手下第四军首席情报官。在天津期间担任驻津美军第十五步兵团营长、团参谋长。后任中印缅战区美军司令、美军驻华军事代表、对华租借物资统制人、中国战区统帅顾问。为美军四星上将。

魏德迈，毕业于西点军校，曾在驻津美军第十五步兵团服役。二战中他得到巴顿将军赏识，被提升为盟军东南亚总部副总参谋长。

麦克鲁，是驻津美军第十五步兵团服役的军官参谋长。抗战胜利后，曾代表美军参加中国战区的日本受降仪式。

包瑞德，驻津美军情报官，后接替史迪威任驻华武官。

美国兵营旧址位于广东路1号，建于1910年。原属于德国租借地，第一次世界大战后改为美国兵营。军营院内有大操场和十几座仿英式楼房，砖木结构，建筑风格类似但造型各不相同。主楼三层，大开间大进深，带地下室，立面突出半圆形，有塔楼、方窗、拱形门洞。墙壁为水泥浅灰色，开老虎窗，盔顶，挑檐，整座建筑雄伟而利落，结构严谨，有阳刚之美，此楼曾为美国军官宿舍。在广东路对面，是一组建于1920年的美国军官宿舍，名为荣华里。这里共有40所二层砖木结构的英式小楼，呈组团格局，这里曾是美国军官家属宿舍，建筑面积7500平方米。五脊大筒瓦顶，清水砖墙，乳白色门窗。室内菲律宾木地板、木楼梯。院落宽敞，中部有花园。整片建筑整齐雅致。

4.5 历史建筑的美学探讨

4.5.1 建筑的美学探讨

传统的建筑美学着重研究的是“可以被人感知的美感”，而现代建筑思潮中，却更多的是在讨论“建筑艺术的意义”，当脱离狭义的建筑体系，将其反映在社会科学和人文精神之中，建筑于是被赋予城市文化和形象的象征，由此相应的建筑美学超越了原先对于建筑本身视觉表现力或内在含义那样的范畴了。

现代人喜欢生活在城市中，是因为它超越人的想象为各种信息和物质的交换提供丰富的可能，同时容纳更多更前卫的都市幻想。一个城市地区的历史发展与自我完善为生活方式和休闲娱乐活动提供更多的可能，还是方便与时尚生活方式的代言。城市中最能体现它的特色和文明的地区就是历史街区，人们对它的喜爱常常催生许多想象，那里的故事、时代背景下发生过故事的场所，以及老建筑，还有后来填补到其中的新的生命力，都令人神往，以至于让人感慨：究竟是建筑本身的美，还是群体建筑环境带来的美摄射人心的力量，让这些地区如此多情和丰饶？

4.5.2 解读历史街区内的建筑之美

如果想要懂得一个富有历史和文化的地区里建筑的美，仅仅从建筑风格或技艺来研究是不妥当的，因为这些建筑除了体现当时建造的审美和技术，其展现出的群体相互对话交融的默契也很值得回味。这就好像建筑历史学家在提到希腊雅典的帕提农神庙时不会仅仅探讨柱式、比例和雕塑，他一定要提到雅典卫城经典的格局和每座建筑表现的主题，再将目光聚焦于代表卫城最高艺术成就和庆典高潮的终点的帕提农神庙。

历史建筑这个提法很宽泛，可以指代表历史价值最高规格的文物，也可以泛指与城市中一切体现历史价值的、反映建造时代的审美及工艺、集中在历史风貌街区内的建筑。美国人类学家洛德费尔德曾把文化分为大传统和小传统两种。大传统代表着精英文化和官方文化，小传统则指大众文化和民间文化。表现国家象征的文物建筑如故宫、天坛都属于大传统的古建筑，而偏居一隅或和世俗生活粘连在一道的，就是小传统建筑。历史街区就是由很多代表小传统文化的建筑和普通建筑组成的风貌。失去了背景的历史建筑，是不幸的孤独者。

以天津的五大道为例，其街巷格局，楼阁场院，规划继承英国 19 世纪新兴城镇规则建造而来，因此这里与其他殖民城市一样，其中建成了形式多样且个性鲜明的公共建筑和私人宅邸。在中国，如此多元的西洋建筑集中一隅，本身已是少见，落地天津时又经过本土化的设计，由着主人的情趣改装，这些住所的主人既有军阀、皇族，又有医艺官商，各自成趣，这些府邸分别看去也就显得戏剧化了。

1. 风格的表达

审美本身不是宽泛的。一定社会的审美观点和审美趣味都是特定社会（自然）环境的产物，譬如代表中世纪神权威严的哥特式教堂，尼罗河文明孕育的古代陵墓埃及金字塔。通常越能体现民族性、宗教和特定文化、风格含义的建筑，对其他文明产物、建筑环境也越表现出排斥感。所以建筑风格，在呈现一定开放姿态的同时，也必然排他。

五大道曾是英国租界的高级居住区，这里面表现出西方不同时代和文化背景下的风格。

比如撒克逊式 (Saxon)、诺曼式 (Norman) 的部分细节在住宅建筑中都有体现。前者属于英国早期的风格，外形朴素、小窗深嵌、半圆形拱门、角石长短相间；后者采用古罗马式的拱与券，围以粗圆的立柱。还有代表英国后期将民族风混合到房屋里形成的都铎风格，它可以说是传统的哥特式和文艺复兴风格的结合。举例来说，孙殿英旧居显现出折中主义建筑特征；陈光

天津五大道的“小洋楼”各自成趣

（上排从左至右依次为：陈光远旧居，顾维钧旧居，庆王府；下排从左至右依次为：香港大楼，许氏旧居，孙殿英旧居）

远旧居中西合璧，呈现现代建筑风格；许氏旧居体现的是 19 世纪英国浪漫主义建筑特点；而颜惠庆旧居呈现出古典主义建筑特征。

2. 承载并包容

在以保存历史文化为共识的社会背景下，常常会有很多独具魅力的城市、乡镇在其川流不息的历史长卷中保留着各个时代的印记，成为流传后世的生活场景。中国的文化倾向体现在城市建设中，新君刷新前朝的文明记录，很难像欧洲城市那样在生生不息的鲜活的画面中，看到多种文明和历史交织的建筑遗存。

为数不多的中国城市还勉强容许近一两百年的老房子存在，然而这百年间的历史也已经是好几个时代的变迁（如南京城中的民国建筑）。像五大道本身所包含的各个时代的代表建筑跻身一处，本该表现出排斥，实际却各自成行，于是聚集而成的群像显现出天津租界区耐人寻味的社会包容性。放眼众多历史名城，大抵是一季新兴的文明取代另一季衰落的文明，而像五大道这样有如此众多头绪的文明簇居一隅，却能相安无事，实属罕见。而这恰恰反映出当时中国在清末动荡的社会背景下文化与民族自身的适应能力。而这内在的意义是应当超越不同建筑风格的兼容程度而探讨的。

五大道众多文明簇居一隅，却能相安无事

3. 功能和意义的延续

各个时代的建筑都反映出当时经济水平和文化导向，成为时代缩影。一座城市就是一部历史，建筑若能留存得久远，沉淀成厚重的历史街区，这些地区的价值相应也高。而这些留存下来的建筑并不会是一成不变的，它们在新的城市生活中必将担当责任，有些还会成为新故事的主角。因此为这些历史建筑寻找适合容纳的功能和意义，就显得格外重要。

伦敦在城市发展过程中在大传统和小传统的古建筑保护方面做得非常出色，一方面保护老城区，建设新城区，使得老城区建筑群得以基本保留；另外对老城区的古建筑，尽可能地采取翻修和保养措施，延长它们的寿命。他们对历史街区和历史建筑双重的文化延续经验，与五大道地区现在的规划及风貌保护、历史保护工作所尊崇的精神是十分相似的。

4.5.3 历史建筑的再利用

在大量关于历史城市复兴的实践文献中，很多国内外学者提到社会、空间和人文三个因素。社会方向包括对文化现象的满足、虚荣心的满足；空间议题提供空间特质的满足、商业气氛的满足；人文方面包含心灵层面的满足、意识形态的满足与记忆思维、历史性的满足。

由于城市化和除旧布新等传统价值观的影响，国内历史建筑改造出现若干问题：认为改造对象一定要有较高的文化价值才值得关注，对历史街区内一般性的历史建筑的关注和实践都比较薄弱；仅仅关注建筑的历史、艺术价值，对它的社会文化价值认知不足，不能采取较自由、创造性的眼光来看待再利用的变化，从而认识到其在经济、社会和生态环境方面的潜在价值。问题的根本主要在于看重形态，却忽略城市发展中整体的、动态的平衡与协调。

法国巴黎四区的欧洲摄影师之家，加建的部分采用了与历史建筑相同的石材，并以大面积简洁的墙面与传统立面形成对比，既谦虚地衬托了传统建筑，又显示出设计建造的高超技能，是现代主义的佳作

4.6 建筑思潮对历史建筑再利用的影响

虽然历史建筑的重新利用并不属于任何建筑思潮，但特定的建筑思想还是在特定的再利用实践中表现出它们的影响力、效果，这些思想包含现代主义、后现代主义和解构主义等。

现代主义认为新生命应表现为反映当前材料、技术和美学观念的新生命形式，脱胎换骨地变换外观，但在有些时候，它追求的新美学特征容易遭到建筑遗产保护者和普通民众的质疑，另外也需要高超的专业技能、耗资较大并花费长时间才能融入当代社会生活。相对而言，新建筑用可操作的构造方式可以很快完成这一使命，因此选择这种做法若不是因为历史建筑本身比较特殊，就是刻意要形成对比的效果满足人们对历史的窥探心理。

后现代建筑思潮是对城市问题的反馈，在设计中有意识地减少限定性，创造生动、有活力同时混杂的城市意象，是对城市多样化价值的肯定，大拆大建被小而灵活的新旧混合所取代。新旧交融，在保护历史环境内在价值的基础上促成西方一大批旧区的复兴。在个体建筑上，明确提出建筑可以表里不一、内外脱节。美国建筑师斯特恩提出后现代主义建筑有三个特征：采用装饰；具有象征性或隐喻性；与现有环境融合。

解构主义在新旧联系、新生命应有的生命品质和相应的创作思维上有一系列的新观念。在新旧关系上坚持创新，反对模仿和复制历史。在创作手法上，解构主义对新旧关系的处理采取最为激进的态度，用带有隐喻性的建筑语言重写原有的等级秩序和规范。

解构主义提倡让建筑学远离束缚手脚的规范，追求形式的自由发挥、材料的随性使用和与结构无必然关联的设计。这幢“跳舞的大楼”外形酷似一对跳舞的男女，位于捷克首都布拉格的伏尔塔瓦河畔，由弗兰克·盖里设计

美国奥柏林学院爱伦美术馆扩建部分与旧馆相连，墙面的颜色、图案与原有建筑有所呼应。在一处转角上孤立地安置着一根木制的变了形的爱奥尼式柱子，滑稽可笑。这一处理体现着后现代主义提倡的手法：它是一个片段、一种装饰、一个象征，也是文丘里所说的通过非传统的方式组合传统部件的一个例子

如今，对历史建筑再利用的做法和观念在互相批判和补充中不停地演变，逐渐趋于多种价值观共存的状态。五大道近十余年的新建和改扩建建筑对国际上的这些建筑思潮并没有表现出恰当的回应。在一浪高过一浪的建设高潮席卷全国之际，规模小而费时费力的历史建筑改扩建难以获得高手垂青，大多沦为新人初学乍练的习作。这些新建筑的劣迹招致强力的行政干预，管理上不再鼓励创新，转而要求传统而保守的设计手法，甚至直接照搬，但仍阻止不了低劣的设计频频出现，相应地，真正高水平、有创意的设计也大多被拒之门外。

在天津，欧洲古典建筑风格一度成为当代决策者的心头所好，原因实在不是他们真正偏好古旧，而是被目前设计行业中的主力军吓坏了：很多建筑师都喜欢用别出心裁的体量、扭曲的体态、张扬的性格演绎地标式作品，然而设计时间的紧迫、流程对设计师的限制、施工建造水平包括设计师团队本身的素养，这些综合不利因素其实都会让作品的最终呈现效果不尽如人意，有些可以说是由于设计失控导致失败的。如此一来，抄袭那些比较成熟的西方古典建筑造型，用现代工艺对造型和功能加以适当的调整，倒显得顺理成章。然而，长此以往，这片土地上再难孕育出具有时尚创新意味的设计，这不能不说是五大道今天的悲哀。

五大道和平宾馆的改扩建设计，红砖建筑融合在历史环境中，比例得当，细节丰富，光影生动，是五大道历史建筑改扩建中较好的实例（华汇公司提供）

4.7 历史建筑的干预原则：存续历史感，与环境共生

就历史意义的存续和发展而言，改造会有一些原则需要遵循，它将建筑作为布景，通过为延续、展示历史文脉而设计的概念讲述城市的故事。在这类再利用干预中，改造意义层面需要注意的事项包括：

(1) 清楚定义建筑未来定位与建材的使用，达成有效率与经济性的保存；

(2) 建筑本身的历史性定义；

(3) 修复与取代：尽量避免拆除与毁坏原建筑，干预程度越小越好；

(4) 新旧设计之间需要能够相容；

(5) 任何新植入的设计都必须有其可用性和必要性。

《古迹修复及再利用办法》中规定古迹修复或再利用，所有人、使用人或管理人应将修复或再利用计划报规划主管机关核准后施行。进行古迹修复或再利用时，也必须受到主管机关指导监督方可执行。历史建筑与古迹所代表的都是继承历史而不可磨灭的精神场所，代表不同地点或区域专属的回忆或意义，与在法令上成为古迹建筑具有不同层面的内涵，所受限制也不尽相同。一般而言，列入级别的古迹所受的保护和限制大于历史建筑，而古迹具备的各项价值也高于历史建筑。Daniel F. MacGilvray 对于古迹保存的干预层级分析做出七个层级来提供讨论（见附表），并针对每个干预层级统计分析出施行的动作与策略，并提出几个古迹修复的原则：

(1) 除非必要，不要轻易在历史建筑上加以工程行为；

(2) 如果真有必要施工，一定要谨慎评估问题所在；

(3) 从所有可用的资源中寻求帮助；

(4) 发展地域性的地缘；

(5) 定义地域性的设计哲学；

(6) 深思熟虑其背后之成本与利益。

除了历史价值这一点，另外针对再利用设计中美学方面的准则，George Stephen 在《New Life for Old Houses》一书中建议，在进行设计时需要：

(1) 考虑与建筑所在区位的主要建材同质化的建筑材料；

(2) 建筑及其区域的组合关系；

(3) 色彩的选择与细部；

(4) 开口的比例；

(5) 方向（经水平和垂直方向评估后总结出规律）；

(6) 整个区域的开放性空间与围墙的比例；

(7) 韵律感；

(8) 尺度；

(9) 景观设计。

附表
文物保存干预层级
Daniel F. MacGilvray

干预层级		一	二	三	四	五	六	七	特色
干预程度		低 → 高							
文化遗产价值地方保护宪章 (1988)		无干预 Non-intervention	保养 Maintenance	加固 Stabilization	修缮 Repair	修复 Restoration	重建 Reconstruction	调整 Adaptation	依照维护的过程而可能涉及的保存行为讨论分类
	定义	不采取任何保存措施	文化遗产专属保养	加固或提供支撑文化遗产以减缓损坏速度	对文化遗产遗留的建材加以保留，新建材需强调真实性	使用旧建材依照原来的风格进行修补	利用新建材配合遗留旧建材，尽量按原样重建使空间功能完整	建筑作为其他用途重新被利用，满足其空间延续与存在的可能	
	策略	—	保养、加固	保养、加固和增建	保养、移除与增建	移除与增建	移除与增建	增建	
Daniel F. MacGilvray (1988)		保持 Keep	改变 Change	拆除 Destroy	恢复 Return	—	—	—	依照建筑工程干预层级分类
	定义	不植入新添加物着重保存原状并保养	重在加固强化再利用	涉及古迹大规模的改变	依照过去原有面貌重新建造	—	—	—	
	策略	保存 Preserve 保护 Protect	再利用 Recycle Re-birth Reuse	拆除Demolish 移除 Remove	重建Recon-struct Copy	—	—	—	

1. 历史建筑的干预政策

这里探讨的是历史建筑之建筑本体外观和外部环境与所在位置。历史建筑经过时间的涤荡形成独特的场所感，而建筑造型也保存过去时代的意味，出于追求尊贵身份、独特品位、文化猎奇等心理驱使，历史建筑本身如何体现人文与历史，突出文化上的特点是改造的重点。一般而言，如历史建筑作为餐饮空间外部环境条件，在设计上除了讨论如何利用周边环境使其就餐体验形成优势外，在立面的处理上如何与环境共生，如何配合历史意义来延续它、整合环境，才不至于与大环境矛盾、脱离。

2. 建筑空间的再利用和改扩建

空间的再利用相当于被赋予新的功能，在欧洲，很多城市如巴黎、阿姆斯特丹、伦敦等都保留有大片的老城区，这些老城区依然充满生气和活力。其实，欧洲老建筑并不是一直能满足城市发展的需要，它们也经过时代的变迁，历经改造，其中旧建筑空间的再利用是城市更新的重要策略之一。找到适合的方法，使得它们重新适应时代的需要。

再利用属于历史建筑保存的范畴，因此在进行再利用策略与设计时，也应该遵循前面提及的想法，再利用激活历史建筑会与单纯的保存手法相冲突，但如何缜密地考量与评估而决策，就是再利用所需要注意的重点。再利用一词在《Adaptive Reuse: Issues and Case Studies in Building Preservation》中所称的意义指：“旧的结构借由当代的观念，得到修复和改善，以便城市适应当代却又保存其机能完整性的手法”，历史建筑将它的文化价值与风格延续，新结构的设计就必然受到强烈的质疑，因为从心理层面考虑，很难具体定义，所以再利用的设计需要多方面来协调以达到美学上的平衡，如各种构造、年代背景等，都需要通过当地地域性的风格来设定标准。再利用或称可适性使用所代表的是令历史建筑重新焕发生命的策略，根据英国国民信托组织 (The National Trust) 对可适性使用的解释与定义“将原建筑用途设计转变为他种用途的过程”，再利用前需要评估的事项包括市场区位的潜力、建筑与历史性等，而从建筑本身出发，还要考虑建筑风格、工艺、区位、建筑功能与类型以及功能的延续性，以完善评估。

五大道的庆王府（现为天津市政府外事办公室）曾为皇家后裔庆亲王奕劻之子载振居所，因此拟定格局需内外兼顾，包括对外开放的历史风貌建筑展览和餐饮部，以及历史上私人居室生活部。此宅地震后花园受损严重，天光顶棚塌陷，2002 年前仅进行过简单的修补。实际上真下苦功的改造是在五大道历史文物部门与商业策划携手合作中推动的。庆王府的改造分两期进行，一期主要是重建和加固原来的结构，重新整修假山，修葺庭院，修建新的屋顶，更换窗户，恢复戏楼天光。二期主要将室内空间重新装修，总体改造，适合新的居住或办公要求，并增加了阅览室和保安等设施。

设计概念是将原有的旧建筑当作两层表皮，改造后建筑的表皮仍是原来的外壳，尊重历史地段和城市延续的面貌，而室内却是由表皮所围合的内部使用空间，与当代人的生活产生接触。建筑的窗户和出入口是新与旧、内与外两个层面的渗透。这两层建筑的表皮也是对城市文脉的叙述和对现实生活的反映。内部是属于 21 世纪的活动空间，适当的地方露出原来的结构，新的玻璃、钢铁和木材在白墙的映衬下更为突出。

英国文法学校
TIENTSIN GRAMMAR SCHOOL

英国文法学校（现天津市二十中学），是最早的英国学堂。位于和平区湖北路、郑州道与重庆道之间。1926 年至 1928 年建城。由英商永固工程司库克（Cooks）和安德森（Anderson）设计。总建筑面积 3800 平方米。教学楼为该校主要建筑。砖混结构，局部三层，部分带半地下室。砖墙和柱子承重，现浇钢筋混凝土和钢筋混凝土小肋空心砖楼板，木屋架，多坡筒瓦屋顶。雨水暗排。

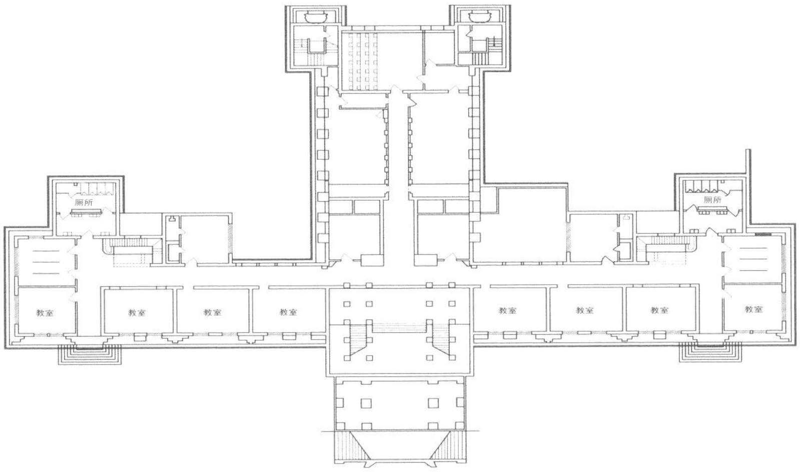

首层平面图

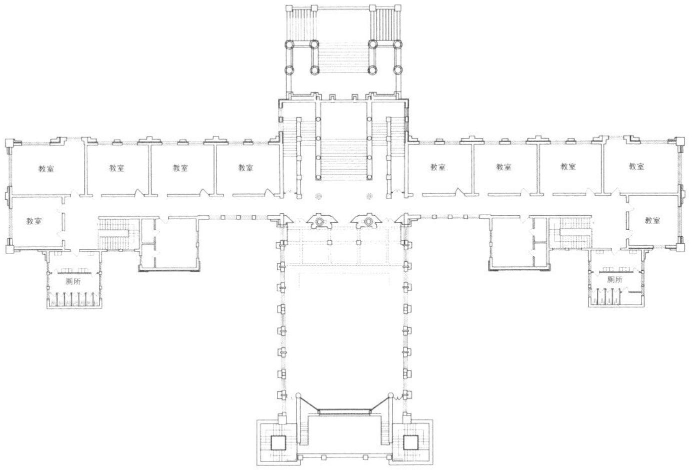

二层平面图

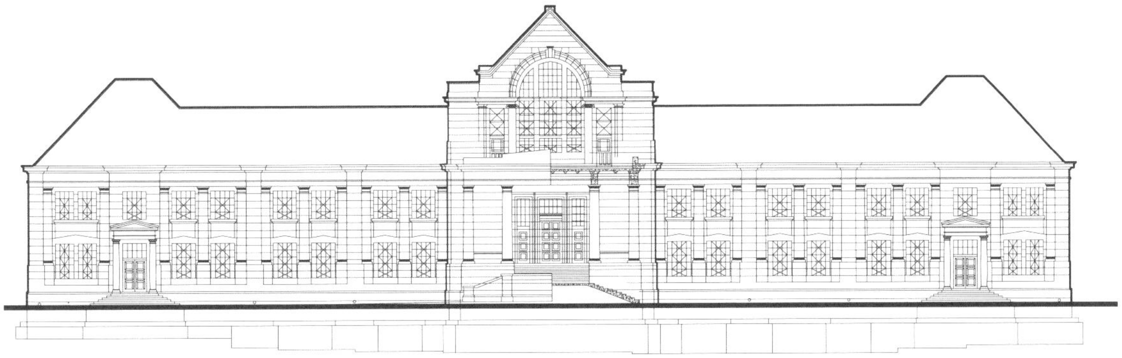

立面图

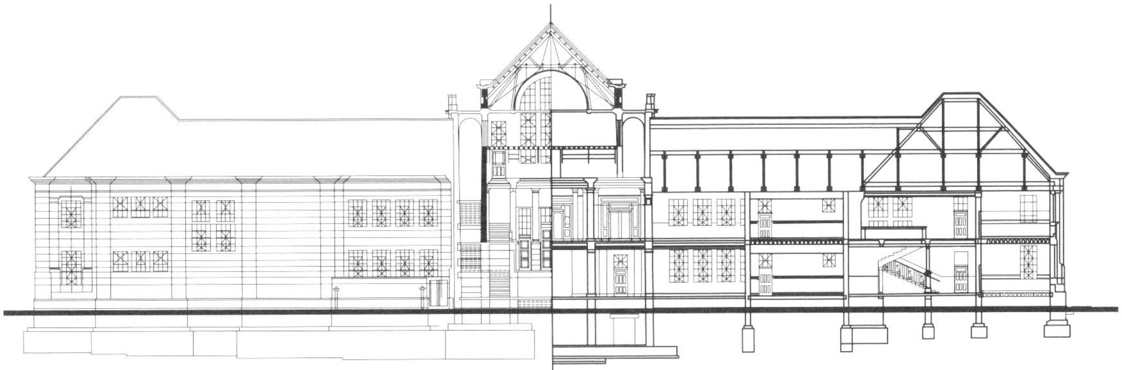

剖面图

该楼为对称式布局。首层为拱券形窗户，二层以上为矩形窗。底部高基座，采用仿青石的斩假石，显得稳重、坚实。基座之上，外檐是仿花岗石的水刷石，大块分格，石头的质感很强。钢筋混凝土檐口，饰以水平线脚。外檐四周两种不同形式的壁柱相间排列。正中是列柱门廊，上面阅览室的正面是大型的柱券、山花。两翼为柱式山花的小门厅，对正中立面起了陪衬、烘托的作用。建筑平面新颖、布局实用，内外装饰讲究，立面造型稳重、宏伟，既受西洋古典主义建筑影响，又有英国地方传统建筑做法。向阳面外檐采用深绿色玻璃，室内光线柔和。外檐窗底部设小活扇，以利通风。走进教室使人感到敞亮、明快、清新。办公室内设有衣帽间和卫生间。门厅上层的阅览室，采用大进深、大开间、大型的拱券窗，室内光线充足，装饰朴实、典雅。

大楼坐北朝南，平面呈飞机形。"机头"部分为主入口，"机身"和"机尾"为大礼堂，"两翼"展开部分为教室和办公室等。大楼共五个出入口，在各个出入口或附近，相应设置大台阶或不同形式的楼梯。正中门厅为主出入口，八根双排塔斯干式圆柱支撑上层平台，形成气势非凡的门廊。大厅内两侧采用爱奥尼式列柱，形成富于变化的空间。东、西两翼的门厅，分别为女生和男生的出入口。"机尾"左右各设柱式门厅，既是一楼的次要出入口，也可通往楼梯间到达二层，作为礼堂的辅助楼梯和安全疏散之用。大礼堂两层看台，共六百多个座位。前设舞台，后有放映室。舞台两侧分别设有上下台口，可以不经过礼堂到达舞台，沿台口楼梯直达三层演员化妆室。舞台上配有钢板制作的安全防火幕，以两台卷扬机带动，以备不时之需。这些设施，在当时电影业刚刚兴起之时，相当先进。

民园大楼

MIN YUAN APARTMENTS

位于长沙路和重庆道的交口处，占地 3058 平方米，建筑面积约 8000 平方米。局部四层带半地下室。

民园大楼建于 1936—1937 年，由奥地利籍建筑师盖苓设计。建筑平面结合地形展开，由四个不同的单元组合而成，各个单元内部的布局因地形的变化各不相同，底层东面和南面设有庭院，门口设在北面。各层平面功能基本一致，标准层平面为两户，每户均设带有壁炉的起居室及卧室、厨房、备餐间和卫生间。平面有几个小天井以保证房间的采光和通风。建筑平面布局合理紧凑，实用方便。

内装修较为讲究。起居室和卧室铺有硬木拼花地板，居室门上镶有大片的磨花玻璃，铜把手，其余房间均为水磨石地面。卫生间内设有浴缸、脸盆和坐式便器，厨房设有储藏柜。民园大楼的立面比例协调，南立面中段9个开间长的通阳台，形成了整个立面的虚实对比，并富有层次变化。通透的方格院墙衬托出建筑的立面效果。小院内花草繁茂，环境优美。

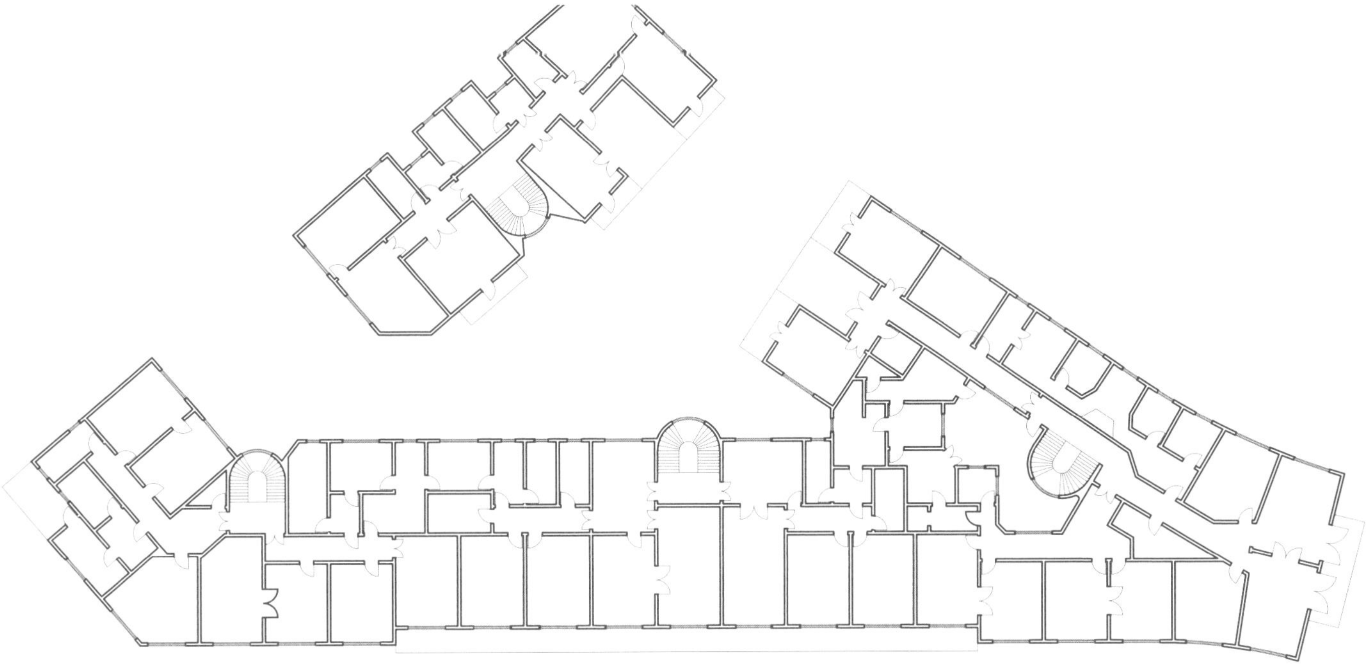

平面图

立面图

第 5 章 五大道的街廓肌理

5.1 街廓系统的建立

五大道核心保护范围1.2平方千米的用地大约长2130米、宽720米，大体呈长方形，包括了由长向的6条道路切割出的5个100～150米宽的街廓，以及短向的7条道路切割出的6个200～300米长的街廓。西南部分基本为较规整的长方形街廓，唯一斜向切入的城市道路贵州路使得西南边缘出现了一个孤立的三角形街廓。整个西南地区的内部道路由于要照顾到与外部城市道路的街接，并尽可能与纵向道路垂直相交，因此使得长方形的街廓略有变形，但总体来讲还是十分规整和有序的。而东北部分街廓的变形则十分明显：由于北侧与南京路（原墙子河）的交会，规划布局随形就势，并兼顾外围道路交叉口的街接，导致内部路网的秩序逐渐混乱，街廓的尺度和形状也因此产生较大变化，出现了三角形、梯形、刀把形等不规则形状，这显然不利于内部土地合理高效的使用。由于五大道自身原因产生的变化主要出现在民园体育场主入口处，西侧进入五大道的长沙路有意识地转折，与湖南路交会在民园体育场入口处，形成人流汇集的入口活动广场，街廓也因此变形。可见五大道的规划布局不是孤立于城市系统的，它受到各方面因素的影响，既考虑内部街廓系统的建立，以组织基本的开发建设和生活活动单元，同时又兼顾重要的公共空间的特殊需求，以及与外围城市系统的街接和呼应，最终形成了五大道兼容并蓄的总体格局。

五大道街廓肌理分析图

5.2 街廓形态及尺度

五大道的街廓形态虽然看起来大体以长方形街廓为主，但严格算来长方形街廓有 27 个，仅占总数（56 个街廓）的一部分；还有梯形街廓 13 个，三角形街廓 8 个，其他异形街廓 8 个，这些不规则的街廓形状也为后续的建筑设计带来了丰富的可能和变化。街廓的尺度大约为 100 到 300 米，是一个兼顾小汽车出行和步行环境的中小尺度的街廓。这个尺度上的兼顾有着明确的目的地指向，东北至西南方向倾向于机动车通行，道路交叉口间距相应较大，约为 300 米，而西北至东南走向道路的路口间距则以 100 米为多，更适合步行距离。另外，核心保护范围内每个街廓单元容纳的产权地块从 15 个到 30 个不等，占地面积小到五六百平方米，大不过三四千平方米，每个产权地块的形状和面积都不尽相同但却相近，建设规模由几百到几千平方米不等却秩序井然，是一个土地完全市场化零售、直接面向终端业主、分散建设、各由主便的运作模式，它外化在建筑布局和体量上，使得整个街区看起来细腻而生动，有别于当今的开发地块所造成的体量上的巨大反差和单一的效果。这些占据五大道主导地位的建设地块的主人面对着相同的希冀安逸、不事张扬的生活要求，以及近似的政治动荡、铁血纷争的客观制约条件，其购买的小块土地紧密相邻一字排开，由内部里巷和胡同串联，由围墙分割，奢华而内敛。这种外紧内松的布局方式在租界时期的社会、经济、文化和技术条件下成为用地布局的主导方式，也有某些由于特定建造条件和对雇主要求的调节而产生的变体融入，但整体和谐。当我们把视线聚焦到现代后发现，由于巨大的城市化浪潮席卷而来，大规模工业化技术的突飞猛进以及房地产开发商的推波助澜，使得目前城市开发建设的规模越来越大，这从五大道建设控制地带的项目上便可印证，新的开发更倾向于一个街廓单元只有一到两个产权地块，四面临街，内部形成大院，这种由开发商整体开发再二次销售给终端业主的大规模开发建设模式成为近年的主流，它与历史上的开发建设模式是如此不同，需要我们在城市更新和传承中进一步加以研究。

5.3 图底关系

五大道中有些新建筑摒弃了传统的建造原则，导致消极、低品质的建设不断破坏着原有的连续的街道空间

图底关系是通过分析建筑实体与开放空间的关系来界定建筑肌理的纹理和形式，从而发现其空间秩序。五大道在建筑布局中精心构筑了室外空间——在宏观层面上，南北区域布置了一静一喧两个具有场所意义的大型开放空间——睦南公园和民园体育场，作为降低密度和提供公共交往的重要场所，也是营造高品质社区环境的保障。与此同时，在微观层面上，在建筑布局上有意识地处理了空间和街区的边缘，形成了包含里巷、街头绿地、转角、院落等室外空间，建立了建筑形式、围墙与场地空间结构的联系，并将建筑的背立面转换以创造积极的、得体的室外空间。五大道中创造积极空间的方法，是运用低平的建筑群所形成的较密集的形态，借用建筑或围墙围合出私人或公共活动的空间。历史价值体现最典型的独栋花园洋房，每个门牌号码对应一户，独门独院并有独立出入口，内部活动通常都在内部，这类建

筑中很多现已为单位和机构使用；另一种典型的居住类型是当时英国新城影响下流行的英式职员公寓、联排街屋，单排面对街道，所有活动都在面向街道的一侧进行，有些多于一排的，在横排之间和深入地块的纵向巷道内也会看到居民活动，一般的外来人刚刚走到前两排公寓时，很少引起居民注意，越深入内部越容易受到询问和引起好奇，这些长期居住的居民目前很多都是租住户而非户主，原本就是英国公司为普通职员建造，建筑密度较大，再加上受保护的力度小，所以衰败和破损的程度都相对比较严重；最后还有众多家庭合居一处的独立式集合住宅，所谓独立式指的是门牌号码针对一整幢楼，而集合住宅顾名思义是指多个户主，五大道中这种居住类型往往以 3 ~ 5 层为主，居住密度较高，活动相对开放。五大道的这三种空间组合方式是新中国成立前租界时期的建筑布局中普遍遵守的原则，不过近三十年来却受到了严峻挑战，越来越多的拆除后新建或插建的新建筑摒弃了这一原则，造成了越来越多未经设计的、剩余的消极空间。在外围的建设控制地带，近些年新的城市建设倾向于建筑平面布局稀疏、更加强调高度和纵向上的发展。

五大道贵州路的街道界面连续而完整

5.4 街廓肌理与三维形态模拟

对地区街廓肌理研究的一个重要的基础性工作，是对 56 个街坊的街廓尺度、建筑形态的图底关系以及开放空间的位置及开放度的分析，同时对建筑进行三维形态模拟，以形成对街坊空间形态的直观感受。接下来的数十页篇幅将展示这些内容，以作为阅读后文的基础，并可作为进一步研究的参考。

由于篇幅所限，我们将个别相邻地块整合，在一页内容中展示，三维形态模型也不是针对所有街坊的，为核心保护范围内的每一幢建筑建立模型是必要的，建设控制地带中整体或部分尺度控制较好的街坊也建立了模型，破坏较严重的街坊被剔除了。模型建立的基础资料截止到 2012 年 6 月。

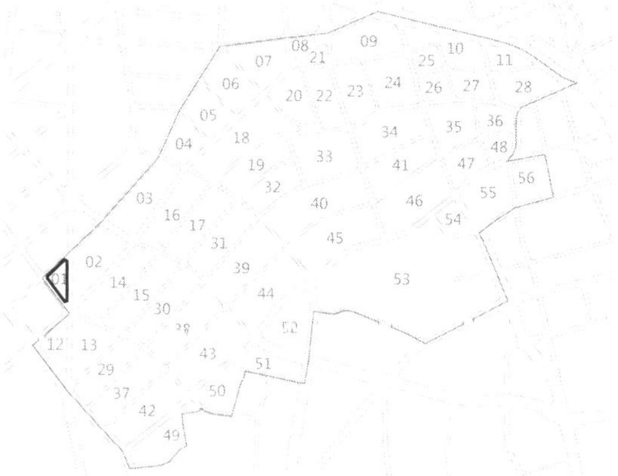

01 街坊

01 街坊位于五大道地区西端，是由贵州路、昆明路与岳阳道围合成的三角形地块，地块最长边约为 158 米，最短边约 98 米，面积约 0.8 公顷。现为土山公园，其前身为建于 1937 年的久不利公园。

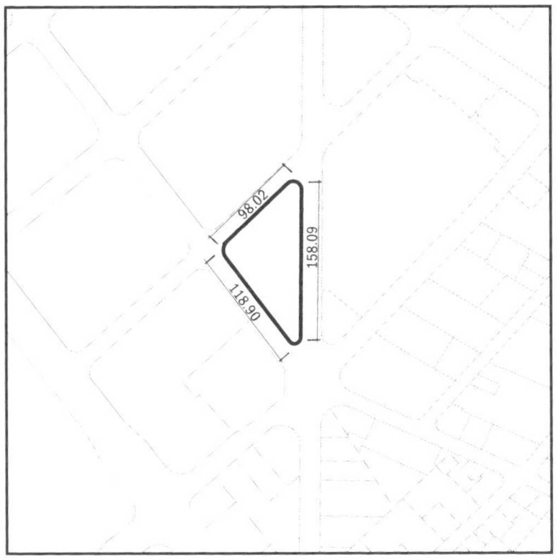

街廓尺寸及产权地块

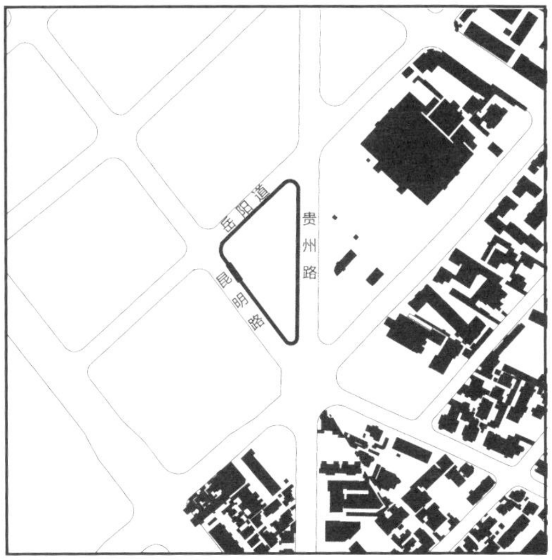

相邻街道及建筑肌理

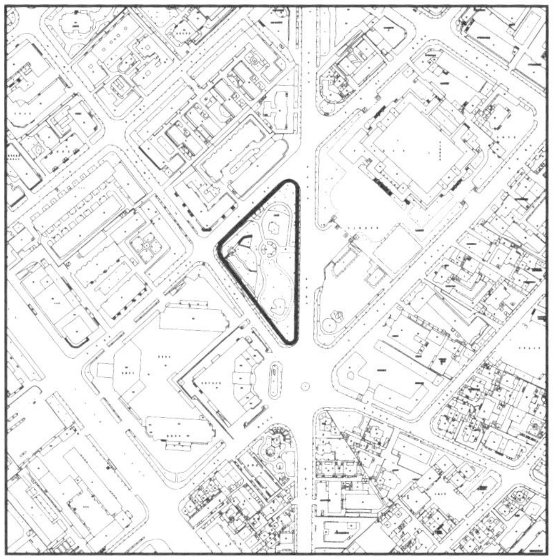

空间类型（公共/半公共/私密）

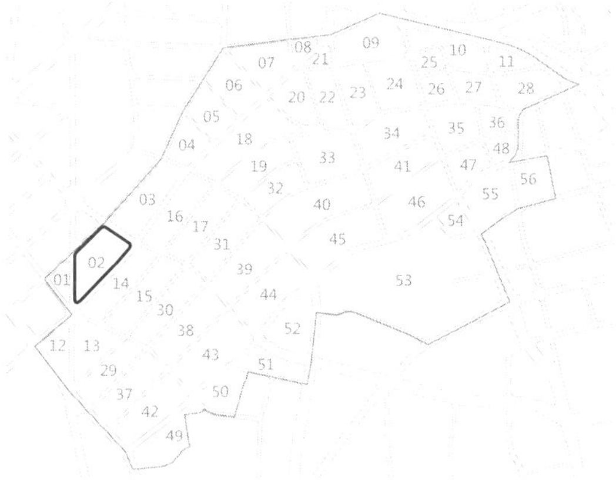

02 街坊

02 街坊位于五大道地区西端，东北邻云南路，西北邻岳阳道，西邻贵州路，东南至成都道，地块最长边约 305 米，最短边约 130 米，面积约 3.3 公顷，产权地块较少，面积差异较大。街坊内建筑较少，兴建于 1954 年的人民体育馆是地块内的主要建筑，另有文保建筑张叔诚旧居等位于地块东端，现使用性质主要为体育及附属办公功能。本街坊以低层建筑为主，院落式与门院式是主要的建筑布局方式。人民体育馆周边的空地对社会开放，是地块内主要的开放空间。

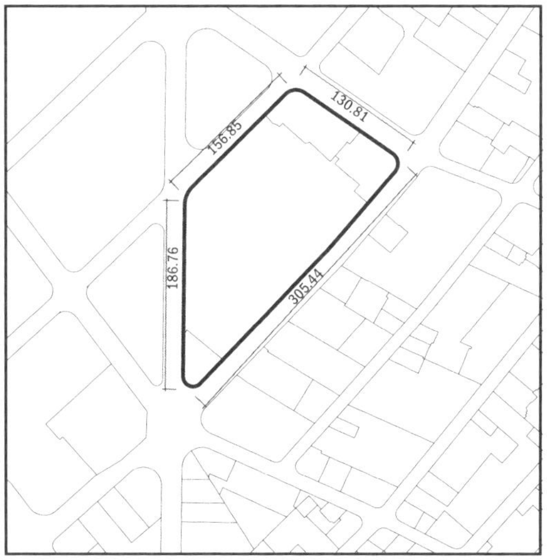

街廓尺寸及产权地块

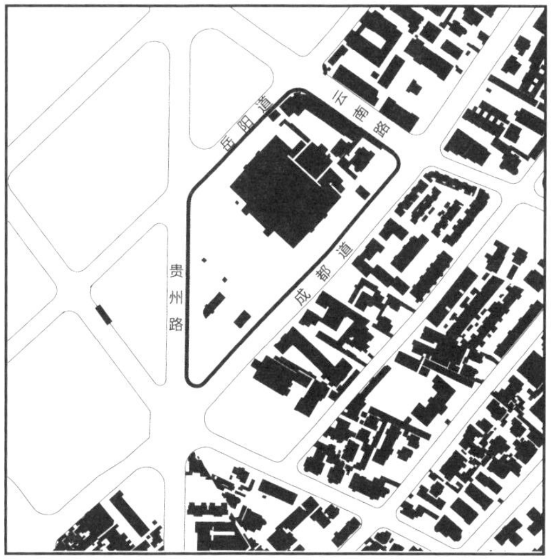

相邻街道及建筑肌理

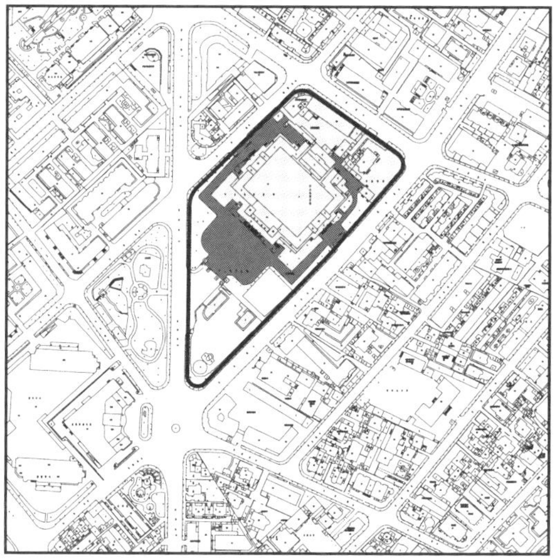

空间类型（公共/半公共/私密）

02 街坊

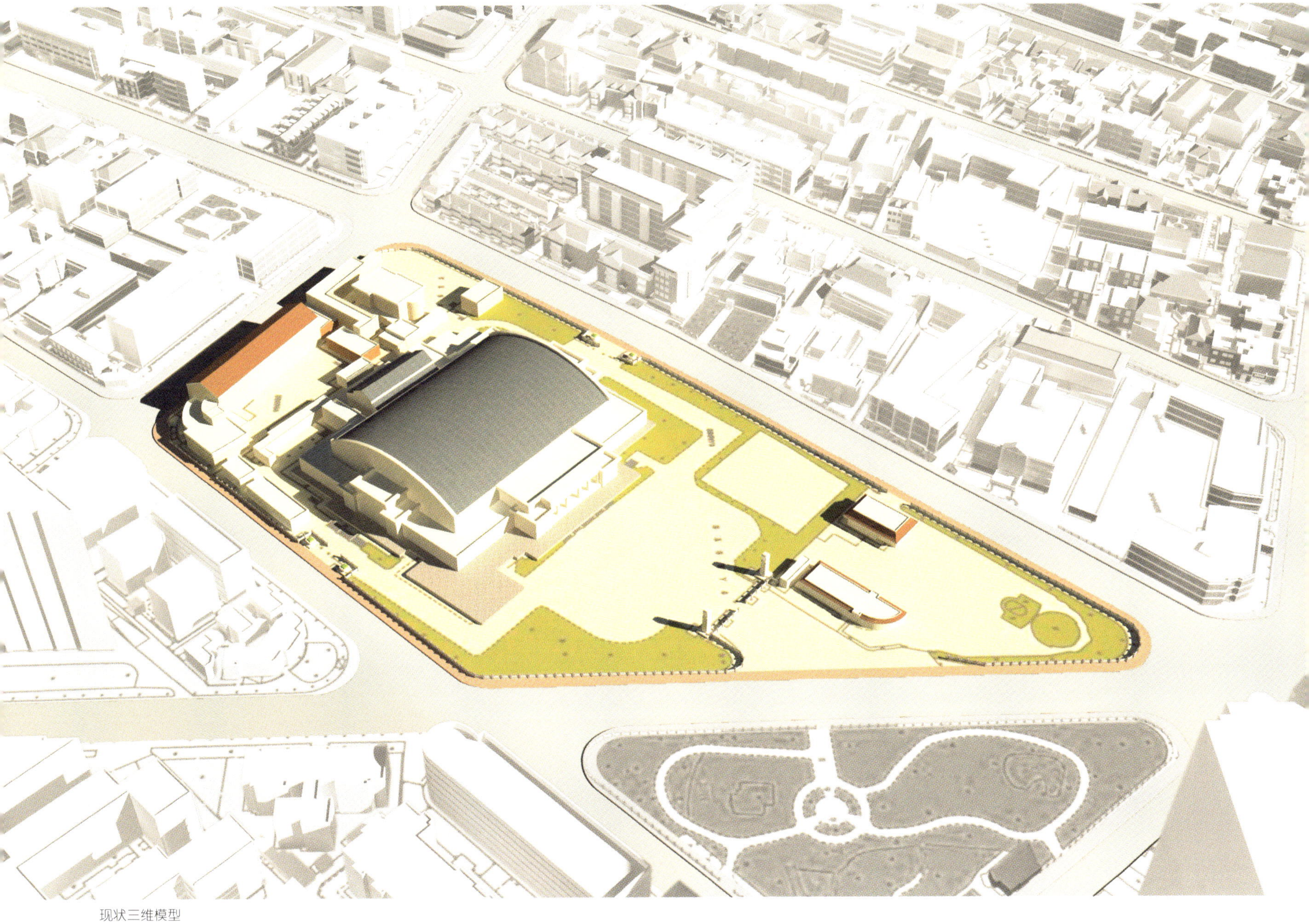

现状三维模型

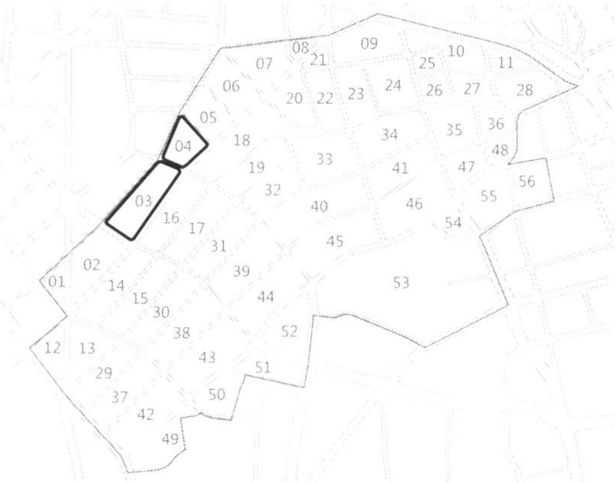

03 街坊

03 街坊位于五大道地区西北部，北至桂林路，南至云南路，东至成都道，西达岳阳道，地块最长边约 321 米，最短边约 91 米，面积约为 3.5 公顷，产权地块划分适中。地块内主要为中低层住宅，建筑密度较高。有大量名人旧居遗存，包括胡仲文旧居、朱宪彝旧居、朱继圣旧居、丁懋英旧居、孙冰如旧居、朱有济旧居等。门院式与院落式是地块内建筑的主要布局方式，安定里社区采用里弄式布局方式。开放空间结合住宅设置，分布较为均匀，里弄式住宅的开放空间具有较强的公共性。

04 街坊

04 街坊位于五大道地区西北部，东北邻广西路，西北邻岳阳道，南至桂林路，东南至成都道，地块最长边约 174 米，最短边约 93 米，面积约为 1.9 公顷，产权地块较少，面积差异较大。地块内主要为中低层建筑。院落式是主要的建筑布局方式，一处大型开放空间位于地块内部。

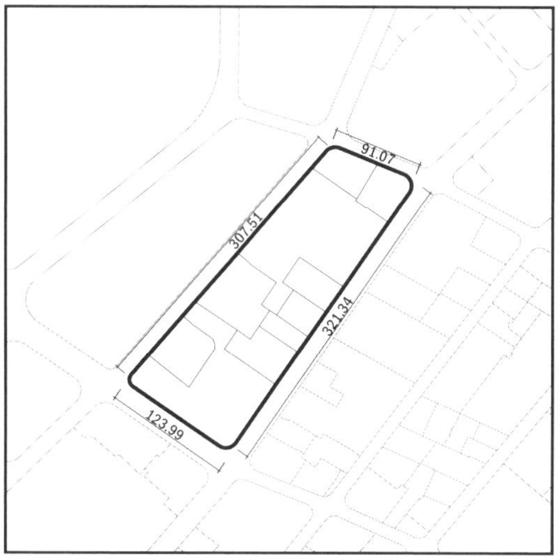

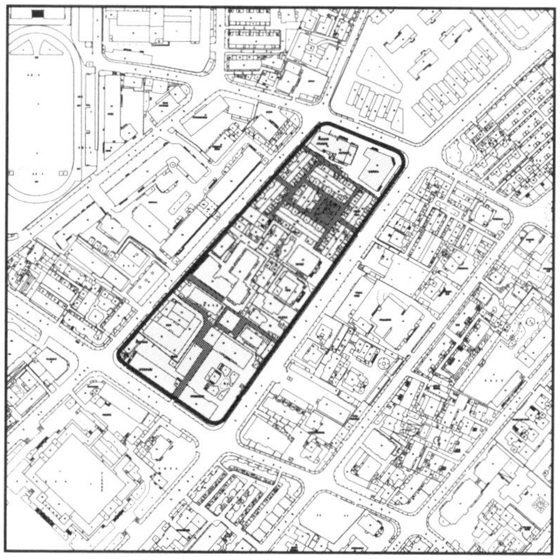

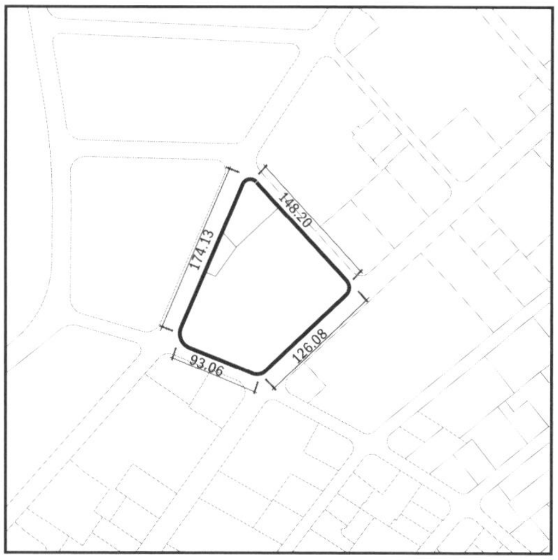

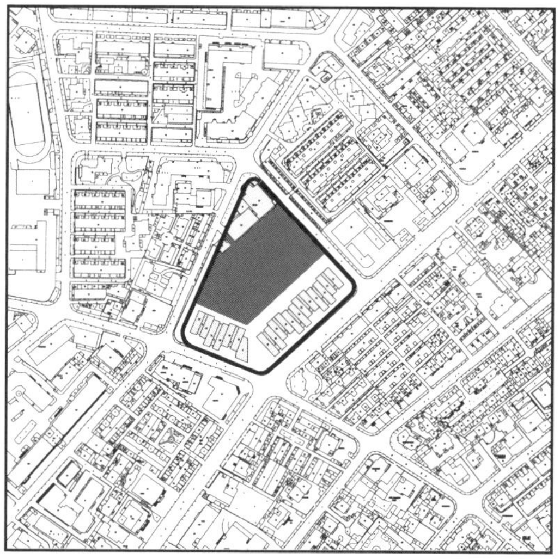

街廓尺寸及产权地块

相邻街道及建筑肌理

空间类型（公共/半公共/私密）

03 街坊

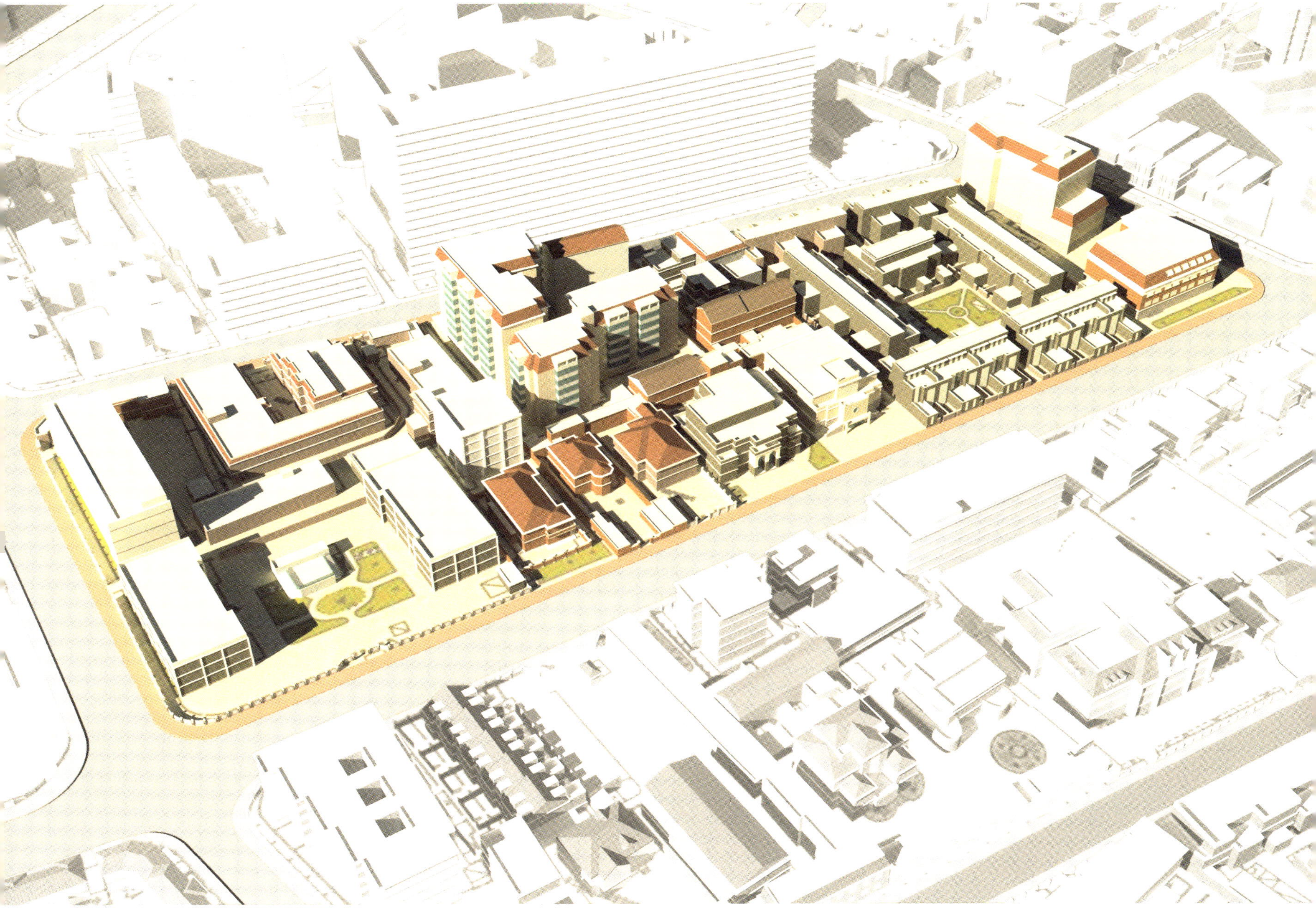

现状三维模型

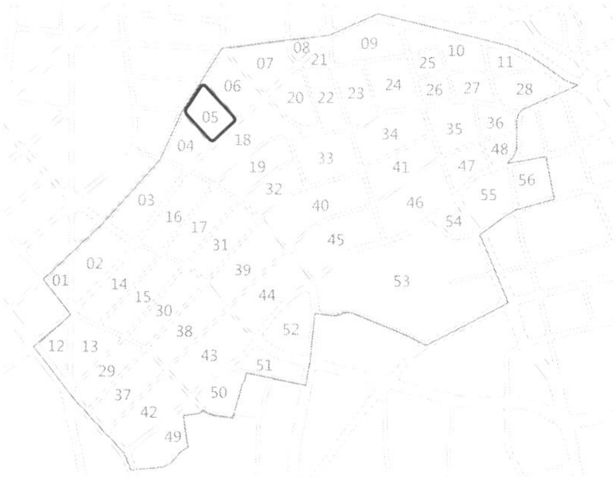

05 街坊

05 街坊位于五大道地区西北部，东北邻芷江路，西北邻岳阳道，西南邻广西路，东南至成都道，地块最长边约 185 米，最短边约 123 米，面积约为 2.3 公顷，产权地块划分适中，面积差异较大。街坊内主要为中低层住宅建筑，采用里弄式及院落式布局方式。开放空间结合建筑均匀分布，北侧里弄式住宅的开放空间具有较强的公共性。文保单位张自忠旧居及王怀庆旧居位于地块东部。

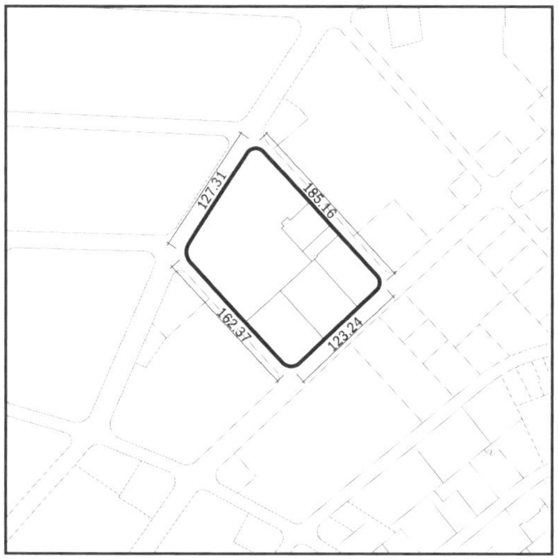

街廓尺寸及产权地块

相邻街道及建筑肌理

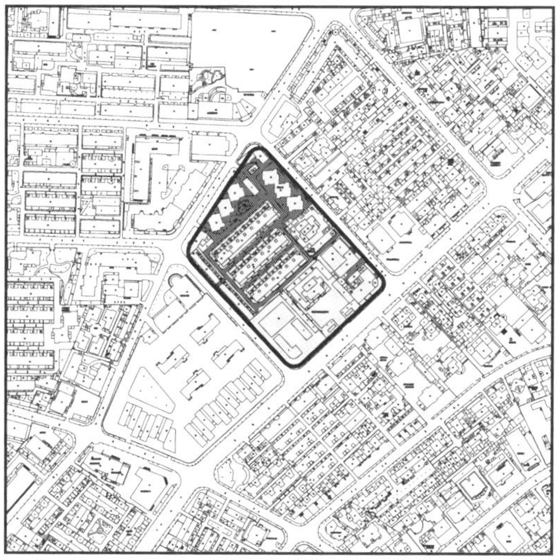
空间类型（公共/半公共/私密）

05 街坊

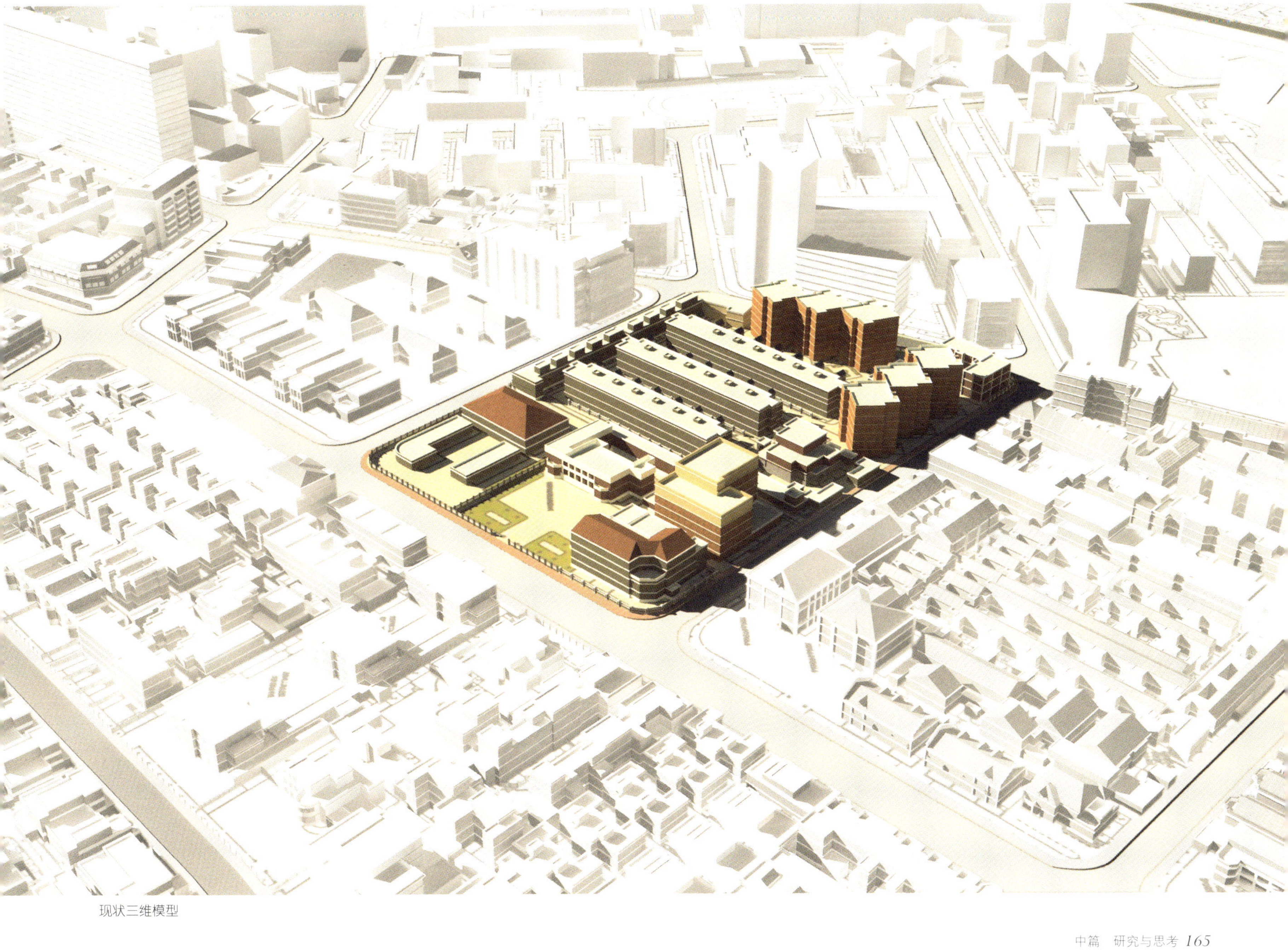

现状三维模型

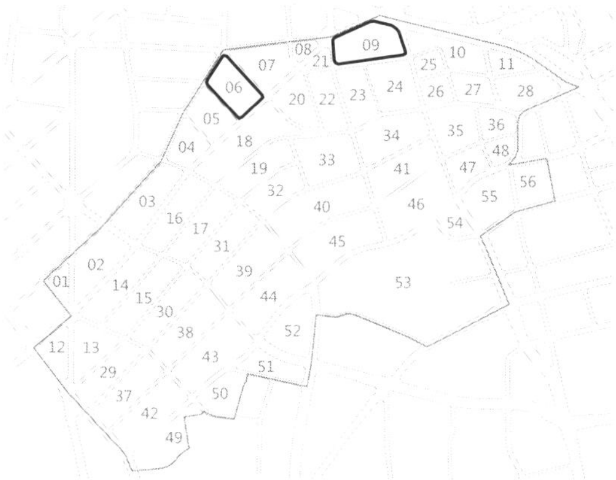

06 街坊

06 街坊位于五大道地区北端，东北邻长沙路，西北邻岳阳道，西南邻芷江路，东南至成都道，地块最长边约 219 米，最短边约 124 米，面积约为 2.7 公顷，产权地块划分适中，面积差异较大。地块内主要为中低层住宅建筑，以里弄式为主要布局方式，兼有少量院落式与门院式布局建筑。开放空间结合建筑均匀分布，里弄式住宅的开放空间具有较强的公共性。

09 街坊

09 街坊位于五大道地区北端，北邻成都道与南京路，西至河北路，东至新华路，南至洛阳道，地块最长边约 270 米，最短边约 95 米，面积约为 3.4 公顷，产权地块划分适中，面积差异较大。地块内以公共建筑为主，主要采用院落式布局方式，开放空间邻主要建筑设置，较为均匀，公共性不强。

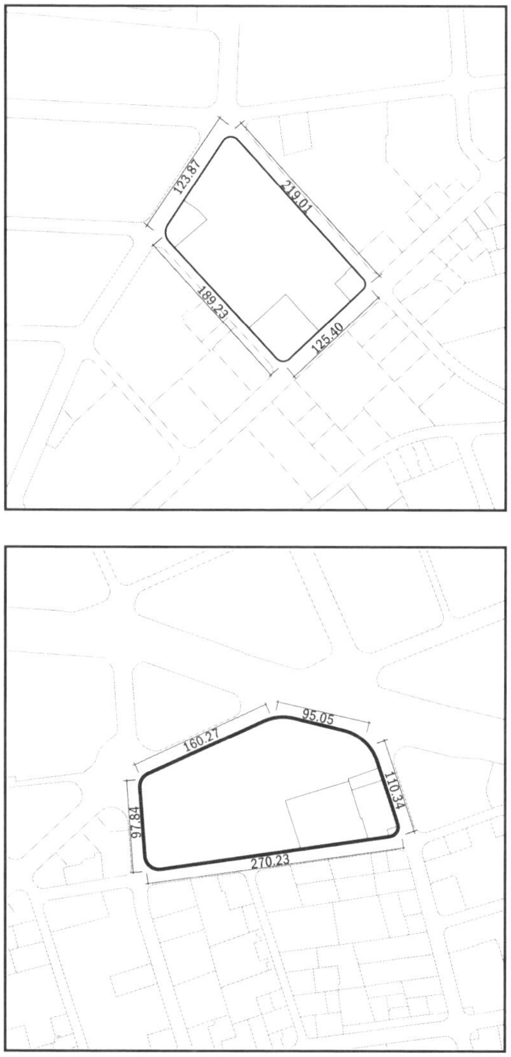

街廓尺寸及产权地块

相邻街道及建筑肌理

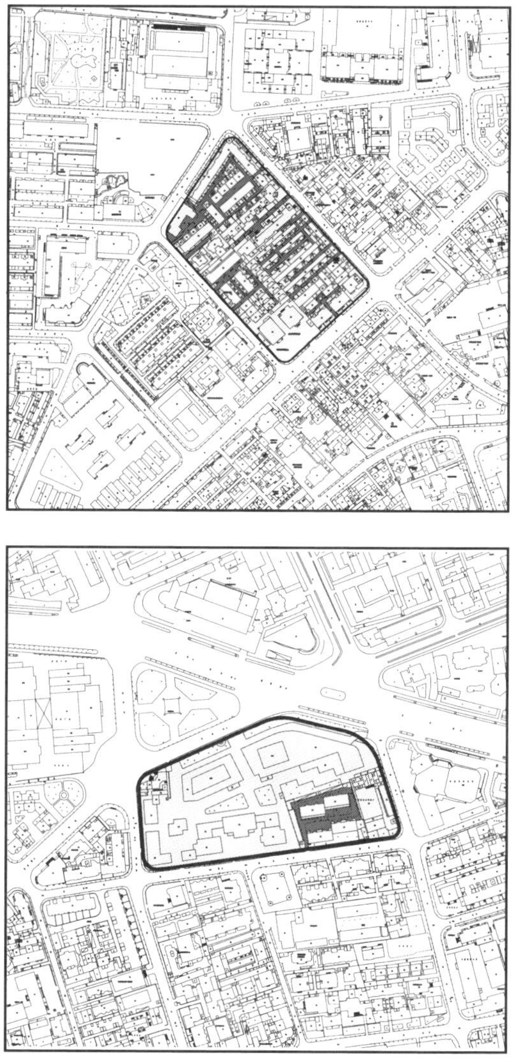
空间类型（公共/半公共/私密）

06 街坊

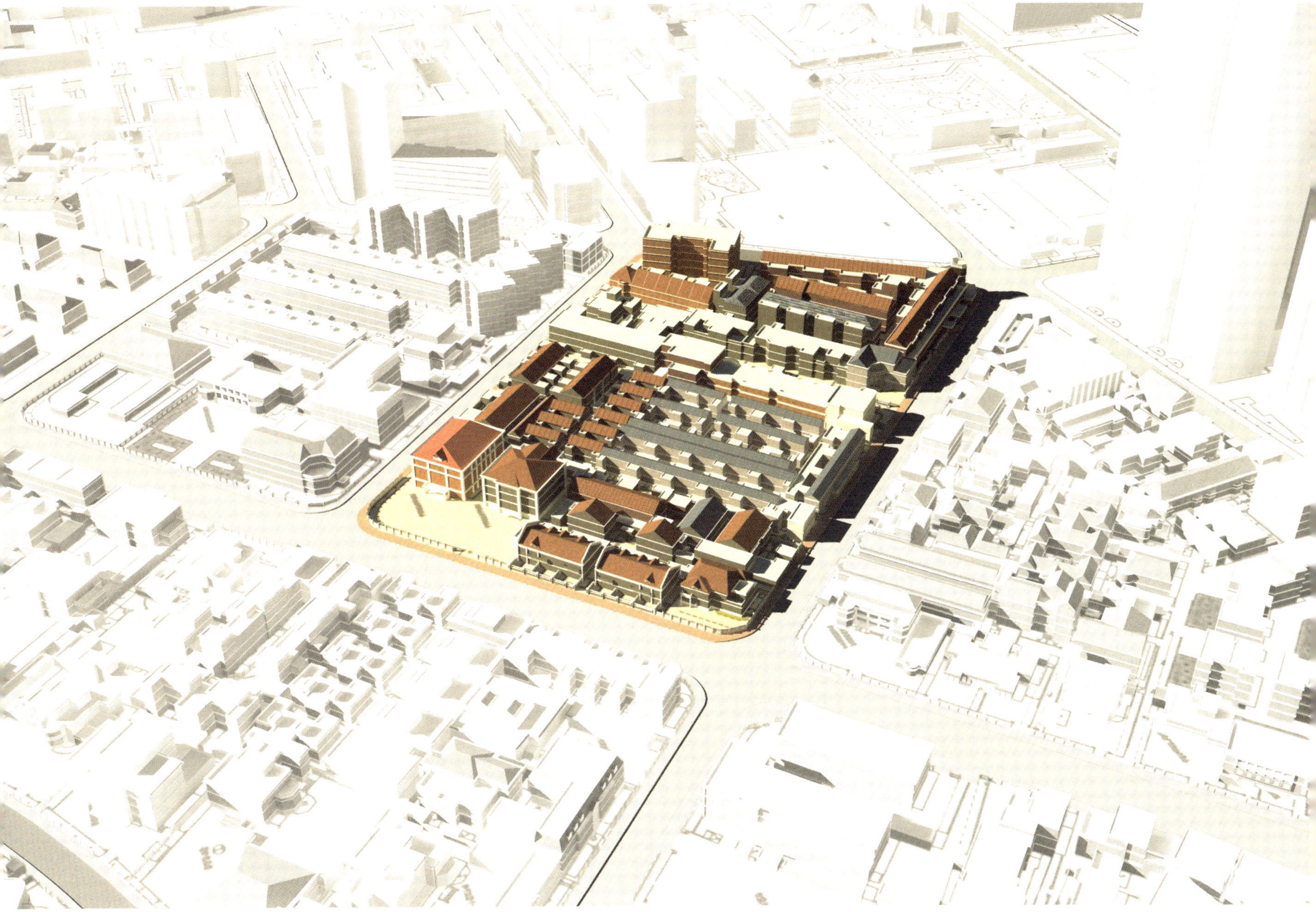

现状三维模型

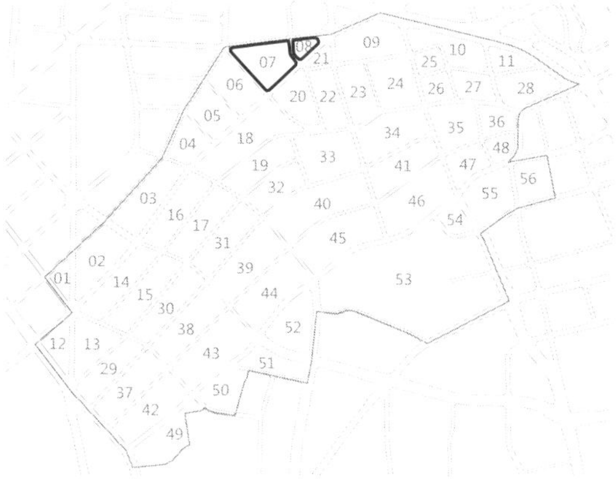

07 街坊

07 地块位于五大道地区北端，北邻西安道，西南至长沙路，东至山西路，东南至成都道，地块最长边约 226 米，最短边约 95 米，面积约为 2.8 公顷，产权地块划分适中，面积差异较大。地块内以中低层住宅为主，兼有院落式、门院式及里弄式等布局方式。开放空间结合建筑设置，分布较为均匀。石敬亭旧居、陶茂正旧居及金邦正旧居等位于本街坊内。

08 街坊

08 街坊位于五大道地区北端，北邻西安道，西至山西路，东南至成都道，地块最长边约 104 米，最短边约 38 米，面积约为 0.6 公顷。地块内以低层住宅为主，采用院落式布局方式。地块东部建有一处街头绿地，建筑围合形成院落式开放空间。市级文保单位陶湘旧居位于地块南部。

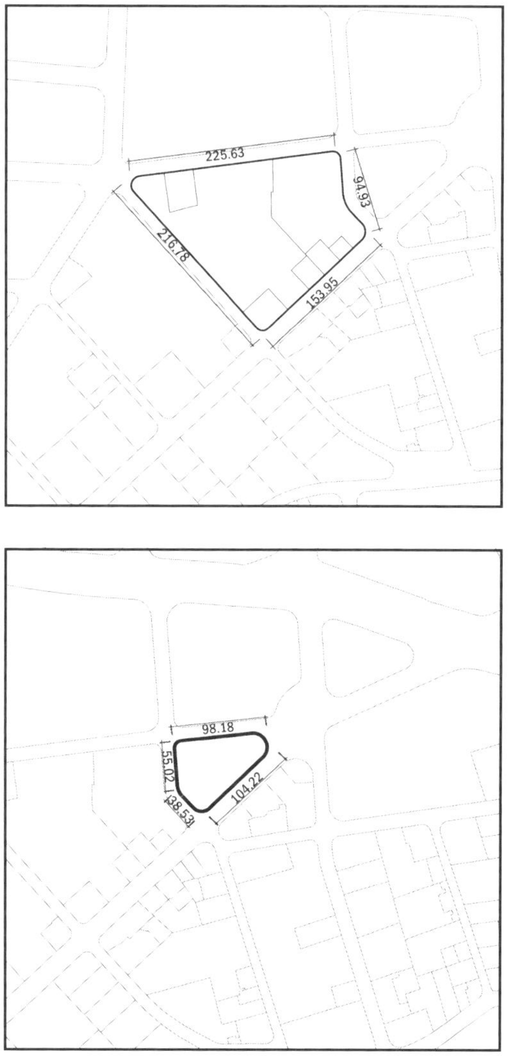

街廓尺寸及产权地块

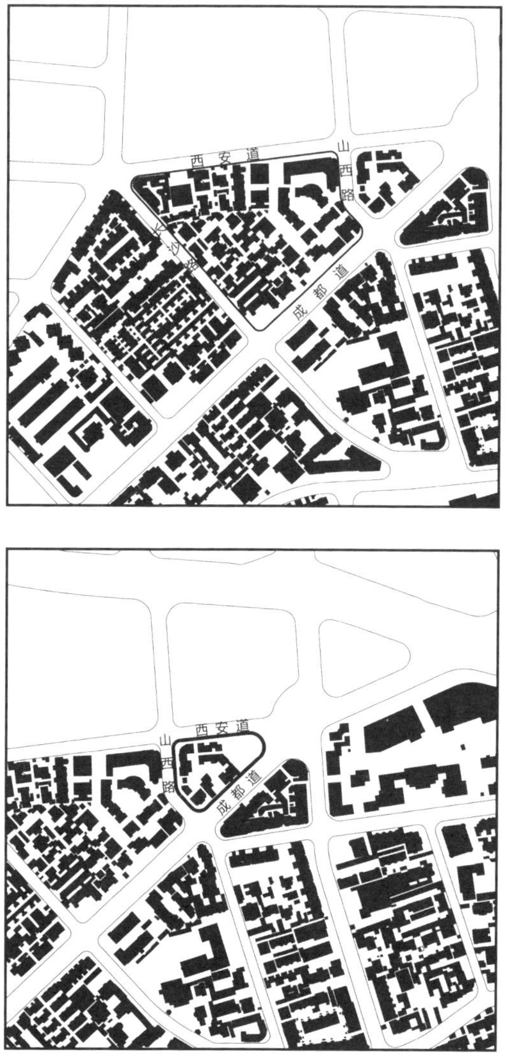

相邻街道及建筑肌理

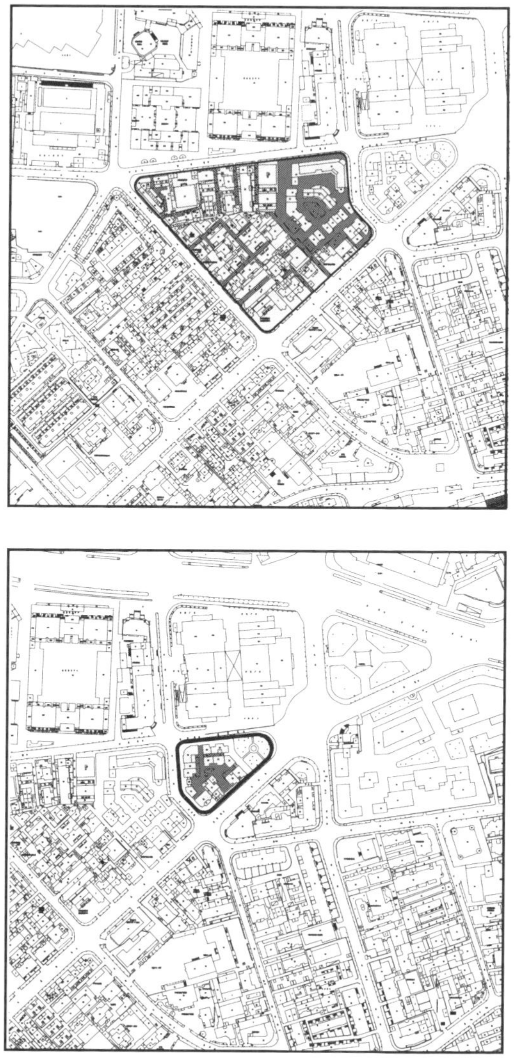

空间类型（公共/半公共/私密）

07、08 街坊

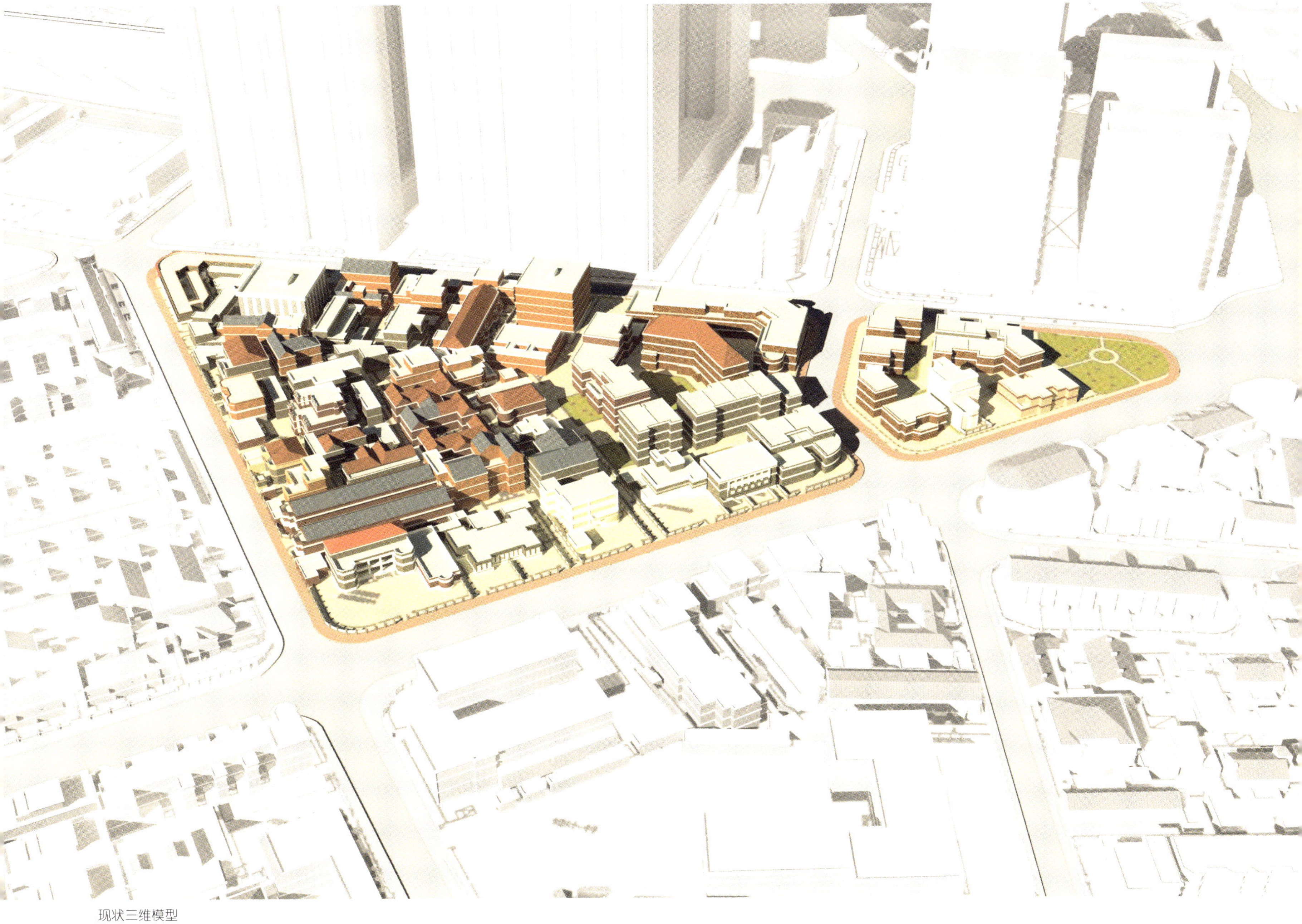

现状三维模型

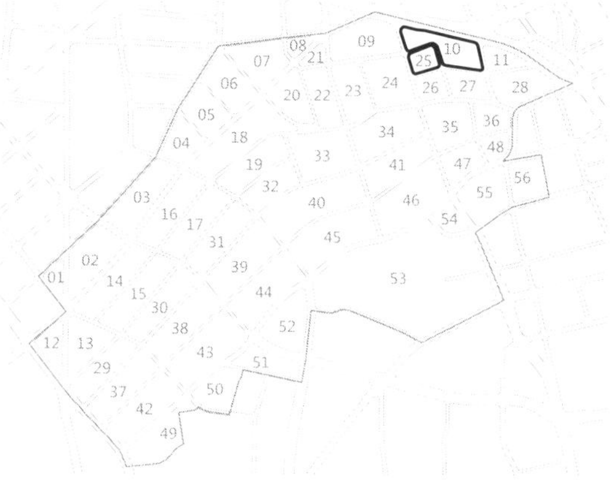

10 街坊

10 街坊位于五大道地区北端，北邻南京路，东至湖北路，南至郑州道，西邻新华路与澳门路，地块最长边约 295 米，最短边约 92 米，面积约为 2.8 公顷，产权地块划分适中。地块内建有大量多层及高层新建建筑，以门院式布局方式为主。开放空间结合建筑均匀分布。周学熙旧居位于街坊中心位置。

25 街坊

25 街坊位于五大道地区北端，北邻洛阳道，西至新华路，东至澳门路，南至郑州道，地块最长边约 108 米，最短边约 80 米，面积约为 1 公顷，产权地块划分适中。地块内以中低层住宅为主，门院式与里弄式是主要的布局方式。开放空间结合建筑设置，分布较为均匀，里弄式住宅的开放空间具有较强的公共性。庆云里住宅内有李书田旧居及刘彭久旧居，另有王普旧居及文保单位孙季鲁旧居位于地块内。

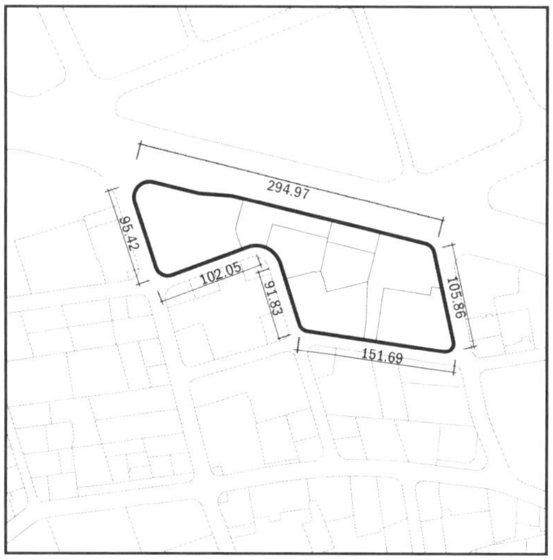

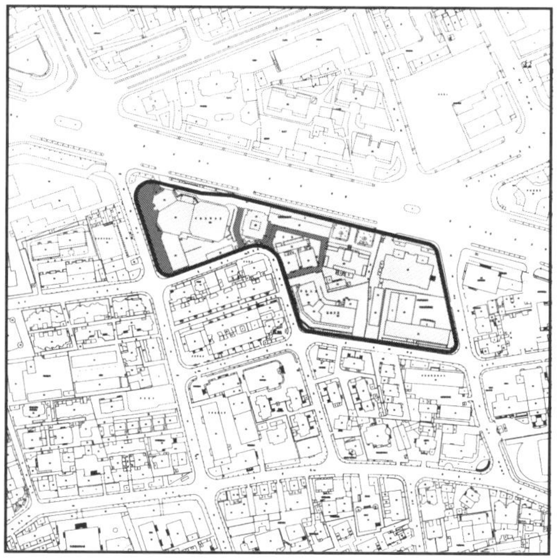

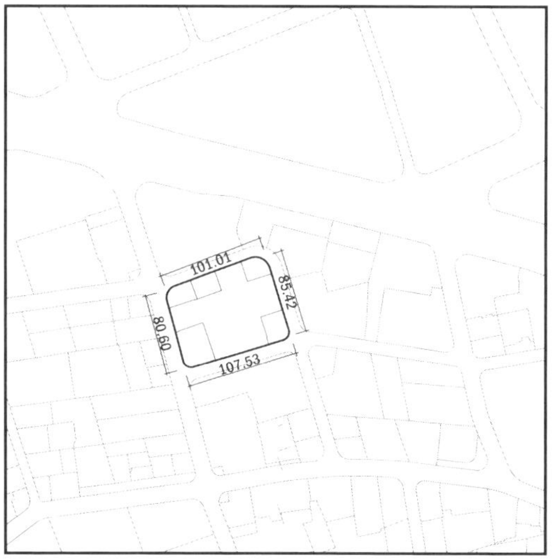

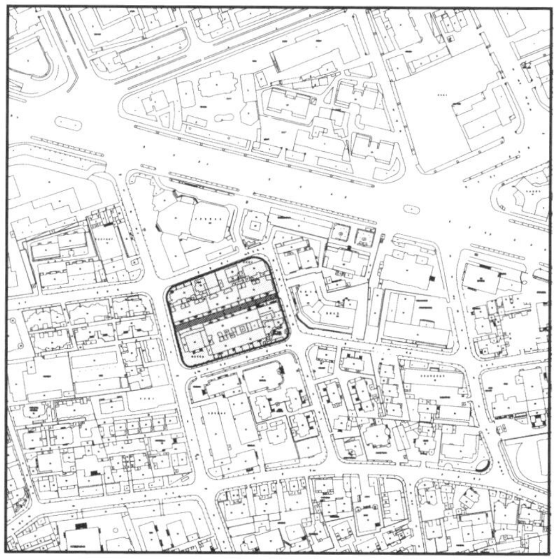

街廓尺寸及产权地块

相邻街道及建筑肌理

空间类型（公共/半公共/私密）

10、 25街坊

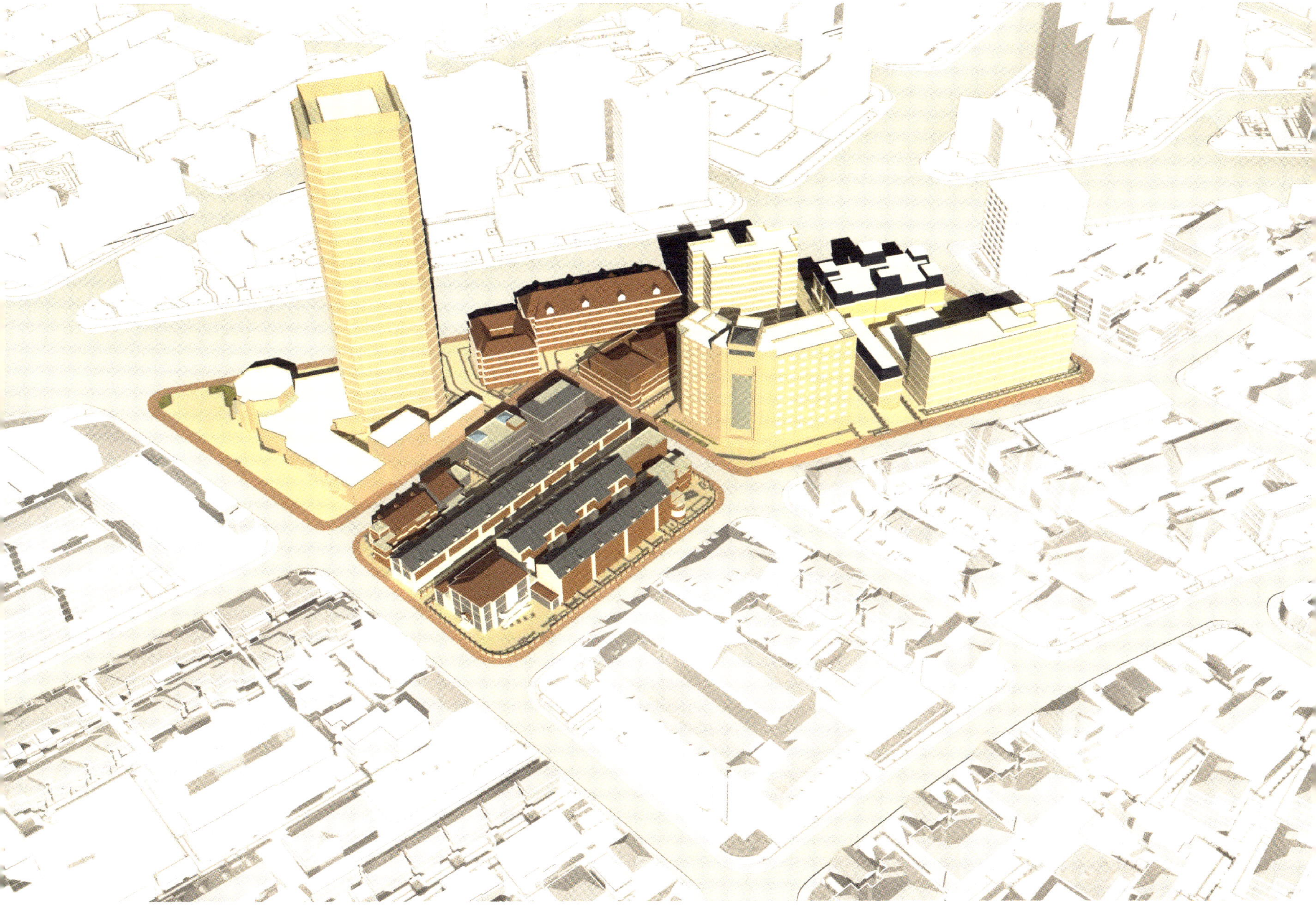

现状三维模型

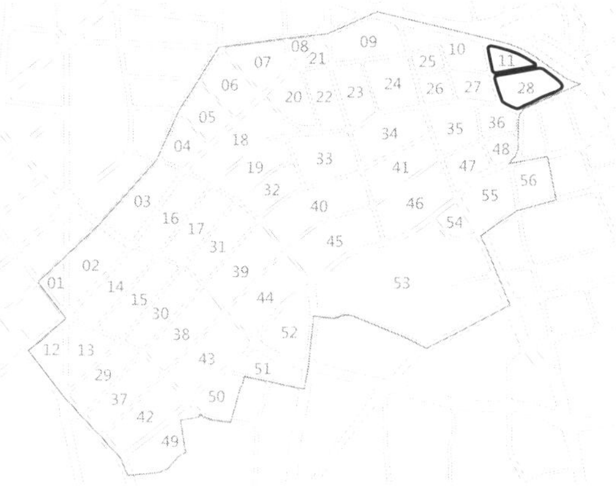

11 街坊

11 街坊位于五大道地区东北部，北邻南京路，西至湖北路，南抵郑州道，地块最长边约 187 米，最短边约 107 米，面积约为 1.3 公顷，产权地块划分较密、面积较小。地块内以中低层住宅为主，门院式与院落式是主要的布局方式。开放空间结合建筑设置，分布较为均匀，公共性不强。张嘏臣旧居及原犹太会堂等历史风貌建筑位于地块内。

28 街坊

28 街坊位于五大道地区东北部，北邻郑州道，东北至南京路，南抵马场道，西南至重庆道，西至湖北路，地块最长边约 191 米，最短边约 102 米，面积约为 2.6 公顷，为两家产权主体所有。街坊内以多层建筑为主，采用院落式布局方式，现主要为市二十中学用地，地块内开放空间的公共性不强。文保单位潘复旧居及英国文法学校旧址位于街坊内。

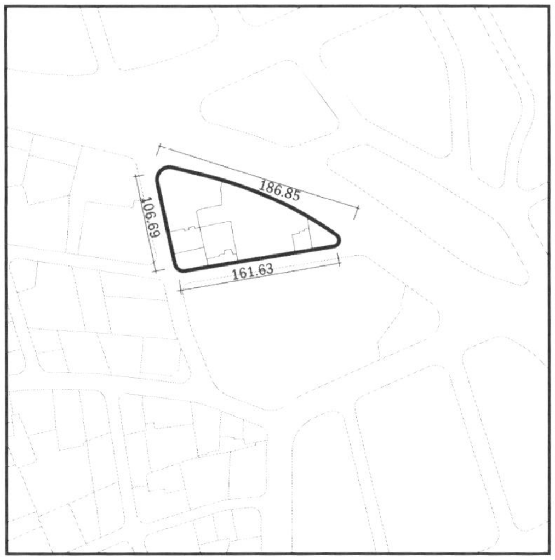

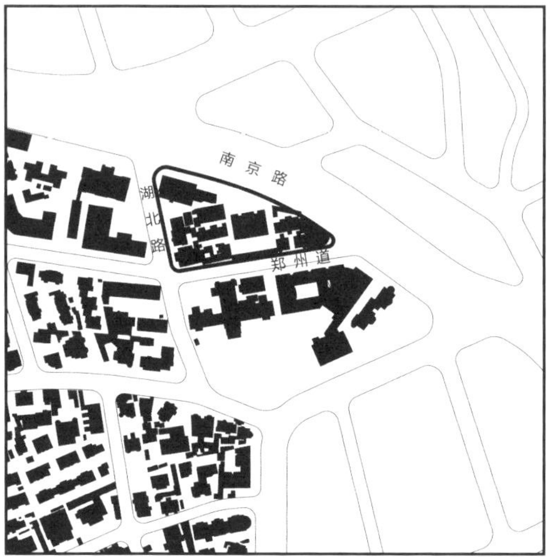

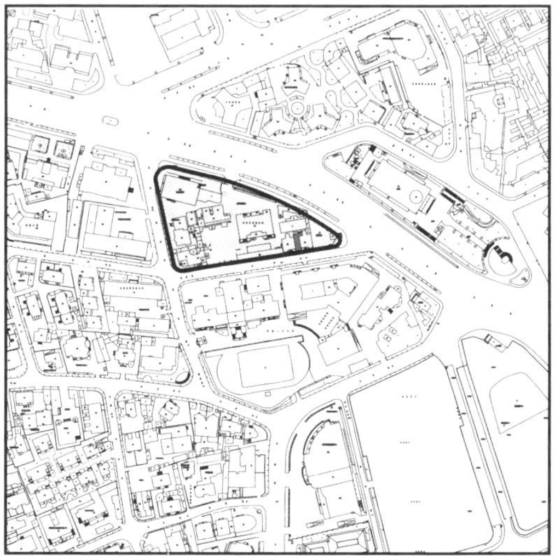

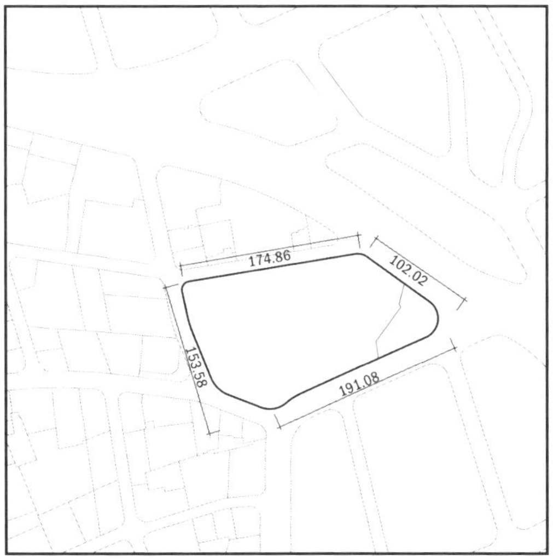

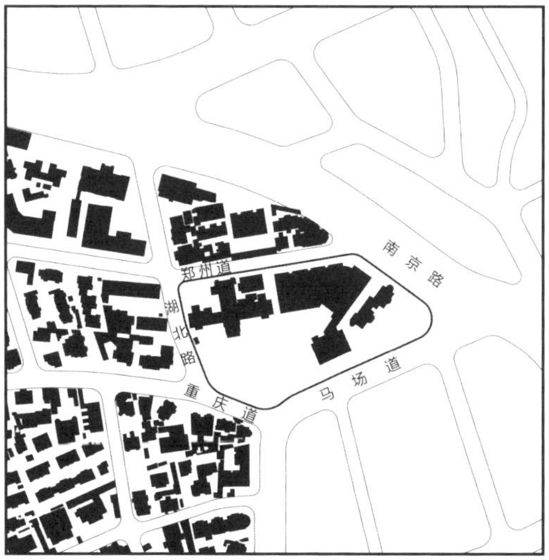

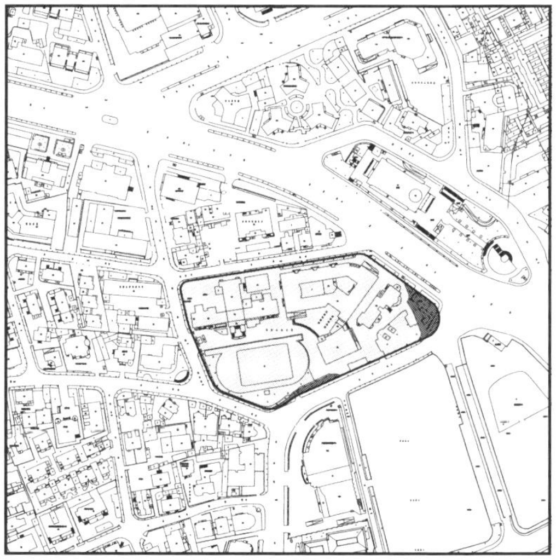

街廓尺寸及产权地块

相邻街道及建筑肌理

空间类型（公共/半公共/私密）

11、 28 街坊

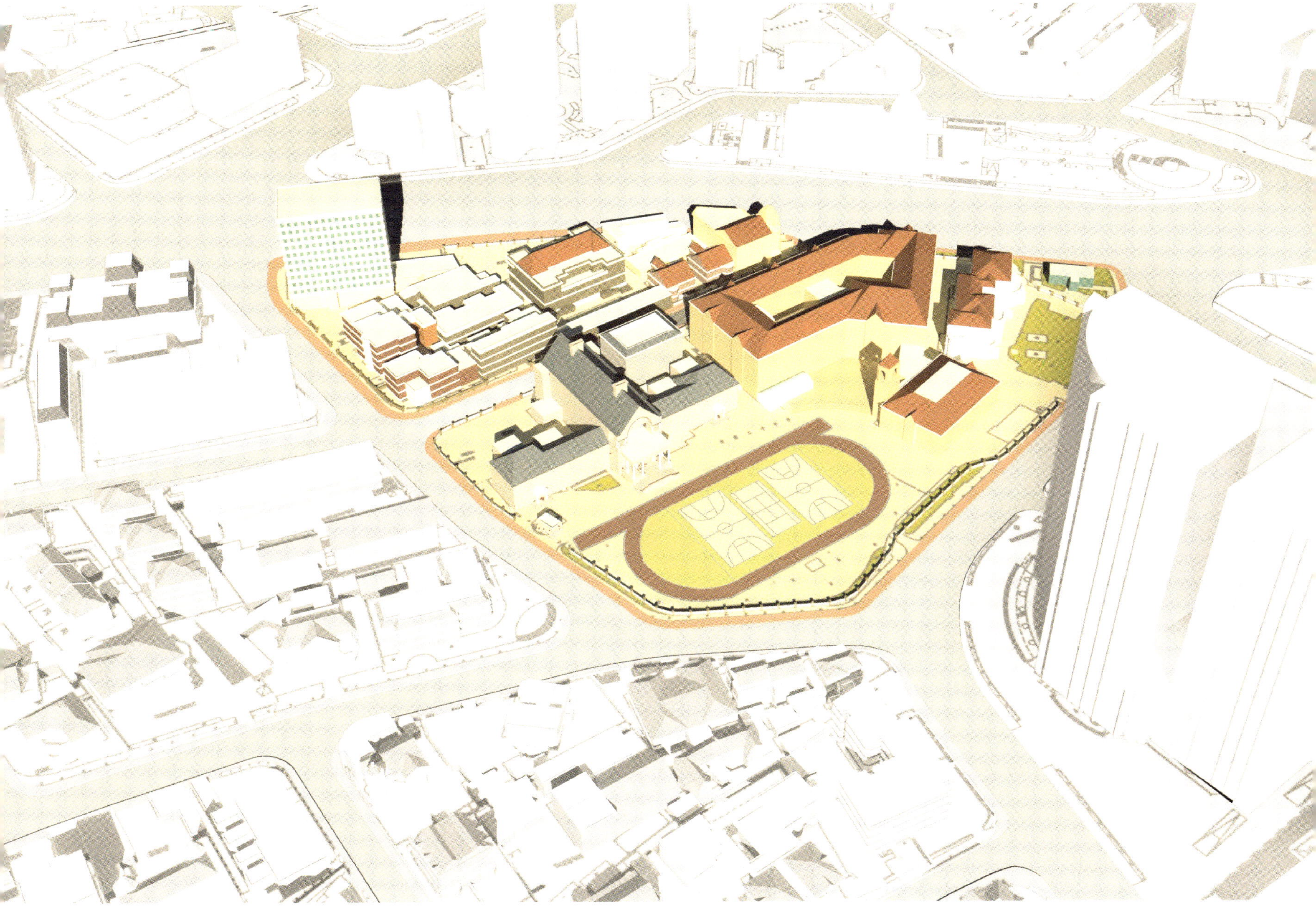

现状三维模型

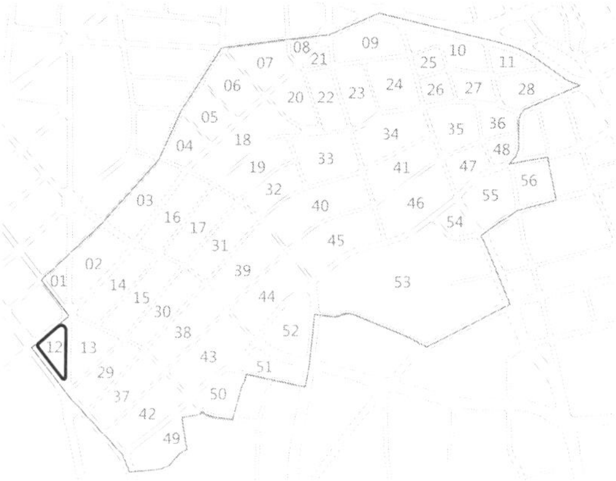

12 街坊

12街坊位于五大道地区西端，东至贵州路，西北邻成都道，西南邻西康路，地块最长边约198米，最短边约123米，面积约为1.4公顷，产权地块划分较密、面积较小。街坊内以低层及多层住宅建筑为主，采用院落式及里弄式布局方式。开放空间结合建筑设置，分布较为均匀，地块北部建有一处街头公共绿地。地块内包含大量历史风貌建筑，包括曹汝霖旧居、张鸣岐旧居等。

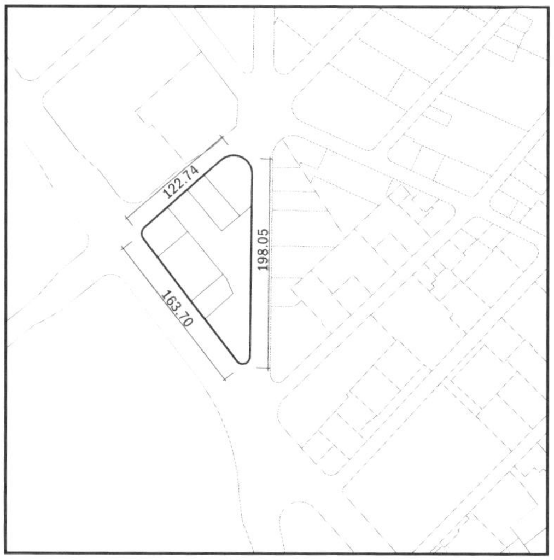

街廓尺寸及产权地块

相邻街道及建筑肌理

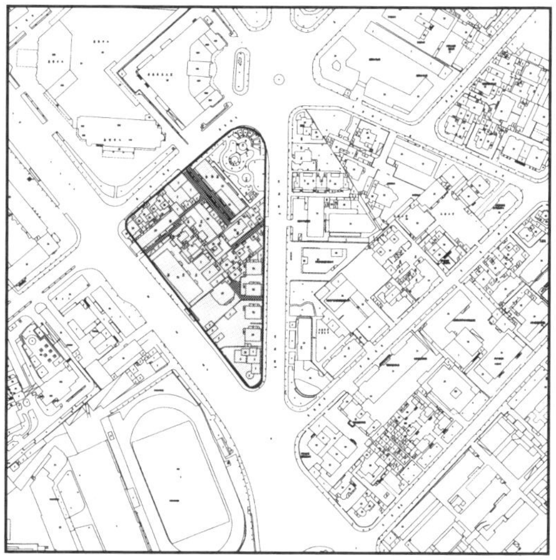

空间类型（公共/半公共/私密）

12 街坊

现状三维模型

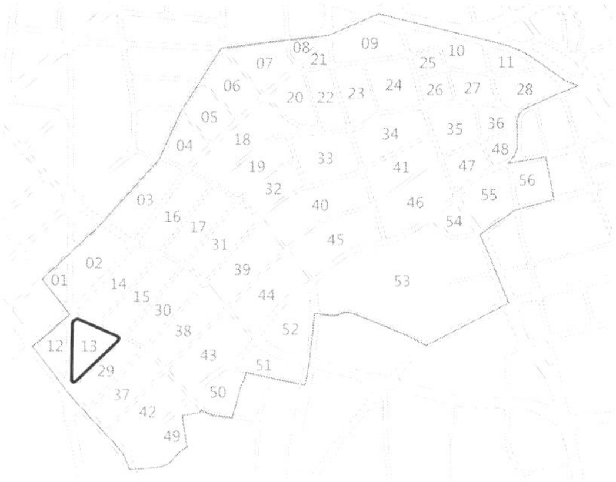

13 街坊

13 街坊位于五大道地区西端，西至贵州路，东北邻昆明路，东南邻常德道，地块最长边约 242 米，最短边约 181 米，面积约为 2.5 公顷，产权地块划分较密、面积较小。街坊内以低层及多层建筑为主，采用院落式及门院式布局方式，兼有少量新式布局建筑。开放空间结合建筑设置，分布较为均匀。街坊内有多座历史风貌建筑，包括毕鸣岐旧居、苏锡麟旧居、马达旧居、卢景贵旧居等。

街廓尺寸及产权地块

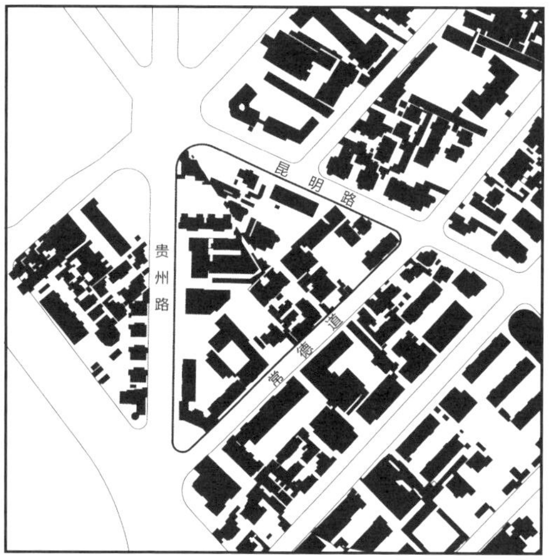

相邻街道及建筑肌理

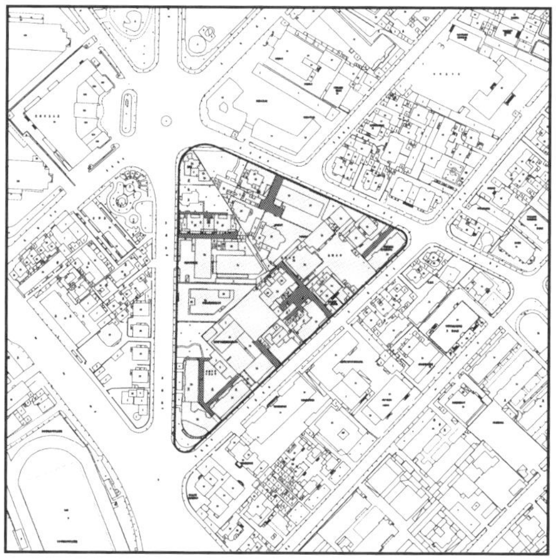

空间类型（公共/半公共/私密）

13 街坊

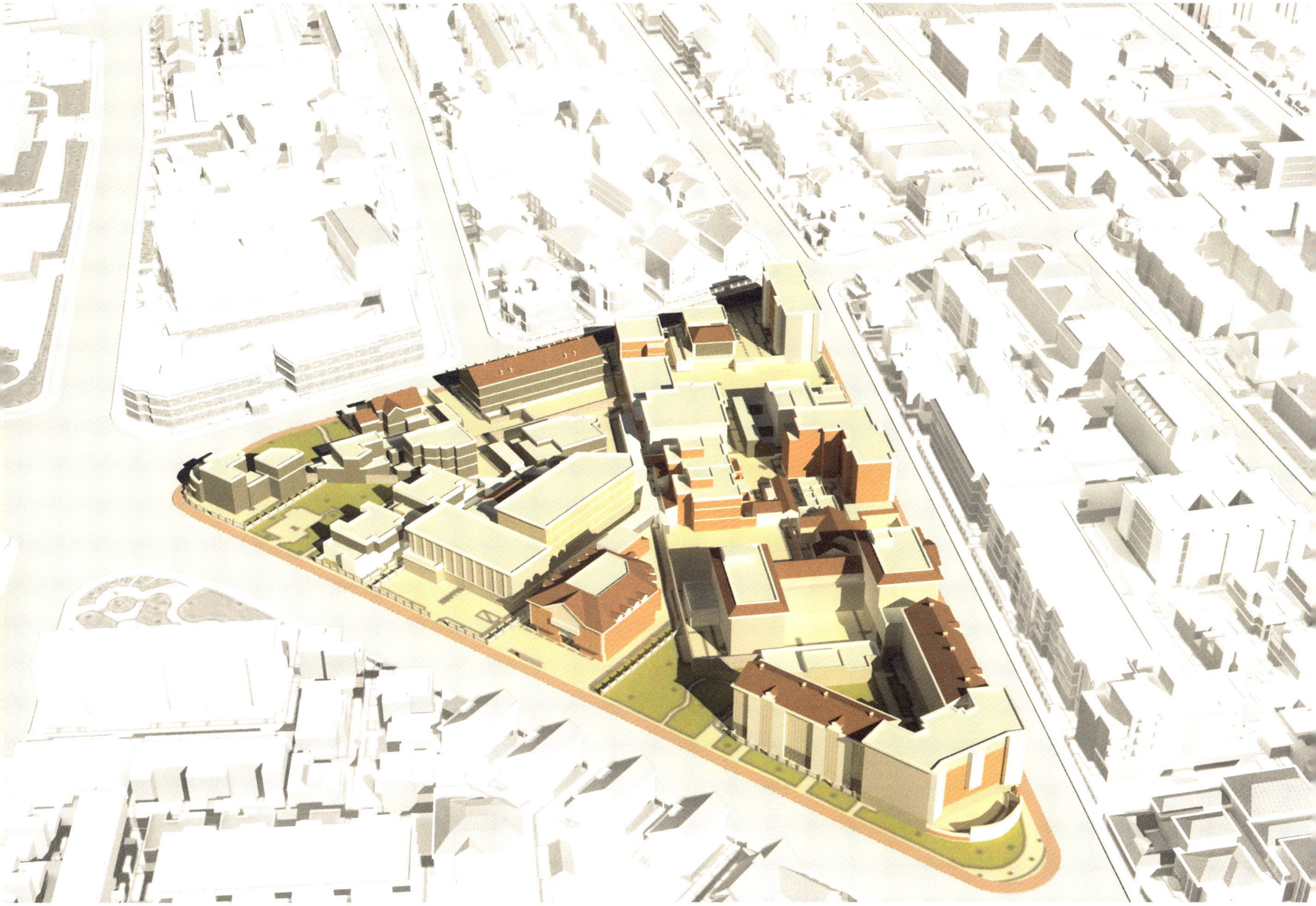

现状三维模型

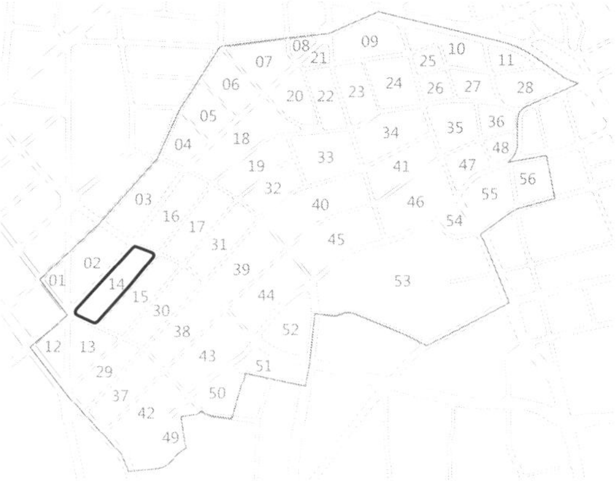

14 街坊

14 街坊位于五大道地区西部，西北至成都道，东北邻云南路，东南邻重庆道，西南至昆明路，地块最长边约 347 米，最短边约 87 米，面积约为 3.1 公顷，产权地块划分适中。街坊内以低层及多层住宅建筑为主，门院式与里弄式是主要的建筑布局方式。开放空间结合建筑设置，东部里弄式住宅的开放空间公共性较强。地块内包含多座历史风貌建筑，包括云成里住宅、严修旧居等。

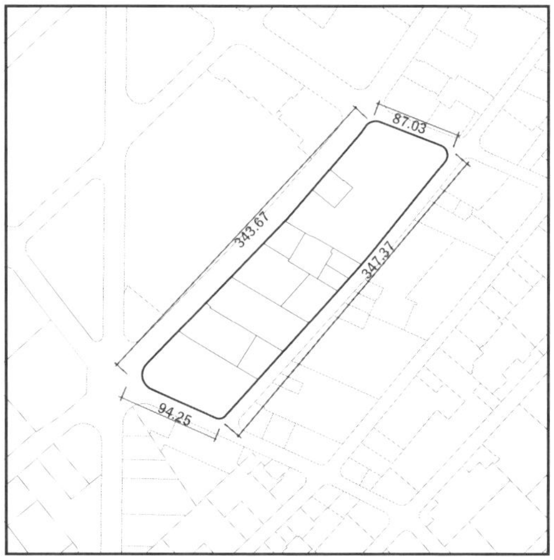

街廓尺寸及产权地块

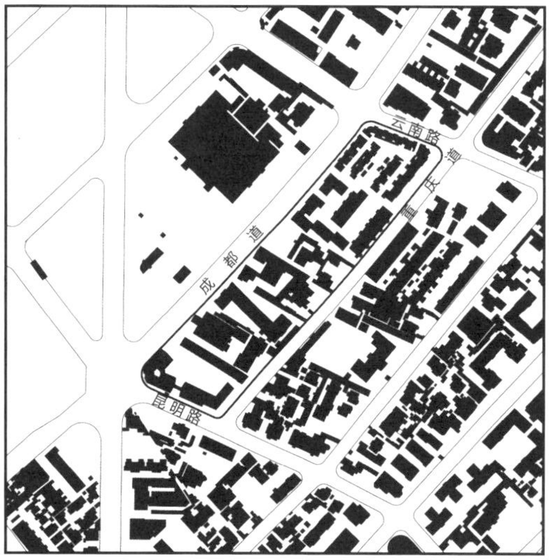

相邻街道及建筑肌理

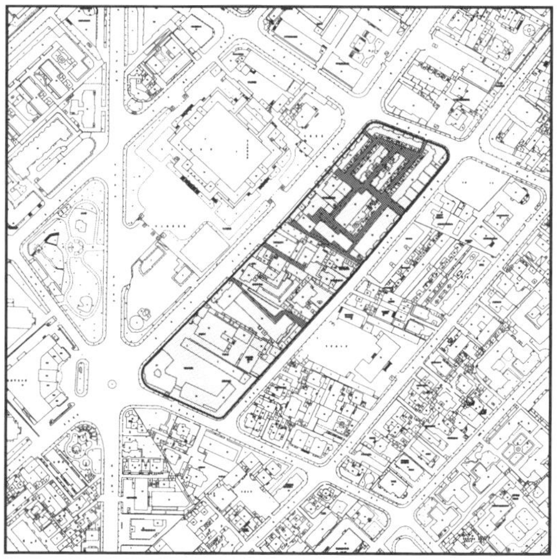
空间类型（公共/半公共/私密）

14 街坊

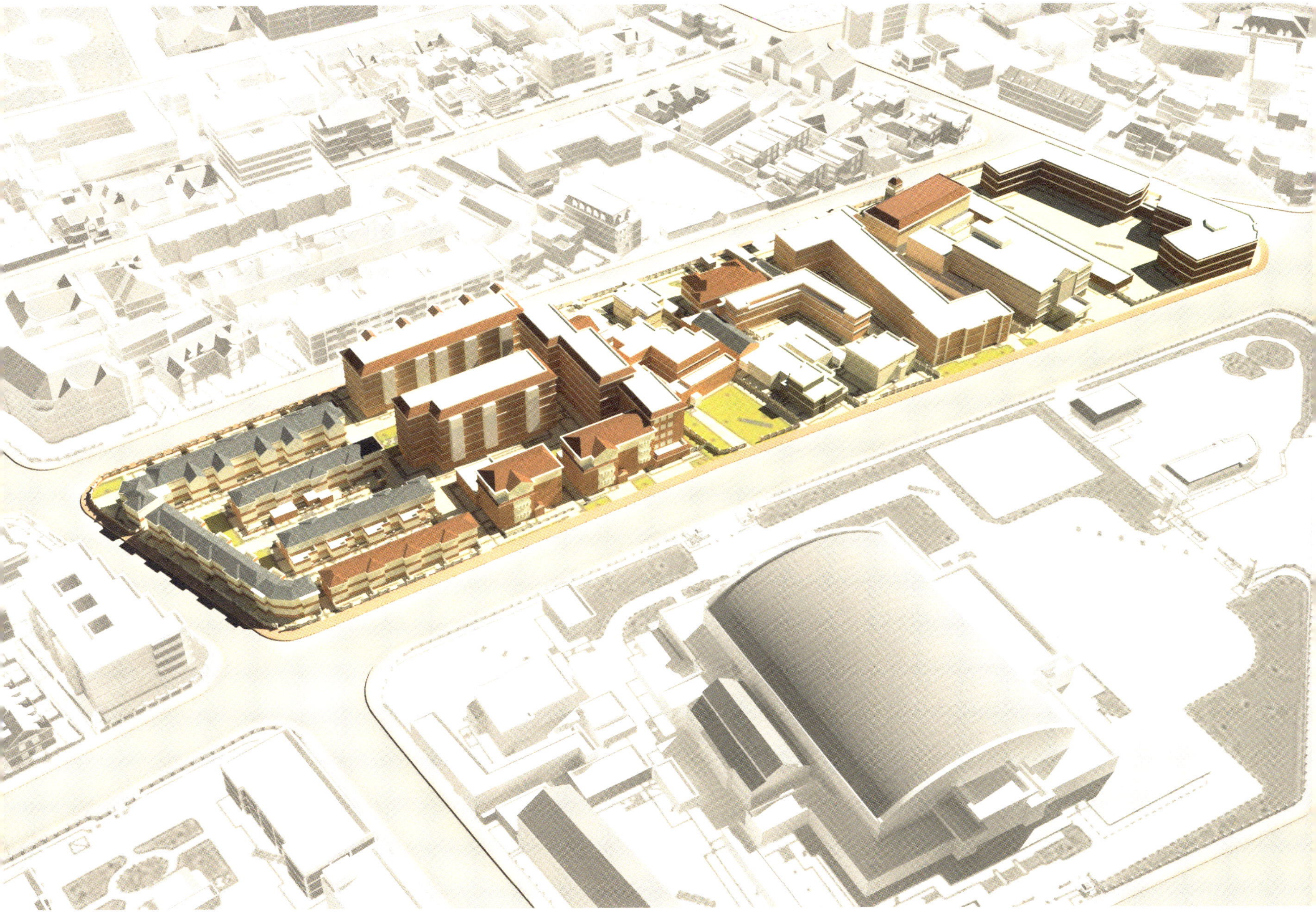

现状三维模型

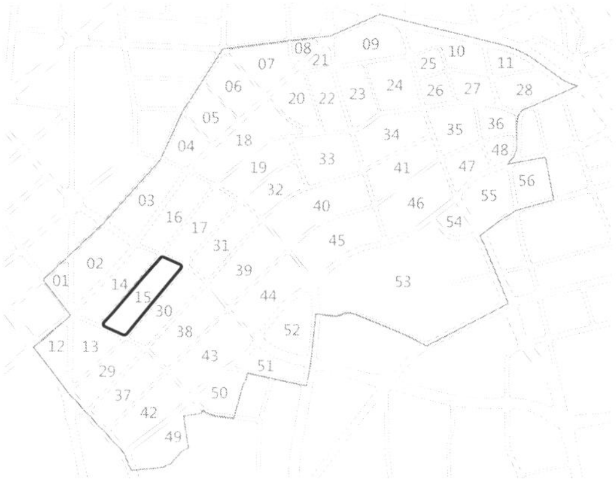

15 街坊

15 街坊位于五大道地区西部，西北至重庆道，东北邻云南路，东南邻常德道，西南至昆明路，地块最长边约 344 米，最短边约 89 米，面积约为 3.1 公顷，产权地块划分适中，面积差异较大。街坊内以低层及多层住宅建筑为主，门院式、院落式与里弄式是主要的建筑布局方式。开放空间结合建筑设置，里弄式住宅的开放空间公共性较强。佟兆元旧居、田大文旧居及胡奇旧居等位于本街坊内。

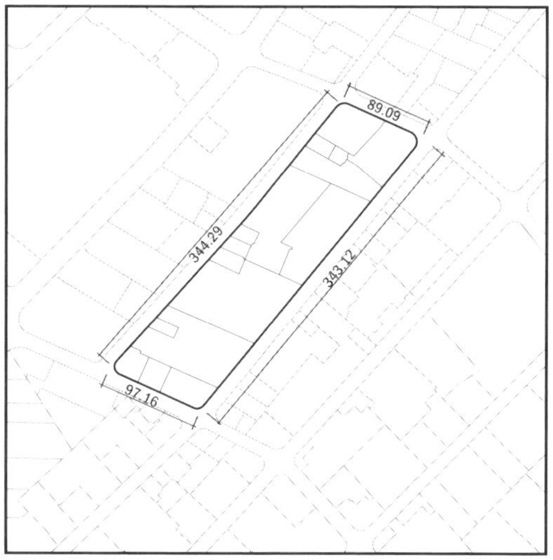

街廓尺寸及产权地块

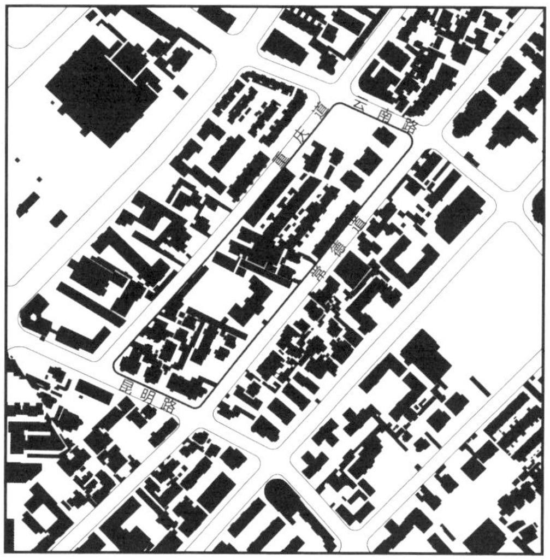

相邻街道及建筑肌理

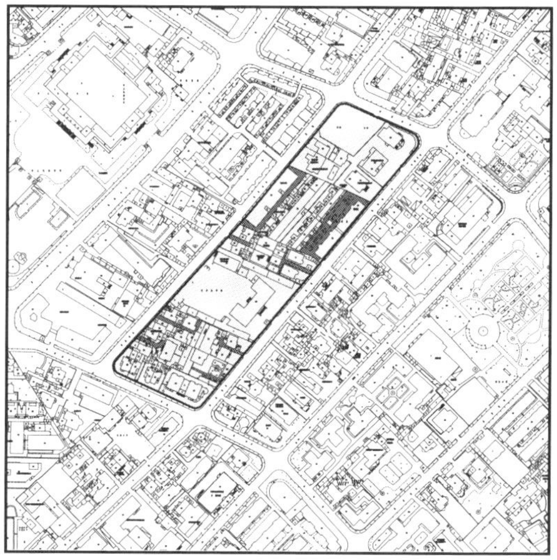

空间类型（公共/半公共/私密）

15 街坊

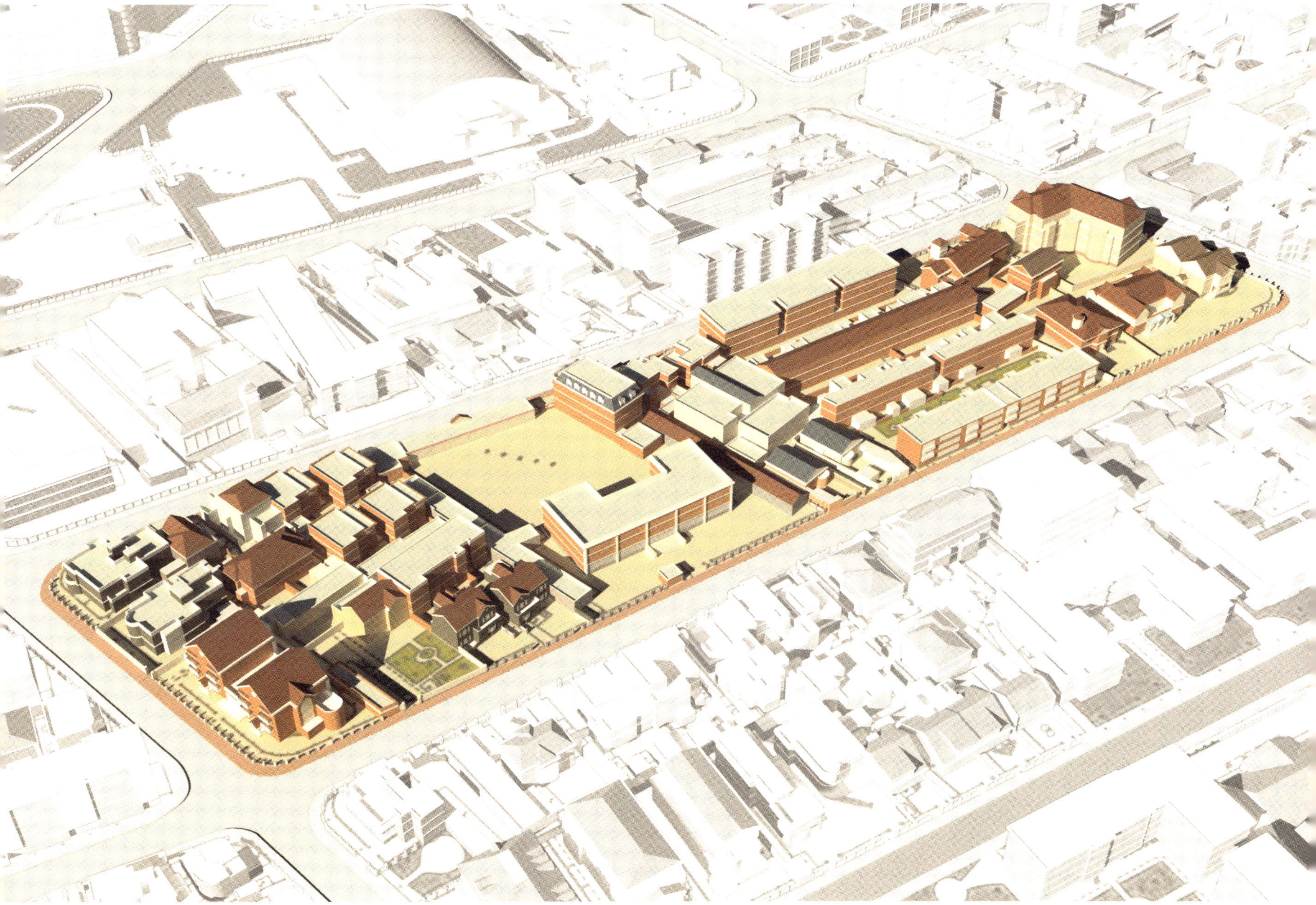

现状三维模型

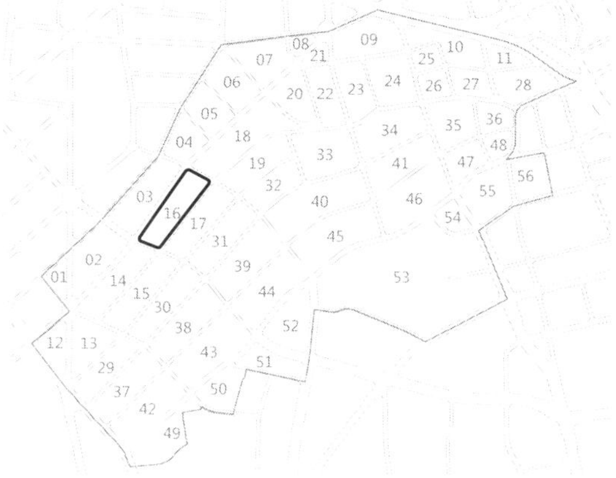

16 街坊

16 街坊位于五大道地区中西部，西北至成都道，东北邻桂林路，东南邻重庆道，西南至云南路，地块最长边约 324 米，最短边约 86 米，面积约为 3.1 公顷，产权地块划分适中。街坊内以低层住宅为主，兼有少量多层住宅及办公建筑。门院式、院落式及里弄式是主要的建筑布局方式。开放空间结合建筑设置，东部里弄式住宅的开放空间公共性较强。金邦平旧居、杨济时旧居、李汉元旧居、张召兰旧居、袁克文旧居及乐氏旧居等文保、历史建筑位于地块内。

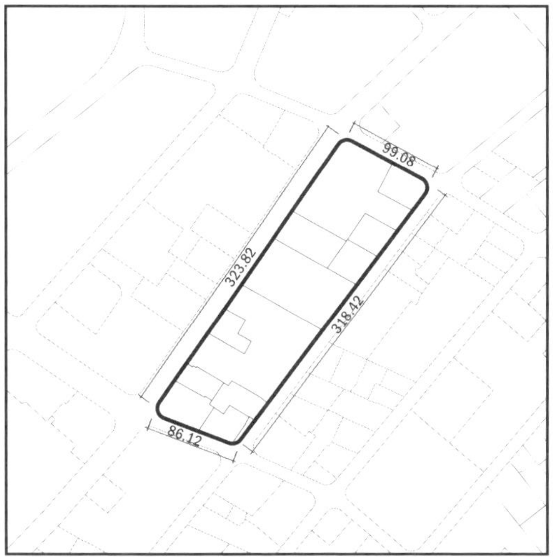

街廓尺寸及产权地块

相邻街道及建筑肌理

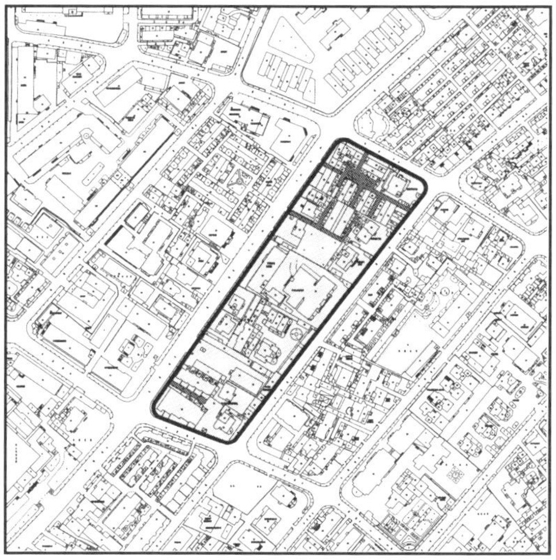

空间类型（公共/半公共/私密）

16 街坊

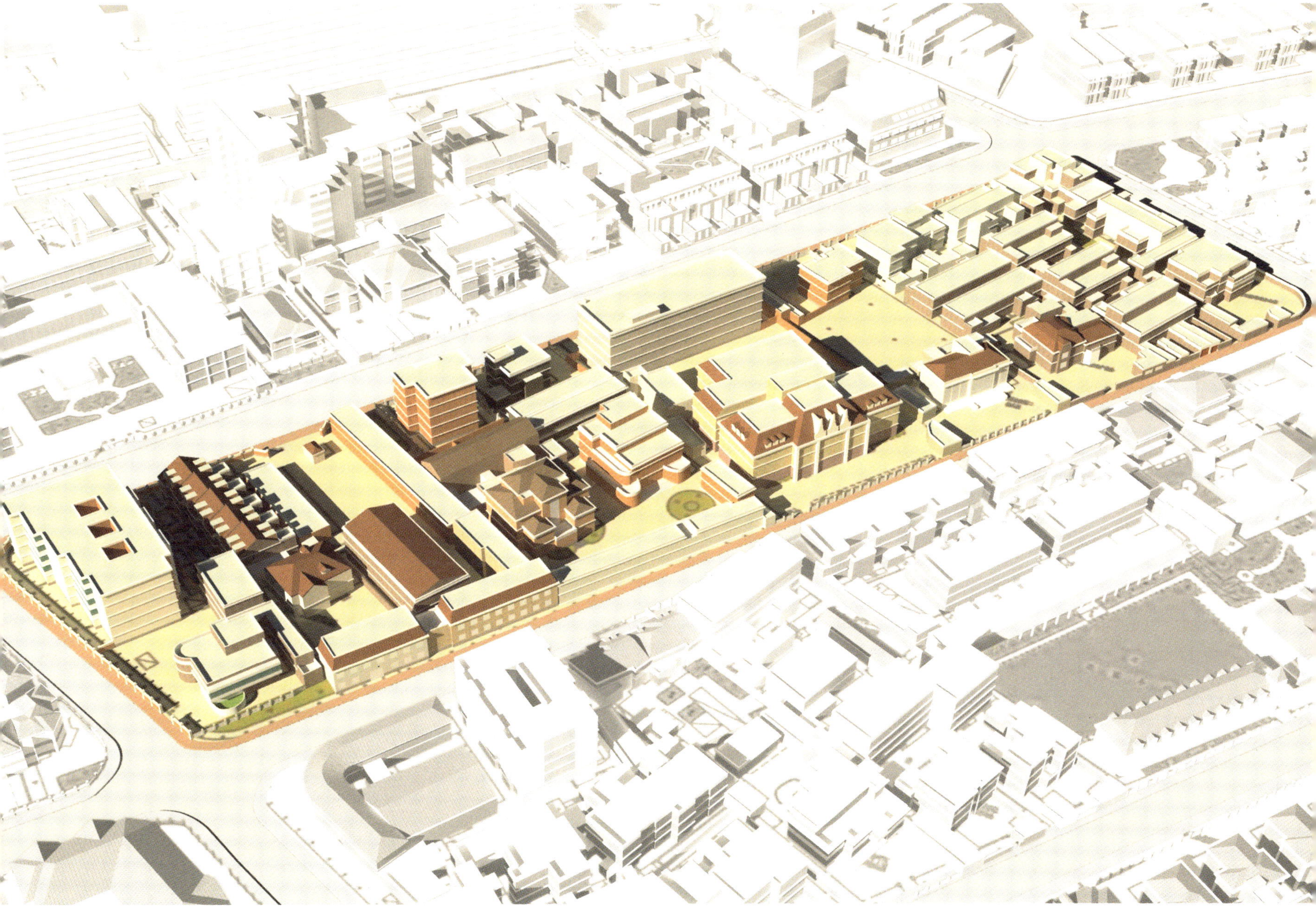

现状三维模型

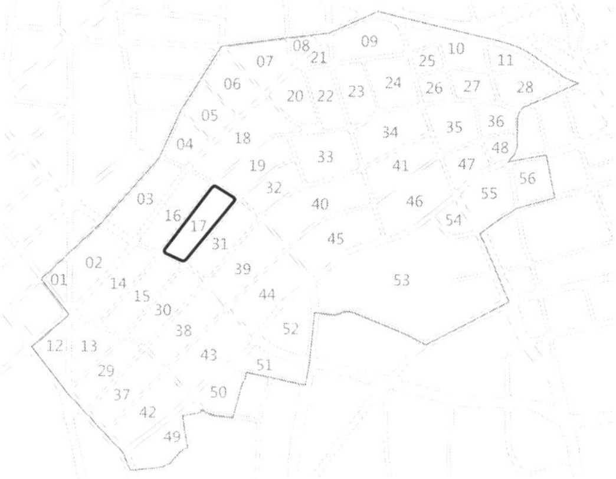

17 街坊

17 街坊位于五大道地区中部，东北至桂林路，西北至重庆道，东南邻常德道，西南邻云南路，地块最长边约 310 米，最短边约 90 米，面积约为 2.9 公顷，产权地块划分较密、面积较小。街坊内以低层住宅为主，兼有少量多层住宅及办公建筑。门院式与院落式是主要的建筑布局方式。开放空间分布较为均匀，中部里弄式住宅的开放空间公共性较强。地块内包含范权旧居、孟氏旧居、林修竹旧居等多座文保、风貌建筑。

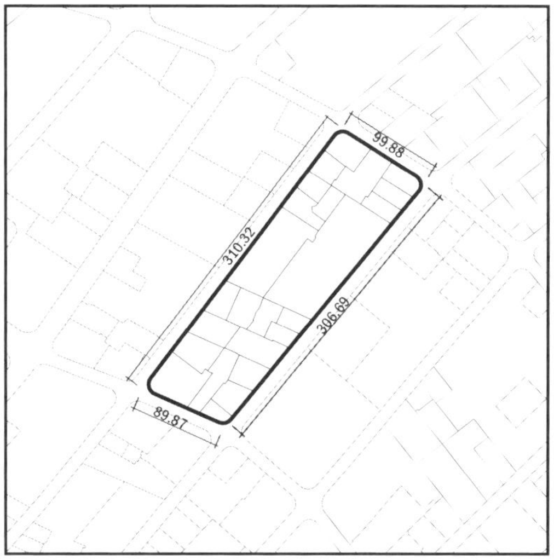

街廓尺寸及产权地块

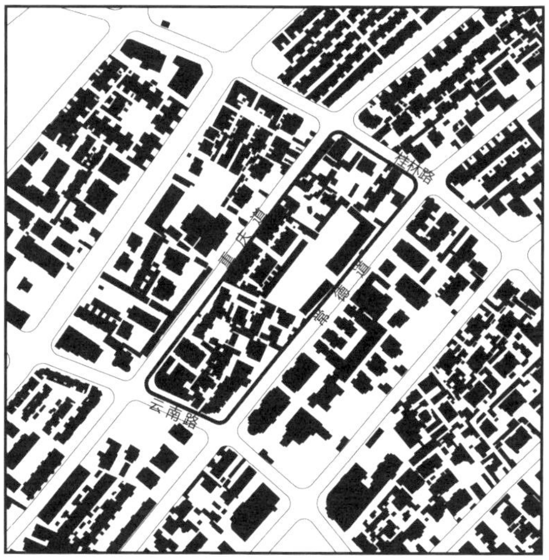

相邻街道及建筑肌理

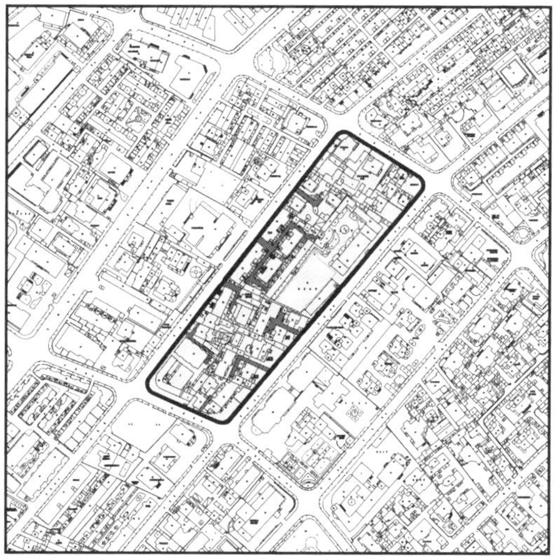
空间类型（公共/半公共/私密）

17 街坊

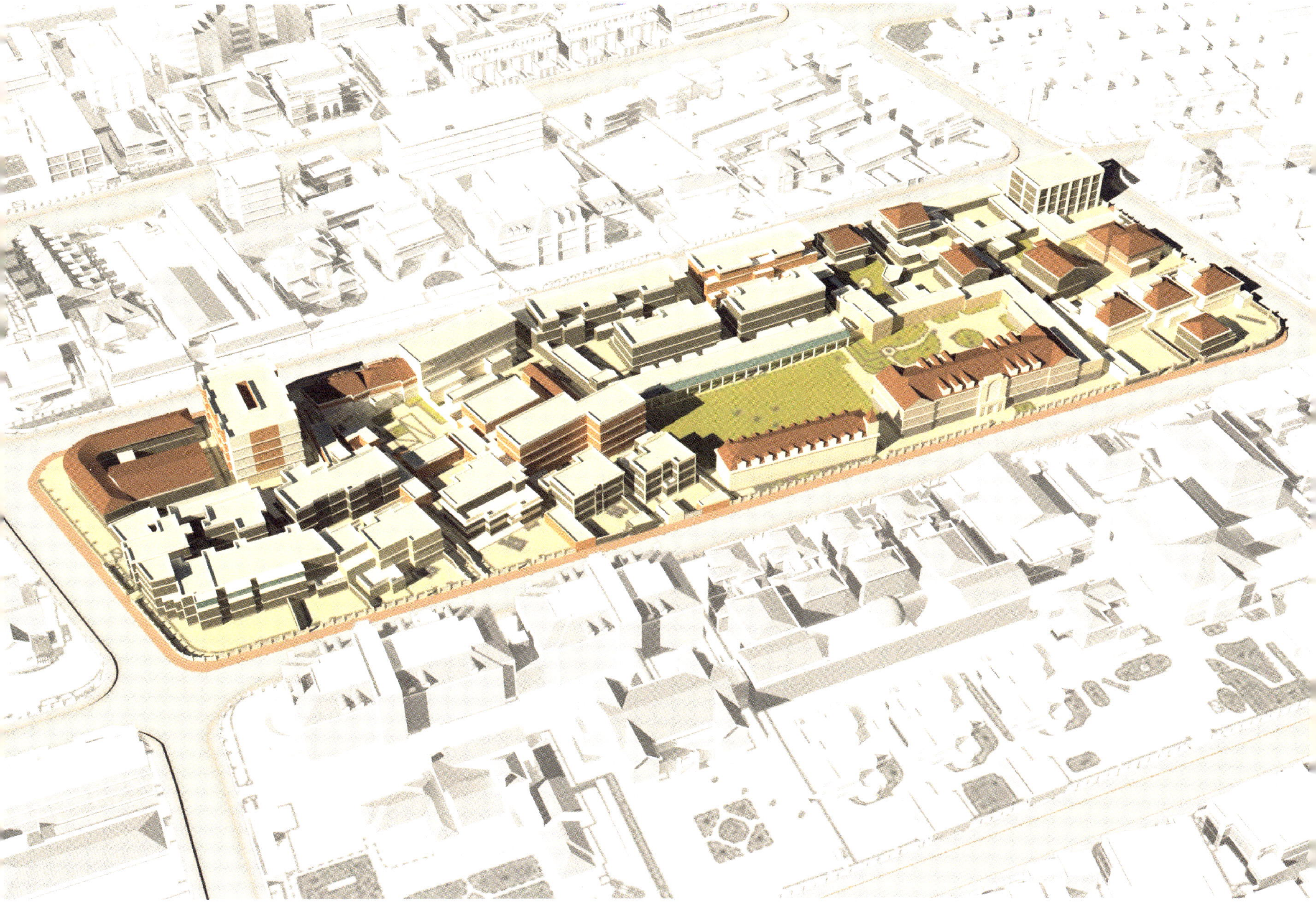

现状三维模型

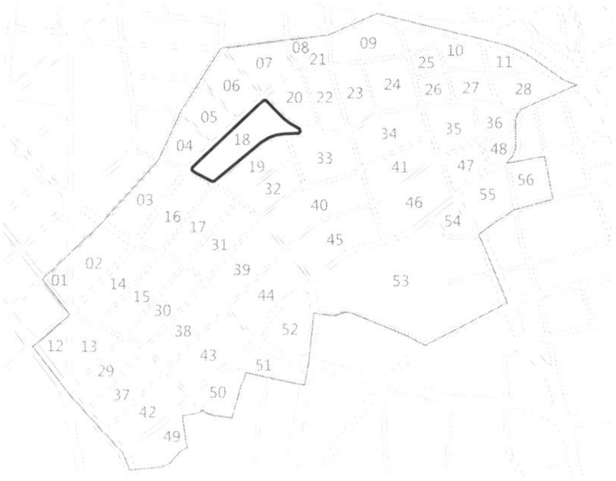

18 街坊

18 街坊位于五大道地区中部，东北至长沙路，西北至成都道，东南邻重庆道，西南邻桂林路，地块最长边约 381 米，最短边约 99 米，面积约为 4.5 公顷，产权地块划分适中，面积差异较大。街坊内以低层住宅建筑为主，主要采用里弄式及院落式布局方式。开放空间结合建筑设置，分布较为均匀，开放空间公共性较强。地块内包含多座文保及历史风貌建筑，如孙桐萱旧居、龚心湛旧居、刘汝明旧居、谷良民旧居、杨十三旧居、资耀华旧居等名人旧居，以及博爱里、民园大楼、世界里等知名公寓以及赵天麟遇害地等。

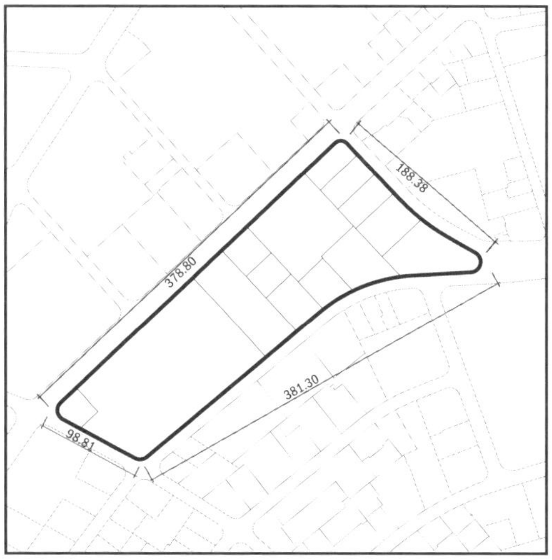

街廓尺寸及产权地块

相邻街道及建筑肌理

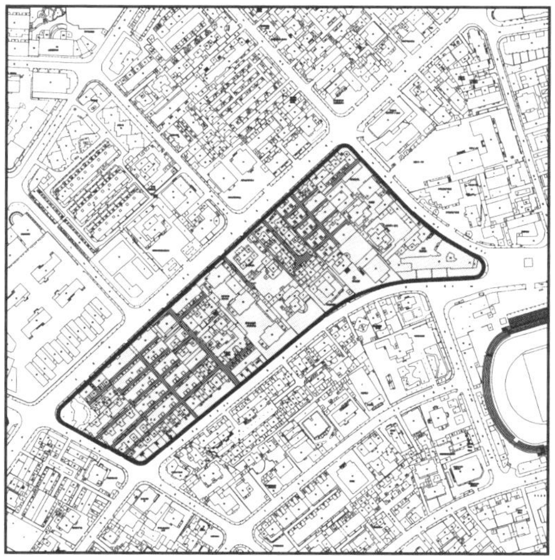
空间类型（公共/半公共/私密）

18 街坊

现状三维模型

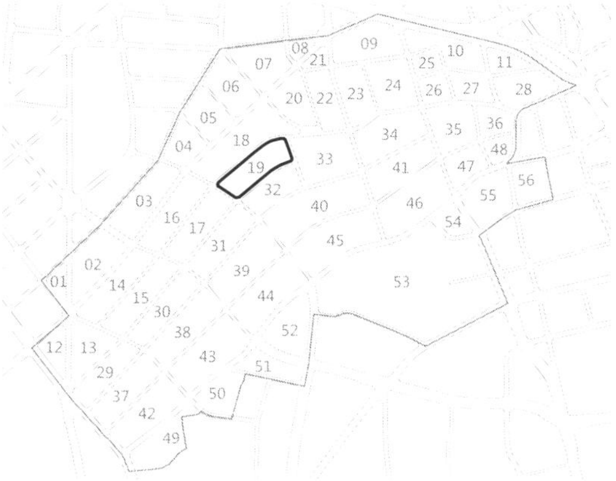

19 街坊

19 街坊位于五大道地区中部，东北至衡阳路，西北至重庆道，东南邻常德道，西南邻桂林路，地块最长边约 304 米，最短边约 88 米，面积约为 2.8 公顷，产权地块划分较密、面积较小。街坊内以低层独立式住宅为主，主要采用门院式布局方式。开发空间结合建筑设置，分布较为均匀，整体私密性较强。地块内包含董维基旧居、孙啸南旧居、林宪祖旧居、孙凤藻旧居、张福运旧居及林鸿赉旧居等文保、风貌建筑。

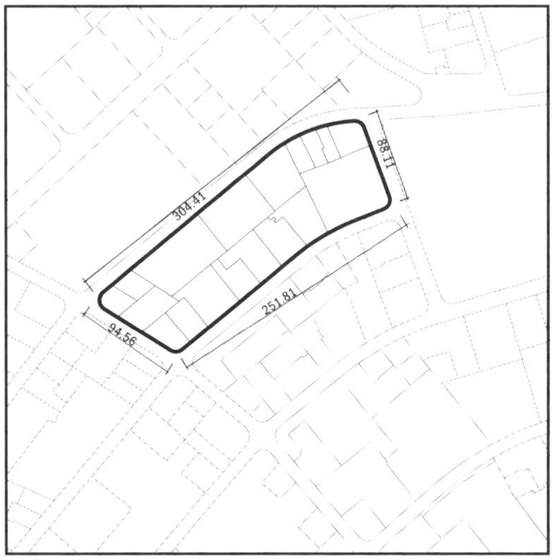

街廓尺寸及产权地块

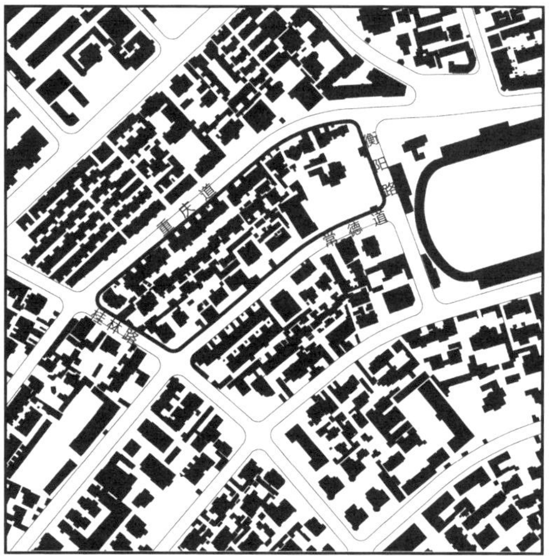

相邻街道及建筑肌理

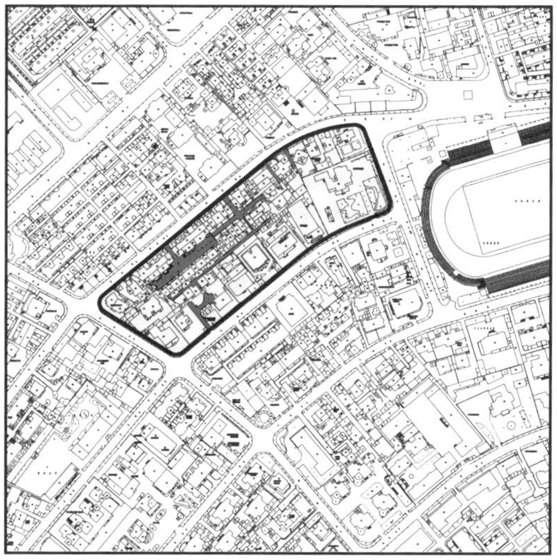

空间类型（公共/半公共/私密）

19 街坊

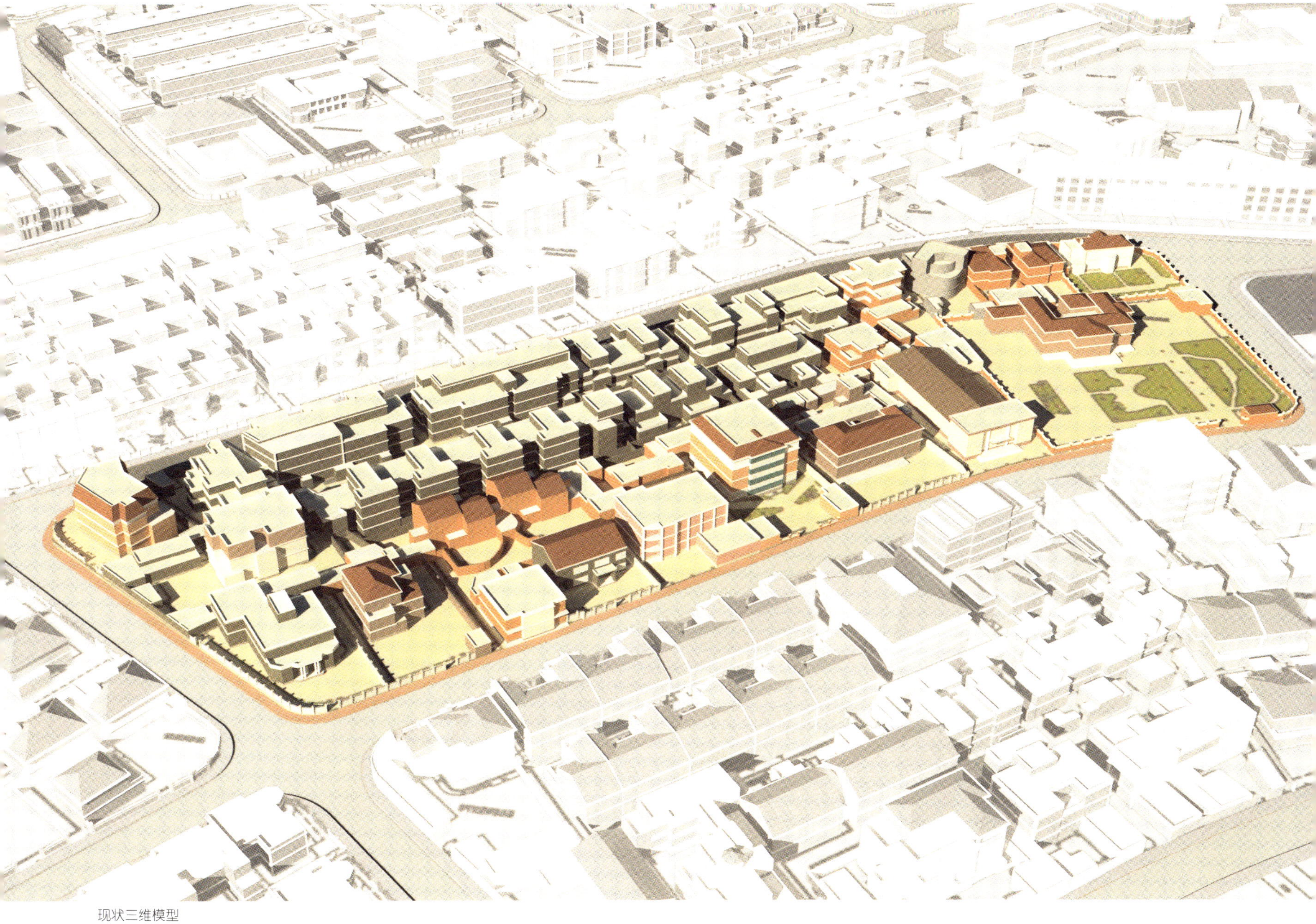

现状三维模型

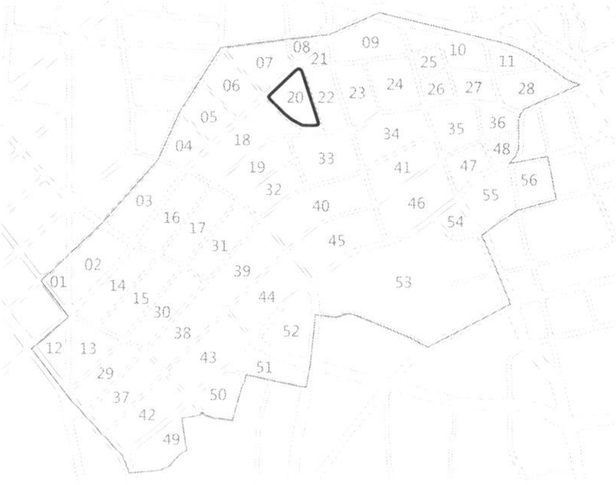

20 街坊

20街坊位于五大道地区北部，东至湖南路，西北至成都道，西南邻长沙路，地块最长边约226米，最短边约155米，面积约为2.3公顷，产权地块划分较密、面积较小。地块内以多层建筑为主，院落式与里弄式是主要的建筑布局方式。开发空间结合建筑设置，北部里弄式住宅的开放空间公共性较强。地块内包含关麟征旧居、米春霖旧居等文保、历史风貌建筑。

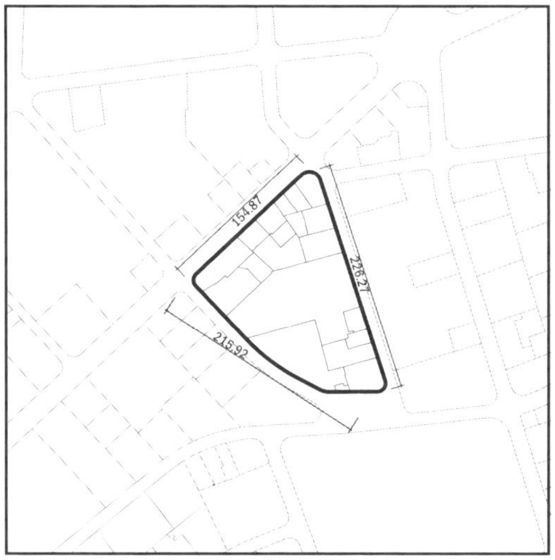

街廓尺寸及产权地块

相邻街道及建筑肌理

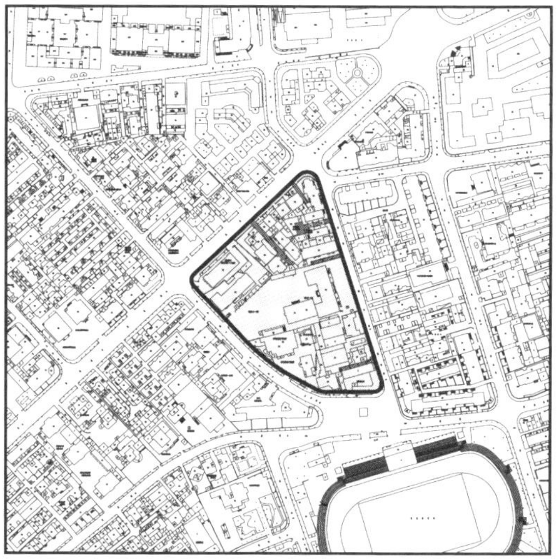

空间类型（公共/半公共/私密）

20 街坊

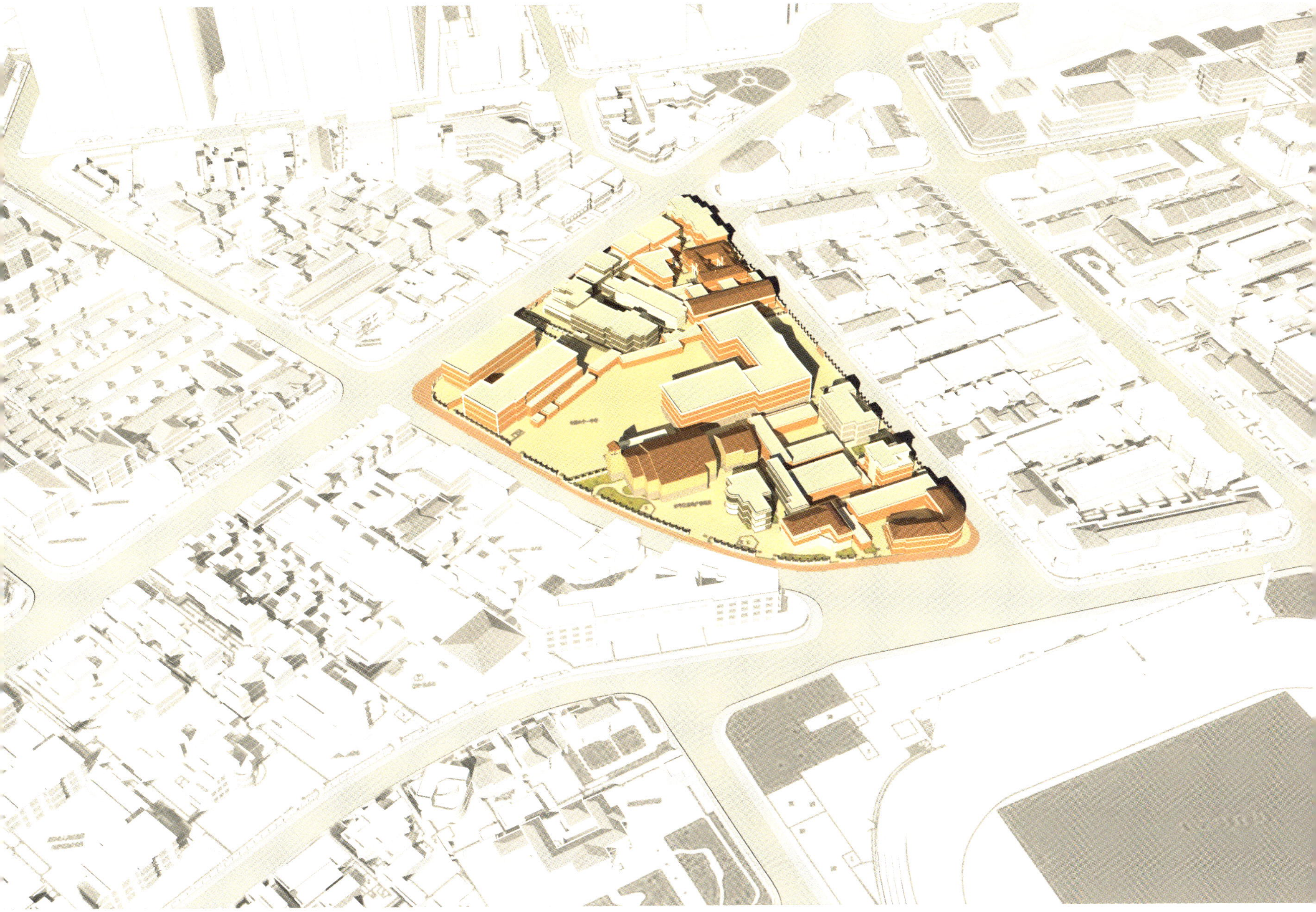

现状三维模型

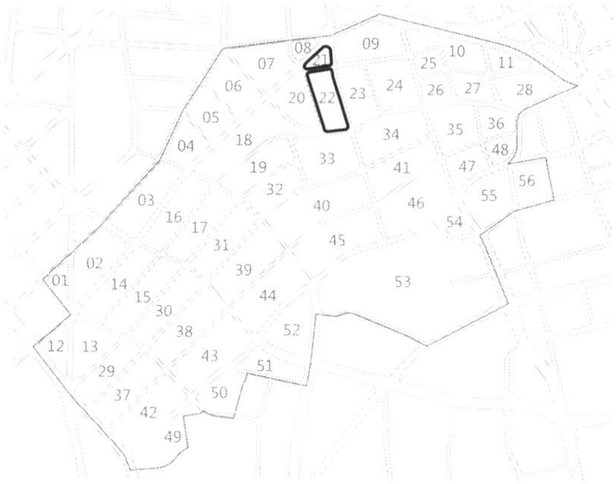

21 街坊

21 街坊位于五大道地区北部，东至河北路，西北至成都道，南邻洛阳道，地块最长边约 120 米，最短边约 72 米，面积约为 0.6 公顷，产权地块划分较密、面积较小。地块内以低层建筑为主，主要采用里弄式及新式建筑布局方式，建筑密度较大。开放空间结合建筑设置，面积较小。李廷玉旧居位于本街坊内。

22 街坊

22 街坊位于五大道地区北部，东至河北路，西至湖南路，北邻洛阳道，南邻重庆道，地块最长边约 237 米，最短边约 93 米，面积约为 2.3 公顷，产权地块划分适中。地块内以低层住宅为主，里弄式是主要的建筑布局方式。开放空间结合建筑设置，分布较为均匀，公共性较强。街坊内含有多座历史风貌建筑，如金梁旧居、马占山旧居、谭丹崖旧居等。

街廓尺寸及产权地块

相邻街道及建筑肌理

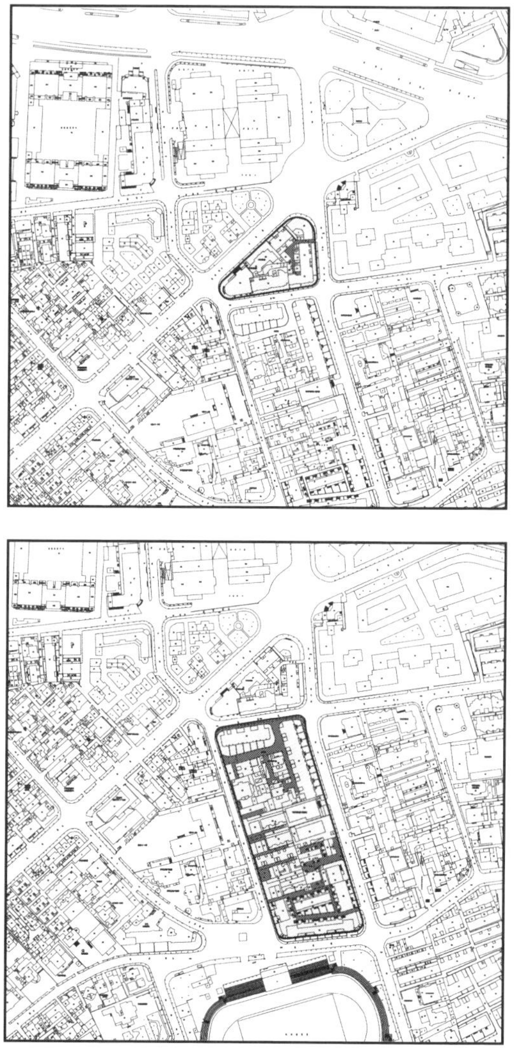
空间类型（公共/半公共/私密）

21、22 街坊

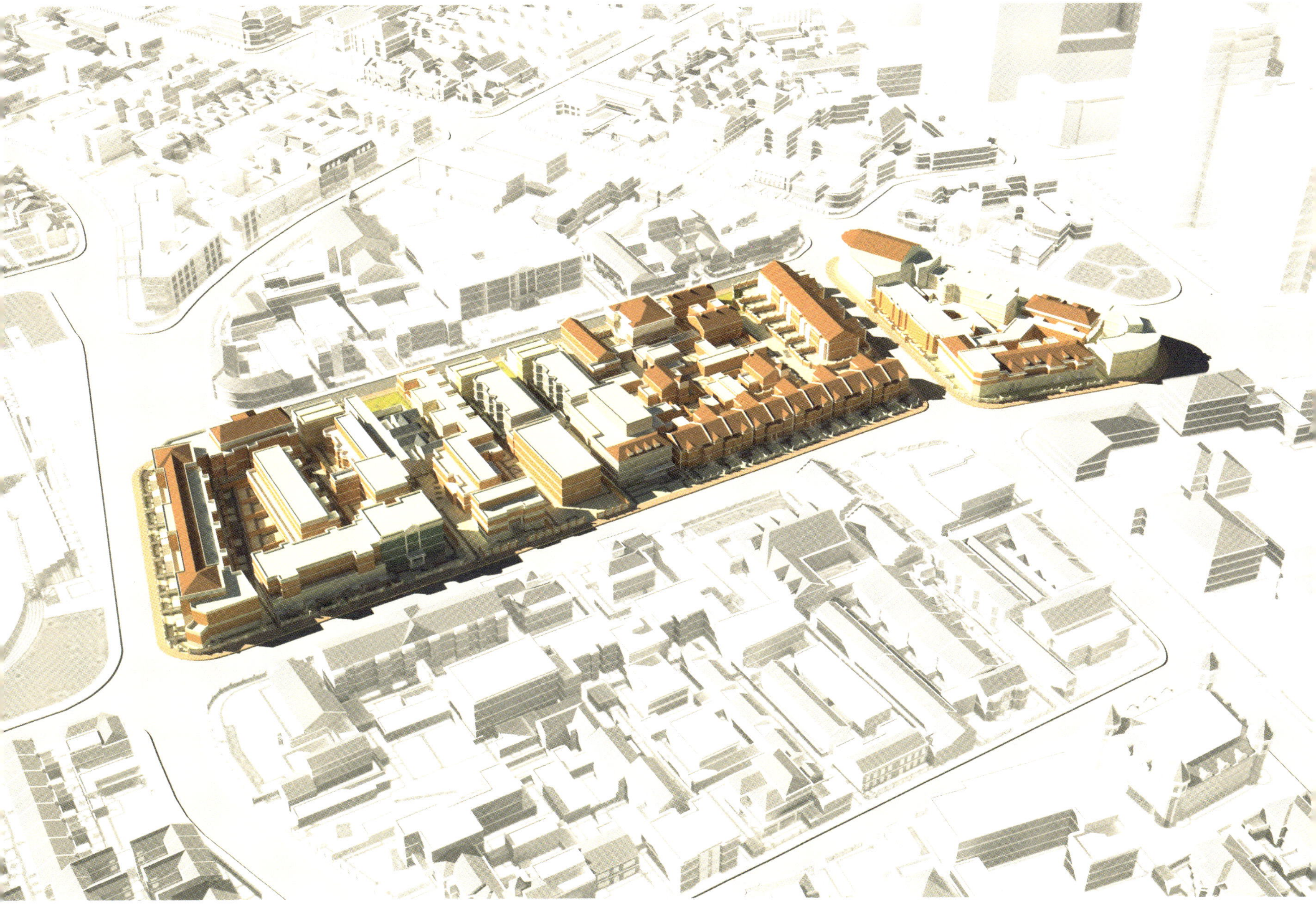

现状三维模型

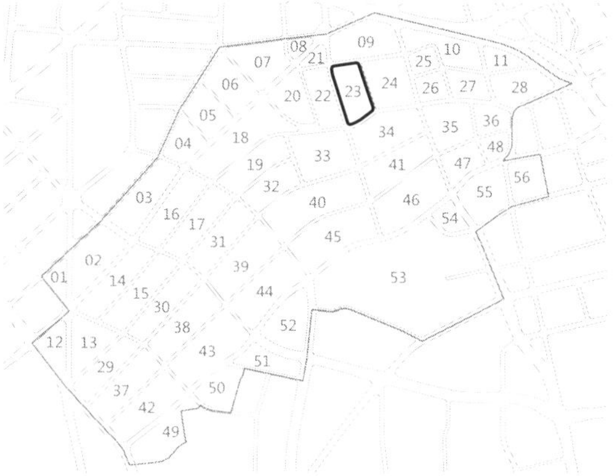

23 街坊

23 街坊位于五大道地区北部，东至南海路，西垒河北路，北邻洛阳道，南邻重庆道，地块最长边约 238 米，最短边约 106 米，面积约为 2.5 公顷，产权地块划分较密、面积较小。地块内以低层建筑为主，兼有少量多层住宅。里弄式与门院式是主要的建筑布局方式。开放空间结合建筑设置，里弄式建筑的开放空间公共性较强，门院式建筑的开放空间则相对私密。地块内建有多座文保及历史风貌建筑，如顾维钧旧居、孟恩远旧居、曹锟旧居、李爱锐故居、马福祥旧居、梁斌旧居、马鸿逵旧居、杜持礼旧居等。

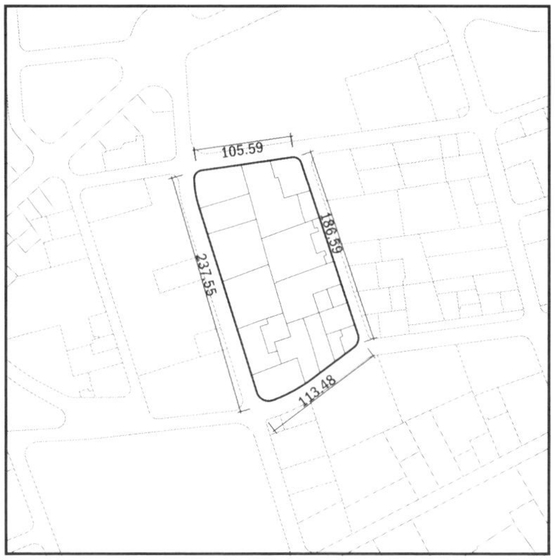

街廓尺寸及产权地块

相邻街道及建筑肌理

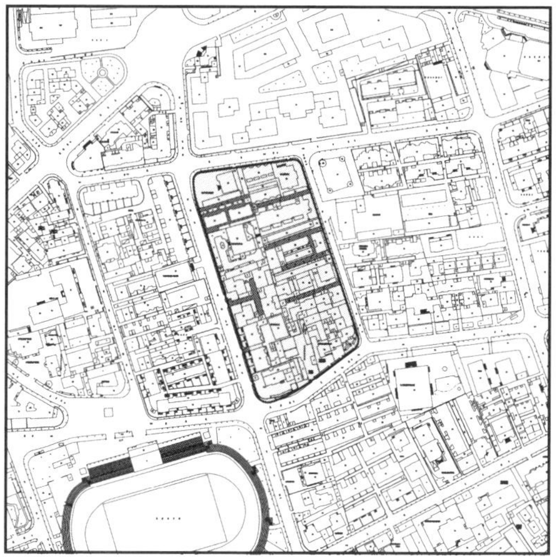

空间类型（公共/半公共/私密）

23 街坊

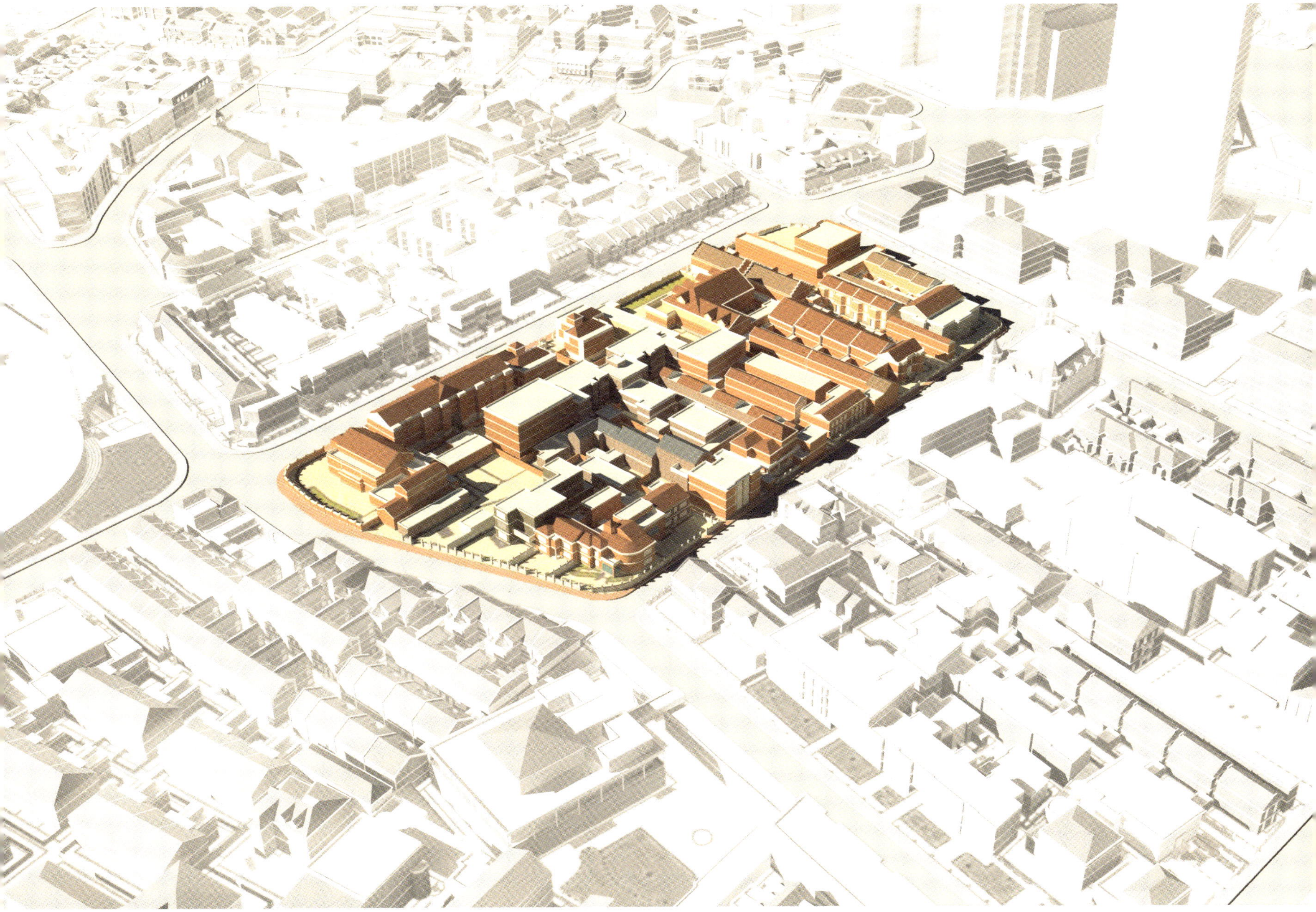

现状三维模型

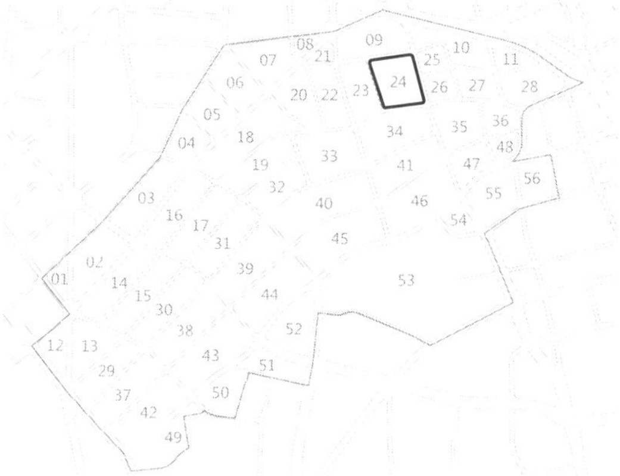

24 街坊

24 街坊位于五大道地区北部，东至新华路，西至南海路，北邻洛阳道，南邻重庆道，地块最长边约 188 米，最短边约 150 米，面积约为 3.1 公顷，产权地块划分较密、面积较小。地块内以低层联排式住宅为主，并有少量多层建筑。建筑布局方式多样，兼有里弄式、门院式与院落式。开放空间结合建筑设置，分布较为均匀，里弄式住宅的开放空间具有较强的公共性。历史风貌建筑剑桥大楼位于本地块内。

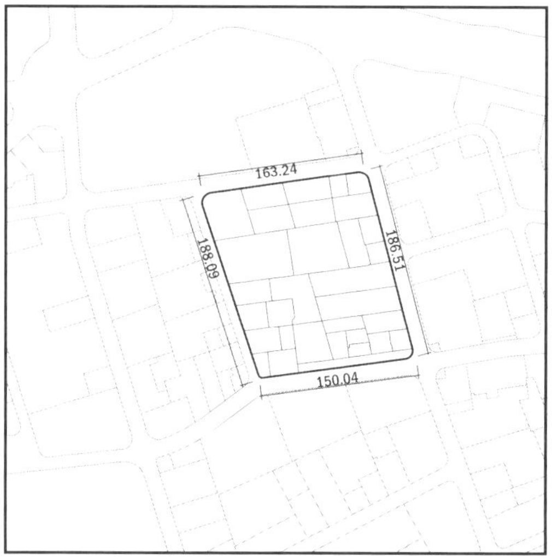

街廓尺寸及产权地块

相邻街道及建筑肌理

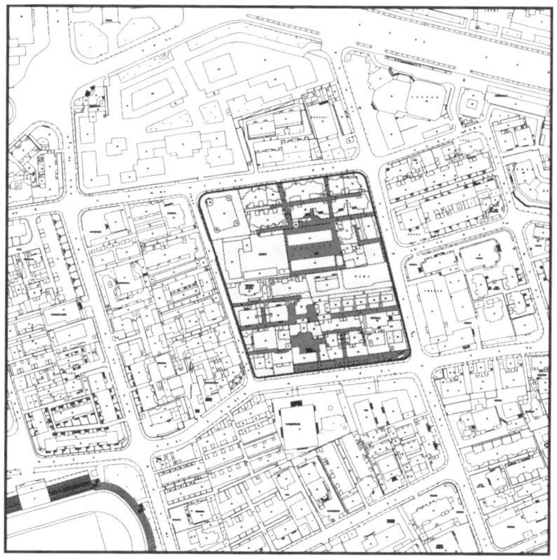
空间类型（公共/半公共/私密）

24 街坊

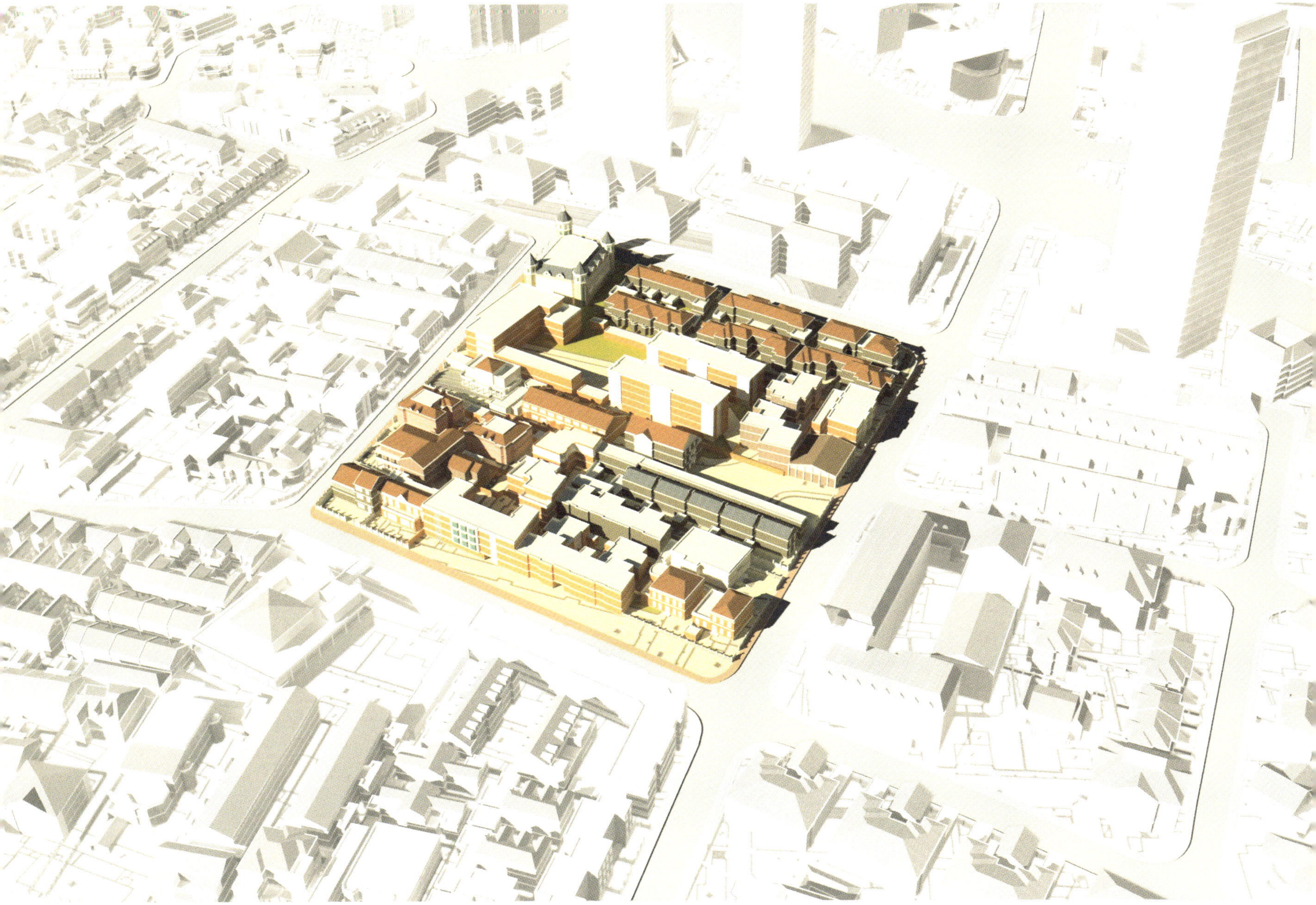

现状三维模型

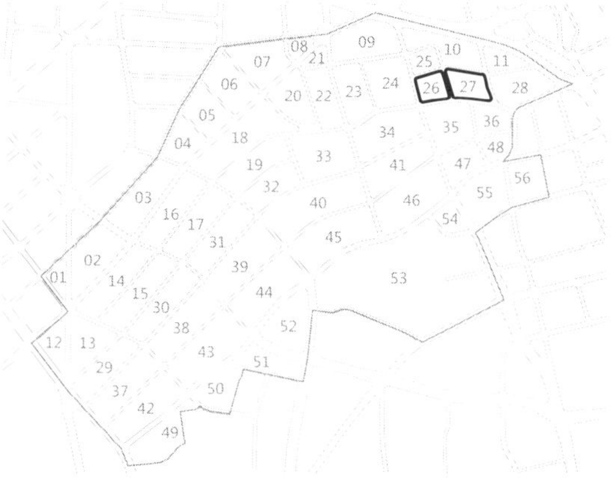

26 街坊

26 街坊位于五大道地区北部，东至澳门路，西至新华路，北邻郑州道，南邻重庆道，地块最长边约 111 米，最短边约 98 米，面积约为 1.3 公顷，产权地块划分适中。街坊内以低层及多层建筑为主。门院式与院落式是主要的建筑布局方式。开放空间结合建筑设置，空间由围墙围合，公共性较弱。

27 街坊

27 街坊位于五大道地区北部，东至湖北路，西至澳门路，北邻郑州道，南邻重庆道，地块最长边约 151 米，最短边约 100 米，面积约为 1.6 公顷，产权地块划分较密、面积较小。街坊内以低层住宅建筑为主。门院式与院落式是主要的建筑布局方式。开放空间结合建筑设置，由围墙围合，公共性较弱。文保单位张作相旧居位于本街坊内。

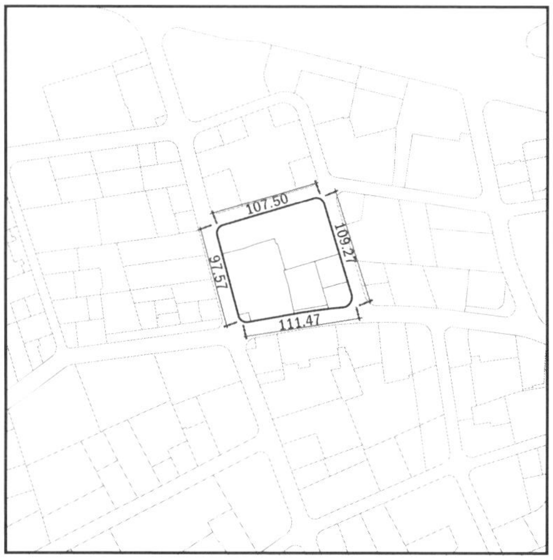

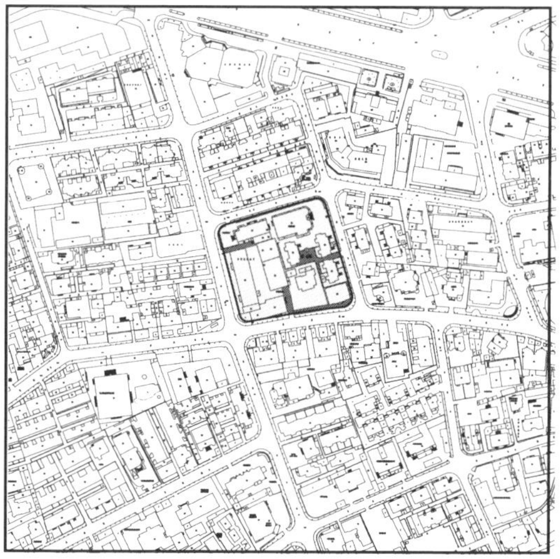

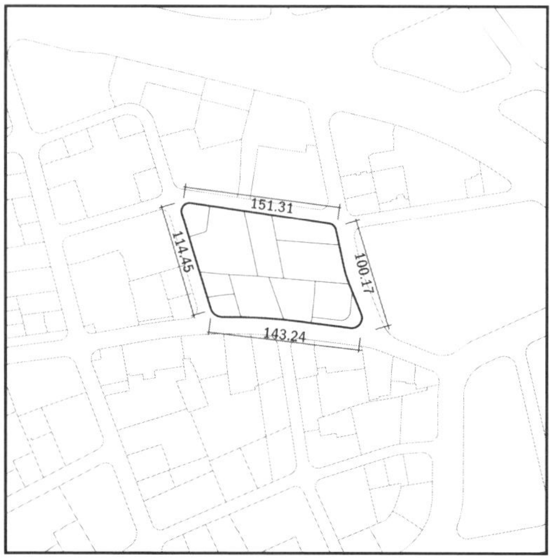

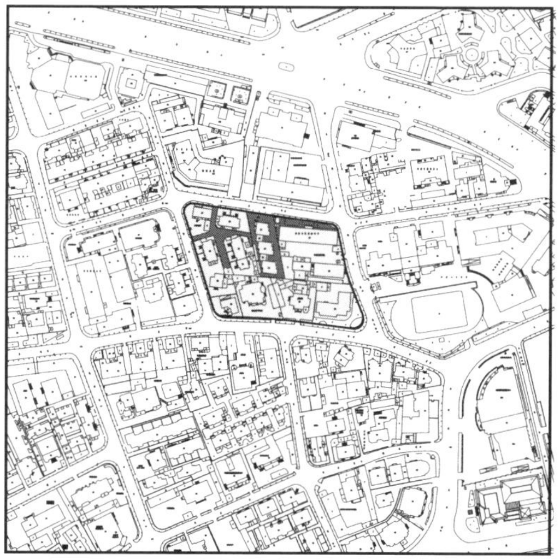

街廓尺寸及产权地块　　相邻街道及建筑肌理　　空间类型（公共/半公共/私密）

26、27 街坊

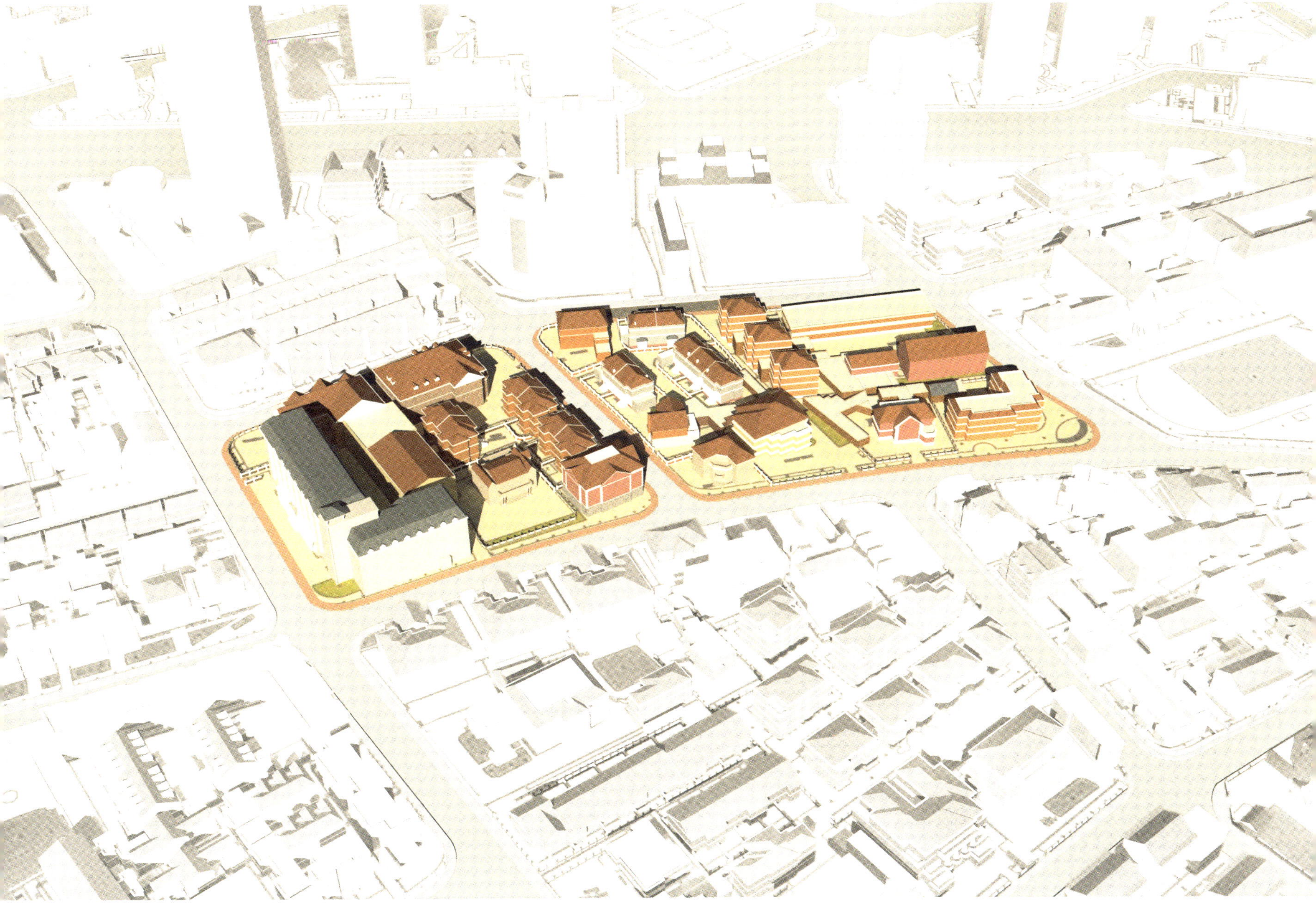

现状三维模型

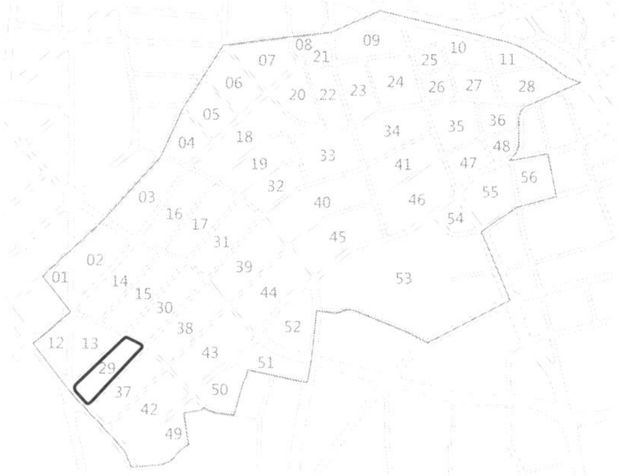

29 街坊

29 街坊位于五大道地区西南部，东北至昆明路，西南至西康路，西北邻常德道，东南邻大理道，地块最长边约 300 米，最短边约 72 米，面积约为 2.5 公顷，产权地块划分较密、面积较小。街坊内以多层建筑为主，兼有少量低层住宅建筑。门院式与院落式是主要的建筑布局方式。开放空间结合建筑设置，街坊中部有一处临街公共绿地，其余开放空间由围墙围合，公共性较弱。历史风貌建筑茂根大楼及杨文凯旧居位于本街坊内。

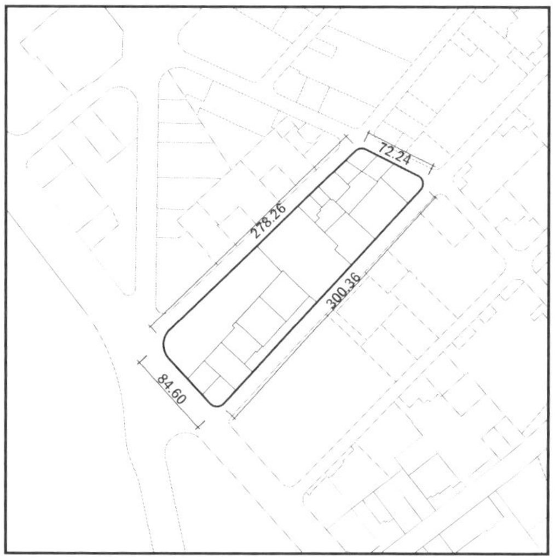

街廓尺寸及产权地块

相邻街道及建筑肌理

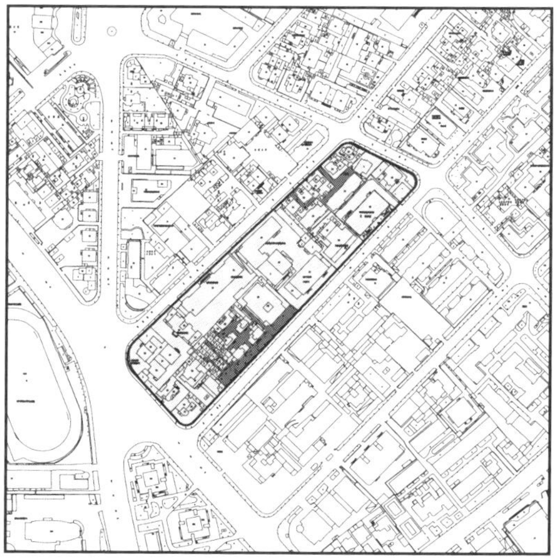
空间类型（公共/半公共/私密）

29 街坊

现状三维模型

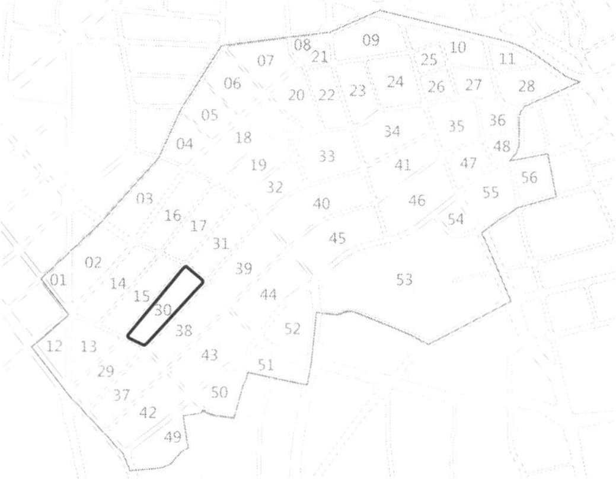

30 街坊

30 街坊位于五大道地区西南部，东北至云南路，西南至昆明路，西北邻常德道，东南邻大理道，地块最长边约 342 米，最短边约 78 米，面积约为 2.9 公顷，产权地块划分较密、面积较小。街坊内以低层住宅建筑为主，兼有少量多层建筑。门院式与院落式是主要的建筑布局方式。开放空间结合建筑设置，街坊中部有一处临街公共绿地，其余开放空间由围墙围合，公共性较弱。历史风貌建筑赵以成、汪培娲旧居、刘苐祺旧居位于本街坊内。

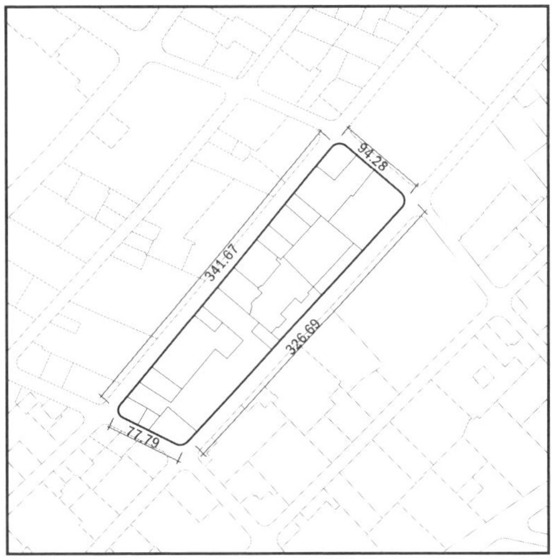

街廓尺寸及产权地块

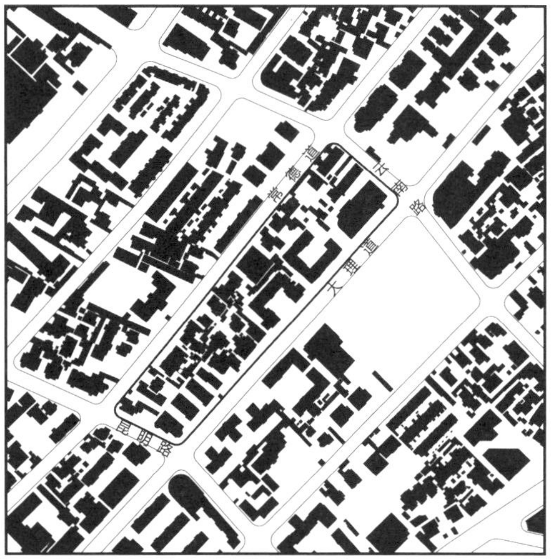

相邻街道及建筑肌理

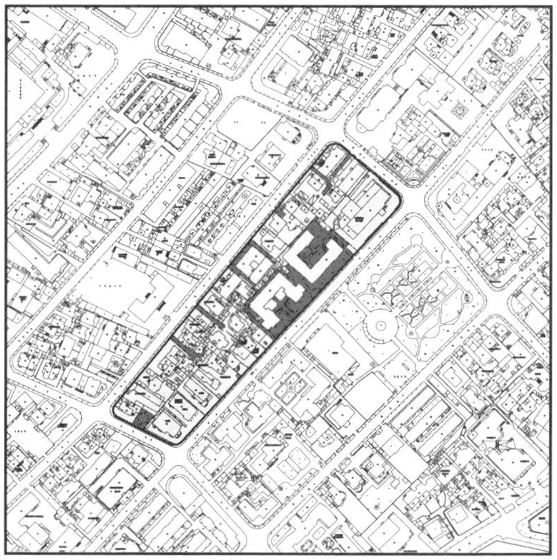

空间类型（公共/半公共/私密）

30 街坊

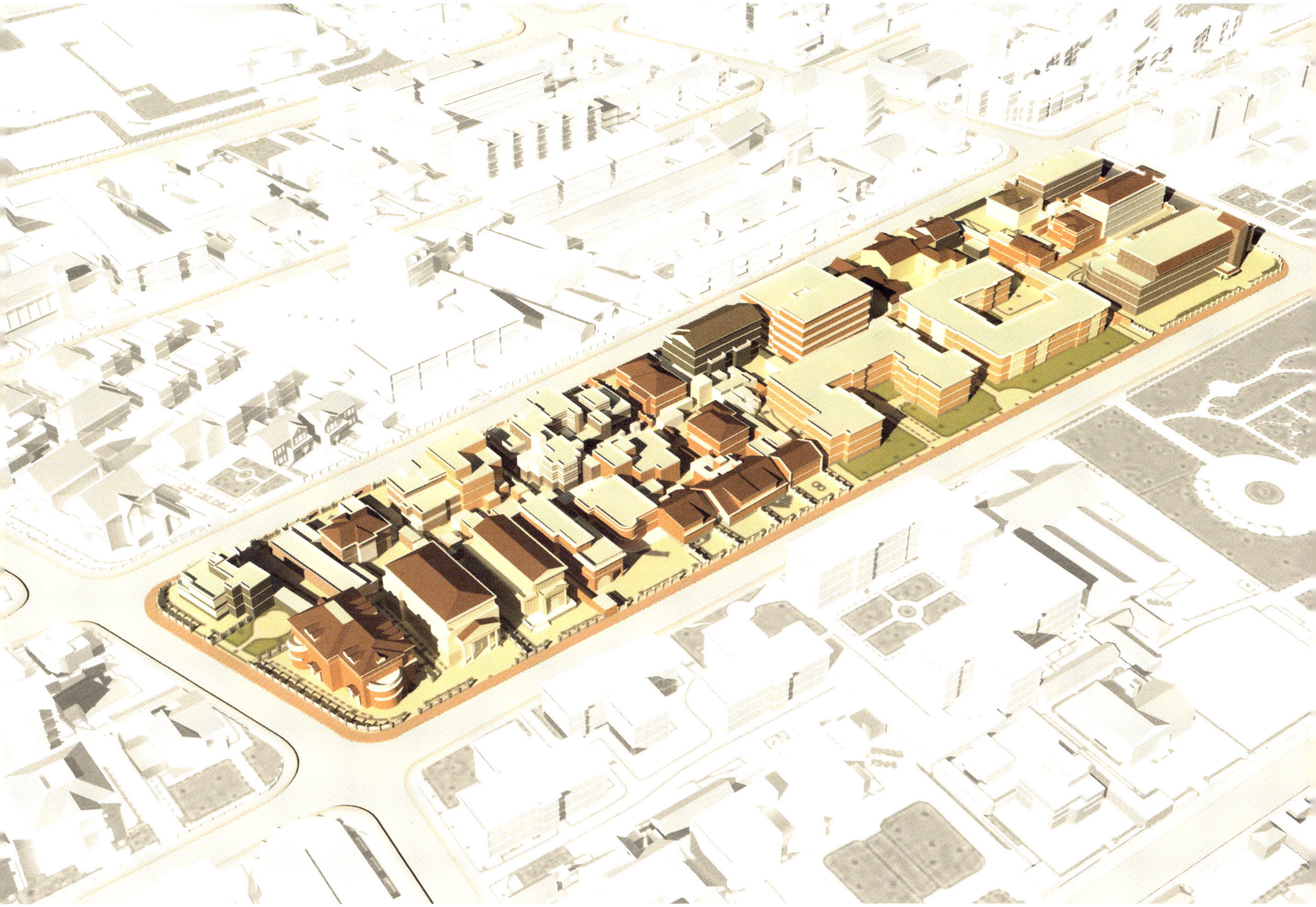

现状三维模型

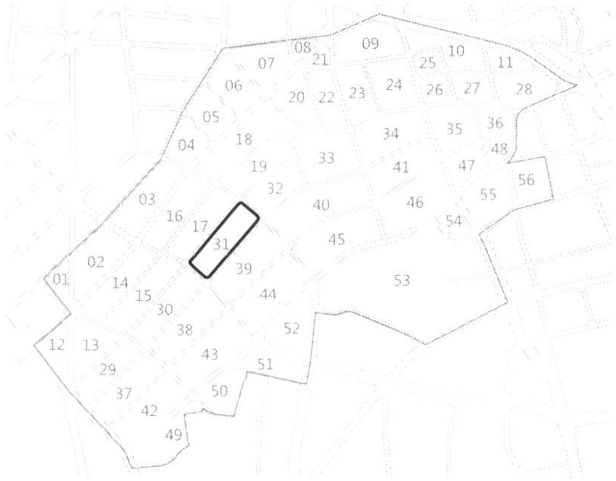

31 街坊

31 街坊位于五大道地区中部，东北至桂林路，西南至云南路，西北邻常德道，东南邻大理道，地块最长边约 307 米，最短边约 94 米，面积约为 2.9 公顷，划分为 10 个产权地块，面积差异较大。街坊内以低层住宅建筑为主，院落式是主要的建筑布局方式。开放空间结合建筑设置，分布较为均匀，空间由围墙围合，公共性较弱。地块内包含多座文保及历史风貌建筑，如孙氏旧居、王占元旧居、过之翰旧居等。

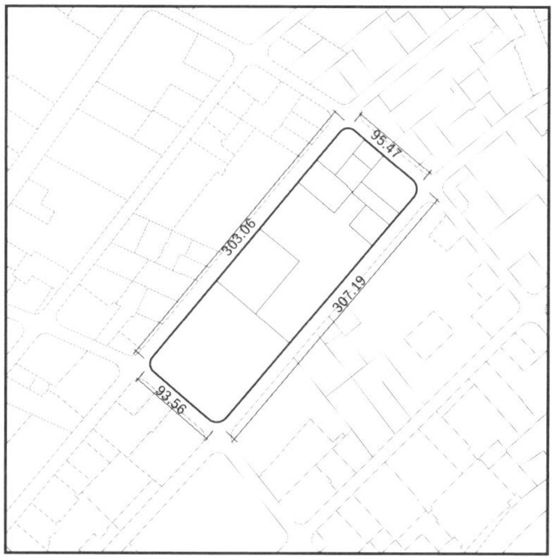

街廓尺寸及产权地块

相邻街道及建筑肌理

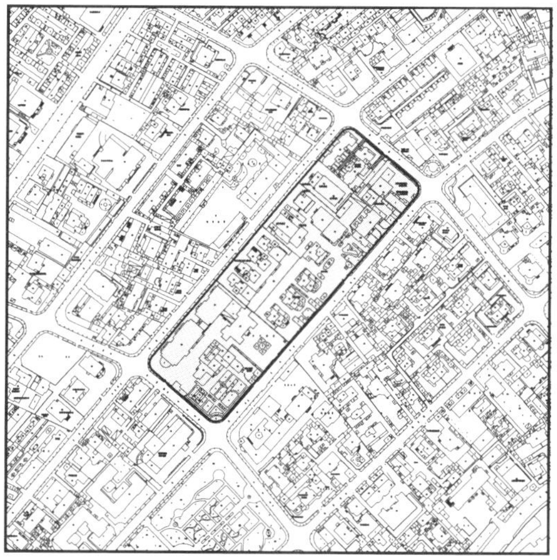

空间类型（公共/半公共/私密）

31 街坊

现状三维模型

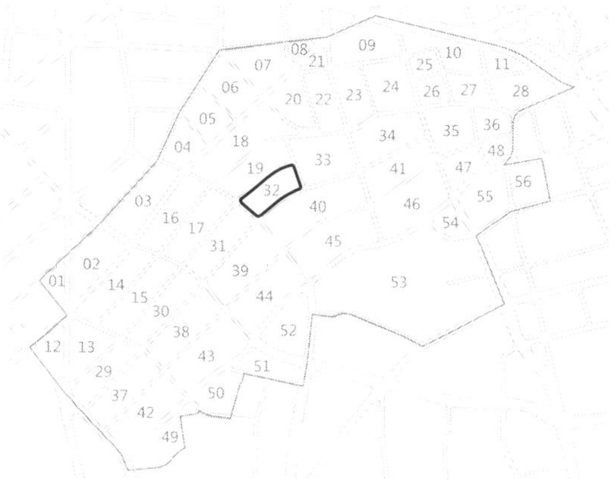

32 街坊

32 街坊位于五大道地区中部，东北至衡阳路，西南至桂林路，西北邻常德道，东南邻大理道，地块最长边约 239 米，最短边约 96 米，面积约为 2.2 公顷，产权地块划分较密、面积较小。街坊内以低层住宅建筑为主，门院式与里弄式是主要建筑布局方式。开放空间结合建筑设置，分布较为均匀。里弄式住宅的开放空间具有较强的公共性，门院式住宅的开放空间由围墙围合，公共性较弱。地块内包含多座文保及历史风貌建筑，如陈光远旧居、民园西里住宅、林鸿赉旧居、卢弼旧居、曾延毅旧居等。

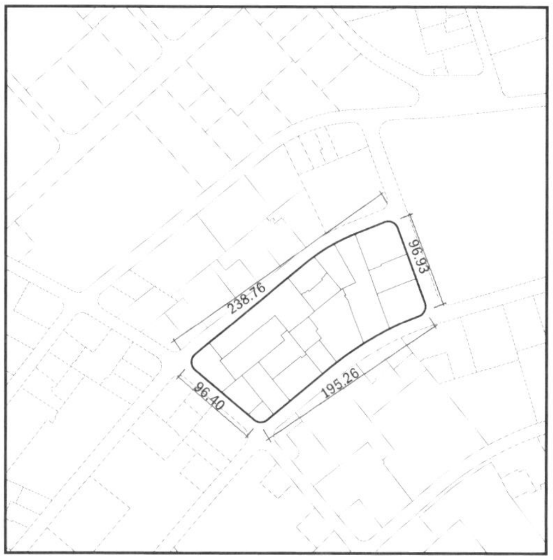

街廓尺寸及产权地块

相邻街道及建筑肌理

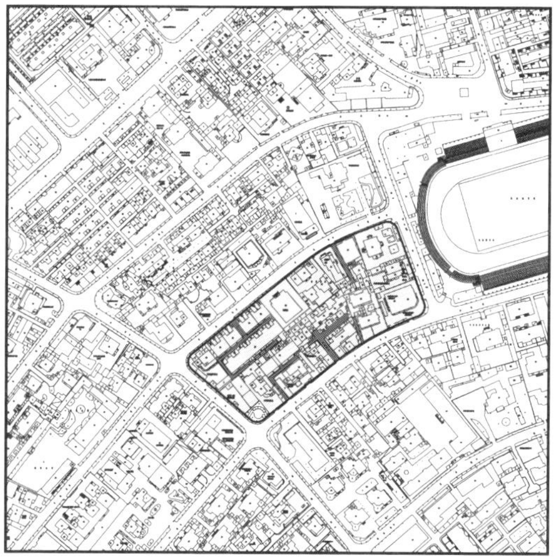
空间类型（公共/半公共/私密）

32 街坊

现状三维模型

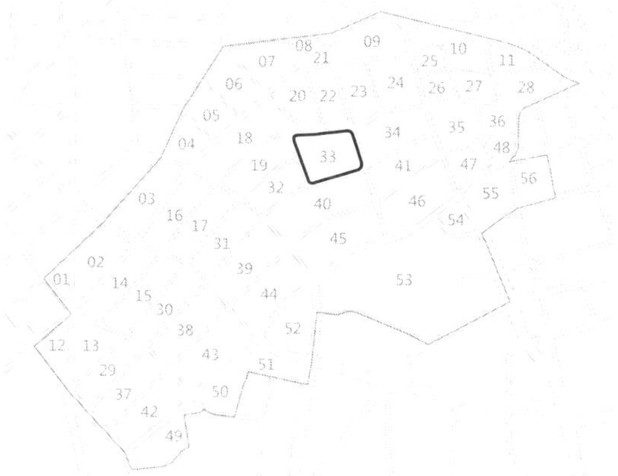

33 街坊

33 街坊位于五大道地区中部，东至河北路，西至衡阳路，北邻重庆道，南邻大理道，地块最长边约 214 米，最短边约 143 米，面积约为 3.6 公顷。为拥有悠久历史的民园体育场用地。该体育场现已基本退出竞技体育的舞台，逐步发展为全民健身及旅游接待的中心。

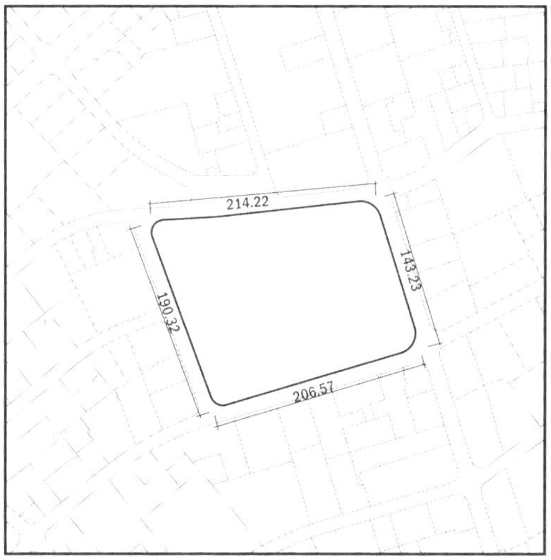

街廓尺寸及产权地块

相邻街道及建筑肌理

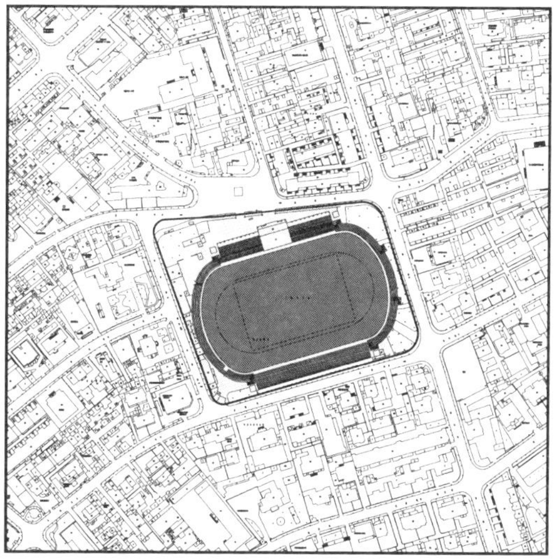

空间类型（公共/半公共/私密）

33 街坊

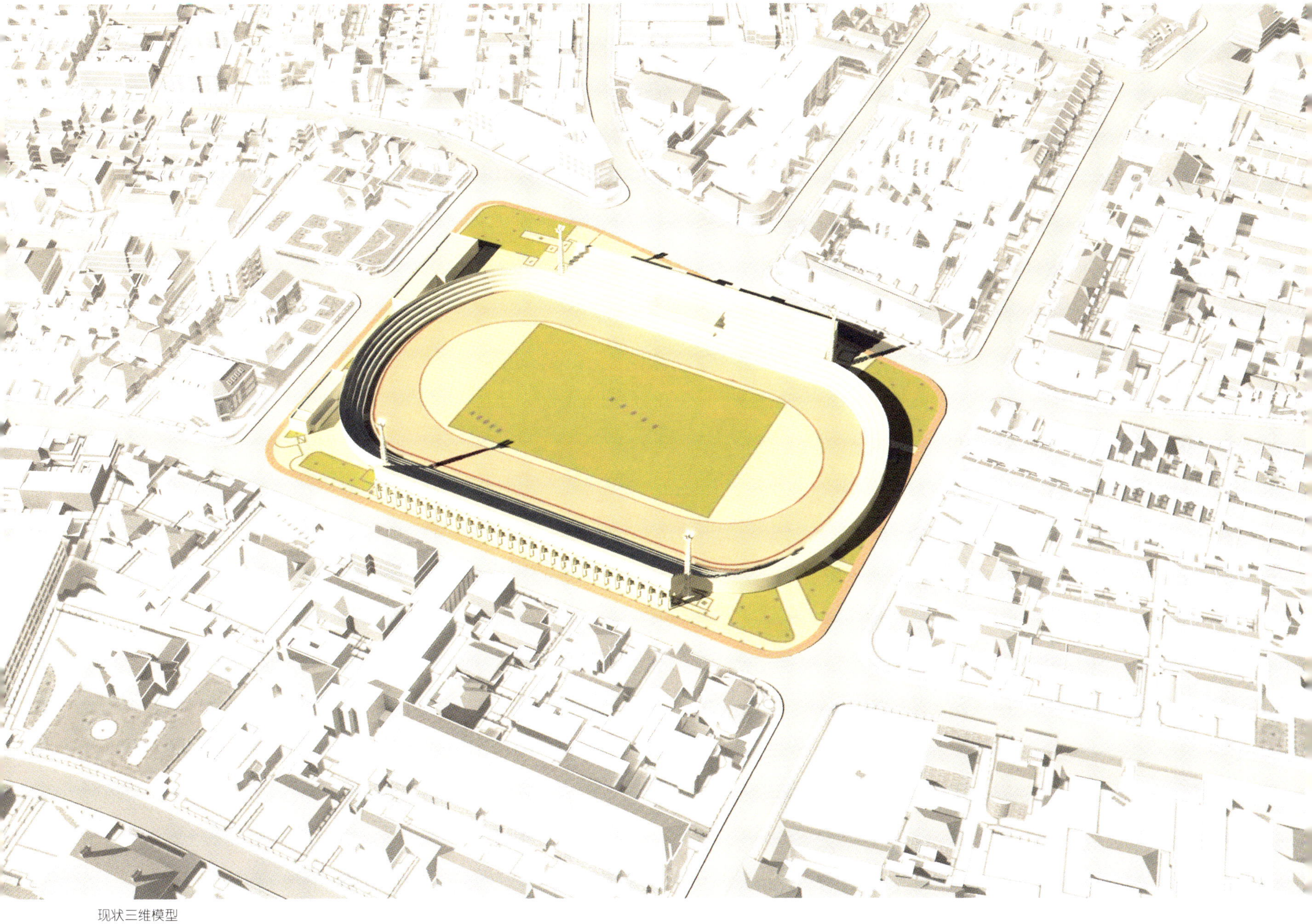

现状三维模型

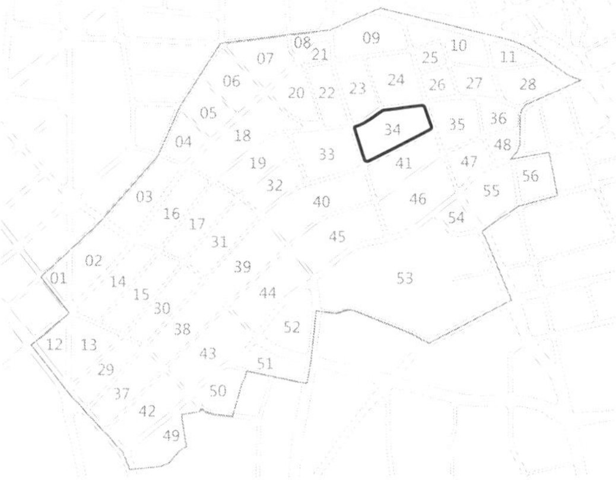

34 街坊

34 街坊位于五大道地区中部，东至新华路，西至河北路，北邻重庆道，南邻大理道，地块最长边约 274 米，最短边约 94 米，面积约为 3.6 公顷，产权地块划分较密、面积较小。街坊内以低层及多层住宅建筑为主，门院式与里弄式是主要建筑布局方式。开放空间结合建筑设置，分布较为均匀。里弄式住宅的开放空间具有较强的公共性，门院式住宅的开放空间由围墙围合，公共性较弱。街坊内建有多座文保及历史风貌建筑，如龚心湛旧居、孙桐萱旧居、张志潭旧居、鹿钟麟旧居、周氏旧宅、张国忱旧居、庆王府等。

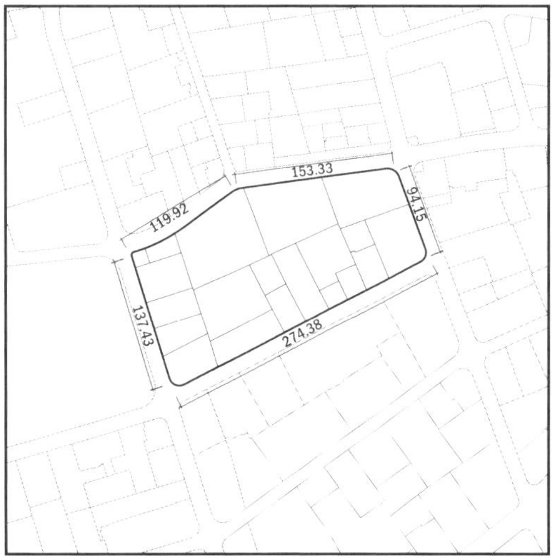

街廓尺寸及产权地块

相邻街道及建筑肌理

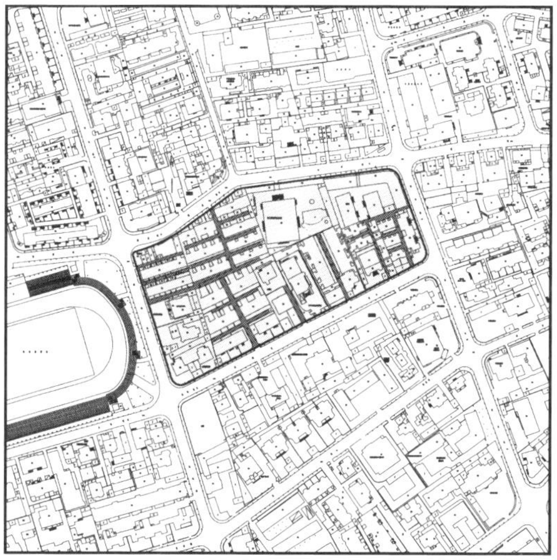
空间类型（公共/半公共/私密）

34 街坊

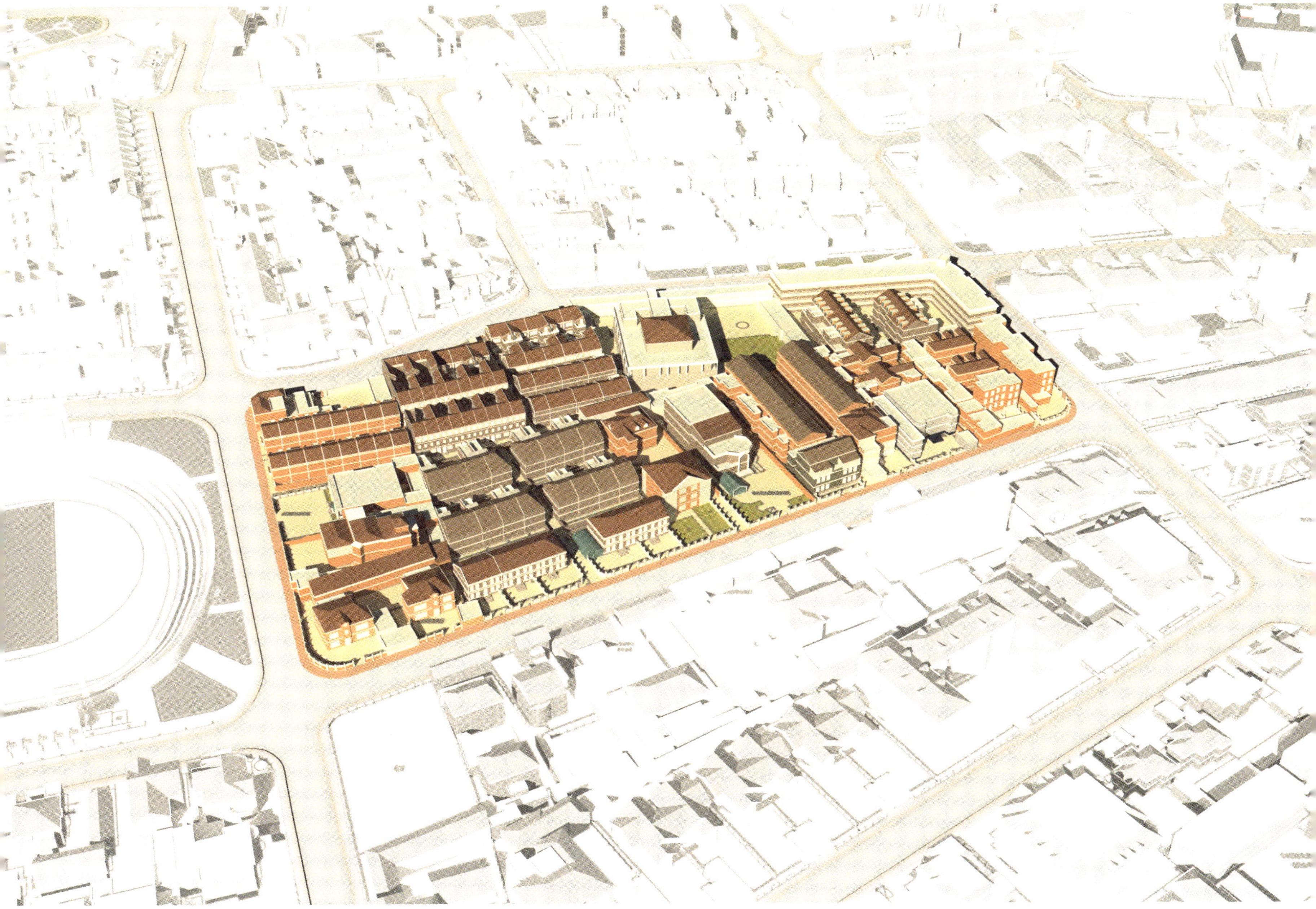

现状三维模型

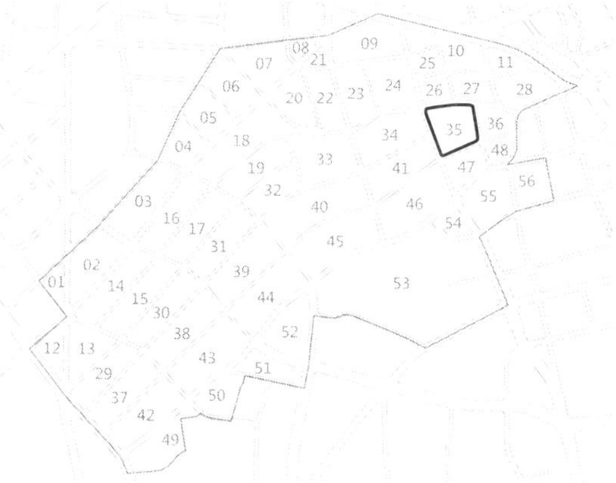

35 街坊

35 街坊位于五大道地区东部，东至香港路，西至新华路，北邻重庆道，南邻睦南道，地块最长边约 189 米，最短边约 133 米，面积约为 2.9 公顷，产权地块划分较密、面积较小。街坊内以低层及多层住宅建筑为主，门院式与院落式是主要建筑布局方式。开放空间结合建筑设置，由围墙围合，公共性较弱。地块内建有多座文保及历史风貌建筑，如孙殿英旧居、颜惠庆旧居、李赞臣旧居、孟恩远旧居等。

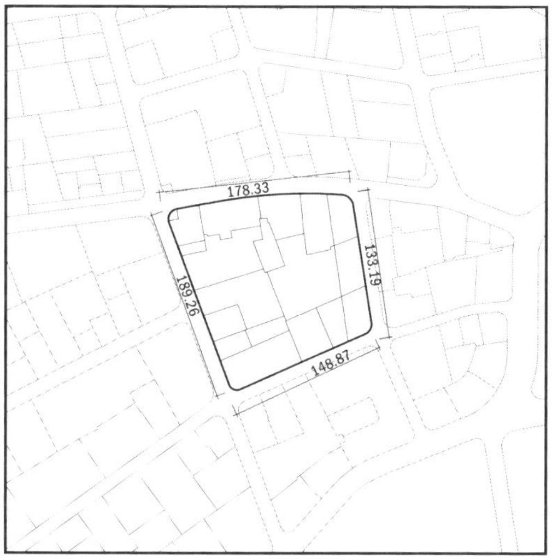

街廓尺寸及产权地块

相邻街道及建筑肌理

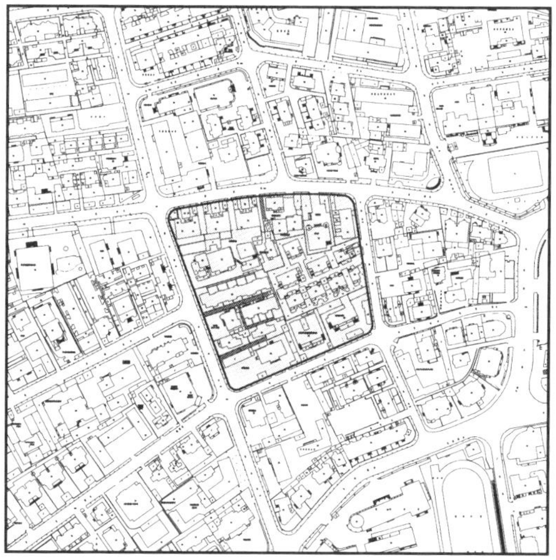

空间类型（公共/半公共/私密）

35 街坊

现状三维模型

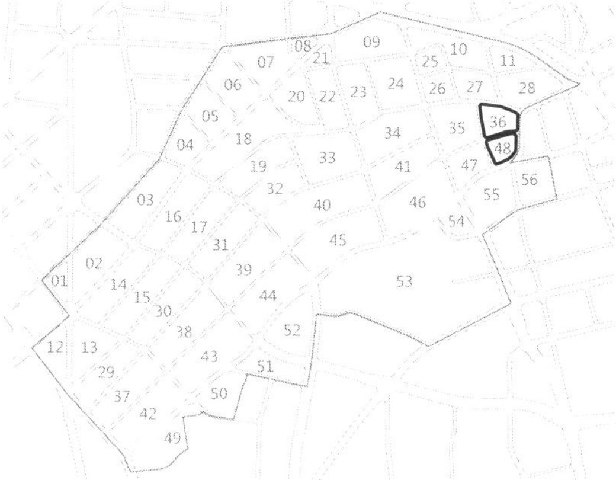

36 街坊

36 街坊位于五大道地区东部，东至马场道，西至香港路，北邻重庆道，南邻睦南道，地块最长边约 146 米，最短边约 61 米，面积约为 1.4 公顷，产权地块划分较密、面积较小。街坊内以低层住宅建筑为主，门院式是主要的建筑布局方式。开放空间结合建筑设置，由围墙围合，公共性较弱。历史风貌建筑香港大楼位于本街坊内。

48 街坊

48 街坊位于五大道地区东部，东南邻马场道，西至香港路，北邻睦南道，地块最长边约 118 米，最短边约 82 米，面积约为 0.9 公顷，产权地块划分较密、面积较小。街坊内以低层住宅建筑为主，门院式与院落式是主要的建筑布局方式。开放空间结合建筑设置，由围墙围合，公共性较弱。历史风貌建筑许氏旧居与吴泰勋旧居位于本街坊内。

街廓尺寸及产权地块

相邻街道及建筑肌理

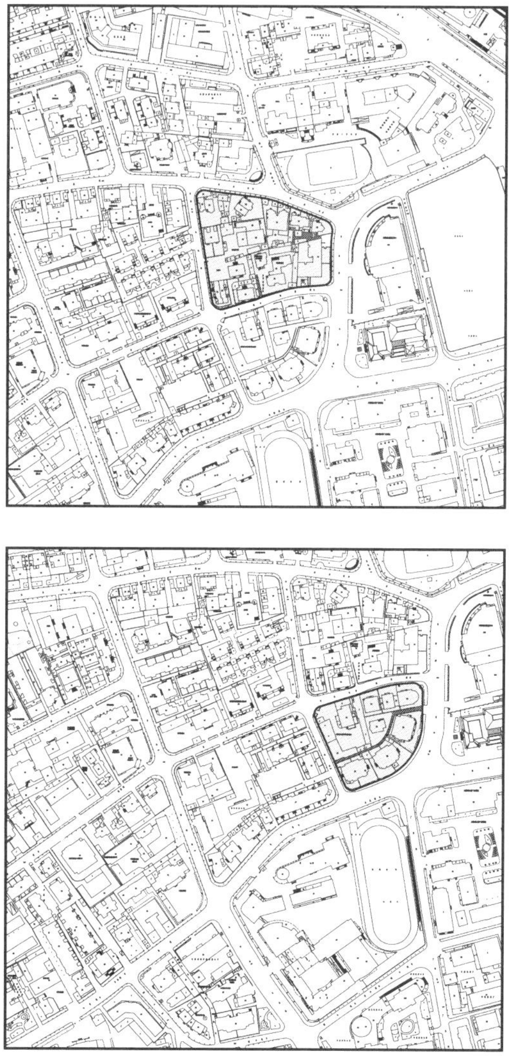

空间类型（公共／半公共／私密）

36、48 街坊

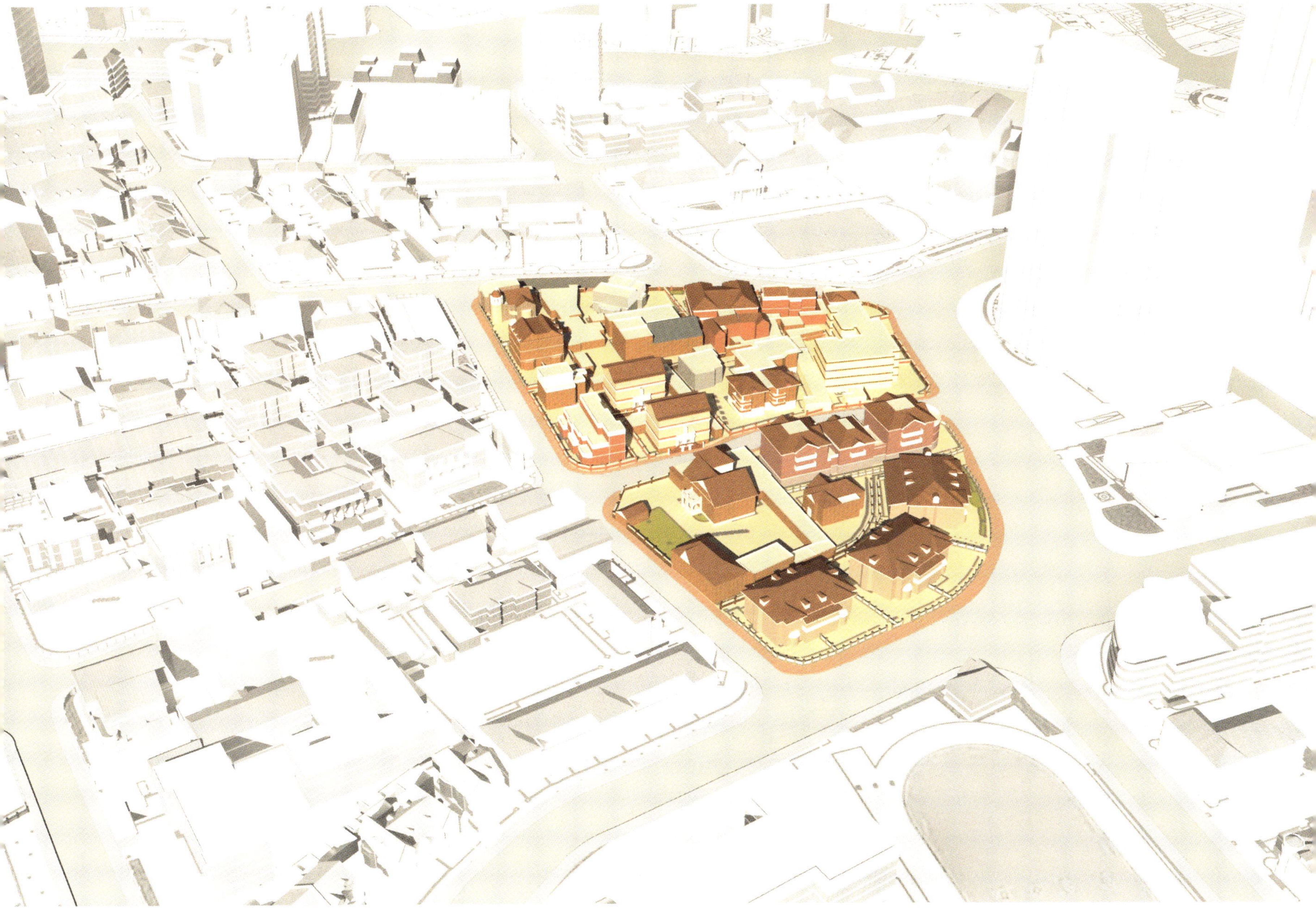

现状三维模型

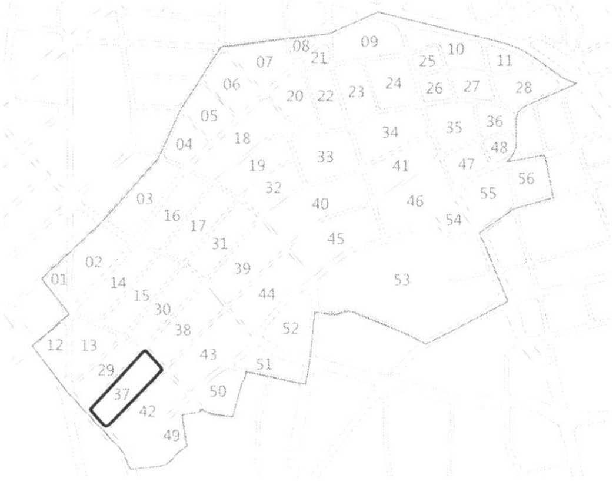

37 街坊

37 街坊位于五大道地区西南部，东北至昆明路，西南至西康路，西北邻大理道，东南邻睦南道，地块最长边约 304 米，最短边约 89 米，面积约为 3.1 公顷，产权地块划分适中。街坊内以多层建筑为主，兼有门院式、院落式与住宅小区式等建筑布局方式。开放空间结合建筑设置，由围墙围合，公共性不强。文保及历史风貌建筑徐世章旧居及天和医院位于本街坊内。

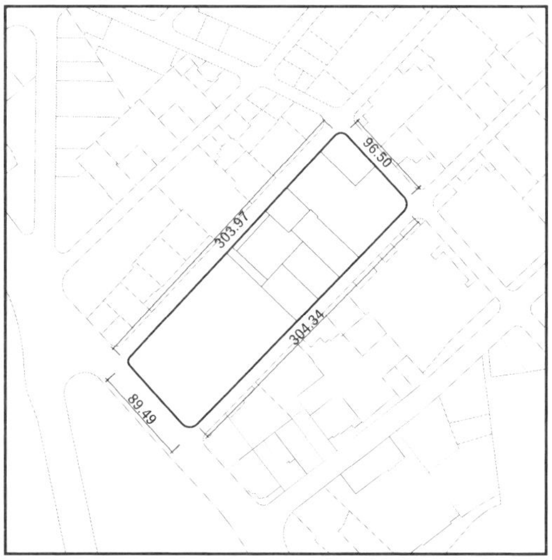

街廓尺寸及产权地块

相邻街道及建筑肌理

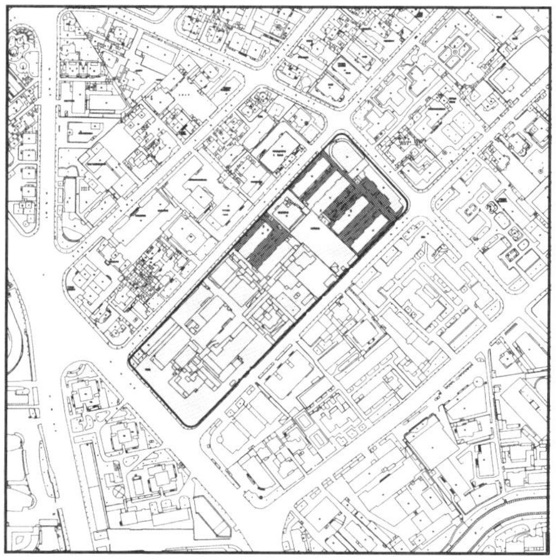

空间类型（公共/半公共/私密）

37 街坊

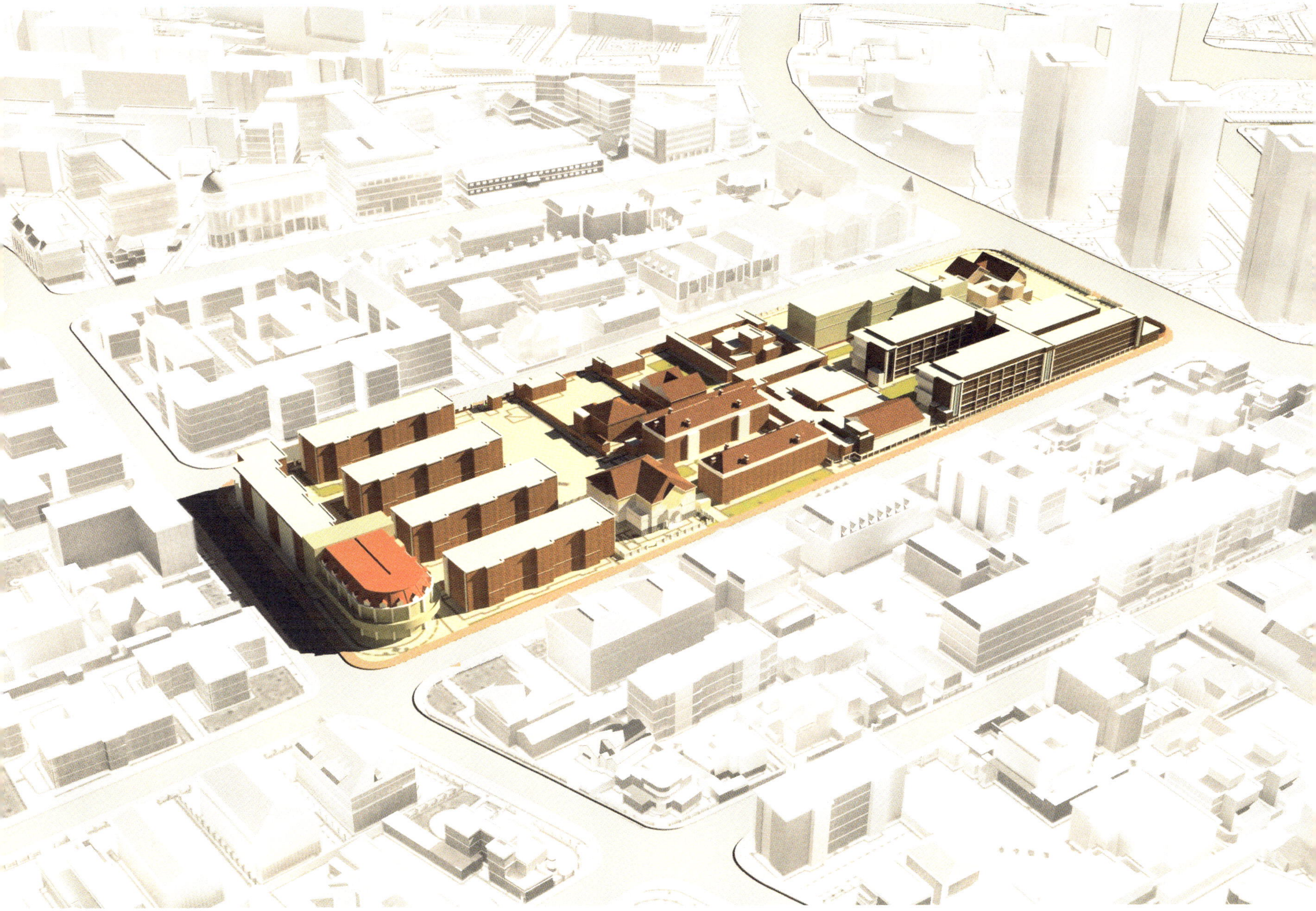

现状三维模型

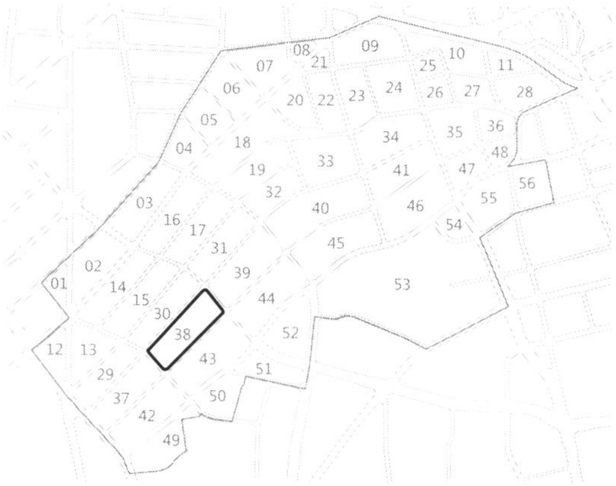

38 街坊

38 街坊位于五大道地区西南部，东北至云南路，西南至昆明路，西北邻大理道，东南邻睦南道，地块最长边约 322 米，最短边约 103 米，面积约为 3.5 公顷，产权地块划分适中。街坊内以低层及多层住宅建筑为主，门院式与院落式是主要的建筑布局方式。街坊东部建有五大道地区最大的公共开放空间——睦南花园，其余开放空间结合建筑设置，由围墙围合，较为私密。文保及历史风貌建筑吴颂平旧居及林子香旧居位于本街坊内。

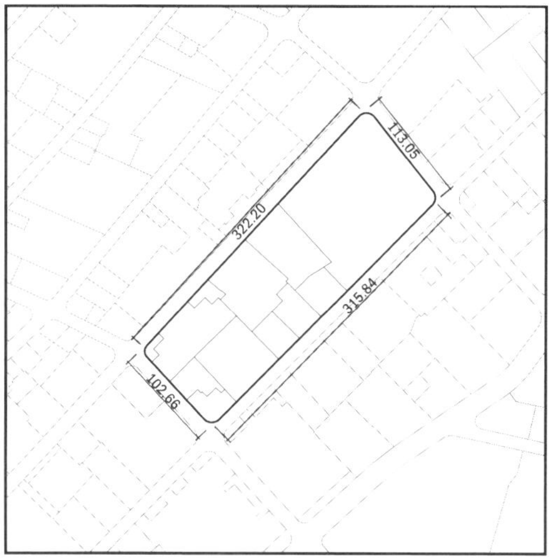

街廓尺寸及产权地块

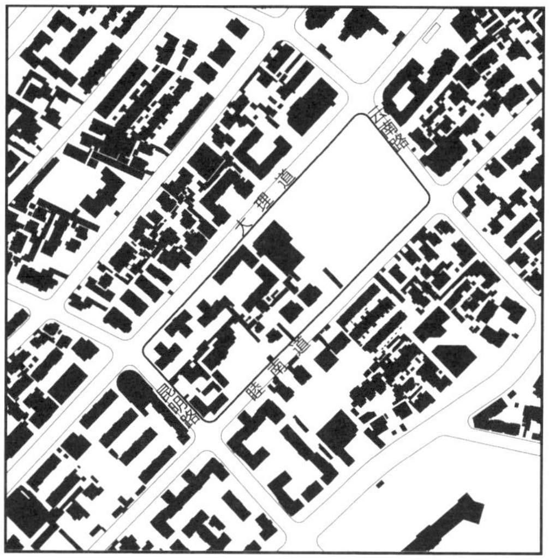

相邻街道及建筑肌理

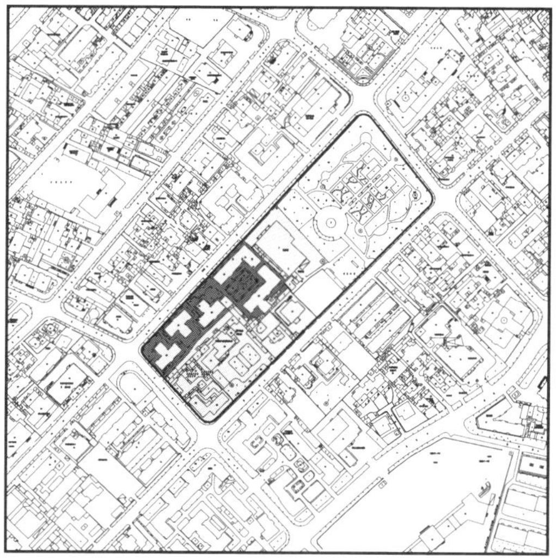

空间类型（公共/半公共/私密）

38 街坊

现状三维模型

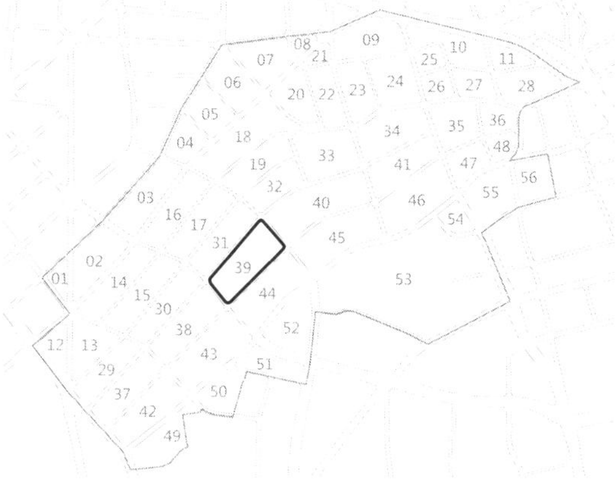

39 街坊

39 街坊位于五大道地区中部，东北至桂林路，西南至云南路，西北邻大理道，东南邻睦南道，地块最长边约 303 米，最短边约 119 米，面积约为 4 公顷，产权地块划分较密、面积较小。街坊内以低层住宅建筑为主，主要采用门院式建筑布局方式。开放空间结合建筑设置，分布较为均匀，空间由围墙围合，较为私密。街坊内建有多座文保及历史风貌建筑，包括徐树强旧居、张兰德旧居、宋棐卿旧居、虞颂庭旧居等。

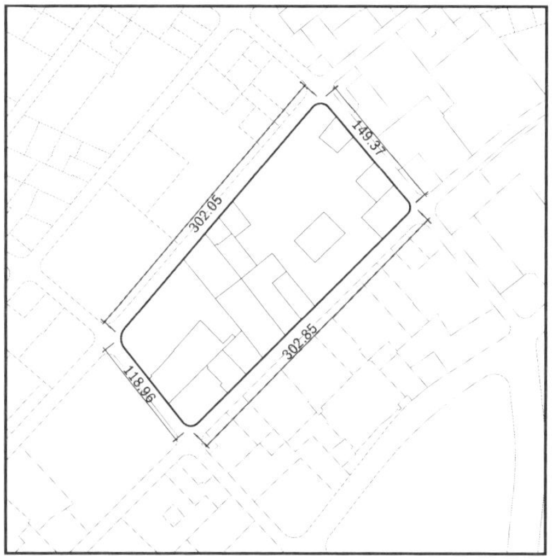

街廓尺寸及产权地块

相邻街道及建筑肌理

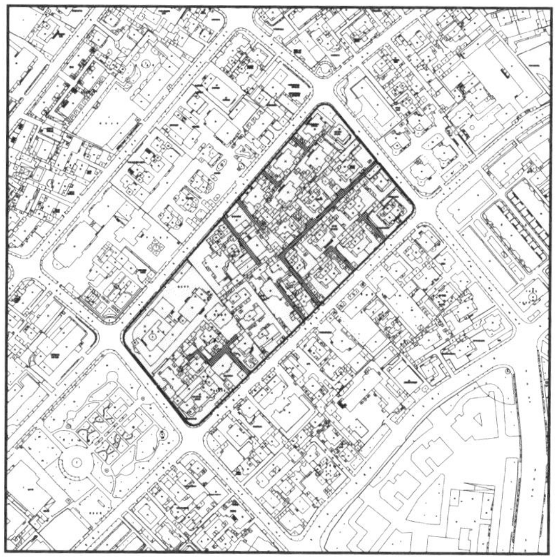

空间类型（公共/半公共/私密）

39 街坊

现状三维模型

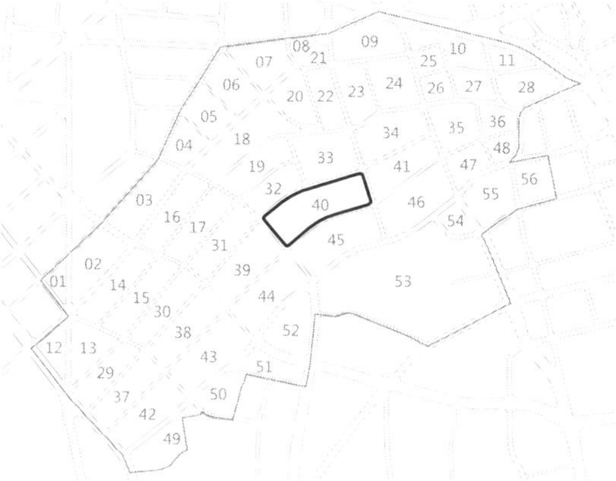

40 街坊

40 街坊位于五大道地区中部，东至河北路，西南至桂林路，北邻大理道，南邻睦南道，地块最长边约 402 米，最短边约 127 米，面积约为 5.1 公顷，产权地块划分较密、面积较小。街坊内以低层及多层住宅建筑为主，门院式与院落式是主要的建筑布局方式。开放空间结合建筑设置，分布较为均匀，空间由围墙围合，较为私密。地块内建有多座文保及历史风貌建筑，包括李勉之旧居、纳森旧居、訾玉甫旧居、张伯苓旧居、林必锦旧居、张纪正旧居、王天木旧居、高少洲旧居、陈调甫旧居等。

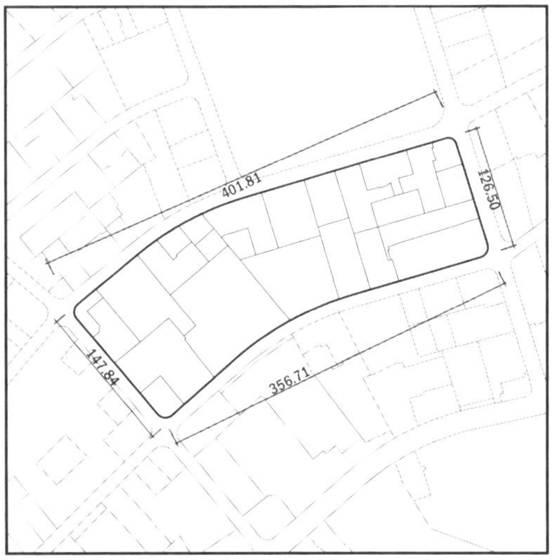

街廓尺寸及产权地块

相邻街道及建筑肌理

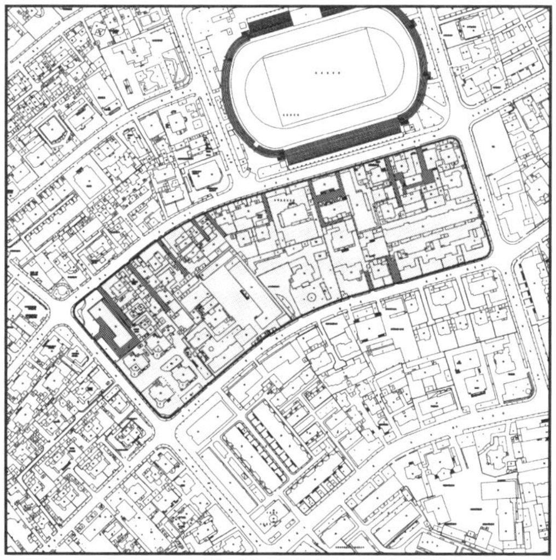
空间类型（公共／半公共／私密）

40 街坊

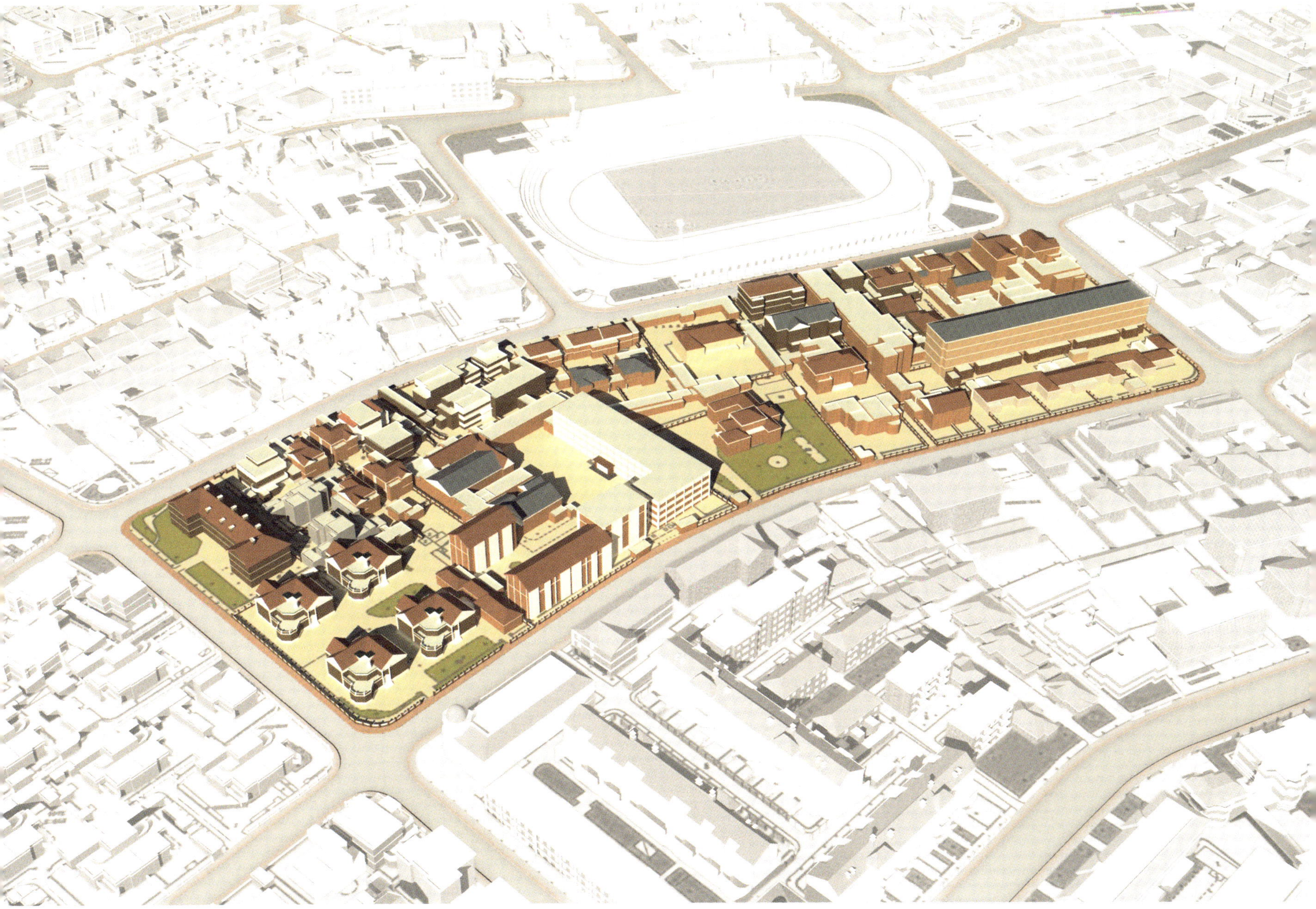

现状三维模型

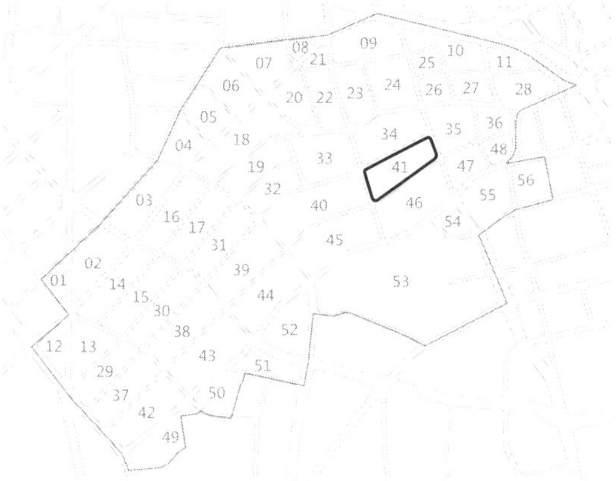

41 街坊

41 街坊位于五大道地区中部，东至新华路，西至河北路，北邻大理道，南邻睦南道，地块最长边约 293 米，最短边约 81 米，面积约为 3 公顷，划分为 10 个产权地块、面积适中。街坊内以低层及多层住宅建筑为主，门院式与院落式是主要的建筑布局方式。开放空间结合建筑设置，分布较为均匀，空间由围墙围合，较为私密。文保及历史风貌建筑蔡成勋旧居、张学铭旧居及李霁野旧居位于本街坊内。

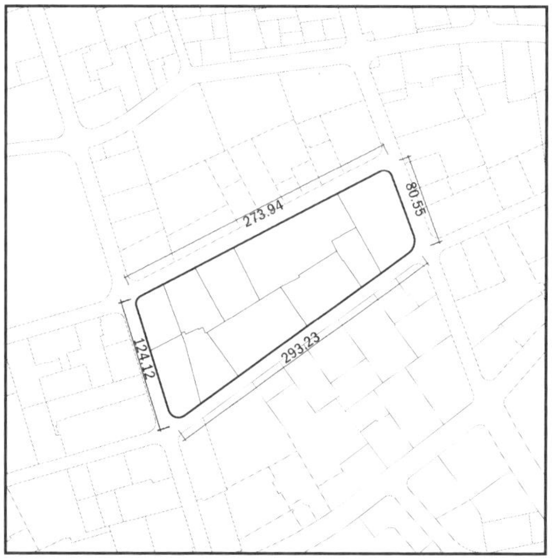

街廓尺寸及产权地块

相邻街道及建筑肌理

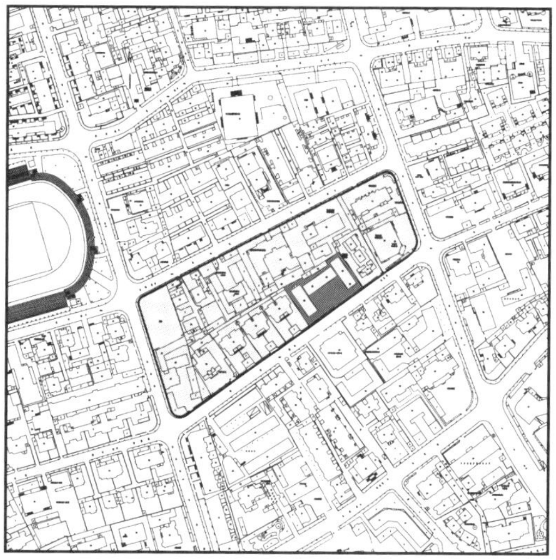

空间类型（公共/半公共/私密）

41 街坊

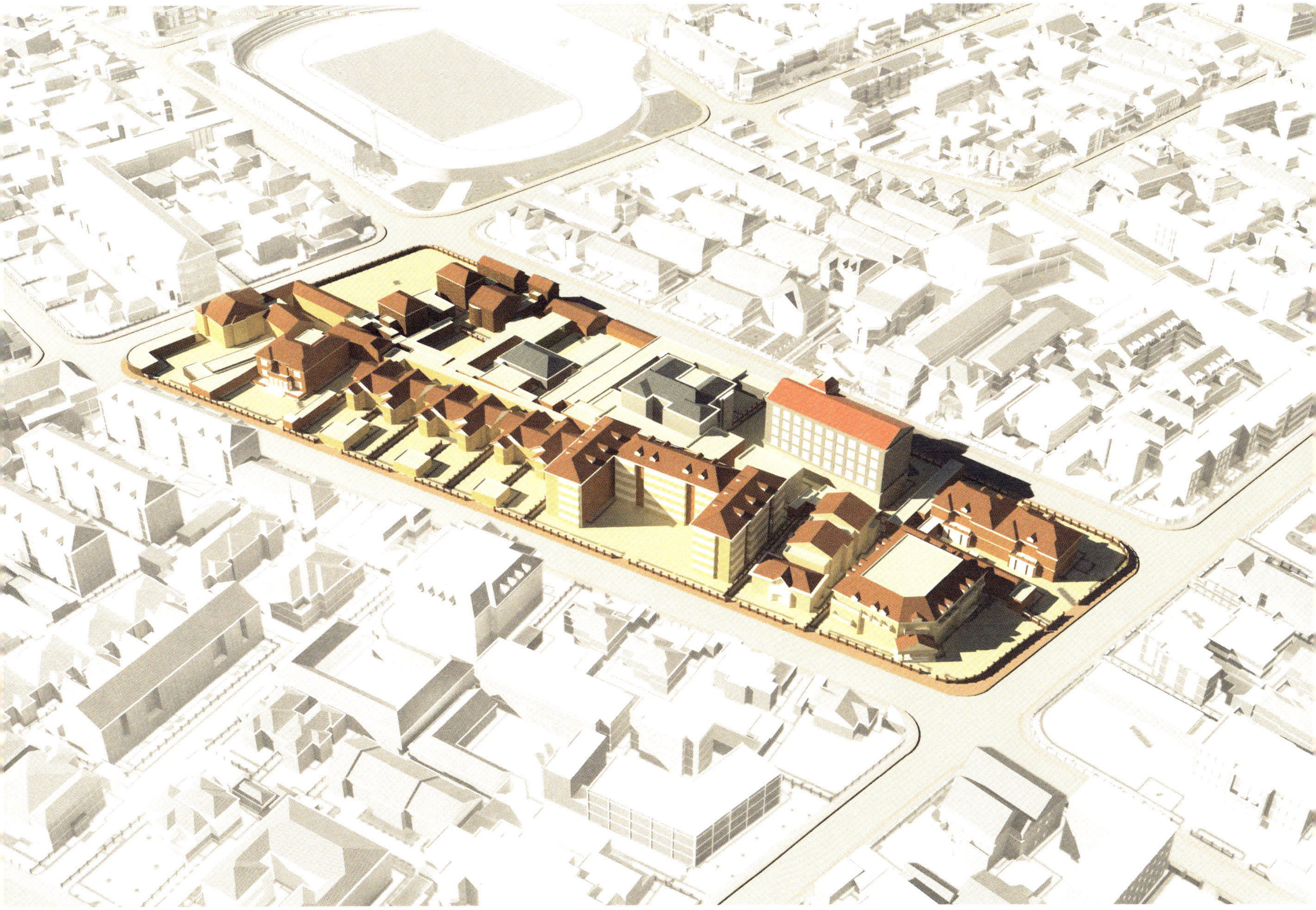

现状三维模型

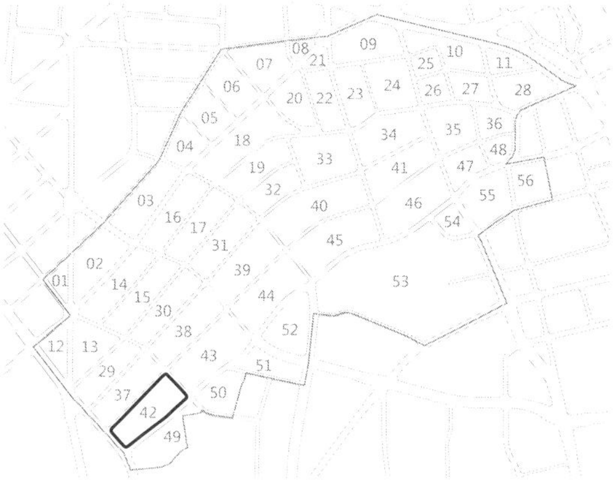

42 街坊

42 街坊位于五大道地区西南部，东北至昆明路，西南至西康路，西北邻睦南道，东南邻马场道，地块最长边约 307 米，最短边约 91 米，面积约为 3.4 公顷，产权地块划分较密、面积较小。街坊内以低层及多层住宅建筑为主，门院式与苏制大院是主要的建筑布局方式。开放空间结合建筑设置，分布均匀，苏制大院的开放空间具有较强的公共性，其余开放空间由围墙围合，较为私密。

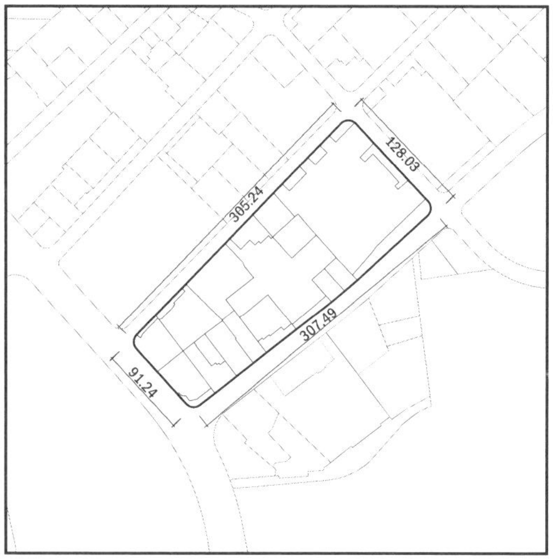

街廓尺寸及产权地块

相邻街道及建筑肌理

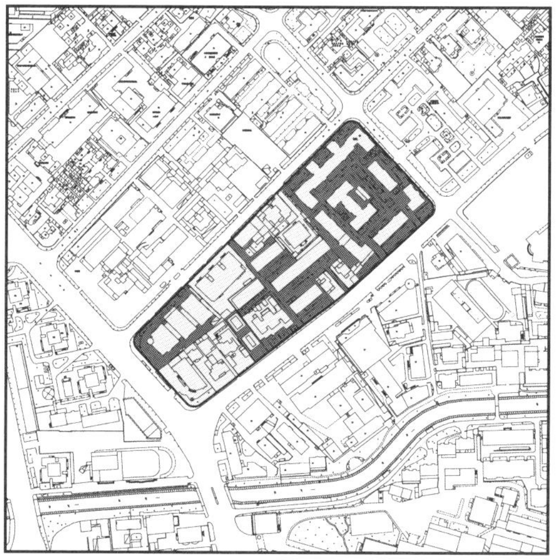

空间类型（公共/半公共/私密）

42 街坊

现状三维模型

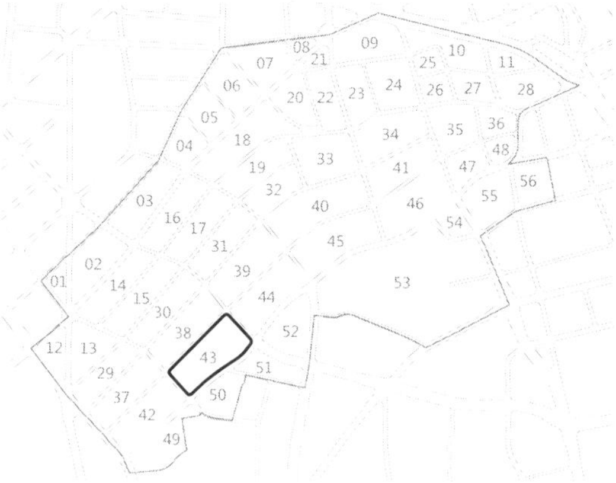

43 街坊

43 街坊位于五大道地区西南部，东北至云南路，西南至昆明路，西北邻睦南道，东南邻马场道，地块最长边约 315 米，最短边约 121 米，面积约为 4.4 公顷，产权地块划分较密、面积较小。街坊内以低层及多层住宅建筑为主，兼有门院式、院落式、里弄式与苏制大院等多种建筑布局方式。开放空间结合建筑设置，分布均匀，里弄式住宅与苏制大院的开放空间具有较强的公共性，其余开放空间由围墙围合，较为私密。街坊内建有多座文保及历史风貌建筑，如熊炳琦旧居、周叔弢旧居、柯应夔旧居、高树勋旧居、梁锦萱旧居等。

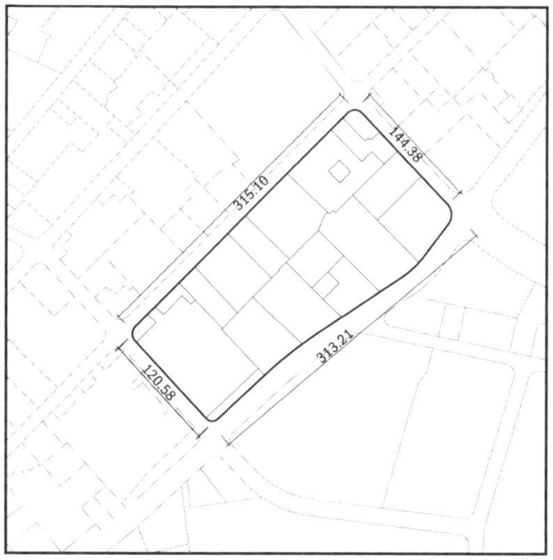

街廓尺寸及产权地块

相邻街道及建筑肌理

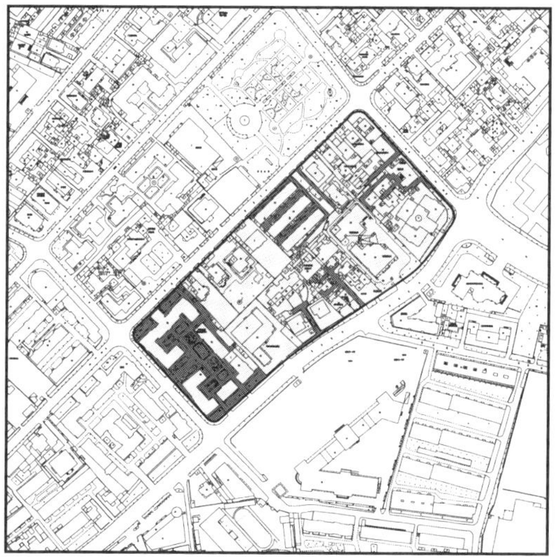
空间类型（公共/半公共/私密）

43 街坊

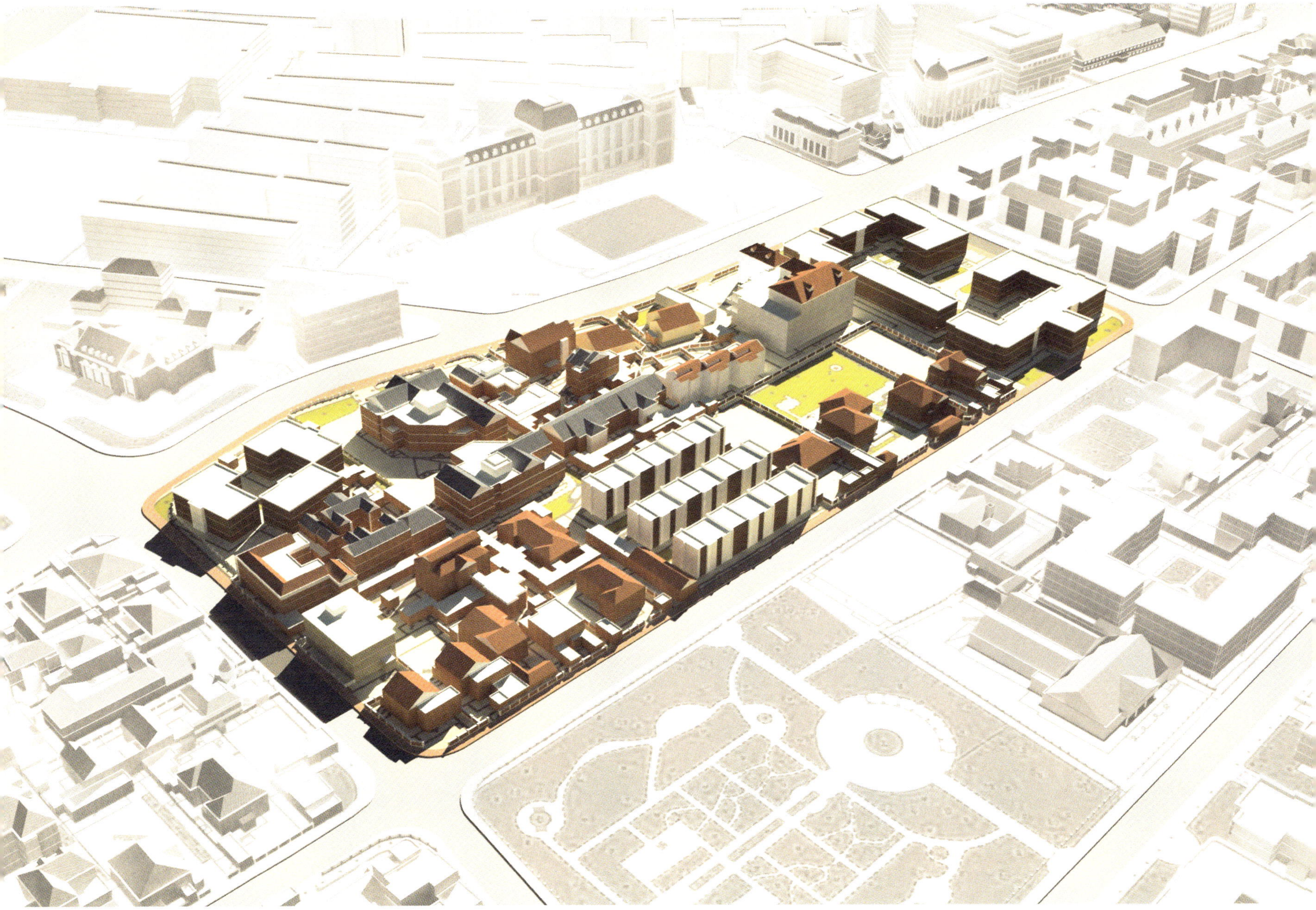

现状三维模型

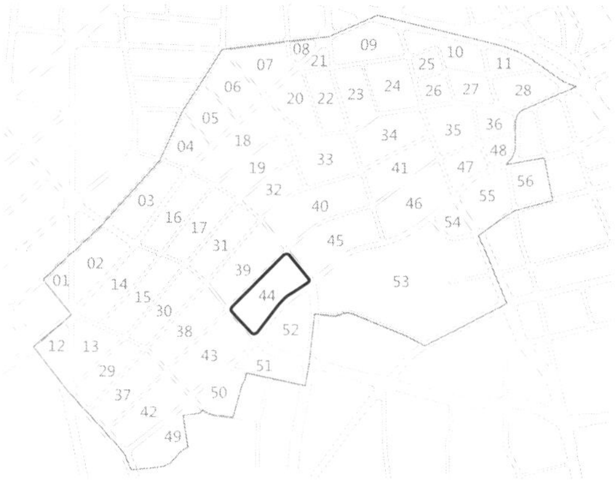

44 街坊

44 街坊位于五大道地区中部，东北至桂林路，西南至云南路，西北邻睦南道，东南邻马场道，地块最长边约 305 米，最短边约 142 米，面积约为 3.9 公顷，产权地块划分较密、面积较小。街坊内以低层住宅建筑为主，门院式与院落式是主要的建筑布局方式。开放空间结合建筑设置，分布较为均匀，街坊东部有一口袋公园，开放空间多由围墙围合，较为私密。街坊内建有多座文保及历史风貌建筑，如方先之旧居、卞万年旧居、王襄旧居、宋棐卿旧居、蒋恩钿旧居等。

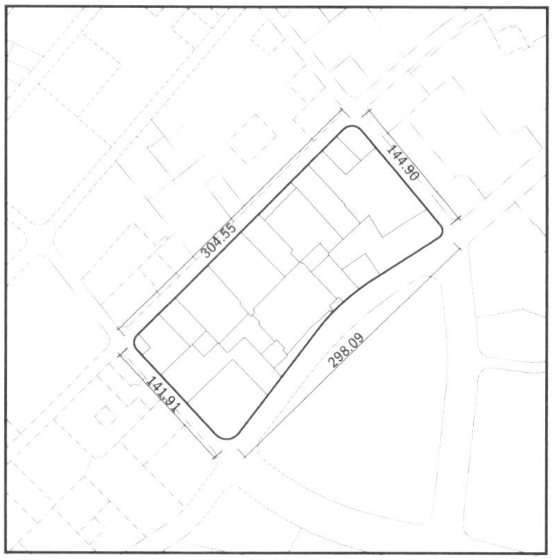

街廓尺寸及产权地块

相邻街道及建筑肌理

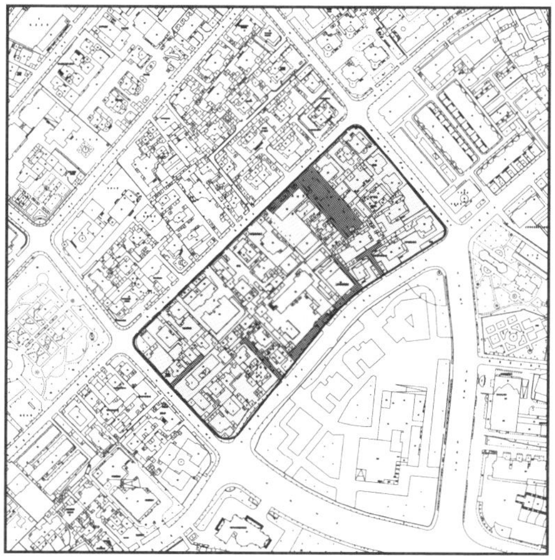

空间类型（公共/半公共/私密）

44 街坊

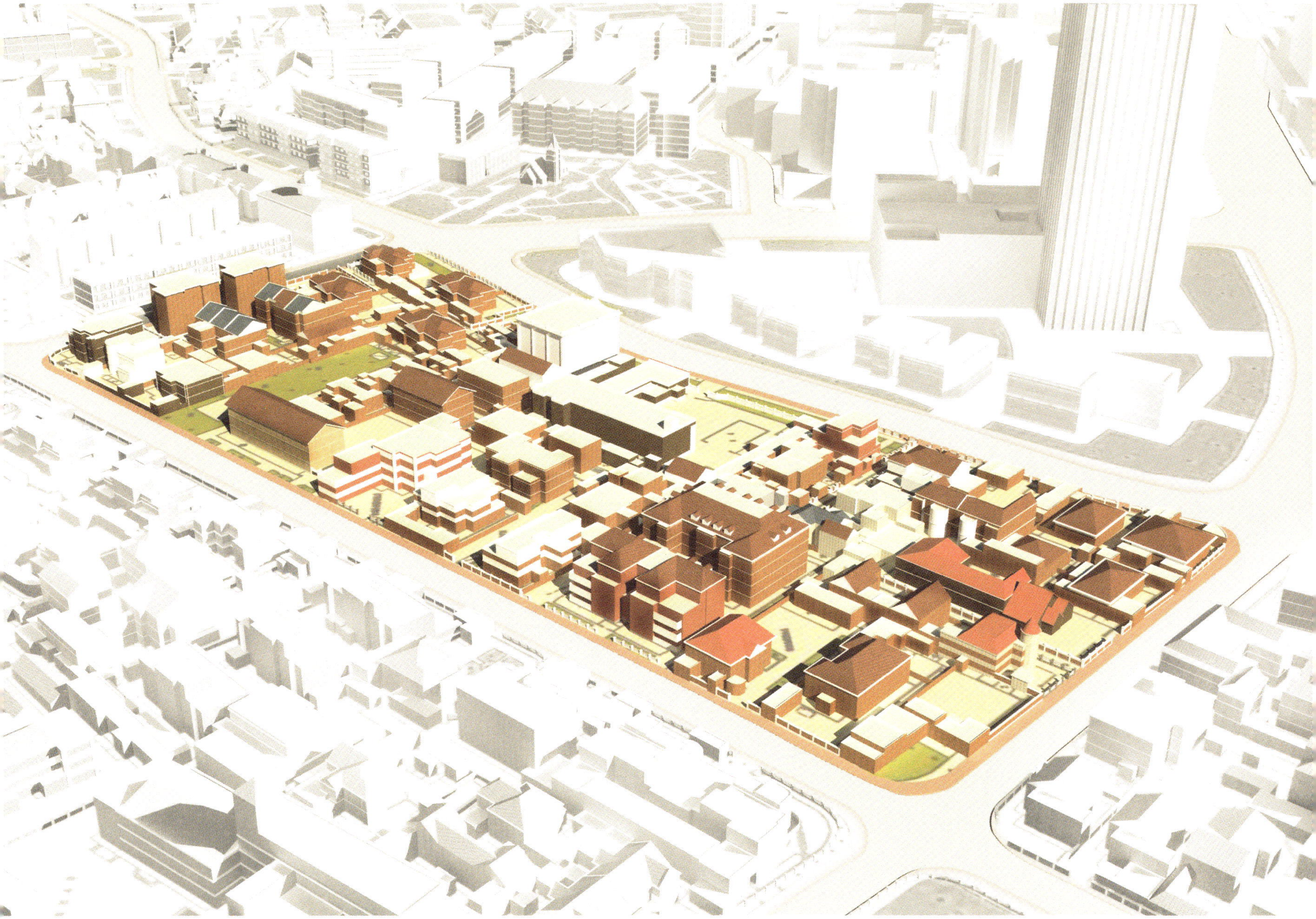

现状三维模型

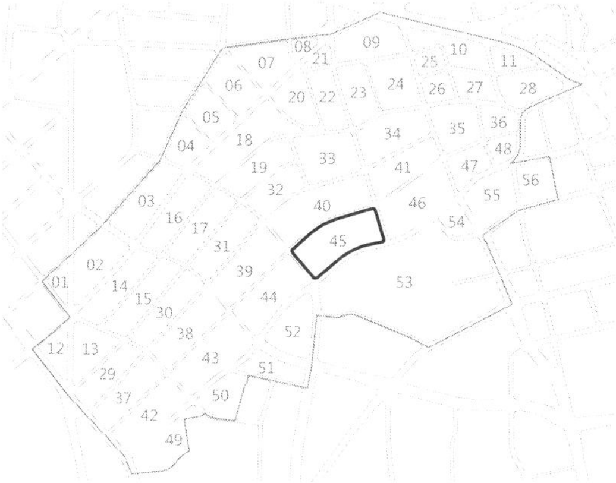

45 街坊

45 街坊位于五大道地区中部，东至河北路，西南至桂林路，北邻睦南道，南邻马场道，地块最长边约 350 米，最短边约 124 米，面积约为 4.6 公顷，产权地块划分较密、面积较小。街坊内以低层及多层建筑为主，兼有门院式、院落式、里弄式等多种建筑布局方式。开放空间结合建筑设置，分布较为均匀，里弄式住宅的开放空间具有较强的公共性，其余开放空间由围墙围合，较为私密。地块内建有多座文保及历史风貌建筑，如李烛尘旧居、骆玉笙旧居、杨荣环旧居、刘松庵旧居、张绍曾旧居、金显宅旧居、卞氏旧居及马场道住宅、马场别墅等。

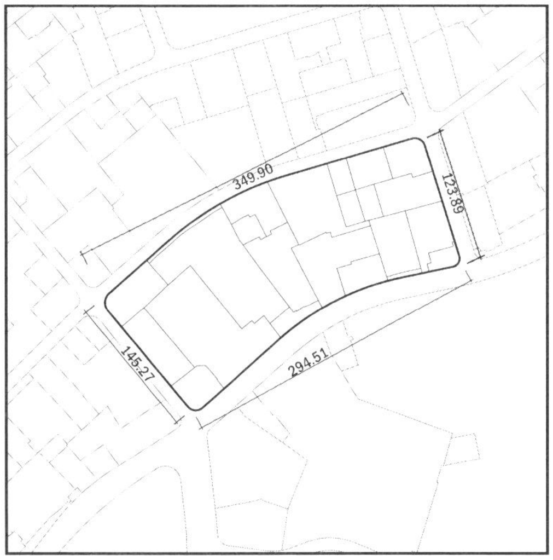

街廓尺寸及产权地块

相邻街道及建筑肌理

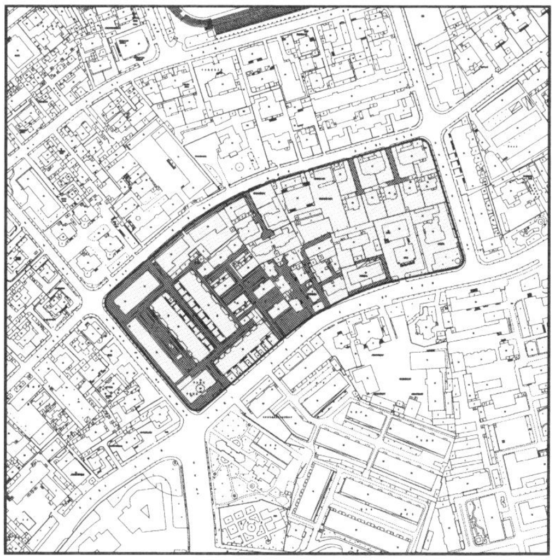
空间类型（公共/半公共/私密）

45 街坊

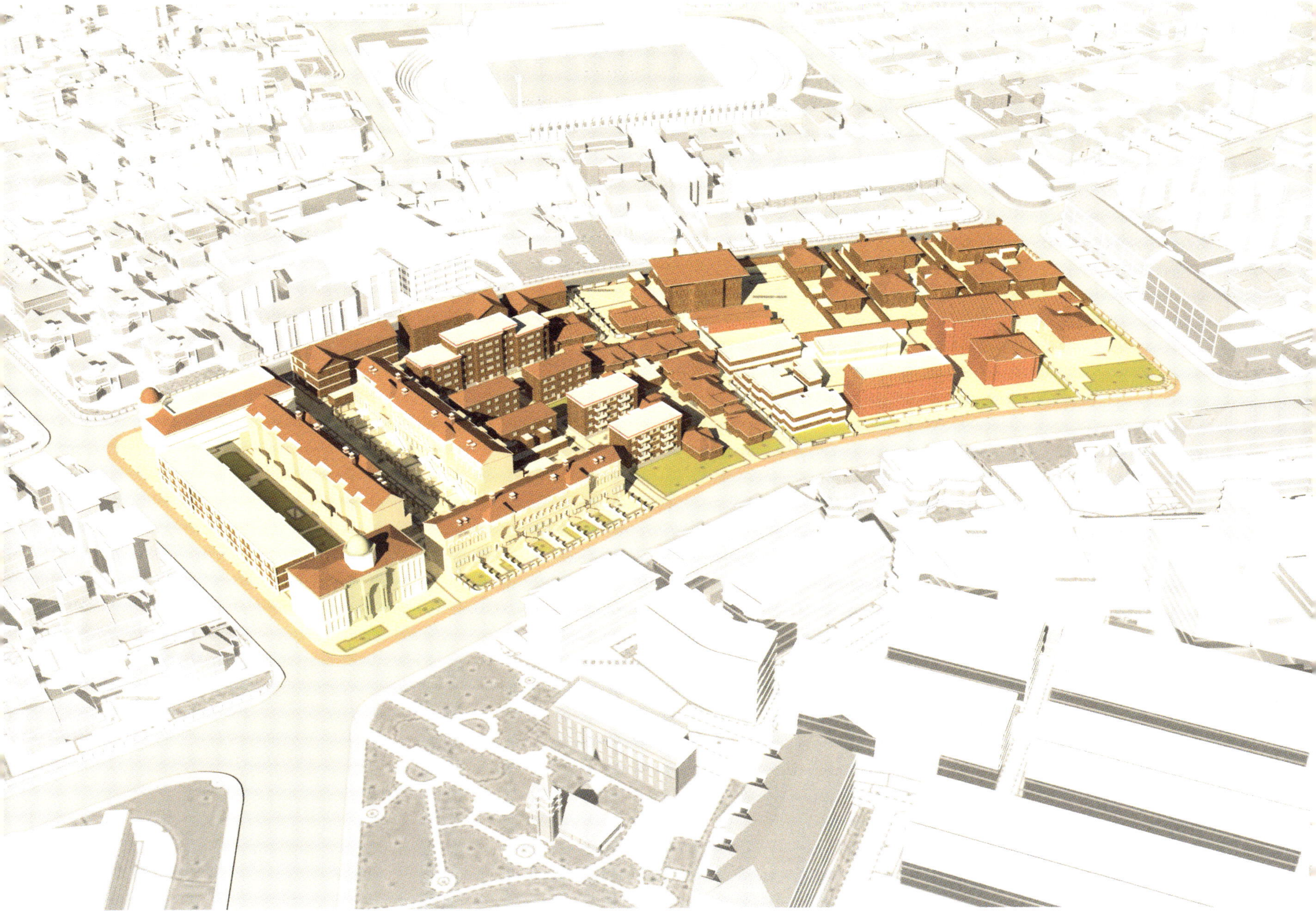

现状三维模型

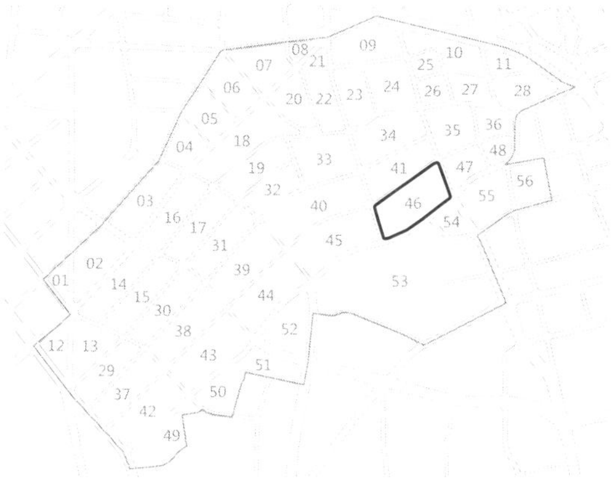

46 街坊

46 街坊位于五大道地区中部，东至新华路，西至河北路，北邻睦南道，南邻马场道，地块最长边约 295 米，最短边约 136 米，面积约为 4.3 公顷，产权地块划分较密、面积较小。街坊内以低层及多层住宅建筑为主，门院式是主要的建筑布局方式，有少量采用院落式与里弄式布局。公共开放空间位于街坊西南角，里弄式住宅的开放空间公共性较强，其余开放空间由围墙围合，较为私密。地块内建有多座文保及历史风貌建筑，如张克忠旧居、徐世章旧居、马连良旧居、雍剑秋旧居、王仲刘旧居等。

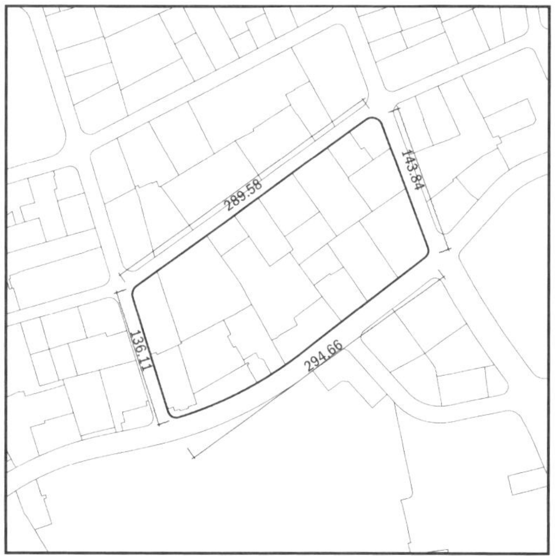

街廓尺寸及产权地块

相邻街道及建筑肌理

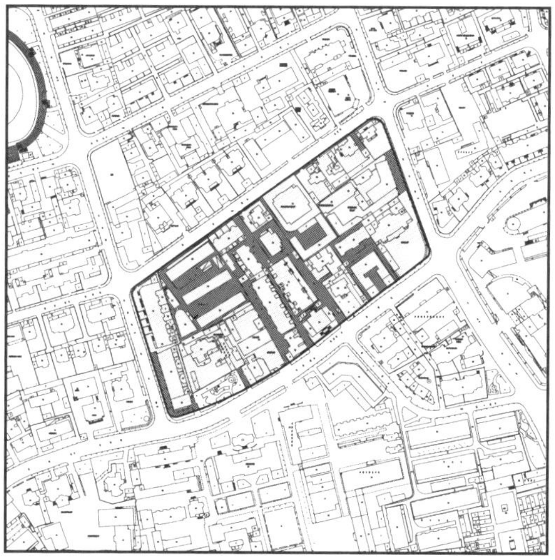

空间类型（公共/半公共/私密）

46 街坊

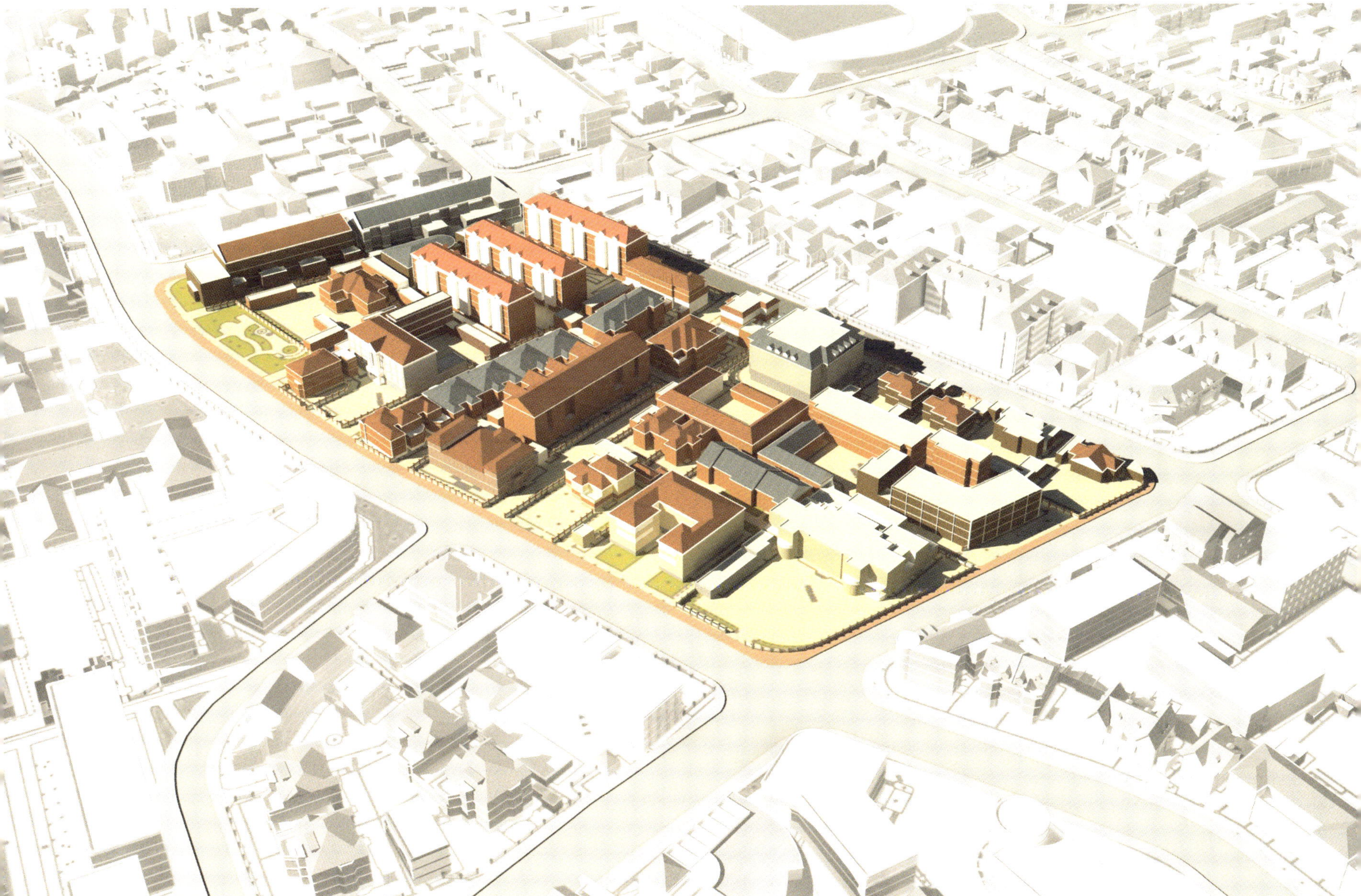

现状三维模型

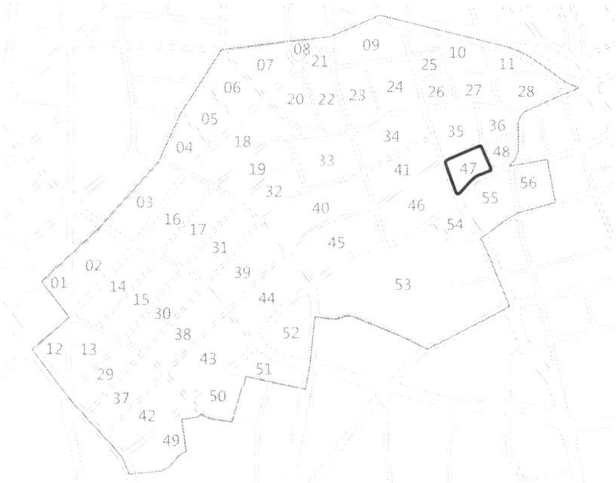

47 街坊

47 街坊位于五大道地区东部，东至香港路，西至新华路，北邻睦南道，南邻马场道，地块最长边约 160 米，最短边约 102 米，面积约为 1.8 公顷，产权地块划分较密、面积较小。街坊内以低层及多层住宅建筑为主，门院式是主要的建筑布局方式。街坊内部有一大型公共开放空间，其余开放空间由围墙围合，公共性较弱。街坊内建有多座文保及历史风貌建筑，如徐世昌旧居、徐氏旧居、胡若愚旧居及法国教会公寓、同乐里住宅等。

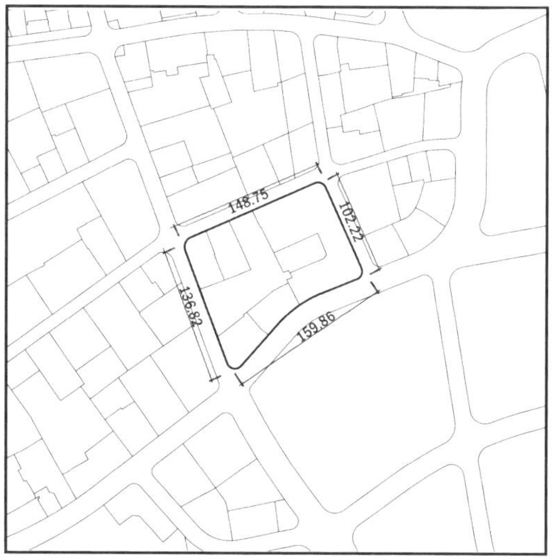

街廓尺寸及产权地块

相邻街道及建筑肌理

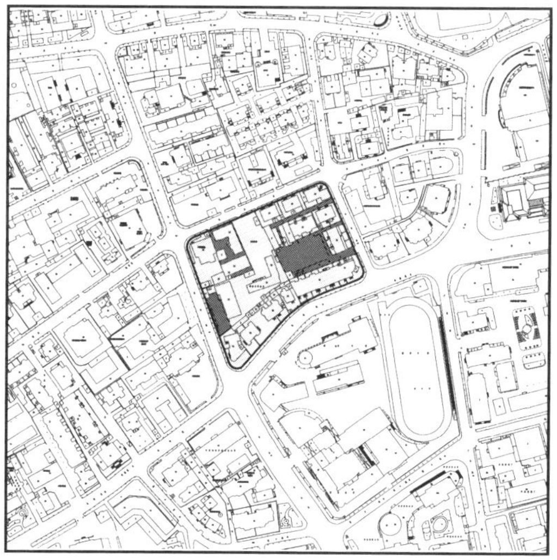

空间类型（公共/半公共/私密）

47 街坊

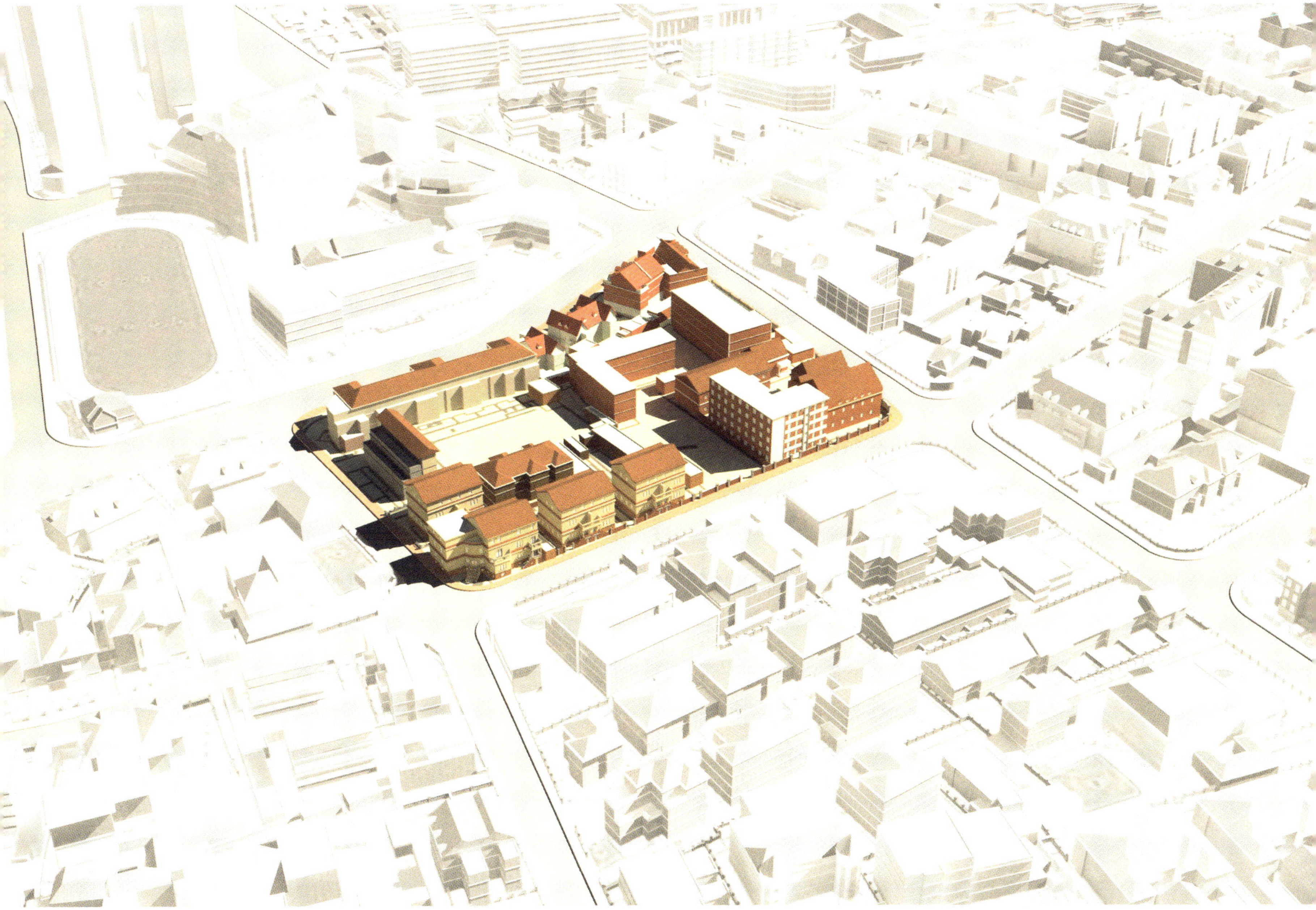

现状三维模型

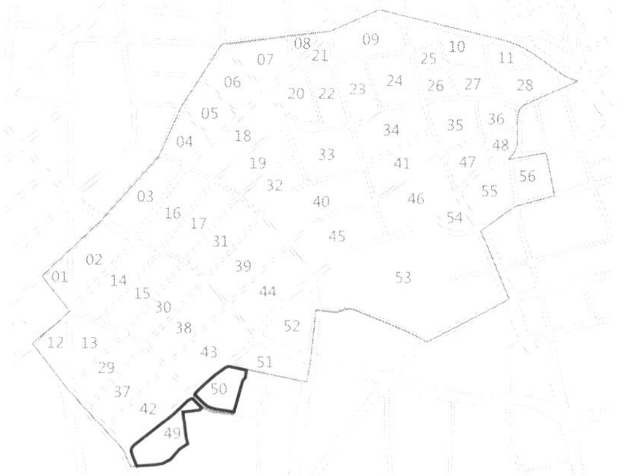

49 街坊

49 街坊位于五大道地区西南部，东北至津港路，南至河沿道，西至西康路，北邻马场道，地块最长边约 303 米，最短边约 40 米，面积约为 2.9 公顷，产权地块划分较密、面积较小。街坊内以多层及高层建筑为主，院落式与门院式是主要的建筑布局方式。建筑由围墙围合，开放空间公共性较弱。

50 街坊

50 街坊位于五大道地区西南部，北至湛江路，南至津港路，西北至马场道，地块最长边约 188 米，最短边约 89 米，面积约为 3.7 公顷。现为两家产权主体所有，东部为住宅小区，西部为中学。街坊内以多层建筑为主，学校采用院落式布局方式，住宅则为新式小区布局，建筑密度较小。建筑由围墙围合，开放空间公共性较弱。

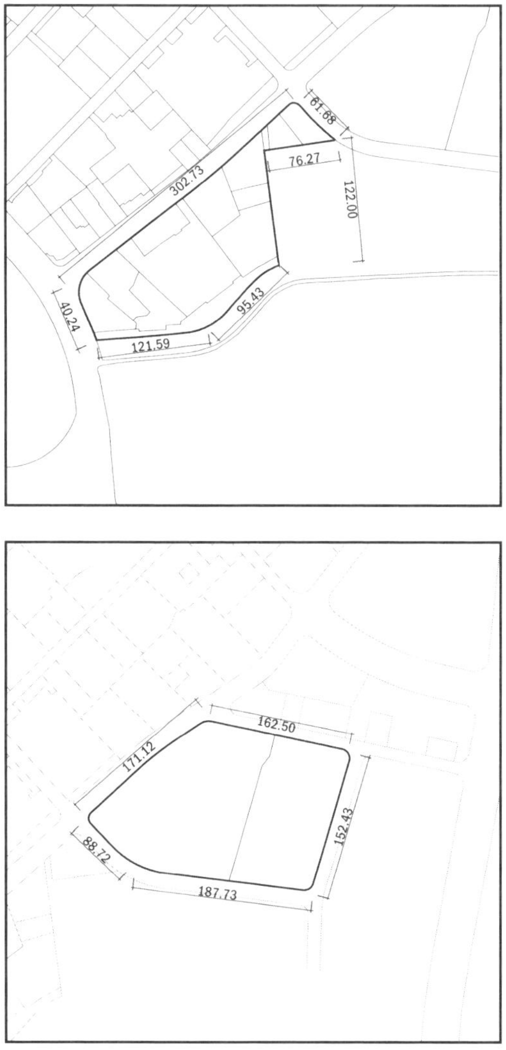

街廓尺寸及产权地块

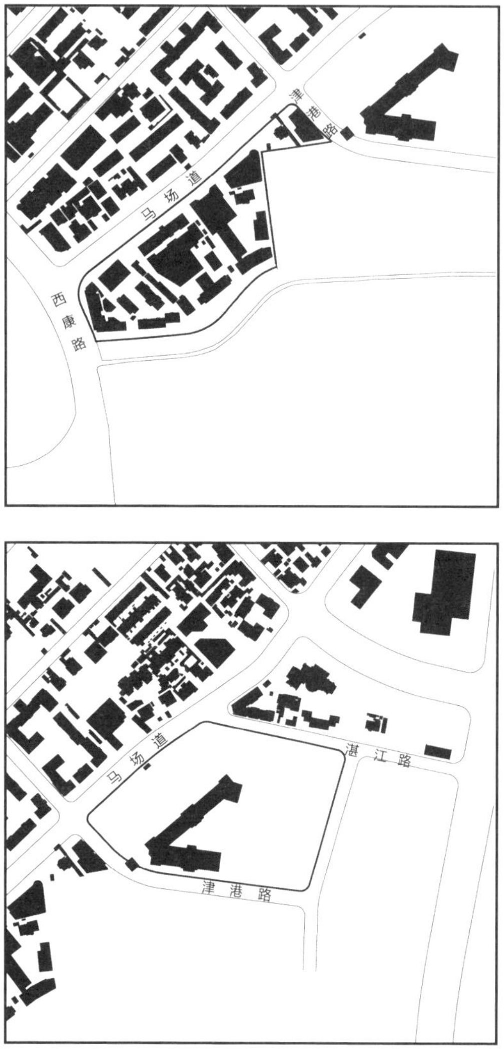

相邻街道及建筑肌理

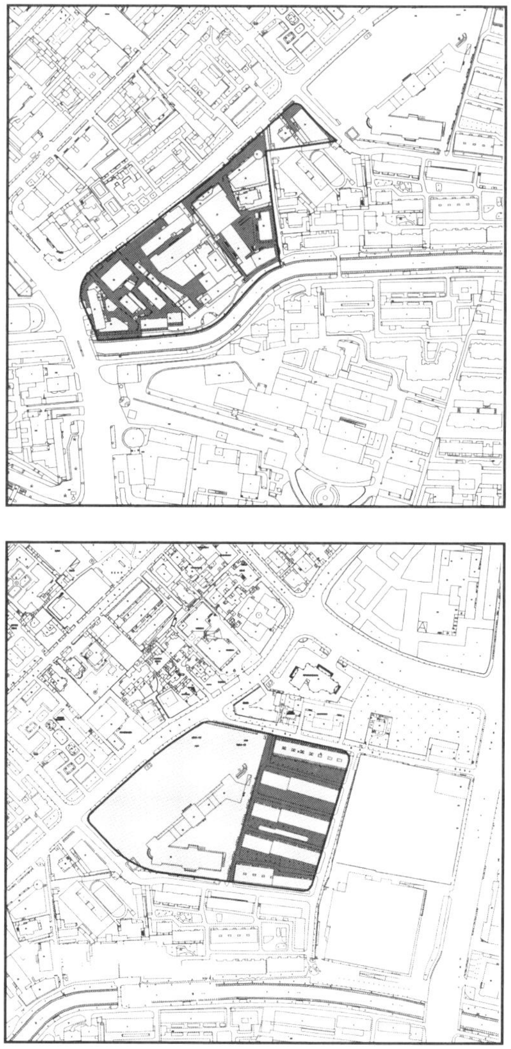
空间类型（公共/半公共/私密）

51 街坊

51 街坊位于五大道地区西南部，北至永安道，南至湛江路，西至马场道，东至友谊路，地块最长边约 260 米，最短边约 61 米，面积约为 1.9 公顷，产权地块划分较密、面积较小。街坊内以多层建筑为主，采用门院式布局方式。建筑由围墙围合，开放空间的公共性较弱。历史风貌建筑崔伯旧居位于本街坊内。

52 街坊

52 街坊位于五大道地区南部，西至马场道，东至友谊路，南至永安道，地块最长边约 240 米，最短边约 185 米，面积约为 3.1 公顷，现为一家产权主体所有。街坊西部为多座低层建筑，东部为一座超高层建筑，以院落式布局方式围合成公共性较强的开放空间。

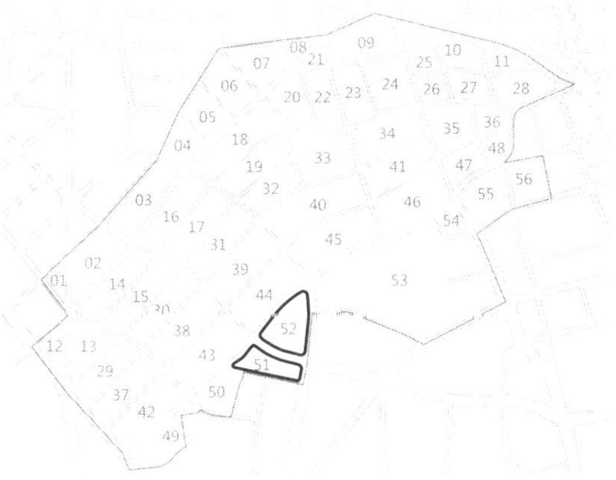

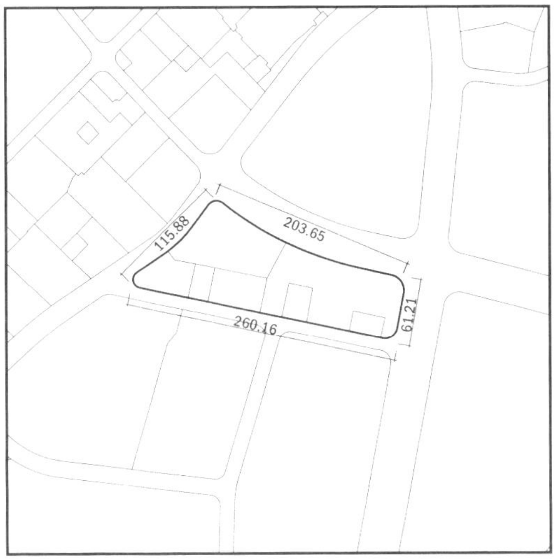

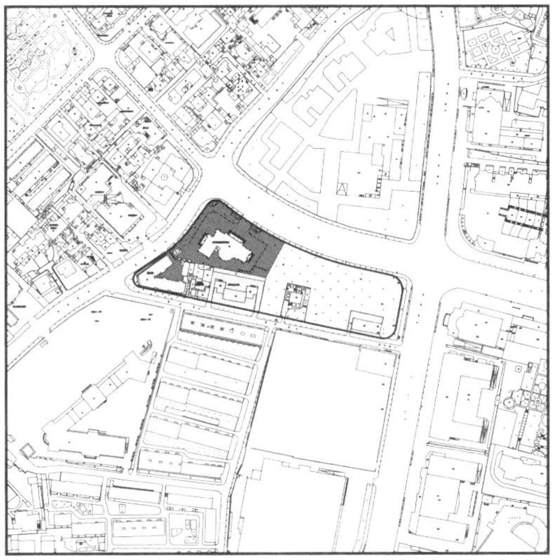

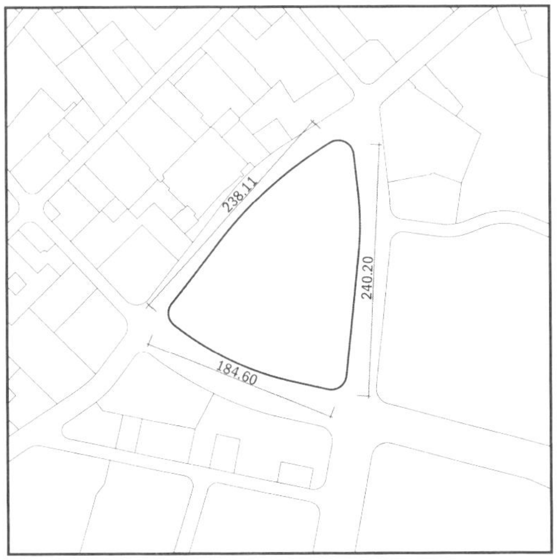

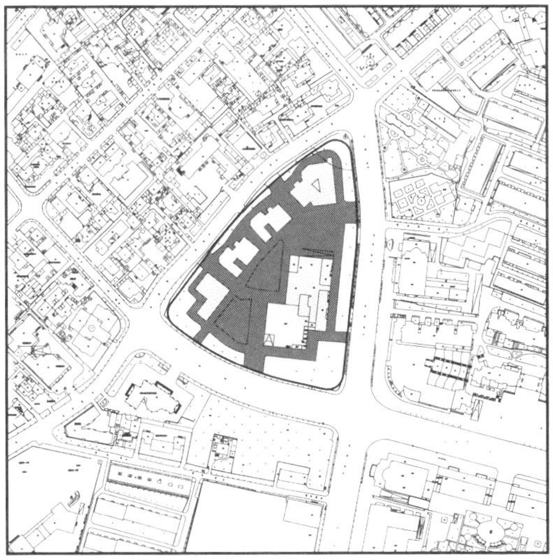

街廓尺寸及产权地块

相邻街道及建筑肌理

空间类型（公共/半公共/私密）

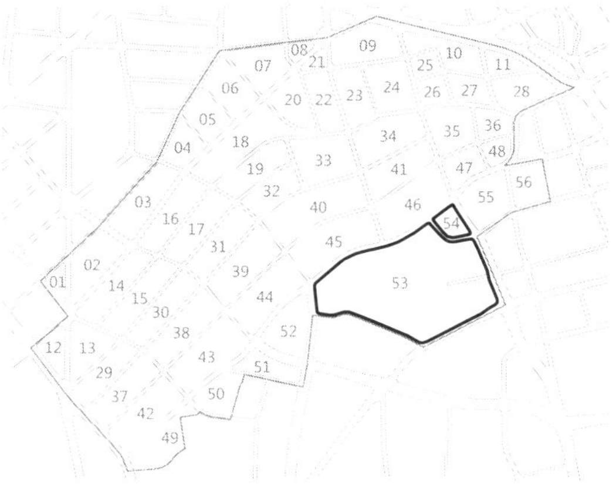

53 街坊

53 街坊位于五大道地区东南部，北至马场道，南至绍兴道与桃园村大街，西至友谊路，东至九龙路，街坊最长边约 295 米，最短边约 48 米，面积约为 19.7 公顷，产权地块划分差异较大，天津外国语大学为最大地块。街坊内以多层建筑为主，另有少量新建中高层建筑位于街坊南部。外国语大学采用院落式布局方式，新建住宅小区则采用新式小区的布局方式。大学由围墙围合，较为封闭，东西两端的住宅小区拥有相对公共的开放空间。街坊内建有多座文保及历史风貌建筑，如刘冠雄旧居、桑志华旧居、达文士旧居及北疆博物院旧址等。

54 街坊

54 街坊位于五大道地区东南部，北至马场道，南至浦口道，东至九龙路，街坊最长边约 133 米，最短边约 80 米，面积约为 1.1 公顷，产权地块划分较密、面积较小。街坊内以低层建筑为主，采用院落式及门院式布局方式，建筑密度较大。开放空间结合建筑设置，分布较为均匀，公共开放空间较少。历史风貌建筑杨度旧居及原德国武官公寓等位于本街坊内。

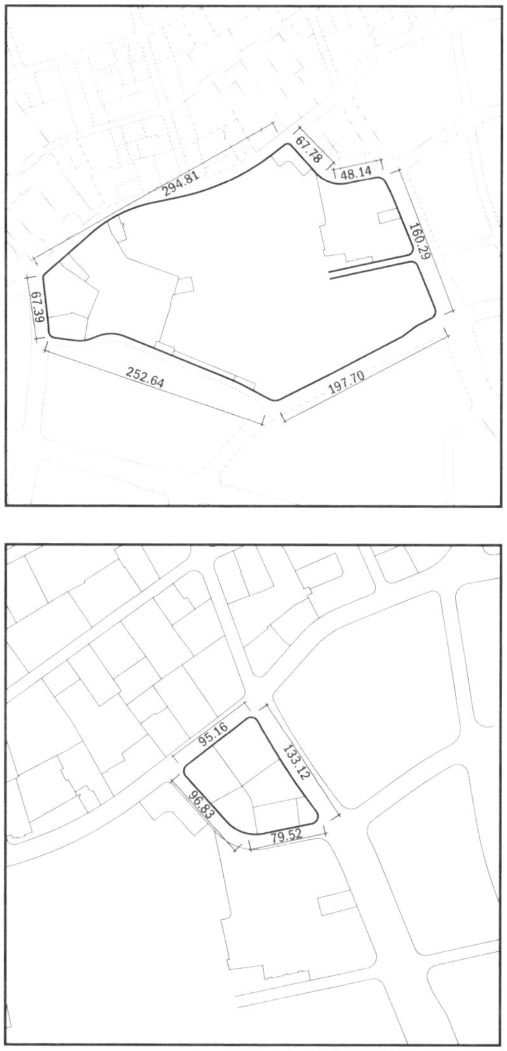

街廓尺寸及产权地块

相邻街道及建筑肌理

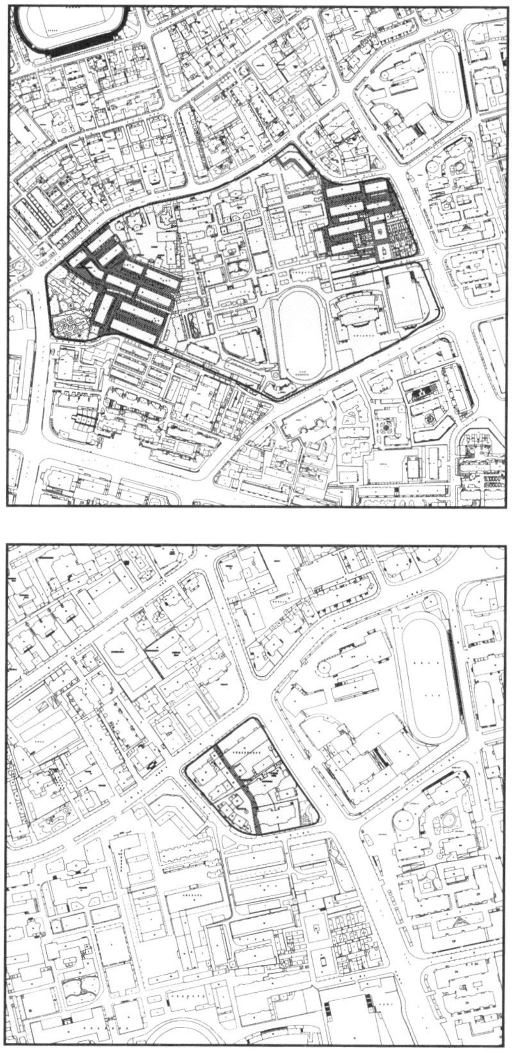

空间类型（公共/半公共/私密）

53、54 街坊

现状三维模型

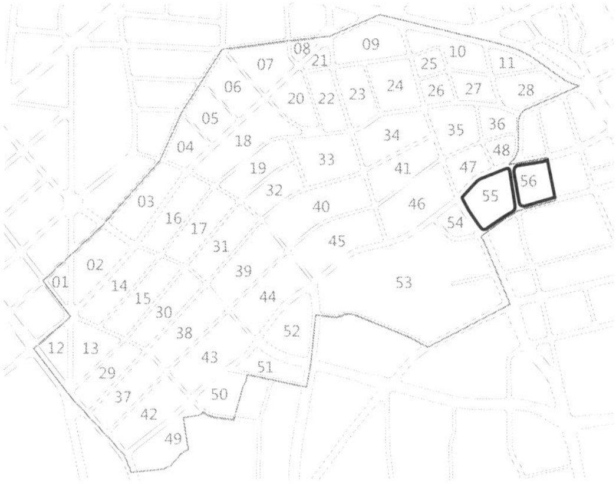

55 街坊

55 街坊位于五大道地区东部，北至马场道，南至浦口道，西至九龙路，东至广东路，街坊最长边约 206 米，最短边约 148 米，面积约为 3.2 公顷，现为一家产权主体所有。街坊内主体建筑为圣功学校旧址，现仍为学校使用，以多层建筑为主，采用院落式布局方式，公共开放空间于围墙外设置，面积较小，开放性不强。

56 街坊

56 街坊位于五大道地区东部，北至合肥道，南至浦口道，西至广东路，东至九江路，街坊最长边约 152 米，最短边约 133 米，面积约为 2.1 公顷，现为一家产权主体所有。街坊内以多层建筑为主，主要采用院落式布局方式，公共开放空间于围墙外设置，面积较小，开放性不强。文物建筑美国兵营旧址位于本街坊内。

街廓尺寸及产权地块

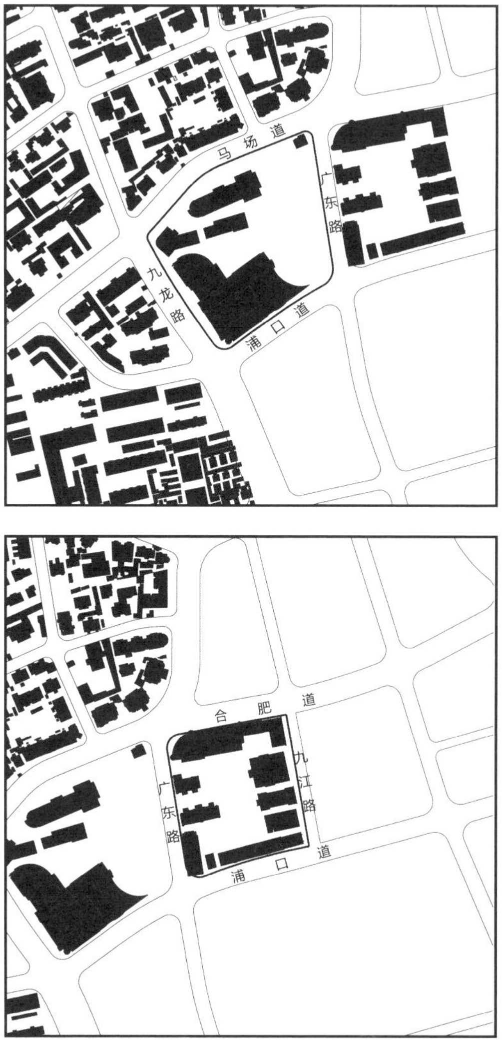

相邻街道及建筑肌理

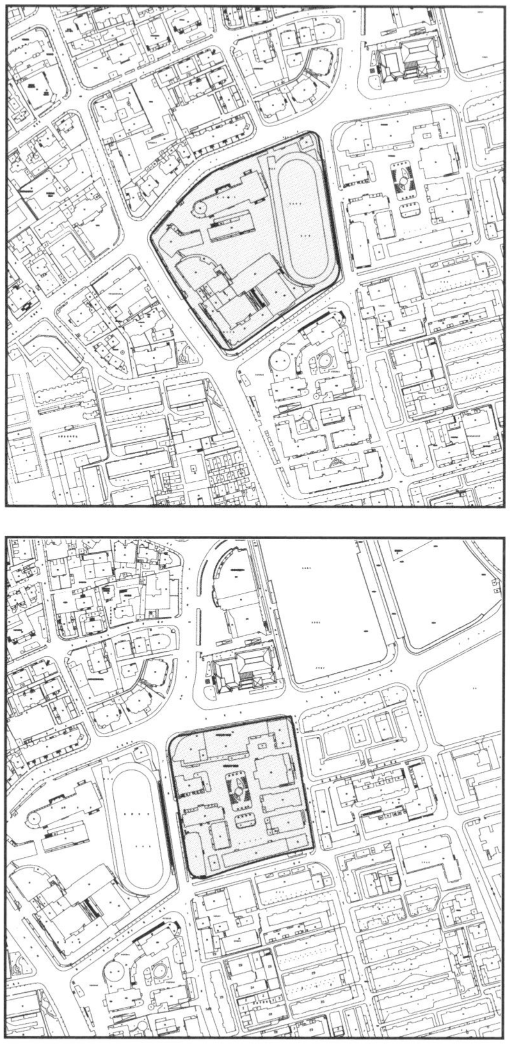

空间类型（公共/半公共/私密）

5.5 从城市形态研究的角度认知五大道

今天我们在地图上看到的五大道，既是城市文化在空间上的展示，也反映了一个社会随着时代变迁对多元化文明及审美理解的变化。我们试图采用城市形态研究的一些可行又显而易见的方法，把空间和时间联系起来，从城市形态，而非文典掌故或者纯建筑文物保护的角度认识和进一步发现这个地区。

一百年间的城市扩展范围和各个历史时期五大道地区的建设程度
（城市形态学使用的研究地图）

5.5.1 城市形态地图

通常规划者在叙说一个城市地区的历史发展历程时都会首先找到各个历史时期绘制的地图，我们暂称其为“历史地图”。历史地图上能反映出空间上的自然标记和城市的建成范围和重要的人工标志。然而以研究城市生长规律、比较各个历史时期城市建成区驱动机制为目的，历史地图远不如“城市形态地图”直观。所谓的城市形态地图，是指用同一比例和表现手法、细节程度来翻新这些历史地图，它的意义在于通过地图找到城市发展相对应的社会背景和引导建成区扩展的基本成因。

以五大道在过去一个世纪的发展来看：19 世纪，老城厢以一个聚落的卫城形态成为天津最初建城的格局，五大道还只是老城外一片沼泽洼地，它在城市形态地图上没有成规模建设的痕迹；1900 年，城市新的扩张脱离老城，沿着海河划定九国租界，外族列强在各自的租界自成体系建设，主要道路伸向海河，租界之间除了边界道路，并没有彼此交互构筑系统的路网，图中表达的是租界割地格局，它已经具备了城市沿河扩展发展的缘由；1919 年，海河河道集中清淤成为最显著的地区环境改善工程，各国在治理河道的同时开通并串接沿河道路，英属租界进一步扩大，已经有一部分集中建设活动发生在今天的五大道地区范围内；1925—1926 年，基础设施建设已完成，英租界已形成完善的道路系统；1946 年，整个五大道地区范围内的环境建筑都已建设得非常完善。从城市形态的发展，1920—1950 年的三十年间，是一个租界区自我完善和建设的阶段，也基本上奠定了新中国成立后期天津市城市中心建成区的范围格局和道路系统。

5.5.2 比较典型的开发模式

当我们研究空间模式时，可以通过采集有时代代表性的街区片断，从地图上用统一取景框截取特定大小的范围，来比较一系列衡量这个范围内空间的模式。

我们从五大道地区截取 3 个同样大小的视点框，代表着 3 个典型的城市形态模式，并对它们加以分析，从而找出这些空间模式和特定时代社会发展的关系。

城市形态研究的角度认知地区开发模式

首先在五大道边缘沿城市主干道南京路新开发较集中的地区设置第一个取景框，为了方便指向称其为“新建筑”；接着取景于新华路和洛阳道以西，一片新中国成立后受前苏联风格影响成组建造的职工公寓，特别符合当时单位体制下统一标准、厨卫共享的居住概念，因难以满足目前家庭式居住人均居住面积的规模，成为市属廉租房或者房主个体租房市场用户，称其为“都市公寓”；最后将取景框焦点置于大理道和桂林路交口一带，这些街区集中了过去众多名人故居的深宅大院，有院墙或围栏隔开街道繁华，一些经产权置换变成公共机构办公场所，命名为“独立宅院”。

三种街区类型

街区类型	新建筑	都市公寓	独立宅院
建设年代	20 世纪 90 年代末至今建造	20 世纪 40 － 70 年代建造	20 世纪 20 － 50 年代建造 局部近年新建
密度与强度	高密度、高层、高容积率	中高密度、3 ~ 5 层	高密度、1 ~ 3 层
产权密度与权属	单位地块，7 家业主 商业办公、公共教育机构	单位地块，30 家业主 市属廉租房、小型业主	单位地块，40 家业主 开发型居住、机构办公
开放空间特点	开放空地归城市公园 及单位内部使用	很少开放空地 多沿街绿地	少量街头公园供邻里共享

借助城市形态类型的研究还可以确定街道的性格，例如图中集中连续出现都市公寓和独立宅院类型的地段最能体现五大道本真的历史价值。这也为很多新建筑模仿老建筑找到依据——延续街面风格。

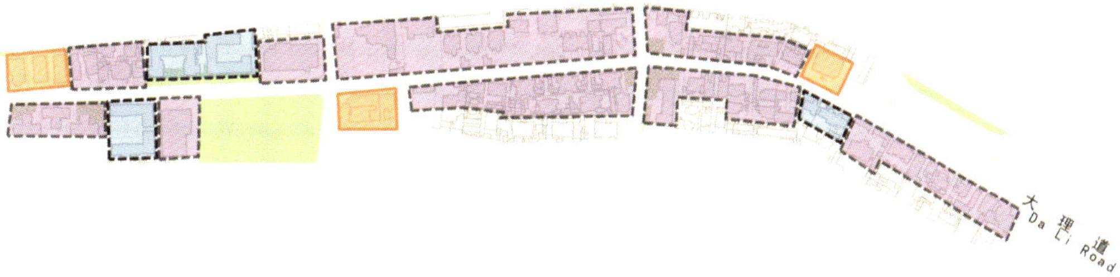

从城市形态研究的角度认知街道的性格

5.5.3 类型学抽象出建筑原型的研究

从城市形态学角度和从风貌保护角度对建筑文化的理解是有本质区别的。风貌建筑保护工作对建筑的分类是针对建筑以及营造文化的文物价值进行的，趋向于对建筑体量、风格及建设年代区分并作评价，因为这些方面综合反映建筑的保护价值。目前天津五大道地区历史风貌保护工作将居住类建筑类型分为：传统里弄住宅、新式里弄住宅（花园别墅、行列式、周边式、综合式）、独栋花园别墅、苏制大院、高级公寓等几种类型。从类型的名字可以看出其依据结合了建筑单体风格与建设年代、组合方式、单体规模等众多因素作为分类理由。

而城市形态学更关注建筑与建筑、私有空间与公共空间之间的联动关系，而非建筑外檐或内部流线的差异。以这种视角抽象出的建筑原型能够区分出建筑在街区内的布局规律，进而引申为城市形态管理和控制对建筑群体组合方式的影响。建筑原型之间可以从建造格局即各户之间的连接关系、停车与院落或建筑物的关联程度、建筑强度与密度、公共入口与各户进入家门的方式等方面来比较。

形成这种分类方式的深层原因是城市设计行业的快速发展，它将以往对建筑个体表现为主要依据引导向建筑作为“城市的要素”对街区的贡献。城市形态是由不同的建筑类型和组合方式参与的，与街道、院落等空间集体塑造反映在街区和分区尺度上的表现——建筑不再仅仅被看作是某一种风格或文明统治下的造化，它更是在各个时代真实的场景中塑造环境品质、影响人们对综合环境审美取向的一种手段。

倘若在城市形态学的范畴内看待城市建筑，并不需要某一种类型学逻辑“覆盖”所有的建筑，而是用一种最直观和有代表性的“标准”来划分某一种类型和其他同此标准下衡量的类型。以进入每户的方式以及与邻居共享公共空间的程度，将建筑分为“直门对街型”、“走廊入户型”和“合用门户型”。直门对街型是每一户的门独立对街道，一个门牌只针对一户；走廊入户型是多家住户通过楼梯、走廊进入各户，楼梯和走廊属于全体住户，另外所有单元共用一个对着街道的公共入口；合用门户型则是 2 ~ 3 户共同通过一个固定的入口、通道进入各户，该入口和通道（走廊和楼梯）不会被外人使用，较为私密。

城市形态学指导下的类型学建筑分类

总类型	直门对街型		走廊入户型		合用门户型	
分类别	分体式 院落居所	院落式	简式青年 职员宿舍	机关单位	里弄联排式	宽台双拼式
抽象出的 建筑原型	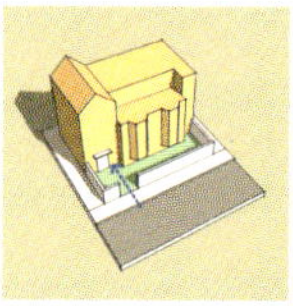	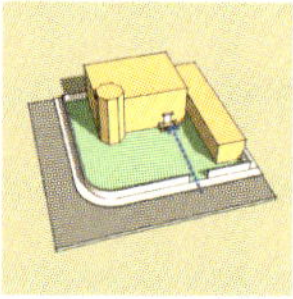	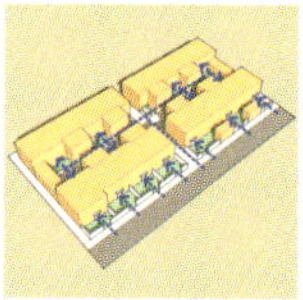	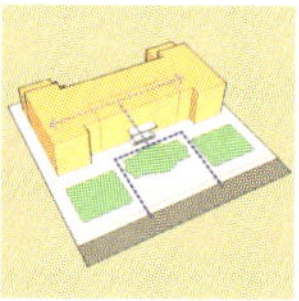	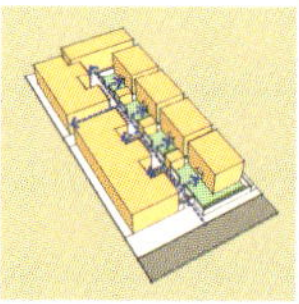	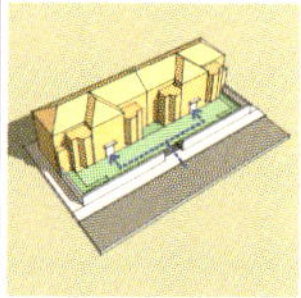
户门与 街道	入户门在街面，可能有围栏	大门在街边，入户经院子，有院墙或围栏	入口朝街道的沿街有矮墙，或通过巷子与前者平行排列	—	门户不在街道上或穿过里弄才进入公共入口	两门户并排位于一个平台，平台或经院子、台阶通向街道
公共空间 的私密度	私密度较高	私密度高	不对外开放但私密性一般	有院墙 / 门卫	—	有台阶或院墙，少量家庭共用，私密度较高
产权密度	中低	中低	高	低	中高	—
产权性质	企业或机关住宅	企业或机关住宅	公租房	机关单位	出租屋	居住
建筑密度 与强度	较低密度	较低密度	中高密度	中等密度	中高密度	—
停车方式	地块内没有停车，街面停车	停车入院	巷子窄难停车，街边无法停车	院落 / 街边停车	—	—
户型大小	不确定	原属大型独户居所，现多用于公共机构和商业团体	35 ~ 50 平方米	不确定	—	—

英殖民时期的职工宿舍是19世纪末工业城市卫生运动的产物，在保证口袋式走廊通风的同时，每户单独设有简易卫生间，每层楼集中设明火厨房。多为3～4层，顶层退后成露台，底层有公共存放自行车和越冬物资的小院。另一个反映20世纪50年代时代特点的苏制大院，墙体厚重。

用形态学的方法归纳建筑类型或者建筑组合原型，可以通过少量化的原型研究使导则更加精确。

通过类型学发现建筑组合的原型

建筑组合类型	门院式	里弄式	院落式
抽象出的建筑原型		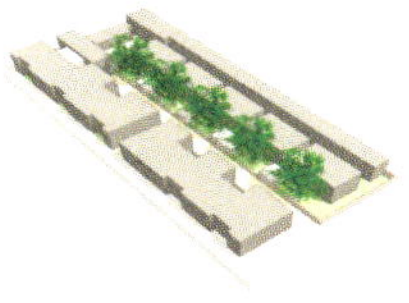	
与街道的关系	主要位于街道交口处	在城市街道上有明确入口和通道	有唯一的入口并直接伸入到内院
建筑形式	有主要的临街面，另一面与周边建筑保持着整齐的界面	里弄内部有明确紧密的界面	建筑造型丰富
使用特性	目前主要用于公共机构，开放程度低	小户型居住，比较开放	混合居住，开放程度高

5.5.4 三种典型类型的开发

从五大道地区截取三个可以代表不同开发模式的同样大小的片段，在上一段曾经分析过对这些开发模式重要因素的比较来认知它们之间的区别。为了能进一步分析地块内建筑的做法，我们从都市公寓片断中特别拿出控制性详细规划编号为23、24的两个街区地块，对这两个地块的建筑类型和组织方式加以详细的说明。选择这两个地块，主要是因为它们内部包含了丰富的建筑类型，并且含有城市期待更新的嵌入式发展的产权单元。以它们为研究对象，可以集中地说明如何运用类型学指导建筑设计。

新建筑　　都市公寓　　独立宅院

城市地区开发模式中选取23、24地块研究建筑类型和组合方式

5.5.5 地块中三种建筑原型的组合

在现场真实场地中进一步验证这些建筑原型，通过研究形制比较整齐的建筑组合（图中蓝色产权分隔中深灰色的部分）能够具体说明门院式、里弄式和院落式的细节特征，并成为指导嵌入式建筑与周边连接方法和它本身细部做法的依据。

简单的门院住宅由经过过街门楼和通道进入建筑背街面的内院，面街的住户也往往从背面进入楼道内，与3～4层沿街面相接的是内院附属的1～2层侧翼建筑，原先往往用作储藏、厨房等附属功能，偶尔也有租客暂居其中；里弄式住宅强调沿街伸向建筑之间的窄小车行通道和行列之间的内部通道，这里也是内部活动较安全的地带。每个单体底层设有后院。

研究这样一个随着时间的前进逐渐发展起来的历史街区，需要相当的观察力去发现每一种建筑组合和原型内在的规律，在适当的情况下巩固这种规律并挖掘每个地块的独特个性，会令城市建设更加贴近使用者的需求。除此之外，建筑原型在真实环境中往往并不明朗，人为的加建、居住功能的转换、房间的重新分配等都会改变它原先的面貌，所以研究原型在这一过程中的变迁有助于我们了解居民行为与环境之间的影响：人们在不同层次和性质的地方如何安排生活中活动的各个方面，邻居之间对公共与私人领域的界限如何达成？在全天的不同时间段是怎样被使用的？人们对于自己经常活动的领域又有哪些愿望？有没有或怎样付诸行动达成这些愿望？

门院式

23、24地块中选取典型代表3种建筑组合类型

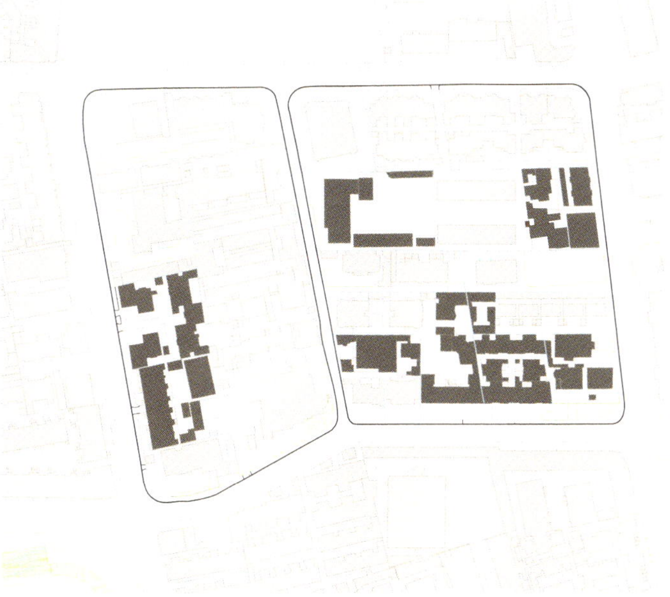

院落式

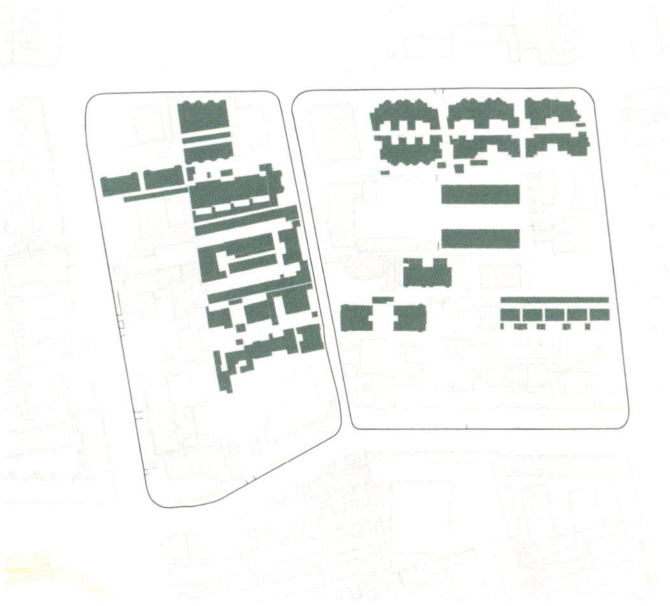

里弄式

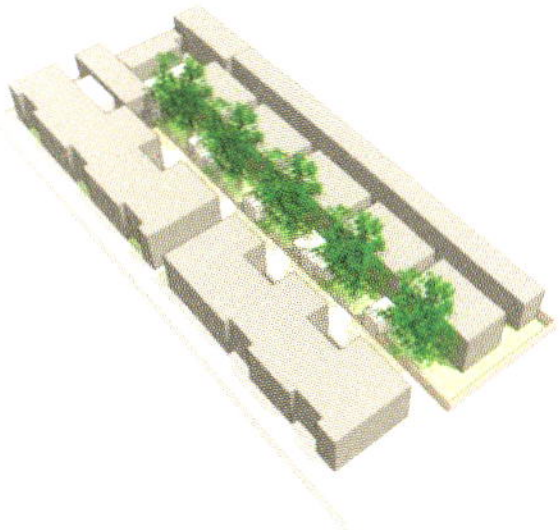

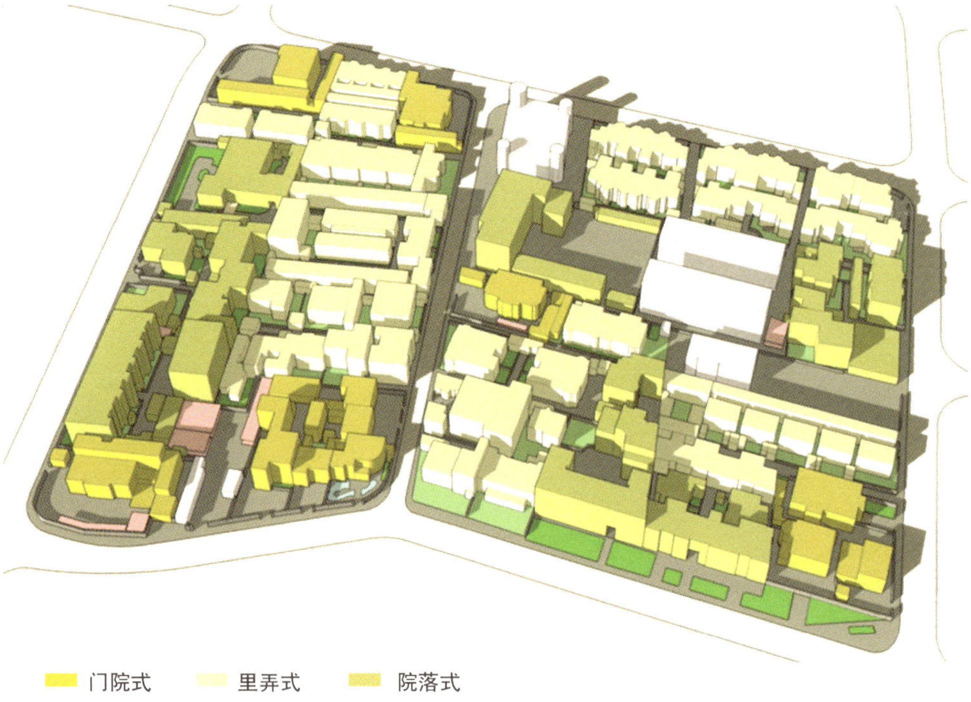

23、24地块中选取典型代表
3种建筑组合类型

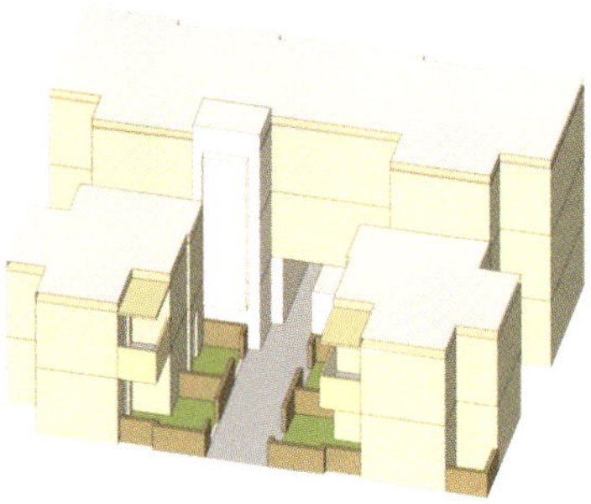

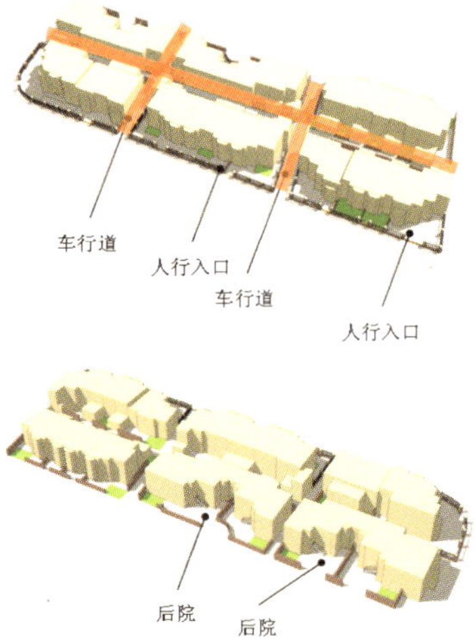

过街楼的门院式（左）
及街面的里弄式（右）

建筑原型分类　里弄式

建筑原型分类——院落式

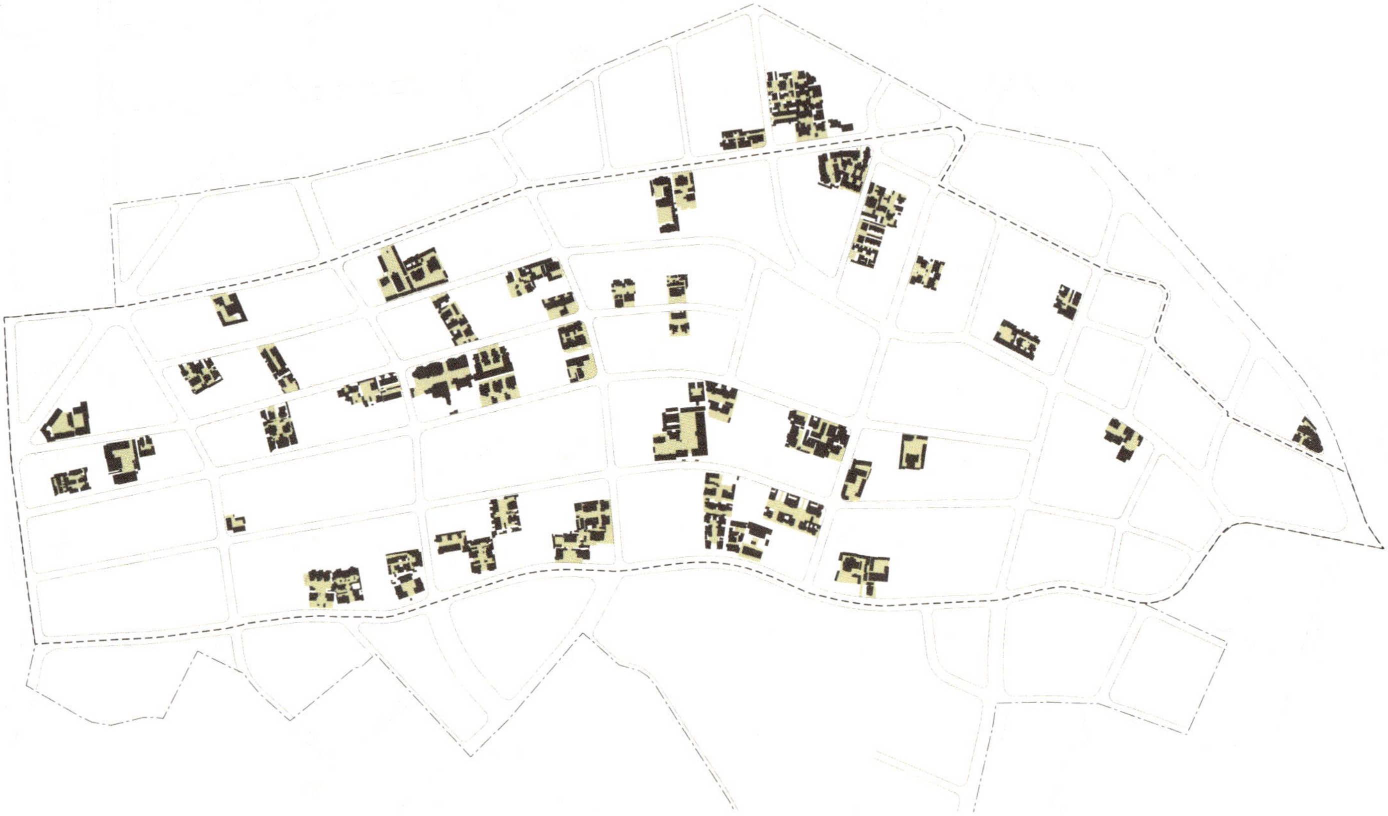

建筑原型分类——门院式

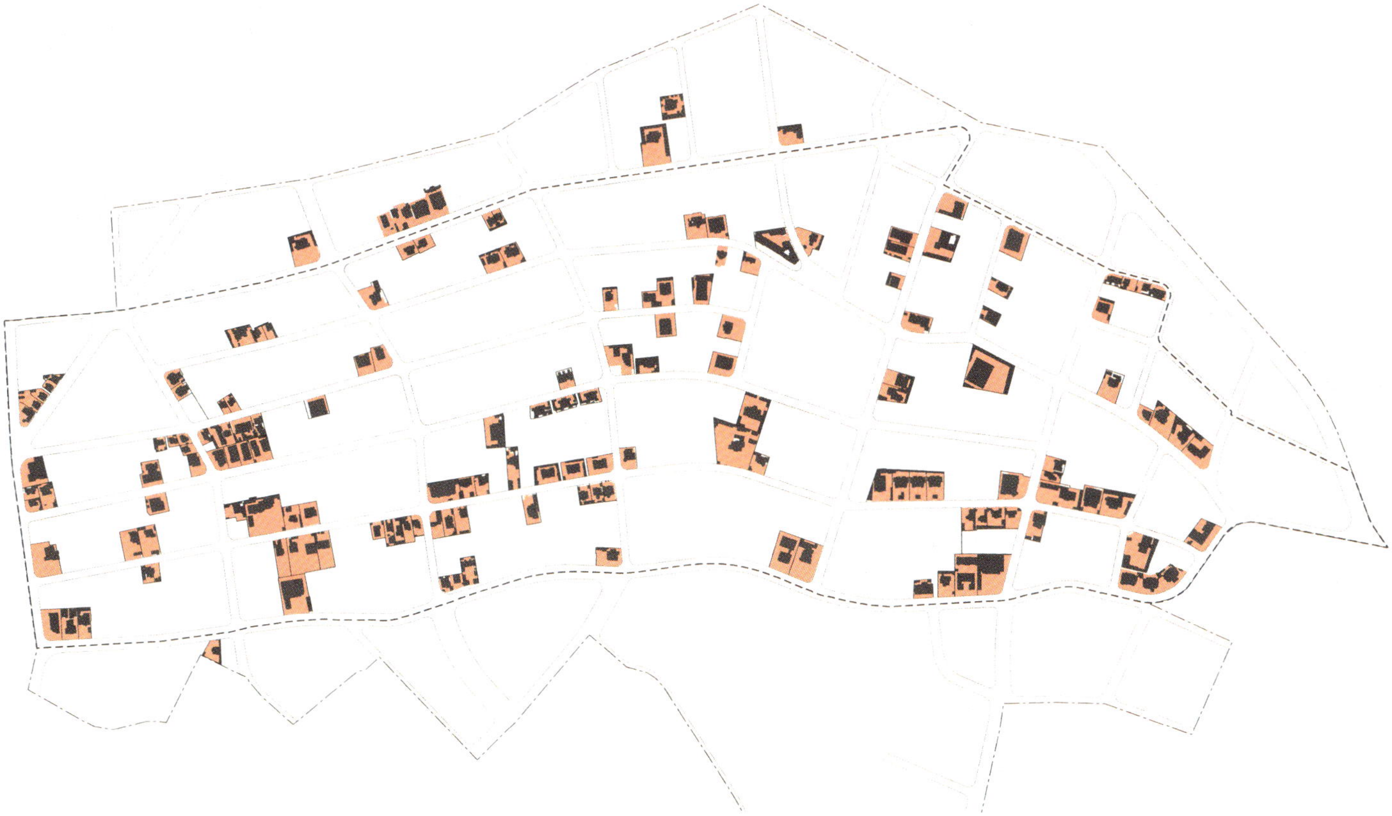

5.5.6 对现有控制性详细规划的反思

五大道历史风貌保护工作以 1994 年《五大道地区建设管理保护规划》的实施为起点，2010 年该地区被列为中国历史文化名街，如今城市建设的管理通过“城市设计及建筑导则”（简称导则）保障五大道内部的品质，尤其要防止新的建设行为对历史风貌街区价值造成损伤。然而由于我国历史风貌街区保护工作在近二十年来刚刚起步，专业人士及大众对历史保护的认识还不健全，法律体系及管理体制仍存在很大的探索空间，因此使用“导则”这套管理方法依然处于摸索阶段。诚然，早在 20 世纪 80 年代，在人们普遍不了解历史风貌街区保护该有哪些作为的十余年间，控制性详细规划（以下简称控规）对五大道历史街区的保护确实有效，而作为常规管理方式的补充和改进，今天“导则 + 控规”双管齐下、共同管理模式体现了时代发展进步对细腻管理的要求。

然而对于很多管理细节，如划定这些规定的强制程度、个案和一统性规定的界限等方面依然存在进一步研究的必要。一统性规定执行起来简明有力，对历史街区保护的最初目标起到很积极的促进作用，如控规曾自 1994 年来划定了明确的五大道风貌保护范围，要求其内部严格限制核心保护区的高度不得超过 12 米，因此在后来数十年间阻隔了城市中心地产开发的压力，并规定五大道地区面向街道的必须是建筑主立面和入口方向等等。而另一方面，在多大程度上能够进一步发展对某些规定的刚性与弹性的探讨，如何理解历史街区内部因素的多元化却不失和谐的原因，这些已经逐渐浮出水面，如五大道的导则和一般性的街道导则类似，为了保证街道的“整齐”和新建筑必要的面街停车、人员集聚，统一划定了建筑的退线距离；又如为了保证通风、采光和新旧建筑内部私密的需要，利用常识规定建筑之间的“最小距离”。这些规定一定程度上保证了五大道街区内的公共空间“留空”品质，但久而久之，随着一个个新建筑严格遵守这些导则建成的结果看，似乎出现不少困扰。为了正面直视现实中的矛盾，防止城市建设管理日常工作表象化、图谱化，下面仍然以 23、24 地块中已建成的新建筑效果来一一指出这些问题产生的原因。

1. 单纯的退线规定使门院式建筑失去了主立面

在 24 地块街角处有一块近乎正方的用地，其中新建建筑两面都有正门朝向街道，并遵守了导则规定的“退红线 8 米”、“与周边老建筑保持一定间距（多层 8 米）”等限制性条例。因限高的要求建筑没有突破三层，同时为了争取尽量可观的总建筑面积而几乎撑满地块。结果如下图所示，可以看到它虽然满足了所有指标规定，却和前面所说的任何一种建筑类型都不大相干，成了一个彻头彻尾的新样式。其实五大道原先并没有统一划定的建筑退线，作为有代表性的门院式的深宅大院，主人的身份就是通过建筑退缩在围墙与浓密植栽掩映下的入户大门体现的。

平均退线造成新建筑与同类建筑形态脱节的问题

2. 退线过大使新建筑与原有建筑脱离

五大道除了官员府邸之外，大量公寓类型的中小型居住建筑之间关系犹如当初英国新城建设的初衷，都是亲善友好的。而今规划导则规定的建筑间距建立在视觉卫生、日照采光和不同建筑类型习惯性的隔离基础上，因循当代城市建设的惯用方式，却似乎缺少对原有建筑关系的深入观察和巧妙变通。不仅鲜有在现有建筑基础上探讨嵌入什么类型建筑比较适当的规范，也缺乏新旧建筑之间紧密程度和划分方式的约定，这局面结果像是新地块变成邻里中一个不合群的陌生客人，格格不入的原因却并不是它的风格或体量。

过分追求退线反而隔离了建筑原本的紧密关系

3. 缺乏入口和通道方面的规定

构成街面景象的不仅是延伸向街道本身的左右两个面，还有一个很重要的因素就是从它伸向地块内部的联系通道。新建筑并不是在一个单纯的行业规范中发展这种关系，而是要看地块周边是否已经存在某种联系，比如里弄式公寓本身就存在的两条小巷道遇到了新地块却生生地被挡住。稍微放大一点范围观察就能料想到当初它们是有可能贯通到更深远的其他产权间的。这种遗憾不得不说是由于在制定导则之初，更多的是面对单纯的地块管理和建筑单体方面的缘故，而忽略了连续性方面的考量。

新建筑生生割断了地块内的通道

4. 建筑体量只限定了高度和总量，没有对建筑凹凸划分的研究

追求建筑高度和体量的一统性就像是仪仗队里寻找标准身材的列兵，而在一个建筑到另一个

建筑，它们的立面上表面凹凸的程度、分布以及开窗宽窄上相对找到和谐的连续感，则类似制服带来的齐整和细腻的秩序。遗憾的是，很多当代建筑师都谙熟由功能类型脸谱化的建筑创作，在一个成熟的、有历史感的场景中嵌入新的建筑，却没能从历史环境下类型丰富的建筑语汇中寻找到显而易见的逻辑。

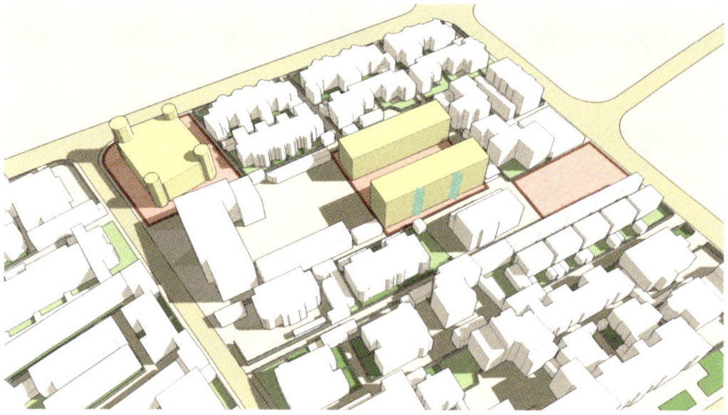

新建筑没有呼应现有建筑立面存在的逻辑

5.5.7 类型学在地块新建筑中的应用

在当今城市建筑管理中，控制性详细规划和导则在不同程度和法律效力上都有指导意义，但除此之外，还需要规划师和建筑师自身的修养、敏锐的观察力来为特定的项目找到可供参考的周边关系。类型学作为一种方法，比较适合从事建筑设计领域较为资深的设计师，因为抽象出建筑原型本身是需要在林林总总的建筑表象中设置并归纳出某些特定的控制因素的。所以我们并不认为应该将类型学这种研究工具过分夸大，尤其不能够作为法令规范使用，而是设计师自身选择掌握的技术手段，用以辅助实际操作。

对应导则中没有涉及的上述案例，若能意识到每一种建筑类型自身及组合时的要点，那么下面的两张模拟设计图就体现了这种方法带来的改进。

1．突出建筑类型本身的特质

位于街角的门院式首先要确定一条有主立面的街道，将前院设置在面向这条街道的地方。从建筑本身的比例美学出发，长方形长宽整数比例一般要优于含混的方正形体。

2．根据环境恰当选型

街区内部插建地块与旁边里弄式公寓需要找到恰当的距离关联，横纵两个方向都留出通道，免得它成为一个妨碍邻居的“新人”。在类型选择上，考虑周边建筑尺度和项目自身的独立需要，选择做一个布局略分散的合院。

3．延续建筑划分

在界定感较强的街道里嵌入立面较长的新建筑，需要注意维持建筑立面与环境背景的和谐，在窗户、檐口等细节处也应尽量参照老建筑。

4．贡献街坊内部的联系通道

新建筑自身更贴近本类型的三个模拟项目

新建筑贡献街坊内部的联系通道

无论嵌入项目是何种规模、建筑类型，都要注意维系街坊内部原有地块之间关联的通道，尽量不因为新的建设破坏内部的连续性。好的项目常常会增加新的通道，对街坊内部的安全、步行条件的改善都有益处。

5.6 城市形态学和建筑类型学对历史街区保护的意义

人们对熟悉的那些常规方法产生了依赖，却没能解除对其使用范畴的顾虑，这必然因它造成的不足引起偏见。正因为如此，在人们对控规的瑕疵试图变革的时刻，引入其他的方法也应该先怀有客观的心态，并考验它参与城市管理运作的实际效果，再谋结论。城市形态学和建筑类型学从来都不是独立于特定文脉和研究对象的物质规划方法，从学术研究的角度将其抽象出的建筑原型直接用来管理复杂的真实的历史街区实体，这样的出发点是值得质疑的。但是，历史街区是实体和空间的聚合，形态学的研究对象，如街区、街道、建筑、实体环境等关系，既反映了街区内部的秩序，又是历史文化意义的物化。

5.6.1 历史街区的秩序与意义

维护建筑原型纯粹性的做法本身并不是构建历史街区之秩序特别有效的方法。历史街区中的秩序实际上得益于它内部空间的韵律、规则、逻辑关系等实体特征综合的表现，而建筑物、构筑物、景观小品等与空间互为图底关系，与秩序本身并没有绝对的关联，反过来，实体的秩序性却必然能够推进空间秩序的形成。

历史街区的意义则是针对其内部社会结构、历史提出的，是其包含的思想与文化，是映射于大众心理的生活环境，使人们产生联想，从而满足人们的精神需求。这种文化层面的意义会随着时间、地点、秩序的变迁而改变。那么历史街区内部的实体——建筑物、构筑物、景观小品等有形的部分是怎样表达文化意义的呢？如果纯粹用形态学的方法抽象出那些关系，可能发现不了任何细节偏见与文化现象、情感的对应，人们其实正是从实体的形式、装饰物工法、形制上获取更多的信息，因而赋予空间以“意义”。正如含羞草之所以成为含羞草，是因为它与三叶草、天竺葵在属性特征上有着根本的不同，并不是它的高低胖瘦或者绿意的程度，这也正解释了形态学发现某个种群原型最根本的出发点。在文化含义上溯求某种文化根基，也需要进一步的判断，比如“院落”这个字眼，对不同文化背景的人而言，理解的形态或许有大差异，但是从空间秩序上看，几乎所有的院落都是相同的，这是由于院落的意义不同造成的。

秩序和意义在历史街区中折射出人们对空间理解的差异，文化学者更强调文化价值（包括文献价值、历史价值、考古价值、美学和象征性的价值、建筑学的价值、科学价值以及市容、风景和生态学方面的价值），而社会学者和规划管理者更强调它的使用价值（包括功能价值、经济价值、社会价值、政治价值）。无论是秩序还是意义都很重要，它们是任何实体研究都会涉及的两个面。

在历史街区保护中引入秩序与意义的概念，并不是偶然的学术发现，无论是从社会学的角度还是从实体设计入手，这两个层面都会反复交互成为理解对方的撞点。在保护工作之初，弄清楚到底在哪个层面上工作能够更加深入、具体地理解传统历史街区，既不会流于建筑图像符号化的形式更新，又可以避免对街区空间研究的忽视，从而折射出人们的生活要求，营造适宜的人居环境。

5.6.2 街区重构的三种做法

历史街区中的秩序与意义的重构可以分成三类。

1. 意义的重构：秩序不发生改变，重新解读意义

意义重构针对需要进行原样保护的历史街区，原有的建筑群、街区的实体秩序未作改变，却逆转了意义，如从原先的与当地民生相关的各种功能转向以历史文化研究、旅游为主题的项目，将民宅合并成为专题博物馆。它进行的主要是古建筑的修复维护工作，上海新天地的里弄改造可归入这一类型，这种做法看似保持了建筑外表本真的面目，但改变了文物建筑和环境的原貌与文化内涵，做法的激烈程度、新插入的功能与文化环境内涵的冲突、反转是十分值得斟酌的。任何商品化、粗俗化的改装都违背了意义重构的本意。

2. 秩序重构：意义不变，重新组织空间秩序

秩序重构适合不太重要的、城市中心普遍存在的历史地段开发，有时也包括重要的文物建筑周边的商业开发，它对街区肌理、交通组织不做结构性的变动，也不会对建筑密度、高度做大的突破，它是一种创新基础上的继承，人们置身其中依然能强烈地感受到特定历史氛围，却又享受着适合当代城市生活活动行为的各种设施。如北京菊儿胡同、周庄江南水乡、苏州桐芳巷改造等。

3. 秩序与意义双重重构

对秩序和意义的双重重构并不是以上两种方法的折中，它通过街区传统的秩序、意义的片段的设计方法来指导历史街区的保护，着眼于发展和创新，一方面在旧城更新中拒绝拷贝和模仿历史实体，另一方面开创性地植入符合当代审美情趣和使用功能的活跃因素，更有甚者超出当前社会普遍的审美和价值观，因此这种做法时常是带有争议的。如北京 798 艺术区，英国伦敦由原热电厂改造的泰特美术馆。当代历史保护的概念是启蒙运动和民权社会革命的产物，它是市民自由表达城市遗产的权利的体现。

5.6.3 五大道历史街区更新中城市形态学的贡献

1. 城市框架及公共空间的延续

五大道的社会形态及公共空间鲜明地折射出英国新城兴盛时期的思想，这个过程往往伴随它对纯粹建筑风格的摒弃和对现代城市生活混合发展的追求。今天，我们解释起那些名人故居的异国风情依旧乐此不疲，从混搭的建筑表面、嫁接西洋的片段中揣测其主人的品位，却唯独忘记了公共空间是经历了多么残酷斗争的市民运动的产物。它几乎被认为是城市与生俱来的东西。事实上，五大道与当时乃至当代城市中其他部分的隔离造成的威胁往往被人们忽视。如果城市形态学不能够在更大的城市框架上显示出足够的弥补作用，那么它也不足以将人们从萦绕在租界的排外情结和历史保护的审美限制中拯救出来。

从新中国成立到 20 世纪 90 年代，由于底层市民群体不断扩大和公共领域经费日益吃紧，公共服务品质和对公共场所的维护受到限制。光芒四射的深宅大院和捉襟见肘的公共空间之间的对比是逐步加深的社会两极分化在城市空间上的体现，以至于曾经荣耀的私有空间也分崩离析，变成平民市井阶层的集体蜗居。可喜的是，在混乱中睦南道公园这片最重要的城市公园得以幸存，大户院落破败的景观也可以通过园艺工匠的努力修复。

近年来对公共空间的改造多半是出于市容整治的目的，出于对开放空间的重视是从视觉景观绿化开始的：地区内恢复了一些街道交叉口的口袋公园，并在开发和重建的地块中局部改善了一些地块中的室外空间，成系统的开放空间框架的思路和行动依然还处于缺位状态。

在公共设施建设上，依然保留了学校、运动场地、休闲娱乐等多样化的社会生活空间。另外，很多关注历史文物的学者和管理者出于对五大道的保护，认为应该迁出五大道内部的居民、租客，将腾出的集体合住的院落内外整修，变成机构办公场所，因此社区功能较原来极大弱化，因而影响到与社区服务相关的功能，自由市场、副食品店、街道居委会等从多个合并成少数几个，只要能保障城市运作的最低限度即可。由于工业生产的发展和周边大型连锁超市的出现，以面对面做生意的商业行为和混合功能为特色的社区传统集市迅速萎缩，丧失了对社会生活的凝聚力。

面对这些问题，对五大道地区的理解和建议有如下几个方面：

(1) 保持并巩固睦南道作为城市公园对地区的贡献。目前睦南道公园本身被周边马路车流及停车包围起来，停车及单行车流对人自由进入公园形成干扰，拟通过道路断面设计和交通疏导，逐渐加大周边地块到达该公园的可达度，并建立更加亲好的周边商业环境。

(2) 丰富公共空间使用的层次与意义。口袋公园目前基本只作为老人健身、居民休闲的节点，公园本身主要靠雕塑造景、更替四季花卉这样的手段维持街面景观，而彼此的区别也仅限于此，实际上公园、街道等公共环境在文化特质方面有必要挖掘更丰富、深刻的意义，如向游客展示当地文化、民国人物故居游览专线、宗教文化、特色饮食与节令活动、小型音乐聚会交流等。

(3) 赋予街道鲜明的个性，地块功能的转换及街道景观、内涵在规划和经营管理中有引导地支撑这种特质。汽车的普及导致公共道路和广场使用发生了深刻变化。原先作为游乐、逗留和聚会交往的街道成为了小汽车的"容器"。五大道的一些街道到了夏天郁郁葱葱，树影与格调冷峻的花砖墙衬出与一般地方商业、居民生活街道不一样的氛围，而在有些街道的局部渐渐展现出向游客及大众开放的姿态，无论是哪一种都为五大道地区丰富的文化内涵增色，其重心在于强化不同街道的个性，因地制宜，不应用单一概念去规划所有街道。

(4) 指定成都道作为集中设置有利于步行体验、具有特殊观感的街道。如增加宣传近期文艺及展示项目的街头标志杆、道路交叉口设置导游地图、采用设计独特的地面铺装等因素，将这条街道与其他街景感受区别开来，鼓励沿街窗口开放式的小店经营，如餐饮、咖啡、小型体验展览、手工作坊等。

2. 街道类型与建筑原型图景的生成

人们对五大道经历了从任其衰减到重新认识它的价值的过程。在过去的几十年间住在这里的居民和生活方式都经历了深刻的变化，和它曾经最繁盛的时代相比，如今作为生活居住的凝聚力已大不如前。近年来不断有地块更新，将老宅子转变为门面，成为大众茶楼或是供给特定人群的高档消费场所。但这种转换主要建立在业主个人经营理解和意愿的基础上，并没有对五大道地区整体商业分工的策划研究，以及建筑软件改造的规划系统。从建筑原型入手分析建筑空间特点与赋予功能的适应性作为研究的切入点之一，总结起来有以下原则可供参考。

(1) 新建筑中引入鼓励对历史街区有活力贡献的开发项目。新建筑应结构明朗、设计与组合方式不拘一格，应加强对街道生活的开放程度。

(2) 都市公寓的开发形态与内涵丰富多元的住宅类型显示出五大道独特的建筑风采，其历史价值不应被它表面化的年久失修或平民化的居住氛围掩埋。都市公寓的开发汇集了门院式、院落式和里弄式三种建筑原型。

(3) 在不同地块之间保障原有通道的通畅和建筑间的融洽关系，在此基础上还应考虑在适当的地点和产权地块内部向吸引人活动的街面开设可以进入的通道。

(4) 新开发地块如果作为单位机构，应设法在门院式以外开拓其他建筑组合类型，并控制面向街道的长度。门院式在三种建筑原型中属于封闭性最高的类型，通常主体建筑后退较深，目前的新建筑本身很多都是内向的办公机构或面向少数人开放的会所、高级宾馆、高消费场所，对地区活力的贡献实在有限，若能在建筑关系上适当调整，对丰富的沿街景观及活力元素有所贡献，也算是一种补偿。

3. 嵌入式地块更新需要注意的事项

由于修缮历史建筑往往需要巨额资金，很多悠久历史文化的城市都受此困扰。长久以来依靠政府公共资金和文物专项修补维护，通常不足以支持历史街区更有效的改善计划。而另一方面，独立开发者和新的业主关注各自分散的项目经营效果和小片的周边环境，而缺乏整体性的考虑，难以保证历史街区保护与更新的效果。嵌入式的地块更新是在复杂的历史环境中，通过细腻理性的手法将新建筑、新功能植入街区内部，与更加广泛地区的文化氛围和谐，在一定程度上丰富物质景观与城市生活，同时充分融入周边环境。在复杂而珍贵的历史街区里，不可能也不提倡所谓大手笔的统一性的规划动作，但是宏观而创造性的思想常常会对看似纠结的现实障碍有意想不到的解决之道。

(1) 建筑原型是一种从多样化的现实中根据一定规律提取出的设计模式，并不是唯一的、专断的创造依据。因此新建筑要遵循原型生长的基本原则，根据周边情况作出反应。不能以实施纯粹化的原型为设计目的。

(2) 三种建筑原型中与街道生活关系最紧密的衡量标准是它们面向街道的出口和建筑展示面，新建筑要在这一点注意清晰简洁、保持建筑单体形态与组合方式的易读性，避免被组合关系与建筑形态的矛盾所困扰，如过街角的门院式首先要确定一条有主立面的街道，将前院设置在面向这条街道的地方。

(3) 从建筑本身的美学角度出发，建筑基底与基地的关系与建筑平、立面比例同样重要。在体量控制和限高的基础上，建筑占基底的比例和建筑之间的关系应参考建筑原型的规律。

(4) 新的大型建筑应通过设计手段弱化体量上的突兀感。机构单位尤其应树立表率，打破平淡而刻板的纪念堂缩小版样式，在历史街区环境中向先例学习更加丰富而富有意义的建筑样式。

(5) 新旧建筑之间除了体量和谐，也要注意软环境的协调性和丰富性。不同产权地块之间除了围墙和硬质铺地，还可以通过景观、小型连廊及通道等隔离或暗示其联系。

(6) 通道宽度及建筑与建筑之间的间距应符合基地需求，不仅为相邻的地块，也为整个街区和街道上的感受。

阿尔多·罗西的城市建筑学理论及类型学的分析设计方法最初从西方经典古城肌理的研究中获得丰富的经验，并进一步扩展在历史街区的保护更新中建立其延续与重构的意义及秩序。城市形态学在它的基础上结合更丰富的视角，包括城市的物质要素、社会要素、经济要素，丰富城市设计的创作语言和理念。五大道地区从建筑组合方式上讲在众多历史街区中独树一帜，它拥有取之不尽的研究视角，但目前本章中讨论的思路主要是用于帮助城市管理中新建筑类型的划分、建造管理、规划思想寻找参考依据，如要使用这套体系，应注意先调查分析空间形态及其演变的规律，针对当前保护与更新的认识适时发挥它的作用。

安乐邨住宅
AN LE CUN DWELLING HOUSES

安乐邨住宅坐落在马场道与睦南道之间，占地 9010 平方米，总建筑面积 10 525 平方米。1933 年由意大利鲍乃弟（Bonetti）建筑师事务所设计，为砖木结构。室内层高一般在 3.4 米左右，当时的居住对象主要是中、高级职员，为里弄式住宅。

安乐邨的总平面布局呈周边式与行列式混合布局。现有三幢建筑，两幢与马场道垂直，入口带有小庭院，东、西二幢建筑距离 20 米；另一幢建筑沿马场道布置。沿马场道的住宅平面为十个单元组成的一字形建筑，底层前室为用人居室，后间为厨房，底层设有后庭院，由矮墙将相邻的两个单元分隔开来，院与院之间相互沟通，既开阔了空间，又利于居室的采光和通风。餐室与起居室组成一层，中间有两扇门相通，起居室前设大玻璃窗廊子，“日光室”供住户沐浴阳光之用。二层为两间大卧室，并配有浴室、卫生间，卫生设施齐全。二层还建有用于贮存物品的亭子间及进行户外活动的阳台。两间卧室由两个大壁橱做分隔墙，使用方便，富于装饰。

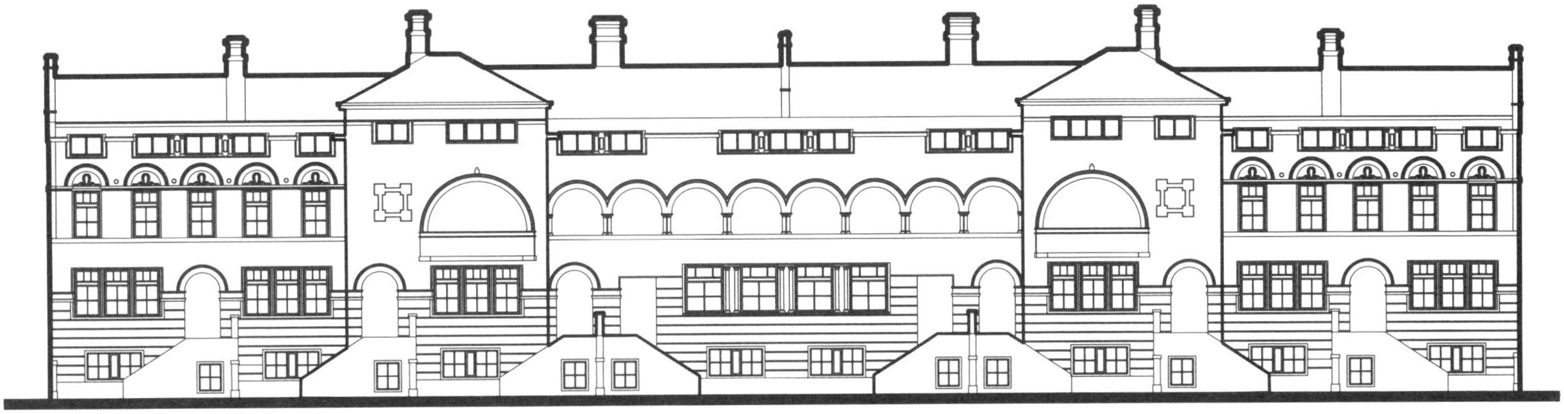

立面图

剖面图

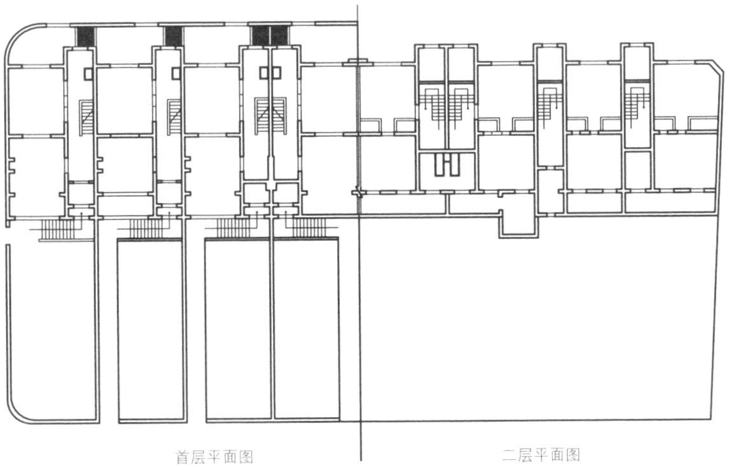

首层平面图　　二层平面图

沿马场道的住宅为四层，底层墙面窗子较小，用带颜色的水泥浆粉刷实墙来分隔底层与上层墙面，使之形成建筑台基。一层窗台上为红色砖墙。一层为拱券形门洞，局部采用西班牙式半圆拱花饰；二层用绞绳式的柱子与连续拱组成休息平台；屋面做坡顶，使建筑物横向有所分割，并形成虚实对比。起居室的大玻璃与红色实墙，红瓦坡屋面与灰色台基又形成强烈的颜色对比。另外，因建筑立面较长，故从两端第三单元处向外突出墙面，使整个建筑物的纵向分割为五段，再将中间部分的高度略为提高，与两旁形成对比，中间更为突出。中段二层的廊子采用了较小的圆拱廊，与两侧的方廊相比，不显呆板。外挑阳台的栏板使用宝瓶花饰，西洋花饰做支撑牛腿。每二户入口相毗连，由带斜面扶墙的台阶引向正入口，有三个兽头加以点缀，使入口处极为醒目。前庭院的院墙立面也横向划分，下部实墙厚重，上部镂花轻盈，院墙略低于一般人的视线高度。安乐邨的绿化地带较为宽敞，是半开敞式绿化庭院。弄内院中绿树成荫，使得整体空间宁静而富于变化。

同乐里住宅
TONG LE LANE DWELLING HOUSES

为高级里弄住宅，位于马场道与香港路交口处，三面临街，由三幢形状各异的建筑组成。占地 7000 平方米，建筑面积 9800 平方米。建于 1939 年。砖木结构，局部三层，带地下室。大瓦屋顶，局部多坡屋顶。

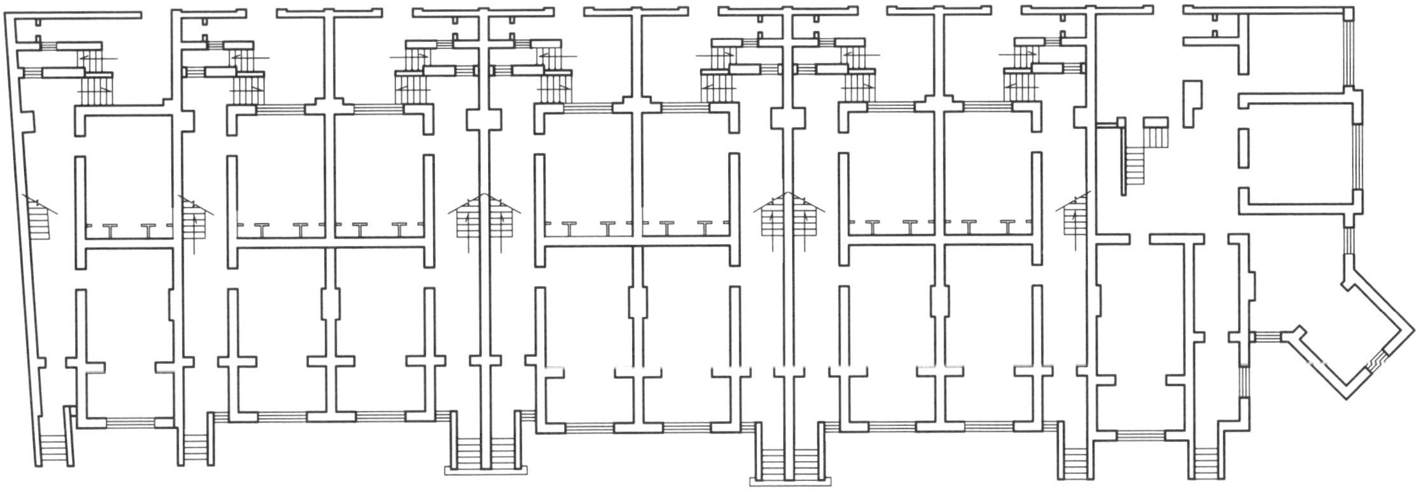

平面图

立面图

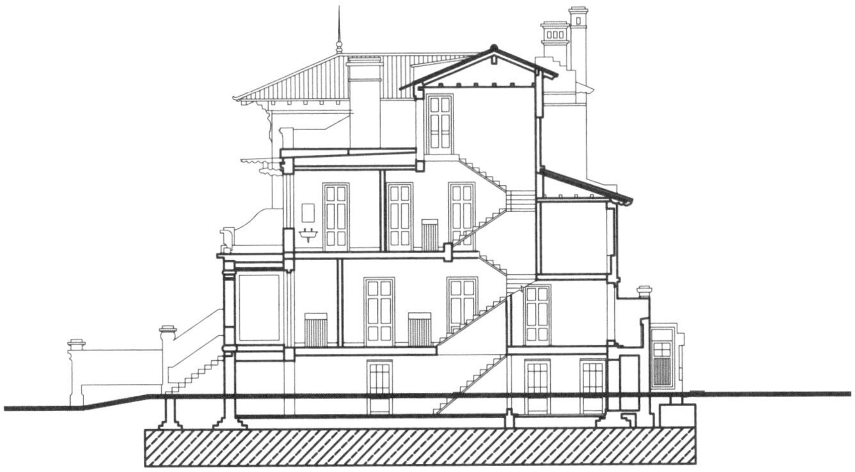

剖面图

设计为一院一户，有杂房、厨房和锅炉房，并设有小型升降机供楼上送餐使用。首层有带暖廊的客厅、餐厅。二层有卧室和卫生间，一层暖廊屋顶做二层阳台。卫生间设施齐全，并设有镜台。三层有卧室和杂房，并利用二层部分平顶做阳台。

总体基本为轴线对称，沿街转角处作局部处理。立面水平划分层次清晰，半地下室作为基座，形成高台和高台阶。首层外檐为罗汉墙，二、三层错退作为阳台。二层出挑檐，配以拖座、花饰和栏杆，栏板立柱上有托盘装饰，窗间墙上有柱式点缀。屋顶的中间和两侧对称设置四坡顶塔楼。中间二层窗采用四联圆拱券，两侧为平拱窗。

第 6 章 五大道的历史街道与街巷

6.1 为历史街道与街巷定义

街道意为公共通道，尤指在城市、小镇或村庄内的通道。通过性、公共性及建设环境是街道的三个要素。关于历史街道，目前尚未形成统一概念。一般认为沿线具有一定数量的历史建筑，能够较好体现一定历史时期的风貌特征、反映一种长期形成的生活状态的街道可称作历史街道。其中既包含道路沿线的单体建筑及院落，也包括道路这一线性区域环境；既体现物质空间要素，也体现文化生活等精神要素。

在五大道历史风貌保护工作中，我们将历史街道定义为沿线保护建筑（包括不可移动文物及历史建筑）和传统风貌建筑相对集中、历史风貌特色明显，且街道尺度适宜、保留历史尺度，道路绿化良好的道路。而历史街巷则定义为沿线保护建筑相对集中、历史风貌特色明显，基本维持原有空间尺度的街巷和里弄。

五大道中的睦南道绿树成荫

五大道街区的形成

6.2 特殊的形成过程造就独特的街道格局

五大道地区的街道格局拥有特殊的形成过程。天津在第二次鸦片战争后开埠，八国联军侵华后，各国纷纷在海河两岸建立租界区。出于建立与海河航运便捷联系的目的，各租界内的道路走向均以与海河垂直或平行的关系为主。早期英租界位于海河与墙子河（今南京路）之间，路网顺应海河流向形成约45°角偏转的方格网格局。其后英国人又在租界外建设了跑马场和高级俱乐部。1903年，英租界当局从厚德门（小营门）到佟楼越界修筑了一条渣石路，形成了弯曲的马场道雏形。联系早期英租界与跑马场的马场道奠定了五大道道路的基本走向。随后英国殖民者通过"英国墙外推广界"将租界推至墙子河以外，向西到海光寺道（今西康路）。此时正值英国"花园城市"规划理论盛行之时，租界新区便成了将这一理论付诸实践的理想之地。一时间租界内盖起大量的独立式花园别墅，其他形式的公寓、里弄式住宅也同时兴建起来。至20世纪30年代英租界新区建造了大批各式住宅，形成了由今马场道、睦南道、大理道、重庆道、成都道等五条马路组成的英租界"五大道"高级住宅区。

由马场道确立的道路走向决定了五大道地区的路网结构与基本格局。由于东北－西南方向是主要的联系方向，交通流量较大，道路交叉口间距也相应较大（约300米），而用于划分居住区的西北－东南走向的道路，其路口间距则以100米这一西方城市中较常见到的街区尺度为基准（此尺度较利于建筑的组合排布）。因此五大道形成了以300米×100米的长方形街廓为基本单元的街道格局。这一格局深刻地影响着五大道历史街区内街道与街巷的环境与整体氛围。

早期马场道

早期成都道

6.3 五大道历史街道与街巷的类型

6.3.1 历史街道的类型

五大道历史街区内共有街道39条，其现状宽度及断面形式如表中所示。

五大道历史街区内的街道现状宽度及断面形式

编号	名称	道路各项技术指标		断面示意图
1	南京路	路面宽 (m)	32	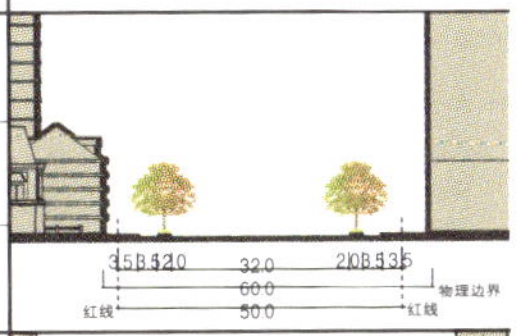
		道路红线宽 (m)	50	
		物理边界 (m)	60~80	
2	西康路	路面宽 (m)	24	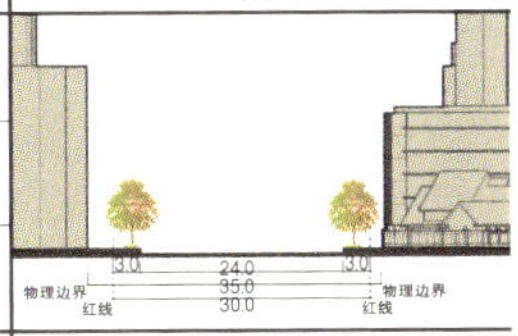
		道路红线宽 (m)	30	
		物理边界 (m)	25~35	
3	贵州路	路面宽 (m)	14	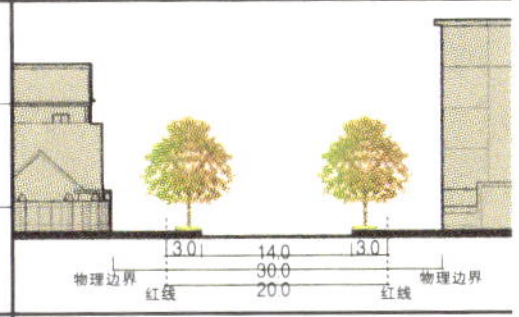
		道路红线宽 (m)	20	
		物理边界 (m)	20~30	
4	成都道	路面宽 (m)	8~14	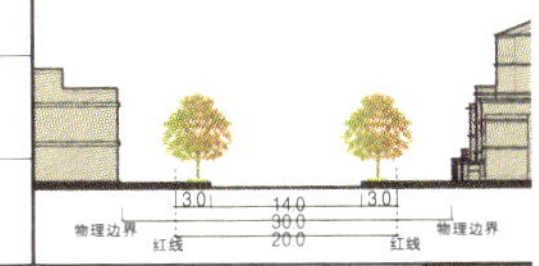
		道路红线宽 (m)	20	
		物理边界 (m)	20~30	
5	桂林路	路面宽 (m)	7~9	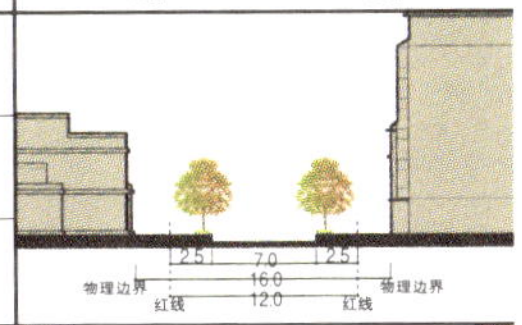
		道路红线宽 (m)	12	
		物理边界 (m)	12~16	
6	昆明路	路面宽 (m)	7~9	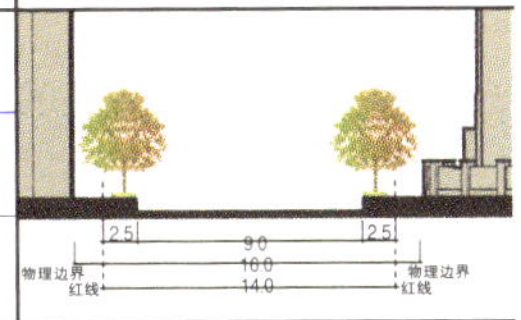
		道路红线宽 (m)	12~14	
		物理边界 (m)	12~16	
7	云南路	路面宽 (m)	7~18	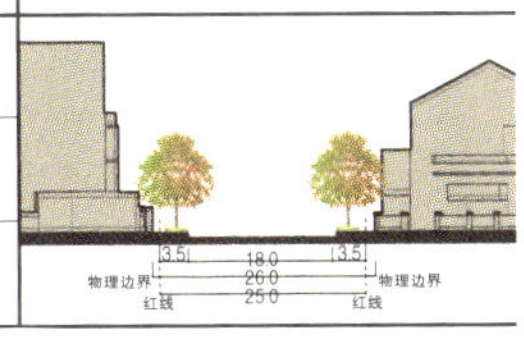
		道路红线宽 (m)	12~25	
		物理边界 (m)	12~26	
8	新华路	路面宽 (m)	9~10	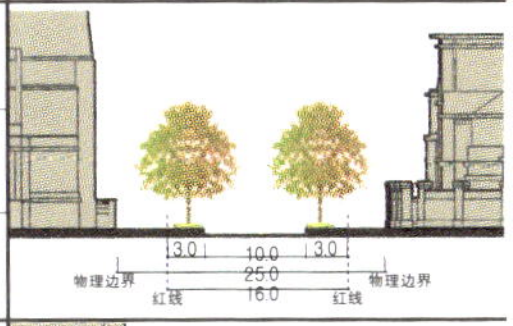
		道路红线宽 (m)	14~16	
		物理边界 (m)	14~25	
9	河北路	路面宽 (m)	10	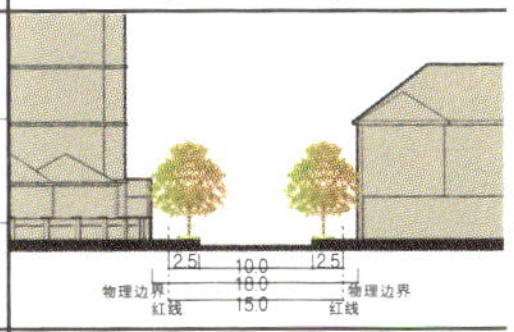
		道路红线宽 (m)	15	
		物理边界 (m)	18~25	
10	马场道	路面宽 (m)	13~15	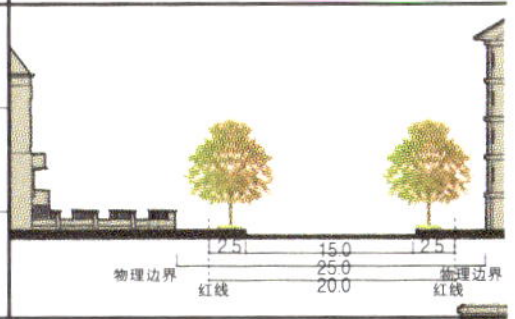
		道路红线宽 (m)	20~30	
		物理边界 (m)	25~30	
11	长沙路	路面宽 (m)	8	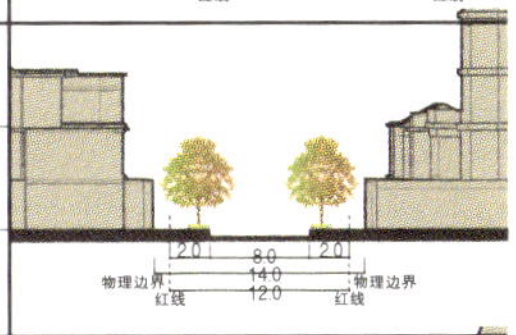
		道路红线宽 (m)	12	
		物理边界 (m)	14~16	
12	重庆道	路面宽 (m)	8~10	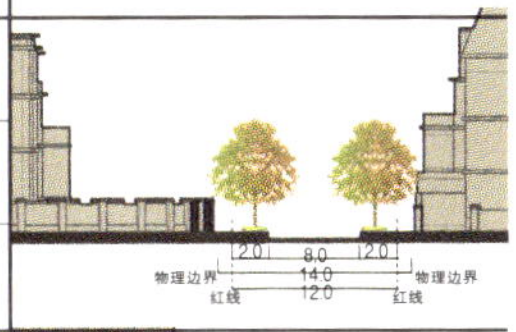
		道路红线宽 (m)	12~16	
		物理边界 (m)	14~16	
13	澳门路	路面宽 (m)	7	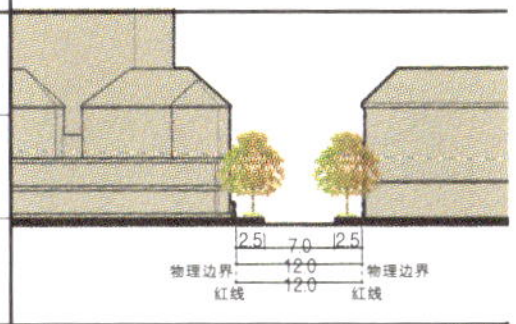
		道路红线宽 (m)	12	
		物理边界 (m)	12	
14	常德道	路面宽 (m)	9	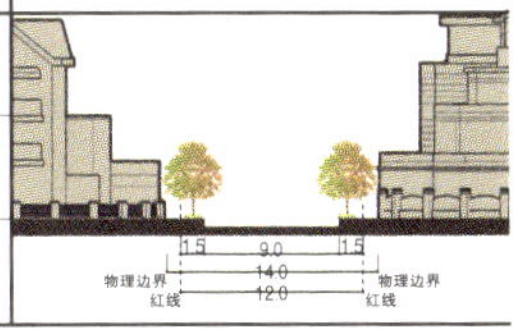
		道路红线宽 (m)	12	
		物理边界 (m)	14	

五大道历史街区内的街道现状宽度及断面形式（续）

编号	名称	道路各项技术指标		断面示意图
15	大理道	路面宽 (m)	7~9	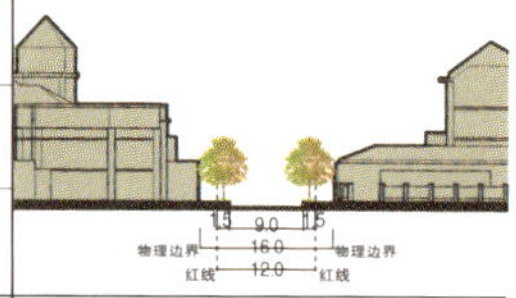
		道路红线宽 (m)	12~14	
		物理边界 (m)	16	
16	睦南道	路面宽 (m)	8~9	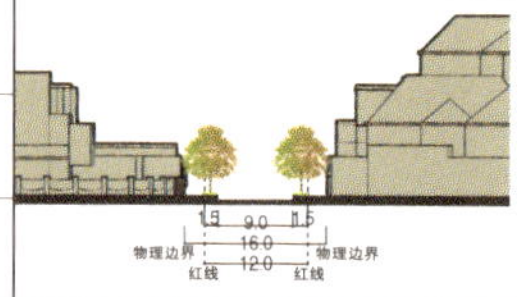
		道路红线宽 (m)	12	
		物理边界 (m)	16	
17	洛阳道	路面宽 (m)	9~11	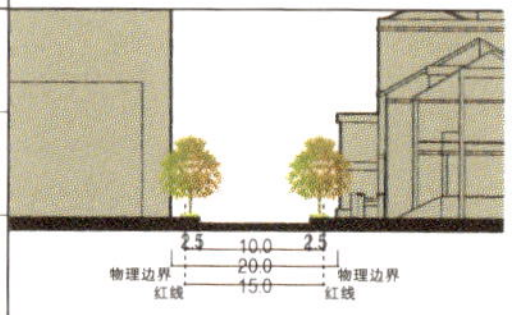
		道路红线宽 (m)	13~15	
		物理边界 (m)	15~20	
18	郑州道	路面宽 (m)	7	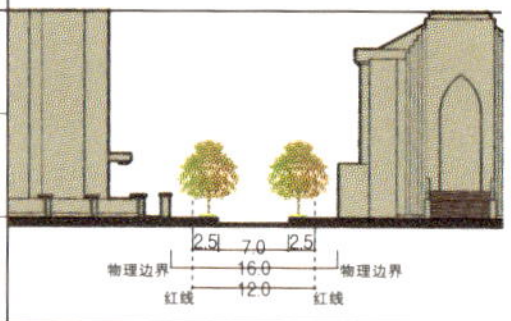
		道路红线宽 (m)	12	
		物理边界 (m)	16~20	
19	衡阳路	路面宽 (m)	9	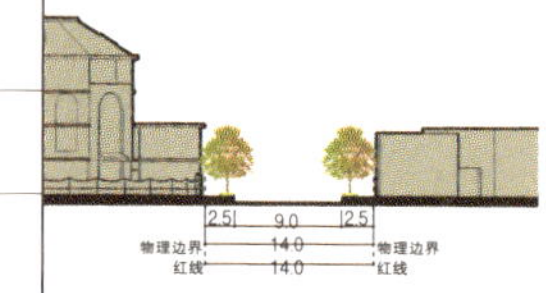
		道路红线宽 (m)	14	
		物理边界 (m)	14	
20	湖南路	路面宽 (m)	7	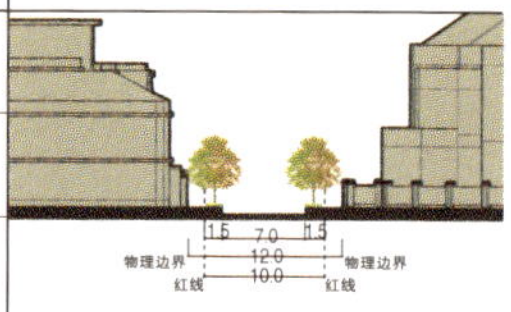
		道路红线宽 (m)	10	
		物理边界 (m)	10~12	
21	南海路	路面宽 (m)	7	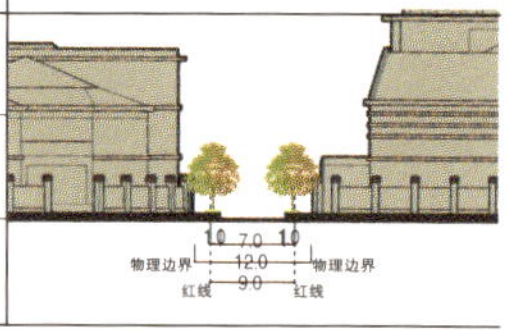
		道路红线宽 (m)	9	
		物理边界 (m)	9~12	

编号	名称	道路各项技术指标		断面示意图
22	香港路	路面宽 (m)	7	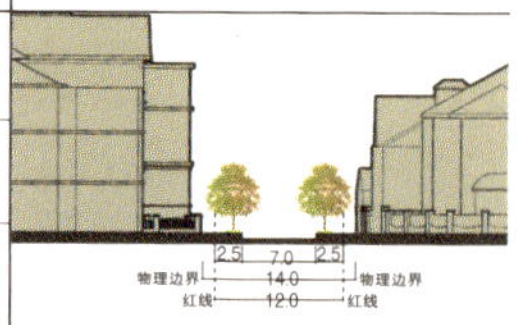
		道路红线宽 (m)	12	
		物理边界 (m)	14	
23	湖北路	路面宽 (m)	9	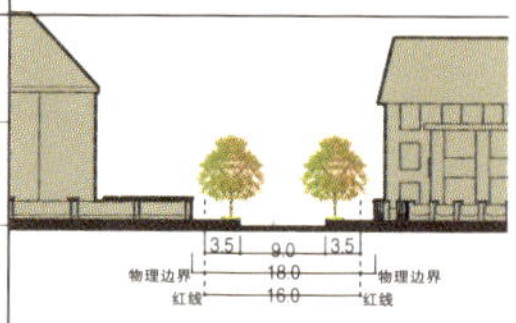
		道路红线宽 (m)	16	
		物理边界 (m)	16~18	
24	山西路	路面宽 (m)	9	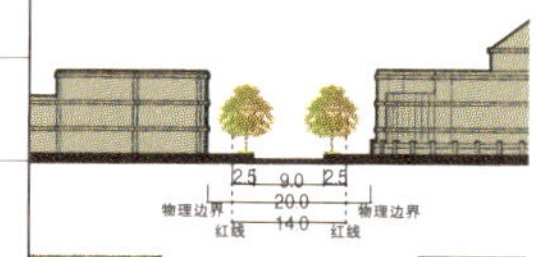
		道路红线宽 (m)	14	
		物理边界 (m)	20~26	
25	芷江路	路面宽 (m)	7	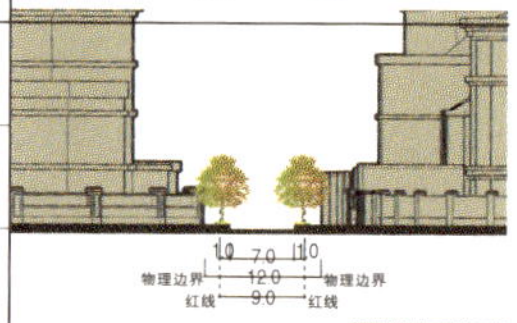
		道路红线宽 (m)	9	
		物理边界 (m)	9~12	
26	广西路	路面宽 (m)	7	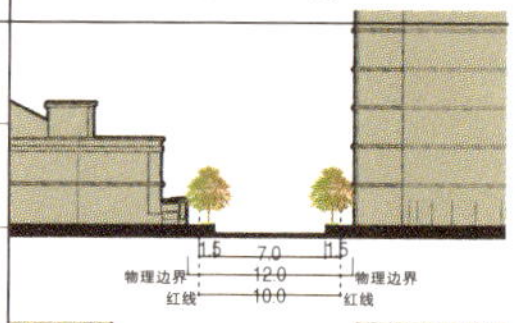
		道路红线宽 (m)	10	
		物理边界 (m)	10~12	
27	岳阳道	路面宽 (m)	14	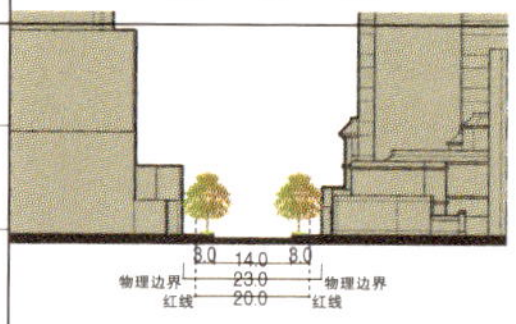
		道路红线宽 (m)	20	
		物理边界 (m)	16~23	
28	西安道	路面宽 (m)	9	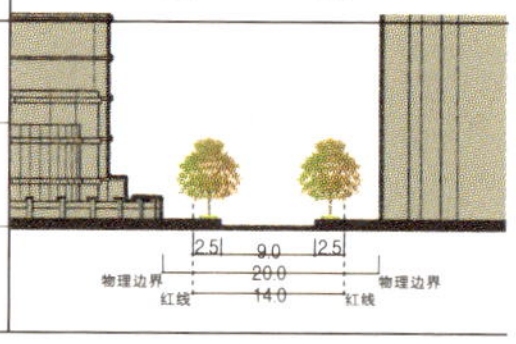
		道路红线宽 (m)	14	
		物理边界 (m)	20~30	

五大道历史街区内的街道现状宽度及断面形式（续）

编号	名称	道路各项技术指标		断面示意图
29	津港路	路面宽 (m)	9	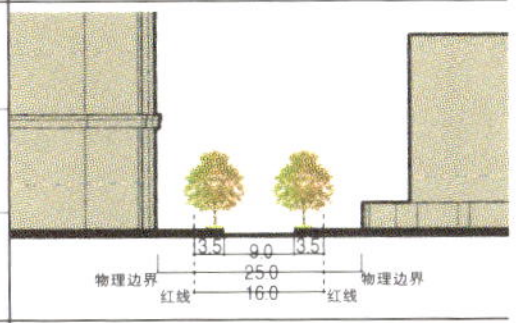
		道路红线宽 (m)	16	
		物理边界 (m)	15~25	
30	湛江路	路面宽 (m)	7	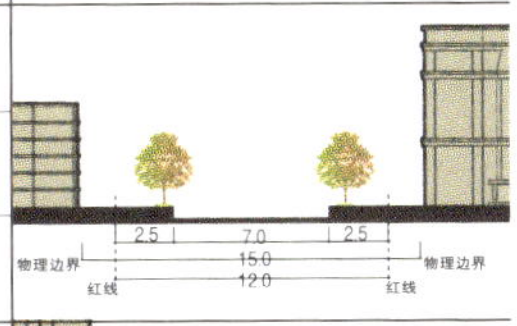
		道路红线宽 (m)	12	
		物理边界 (m)	15~20	
31	永安道	路面宽 (m)	28	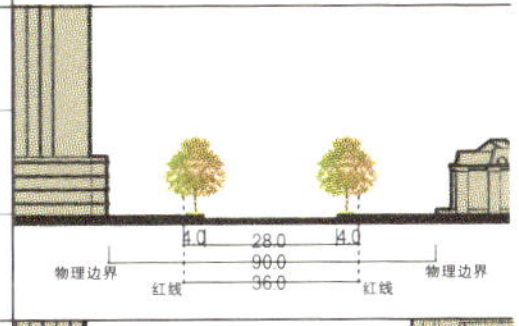
		道路红线宽 (m)	36	
		物理边界 (m)	90~100	
32	友谊北路	路面宽 (m)	24	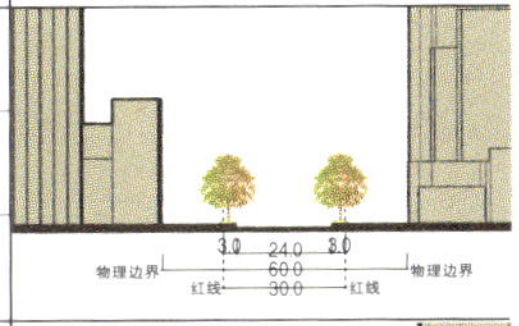
		道路红线宽 (m)	30	
		物理边界 (m)	60	
33	桃源村大街	路面宽 (m)	4~8	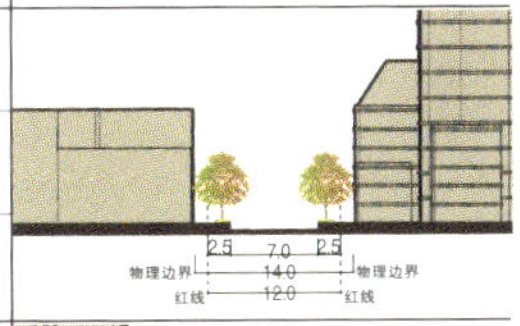
		道路红线宽 (m)	12	
		物理边界 (m)	9~14	
34	绍兴道	路面宽 (m)	18	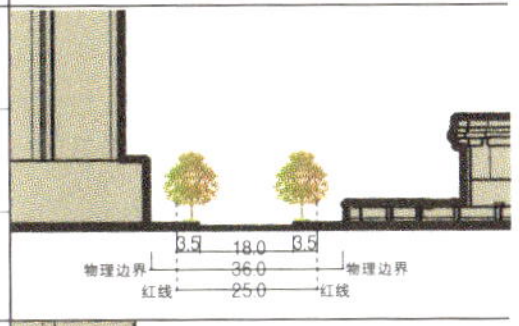
		道路红线宽 (m)	25	
		物理边界 (m)	36~44	
35	九龙路	路面宽 (m)	18~22	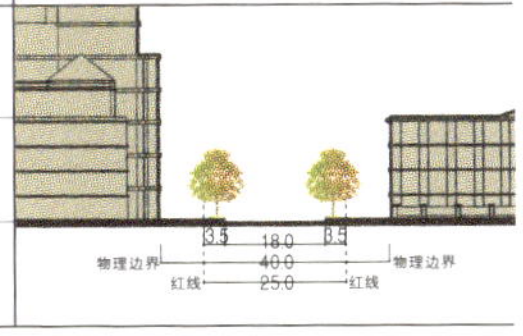
		道路红线宽 (m)	25~40	
		物理边界 (m)	40~66	
36	苏州道	路面宽 (m)	7	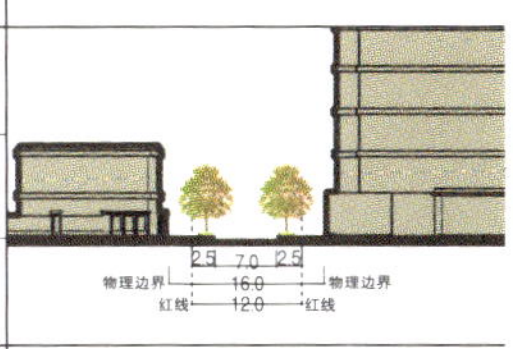
		道路红线宽 (m)	12	
		物理边界 (m)	16~18	
37	浦口道	路面宽 (m)	14	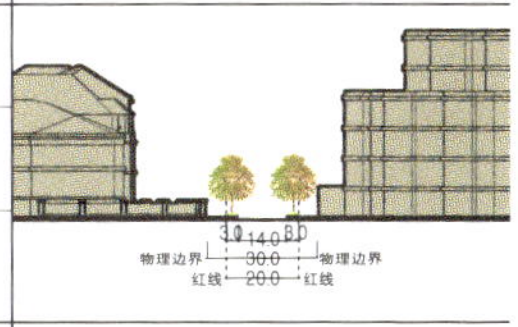
		道路红线宽 (m)	20	
		物理边界 (m)	20~30	
38	广东路	路面宽 (m)	9	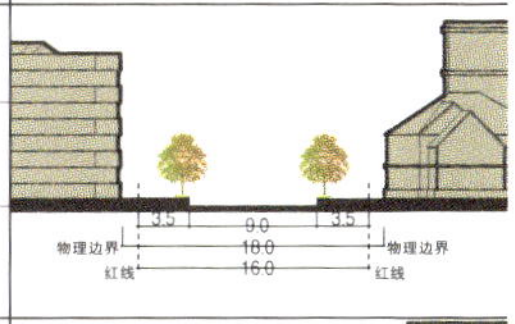
		道路红线宽 (m)	16	
		物理边界 (m)	15~18	
39	蚌埠道	路面宽 (m)	18	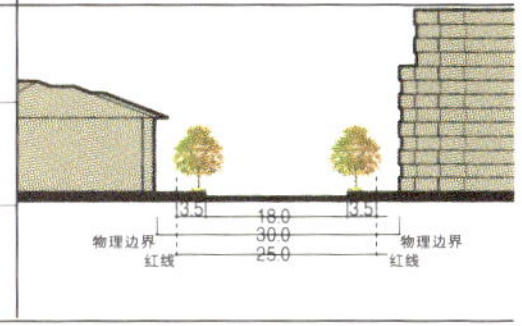
		道路红线宽 (m)	25	
		物理边界 (m)	25~30	

上面的数据反映出五大道历史街区内的街道在路面宽度、道路断面形式等方面存在较大差异。一些道路的路面宽度仅为 5 米，物理界面间距仅 9 米，而一些道路的路面宽度却达到 50 米，物理界面间距近 100 米。在具有如此明显差异的数据背后，是迥异的街道历史文化及风貌特色。一些路幅较宽的街道，或者是较晚建设的，或者是新近拓宽的，其道路两侧的建筑也大多为新建，因此历史风貌特征比较弱；而一些较窄的道路，大多是保留了历史的尺度与格局，两侧的历史建筑保存完好，风貌特征非常明显。为应对这一问题，在历史风貌保护工作中对历史街道进行分类，采取恰当的手段进行保护与控制。

五大道地区的历史街道可以划分为三类：一类历史街道、二类历史街道和三类历史街道。一类历史街道是沿线保护建筑分布集中，历史文化特色十分明显，道路保持历史宽度，且基本维持原有空间尺度的道路。二类历史街道是沿线分布一定数量的保护建筑，其中也分布一定数量的其他建筑和开发地块，历史文化特色略逊于一类历史街道，道路一般保持历史宽度和原有尺度的道路。三类历史街道是沿线分布的保护建筑所占比例较少，但道路的路网格局、尺度和线型有一定特色的道路。

五大道历史街区内的重庆道、常德道、大理道、睦南道、昆明路（核心保护范围路段）、云南路（核心保护范围路段）、桂林路（核心保护范围路段）、河北路、新华路及衡阳路、长沙路（核心保护范围路段）、湖南路、南海路、澳门路、湖北路、洛阳道、郑州道、香港路共 18 条道路（区段）属于一类历史街道；成都道、马场道、贵州路、昆明路（建设控制地带路段）、云南路（建设控制地带路段）、桂林路（建设控制地带路段）、广西路、芷江路、长沙路（建设控制地带路段）、山西路、岳阳道及广东路、浦口道共 13 条道路（区段）属于二类历史街道；西康路属于三类历史街道。

从各类街道的分布上看，越是靠近历史街区内部的街道，其格局与尺度越能保留历史原真性，风貌特征也越明显；街区边缘的街道大多受到现代城市建设的冲击，在街道尺度及建筑体量上存在显著差异，而这一差异的存在也使“五大道”这一区域的边界非常明确，突出了街区的独特性与领域感。

一类历史街道：睦南道

二类历史街道：成都道

三类历史街道：西康路

0 50 100 200
N
三类历史街道分布
一类风貌保护道路
二类风貌保护道路
三类风貌保护道路
规划界限

6.3.2 历史街巷的类型

历史街巷存在于由历史街道限定的街廓内。这里的街巷不单是用于组织交通的空间，更是一个向社会开放的公共地带。其在五大道地区的分布并不均匀，与居住建筑的类型直接相关，主要出现于里弄式住宅内或门院式住宅的邻接处。后期建设的苏制大院或新式集合住宅中的宅前路或小区路由于进行封闭管理，不属此类。成都道、重庆道的中、东部及睦南道、马场道的中部分布较密集的街巷，其他区域的街巷数量相对较少。

五大道内历史街巷两侧的历史风貌建筑存留较多，整体风貌环境良好。可根据功能特点分为两类：第一类是里弄式住宅或多座独栋住宅限定出的街巷，住宅的正立面均面向巷子、设主出入口，巷子既是交通空间也是公共活动的集中地；第二类是由住宅围墙限定的街巷空间，主要出现于组合式门院式住宅的邻接处，此类街巷的交通性较强，巷子两端的出入口较少，业主数量不多，公共性较第一类街巷弱。这些历史街巷的功能相对简单而明确，宽度 3 ~ 8 米，同一条巷子的宽度会在不同位置有所变化，有时会放宽形成一个尺度宜人的小型开敞空间，成为人们公共活动与交流的场地。这些巷子往往以步行为主要交通方式，部分较宽的巷子可供机动车通行，以巷内业主车辆为主，少有外车穿越。

第一类历史街巷：交通与公共活动的集中地

第二类历史街巷：以交通为主要功能

两类历史街巷分布

第一类历史街巷

第二类历史街巷

历史街道

规划界限

6.4 历史街道的美学探讨

6.4.1 街道不是建筑的剩余

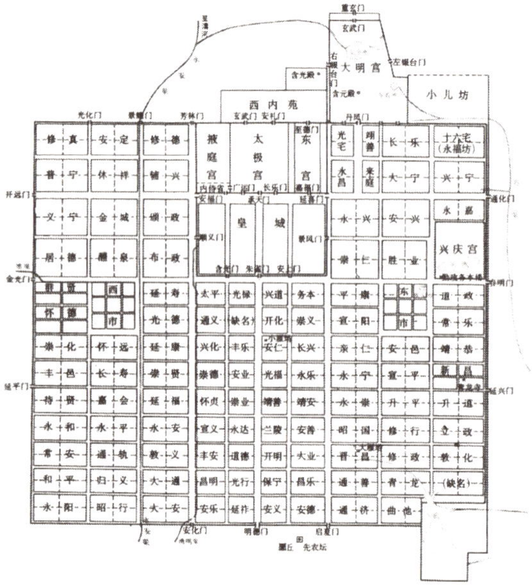

唐长安城——典型的里坊制城市

我们建造城市与住宅的理念，受到儒家思想的深刻影响，封闭的形式下反映出低调内敛的性情。在如唐长安这样的伟大城市中，建筑被坊墙包围，街道可以说只是建筑的剩余，其主要的功能仅为组织交通。虽然这种封闭的里坊制营城模式自宋代开始瓦解，但儒家思想提倡的、内敛的居住模式，却一直延续在中国两千余年的帝制时期中。至明清，城市虽然变得更加开放，但住宅仍然是封闭的，北京的四合院便是典型代表。

在中国人的传统观念中，将“家”视为“内”（这里的“家”也可以衍生为工作处所等），而如街道这类社会公共活动的场所，则被视为“外”。这种内外分明的观念在开放与交流成为第一要务的当代社会中，仍然根植于中国人的思想中，人们更愿意将自己的家装饰得十分华美、打扫得一尘不染，而用防盗门、铁栅栏将家“保护”起来，与外界彻底隔离。整顿城市空间、在广场上设置雕塑的想法，在中国是很难产生的。而西方将内外空间同样看待的观念，促成了以阿尔伯蒂为首的文艺复兴后的城市规划及街道的整顿，创造了欧洲那些拥有高超艺术水准的经典的城市。在这样的城市中，街道不是建筑的剩余，而是组织城市和社区生活的重要舞台。这样的街道不只是为了交通，还是作为社区而存在的。中国人到今天也没能完全将内外空间同样看待，造成了对城市景观来说极为贫乏的街道。毫不客气地说，中国传统的造城理念和内向的居住模式，在今天实在是不合适的。

B·鲁道夫斯基曾说过“街道不会存在于什么都没有的地方，亦即不可能同周围环境分开，街道必定伴随着那里的建筑而存在……其生存能力就像人依靠于人性一样，依靠于周围的建筑，完整的街道是协调的空间。”格式塔心理学中著名的“杯图”反映图形与背景间的相互转化，如果一方成为图形，另一方则成为背景的非图形空间。西方城市中的街道和广场，具

西方以建筑围合街廓，中国当代建筑孤立地伫立于地块中

西方的传统街道是开放的，而中国的传统街道大多是封闭内向的

有轮廓清晰的“图形”性格。因此，在街道两侧排列建筑物以形成轮廓，并使建筑物展现沿街立面是十分必要的。而中国当代的建设大多使建筑物成为孤立的或纪念性的，建筑成为主体，街道则成为联系其间空间的“背景”，成为建筑的剩余。

简·雅各布斯在《美国大城市的死与生》中说道：“当我们想到一个城市时，首先出现在脑海里的就是街道。街道有生气则城市有生气，街道沉闷则城市沉闷。”城市街道不仅应当具有交通组织的功能，更应考虑其界面功能。我们欣喜地看到，在 20 世纪初中国打开国门面向世界的年代中，一些新建的区域（尤其是租界区）从最初的封闭内向，逐渐走向开放，传统的院落围合、生活向内的做法开始发生改变，以适应现代生活。街道不再是建筑的剩余，而向着更加积极、活跃的方向发展。

6.4.2 每一条街道都有自己的性格

街道不是建筑的剩余，而是组织城市生活的重要舞台，是活生生的存在。人们行走在不同的街道会得到不同的感受，是因为每一条街道都有自己的性格，而决定街道性格的首要因素，便是沿街建筑的使用性质。从大的方面讲，商业型街道与生活型街道给人完全不同的感受：城市中心遍布商业店铺的街道，营造出热烈喧闹的氛围，而居住区内的街道则是安静祥和的气氛。从小的方面讲，同样是商业型街道也会因为商业业态与建筑形式不同而产生截然不同的感受。

几种不同性格的街道

五大道在设计之初被定位为高档居住区，因此在很长的一段时间内以兴建住宅及其配套服务设施为主。经过几十年的发展变化，一定数量的餐饮娱乐、办公酒店以置换原有居住者，而非购得土地重新建设的方式进入这一区域。五大道上的建筑在保留各种住宅建筑外壳的基础上，于内里发生着功能性质上的改变。

以睦南道为例，该路位于五大道中部偏南，南侧为马场道，北侧为大理道，东端起始于马场道，西端结束于西康路，全长 1950 米。其沿线的建筑，除少数位于道路交叉口的餐饮店、位于西南入口位置的一座医院及若干小型办公建筑外，几乎均为居住功能，可以说是五大道历史街区内保留居住功能比例最大的街道，因此也是最能展现五大道本真性的一条街道。在这里行走，人们仿佛离开了喧闹的都市，置身于世外桃源之中。低密度的住宅在茂密的树木掩映下时隐时现，建筑风格与围墙样式丰富而不失协调，使观者不觉乏味。舒适的空间尺度与低强度的交通流，不论对居住者还是游客来说都带来绝妙的体验。“一条高品质的、舒适的生活型街道”是对睦南道街道性格再恰当不过的形容了。

由城市形态学视角出发的对建筑布局模式的抽象及布局规律的研究，将建筑作为城市要

街道区位及临街用地性质

素，探讨建筑与建筑、私有空间与公共空间之间的联动关系，有助于我们通过形态特征的研究来了解建筑与街道的关系以至整个街道内在的精神品质。从建筑与街道的相互关系角度出发，以每户的出入方式为依据，可以将建筑组合模式概括为门院式、院落式、里弄式三大类。此外，早期建设的集合式住宅、新中国成立后建设的新式里弄联排住宅和苏制大院等布局方式划归为其他类型。经统计，在睦南道两侧临路的 104 个产权地块中，采用门院式建筑布局方式的地块有 76 个，采用院落式布局方式的有 16 个，采用里弄式布局方式的有 3 个，其他布局类型地块 5 个，开放空间或空地等 4 处。门院式布局模式是街道两侧建筑布局的主要类型，占总量的 73%。

在产权地块的临街面宽尺寸方面，门院式布局地块的面宽介于 7 ~ 77 米之间，以 20 ~ 30 米为主；院落式布局地块的面宽介于 24 ~ 148 米之间，以 30 ~ 40 米为主；里弄式布局地块的面宽介于 37 ~ 59 米之间；其他布局类型地块面宽介于 38 ~ 99 米之间；睦南花园的面宽约为 110 米，临近桂林路的口袋公园面宽约 23 米。在 1950 米长的街道两侧分布的 104 个地块，其平均面宽约为 37.5 米，考虑到南北方向道路的间距约 100 米，每个产权地块的进深约 50 米，地块形状近似于正方形。此外，道路两侧共设地块出入口 118 个，约合每个产权地块有 1.13 个出入口，出入口间距约为 33 米。

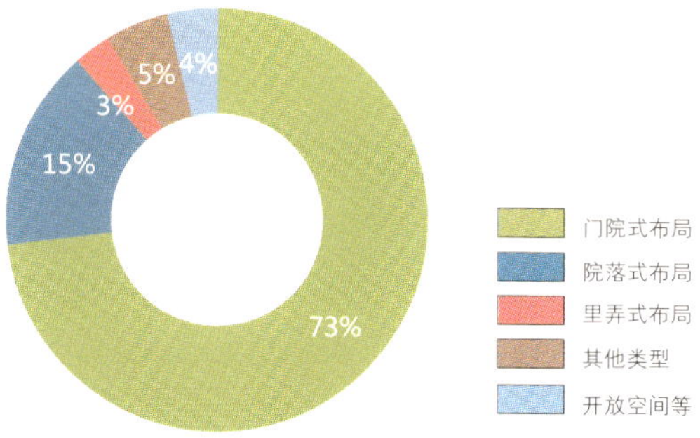

沿街建筑布局类型比例及分布

门院式住宅

院落式住宅

里弄式住宅

其他类型住宅

沿街建筑布局类型分布

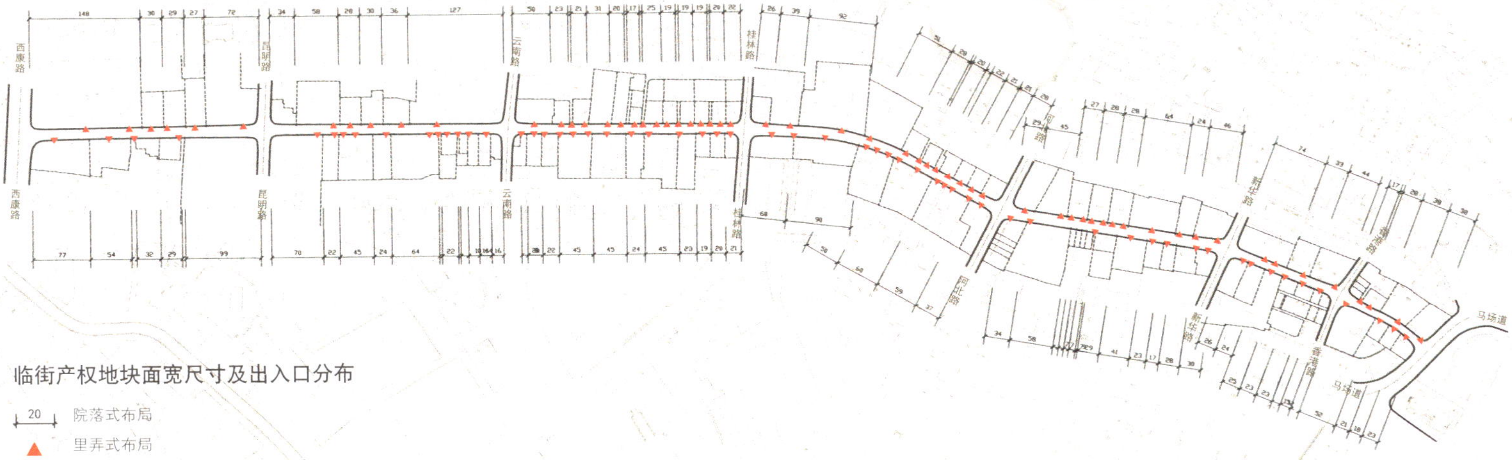

临街产权地块面宽尺寸及出入口分布

门院式布局模式以围墙围合地块，并以一个或多个出入口直接面向街道，产权地块内的公共交流较少，而直接与街道对话。出入口的总量虽多，但由于每个居住单位内的住户较少，不会产生较大的出入交通。而街道两侧的产权密度不高、产权地块面宽较大。这些要素的存在，决定了睦南道的安静、私密的整体特征。

建筑功能的置换及居住模式的变化对街道环境氛围造成很大的影响，亦即街道性格的改变是五大道地区历史街道在城市发展中面临的一个重要挑战。不合理的使用状况是除拆除外对历史建筑破坏的最大来源，超负荷的居住者数量对建筑造成的过度使用令历史建筑寿命大大缩短。同时，这也造成了现实居住模式与住宅布局模式之间的矛盾。但新中国成立后的居住者大换血与唐山大地震后大量灾民的涌入，使这一矛盾十分突出、无法避免并延续至今。为改变这一状况，政府对居民进行了腾迁，但由于现时较少有适宜的居住者可以进入这些住宅进行合理的使用，因此将原本用于居住的建筑改作他用（主要是商业用途）成为一种惯常采用的手段。除区域内已有的小型零售商业外，常见的商业业态包括餐饮、旅游服务、高档会所、小型办公等。如前所述，商业型街道与居住型街道的性格是完全不同的，虽然通过这一手段使历史建筑得到了保护，但原有的街道氛围却丧失掉了。这是保护工作进行中的另一对矛盾，即功能置换与保存街道性格之间的矛盾。在实际操作中，商铺将建筑的实体围墙改建为较矮的透空围墙，商业及旅游设施吸引大量区外机动交通，引发对大量停车设施的需求等，都是商业发展的基本需要，而其对历史街区氛围，特别是静谧的居住型街道的破坏也是无法忽视的。这样的手段在保全了历史建筑的同时却破坏了街道氛围。如果五大道不再是一个安静、私密的高档居住区，也就失去了其独特的魅力。

因此，通过适宜的（也许是困难与高代价的）手段，使历史街区回到设计之初的定位，担负曾经的功能，是保持历史街道氛围的最佳途径。但我们必须承认历史街区保护过程中面临的问题是实际存在的，综合处理好这些问题是现时进行保护规划的一个重要任务。通过引入商业设施的手段保护历史建筑，同时将商业建筑的总量控制在一定比例之下，综合考虑街道的总

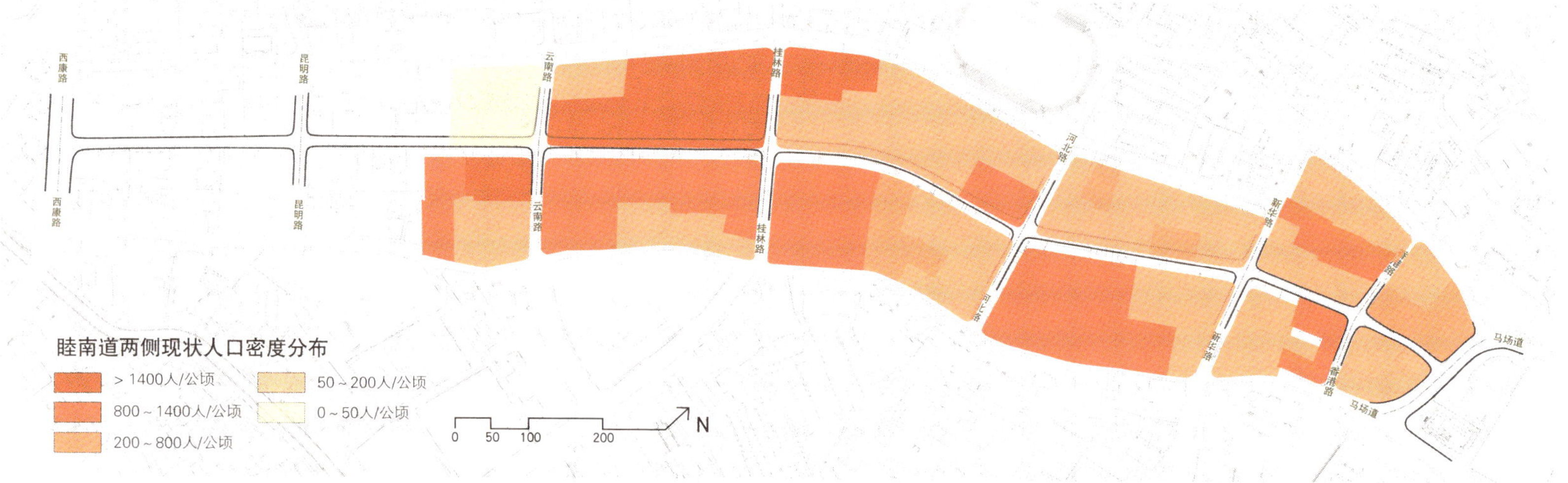

睦南道两侧现状人口密度分布

体特征，根据主要性质来确定发展方向，保持街区原有氛围。同时培育和引导适宜的居住者进入这一区域，引领原有社区精神的回归。

6.4.3 街道的空间特征

1. 街道尺度

空间尺度是人们感知街道的重要内容，包括水平与竖直两个维度及其相互关系。水平方向主要指街道的平面尺度及建筑的院落及退界空间。以睦南道为例，街道的物理边界以门院式 / 院落式住宅的围墙及里弄式住宅的建筑外檐或小型绿化来界定，其距离介于 12~15 米之间，宽度较为统一。在这一距离内，车行道宽约 8.5 米（介于 7 ～ 10 米之间），人行道宽约 2 ～ 2.5 米。在此距离外，建筑的退界空间约 3 ～ 5 米，建筑退围墙形成的院落尺度变化幅度较大，在 5 ～ 20 米之间。竖直方向主要是临街建筑的高度。睦南道两侧的临街建筑，以 1 ～ 3 层为主，少量为 4 ～ 5 层，即建筑高度处于 15 米以下。而相邻建筑的高差变化很小，保证了空间尺度的完整性与天际线的平缓变化。此外，街道的宽高比由于水平与竖直两个维度数值的稳定性而相对统一，保持在 $D:H$=0.5 ～ 1.5，创造出一个舒适而稳定的街道空间尺度。

睦南道标准段剖透视图

五大道相邻建筑的高差变化很小，保证了空间尺度的完整性与天际线的平缓变化

四类街道空间限定元素

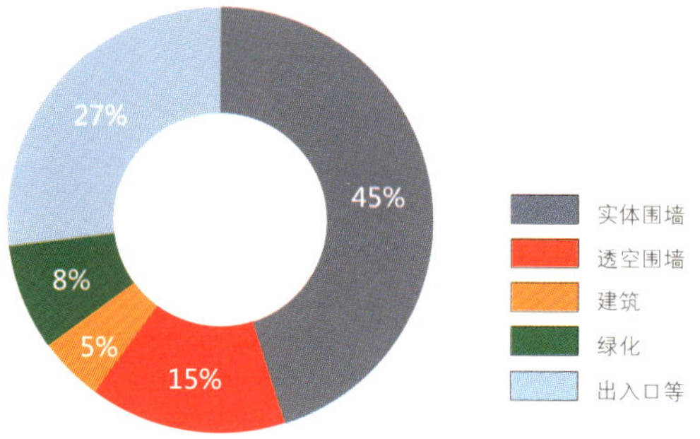

街道限定元素类型比例

2. 空间限定元素

正如鲁道夫斯基所说“街道不会存在于什么都没有的地方”，其存在是依托于周围的建筑与环境的。作为一类线性虚空间，需要实体边界来限定。五大道地区的街道空间限定元素总体上包括四类：实体围墙限定边界、透空围墙限定边界、建筑直接临街与通过绿化限定出的柔质边界。不同的限定元素营造出迥异的街道氛围，其品质则成为塑造街道品质的第一层要素。

以睦南道为例，通过实地的考察与统计，发现实墙围墙是该街道最主要的空间限定元素，约占街道全长45%，透空围墙约占15%，建筑直接临街约占5%，绿地约占8%，其余为出入口及道路交叉口等。围墙成为最主要的街道空间限定元素，是与前文提到的该街两侧建筑以门院式布局方式为主（约73%）的特征一致的。围合院落的围墙在营造街道空间特色中，对强化睦南道“安静、私密”的特征起到十分重要的作用，也成为五大道地区的特色之一。围墙以封闭或半封闭的形式，与当时的特殊社会制度及政治形势密切相关，体现出中国传统的深宅大院的居住习惯与欧式住宅结合的特征，是时代的产物。这些围墙形式各异，特色鲜明。围墙与院内建筑的材质、符号及花样相同或部分相同，别具一格。而不同院落的围墙不拘泥于统一的形制，而是在高度、韵律及材质选择方面保持着一致性，使得街道的整体氛围丰富却不显杂乱。睦南道上绿化与建筑作为街道空间限定元素的比例是非常低的，主要集中在新中国成立后建设的新住宅或新近改造的项目中，这些元素不是这条街道的主角，而星星点点的布局却起到了调节空间节奏，活跃街道氛围的作用。

用“贴线率”来描述五大道的街道似乎并不合适，因为这里很少有立面直接临街的建筑，但如果我们拓展这个概念，认为与建筑融合一体的高品质的围墙对塑造整齐的街道边界具有十分重要的作用，那么睦南道的贴线率是相当高的，这与人的亲身感受一致。高贴线率强化了街道的线性特征，使街道空间更具完整性与稳定性。

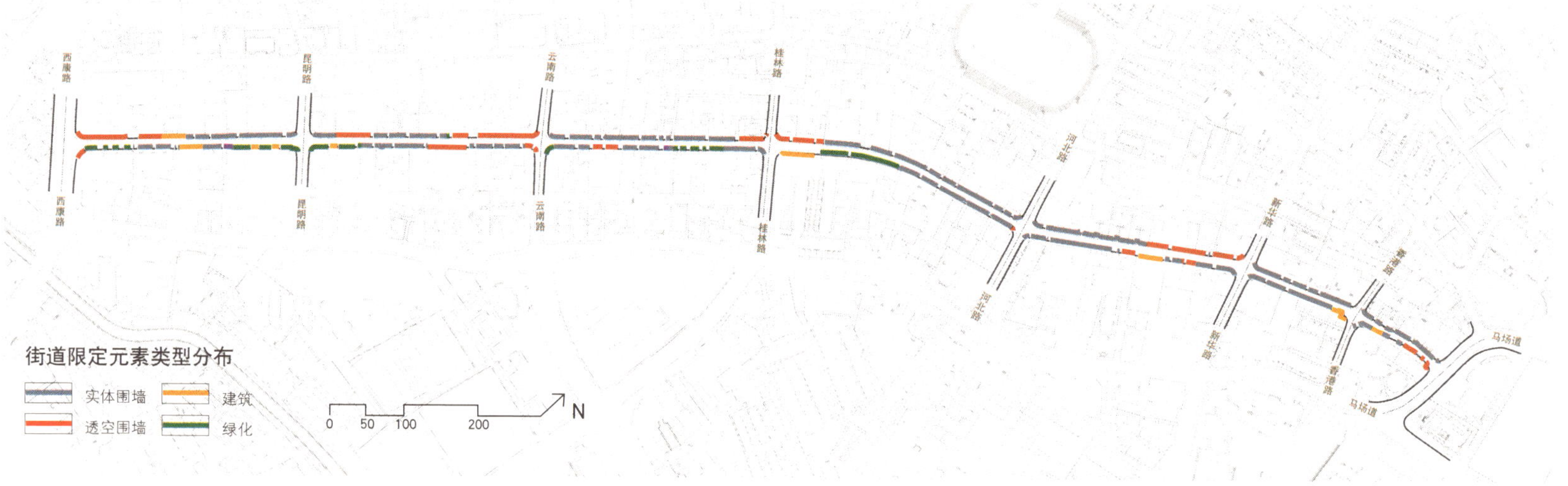

街道限定元素类型分布

3. 行道树

树木在城市建设中发挥的作用是很难形容的。中国人喜欢在宅院中栽树，西方人倾向于在城市中建造公园，树木使人类在冰冷的人造环境中能够保持与自然的些许联系。行道树则是汽车成为道路主角后的产物。遮阴、降噪、屏蔽尾气、调节微环境……树木被赋予了更多的价值。

在五大道这一片区域里，树木的种植状况非常良好。特别是行道树，拥有较多的数量与不错的生长状况。以睦南道为例，街道两侧共有行道树 541 株，平均间距约 7 米，较一般城市道路密。密集的种植方式较好地弥补了天津地区土壤较不利于树木生长的不足，同时也强化了街道的线性特征。在道路的交叉口处，树木没有因路口扩宽或避免遮挡行车视线而遭到砍伐，间距却尽可能小，连续性没有被打断。建筑的出入口也都巧妙地分布在树木的间隔中，使得行道树的连贯性与线性的感觉得以延续。

在街道的纵向上，树冠彼此搭接在一起。树木能够标示出一条目的明确的线路，引导人们前进，为驾驶与行走带来乐趣，使道路变得与众不同。吸引人们目光的，不仅仅是沿街道退后的建筑物，也不是通常意义上的视觉焦点，而是那些枝杈与茎干。在线性的树列中间穿行，茂密的枝叶会遮挡住夏日的骄阳，斑驳的树影瞬息万变，为街道的品质增色不少。同时，行道树与围墙的巧妙配合使得行人或驾车者无法从街道上看到围墙内建筑的首层空间，而建筑的二层及其以上部分与人的视线距离较远并且处于树木的掩映之中，较好地保护了住宅的私密性，满足了早期使用者的需求。更为重要的是行道树在塑造街道风貌环境方面发挥了巨大的作用。客观地讲，五大道的建筑风格类型较多，稍显纷杂，而茂密的行道树却如同融合剂般将街道两侧风格迥异的建筑物调和在一起，使街道整体环境格外和谐统一，塑造出树木掩映下的卓越的街道景观。

用sketchup模拟的没有行道树的与有行道树的街道效果对比

街道沿线行道树分布

6.4.4 街道的交通组织

如何组织历史街道的交通，使其能够承担现时复杂而繁重的任务，同时又不破坏街道应有的环境氛围，是一项十分艰巨的任务。划设单行道是一个普遍采用的方式。五大道地区目前也使用这一方法来限制每条街道上的交通量。采用机动车单线单向行驶、路边顺向停车，非机动车双向行驶的交通组织方式。人行空间在这里受到充分的重视，在宽度较小的街道上，设定了虽然不宽但行走起来却十分舒适的人行道，创造出连贯、安全而宜人的步行环境。在睦南道这一段区域内，机动车都自觉地以比较慢的速度行驶，或许是因为那些吸引人的风貌建筑，或许是因为这段不长的道路上有 8 个交叉口，或许仅是为了享受在这段路上开车的愉悦感，或者根本就是因为这里的车行道非常窄，其中的原委尚不能完全弄清楚，总之司机们总是能合理控制自己的速度，不会超速行驶。当汽车懂得给马车让路时，一个良好的行车氛围就形成了。没有了车辆的喧嚣，街道的环境品质也得到了大幅提升。

在单行道上，车辆自觉地跟随在观光马车后

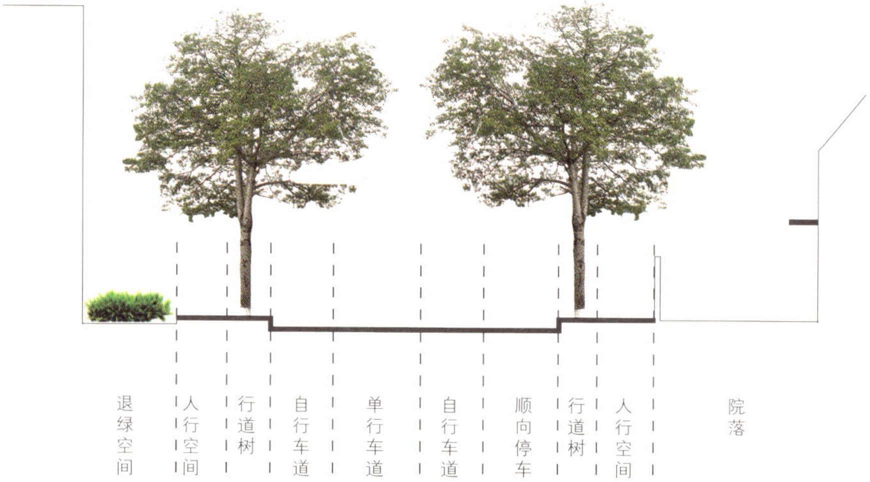

然而，我们不得不承认的一个事实是，五大道地区的南北向道路面临巨大的交通压力。随着城市扩张与功能结构的变化，南北向交通成为主要的交通流向，过境交通流量加大，与地区设计初期的交通条件（东西向为主要流向）相比发生了巨大的变化。主要交通流向的彻底改变与既成的东西长、南北窄的街道格局产生了根本矛盾。这些南北向道路只有 10 米左右的宽度，却要担负着城市南北联系的任务。很多道路被划定为次干道并直接与城市主干道相连接，如红线宽度仅有 12 米的桂林路直接与 40 米宽的友谊北路相连接。同样的问题也出现在九龙路—新华路，永安道—云南路上，这些狭窄的道路担负着过重的交通负担，加之南北向道路的交叉口距离较小，高峰时段交通拥堵问题十分严重。而六条东西向道路中，北侧的成都道与南侧的马场道与城市其他片区相邻，交通量较大，在城市建设过程中也进行了一定程度的拓宽；只有位于保护区内部的四条道路（睦南道、大理道、常德道、重庆道）由于主要担负区域内交通功能，较少地受到过境交通的干扰，能够幸免于难，保持原始的街道尺度与静谧的街道气质。嘈杂的交通环境极大地影响了历史街区的环境氛围，过量的汽车尾气甚至可能危害到历史建筑

南北向道路塞满机动车

本身。交通组织问题必须在宏观层面得到妥善的解决，否则随着城市人口和建设规模的不断扩大，位于城市中心的历史保护区的交通问题将愈发严重，以至难以逆转，造成灾难性的后果。

停车问题是困扰五大道地区的另一个交通问题，也是中国很多大城市中心区共同面对的问题。五大道建设于20世纪初，当时小汽车并未普及，区域内汽车数量有限，并不需要提供较多的停车位。很多独户住宅也都拥有自家的车库或院落。而现今地区内的人口密度成倍增加，大量居住者成为机动车的拥有者，机动车数量大大增加，而一些住宅变更为商业用途，吸引了一定数量的区域外机动车进入，使得停车问题空前严重。五大道地区内的大部分道路被划定为路边顺向停车，仍然无法满足实际需求。曾经有决策者提出在民园体育场地下修建大型地下车库，以解决现时严重的停车难问题。这样可以在短期内解决实际问题，却有可能逐渐吸引更多数量的机动车进入保护区，停车难的问题也将再次上演。

停车问题已经严重地影响了历史街道的品质，特别是路边停满了汽车，又有大量按着喇叭的车辆在街上乱窜，使历史街道的美丧失殆尽。停满车辆的狭窄街道本就不是一个理想的场所，如果再缺少科学的规划、管理与车主的自觉配合，街道将成为一个混乱的停车场。对于交通问题，我们目前尚无法控制机动车的总量，只有在城市机动车保有量较大的情况下，采取适宜的手段控制进入历史街区内的机动车数量。例如只提供较少数量的停车位、提高停车费用、征收道路拥堵费等。以保持历史街区的原真性与环境品质。在采取这些手段的同时，必须在宏观层面解决好人流到达与离开的途径，做好保护区内外交通的衔接，大力发展公共交通，完善人行设施等。

不规范的停车行为影响街道品质

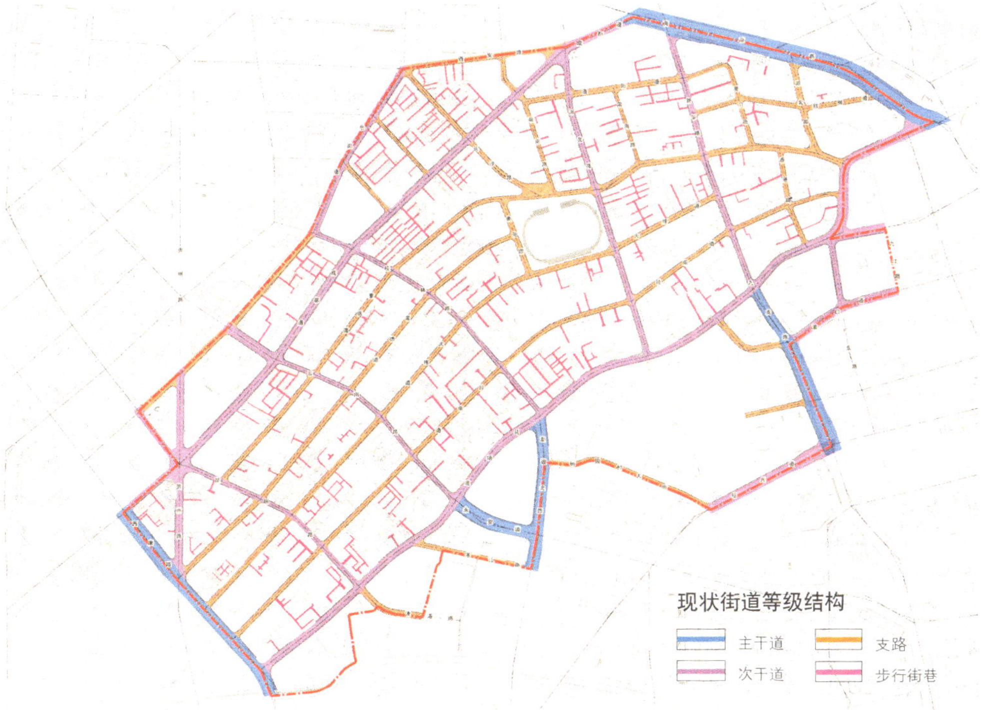

6.4.5 一些提升街道品质的设计要素

1. 空间节点与驻足时刻

一条高品质的街道不应是单调与乏味的，而应为行走其间的人们提供有趣体验的机会。这些“兴奋点”不单用以吸引游人，更多的是为住户提供饶有趣味的日常生活环境。空间节点与驻足时刻就是这样的“兴奋点”。

街道中可以成为视觉焦点或作为人们驻足地的节点大体上包括三类：

（1）特色鲜明、引人注目的建筑，往往是文物建筑或风貌建筑。

（2）街道的相交处，大多是两条高品质林荫道交会的节点，具有较大的景观信息与可感知范围，能够突出体现区域风貌品质和景观的丰富性；此外，位于道路转角处的建筑，往往采取特别的处理方式，使道路交叉口处的街道景观比道路标准段更具特色，而且各个交叉口处的特色不同，也成为行人定位的重要途径。

（3）街道标准段中的小型公共空间或半公共空间，往往可以打破街道的线性空间感觉，在空间和视线上具有很强的开放性，也是吸引视线的节点。这些开放空间可以是院落式独立住宅的入口，里弄式住宅的弄口，围合式院落公寓退线形成的花坛等。

五大道地区的每一条街道都充满着这些“兴奋点”。以睦南道为例，在 1950 米长的距离内，与 8 条街道相交，包含文物建筑 22 处及多处小型公共空间，相当于每隔 50 米即出现一个驻足时刻。行走于这样的街道中，总让人目不暇接、兴致盎然。

2. 街道对景

有对景的街道是易于辨识的，并且提供卓越的景观效果，这也是成就一条高品质街道的重要设计要素。五大道地区的街道，特别是东西向的街道都有各自的对景。仍以睦南道为例，该路的东北向以小白楼CBD的高楼大厦为对景，西南向以远端的天塔为对景。如此效果的产生，很难说是经过精心设计的结果，更多的是“无心插柳柳成荫”。但远端两处高大的对景伴随略带弯曲的道路时隐时现，为行人指明了方向，增添了游走于街区间的情趣，使对景成为提升街道品质不可或缺的元素。

3. 地区边界

五大道与周边地区产生了明晰的边界

根据凯文·林奇“城市意象”的观点，“路径”是人们感知城市的主要途径，而“区域”是一个特色鲜明的地区。将“五大道”视为区域，其间的街道则可以认定为“路径”。五大道地区及其街道之所以可以成为人们“心智地图”中重要的内容，是因为其鲜明的特色与明确的范围。规划师与城市的管理者在中国城市进入飞速建设阶段之前即意识到五大道作为历史街区的重要价值，对其进行了严格的高度与建筑风格控制。经过二十余年的发展，本地区与城市周边地区在建筑高度与风格上产生了较为明显的差异，也就使得这一区域的特征十分突出，地区的边界十分明显，增强了地区的到达性与存在感，也使五大道的街道成为了特色鲜明、易于辨识的“路径”。

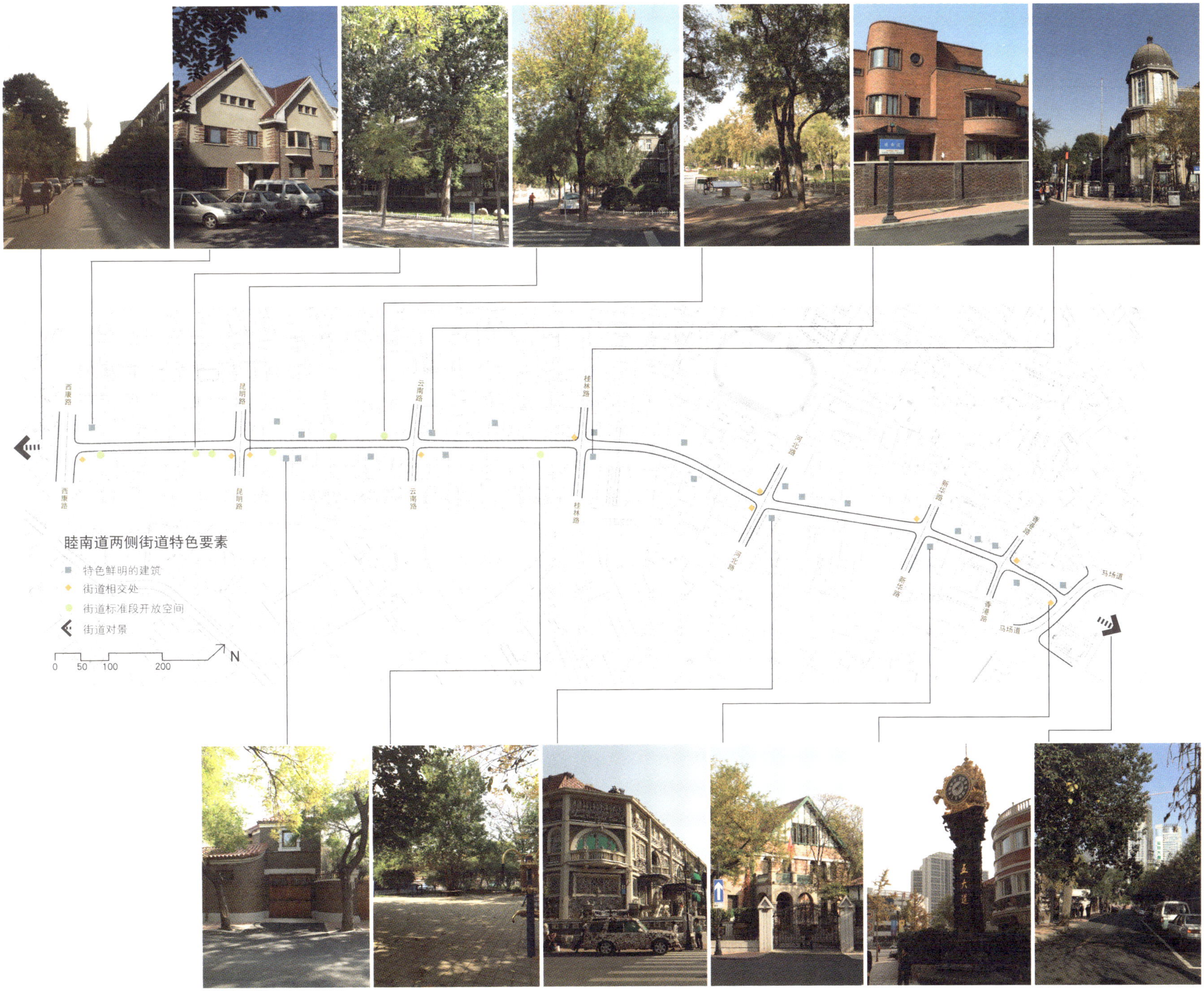
睦南道两侧街道特色要素
特色鲜明的建筑
街道相交处
街道标准段开放空间
街道对景
0
50
100
200
N
西康路
昆明路
云南路
桂林路
河北路
新华路
香港路
马场道

睦南道上的建筑

4. 高设计水准的建筑

临街建筑的设计水准对街道品质的影响是显而易见的。在保证单栋建筑高水准设计、高质量施工的情况下，还需要做到与环境、与周边建筑的协调统一，与街区或街道的整体氛围相一致。这就要求建筑所有者（甲方）与建筑师（乙方）均有较高的审美水平与包容的情怀。五大道就是这样的地区，这里涵盖了 20 世纪初出现的多种类型的建筑风格，既有古典元素，又有乡村风格，既有对新建筑的大胆尝试，又有对地域民族风格的融合。虽然这些建筑在风格、色彩、用料甚至体量、高度等方面都存在明显差异，但行走其间，你不会认为哪一栋建筑是突兀的，而会惊艳于它自身协调的比例关系、和谐的色彩材料与精湛的施工工艺，以及建筑与环境、相邻建筑之间和谐共处、交相辉映的效果。

从街道品质的角度来看，建筑在保持自身的高水准设计的同时，做到各自成趣却又互不干扰、交相辉映是更加重要的，亦即和谐的群体效果是最难能可贵的。诚如五大道作为一个知名的历史街区，其名誉并不来自于若干独立建筑。五大道的建筑能够达到这样的效果，概括起来包含如下因素：

（1）相似的建造年代，造就了外表看似大相径庭、精神核心却高度一致的建筑风格。这一精神核心即是对传统美学的共识与追求。这就使得这里的建筑不论在外表上有多大的风格差异，给人的感觉却是相近的，群体效果与空间效果因而和谐统一。

（2）工程技术、建筑材料及施工工艺上的限制。在 20 世纪初，人类建造住宅的工程技术远没有今天这样发达，传统工艺仍然占据主流，而就地取材也是最基本的建设原则。砖混、砖木结构加上以石材、木材、砖材、抹灰为主的建筑材料，使得建筑的建成效果不会出现大的差异。

（3）相似的居住理想与设计共识。五大道的最初居住者，是抱着进入租界高档居住区、在乱世寻求难得的安宁的目的的，加上霍华德花园城市理念的盛行，使独立式的花园别墅成为主流的理想居住模式，而这一类型的建筑是有一个统一的原型的，即 2 ~ 3 层的体量、简洁的立面与形体。这一共识使五大道地区中的主要建筑形成相似的尺度与空间效果。

在描述高水准建筑对街道环境品质的积极影响的同时，我们必须直面五大道地区的建筑在近年来遭遇的问题。右图展现的情景是五大道地区沿街建筑在建筑风格与装饰改造方面存在问题的集中体现。上图是新近建造的建筑，设计师有意模仿了欧式建筑风格，但立面三段式、窗的做法及柱式等的生硬组合以及粗陋的色彩搭配使这座建筑毫无美感可言，完全无法融入历史街区之中。在历史街区内插建建筑是对设计师职业素养和建筑所有者审美水平的重大考验。毫不客气地说，这些没有经过专业古典建筑设计训练的设计师，很难模仿到位，而所有者对于实用、廉价的苛求以及粗俗的审美追求也使建筑变得不伦不类。与 20 世纪初的达官显贵和高水平设计师相比，目前几乎不具备设计出高水平古典建筑的条件了。因此五大道上绝大多数新建建筑与整体风貌不协调，新建筑往往因为拙劣的模仿而显得生硬、粗糙、品质低下。下图中的粤唯鲜酒楼被建筑所有者改造得一塌糊涂：大量瓷器、石材繁复而随意地堆砌，绿色高反镜面玻璃安装在最显眼的转角处窗子上，与建筑体量和环境极不相称的硕大广告牌匾压在建

五大道上某商业娱乐建筑

文保建筑粤唯鲜酒楼

筑之上。所有者自认为得意的这些改造使这座因高水准地方特色制作工艺而闻名的"疙瘩楼"黯然失色，就像一位清纯美丽的少女被无情地浓妆艳抹、套上恶俗的衣着。这些改造也许对建筑本身并没有造成过大的破坏，但却使其展现出的气质发生根本改变。这样的装饰与改造在五大道的老房子中屡见不鲜，粉刷琉缸砖、改实体围墙为栅栏、擅自封堵阳台、于院内或露台进行加建等。对历史建筑的破坏，往往不是那些大拆大建，而是使用者不经意间的装饰与改造，因为这些改造往往是不恰当且粗糙的。

我们必须承认，受到社会发展阶段与公民受教育程度的限制，很多中国人的审美水平有待提高，如何使新建筑融入历史街区、老房子得到恰当的使用，在当下是一个很难解决的问题。对于新建建筑的风格，完全没有必要刻意模仿古典风格，因为五大道本身并没有形成一个十分明确与主导的风格类型。其建设过程本身即体现出社会发展过程中建筑风格的演进与各种风格的尝试，从早先的折中主义到对民族传统、地方工艺以及现代风格的大胆应用，以至新中国成立后建设的苏制大院，均能在这里找到自己的位置，并不显突兀。因此一幢设计得体、体量适宜，并且追求高品质的建筑，只要不对整体风貌环境产生负面影响，完全可以被这一地区所接纳，而它的设计风格不应是决定性因素。

作为控制性详细规划深度的保护规划，无法对装饰与改造内容提出十分具体的设计要求，而是需要进行更为具体的道路保护规划或建筑设计导则的编制。但我们必须意识到，设计不应代替规划，设计导则比控规更难制定和掌握，也不便于在管理中实施。近年来在国内多座城市进行的建筑立面及广告牌匾的改造工作虽然使城市的杂乱面貌得以改善，但统一而单调的风格整体水平不高，更使城市失去了精彩与活力。这样的手段显然不适用于这一充满历史底蕴与鲜明特色的历史街区。这一问题必须在设计师与使用者整体审美水平逐渐提高后才能彻底解决，对历史的尊重是这个过程中的首要条件，而时间与失败是我们必须付出和承受的。

5. 街区的混合性

混合的街区是充满活力的，五大道就是一个鲜明的例证，这一混合不仅指使用功能的混合，更是居住人群在年龄和收入层次上的混合。五大道在设计之初，是英租界西拓的居住区，高收入者并不是其唯一的服务人群，其间建有大量多层集合式住宅，比如建于 1937 年的大兴邨，主要供大兴公司的职员居住；民园西里、先农大院供中产阶级使用，永定里供银行职员居住，安乐邨原名为"新武官胡同"，租给美国武官居住。这种混合的布局模式在今日的英国社区中依然有类似的例子。新中国成立后建设的苏式的围合大院进一步丰富了居住者的多样性。不同收入、不同家庭特征的人的需要、使用方式与支付能力都有所不同，因此所对应的空间在类型与尺度上也都各自不同。这正是经济与社会多样化的结果。如此说来，五大道地区并不是只属于某一类人群，它适合于老年人，也同样适合于年轻人与中年人，虽然它不是为高收入的人准备的，但是它还是既适合于富人，也适合于那些不太富裕的人。在现时的住区规划中很少有哪个居住区的街道，在经过精心的设计后，能够如此宽宏，适应多种人群的居住需要。这也是五大道的街道在经过历史积淀后保持持久活力的重要因素之一。

最后，用艾伦·雅各布斯描述里士满纪念碑大街的一段话来评述睦南道再适宜不过，"两侧建筑所具有的独特性格，更多的是因为统一于整体的多样性，而与单栋建筑的设计品质关系不大。或许一些建筑相当突出，但更重要的是所有的建筑都能让人感到愉悦”，居住者可以在这里享受生活，游览者也可以得到内心的片刻宁静，这也就是五大道地区作为一个令人流连忘返的高品质社区所具有的独特性格，而不是散布着各色旅游景点的风景区。

6.5 历史街巷分析

6.5.1 正在消失的街巷

街巷对于组织城市生活空间具有重要的作用，与城市街道相比，其公共性减弱，私密性加强，但并不是一个完全封闭、私密的空间。这种半开半合、若即若离的空间感，正是其魅力所在。无论是北京的胡同，还是上海的里弄，抑或迷宫般的阿拉伯街巷、弯弯曲曲的欧洲小巷，街巷在人类城市的建设历史中无处不在，一直发挥着组织交通、沟通邻里的作用。但是，当现代主义建筑与城市规划成为一种潮流之后，街巷作为建筑的附属正在为人们所淡忘，逐渐消失。

现时主流的集合式住宅与封闭小区里已经难觅街巷的踪影。每户都拥有独立而完整的生活设施，单元门内是完全私密的空间，而单元门外则成为彻底的公共区域，空间上没有过渡，更失去了邻里交流的场所。当我们还在感叹人情冷漠的时候，却忽视了从正在消失的街巷中寻回温暖的机会。五大道这一建于新旧交替、东西交融时期的区域，遗存着虽处于消亡中，却是以设计改良当今中国社会的良药。

6.5.2 五大道典型街巷的空间特征

北京的胡同

上海的里弄

阿拉伯传统城市中的街巷

欧洲中世纪小巷

世界里位置

五大道地区内拥有大量街巷，如前文 6.3.2 所述，包括交通与公共活动的集中地和以交通为主要功能两类。在这里，我们将以世界里为例，讨论具有组织交通与沟通邻里功能的第一类街巷的空间特征。

世界里位于成都道与重庆道之间，桂林路以东，建成于 1940 年，是供普通职员居住的联排公寓住宅。建筑为砖木结构，主体三层，局部二层，外檐为清水砖墙，平屋顶，正立面部分混水抹灰。其南北及东西相邻的建筑均为新中国成立前建设的联排公寓住宅。

世界里占地仅为 0.4 公顷，并被四周建筑紧密围合。设计师通过高超的设计手段在这狭小的土地上布置了 8 栋建筑，共 32 个居住单元，建筑基底面积 2300 平方米，建筑密度超过 50%，容积率达到 1.6。前后两排建筑间距最近为 3 米，最远不超过 7 米。通过建筑师精心的安排，前排住宅背面的开窗位置与后排住宅正面的开窗位置错开，没有贯穿的视线通道，更不会出现隔窗握手的情形，在如此高密度的情况下较好保护了居民的隐私。

由公共向私密的空间过渡过程

世界里的空间组织丰富而合理，可谓麻雀虽小，五脏俱全。一条宽约 4 米的公共通道贯穿基地南北，并穿过南北两侧住宅与城市道路连接；由这条公共通道向东西两侧横向生出 8 条半公共通道，联系每一个居住单元；在入户之前需经过一个面积约 6 平方米的小型前院，构成了一个小巧的半私密空间；最后进入住宅内部这一完全私密的空间。在如此简洁而清晰的空间组织模式下产生的交通流线也十分明确，人们通过公共—半公共—半私密—私密的线路进入家门。这些公共与半公共通道构成了五大道地区里弄式住宅典型的街巷特征。两侧建筑典雅而质朴，凹凸有致的建筑外檐限定出精致却不显闭塞的公共空间，在担负交通功能的同时，又是邻里交流的绝佳场所。世界里通过街巷对场地与空间进行了出色的组织和安排，对现时的住区设计具有重要的借鉴价值。

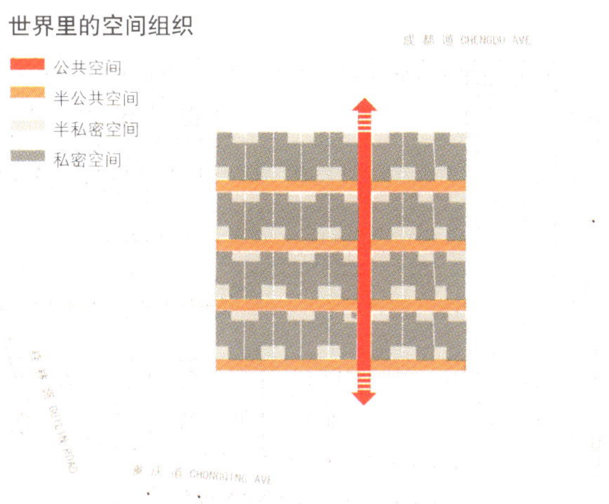

6.5.3 封闭还是开放？——街巷设计与发展的首要问题

街巷空间的存在依托于里弄式住宅，而里弄式住宅与现时大量居住小区的主要区别在于公共空间是向社会开放的。小区模式将人一层层过滤，在达到安全与便于管理目的的同时，却牺牲了住区的开放性与人们的沟通渠道。空间环境也变得更加冰冷与生硬。

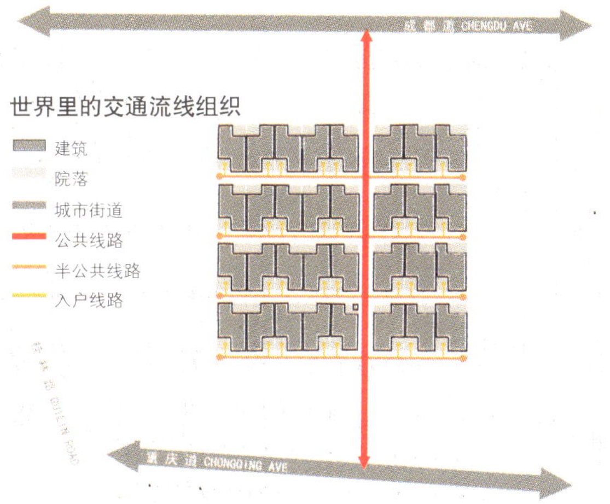

大量历史遗存的里弄式住宅，其基础设施与环境条件比较落后，需要经过大力的完善与整治。同时清理超负荷的住宅，使居住者人数回归合理。但必须确保里弄式住宅的开放性，保证由公共向私密空间过渡的连续性，延续历史街巷独特的空间特征。

里弄式住宅这一独特的居住模式，对于新的住宅设计或城市空间的创造具有重要的启示作用。巧妙地处理建筑立面，于紧凑的用地内建设高强度却不影响居住质量（通风、采光、隐私等）的住宅；丰富的空间变化给人以多样的居住体验，同时创造出满足不同使用功能的空间；开放的社区，为住民带来沟通与交流的途径，也为游客创造亲身感受一座城市真正生活的机会……街巷设计与发展的首要问题，是保障街巷的开放性，保持各个空间顺畅连续。只有提供准确的物质载体，才可能创造出独特的城市环境与氛围。

6.6 研究的意义——运用到保护规划与设计指导中去

透过对历史街道与街巷的研究，可以明确街道的性格特征、风貌要素特点及空间特征品质，理解在空间形态背后隐藏的深层次城市基因，由此确立更具价值的保护规划与设计指导，使历史街区的品质不致因这个时代的浮躁而下降，使控规层面的保护规划向设计层面纵深发展，使一些具体实施工作具有明确的、可执行的依据。

6.6.1 对街道性格的尊重与延续

1. 用地 / 建筑性质

对于建设用地功能的调整或建筑性质的置换，须综合考虑街道的总体特征，根据街道的主要性质来确定，避免破坏街道的整体氛围。控制沿街建筑商业性质的比例，特别是核心保护区内的睦南道、大理道、常德道与重庆道须维持在较低比例之内，以延续街道静谧的特征。

2. 建筑布局模式

沿街建筑空间布局模式对街道性格具有重大影响，新的建设项目须对整条街道的布局模式通盘考虑，确定主要模式。新建建筑应避免使用除门院式、院落式及里弄式之外的布局模式。对既有建筑的改扩建亦不可破坏原有空间组织模式。

6.6.2 保持街道的空间尺度特征

1. 施行严格的建筑高度控制要求

从宏观层面确定严格的建筑高度控制规划：在核心保护区内规定建筑檐口高度不得高于 12 米，同时为确保核心保护区边缘道路两侧建筑高度尺度感协调一致，确定由核保区向建控区 100 米范围内 45° 角坡度上升的原则，使建筑高度平稳增加，保障街道两侧建筑高度的稳定性。在街道层面，规定街道沿线新建建筑与相邻建筑主体之间的高差，不得超过较高建筑的 1/3，以保证尺度感的完整性和天际线的平稳变化。

2. 控制街道宽度

为保持街道的空间尺度，必须严格控制街道宽度，包括街道的红线宽度及行车道路幅宽度。禁止因交通需求对街道进行拓宽，必须维持街道既有宽度，力争优化道路断面形式，改善人行空间环境。

6.6.3 街道的空间限定元素

1. 尊重街道第一物理边界

限定街道空间的第一物理边界，是营造街道环境氛围的最直接元素，须尊重历史形成的总体特征，改扩建项目不得更改既有的第一物理边界元素，新建项目须综合考虑街道的整体特征，选择所在街道的主要限定元素作为新项目的设计元素，以延续和强化街道空间特征与氛围。

2. 继承与延续街道贴线率

对街道贴线率的控制，是针对现时大量新建项目退线距离较大，难以形成明晰整齐的街道边界的问题提出的。为强化历史街道的线性特征，须对沿街建筑贴线率进行控制。在五大道这一特定的历史地区内，院落的围墙贴线，同样可视为符合贴线要求。对建筑贴线率的控制指标不宜一概而论，新的建设项目须对整条街道的贴线率进行统计计算，该项目的贴线率浮动范围不得超过平均贴线率的 ±10%。

6.6.4 行道树与环境装饰

1. 行道树的种植与保护

每条街道应选择与既有树木相同的树种并以相同间距连续种植，不得以避免遮挡行车视线为由减少道路交口处的行道树数量。各用户单位的出入口须与行道树进行良好的结合，不得砍伐门前树木用以设置出入口或增加停车场地等。

2. 环境装饰原则

建筑和院落可以以得体的方式进行装饰，使得街道景观更加富有层次，包括：自然的植物、阳伞、遮阳棚、座椅等，装饰程度应与建筑的特征和周边环境相吻合。铺装形式和色彩应体现本街区特色，并应与整体环境协调，铺装材料可具有多样性。不能使用大面积釉光面和磨光面的铺装面材，宜选用平整防滑的铺装材料。

6.6.5 街道的交通组织

1. 动态交通规划

从宏观区域层面疏解交通，减少进入保护区的机动车数量。除现行的划定单行道的方法外，可适时采取限时限区行驶、征收道路拥堵费等方法。完善城市公共交通设施，鼓励慢行交通的使用。除学校等必要的公益性建筑设施之外，五大道内不应建设和组织诱发大量机动车交通的项目和活动。保持步行道舒适的宽度和铺装品质，尽量减小道路的转弯半径以方便行人通过。

2. 静态交通设计

规范现行路内顺向停车行为，减少区内停车位数量、提高停车费用，于保护区周边设立大型综合停车设施，配合动态交通规划解决好人流集散、换乘等问题。

6.6.6 建筑设计

借鉴同一街道上历史建筑的空间组织模式、设计手法及交通组织方式等，作为新建建筑设计的参考。新建建筑不必刻意模仿古典建筑风格，而应以高水准设计与高品质施工为首要追求目标。鼓励从传统建筑中借鉴设计元素及语汇，鼓励使用保护区内常用的建筑材料与色彩。新建项目的院落和围墙应与建筑统一作整体考虑，与主体建筑和周边环境协调一致。围墙的沿街部分必须与相邻现有其他建筑围墙保持在同一水平线上。沿马场道、西康路、成都道和河北路的建筑围墙应采用通透的样式，以便适应街道的开放性，而其他街道的围墙则无此限制。若设立封闭的围墙，应考虑到行人的舒适度和视觉愉悦，应以材料的质感或其他精细的处理手法丰富围墙的街道表情。新建通透围墙的高度不宜大于 1.8 米，新建封闭围墙的高度不宜大于 2.0 米。

6.6.7 运用多种手段提升街道品质

在街道的规划设计中，注重多种设计手段的运用，以提升街道的环境品质，包括空间节点与驻足时刻的合理安排，街道对景的设置及特色路径与地区边界的塑造等。

6.6.8 历史街巷

1. 最大限度地保留街巷空间

逐渐消失却又拥有重要价值的历史街巷，需要在历史保护规划工作中得到充分的重视，做到最大限度地保留街巷空间，保护其过渡空间的连续性与空间特色。对不规范的使用行为及改扩建进行整治，确保历史街巷原貌不被破坏。

2. 开放的街巷

保持历史街巷具有对社会开放的属性，严禁以便于管理为目的的改造行为，严禁各住户私搭乱设、破坏公共空间开放性的行为。

6.7 几点启示

五大道地区是英国殖民时期的产物，不论从城市规划抑或建筑设计的角度，还是相较于英国本土或其殖民地的一些城市建设，这里并没有特别突出与优秀的方面。然而作为今日中国一个难能可贵的优秀历史街区，其形成与发展的过程带给我们若干思考与启示。

1. 政府的干预程度与“自组织”

五大道地区街道及沿路建筑所体现出的丰富性与生动性是任何经统一规划建设的项目所无法比拟的。住宅所有者及建筑师在一些不成文的设计条件的指引下——对新式建筑风格的追求，建筑材料、建筑技术等的发展与限制，对区域整体定位的认同等——以“自组织”的方式进行建设，造就了五大道地区在宏观层面的统一协调，中观层面各具特色，微观层面又丰富多样的风格特征。受私人利益控制的秩序趋向于一种不均质的、不规则的形式。在这里，偶然性的、个人的需求和可能性决定着形态和选址。这种“自组织”的发展模式相较于以政府干预为主的“他组织”模式而言，更加灵活，适应性更强，也更加利于造就丰富有趣的空间环境——当然，这必须建立在一定的“游戏规则”的基础上。因此，巧妙而合理地制定进行“自组织”的“游戏规则”，将政府的干预程度控制在一定范围内，鼓励使用者及设计师参与到设计与城市建设管理的过程中来，不仅有利于优秀的城市空间的形成，更加可以推进深层次的社会进步。

2. 由微观到宏观的问题

前文对五大道形成过程的描述表明五大道的街道走向具有很强的联系目的，在这个最简单明确的目标指引下达成了一个意料之外的效果：这种近乎南北偏转45°角的道路格局使建筑布局更加灵活与自由，特别是在天津的气候特点及中国传统观念对南北向住宅的特别需求下，能够以一种折中的方式既保全了住宅朝向又兼顾了街道的围合效果与氛围（尤其体现在里弄式住宅上，也使得围合式住宅均有不错的朝向）。这一“意外”收获反映出一个由微观到宏观的问题，即直接与人的生活息息相关的微观设计，必须在宏观规划中得到充分考虑。

以住区规划为例，如果多种因素决定了住宅必须坐北朝南，那么我们在进行总体规划特别是道路网规划中必须将此作为一个重要的先决条件进行考虑。在中国古代的城市建设中，这一需求由始至终地贯彻下来：城市正南北方正布局，街道正交形成棋盘格状路网，方正的院落式住宅恰当地分布于街块内，围合院落的住宅则最大限度地满足了坐北朝南的需求。但在现代城市规划中，道路的交通功能被放大，而组织城市生活的功能却被无情地忽视。一些斜向的或弯曲的道路与南北向的建筑排布方式产生了矛盾，形成了低劣的城市街道景观并造成了土地的浪费。我们知道，在进行具体设计时往往无法改变上一层次的宏观规划，这就需要我们在规划层面充分考虑到实际的使用需求，避免与具体设计产生根本矛盾，如此将会使我们的城市建设与街道景观及氛围的营造产生巨大的改观。

3. 以街道的整体性格，作为新建筑的设计依据

假设有这样两条街道，一条街道上的建筑都个性十足、极尽乖张，另一条上的建筑都以一种低调但不失优雅的姿态伫立在街道两侧。人们行走在第一条街道中，就像游览世博会一样，被光怪陆离的建筑所吸引、目不暇接，但除了个别建筑能够给人留下印象外，大部分都沦为背景，成了过眼云烟。而第二条街道则因为和谐的风格而使人感到愉悦，作为一个整体给人留下了深刻印象。街道沿线建筑风格的一致性是突出街道特点的重要保证，而这统一于街道的整体性格，在操作层面则是具体的设计语汇，包括高度、材质、色彩、退线、贴线等。在进行新建筑的设计时，注重对街道整体性格的研究，了解其"过去"以判断"现在"和"未来"，作为设计的依据。这样的设计方法，是五大道地区的街道给予我们的启示，而它不仅适用于历史街道内，更是普通的城市街道提升整体品质的重要途径。

6.8 其他主要街道统计与分析

在接下来的篇幅中，我们将列举对五大道地区主要历史街道的数据统计与基本分析，包括大理道、常德道等 20 条道路，涉及区位及用地性质、沿街建筑布局类型分布及比例、街道限定元素类型分布及比例、临街产权地块面宽尺寸及出入口分布、街道沿线行道树分布等五方面内容。

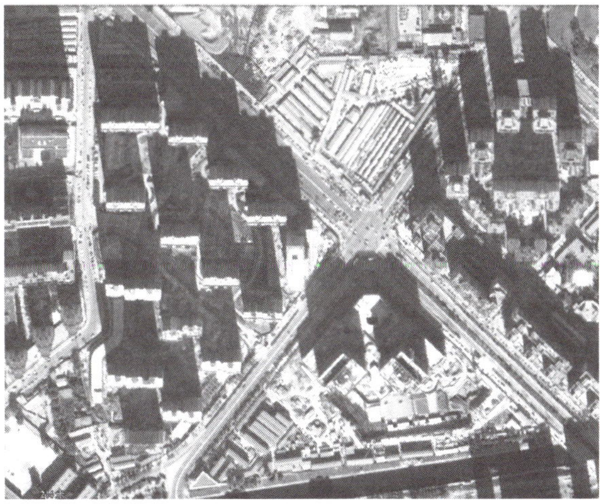

北京太阳宫地区与旧金山闹市区的航拍图对比（上方为正北向）。太阳宫地区的道路走向对住宅排布产生了较大影响，建筑以45°角面对街道，产生了大量消极空间。闹市区的建筑沿道路紧密排列，在最大限度地发挥土地价值的同时形成了良好的街道景观

01 大理道

大理道位于五大道地区的中心位置，南侧为睦南道，北侧为常德道，东端起始于新华路，西端结束于西康路，全长 1697 米，道路两侧以居住及公共管理与公共服务设施用地为主。

大理道两侧共有临路产权地块 91 个，其中采用门院式布局模式的地块有 58 个，占总量的 64%，院落式布局地块 21 个，里弄式布局地块 1 个，其他布局类型地块 3 个，另有 8 处开放空间或空地。

道路两侧产权地块的平均宽度约为 38 米，门院式地块的临路面宽为 11 ~ 67 米，院落式地块面宽为 14 ~ 143 米，里弄式地块面宽为 25 米，其他布局类型地块面宽为 47 ~ 102 米。道路两侧共设出入口 96 个，平均每个地块约有 1.05 个出入口，间距约为 35 米。

街道边界的限定要素方面，实体围墙长度为 641 米，占总长的 19%；透空围墙长度为 786 米，占总长的 23%；建筑主体直接临街的长度为 516 米，占 15%；以绿化限定街道边界的长度为 471 米，占 14%。街道两侧共有行道树 360 株，平均间距约 9.4 米，于街道内分布较为均匀，并与道路交叉口、地块出入口等巧妙结合。

街道区位及临街用地性质

沿街建筑布局类型比例

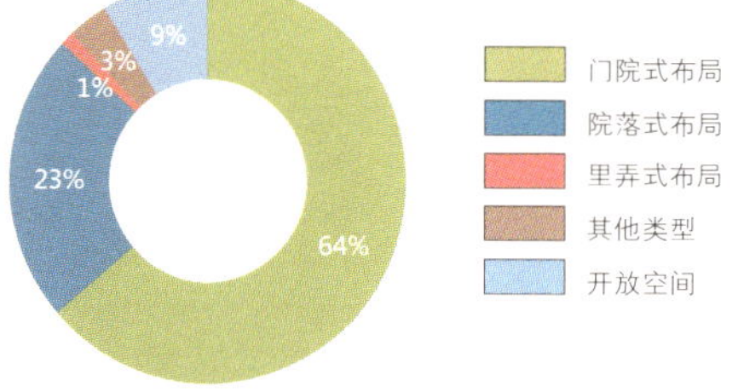

街道限定元素类型比例

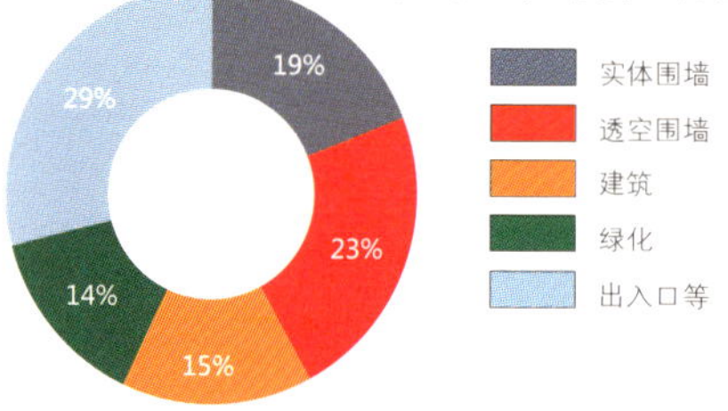

沿街建筑布局类型分布

临街产权地块面宽尺寸及出入口分布

街道限定元素类型分布

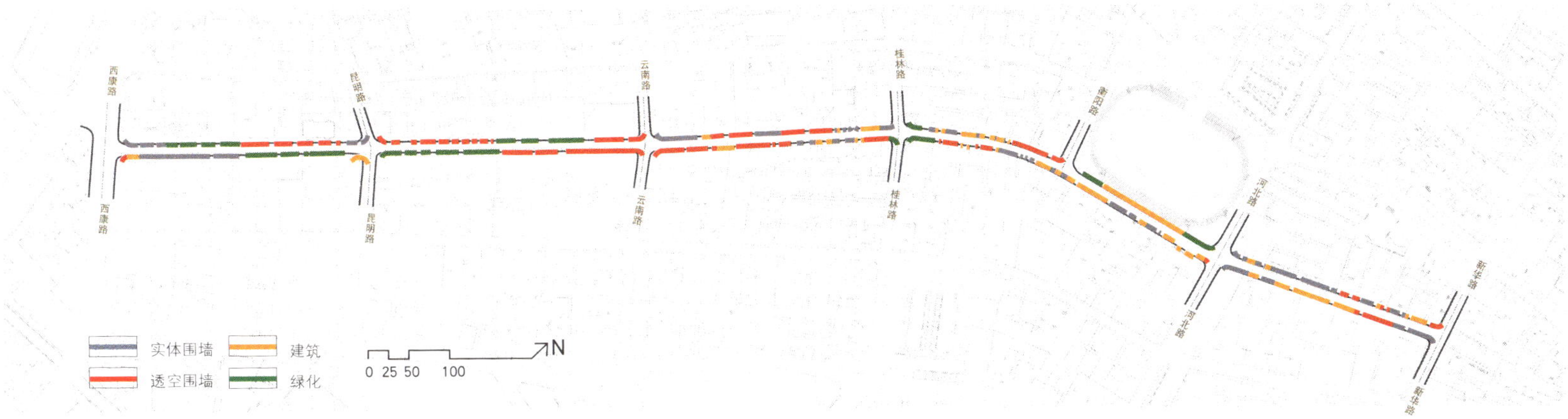

街道沿线行道树分布

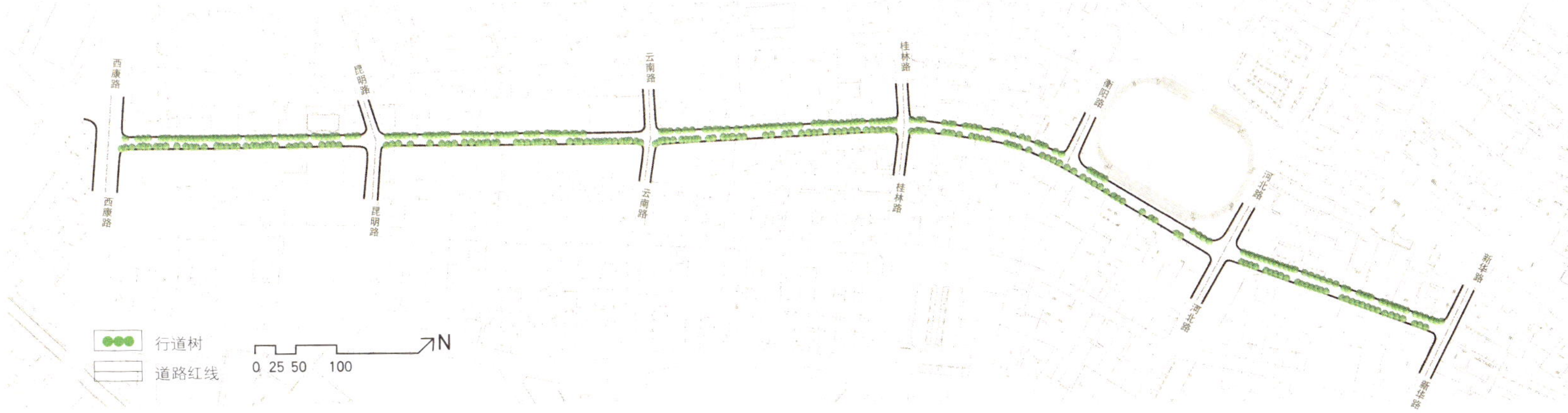

02 常德道

常德道位于五大道地区的中心位置，南侧为大理道，北侧为重庆道，东端起始于衡阳路，西端结束于西康路，全长 1224 米，道路两侧以居住及公共管理与公共服务设施用地为主。

常德道两侧共有临路产权地块 79 个，其中门院式布局地块 57 个，院落式布局地块 17 个，里弄式布局地块 3 个，其他布局类型地块 2 个，无临街开放空间或空地。

道路两侧产权地块的平均宽度约为 31 米，门院式地块的临路面宽为 6 ~ 68 米，院落式地块面宽为 26 ~ 120 米，里弄式布局地块面宽为 29 ~ 77 米，其他布局类型地块面宽为 37 ~ 69 米。道路两侧共设出入口 89 个，平均每个地块约有 1.13 个出入口，间距约为 27.5 米。

街道的限定要素方面，实体围墙长度 507 米，占总长的 21%；透空围墙长度 747 米，占总长的 31%；建筑主体直接临街的长度为 459 米，占 19%；以绿化限定街道边界的长度为 50 米，占 2%。

街道两侧共有行道树 323 株，平均间距约 7.6 米，于街道内分布较为均匀，并与道路交叉口、地块出入口等巧妙结合。

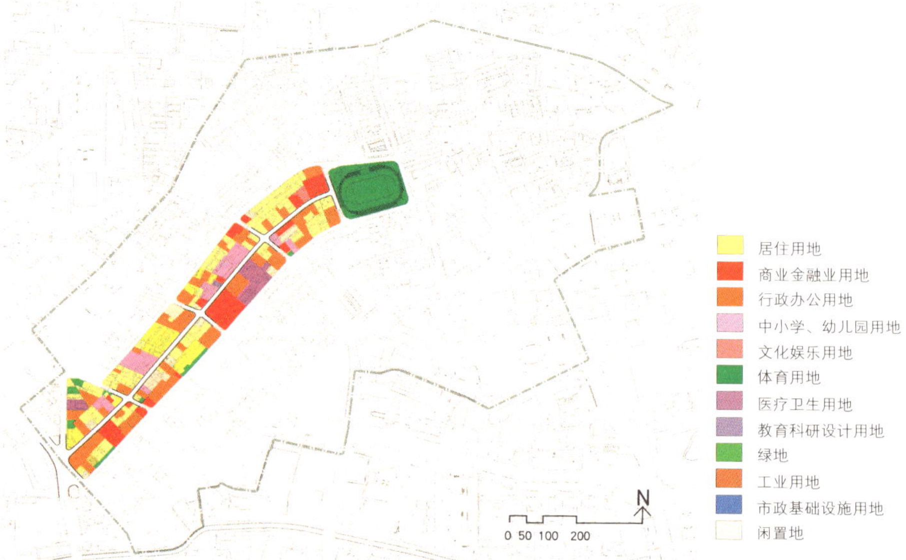

街道区位及临街用地性质

沿街建筑布局类型比例

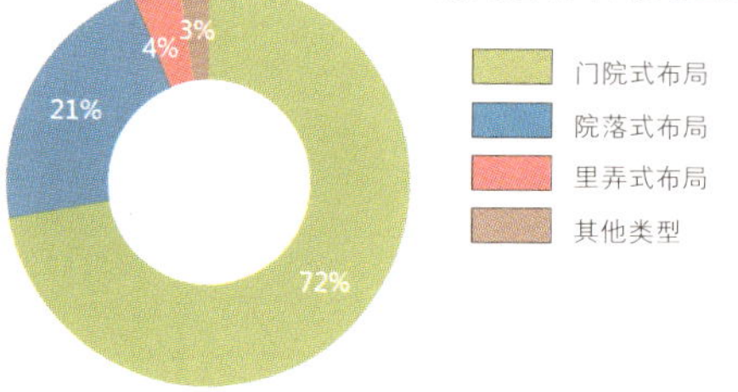

街道限定元素类型比例

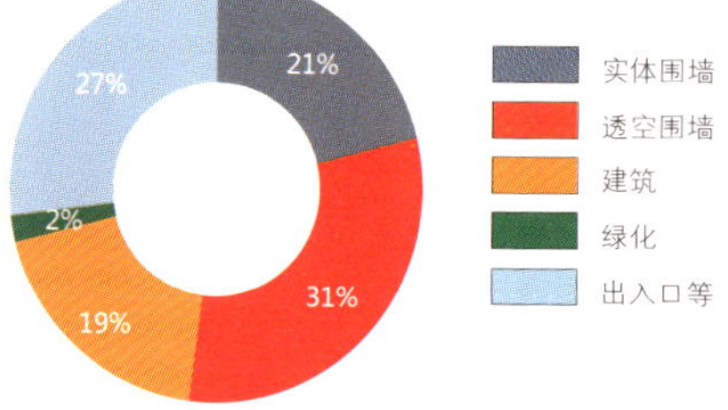

沿街建筑布局类型分布

临街产权地块面宽尺寸及出入口分布

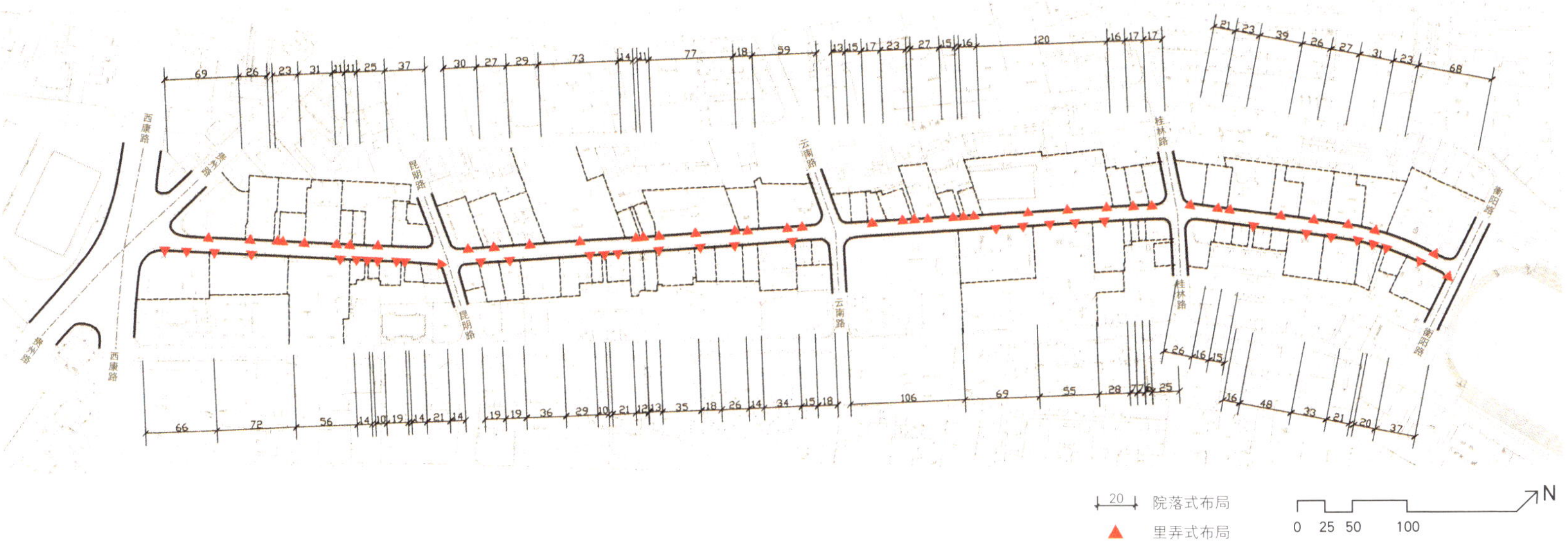

街道限定元素类型分布

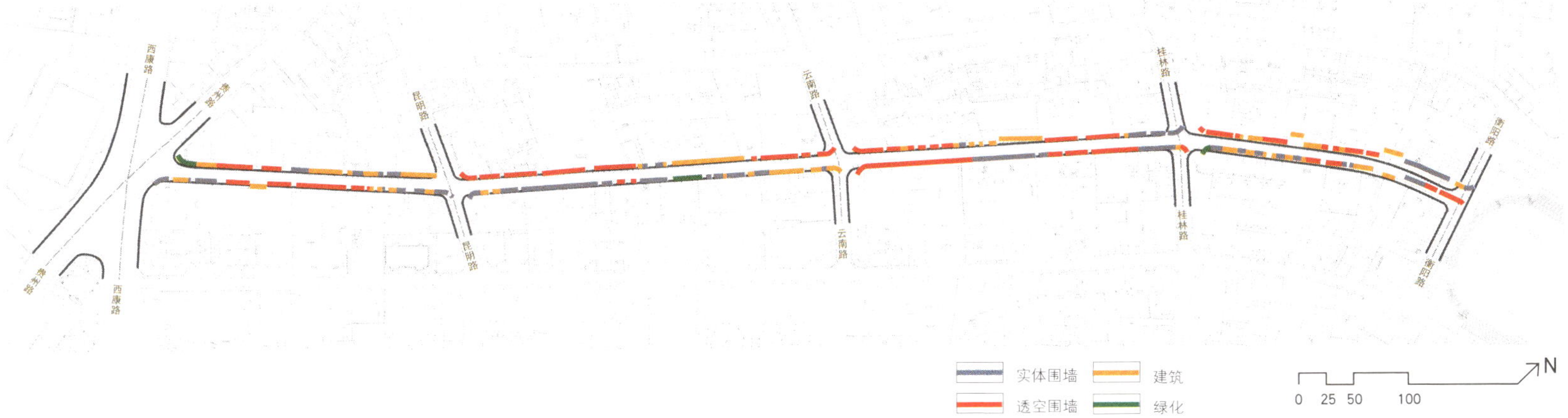

街道沿线行道树分布

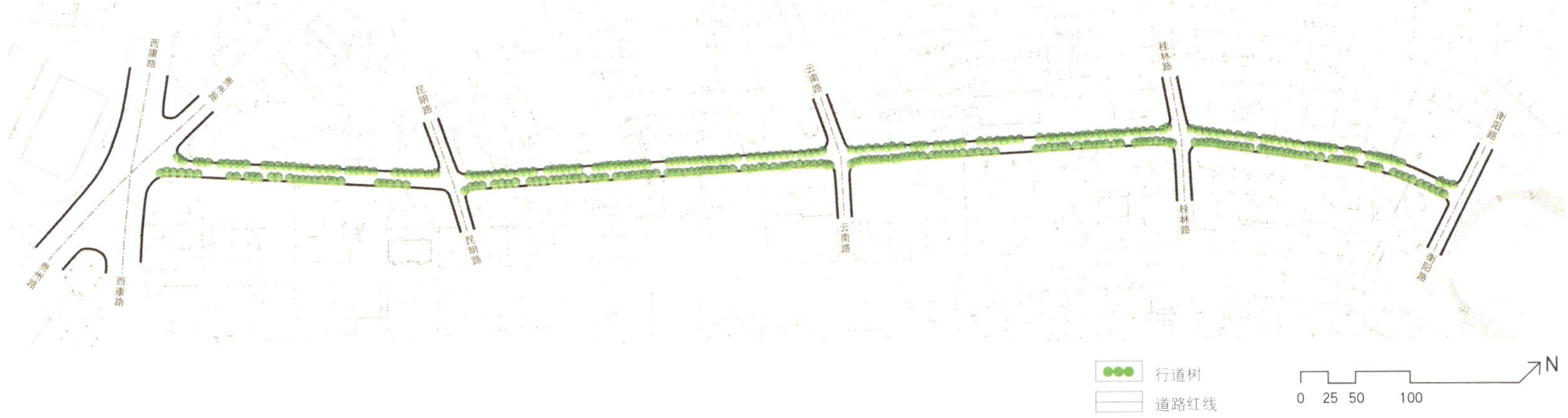

03 成都道

成都道位于五大道地区的北部，南侧为重庆道，北侧为岳阳道，东端起始于南京路，西端结束于西康路，全长 1814 米，道路两侧以居住、商业及公共管理与公共服务设施用地为主。

成都道两侧共有临路产权地块 110 个，其中门院式布局地块 75 个，院落式布局地块 11 个，里弄式布局地块 9 个，其他布局类型地块 7 个，另有开放空间及空地 8 处。

道路两侧产权地块的平均宽度约为 33 米，门院式地块的临路面宽为 5 ～ 46 米，院落式地块面宽为 35 ～ 127 米，里弄式布局地块面宽为 23 ～ 76 米，其他布局类型地块面宽为 20 ～ 79 米。道路两侧共设出入口 123 个，平均每个地块约有 1.12 个出入口，间距约为 29.5 米。

街道的限定要素方面，实体围墙长度 491 米，占总长的 14%；透空围墙长度 751 米，占总长的 21%；建筑主体直接临街的长度 327 米，占 9%；以绿化限定街道边界的长度为 799 米，占 22%。

街道两侧共有行道树 323 株，平均间距约 7.6 米，于街道内分布较为均匀，并与道路交叉口、地块出入口等巧妙结合。

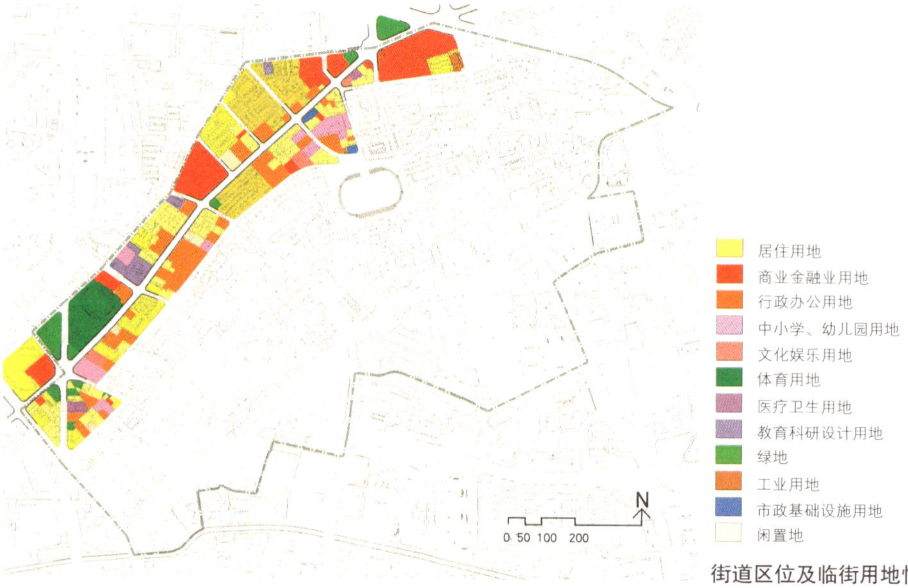

街道区位及临街用地性质

沿街建筑布局类型比例

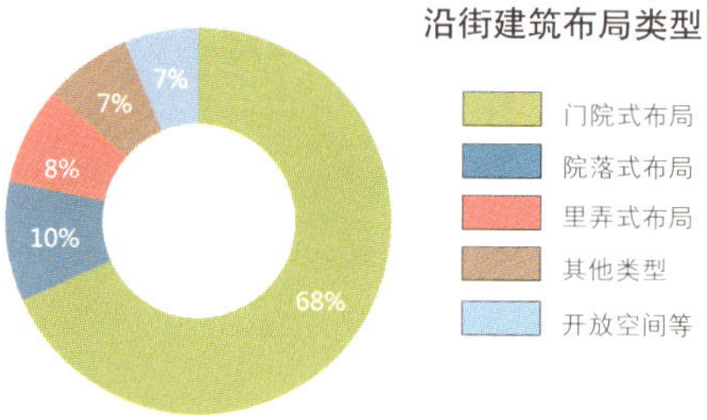

街道限定元素类型比例

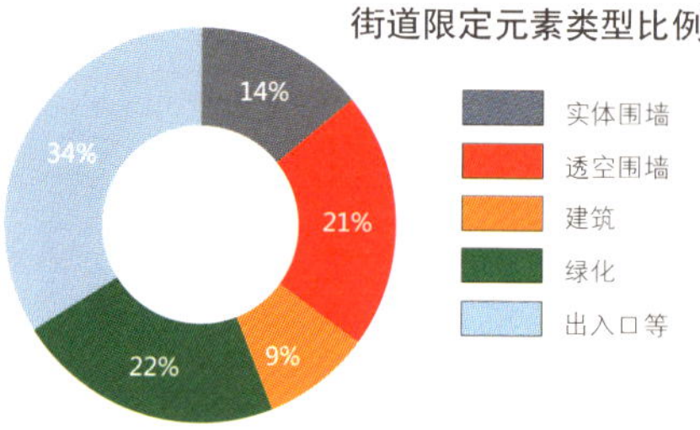

沿街建筑布局类型分布

临街产权地块面宽尺寸及出入口分布

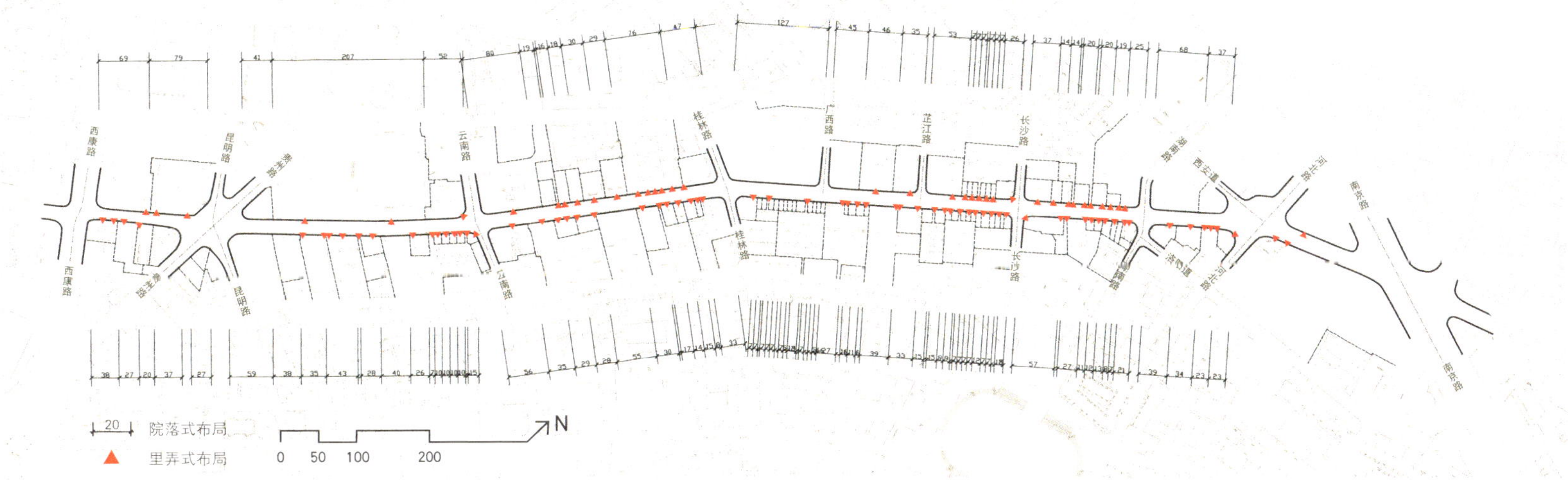

街道限定元素类型分布

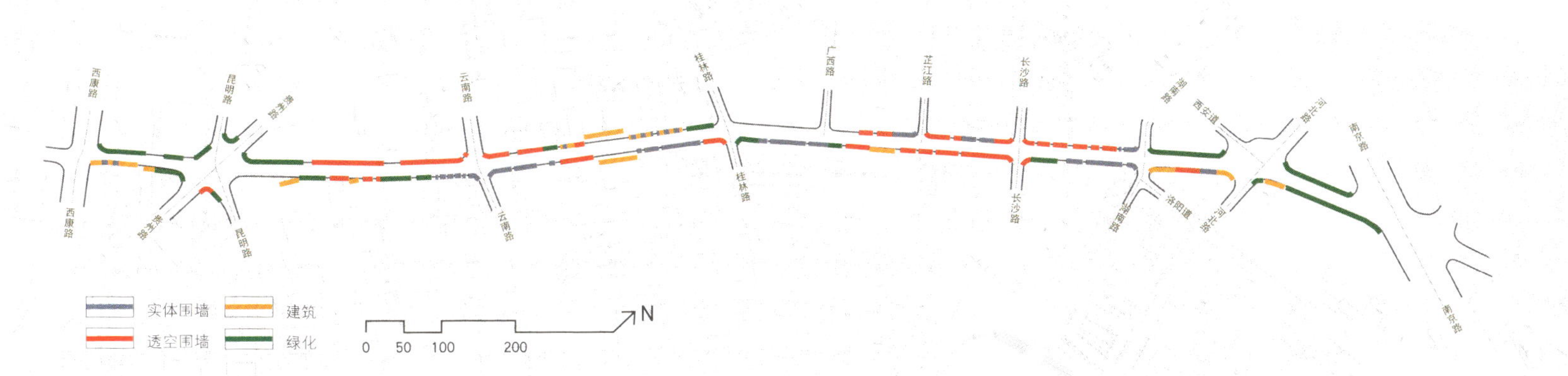

街道沿线行道树分布

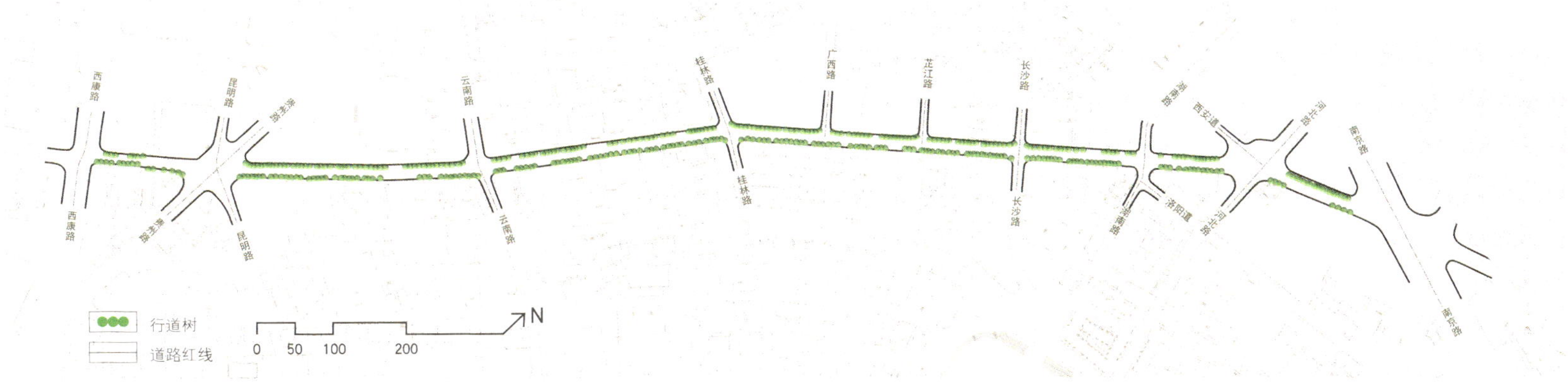

04 重庆道

重庆道位于五大道地区的北部，南侧为常德道，北侧为成都道，东端起始于马场道，西端结束于昆明路，全长 1880 米，道路两侧以居住建筑为主，并有一定比例的公共管理与公共服务设施建筑。

重庆道两侧共有临路产权地块 118 个，其中门院式布局地块 82 个，院落式布局地块 16 个，里弄式布局地块 10 个，其他布局类型地块 5 个，开放空间及空地 5 处。

道路两侧产权地块的平均宽度约为 32 米，门院式地块的临路面宽为 7 ~ 76 米，院落式地块面宽为 24 ~ 88 米，里弄式布局地块面宽为 25 ~ 90 米，其他布局类型地块面宽为 20 ~ 79 米。道路两侧共设出入口 124 个，平均每个地块约有 1.05 个出入口，间距约为 30 米。

街道边界的限定要素方面，实体围墙长度为 742 米，占总长的 20%；透空围墙长度为 900 米，占总长的 24%；建筑主体直接临街的长度为 880 米，占 23%；以绿化限定街道边界的长度为 269 米，占 7%。

街道两侧共有行道树 483 株，平均间距约 7.8 米，于街道内分布较为均匀，并与道路交叉口、地块出入口等巧妙结合。

街道区位及临街用地性质

沿街建筑布局类型比例

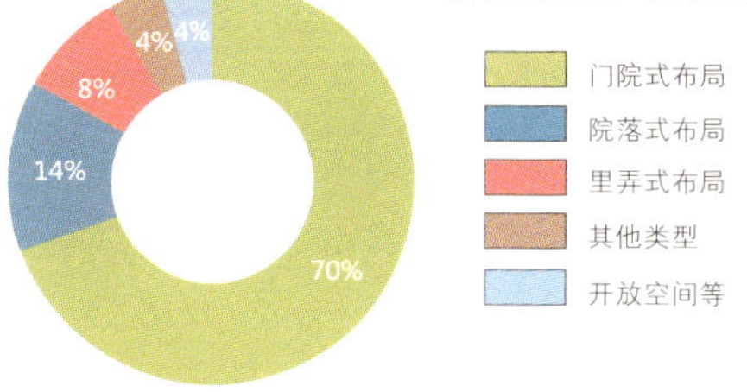

街道限定元素类型比例

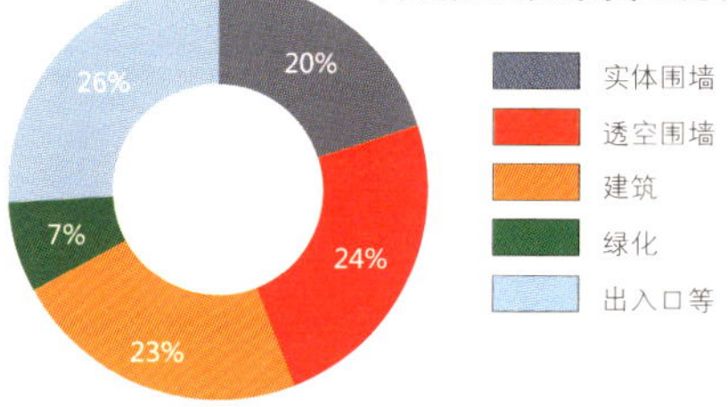

沿街建筑布局类型分布

临街产权地块面宽尺寸及出入口分布

街道限定元素类型分布

街道沿线行道树分布

05 马场道

马场道是五大道地区的南边界，北侧为睦南道，东端起始于南京路，西端结束于西康路，全长 2300 米，道路两侧以商业及公共管理与公共服务设施用地为主，兼有少量居住用地。

马场道两侧共有临路产权地块 93 个，其中门院式布局地块 51 个，院落式布局地块 20 个，里弄式布局地块 7 个，其他布局类型地块 9 个，另有 6 处开放空间及空地。

道路两侧产权地块的平均宽度约为 49 米，门院式地块的临路面宽为 7 ~ 70 米，院落式地块面宽为 16 ~ 188 米，里弄式布局地块面宽为 26 ~ 45 米，其他布局类型地块面宽为 22 ~ 110 米。道路两侧共设出入口 109 个，平均每个地块约有 1.17 个出入口，间距约为 42 米。

街道的限定要素方面，实体围墙长度 661 米，占街道总长的 14%；透空围墙长度 1192 米，占总长的 26%；建筑主体直接临街的长度 107 米，占 2%；以绿化限定街道边界的长度 897 米，占 20%。

街道两侧共有行道树 443 株，平均间距约 10.4 米，间距较五大道地区其他道路大。沿路一些新建项目地块上的行道树被砍伐，破坏了街道空间的连续性。

街道区位及临街用地性质

沿街建筑布局类型比例

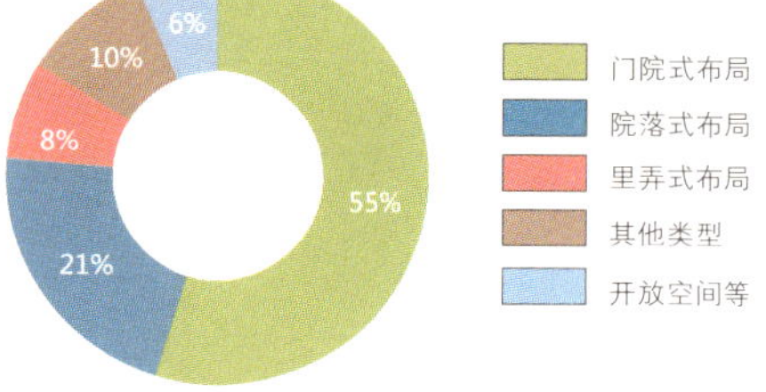

街道限定元素类型比例

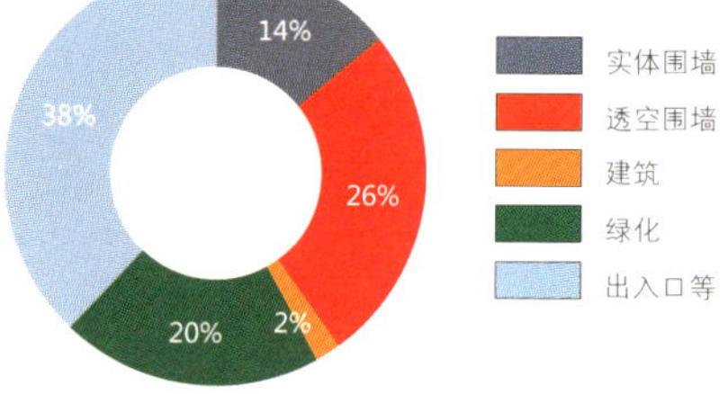

沿街建筑布局类型分布

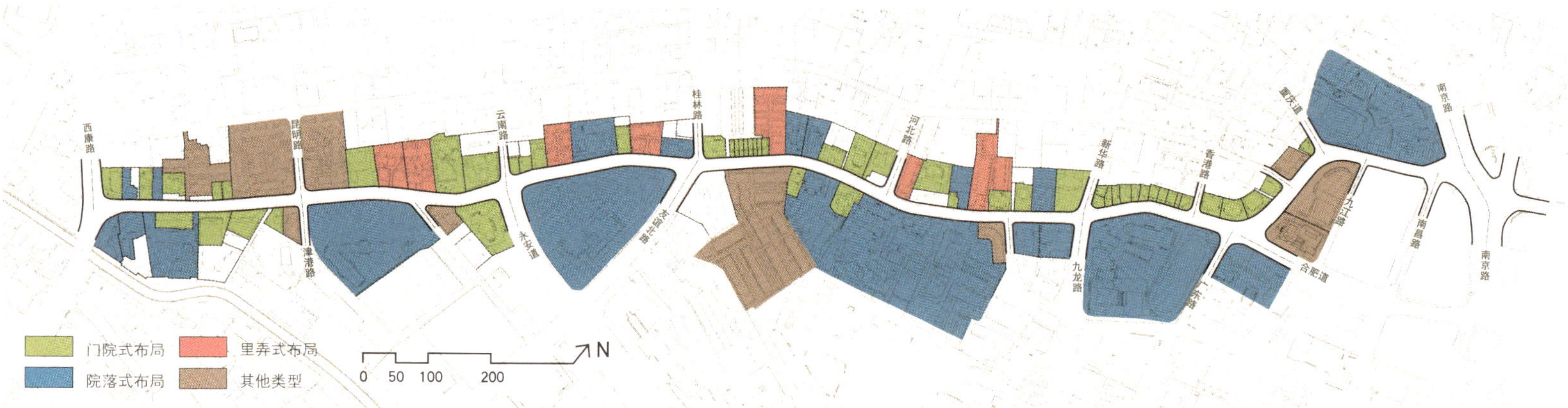

临街产权地块面宽尺寸及出入口分布

街道限定元素类型分布

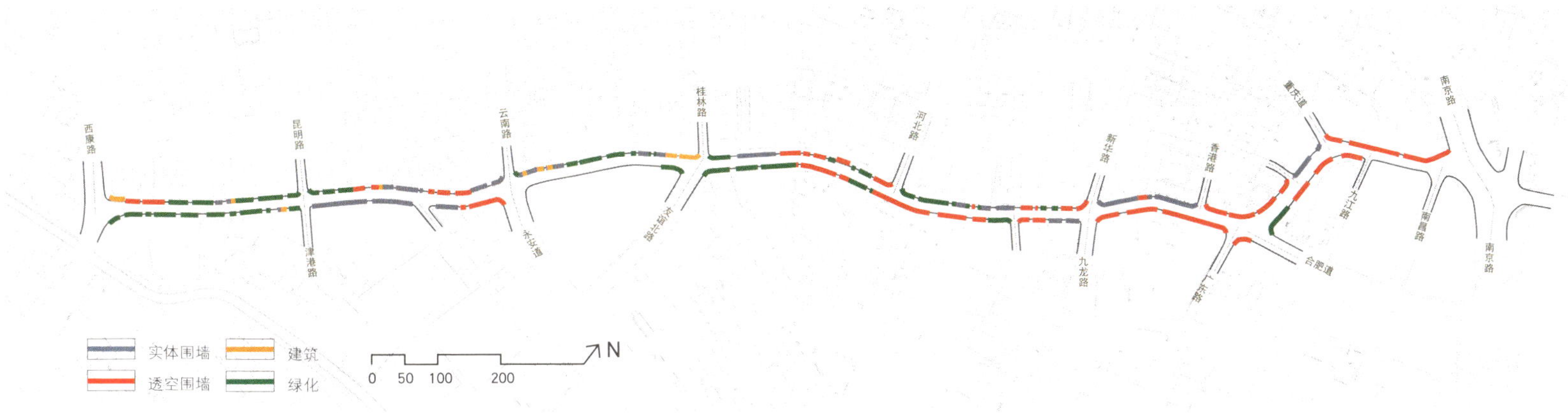

街道沿线行道树分布

06 岳阳道

岳阳道位于五大道地区的最北部，南侧为成都道，东端起始于西安路，西端结束于西康路，全长1287米，道路两侧以居住类建筑为主，兼有少量商业及公共管理与公共服务设施用地。

岳阳道两侧共有临路产权地块38个，其中门院式布局地块11个，院落式布局地块9个，里弄式布局地块5个，其他布局类型地块10个，开放空间及空地3处。

道路两侧产权地块的平均宽度约为68米，门院式地块的临路面宽为6～55米，院落式地块面宽为27～151米，里弄式布局地块面宽为31～127米，其他布局类型地块面宽为37～154米。道路两侧共设出入口54个，平均每个地块约有1.4个出入口，间距约为48米。

街道的限定要素方面，实体围墙长度417米，占总长的16%；透空围墙长度为277米，占总长的11%；建筑主体直接临街的长度为769米，占30%；以绿化限定街道边界的长度为71米，占3%。

街道两侧共有行道树443株，平均间距约10.4米，间距较五大道地区其他道路大。沿路一些新建项目地块上的行道树被砍伐，破坏了街道空间的连续性。

街道区位及临街用地性质

沿街建筑布局类型比例

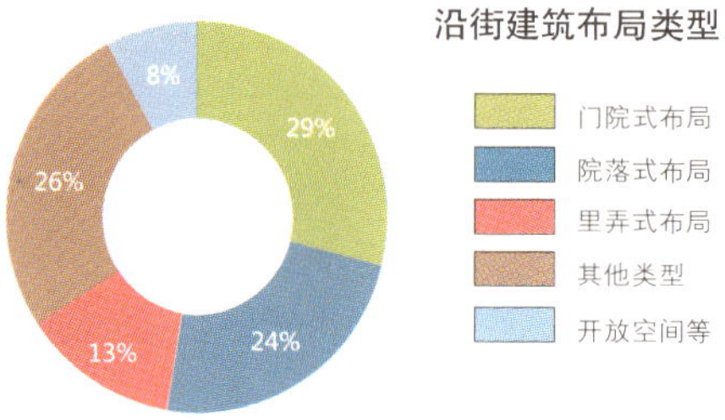

街道限定元素类型比例

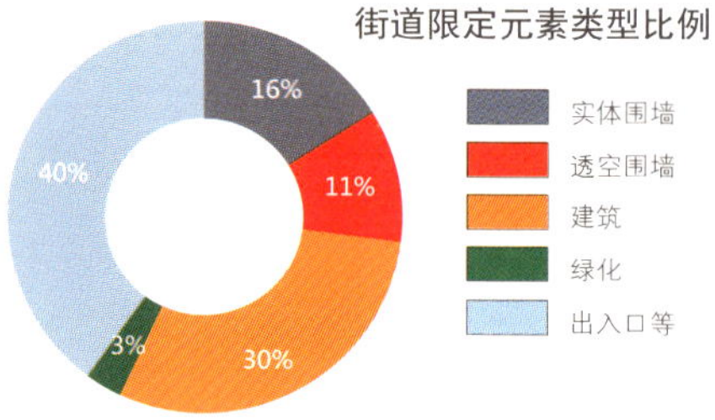

沿街建筑布局类型分布

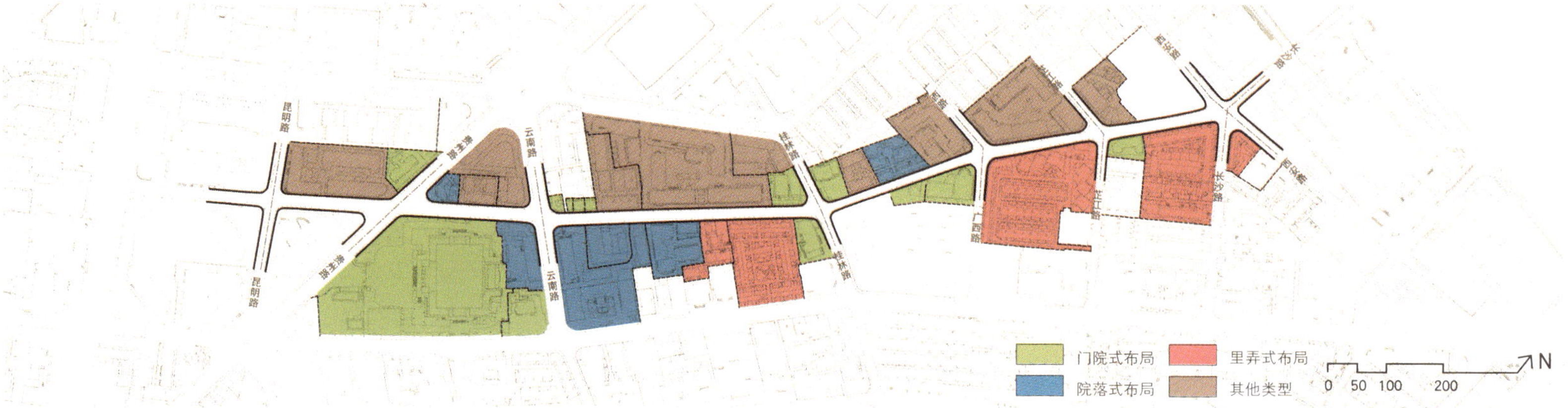

临街产权地块面宽尺寸及出入口分布

街道限定元素类型分布

街道沿线行道树分布

07 郑州道

郑州道位于五大道东北部，是一条较短的街道，南侧为重庆道，北侧为南京路，东端起始于南京路，西端结束于新华路，全长 503 米，道路两侧以公共管理与公共服务设施用地为主。

郑州道两侧共有临路产权地块 25 个，其中门院式布局地块 17 个，院落式布局地块 5 个，其他布局类型地块 3 个。

道路两侧产权地块的平均宽度约为 40 米，门院式地块的临路面宽为 6 ~ 30 米，院落式地块面宽为 26 ~ 183 米，其他布局类型地块面宽为 63 ~ 75 米。道路两侧共设出入口 26 个，平均每个地块约有 1.04 个出入口，间距约为 39 米。

街道边界的限定要素方面，实体围墙长度为 172 米，占总长的 17%；透空围墙长度为 356 米，占总长的 35%；建筑主体直接临街的长度为 123 米，占 12%；以绿化限定街道边界的长度为 59 米，占 6%。

街道两侧共有行道树 131 株，平均间距约 7.7 米，于街道内分布较为均匀，并与道路交叉口、地块出入口等巧妙结合。

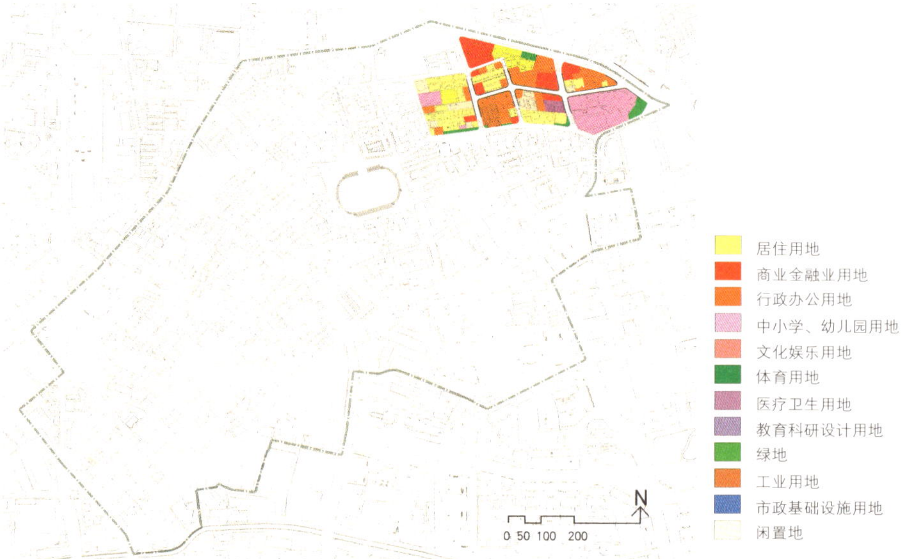

街道区位及临街用地性质

沿街建筑布局类型比例

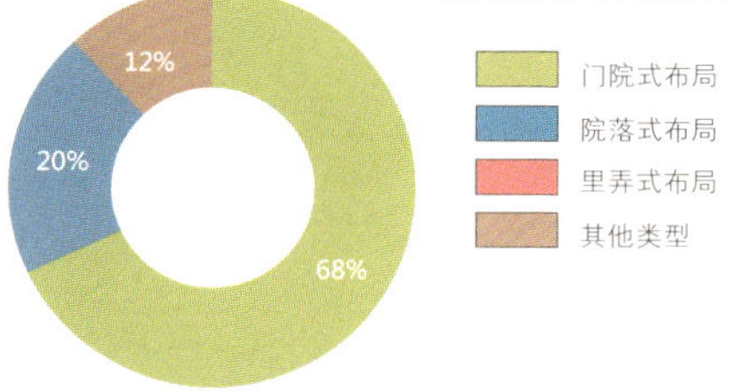

街道限定元素类型比例

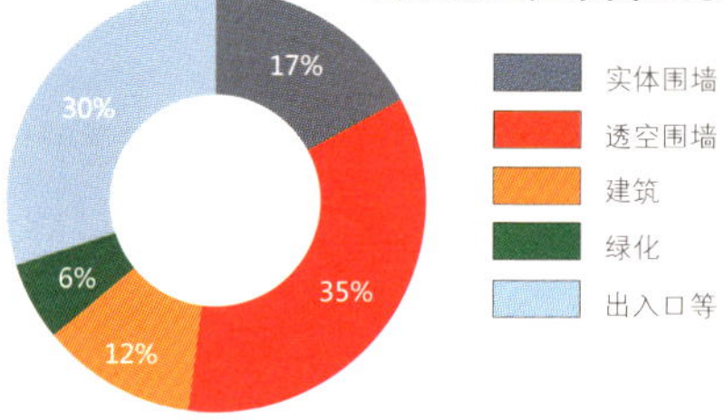

沿街建筑布局类型分布

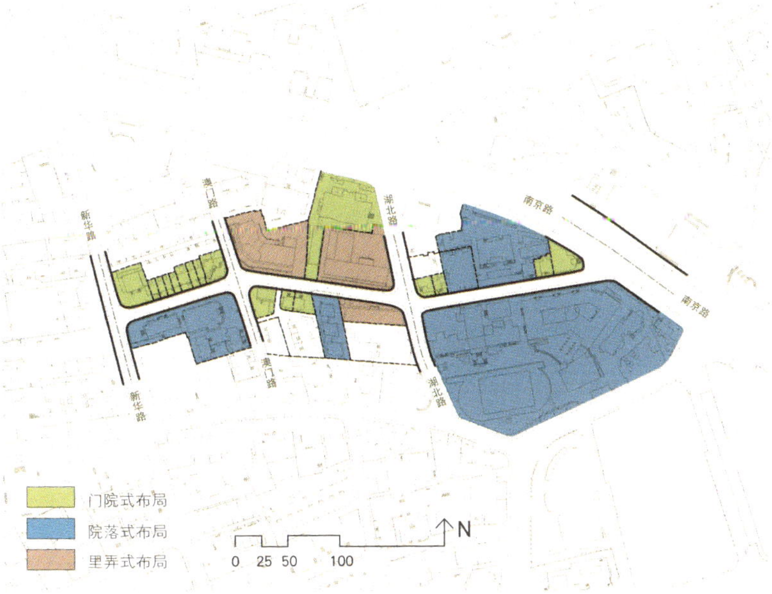

临街产权地块面宽尺寸及出入口分布

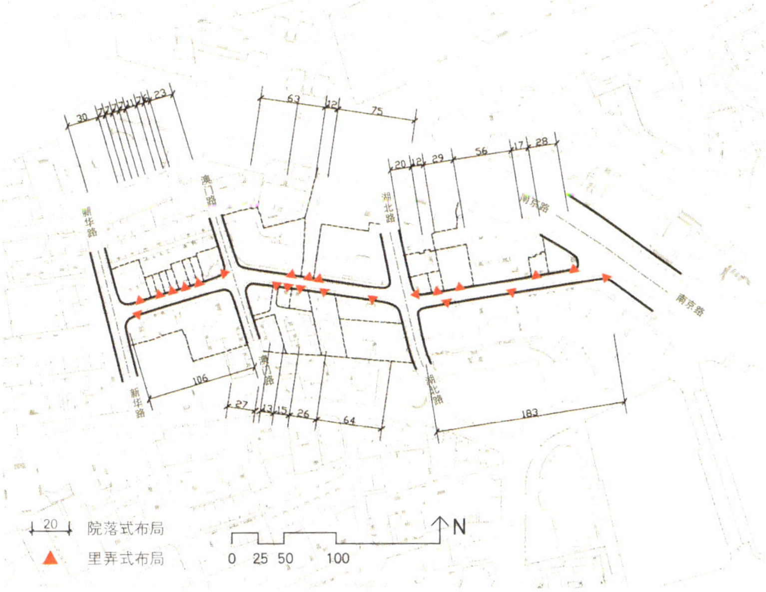

街道限定元素类型分布

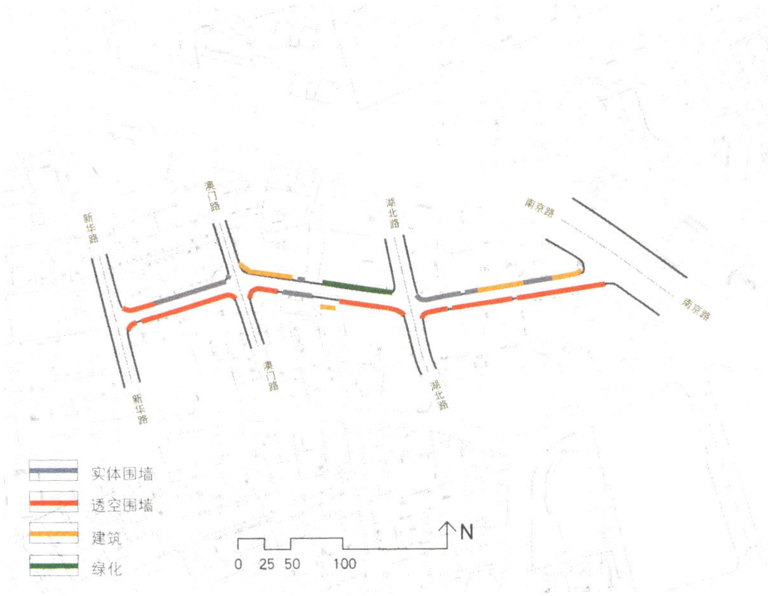

街道沿线行道树分布

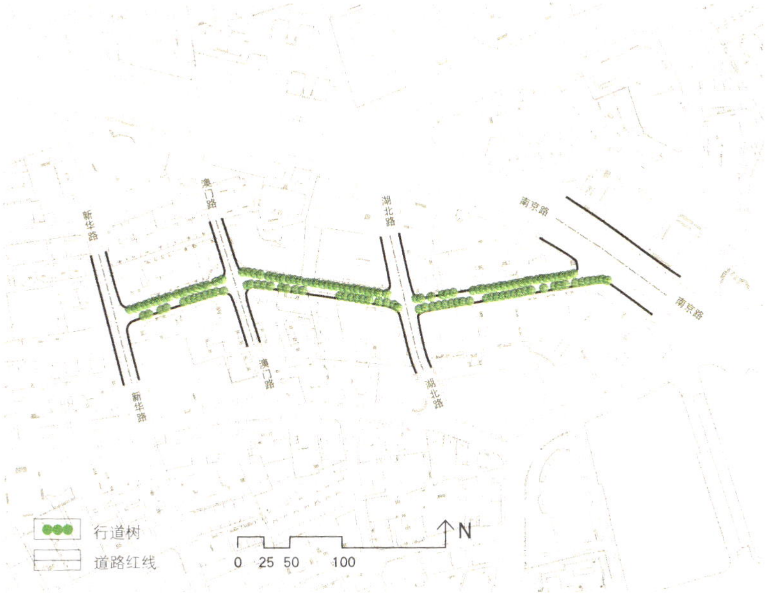

08 洛阳道

洛阳道位于五大道地区的东北部，南侧为重庆，北侧为南京路，东端起始于澳门路，西端结束于湖南路，全长 521 米，道路两侧以居住及商业建筑为主。

洛阳道两侧共有临路产权地块 21 个，其中门院式布局地块 10 个，院落式布局地块 3 个，里弄式布局地块 4 个，其他布局类型地块 3 个，开放空间及空地 1 处。

道路两侧产权地块的平均宽度约为 50 米，门院式地块的临路面宽为 7 ~ 47 米，院落式地块面宽为 21 ~ 165 米，里弄式布局地块面宽为 28 ~ 125 米，其他布局类型地块面宽为 35 ~ 84 米。道路两侧共设出入口 28 个，平均每个地块约有 1.3 个出入口，间距约为 37 米。

街道边界的限定要素方面，实体围墙长度为 330 米，占总长的 32%；透空围墙长度为 52 米，占总长的 5%；建筑主体直接临街的长度为 256 米，占 25%；以绿化限定街道边界的长度为 46 米，占 4%。

街道两侧共有行道树 122 株，平均间距 8.5 米，于街道内分布较为均匀，并与道路交叉口、地块出入口等巧妙结合。

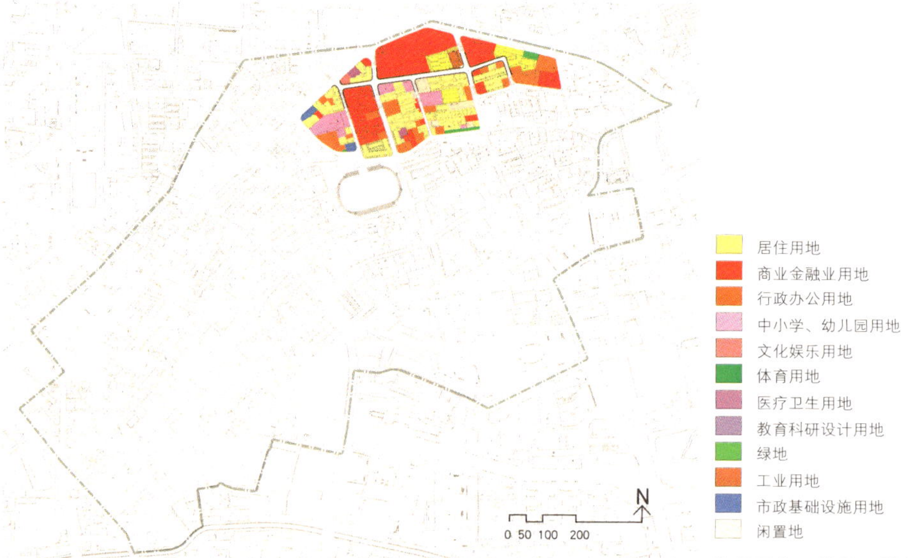

街道区位及临街用地性质

沿街建筑布局类型比例

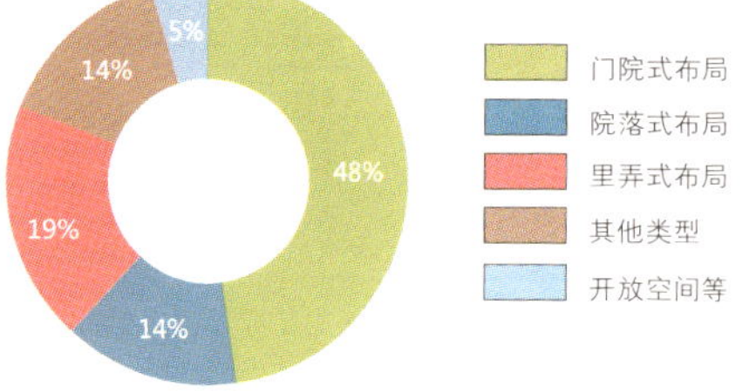

街道限定元素类型比例

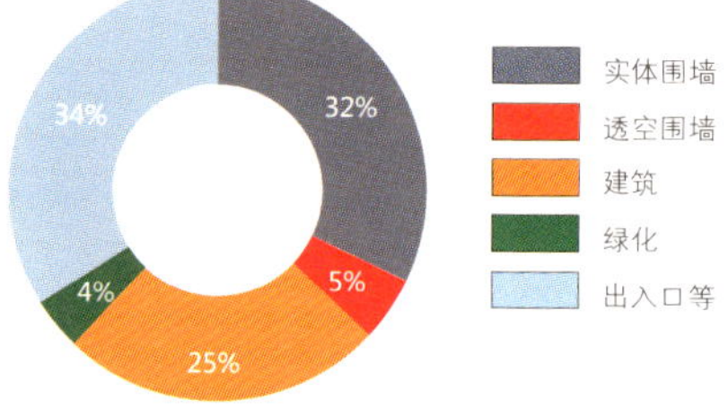

沿街建筑布局类型分布

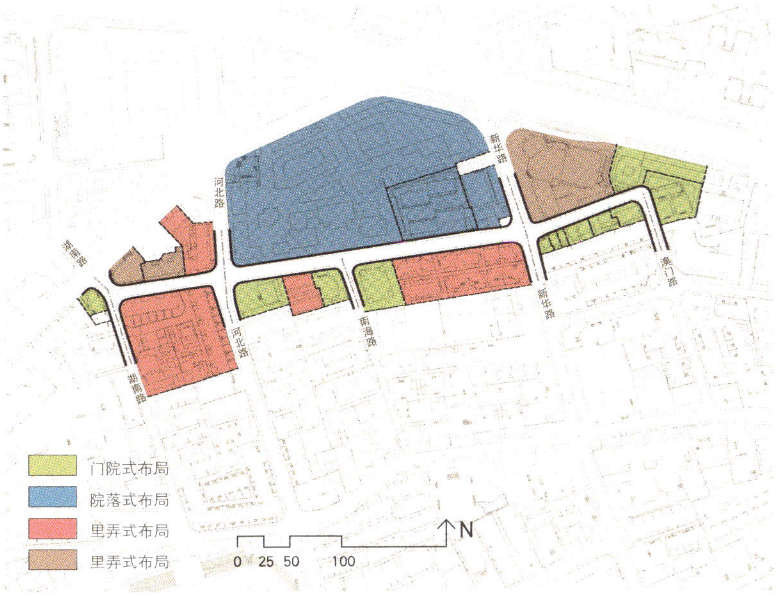

临街产权地块面宽尺寸及出入口分布

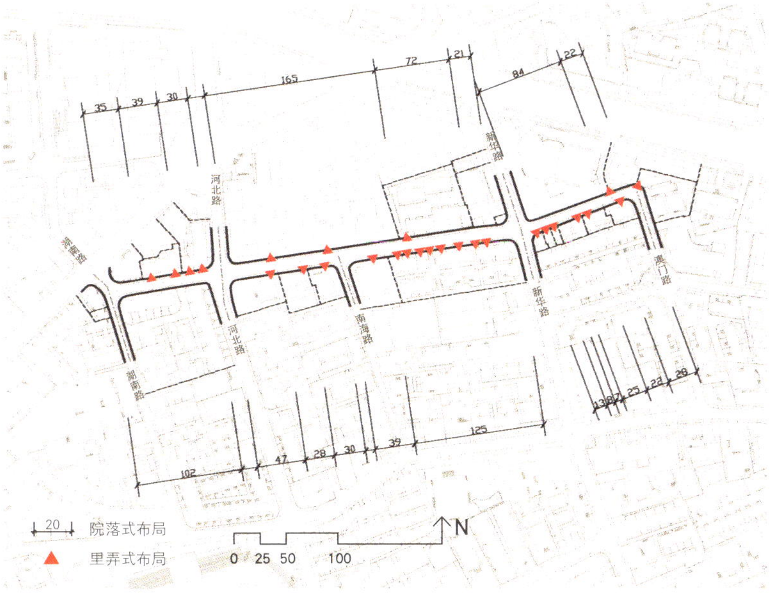

街道限定元素类型分布

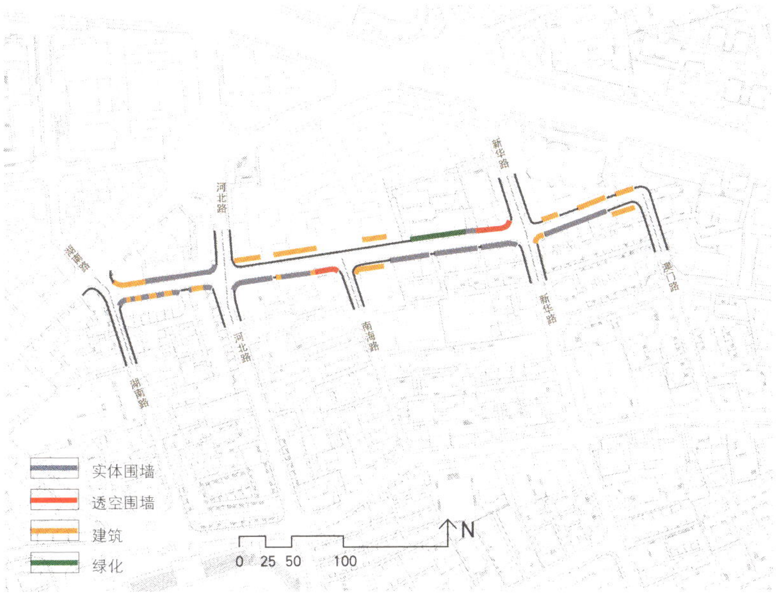

街道沿线行道树分布

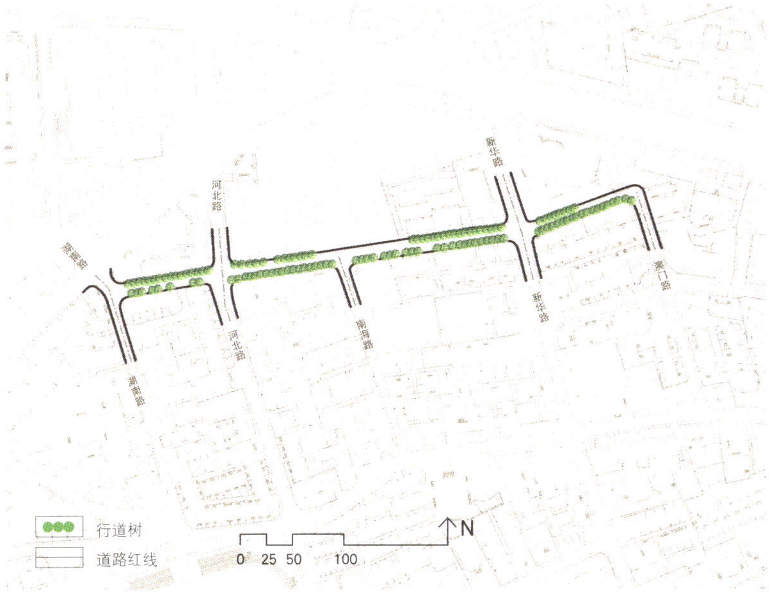

09 桂林路

桂林路位于五大道的中心位置，东侧为衡阳路，西侧为云南路，北端起始于岳阳道，南端结束于马场道，全长 740 米，道路两侧以居住、商业及公共管理与公共服务设施用地为主。

桂林路两侧共有临路产权地块 36 个，其中门院式布局地块 24 个，院落式布局地块 6 个，里弄式布局地块 2 个，其他布局类型地块 1 个，开放空间及空地 3 处。

道路两侧产权地块的平均宽度约为 41 米，门院式地块的临路面宽为 21 ~ 50 米，院落式地块面宽为 24 ~ 88 米，里弄式布局地块面宽为 49 ~ 55 米，其他布局类型地块面宽为 74 米。道路两侧共设出入口 32 个，平均每个地块约有 0.9 个出入口，间距约为 46 米。

街道的限定要素方面，实体围墙长 295 米，占总长的 20%；透空围墙长 386 米，占总长的 26%；建筑主体直接临街的长度为 409 米，占 28%；以绿化限定街道边界的长度为 137 米，占 9%。

街道两侧共有行道树 222 株，平均间距约 6.7 米，于街道内分布较为均匀，并与道路交叉口、地块出入口等巧妙结合。

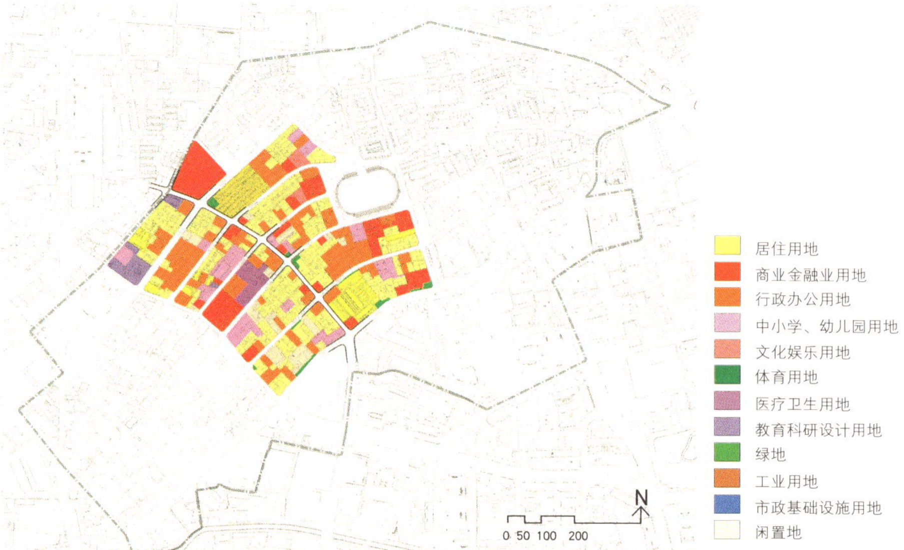

街道区位及临街用地性质

沿街建筑布局类型比例

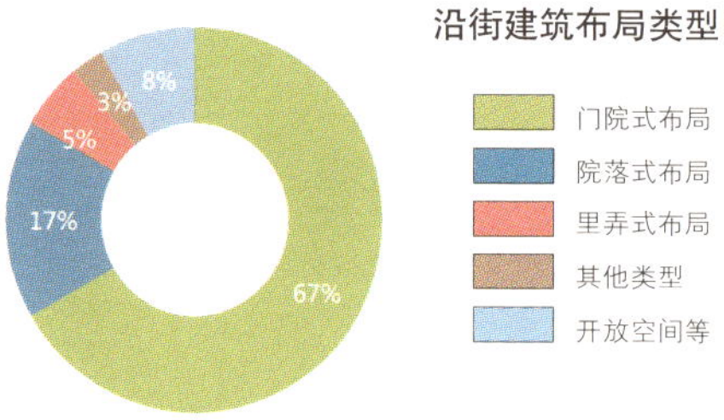

街道限定元素类型比例

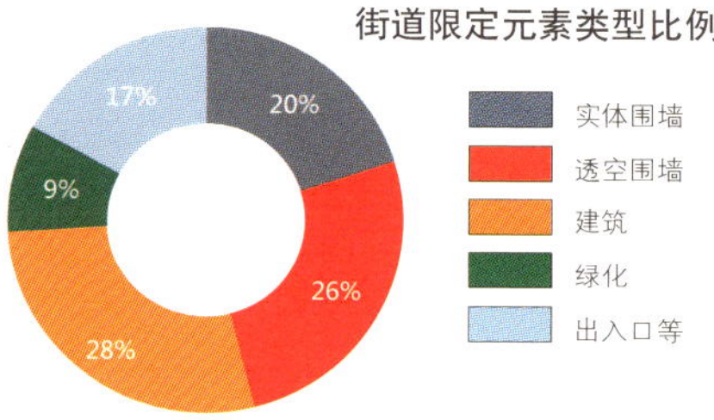

沿街建筑布局类型分布

临街产权地块面宽尺寸及出入口分布

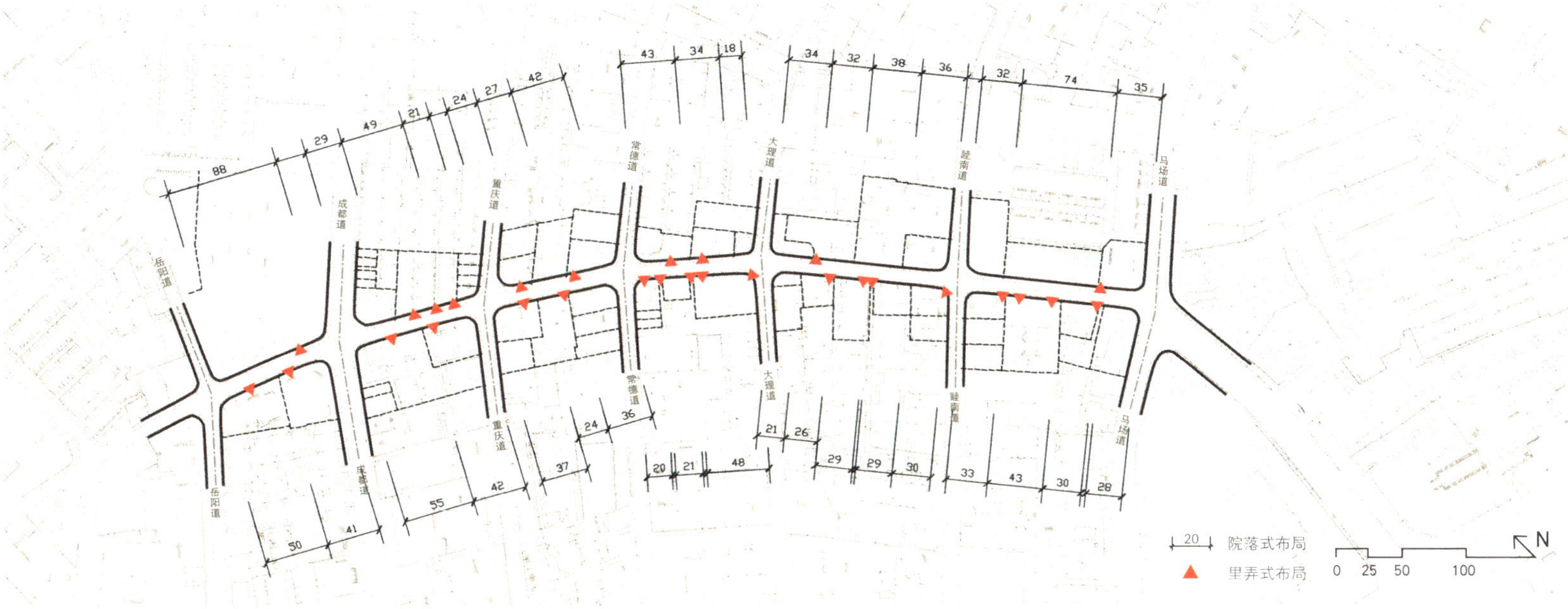

街道限定元素类型分布

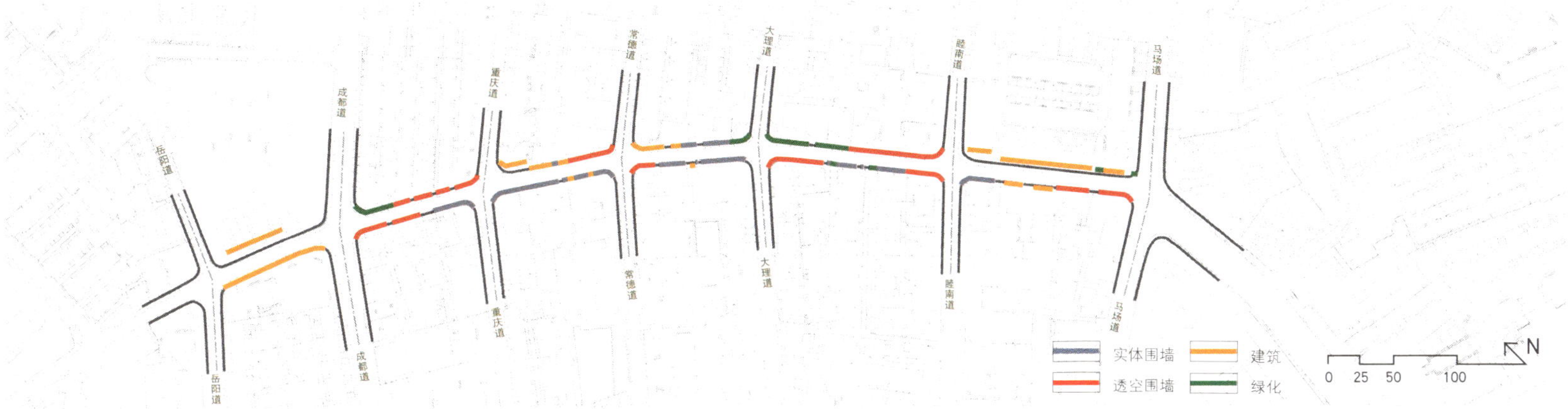

街道沿线行道树分布

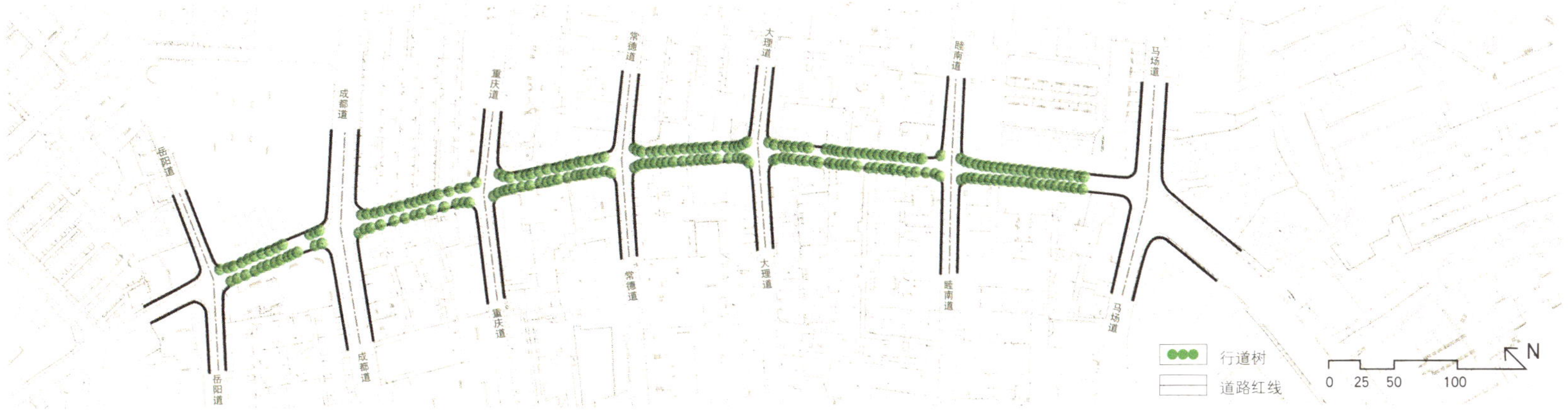

10 河北路

河北路位于五大道地区的中东部，东侧为南海路，西侧为湖南路，北端起始于成都道，南端结束于马场道，全长 805 米，道路两侧以商业及居住建筑为主，兼有少量公共管理与公共服务设施建筑。

河北路两侧共有临路产权地块 42 个，其中门院式布局地块 26 个，院落式布局地块 5 个，里弄式布局地块 6 个，其他布局类型地块 2 个，开放空间及空地 3 处。

道路两侧产权地块的平均宽度约为 38 米，门院式地块的临路面宽为 7 ~ 53 米，院落式地块面宽为 25 ~ 101 米，里弄式布局地块面宽为 26 ~ 84 米，其他布局类型地块面宽为 25 ~ 33 米。道路两侧共设出入口 50 个，平均每个地块约有 1.2 个出入口，间距约为 32 米。

街道的限定要素方面，实体围墙长 721 米，占总长的 45%；透空围墙长 270 米，占总长的 17%；建筑主体直接临街的长度为 270 米，占 17%；以绿化限定街道边界的长度为 180 米，占 11%。

街道两侧共有行道树 190 株，平均间距约 8.5 米，于街道内分布较为均匀，并与道路交叉口、地块出入口等巧妙结合。

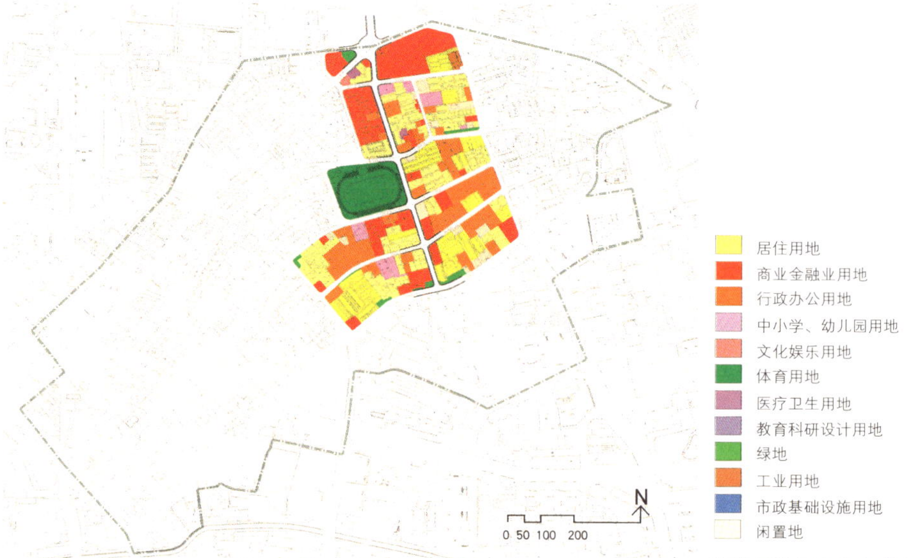

街道区位及临街用地性质

沿街建筑布局类型比例

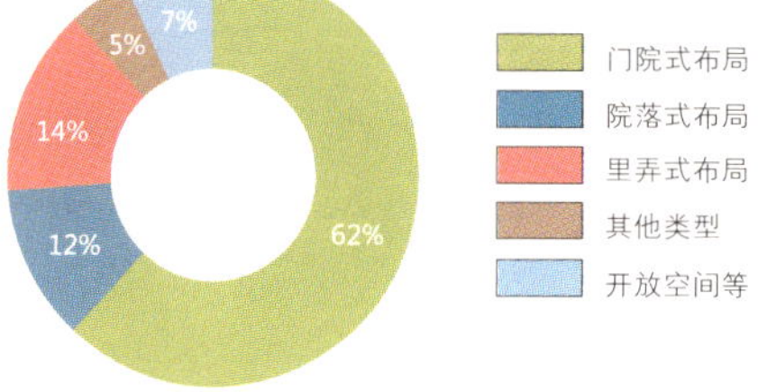

街道限定元素类型比例

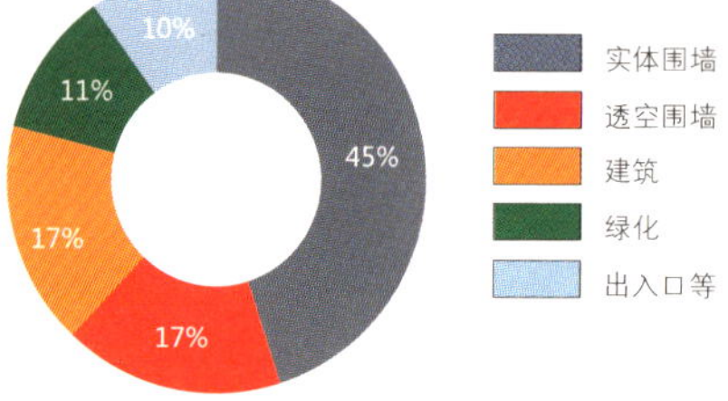

沿街建筑布局类型分布

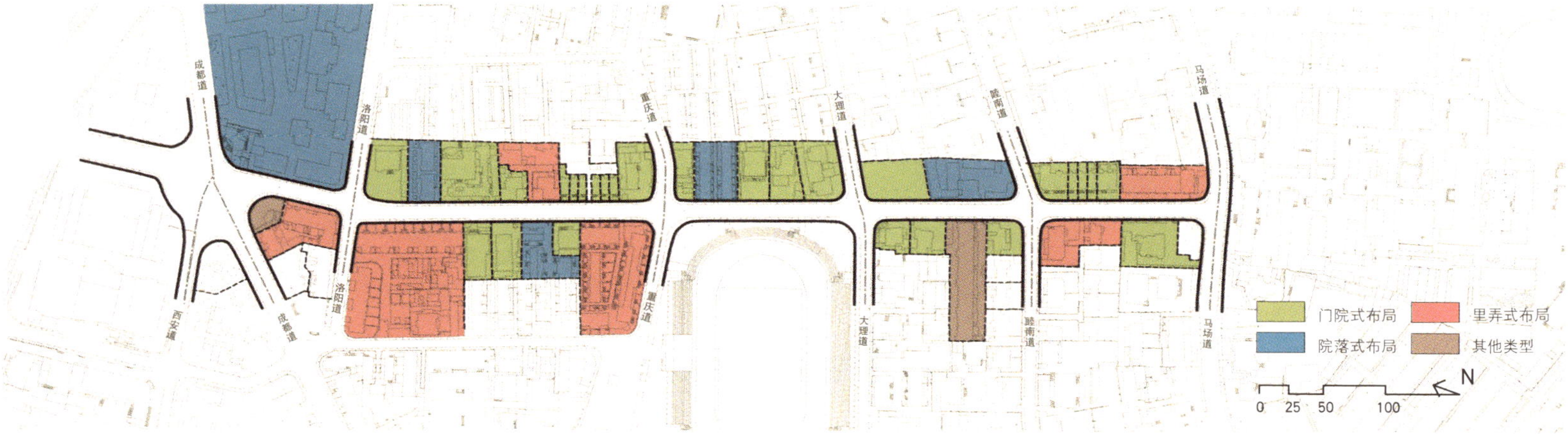

临街产权地块面宽尺寸及出入口分布

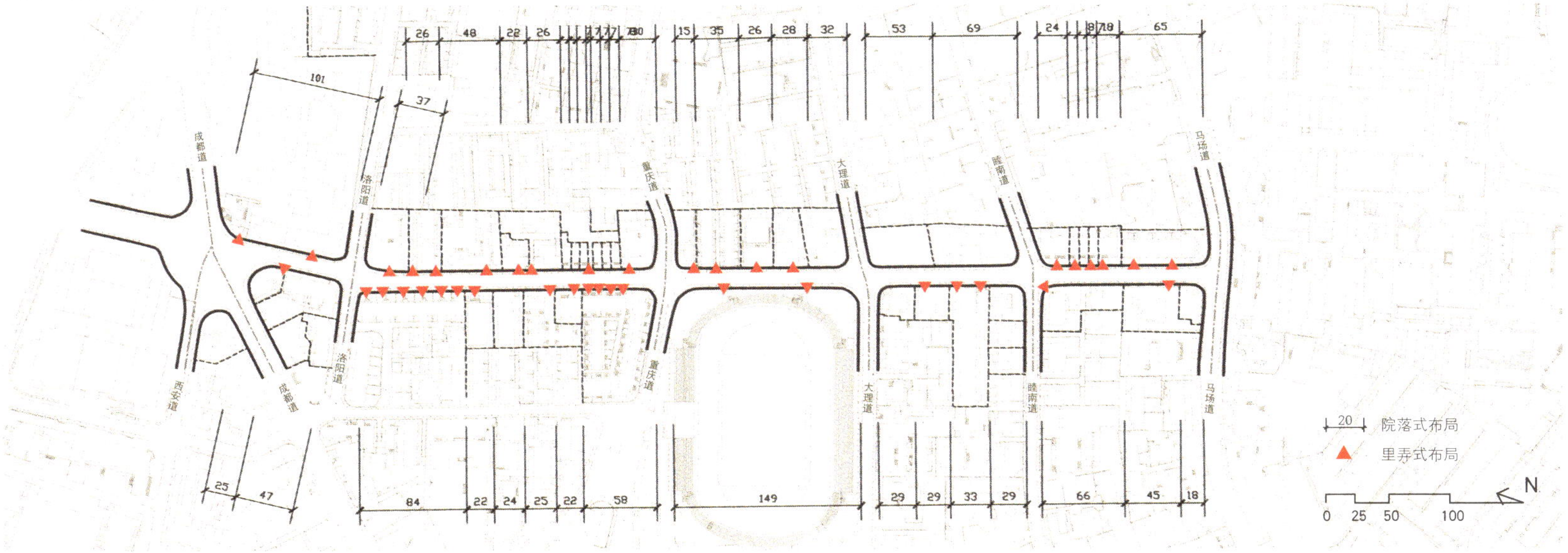

街道限定元素类型分布

街道沿线行道树分布

11 新华路

新华路位于五大道地区的中东部，东侧为澳门路，西侧为南海路，北端起始于南京路，南端结束于马场道，全长 725 米，道路两侧以居住、商业及公共管理与公共服务设施用地为主。

新华路两侧共有临路产权地块 38 个，其中门院式布局地块 20 个，院落式布局地块 8 个，里弄式布局地块 5 个，其他布局类型地块 1 个，开放空间及空地 4 处。

道路两侧产权地块的平均宽度约为 38 米，门院式地块的临路面宽为 9 ～ 69 米，院落式地块面宽为 27 ～ 51 米，里弄式布局地块面宽为 24 ～ 46 米，其他布局类型地块面宽 94 米。道路两侧共设出入口 35 个，平均每个地块约有 0.9 个出入口，间距约为 41 米。

街道边界的限定要素方面，实体围墙长度为 268 米，占总长的 18%；透空围墙长度为 349 米，占总长的 24%；建筑主体直接临街的长度为 369 米，占 25%；以绿化限定街道边界的长度为 63 米，占 4%。

街道两侧共有行道树 200 株，平均间距约 7.3 米，于街道内分布较为均匀，并与道路交叉口、地块出入口等巧妙结合。

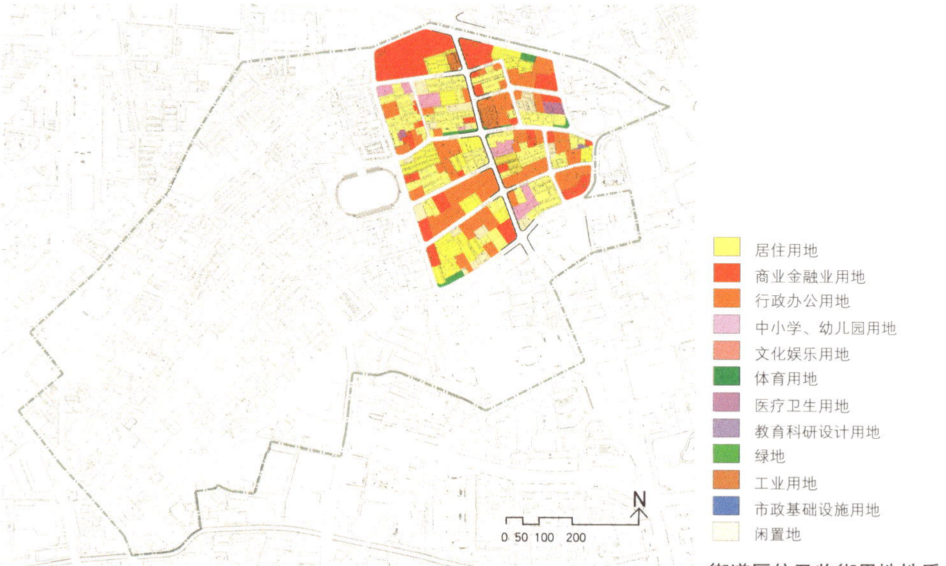

街道区位及临街用地性质

沿街建筑布局类型比例

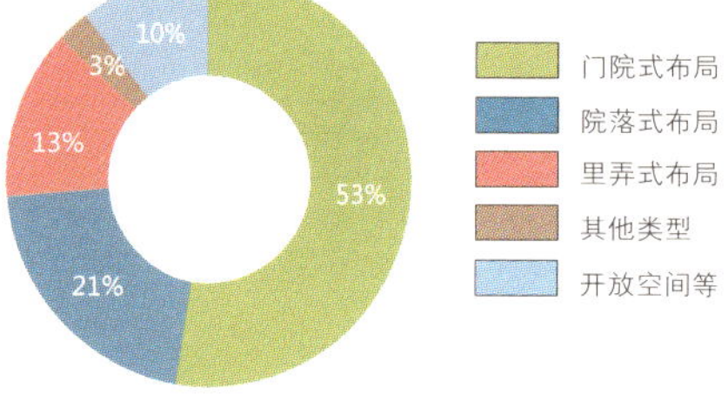

街道限定元素类型比例

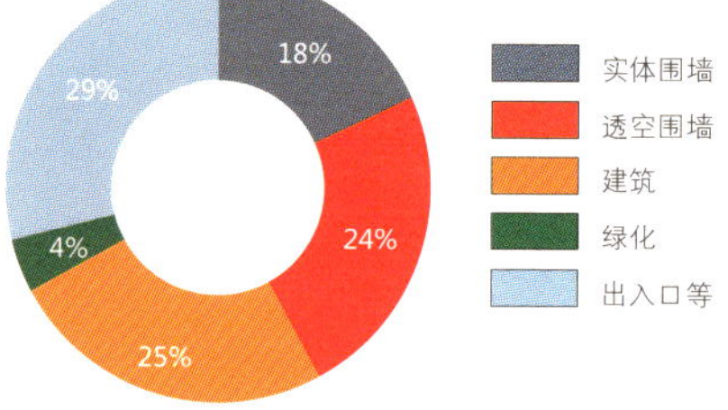

沿街建筑布局类型分布

临街产权地块面宽尺寸及出入口分布

街道限定元素类型分布

街道沿线行道树分布

12 昆明路

昆明路位于五大道地区的西侧，东侧为云南路，西侧为西康路，北端起始于成都道，西端结束于马场道，全长 562 米，道路两侧以居住及商业用地为主。

昆明路两侧共有临路产权地块 27 个，其中门院式布局地块 14 个，院落式布局地块 2 个，其他布局类型地块 6 个，开放空间及空地 5 处。

道路两侧产权地块的平均宽度约为 42 米，门院式地块的临路面宽为 18 ~ 39 米，院落式地块面宽为 26 ~ 30 米，其他布局类型地块面宽为 18 ~ 122 米。道路两侧共设出入口 18 个，平均每个地块约有 0.7 个出入口，间距约为 62 米。

街道的限定要素方面，实体围墙长 216 米，占总长的 19%；透空围墙长 313 米，占总长的 28%；建筑主体直接临街的长度为 263 米，占 23%；以绿化限定街道边界的长度为 166 米，占 15%。

街道两侧共有行道树 142 株，平均间距约 7.9 米，于街道内分布较为均匀，并与道路交叉口、地块出入口等巧妙结合。

街道区位及临街用地性质

沿街建筑布局类型比例

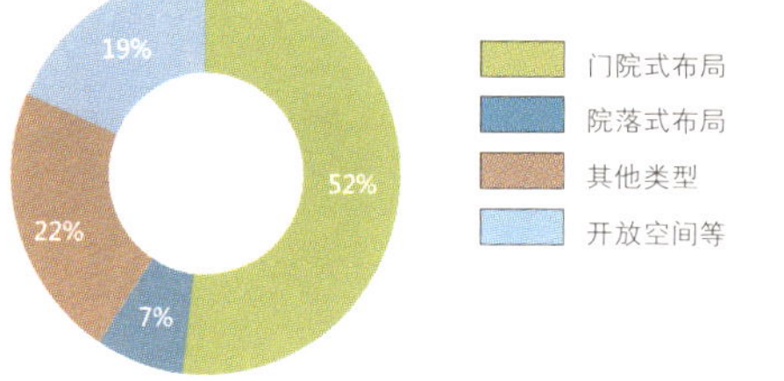

街道限定元素类型比例

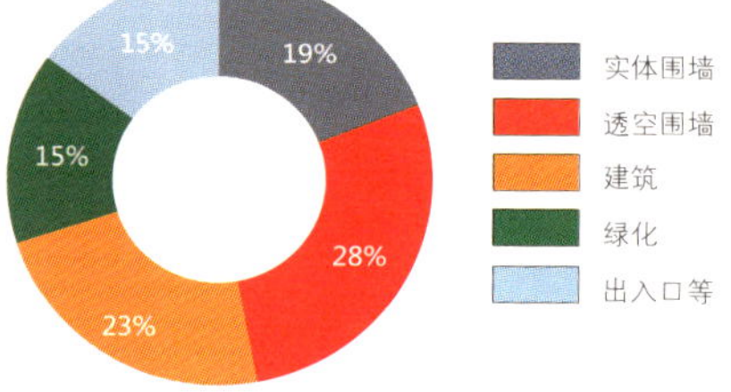

沿街建筑布局类型分布

临街产权地块面宽尺寸及出入口分布

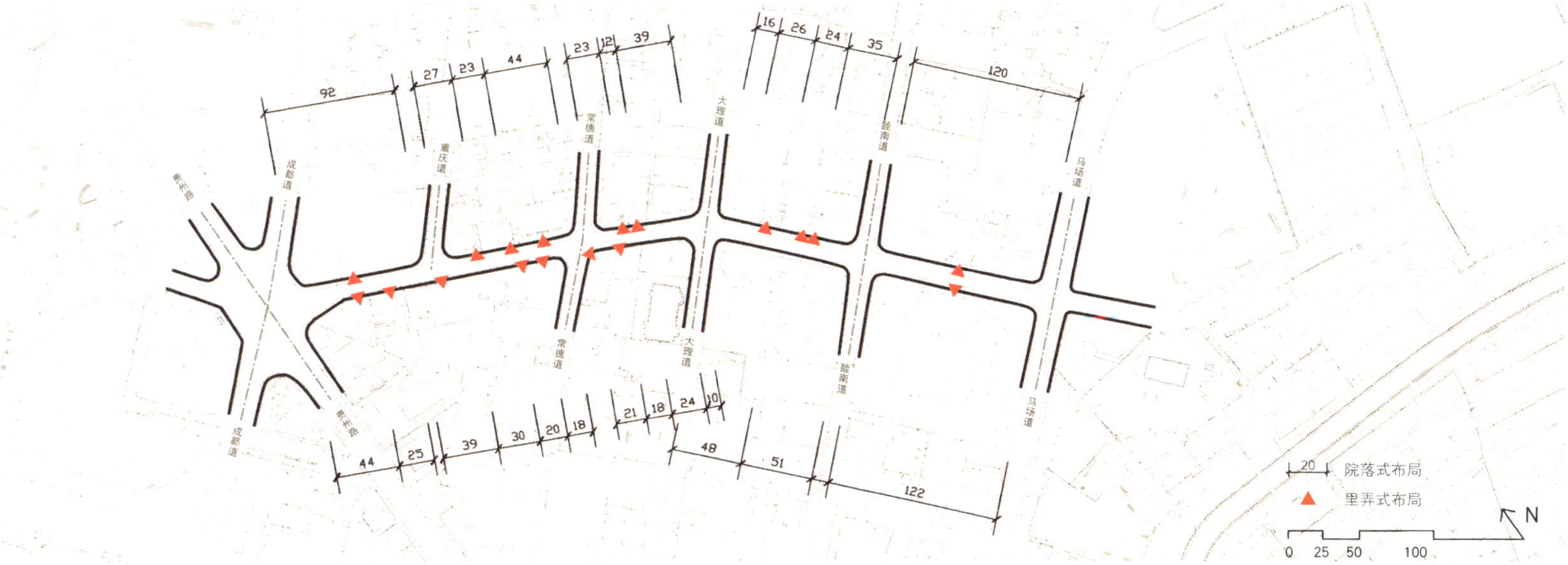

街道限定元素类型分布

街道沿线行道树分布

13 云南路

云南路位于五大道地区的中西部，东侧为桂林路，西侧为昆明路，北端起始于岳阳道，南端结束于马场道，全长 730 米，道路两侧以居住及公共管理与公共服务设施用地为主。

云南路两侧共有临路产权地块 35 个，其中门院式布局地块 22 个，院落式布局地块 6 个，里弄式布局地块 1 个，其他布局类型地块 2 个，开放空间及空地 4 处。

道路两侧产权地块的平均宽度约为 42 米，门院式地块的临路面宽为 10 ~ 50 米，院落式地块面宽为 13 ~ 120 米，里弄式布局地块面宽为 45 米，其他布局类型地块面宽为 43 ~ 50 米。道路两侧共设出入口 31 个，平均每个地块约有 0.9 个出入口，间距约为 47 米。

街道的限定要素方面，实体围墙长 415 米，占总长的 28%；透空围墙长 559 米，占总长的 38%；建筑主体直接临街的长度为 265 米，占 18%；以绿化限定街道边界的长度为 76 米，占 5%。

街道两侧共有行道树 204 株，平均间距约 7.2 米，于街道内分布较为均匀，并与道路交叉口、地块出入口等巧妙结合。

街道区位及临街用地性质

沿街建筑布局类型比例

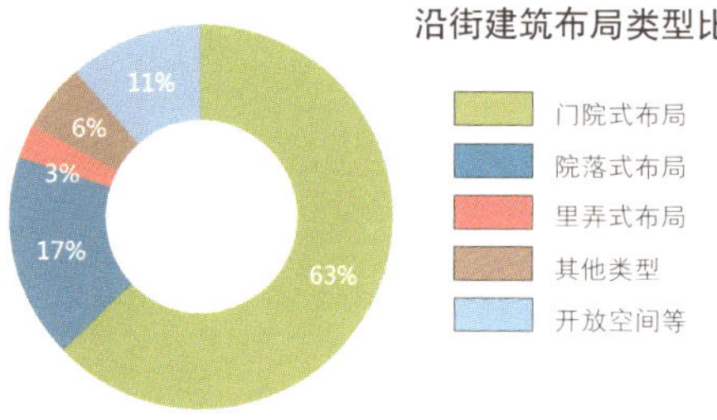

街道限定元素类型比例

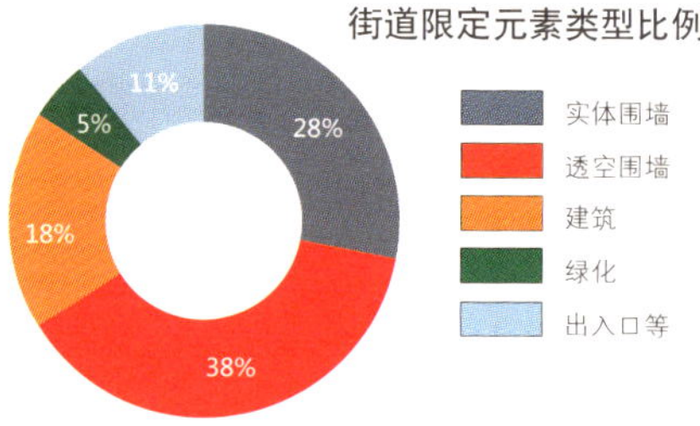

沿街建筑布局类型分布

临街产权地块面宽尺寸及出入口分布

街道限定元素类型分布

街道沿线行道树分布

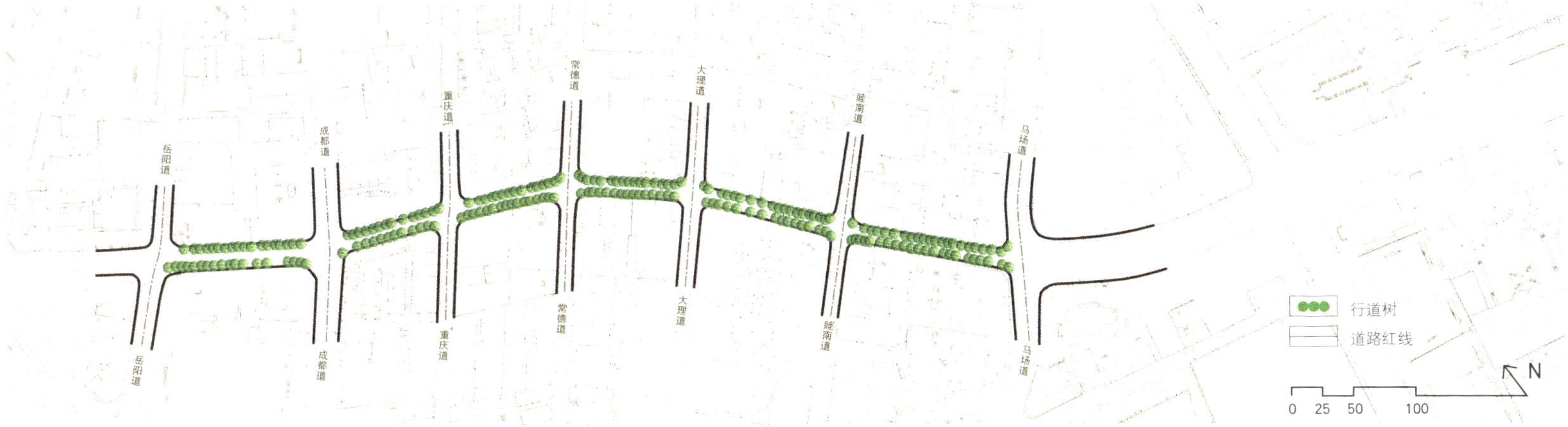

14 长沙路

长沙路位于五大道地区的中北部，东侧为湖南路，西侧为桂林路，北端起始于岳阳道，南端结束于重庆道，全长 474 米，道路两侧以居住及公共管理与公共服务设施用地为主。

长沙路两侧共有临路产权地块 21 个，其中门院式布局地块 6 个，院落式布局地块 5 个，里弄式布局地块 7 个，其他布局类型地块 3 个。

道路两侧产权地块的平均宽度约为 45 米，门院式地块的临路面宽为 15 ~ 31 米，院落式地块面宽为 26 ~ 97 米，里弄式地块面宽为 15 ~ 113 米，其他布局类型地块面宽为 16 ~ 72 米。道路两侧共设出入口 33 个，平均每个地块约有 1.6 个出入口，间距约为 29 米。

街道边界的限定要素方面，实体围墙长度为 190 米，占总长的 20%；透空围墙长度为 264 米，占总长的 28%；建筑主体直接临街的长度为 270 米，占 28%。

街道两侧共有行道树 112 株，平均间距约 8.5 米，于街道内分布较为均匀，并与道路交叉口、地块出入口等巧妙结合。

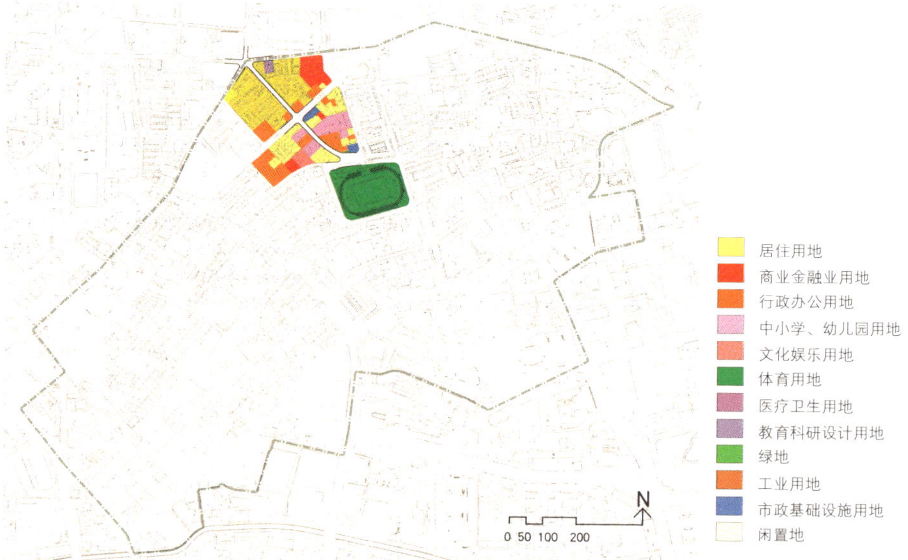

街道区位及临街用地性质

沿街建筑布局类型比例

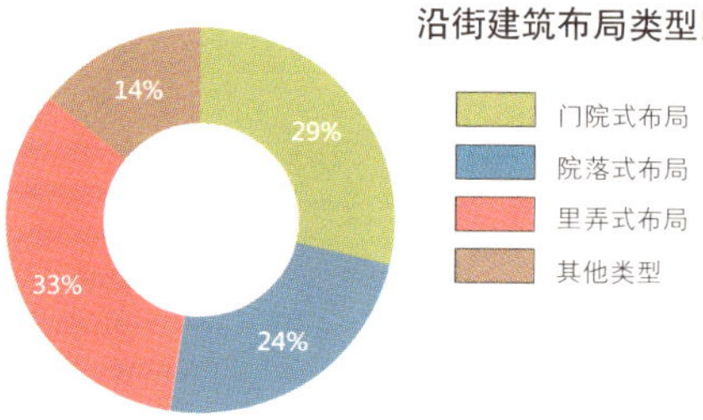

街道限定元素类型比例

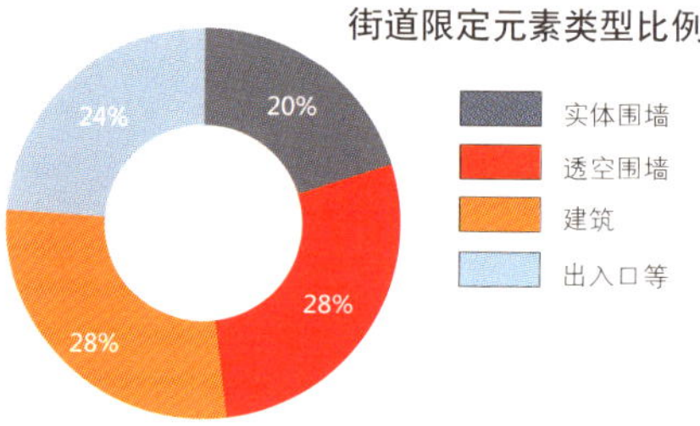

沿街建筑布局类型分布

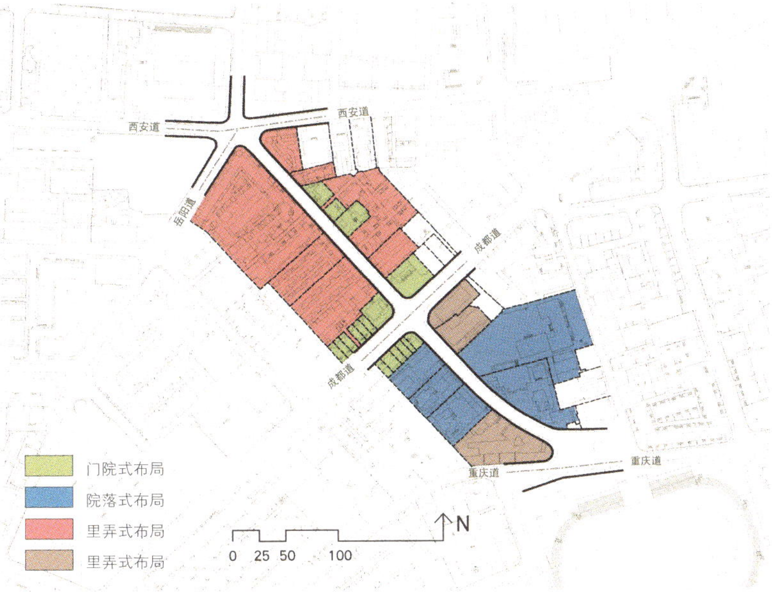

临街产权地块面宽尺寸及出入口分布

街道限定元素类型分布

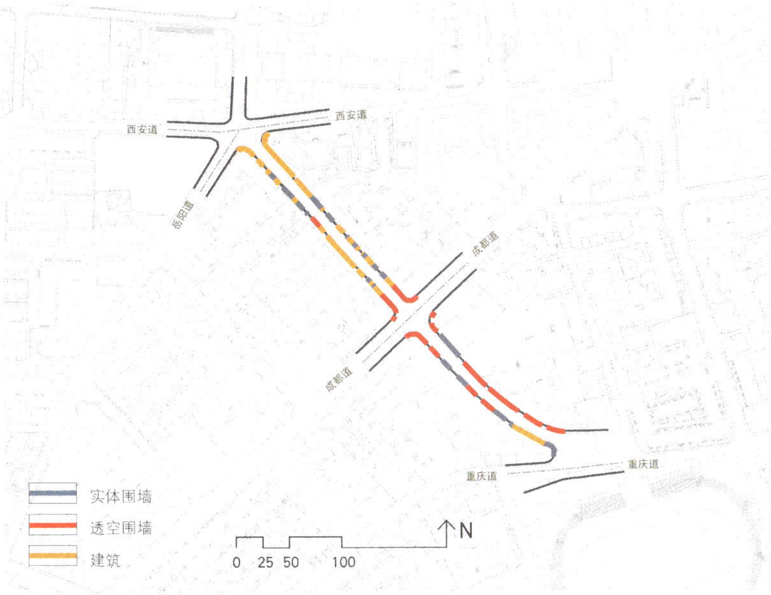

街道沿线行道树分布

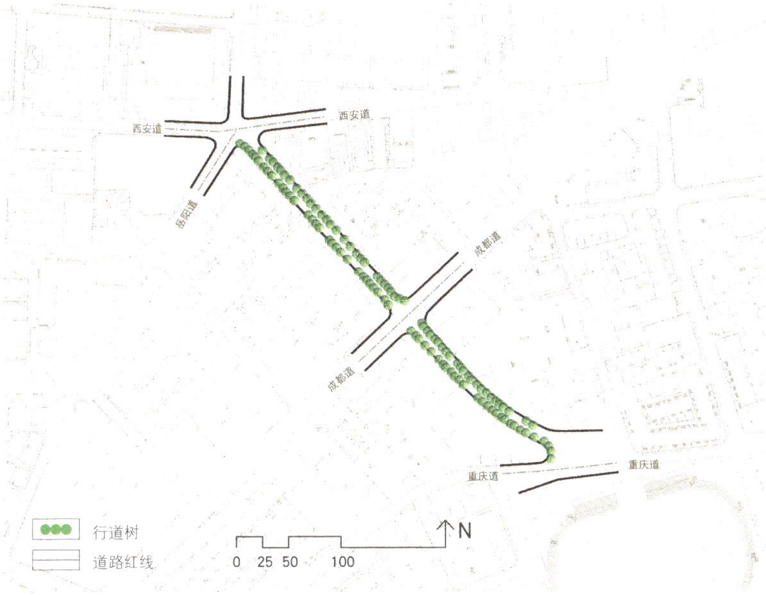

15 湖南路

湖南路位于五大道地区的中北部，东侧为河北路，西侧为长沙路，北端起始于西安道，南端结束于重庆道，全长 385 米，道路两侧以商业建筑为主。

湖南路两侧共有临路产权地块 14 个，其中门院式布局地块 5 个，院落式布局地块 3 个，里弄式布局地块 4 个，其他布局类型地块 2 个，无开放空间。

道路两侧产权地块的平均宽度约为 55 米，门院式地块的临路面宽为 11 ~ 25 米，院落式地块面宽为 55 ~ 98 米，里弄式布局地块面宽为 45 ~ 95 米，其他布局类型地块面宽为 22 ~ 31 米。道路两侧共设出入口 24 个，平均每个地块约有 1.7 个出入口，间距约为 32 米。

街道限定要素方面，实体围墙长 199 米，占总长的 26%；透空围墙长 157 米，占总长的 20%；建筑主体直接临街的长度为 315 米，占 41%；其余为建筑出入口等。

街道两侧共有行道树 101 株，平均间距约 7.6 米，于街道内分布较为均匀，并与道路交叉口、地块出入口等巧妙结合。

街道区位及临街用地性质

沿街建筑布局类型比例

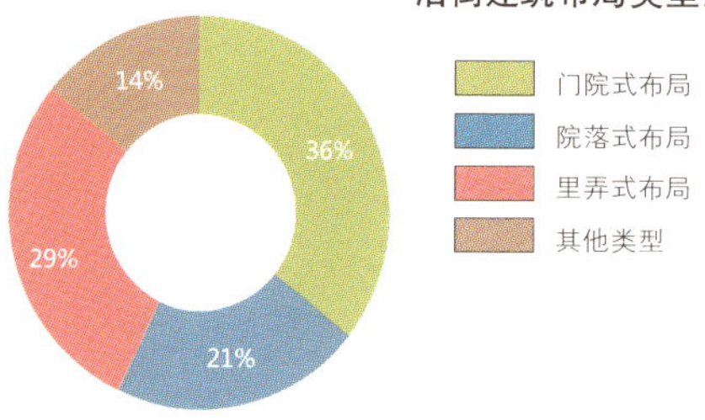

街道限定元素类型比例

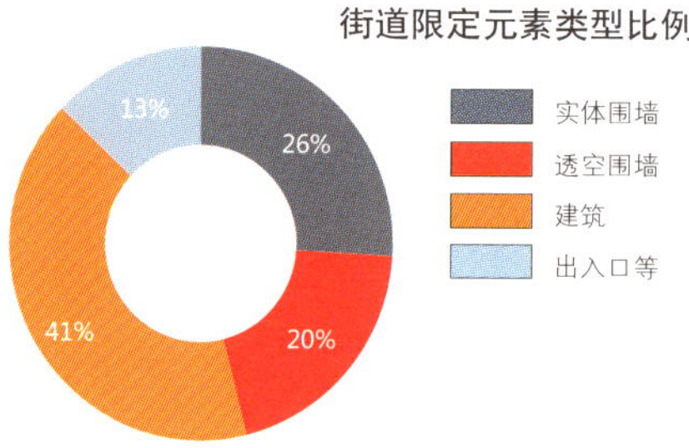

沿街建筑布局类型分布

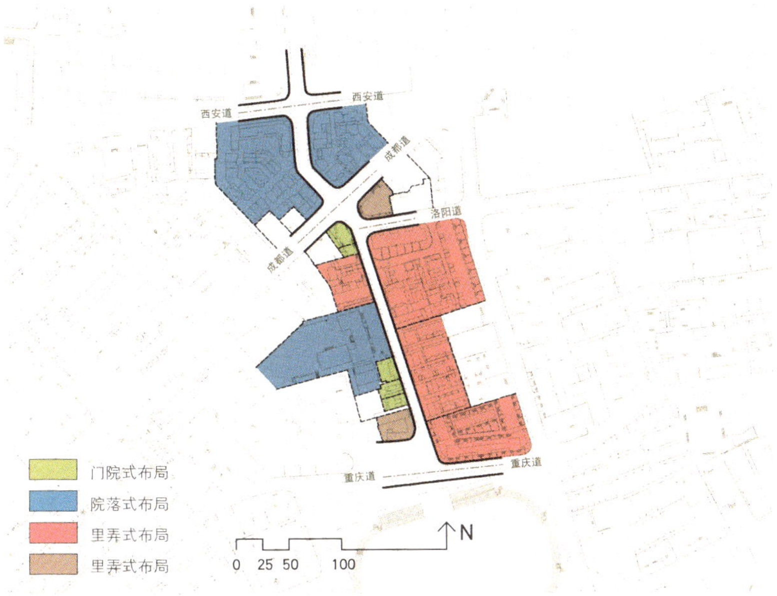

临街产权地块面宽尺寸及出入口分布

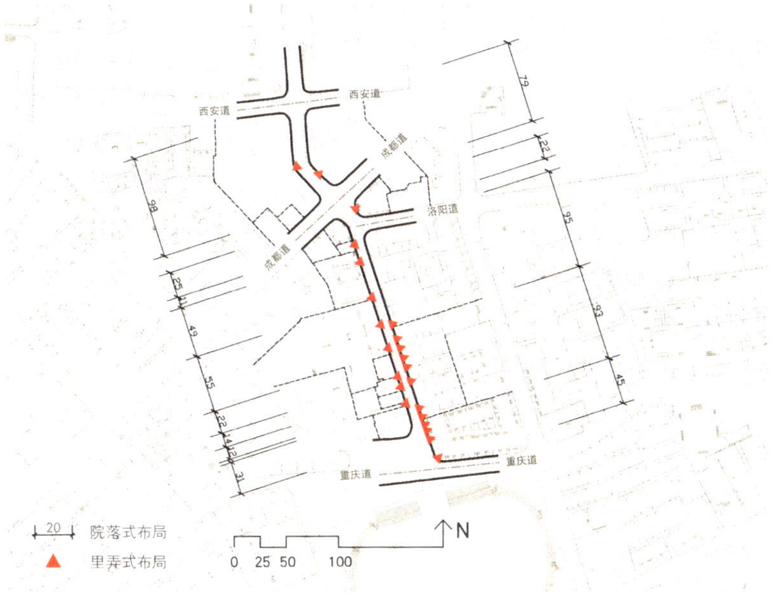

街道限定元素类型分布

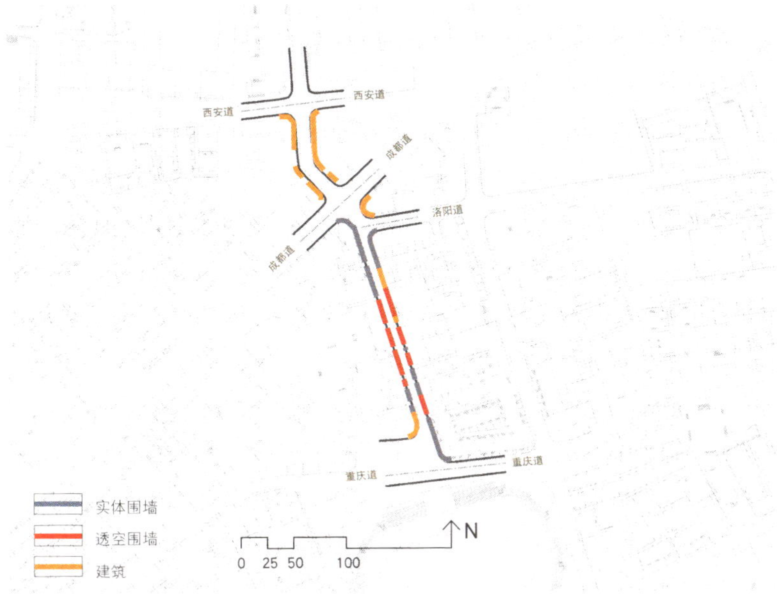

街道沿线行道树分布

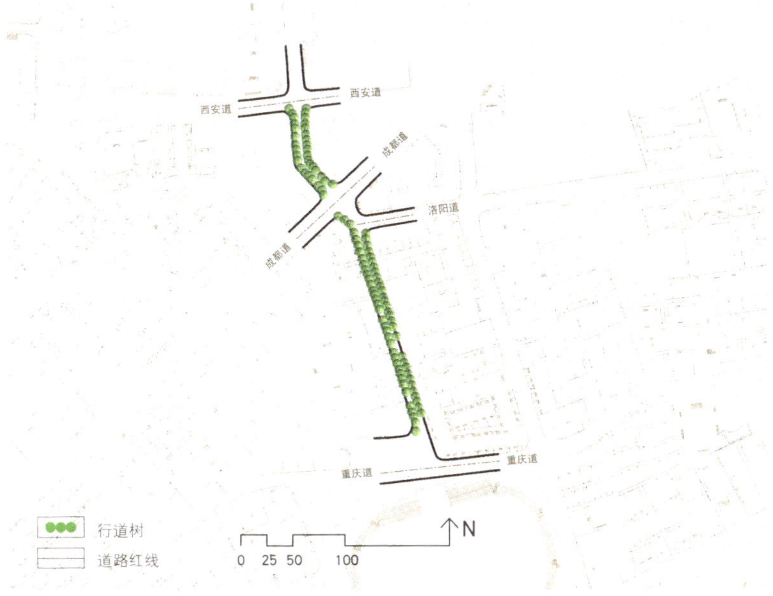

16 衡阳路

衡阳路位于五大道地区的中心位置，东侧为河北路，西侧为桂林路，北端起始于重庆道，南端结束于大理道，全长 207 米，道路两侧以居住及公共管理与公共服务设施用地为主。

衡阳路两侧共有临路产权地块 6 个，其中门院式布局地块 5 个，另有 1 处大型体育设施（民园体育场）。

道路两侧产权地块的平均宽度约为 69 米，门院式地块的临路面宽为 25 ~ 62 米。道路两侧共设出入口 6 个，平均每个地块约有 1 个出入口，间距约为 69 米。

街道边界的限定要素方面，实体围墙长度为 94 米，占总长的 23%；透空围墙长度为 75 米，占总长的 18%；建筑主体直接临街的长度为 118 米，占 29%；以绿化限定街道边界的长度为 75 米，占 18%。

街道两侧共有行道树 55 株，平均间距约 7.5 米，于街道内分布较为均匀，并与道路交叉口、地块出入口等巧妙结合。

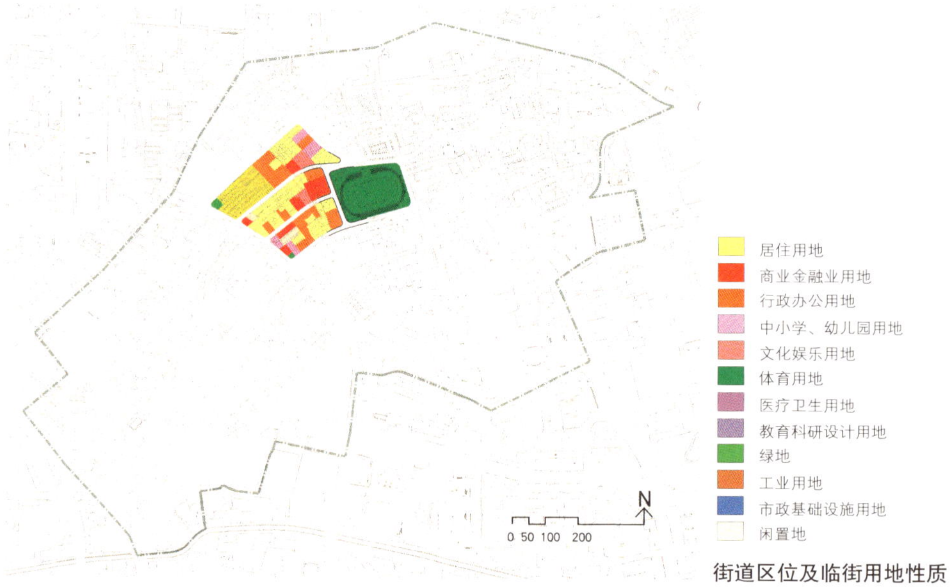

街道区位及临街用地性质

沿街建筑布局类型比例

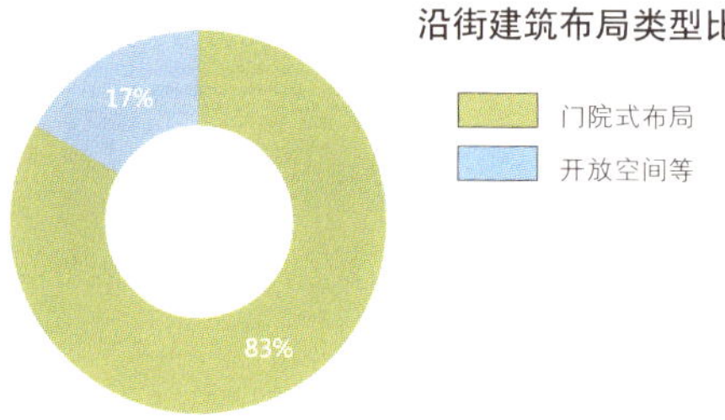

街道限定元素类型比例

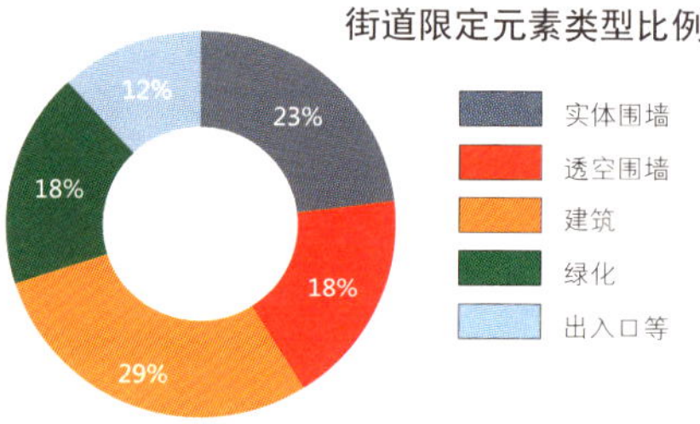

沿街建筑布局类型分布

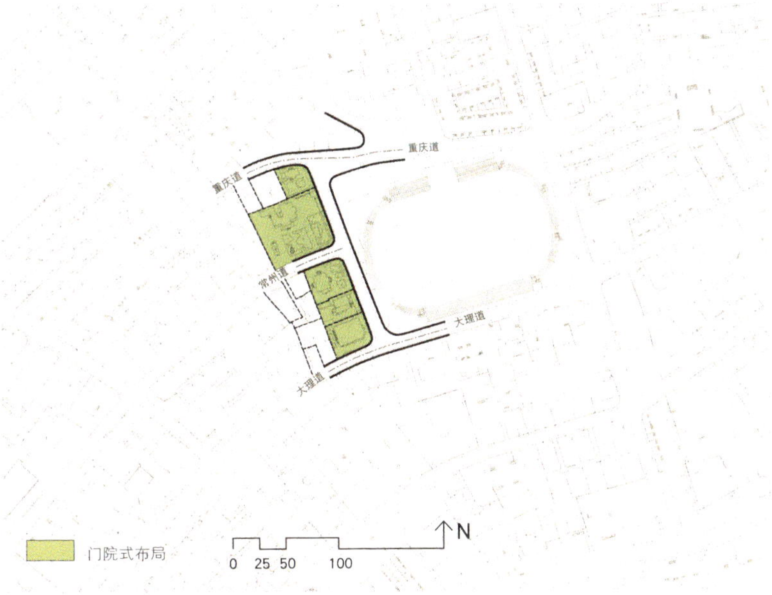

临街产权地块面宽尺寸及出入口分布

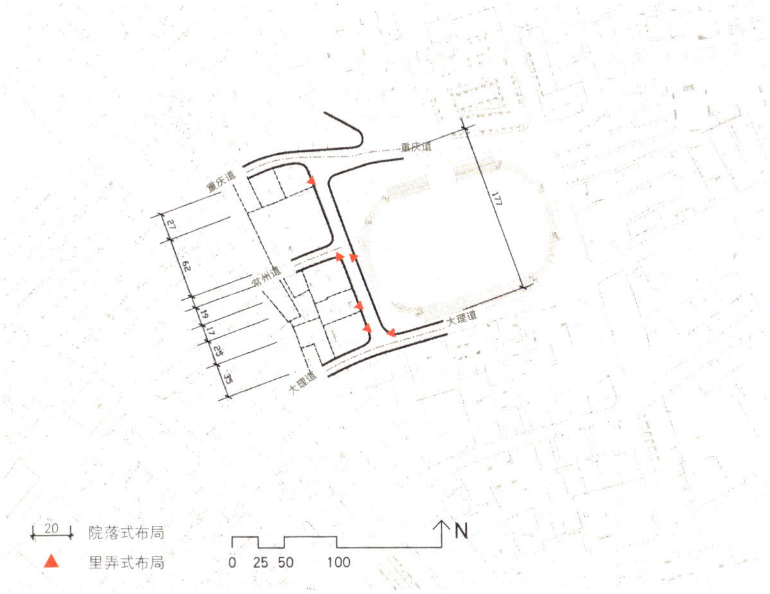

街道限定元素类型分布

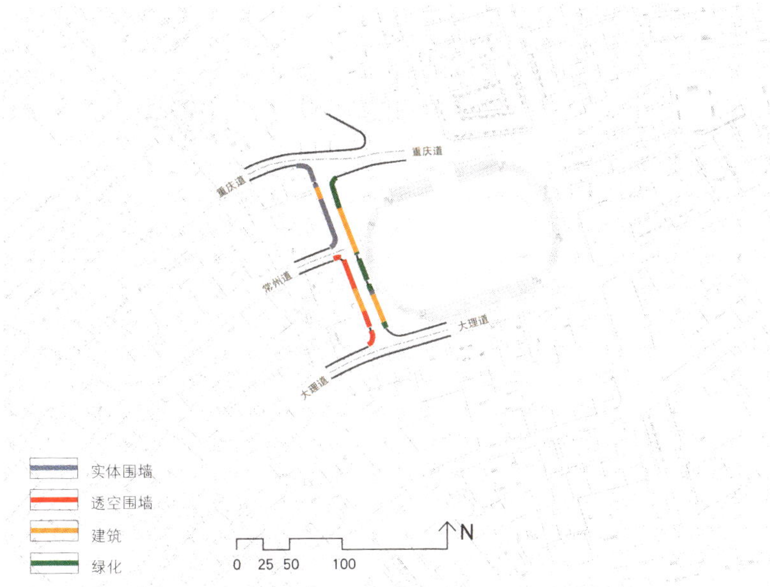

街道沿线行道树分布

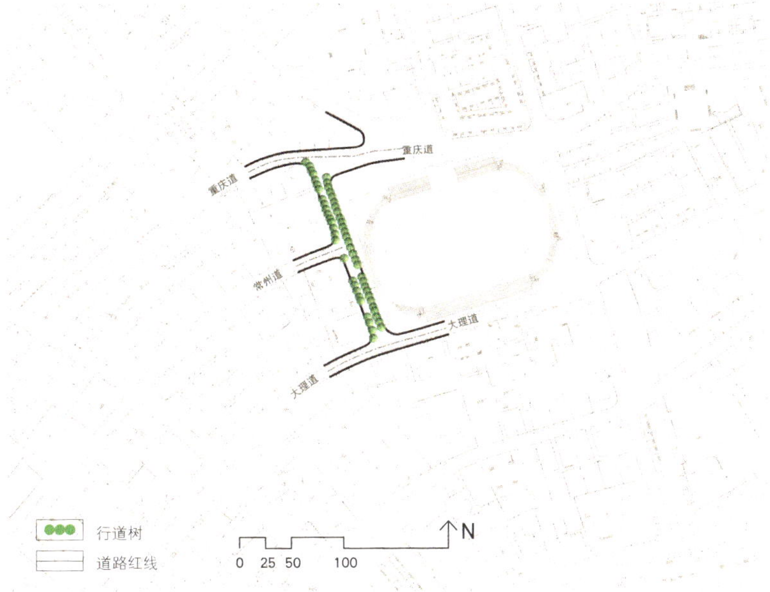

17 南海路

南海路是五大道地区北部的一条较短的街道，东侧为新华路，西侧为河北路，北端起始于洛阳道，南端结束于重庆道，全长 203 米，道路两侧以居住及公共管理与公共服务设施用地为主。

南海路两侧共有临路产权地块 12 个，其中门院式布局地块 7 个，院落式布局地块 2 个，里弄式布局地块 3 个。

道路两侧产权地块的平均宽度约为 34 米，门院式地块的临路面宽为 21 ~ 45 米，院落式地块面宽为 24 ~ 44 米，里弄式布局地块面宽为 30 ~ 44 米。道路两侧共设出入口 18 个，平均每个地块约有 1.5 个出入口，间距约为 23 米。

街道边界的限定要素方面，实体围墙长度为 39 米，占总长的 10%；透空围墙长度为 182 米，占总长的 45%；建筑主体直接临街的长度为 113 米，占 28%。

街道两侧共有行道树 65 株，平均间距约 6.2 米，于街道内分布较为均匀，并与道路交叉口、地块出入口等巧妙结合。

街道区位及临街用地性质

沿街建筑布局类型比例

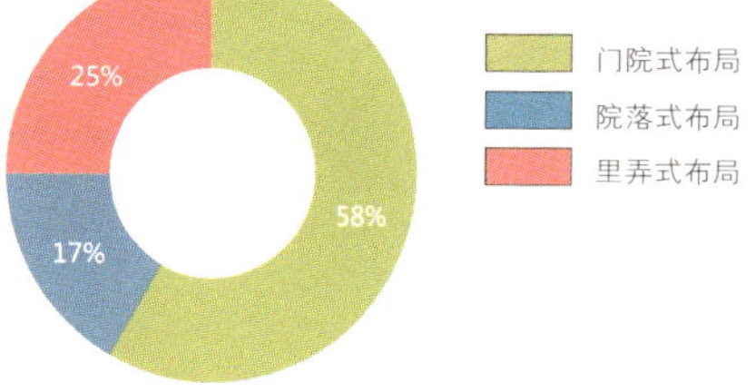

街道限定元素类型比例

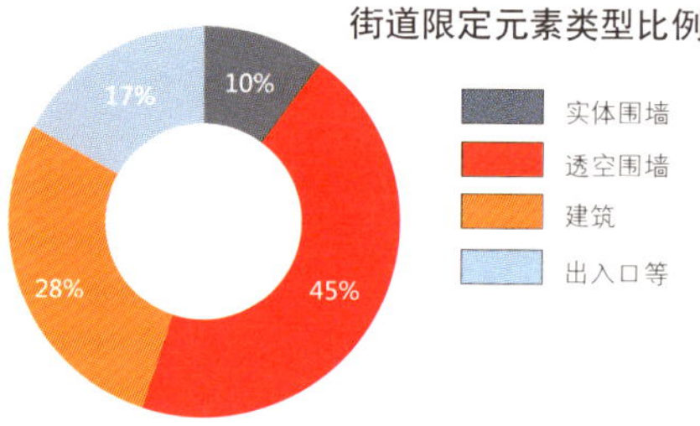

沿街建筑布局类型分布

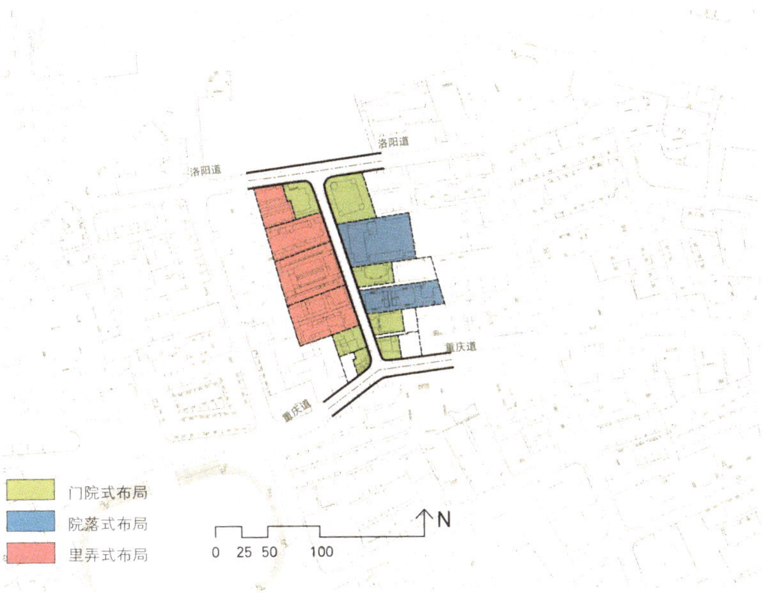

临街产权地块面宽尺寸及出入口分布

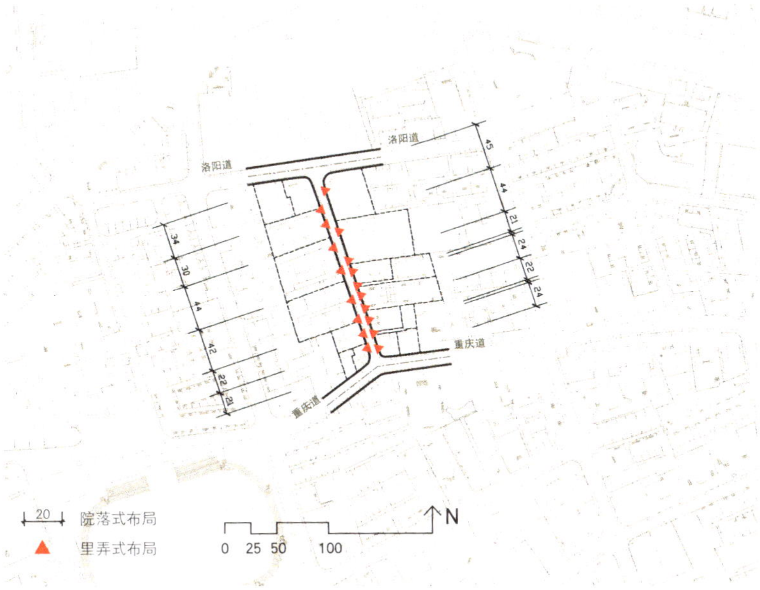

街道限定元素类型分布

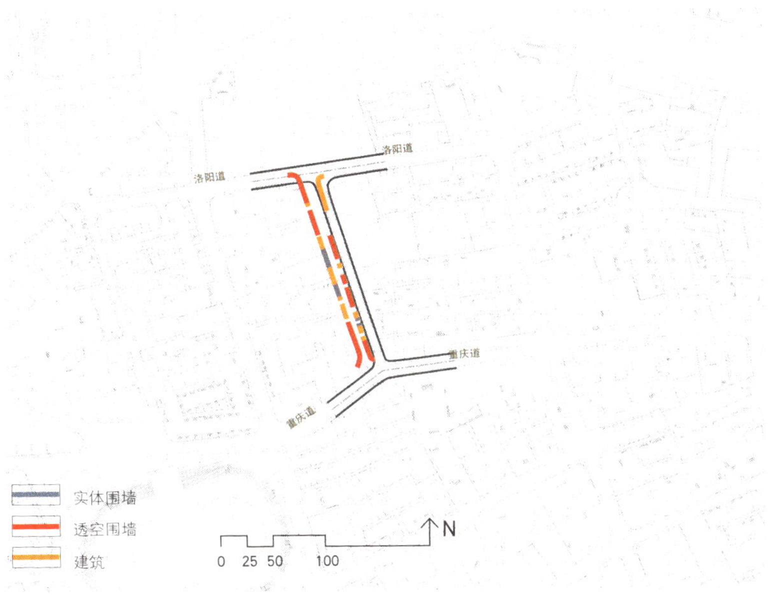

街道沿线行道树分布

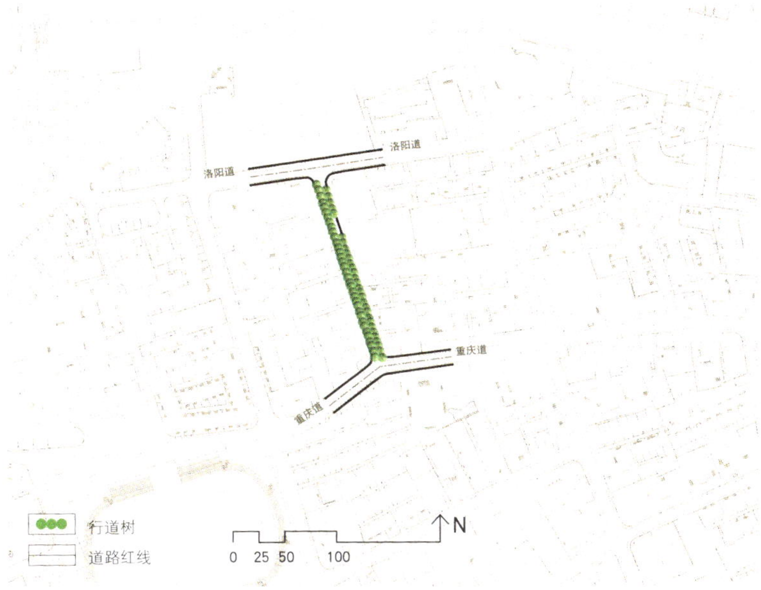

18 澳门路

澳门路是五大道地区北部的一条较短的街道，东侧为湖北路，西侧为新华路，北端起始于洛阳道，南端结束于重庆道，全长 220 米，道路两侧以居住及公共管理与公共服务设施用地为主。

澳门路两侧共有临路产权地块 13 个，其中门院式布局地块 10 个，院落式布局地块 1 个，里弄式布局地块 1 个，其他布局类型地块 1 个，无开放空间。

道路两侧产权地块的平均宽度约为 34 米，门院式地块的临路面宽为 13 ~ 35 米，院落式地块面宽为 58 米，里弄式布局地块面宽为 36 米，其他布局类型地块面宽 54 米。道路两侧共设出入口 17 个，平均每个地块约有 1.3 个出入口，间距约为 16 米。

街道边界的限定要素方面，实体围墙长度为 151 米，占总长的 34%；透空围墙长度为 109 米，占总长的 25%；建筑主体直接临街的长度为 121 米，占 28%。

街道两侧共有行道树 67 株，平均间距约 6.6 米，于街道内分布较为均匀，并与道路交叉口、地块出入口等巧妙结合。

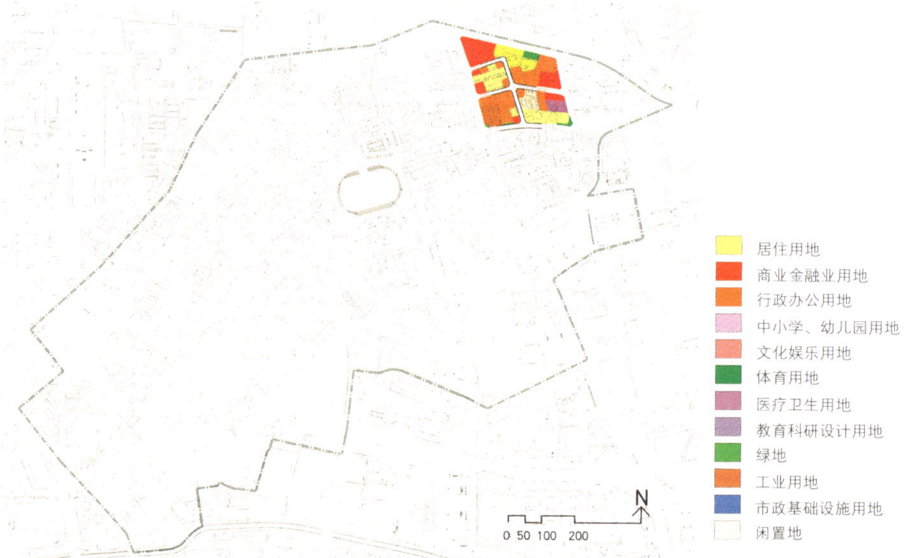

街道区位及临街用地性质

沿街建筑布局类型比例

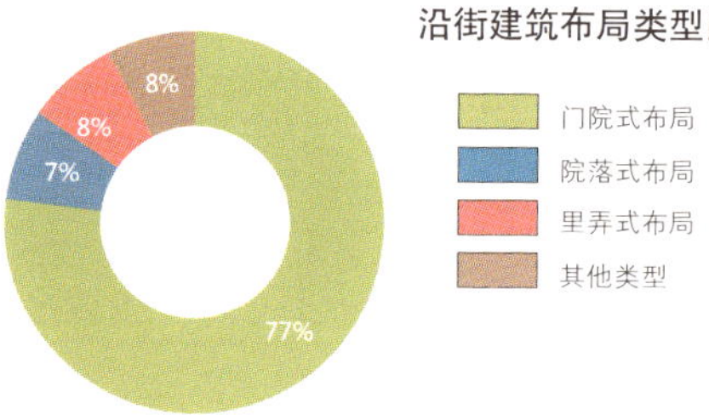

街道限定元素类型比例

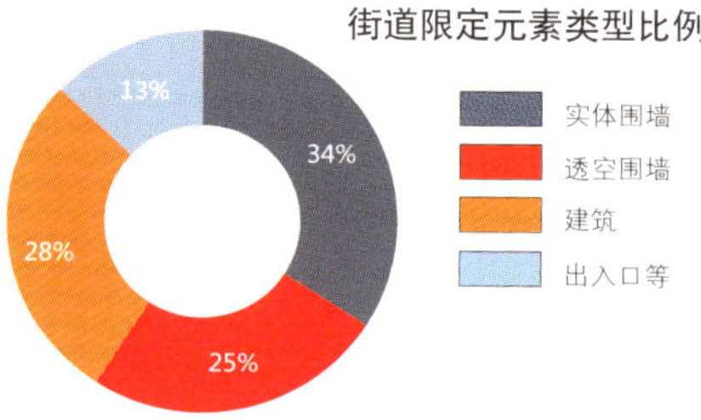

沿街建筑布局类型分布

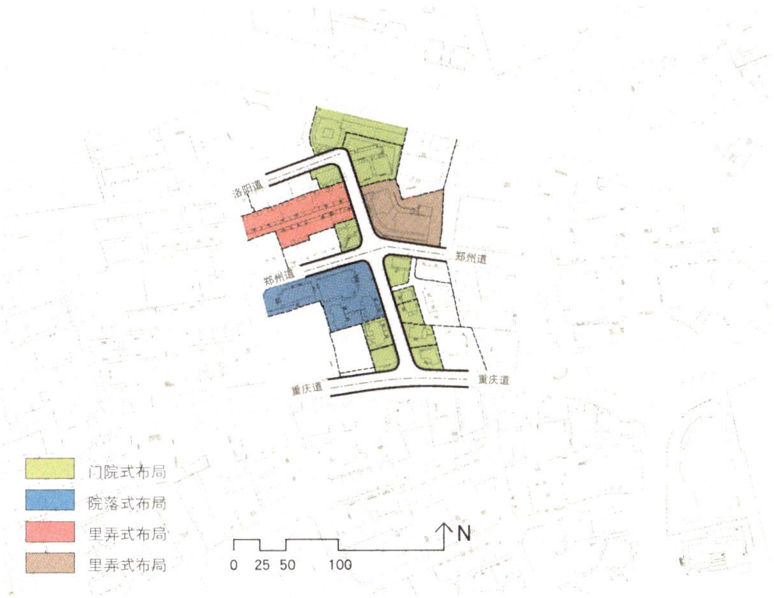

临街产权地块面宽尺寸及出入口分布

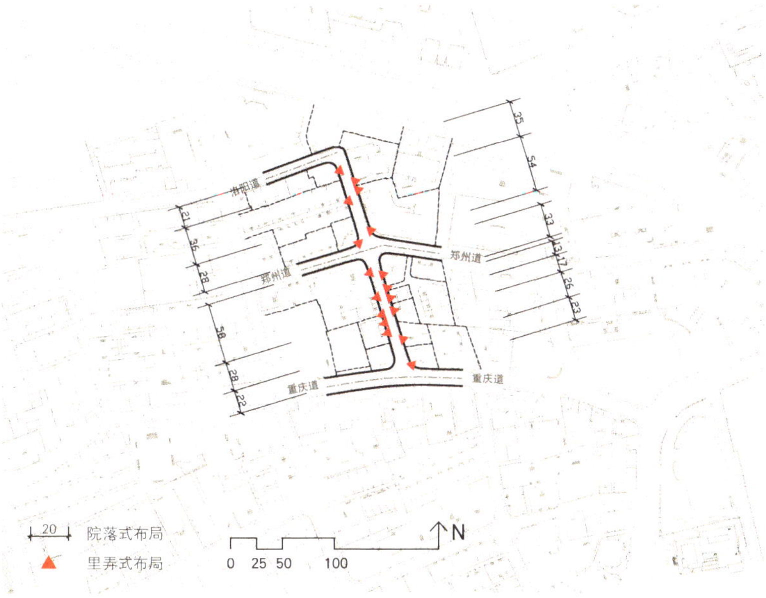

街道限定元素类型分布

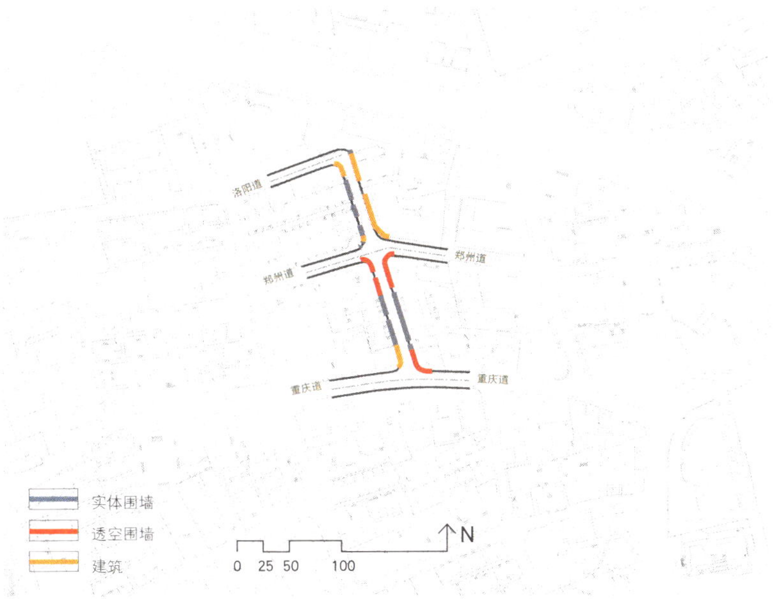

街道沿线行道树分布

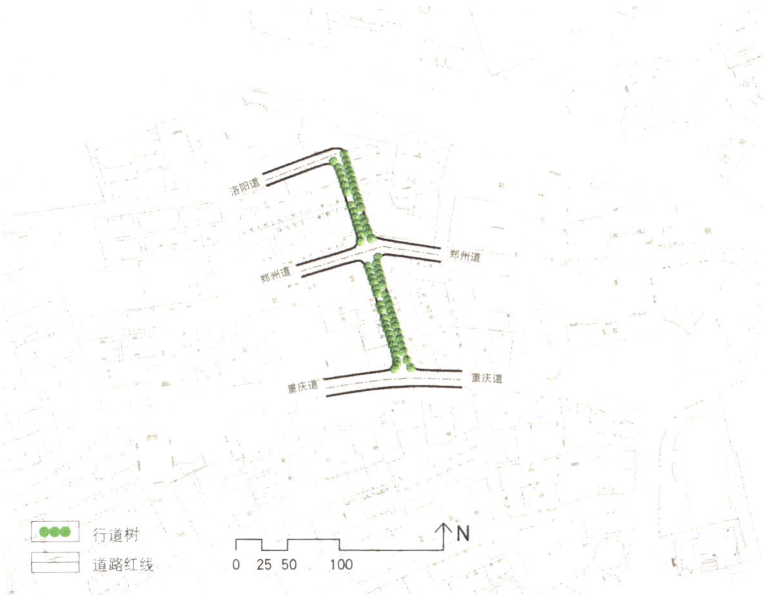

19 香港路

香港路位于五大道地区东部，东侧为马场道，西侧为新华路，北端起始于重庆道，南端结束于马场道，全长254米，道路两侧以居住及公共管理与公共服务设施用地为主。

香港路两侧共有临路产权地块17个，其中门院式布局地块15个，院落式布局地块2个。门院式布局模式是建筑布局的主要类型，占总量的88%。

道路两侧产权地块的平均宽度约为30米，门院式地块的临路面宽为8～46米，院落式地块面宽为48～61米。道路两侧共设出入口22个，平均每个地块约有1.3个出入口，间距约为23米。

街道边界的限定要素方面，实体围墙长度为242米，占总长的48%；透空围墙长度为117米，占总长的23%；建筑主体直接临街的长度为88米，占17%。

街道两侧共有行道树70株，平均间距约7.3米，于街道内分布较为均匀，并与道路交叉口、地块出入口等巧妙结合。

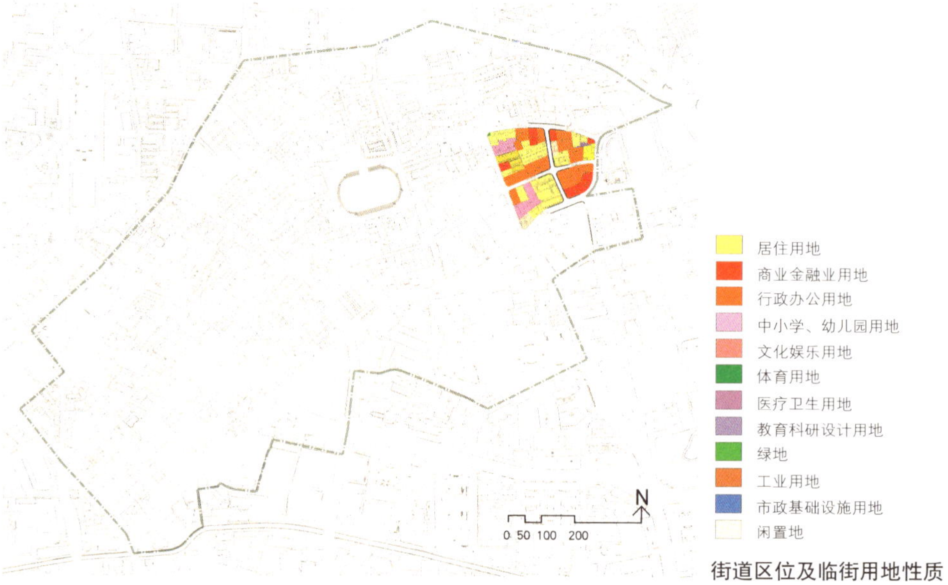

街道区位及临街用地性质

沿街建筑布局类型比例

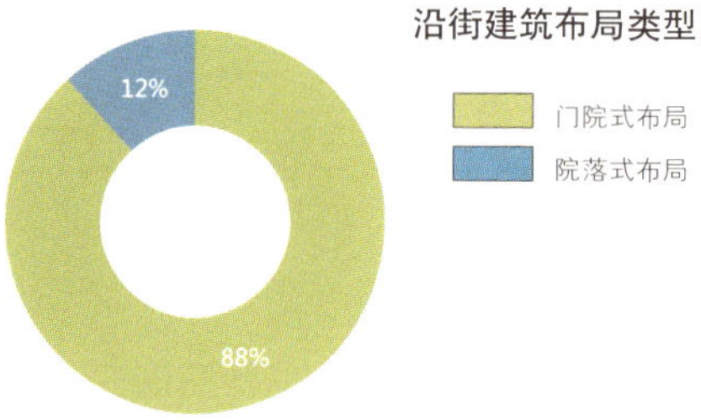

街道限定元素类型比例

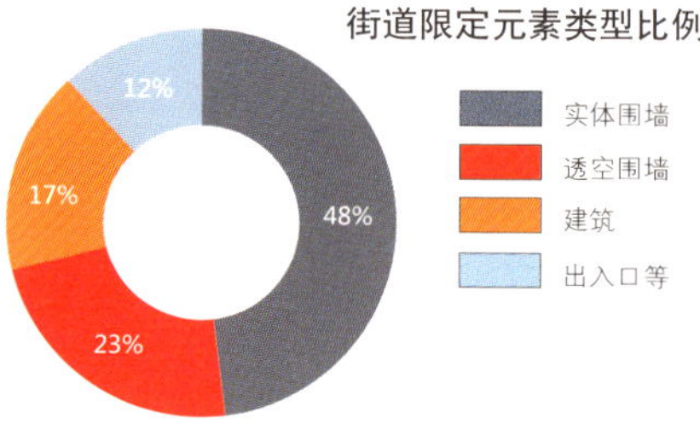

沿街建筑布局类型分布

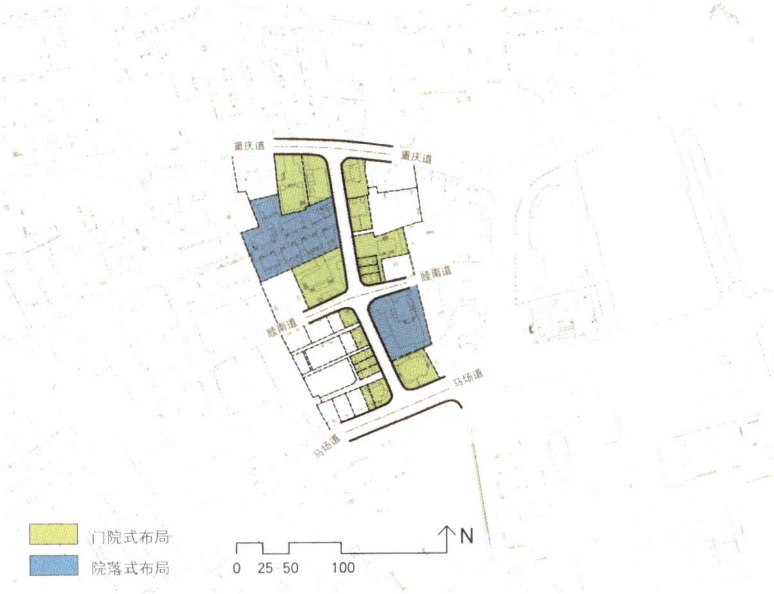

临街产权地块面宽尺寸及出入口分布

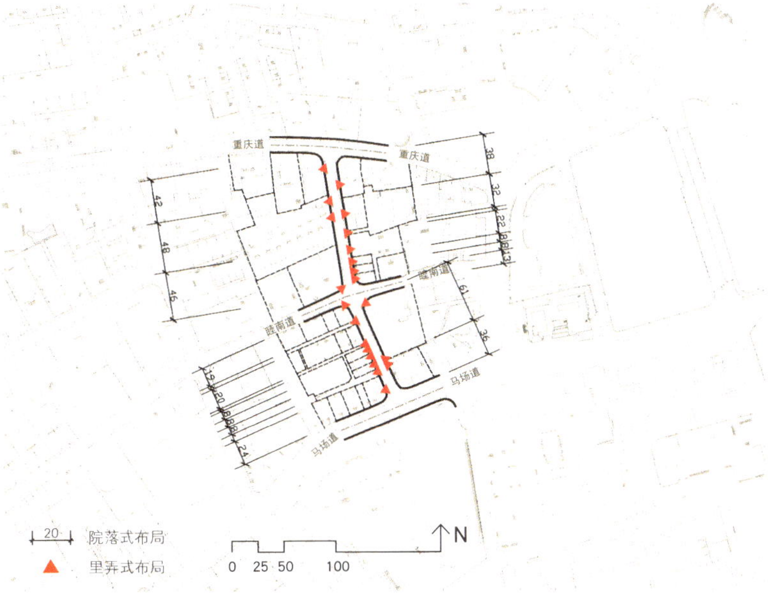

街道限定元素类型分布

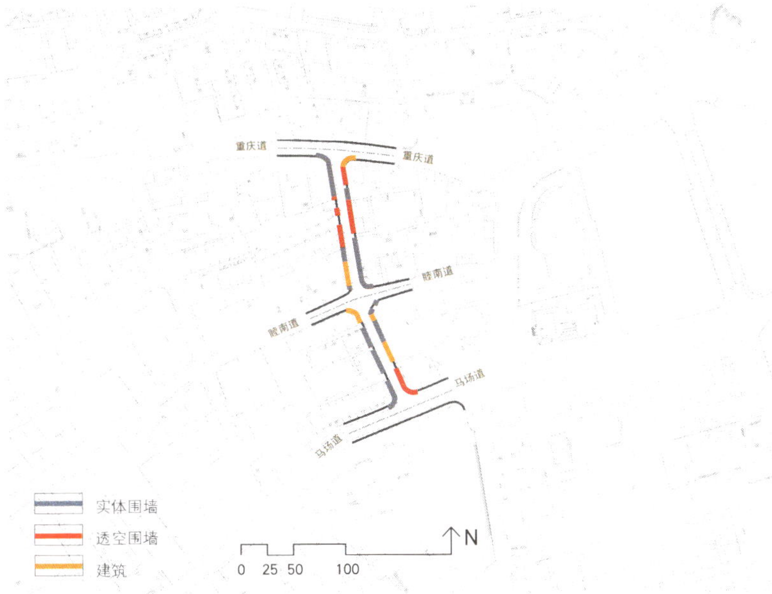

街道沿线行道树分布

20 湖北路

湖北路位于五大道地区东北角，东侧为南京路，西侧为澳门路，北端起始于南京路，南端结束于重庆道，全长 266 米。道路两侧以商业及公共管理与公共服务设施用地为主。

湖北路两侧共有临路产权地块 10 个，其中门院式布局地块 4 个，院落式布局地块 3 个，其他布局类型地块 2 个，开放空间及空地 1 处。

道路两侧产权地块的平均宽度约为 53 米，门院式地块的临路面宽为 19 ～ 46 米，院落式地块面宽为 39 ～ 108 米，其他布局类型地块面宽为 22 ～ 60 米。道路两侧共设出入口 10 个，平均每个地块约有 1 个出入口，间距约为 53 米。

街道限定要素方面，实体围墙长 34 米，占总长的 6%；透空围墙长度为 285 米，占总长的 54%；建筑主体直接临街的长度为 45 米，占 8%；以绿化限定街道边界的长度为 74 米，占 14%。

街道两侧共有行道树约 70 株，平均间距约 7 米，于街道内分布较为均匀，并与道路交叉口、地块出入口等巧妙结合。

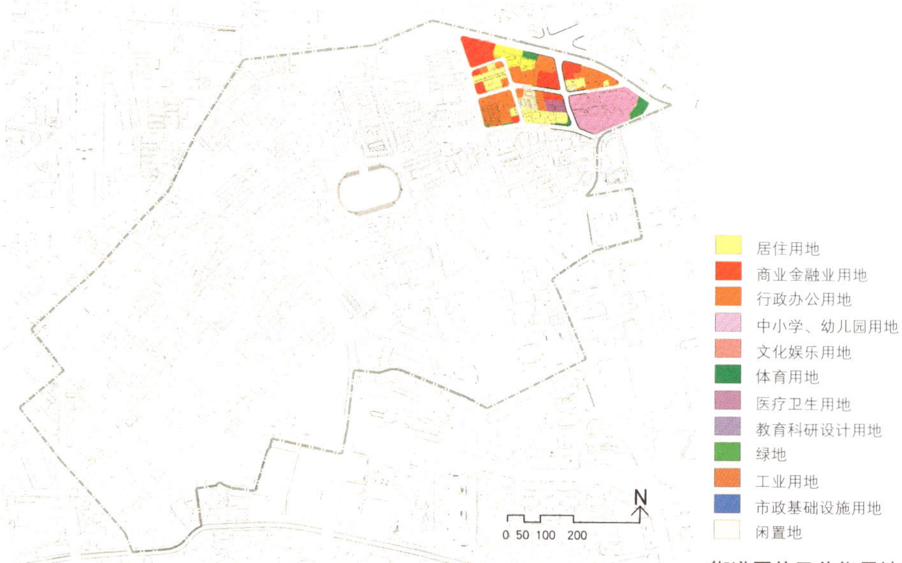

街道区位及临街用地性质

沿街建筑布局类型比例

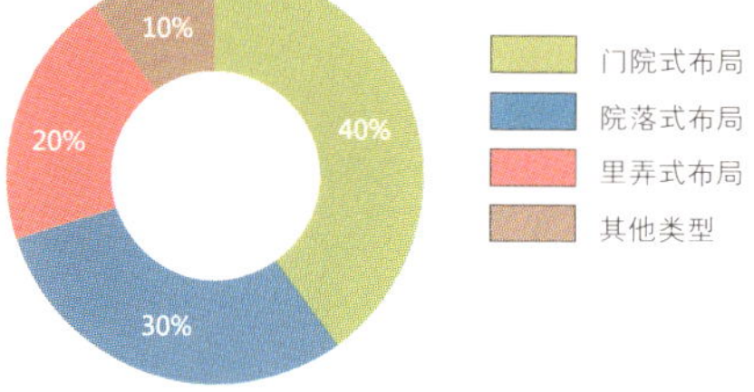

街道限定元素类型比例

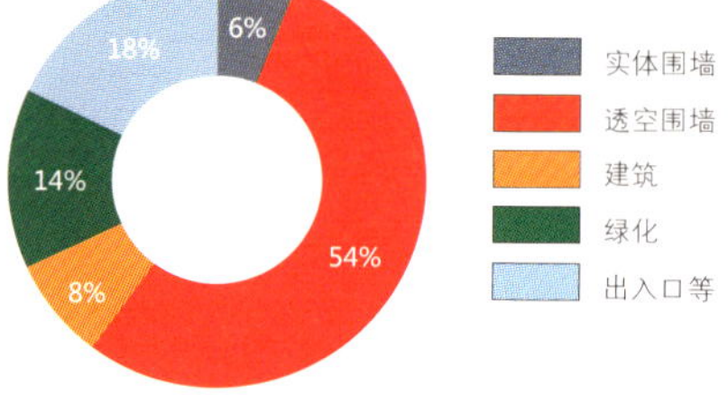

沿街建筑布局类型分布

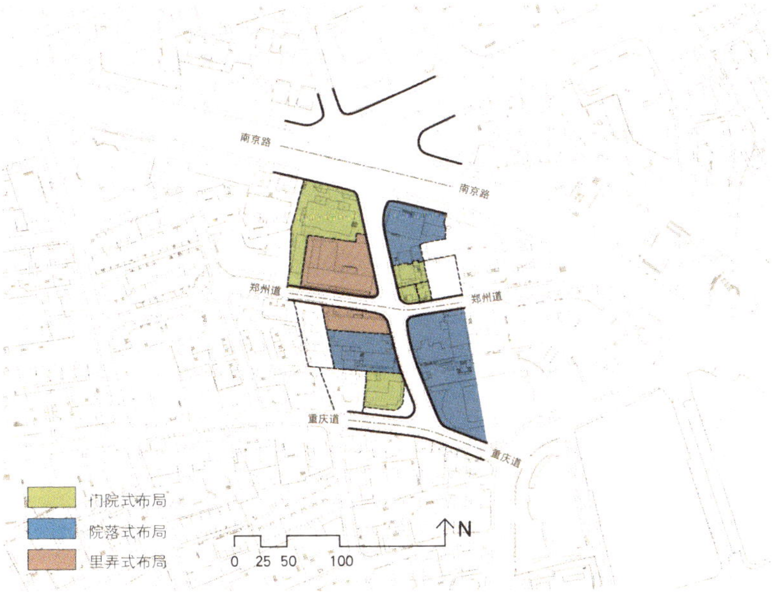

临街产权地块面宽尺寸及出入口分布

街道限定元素类型分布

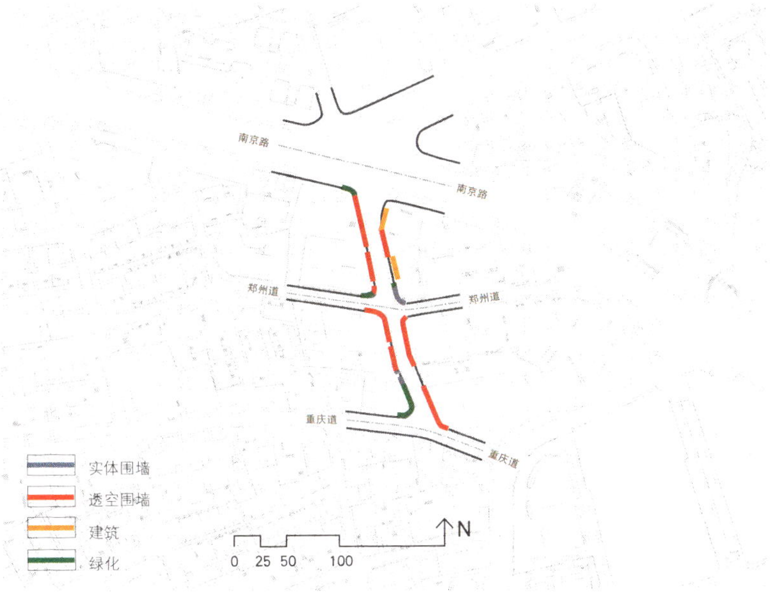

街道沿线行道树分布

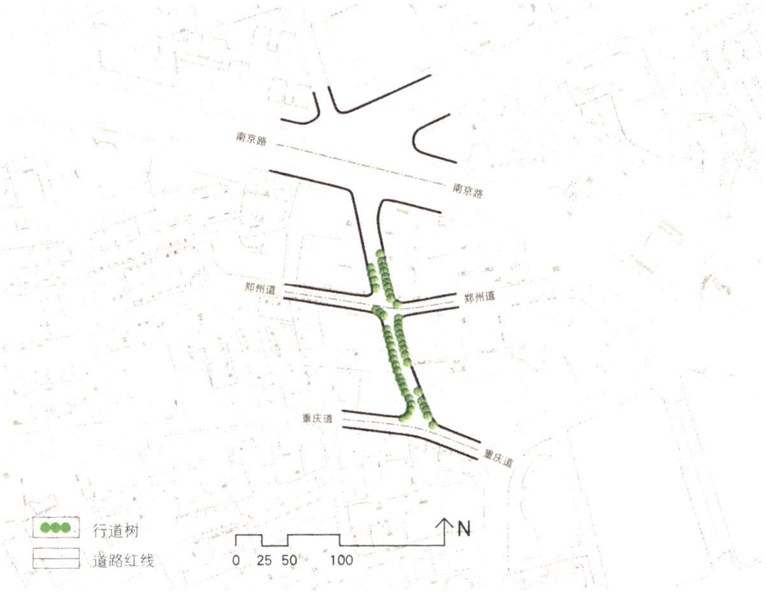

民园西里住宅
MIN YUAN TERRACE

民园西里住宅坐落在常德道，三层砖木混合结构里弄式住宅，建于 1939 年。占地 2360 平方米，建筑面积 3690 平方米。由华信工程司沈理源设计，济安公司施工。

全里共三幢楼房，每幢由分户单元联排组成，每户有前院，直接出入。半开间纵向楼梯间，入口设有小过厅。一层设有起居室、餐室、厨房、用人住房及储煤室。起居室与餐室用推拉门连通和分隔。二层卧室与卫生间相连，卫生间设有坐式马桶、澡盆、手盆等卫生用具。局部三层设有储藏室。屋顶做晒台。有后院与用人间相连，后门通往户外。院内建有平房小厕所。该建筑横墙承重，木屋架，筒瓦屋顶，楼层是木龙骨、木地板、木楼梯，卫生间为钢筋混凝土板。外檐为过火砖清水墙。

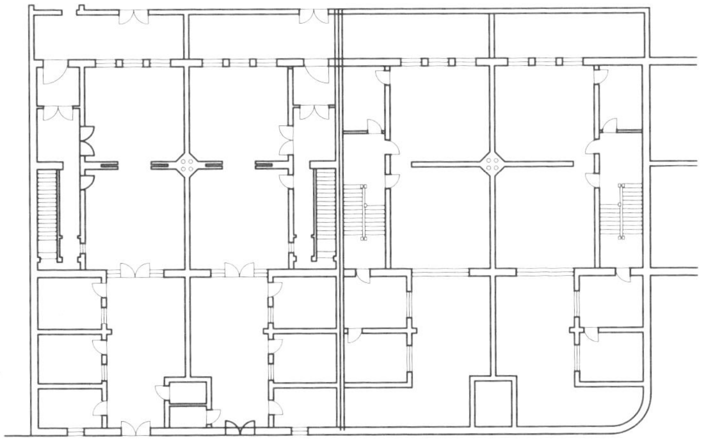

平面图

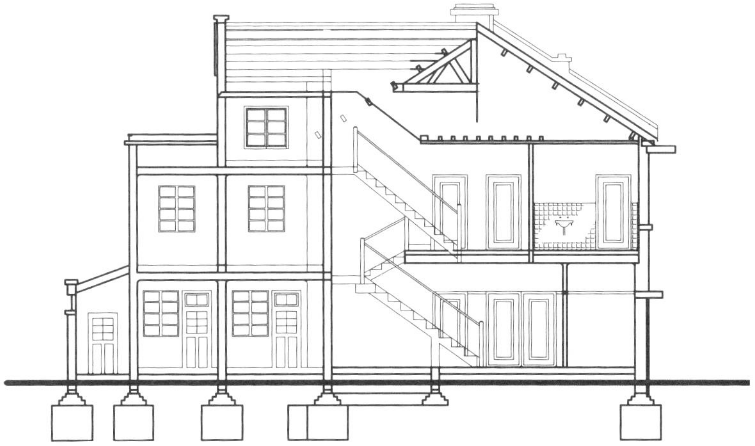

剖面图

立面图

大兴邨住宅
DA XING CUN HOUSES

坐落在重庆道南侧，建于1937年。三层，带地下室，砖木结构，里弄住宅。占地面积3384平方米，建筑面积7149平方米。由华信工程司沈理源设计，大兴工程公司施工建造。

为庭院式布局，东西向两排房屋相对组成，庭院敞亮。有八种平面类型，单体平面均由单开间组合而成。地下层正面有单独入口，设有厨厕及杂房，部分幢口设置车库。中部纵向布置楼梯，有一侧门通往后院。阶梯形台阶栏墙上置盆花，使入口醒目别致。门廊作为缓冲空间，设有会客室和卧室。二层均为卧室，屋顶有晒台。平面布局合理，功能分区明确，采光通风较好。外檐以过火砖清水檐为主，扁长大面积铜窗，横向分格饰面，上有挑檐。建筑立面简洁朴实。

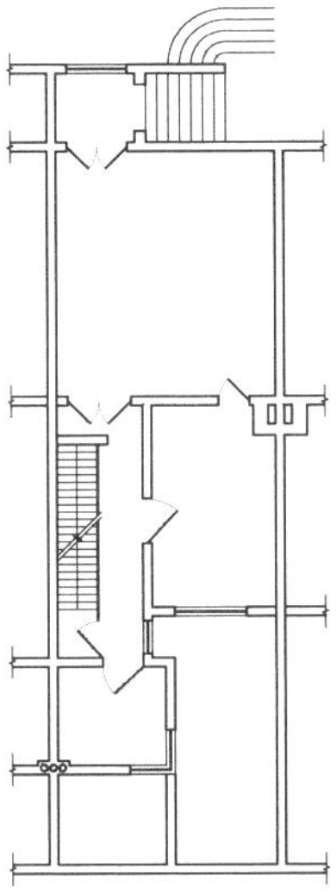

首层平面图

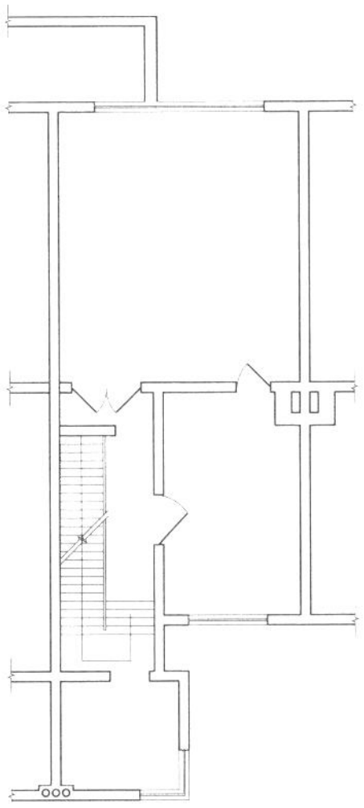

二层平面图

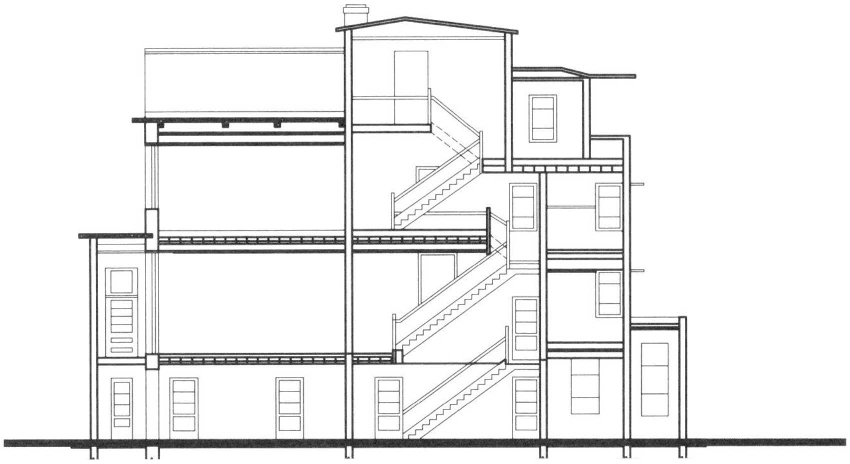

剖面图

立面图

下篇

规划实践

第 7 章 五大道现实发展中的问题与对策

2009 年，天津的历史文化保护工作进入了一个新的历史时期。这一年，天津市规划局借助 2008 年国务院颁布的《历史文化名城名镇名村保护条例》的东风，成立了专门负责城市保护工作的保护规划处，直接促进了天津市全面启动 14 个历史文化街区保护规划的编制工作，五大道作为其中规模最大、保存最完整的历史文化街区备受关注，成为率先启动规划编制、涉及单位最多、参与研讨范围最广泛的历史文化街区，也同时肩负着探讨新一轮保护规划编制的方法和技术标准的任务，目的是引导和规范后续 13 个历史文化街区保护规划的编制。

其次，随着社会各界对城市保护越来越关注，历史保护问题经常成为各种舆论和媒体曝光的焦点。随着五大道在国内外的影响与日俱增，无论政府、开发商还是专家学者、普通市民，都希望通过五大道的保护规划达成共识，在澄清观念的同时探索出一种历史遗产保护和更新利用的有效方法和途径，使得五大道成为历史文化保护的典范街区。因此，在保护规划编制之前，观念的澄清及共识的形成甚至比保护规划编制本身还要重要。

另外，民间和市场的力量正越来越积极地介入历史保护工作。随着城市建设速度一路高歌猛进，城市中心的高层建筑如雨后春笋。五大道恰巧位于城市中心区，这类大面积低层低密度花园别墅社区在市中心显得格外醒目和珍贵，备受各界关注。其功能定位、整体环境品质营造、交通组织与历史环境保护的矛盾等问题，成为五大道不可回避的现实问题。原有的“五大道建设管理保护规划”中的部分内容不再适应快速发展的形势和更高标准的要求。因此，重新编制五大道历史文化街区保护规划，重新审视五大道的历史核心价值，从单纯保护物质环境提高到保护与活化历史文化遗产的高度，并对建筑和环境品质提出更高的设计要求和指引便成为一项十分必要和紧迫的工作。

多年以来，五大道历史文化街区保护工作成绩斐然，在国内外影响甚广。五大道的保护规划始于 20 世纪 80 年代，20 世纪 90 年代又制定了完整的建设管理保护规划，核心保护范围 1.2 平方千米被完整地保存下来。由于政府的重视，五大道经过多次环境整治，风貌建筑保护和街道环境改善方面也取得了很大成绩。然而，很多深层次的问题并没有得到根本解决，并随着时间的推移和城市的发展不断暴露出来，也不断产生出新的问题。这些问题包括：五大道的核心历史价值是什么、什么样的项目适合五大道、五大道与城市周边地区的发展如何互动、交通便捷与历史环境保护如何平衡、是否应该增加集中停车场、中小学校是否应当迁出、新建筑应当以何种方式进入历史环境、如何对待残破失修的历史建筑及低收入居民、游客如何在五大道驻足和游览等等。这些问题涉及广泛，不只是简单地保护好历史建筑和历史环境的问题，而是要使历史街区合理地介入各种物质和非物质的新要素，调整优化功能，使之成为适应城市未来发展、价值不断提升的历史文化街区。这些也是编制人员在规划过程中不断学习、研究思考并反复探讨的议题。

7.1 五大道的历史核心价值

五大道是中国近现代规模最大、保存最完整的西式花园住区，是以“小洋楼”为特征的历史文化街区，它的完整性和真实性、故事性和神秘感以及温和的自然演进过程显示出独一无二的历史文化特征，具有很高的史料价值。从整体氛围来看，五大道的气质内敛高贵，是一个“安静优雅的历史文化街区”，这是五大道的历史核心价值。

7.2 五大道的发展方向

五大道历史上是英租界的高级住宅区，虽然居住功能的比例逐年下降，但至今生活居住功能仍为五大道的主导功能，占45%。目前，五大道的历史建筑被改作他用的现象十分普遍，餐饮、娱乐、办公等多种功能先后进入五大道，在带来了繁荣的同时，也导致泥沙俱下。

合理地确定五大道的未来发展方向是保持五大道历史文化特征的关键问题，它应有助于加强五大道的历史文化价值，使市民感到自豪与荣耀。因此，五大道原则上鼓励具有以下四种特征的功能：首先，符合安静优雅的整体环境氛围；其次，用户单位有能力对历史建筑进行修缮维护；第三，与既有建筑形制能够较好地契合；第四，符合市场规律、经济上可行。同时，对影响五大道整体环境品质的低俗喧闹的活动予以禁止。在此原则的指导下，规划提出了五大道建筑使用功能的鼓励和禁止的建议和要求：

类　别	原　则	内　容
鼓励	1. 符合安静优雅的整体环境氛围	高级企业会所、小型商务办公、高中档住宅、小型博物馆
	2. 用户单位有能力对历史建筑进行修缮维护	高级企业会所、小型商务办公、精致特色酒店
	3. 与既有建筑形制能够较好地契合	高级企业会所、中高档住宅、小型博物馆、创意工作坊、精致特色酒店、旅游服务商店、茶室酒吧（静吧）
	4. 符合市场规律、经济上可行	高级企业会所、小型商务办公、高档餐厅、精品专卖店、高档美容养生会馆等
禁止	1. 易产生嘈杂、吵闹等噪声污染	歌舞厅、酒吧（闹吧）
	2. 情趣低俗、品位不高	足疗、洗浴、按摩
	3. 易产生大量油烟、垃圾	中低档中西餐、烧烤、中低档快餐
	4. 易产生大量人流、车流	演艺中心、大型超市
	5. 业态档次较低的生活服务设施	窗口售卖、街边售卖（民园体育场周边除外）

7.3 五大道与周边地区发展的关系

五大道位于天津市中心的和平区，面临的城市发展压力是十分巨大的。多年来五大道的规划主要强调保护，有效地防止了对传统空间尺度的破坏，而对历史风貌建筑如何进一步利用考虑不多。

在本次规划的多次现场勘查和研讨过程中，我们发现五大道周边聚集了大量的高层写字楼，与之相邻的五大道小洋楼改作企业会所的现象越来越普遍，反映出它们之间相互依托、共生共荣的合作关系。写字楼是企业对外开展业务的平台，而小洋楼恰好可以作为其做出重大决策的总部及接待宾客的会所。因此，企业总部及会所成为五大道小洋楼在市场定位中的合理选择。

另外，有人提出是否可将上海“新天地模式”移植到天津五大道，希望强化其服务接待功能，形成一个旅游聚客锚地；但另一种观点反对将更多的商业引入，认为这样会破坏五大道的历史文化氛围，因而形成了两种不同的观点。研究过程中我们发现，五大道的小洋楼作为户户院落、隔院临街的高级别墅和西式洋房，建筑形制较为封闭，不易形成商业街的氛围。另外，五大道的规模几十倍于新天地，且整体性非常强，宛若一颗硕大的钻石，其高贵优雅的品质具有极大的历史价值，而周边的高层建筑之间散落着部分零星组群的历史建筑，就像大钻石周边镶嵌的小钻石，相互辉映。受此启发，我们提出了五大道保护更新的“钻石策略”，即：保持核心保护范围的相对安静和稳定，保持其整体性和完整性，同时允许在外围建设控制地带结合少量史料价值一般的历史建筑形成旅游聚客锚地。这样既解决了大量游客聚集的交通疏导和停车问题，又避免对五大道核心保护范围造成较大干扰。

按照这一思路，规划在五大道周边选择了六处开发节点，引导商业旅游开发项目找到适当的位置，在满足商业人流聚集的同时，保护了五大道核心保护范围真实和安静的历史文化氛围。

小白楼聚客锚地

五大道地区鸟瞰

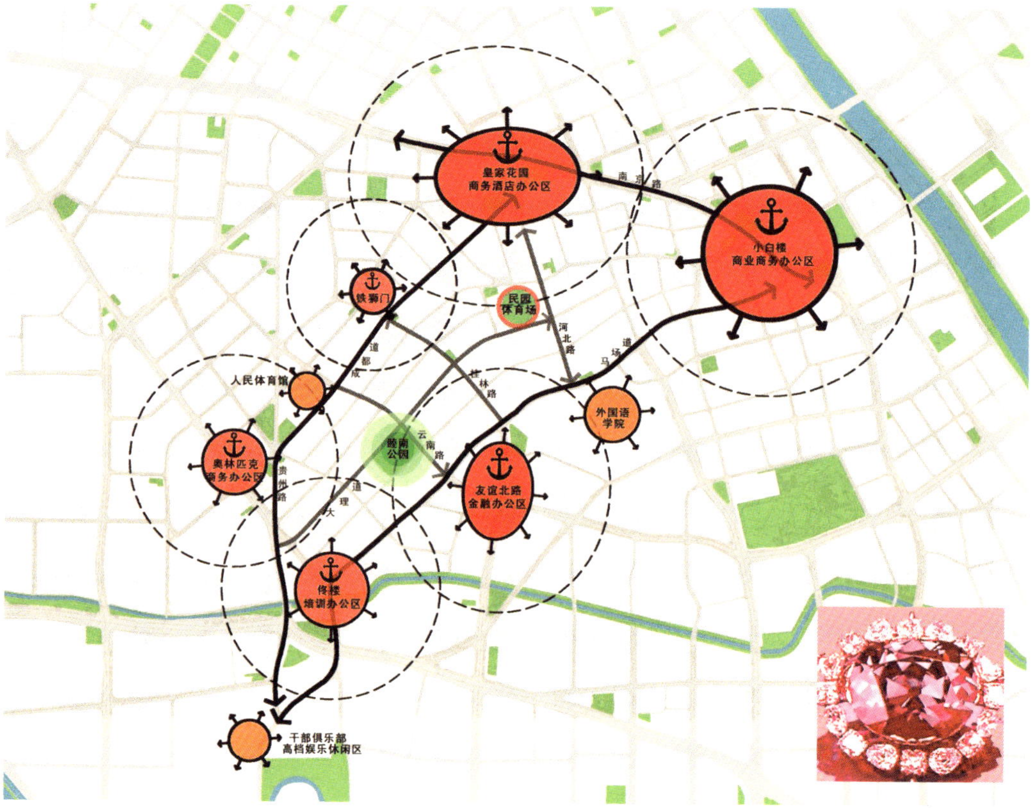

五大道保护更新的“钻石策略”，即：保持核心保护范围的相对安静和稳定，保持其整体性和完整性，同时允许在外围建设控制地带结合少量史料价值一般的历史建筑形成旅游聚客锚地

7.4 街道尺度与交通组织

五大道地区是典型的小街廓、密路网的街道格局，尺度宜人，但却不得不面对交通量日益增加的难题。设法缓解现代交通与历史环境的矛盾是保证五大道地区整体环境品质的前提。交通问题也不单是简单的路面宽度和交通组织问题，它还与用地功能关系密切。规划采取“控制交通需求、外围合理疏导”的策略，强调五大道内不应建设和组织诱发大量机动车交通的项目和活动，避免进一步增加交通量，同时利用五大道平均间隔为 100 米 ×300 米的路网，组织单行路系统，有效疏导交通。统筹历史尺度保护和历史环境氛围的营造，倡导绿色交通。

7.5 历史环境与停车需求

停车政策的总体思路为：控制区域静态交通设施供给水平，制定合理收费价格，提高停车泊位使用效率，占路停车与路外停车相结合。规划策略中提出将新的商业旅游开发项目安排在核心保护区的外围，这实际上也是将新的交通量和大量停车屏蔽在了核心保护区外围。在此基础上，

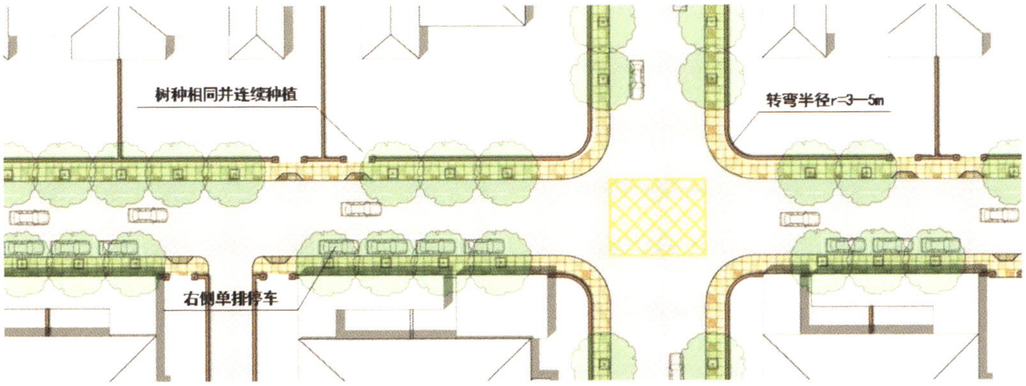

五大道道路平面设计

在核心保护区内部精心控制红线宽度约为 16 米的历史街道的道路断面，右侧单排停车，并制定详细的铺装、围墙和行道树等设计导则，控制街道的品质和历史氛围。同时严格保持历史上的步行道宽度和道路转弯半径，鼓励慢行和步行交通，营造尺度宜人、人车友好、安静平和的五大道。

7.6 中小学校与文化传承

关于五大道内中小学校是否应当迁出的争论由来已久。五大道核心保护范围内目前有中学 4 所、小学 3 所（其中两所小学分散在两处）。尽管这些教育设施受场地限制，规模较小（最小的中学占地不足 3000 平方米，最小的小学占地不足 2000 平方米），但它们大多是教学质量极好的学校。由于家长接送孩子的情况十分普遍，致使上、下学高峰时段出现交通拥堵的情况，尤其放学时段车辆滞留时间较长，路面混乱嘈杂，对历史环境造成一定影响。

中小学校的设置有助于历史文化街区的安全感和活力的营造，同时使下一代在优秀的历史环境中耳濡目染，感受历史文化和建筑艺术的魅力，因此，教育资源对于五大道整体说来是一个正面的积极因素，但也需要加以引导。随着教育资源公平配置的进程及教育改革的不断深入，逐步实现学生就近就学，这一问题有望得到缓解，但尚需时日。近期可考虑将个别教学质量较差的学校腾迁置换，优质学校在保留原址的基础上，可根据条件适当扩建或与外围学校共建分校舍。在校学生的规模应适当控制，家长接送孩子可在五大道周边的指定区域（距离学校不超过 300 米）。学生下车步行进入五大道，这样既能使下一代从小建立起对历史文化尊重的良好习惯，又鼓励绿色低碳、健康出行。

逸阳小学门前等待孩子放学的家长

7.7 残破失修的历史建筑及低收入居民

五大道的发展历程十分曲折，人口多次更迭，居民身份和建筑产权相对复杂。全部 1600 余幢建筑中，结构和质量较差的约占 20%。一些历史建筑多户合住，过度损耗却长期缺乏维护，严重影响了五大道作为高级居住区的整体品质。如何对待这些残破失修的历史建筑和住在里面的低

五大道内部分历史建筑年久失修

收入居民也是另一个引起争论的话题。有专家主张政府应将低收入居民全部迁出，以恢复历史上较纯粹的高档居住品质。但缺乏巨额资金来源使得这一建议始终停留在口头上，更何况很多历史建筑已很难修复了。规划策略中强调要保持五大道的真实性，也就是允许少量低收入居民继续留在五大道，这是对社会变迁的真实反映。当然，在保护过程中应尽量提升其品质，因此，规划鼓励有条件的历史建筑采取适当的方法进行腾迁置换，确认为危楼的也可以按照相应的拆迁条例和保护规划进行拆迁重建。用这样化整为零的方法逐步减少危陋建筑和低收入群体的比例，而且政府也不必一次性投入巨资，还可保持社会结构的相对稳定和连续性，从而逐步实现五大道整体品质的提升。当然这种办法需要政府和市场共同努力来实现。

7.8 寻找双赢的旅游策略

五大道在国内外具有很高的知名度，通过发展旅游业来强化历史文化的传播范围，同时增加历史街区的活力，提升城市魅力，所得资金还可以进一步发展保护事业，因此，开展旅游服务对五大道的益处是毋庸置疑的。关键是发展什么类型的旅游既能获得适当的经济收益又对历史环境有益？这也是社会各界普遍关注的问题。2009 年完成的五大道民园西里项目，整理了十余户的联排别墅，以文化创意为主题做了可贵的尝试，建筑精巧别致、环境安静优雅，并以相当优惠的价格吸纳小酒吧、小客栈、传媒设计室等进入，一时传为佳话。但几年下来，经营效果却不甚理想。前文曾提到五大道户户院落、隔院临街，建筑形制较为封闭，不易形成商业氛围，这一点在民园西里似乎得到了印证。

走在五大道的街道上，两侧高墙大院、绿树成荫，安静优雅的氛围弥漫在空气中，让人不由得放慢脚步、心境平和、顿生思古之幽情，这是五大道的魅力所在，小洋楼里曾发生的故事也是引发人们好奇和探究的重要线索。因此，规划建议的旅游方式是“精品深度游”：游客首先选择六个聚客锚地之一落脚，获得五大道旅游地图或旅游手册后，步行或租用自行车或乘坐马车开始五大道的近代建筑或名人故居之旅。为配合这种旅游模式，深入挖掘和整理五大道各种题材供游客探究，并精心设计五大道旅游地图和旅游手册，引导游客依循某个线索去探寻，同时利用文物保护单位或重要的历史建筑设置各类特色的博物馆，使游客可以进入部分小洋楼和院子看个究竟。同时鼓励会所、餐厅、茶室、精品店等附设小型博物馆，供游客随时随地获取更多历史信息。这种方式不同于量大面广的大众旅游，这种“精品深度游”较之大众旅游更具有专业性和主动性，对历史环境破坏小，且更符合五大道安静优雅、神秘高贵的特点。

7.9 整体定位及规划策略

五大道历史文化街区的规划定位为：中国近代规模最大、保存最完整的西式花园住区；中国近代名人故居和历史事件的集中展示区；历史文化底蕴深厚的精品商务旅游休闲区。

规划策略：

（1）整体保护。在充分认识街区历史价值的基础上，科学划定核心保护范围与建设控制地带，明确保护要求。建筑按保护与更新类别确定为五类：不可移动文物、历史建筑、传统风貌建筑、与传统风貌相协调的建筑、与传统风貌不协调的建筑，分别制定保护与更新措施。保护历史街巷格局，划定三类历史街道，提出不同的控制要求。一类历史街道，维持现有街道走向、线型及宽度；二、三类历史街道的道路规划红线宽度，除保护现状或恢复历史上的道路红线宽度外，可根据相关因素适当调整。严格保护历史街区环境要素，院落和围墙应与建筑整体考虑。

（2）功能提升。以两个具有场所意义的开放空间和五个特色鲜明的入口门户为载体，提升完善街区功能。“两个核心”——是指以民园体育场和睦南公园为代表的两个具有场所意义的开放空间。“五个节点”——是指由黄家花园、小白楼、马场道、西康路和成都道等五个方向进入五大道地区的门户节点。“一条线路”——是指由重庆道、香港路、睦南道、昆明路组成，串接两个核心与五个节点，充分展示五大道风貌特色的旅游线路；“街巷连通”——连通一系列富有趣味的街巷向游人开放，提升地区旅游价值。

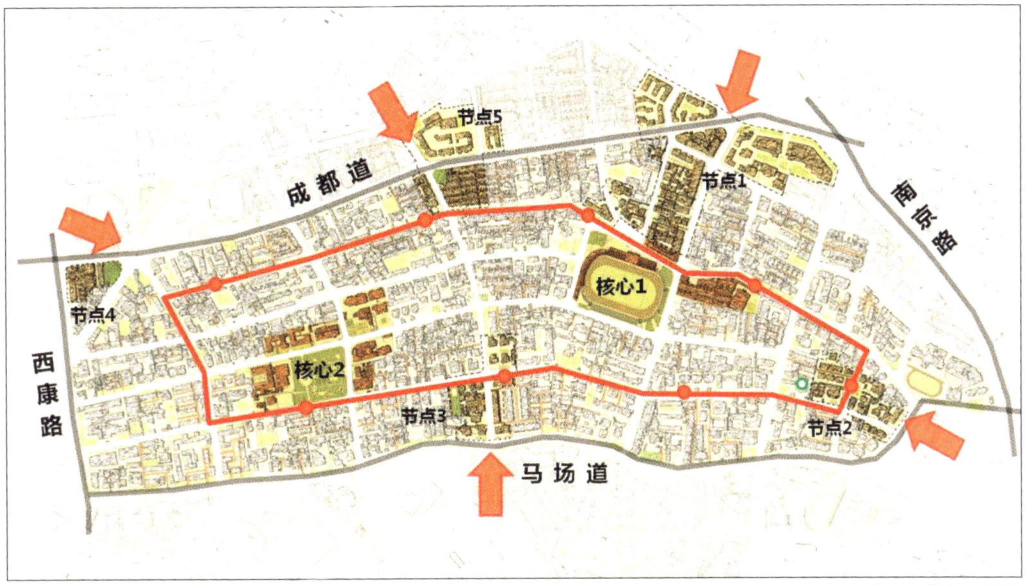

五大道功能提升示意图

（3）交通改善。第一，维持地区整体道路尺度，理清道路功能并对不同功能道路空间进行合理利用。保持核心保护区内的现状历史道路不拓宽，通过合理组织，将大量停车需求屏蔽在核心保护区外围。第二，组织单行路系统，兼顾过境交通。目前地区多数道路采取了单向交通的管理措施，极大地发挥了路网运行效率，未来应在目前基础上继续完善单行系统，提高道路资源利用效率。第三，提倡慢速街道、步行优先。保护区内倡导绿色交通，提倡公共交通和慢行交通的使用。结合地铁车站、人流密集地区建立地区自行车换乘系统，供游客使用。

五大道地区集中供热敷管、建站方案示意图

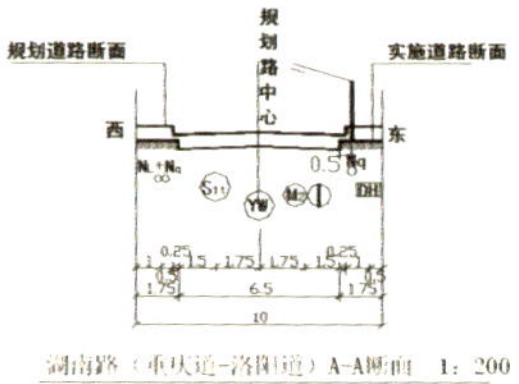

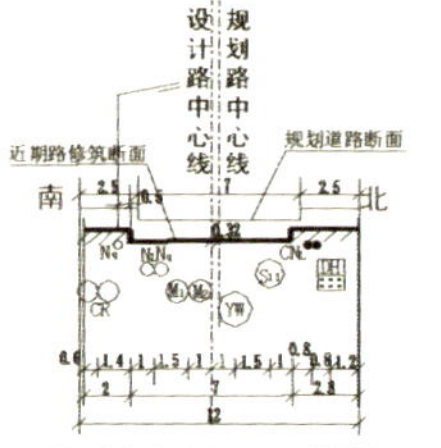

7.10 市政基础设施

五大道核心保护范围属于市政配套待完善地区，现状给水、电力、通讯等设施基本满足居民日常生活需要；排水现状为雨、污合流制；至 2012 年底，集中供热管线全部敷设完毕，约 10 万平方米建筑面积（总 230 万平方米）尚未实现集中供热（里巷过于狭窄、建筑质量或其他问题），大部分居民实现了集中供热覆盖；气源采用天然气。

五大道地区市政设施规划本着“因地制宜灵活处理、保护与发展适当兼顾、市政设施与历史风貌相协调、市政建设与管理模式统筹考虑”的原则，首先充分利用历史街区周边现有的市政基础设施，将对环境有较大影响的市政设施站点安排在外围。街区内部，远期逐步将排水改造为雨、污分流制；供热设施结合地块改造严格控制换热站建设条件，街坊内无换热站、变电站等市政基础设施的，应结合新建项目地下空间设置换热站、变电站，并在满足自身使用的同时，为周边提供服务，没有条件进行市政集中供热的地区，采用分散式燃气供热、热泵等供热方式，并随供热设施建设逐步废除现有小型锅炉房；历史街区内存在很多街道狭窄、地下管线繁杂等条件限制难以满足现行规范，经专家论证及专业主管部门确认，管线综合可适度突破规范，减小管线间的水平间距。对于无法满足规范的管线需要采用新技术、新材料和新工艺，如新型管材、小型检查井、设施小型化等，并提高施工质量，加强日常维护。市政设施的位置和外观应重视与历史环境的协调。

7.11 规划特点

本次保护规划的前期研究、调研和编制工作历时两年，是五大道规划中参与单位最多、历时最长的一版规划。规划审慎地重新核定历史建筑的现状、街区整体特征及项目实施建设情况，重新确定五大道历史文化街区核心保护范围为 120 公顷，建设控制地带 71 公顷，并相应地制定了有针对性的保护控制要求。

规划特别强调了历史文化街区的保护和更新活动是一个相互关联的思维整体，有必要采取一系列灵活机动的规划编制手段全方位进行五大道的保护规划编制工作，真正成为城市建设和规划管理的有力工具。规划在全面整合更新五大道的历史和现状资料信息、分析街区特征的同时，对土地使用、建筑保护与更新、发展策略、绿化与公共空间、道路交通、市政基础设施、公共服务设施、建筑设计、街区环境等方面提出完整的规划思路和具体的控制规定。这是一个控制性详细规划层面的规划，又增加了大量的保护性指标和城市设计导则内容，是五大道历史文化街区内进行各项建设活动，编制修建性详细规划、建筑设计以及各项专业规划的依据。

规划还针对每一个街坊编制了详细的分图则，包括用地功能、街坊历史文化保护、建筑与环境控制引导、建筑类型分类等四部分。在三维模型示意图中，直观地展现了现状建筑与更新地块之间的空间形体关系，以期为未来新的规划设计提供有益的参考。

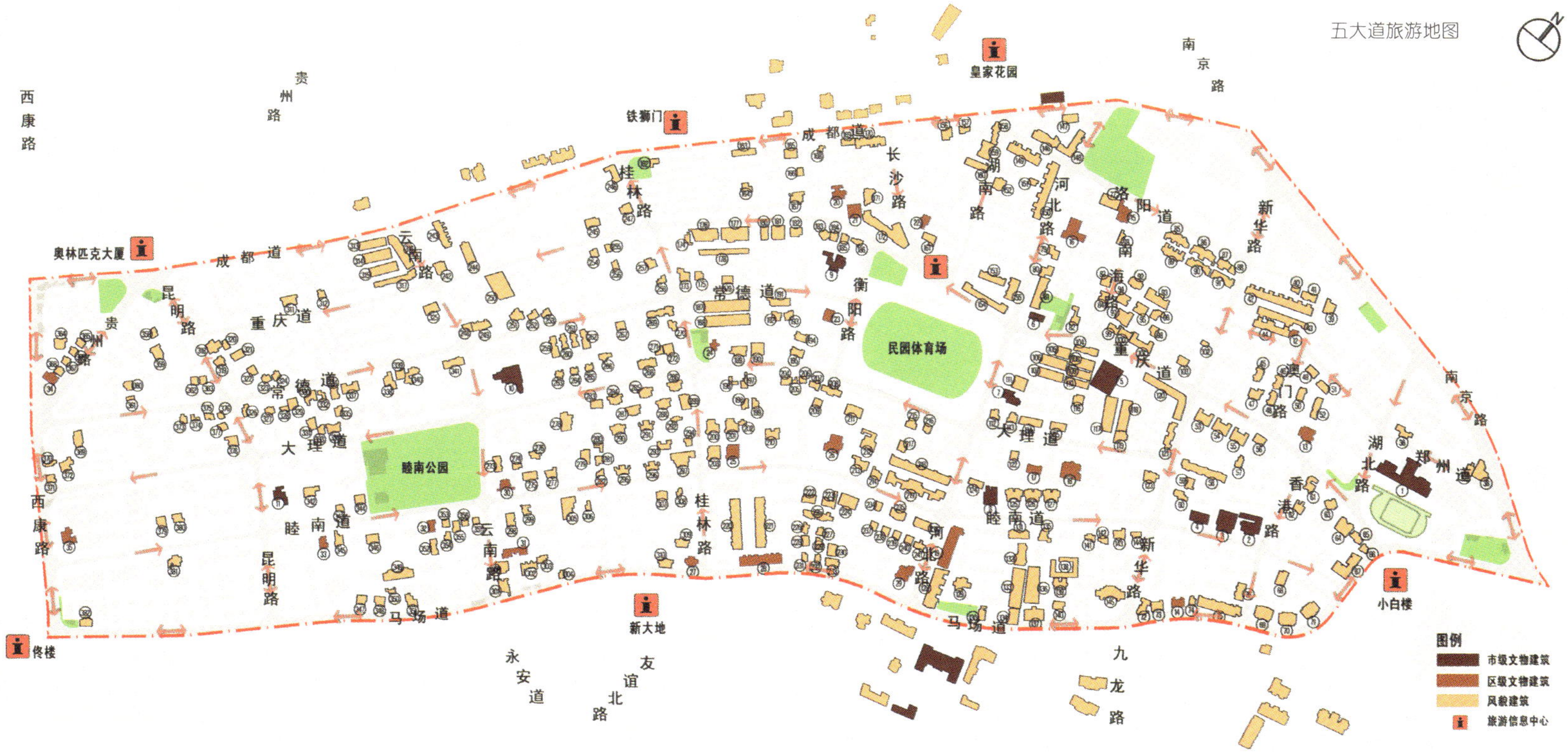

市级文物保护建筑：

1 原英国文法学校/现二十一中学（湖北路59号）
2 原孙殿英旧居/现长芦盐运公司
3 原伪满洲国领事馆/现三元电力公司
4 原李叔福旧居/现天津教委
5 原庆王府/现天津市外办（重庆道55号）
6 原顾维钧旧居/现民革天津市委（河北路267号）
7 原周叔弢旧居/现长芦盐业公司（河北路277号）
8 原张学铭旧居/现天津房产总公司
9 原林鸿赉旧居/现市委招待所（常德道2号）
10 原孙震方旧居/现和平宾馆（大理道66号）
11 原吴颂平旧居/现天津房产信托公司（昆明路117号）

区级文物保护建筑：

12 原孙季鲁旧居/现和平区人大（郑州道20号）
13 原张作相旧居/现中国东方资产管理公司（重庆道4号）
14 原徐氏旧宅/现粤唯鲜公司（马场道44-46号）
15 原曹锟旧居/现文化局幼儿园（洛阳道45号）
16 原李氏旧宅/现财政局财税二处（河北路239号）
17 原蔡氏祠堂/现天津医疗急救中心（大理道5号）
18 原蔡成勋旧居/现军事医学科学院卫生医学部（大理道3号、大理道1号）
19 原疙瘩楼/现华瓷博物馆（粤唯鲜）
20 原龚心湛旧居/现朝日俱乐部（重庆道64号）
21 原龚心湛旧居/现朝日俱乐部（重庆道64号）
22 原关麟征旧居/现和平区房地产管理局（长沙路95号）
23 原曾延毅旧居/现民宅（常德道1号）
24 原陈光远旧居/现卫生局幼儿园
25 原李勉之旧居/现房地产信托投资集团办公楼（睦南道74号A座）
26 原纳森旧居/现文化交流公司（睦南道70号）
27 原宋棐卿旧居/现和平区九幼（睦南道84-86号、马场道116-118号）
28 原武官胡同（李卓臣旧居）/现安乐邨住宅（马场道98-112号）
29 原张绍曾旧居/现天津贵宾楼（河北路374号）
30 原徐树强旧居/现市政府二招（大理道50号）
31 原卞万年旧居/现致公党天津市委（云南路57号）
32 原周叔弢旧居/现天津金盈公司（马场道144号）
33 原高树勋旧居/现住宅（睦南道141号）
34 原张鸣岐旧居/现住宅（贵州路90号）
35 原徐世章旧居/现天河医院

风貌建筑：

36 住宅（湖北路57号，郑州道10号）
37 住宅（郑州道2号）
38 原犹太教堂（南京路55号）
39 原周学熙旧居/现住宅（澳门路5号）
40 住宅（洛阳道先农大院4号）
41 住宅（洛阳道1-3号）
42 住非混合（新华路庆云里1-25号）
43 住宅（新华路庆云里2-18号）
44 住非混合（郑州道22-34号）
45 原住宅/现新兴房地产开发公司（澳门路14—18号）
46 原住宅/现新兴房地产开发公司（澳门路10—12号）
47 非住宅（重庆道10号）
48 原张作相旧居/现住宅（澳门路20-22号）
49 新世界房地产开发公司（澳门路9号）
50 住宅（澳门路17-19号）
51 住宅
52 住宅（澳门路11-15号）
53 住宅（重庆道45-49号）
54 住宅（重庆道41-43号）
55 住宅（重庆道31-39号）
56 办公（新华路253号）
57 天津市财政局老干部处（重庆道29号）
58 办公（重庆道31-49号）
59 和平二十一幼（新华路251号）
60 住宅（新华路253号）
61 住宅（香港路1号）
62 办公（香港路3-5号）
63 华夏物业（重庆道17号）
64 住宅（重庆道13、15号）
65 住宅（重庆道5-9号）
66 住宅（重庆道1、3号）
67 香港大楼/香港大楼（马场道10号）
68 师敬宫原产/天津团市委（睦南道11号）
69 住宅/住宅与非住宅混用（马场道24号、香港路21号）
70 住宅/住宅与非住宅混用（马场道20-22号）
71 住宅/住宅（马场道16-18号）
72 新华南路小学（新华路256-261号）
73 住宅（马场道50-52号）
74
75 法国教会公寓/住宅（马场道26-40号）
76 香港路社区居委会（香港路18-22号）
77 住宅/住宅（洛阳道47-53号）
78 住宅（南海路4号）
79 住宅（河北路243号）
80 住宅/住宅（河北路251-253号）
81 住宅（河北路255-265号）
82 李爱悦旧居/黑色金属材料华北公司
83
84
85 住宅/住宅（洛阳道25-31号）
86 住宅/住非混合（洛阳道17-23号）
87 住宅/市公用局招待所（洛阳道13-15号）
88 住宅（重庆道14号）
89 住宅（洛阳道洛华里8-11号）
90 住非混合（洛阳道洛华里3-7号）
91 烟草专卖局（新华路186号）
92 曹锟旧居/民主促进会市委办公楼（南海路永健里1号）
93 （南海路永健里2-7号）
94 住非混合（南海路5号、和安里1-4号）
95 住宅/住非混合（南海路和安里6-8号，永健里8号）
96 住宅/住宅（南海路和安里9号）
97 非住宅（南海路7号）
98 剑桥大楼（重庆道24号后楼）
99 住宅（重庆道32号）
100 五大道西餐吧（重庆道26、28号）
101 剑桥大楼/办公（重庆道24号）
102 住宅（新华路204-208号）
103 住宅（重庆道16-22号）
104 住宅/住宅（重庆道57-65号）
105 住宅/住宅（重庆道67-79号）
106 住宅/住宅（重庆道山益里2-22号）
107 住宅/住宅（重庆道山益里24-40号）
108 住宅/住宅（重庆道山益里1-11号）
109 住宅/住宅（重庆道山益里13-21号）
110 住宅/住宅（重庆道山益里25-31号）
111 麻袋王旧居/潮洲私房菜（河北路275号）
112 住宅/市信访办（大理道26号）
113 住宅/市建设投资公司（大理道24号）
114 住宅（大理道18-22号）
115 鹿钟麟旧居/住宅（大理道14-16号）
116 住宅（大理道12号）
117 住宅/住宅（大理道民园东里1-15号）
118 住宅/住宅（大理道民园东里2-12号）
119
120 住宅/住宅（重庆道津南里1-3号、重庆道53号）
121 住宅/住宅（新华路220-222号）
122 住宅（河北路295-311号、大理道7号-1-4）
123 发酵公司/天津语言文字工作委员会（新华路226号）
124 英国诊所/科林汽车修理厂
125 住宅（睦南道42-44号）
126 住宅（睦南道46-48号）
127 住宅（睦南道50-52号）
128 住宅
129 住宅（马场道72号）
130 翻译中心（马场道68号）
131 住宅
132 三盛里（睦南道三盛里1-7号）
133 住宅/住宅（睦南道三盛里15、17、19、21、23、25、29号）
134 翻译中心（马场道64号）
135 三源电力办事处（睦南道45号）
136 翻译中心（马场道革新里1-9号）
137 鏖剑秋旧居/专线法律事务所（马场道60、62号）
138 住宅（睦南道43号）
139 住宅（马场道革新里11号）
140 保税区服务中心（马场道58号）
141 住宅（睦南道39号）
142 住宅/天津电力公司（睦南道37号）
143 住宅（睦南道33-35号）
144 住宅（睦南道31号）
145 王氏旧宅/廊坊驻津办事处
146 住宅/住宅（成都道27-31号）
147 住宅/住宅（成都道27-31号）
148 住宅/住宅（河北路276-286号）
149
150 先农公司公寓/住宅（河北路288-308号）
151
152
153 住宅（重庆道46-62号）
154 住非混合（重庆道46-62号，湖南路17-21号）
155 （河北路316-322号）
156 住宅（成都道49号）
157 中冠西餐厅（成都道45、47号）
158 住宅/住宅（湖南路2、4号，成都道37号）
159 住宅/住非混合（湖南路6-8号，湖南路12-14号）
160 住宅/住宅（湖南路德旺里1-5号）
161 住宅/和平区房地产管理局（长沙路97号）
162 住宅（成都道113-115号 、永寿里1-4号）
163 华博医院（成都道79-87号）
164 住宅/住非混合（重庆道兴富里17号）
165 民族事物委员会（成都道77号）
166 住宅（成都道博爱里1号）
167 孙桐萱旧居/棕南海餐
168 小伦敦西餐厅
169 蓝者西餐厅（成都道63-67号）
170 清铭德轩（成都道53-61号）
171 刘汝明旧居/和平区第十一幼儿园（长沙路64号）
172 民园大楼/住宅（长沙路66-68号）
173 商业（常德道22号）
174 住宅（重庆道147号）
175 孙桐萱旧居/浩天典当行（常德道20号）
176 住宅/住非混合（重庆道135-145号）
177 住宅（重庆道129-133号）
178 大兴村/住宅（常德道1-9号）
179 住宅（常德道12号）
180 住宅/住非混合（重庆道115-121号）
181 住宅（重庆道113-117号）
182 住宅（重庆道105-109号）
183 住宅（重庆道95号）
184 天津建筑材料进出口公司（重庆道93号）
185 住宅（重庆道93号）
186 房信建材公司（重庆道91号）
187 民园西里住宅/住宅（常德道29-31号）
188 民园西里住宅/住宅（民园西里1-9号）
189 住宅（大理道美德里）
190 林洪赉旧居/文化局文管处（大理道42-44号）
191 住宅（常德道17-19号）
192 住宅（常德道99号）
193 住宅（常德道熙景别墅1、2号）
194 住宅（大理道32-36号）
195 天津市房地产发展有限公司与民居混用（大理道32号）
196 住宅（大理道65号）
197 台胞联谊会（大理道63号）
198 住宅（大理道贤邻别墅2号）
199 住宅（大理道贤邻别墅1号）
200 住宅/房地产信托投资集团办公楼（睦南道74号C座）
201 住宅/房地产信托投资集团办公楼（睦南道74号B座）
202 住宅（睦南道74号小二楼）
203 李慎之旧居（睦南道74号贵宾楼）
204 办公（大理道57号）
205 住宅（大理道55号）
206 住宅（大理道49号）
207 住宅（大理道45号）
208 住非混合（大理道41-43号）
209 住宅（大理道47号）
210 住宅/非住宅（睦南道72号）
211 曾玉普旧居/卫生局幼儿园（大理道37号）
212 住宅（大理道27-29号）
213 重点企业服务公司（睦南道68号）
214 住宅（睦南道64-66号）
215 市风貌办（大理道21号）
216 圣德进出口贸易公司（大理道13号）
217 沈氏旧居/住宅（大理道17-19号）
218 林东大楼/住宅
219 办公（睦南道54-60号）
220 新武宫胡同/住宅（睦南道安乐村2-20号）
221 新武宫胡同/住宅（睦南道安乐村1-19号）
222 非住宅（睦南道87号）
223
224 卞氏旧宅/警备区二幼（睦南道79号）
225 住宅（睦南道83-85号）
226 住宅（马场道88号四幢）
227 住宅（马场道88号三幢）
228 住宅（马场道88号五幢）
229 住宅（马场道88号二幢）
230 住宅/住宅（马场道丽华里3、4号）
231 住宅（马场道88号六幢）
232 非住宅（马场道88号一幢）
233 住非混合（马场道86号）
234 市国家安全局用房（睦南道94号）
235 金显宅旧居/天津港保税区管理（睦南道69-71号）
236 住宅/某茶室（河北路330号）
237 住宅/住宅（睦南道75号）
238 住宅/天津开发区百兴实业有限公司（睦南道73号）
239 住宅/住宅（睦南道67号）
240 住宅/住宅（睦南道65号）
241 住宅/住宅
242 办公（云南路33号）
243 住宅（云南路光洁里1-9号）
244 天津安全局（成都道139号）
245 生甡里公寓/住宅
246 生甡里公寓/住宅（成都道119号）
247 张泽湘旧居/住宅（重庆道106号）
248 住宅（云南路41-43号）
249 林修竹、毕鸣岐旧居/和平区八幼（常德道40-48号）
250 住宅（重庆道189-191号）
251 和平区四幼（常德道38号）
252 天津基督教女青年会（常德道36号）
253 威哥鲍鱼（常德道34号）
254 住宅（重庆道157号）
255 住宅（重庆道153号）
256 住宅（重庆道155号）
257 和平人防办（桂林路18号）
258 原范权旧居/现住宅（常德道24号）
259 天津市冶金集团控股有限公司（常德道57号4号楼）
260 天津市冶金集团控股有限公司（常德道57号3号楼）
261 天津市冶金集团控股有限公司（常德道57号2号楼）
262 天津市冶金集团控股有限公司（常德道57号1号楼）
263 原王占元旧居/现第一工人疗养院（大理道60号丁楼）
264 原王占元旧居/现第一工人疗养院（大理道60号丙楼）
265 原王占元旧居/现第一工人疗养院（大理道60号乙楼）
266 原王占元旧居/现第一工人疗养院（大理道60号）
267 第一工人疗养院理疗楼（大理道60号理疗楼）
268 住宅（大理道52-56号）
269 住宅（常德道41-47号）
270 剪彩职工交流中心
271 天津注册税务师协会（大理道50号）
272 无线电管理委员会（桂林路24号）
273 住宅（云南路45-47号）
274 住宅（睦南道金林村1号）
275 原住宅/现市第二招待所（睦南道106号）
276 原小得张旧居/现住宅（睦南道金林村4号）
277 住宅（睦南道104号）
278
279 住宅（睦南道100号）
280 住宅（睦南道98号）
281 天津电力公司（睦南道96号）
282 住宅（睦南道94号）
283 住宅（大理道105号）
284 原桂林里公寓/现住宅（大理道83-85号）
285 原桂林里公寓/现住宅（大理道75-77号）
286 原桂林里公寓/现住宅（大理道67-69号）
287 原桂林里公寓/现住宅（大理道79-81号）
288 原桂林里公寓/现住宅（大理道71-73号）
289 原桂林里公寓/现住宅
290 原桂林里公寓/现住宅
291 原桂林里公寓/现住宅
292 原桂林里公寓/现住宅
293 原桂林里公寓/现住宅（睦南道80-82号）
294 原桂林里公寓/现住宅（桂林里28号）
295 原桂林里公寓/现和平区九幼（睦南道90-92号）
296 原桂林里公寓/现住宅（睦南道84-86号）
297 原桂林里公寓/现五大道置业有限公司（睦南道77-86号）
298 住宅（睦南道111号）
299 原方先之旧居/现财政局资金处（睦南道109号）
300 办公（云南路59、61号）
301 办公（云南路63号）
302 住宅（马场道138号）
303 原住宅/现办公（马场道安裕里2号）
304 住宅（马场道134号）
305 住宅（睦南道107号）
306 住宅（睦南道105号）
307 住宅（睦南道有声里1-2号）
308 天津对外经济联络局（睦南道103号）
309 住宅（桂林路32-34号）
310 原宋氏旧宅/现住宅（桂林路34号）
311 原严修旧居（重庆道144-146号）
312 住宅（重庆道140号）
313 住非混合（成都道141-147号）
314 住宅（成都道云成里1-7号）
315 住宅（成都道云成里2-8号）
316 住宅（重庆道126-134号）
317 住宅（云南路111号）
318 洋楼茶园（重庆道239号、昆明路101号）
319 和瑞税务师事务所（昆明路103-105号）
320 和瑞税务师事务所（重庆道保园里1、3号）
321 住宅（重庆道保园里2、4号）
322 住宅（常德道66号）
323 住宅（常德道64号）
324 住宅（常德道62号）
325 办公（云南路34号）
326 办公
327 和平区民族幼儿园（常德道101号）
328 住宅（常德道99号）
329 （常德道97号）
330 住宅（常德道95号）
331 建筑装饰公司
332 住宅（常德道89-91号）
333 住宅（大理道76-78号）
334 凯德保健品公司（常德道81号）
335 办公（常德道83号）
336 住宅（大理道74号）
337 住宅（常德道77-79号）
338 广厦建筑设计院（常德道73号）
339 住宅（常德道71号）
340 原赵以成旧居/现住宅（常德道69号）
341 办公（常德道63-67号）
342 原林子香旧居/现天津国际资产经营公司（睦南道114号）
343 某高干住宅（睦南道112号）
344 市委招待所（睦南道110号）
345 银监公司（睦南道139号）
346 住宅（睦南道135号）
347 住宅（马场道互助里1号）
348 住宅（马场道互助里2号）
349 住宅（马场道友爱里2、3、4、5号）
350 住宅（马场道友爱里1号）
351 津投集团（马场道144号）
352
353 住宅（睦南道125、127号）
354 原熊炳琦旧居/现住宅
355 住宅（睦南道123号）
356 天津房产经营公司（睦南道121号）
357 住宅（睦南道117号）
358 天津立达有限公司（昆明路欣园2号）
359 天津立达有限公司（昆明路欣园3号）
360 原毕鸣岐旧居/现住宅（常德道78号）
361 原住宅/现天津经济开发区总公司（常德道76号）
362 住宅（昆明路142号）
363 住宅（昆明路140号）
364 （贵州路82-88号）
365 原住宅/现住宅（贵州路82号）
366 原住宅/现住宅（贵州路84号）
367 原住宅/现住宅（贵州路86号）
368 原住宅/现住宅（贵州路88号）
369 原茂根大楼/现天津市司法局（常德道121号）
370
371 住宅（大理道108号）
372 住宅（大理道106号）
373 安业纸业（常德道113号）
374 住宅（常德道111号）
375 住宅（常德道109号）
376 办公（常德道107号）
377 城乡企业卫生杂志社（昆明路148号）
378 住宅（大理道92号）
379 原住宅/现花园别墅会馆（睦南道120号）
380 原睦南道小楼（睦南道118号）
381 麦格里物业公司（睦南道145号）
382 空军办事处（马场道162号）

核心保护范围与建设控制地带规划图

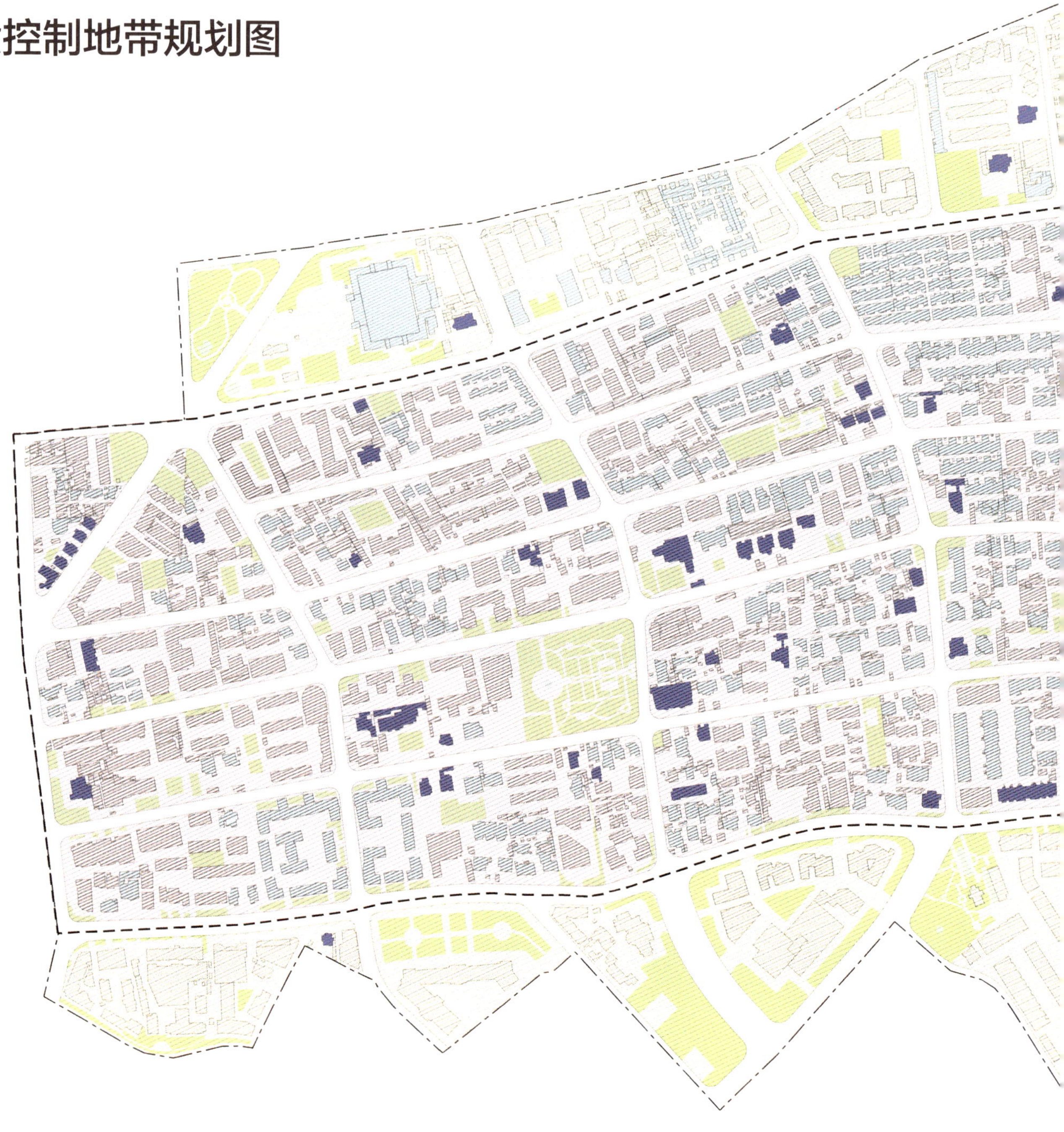

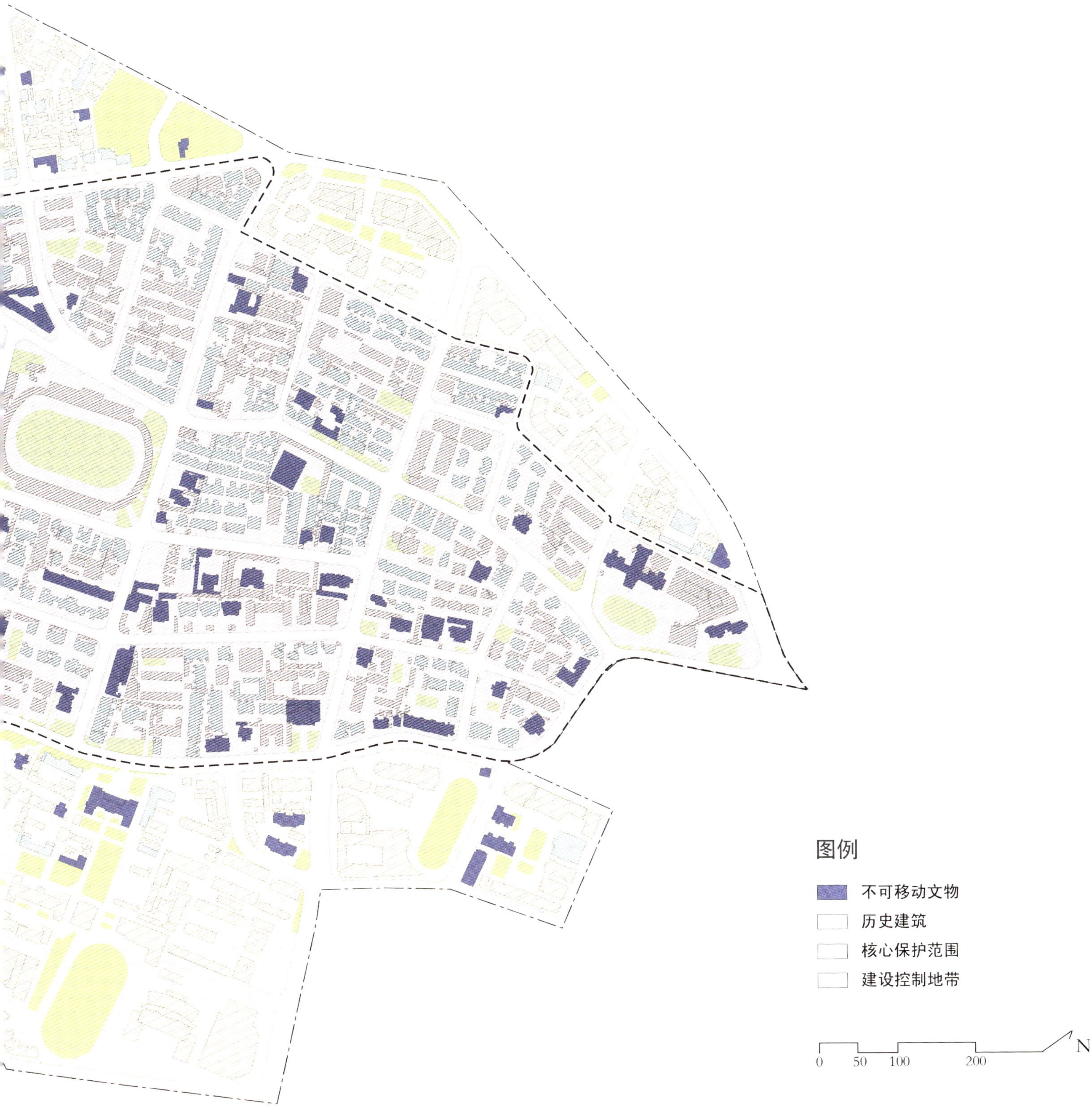
图例
不可移动文物
历史建筑
核心保护范围
建设控制地带
0
50
100
200
N

建筑保护与更新类别规划图

图例
不可移动文物
历史建筑
传统风貌建筑
与传统风貌相协调的建筑
与传统风貌不协调的建筑
0
50
100
200
N

建筑保护与更新方式规划图

图例
不可移动文物
保护类建筑
保留引导建筑
整治引导建筑
拆除引导建筑
应拆除建筑
0
50
100
200
N

建筑肌理分析图

图例
建筑肌理
绿化空间
道路空间
0
50
100
200
N

公共空间类型分析图

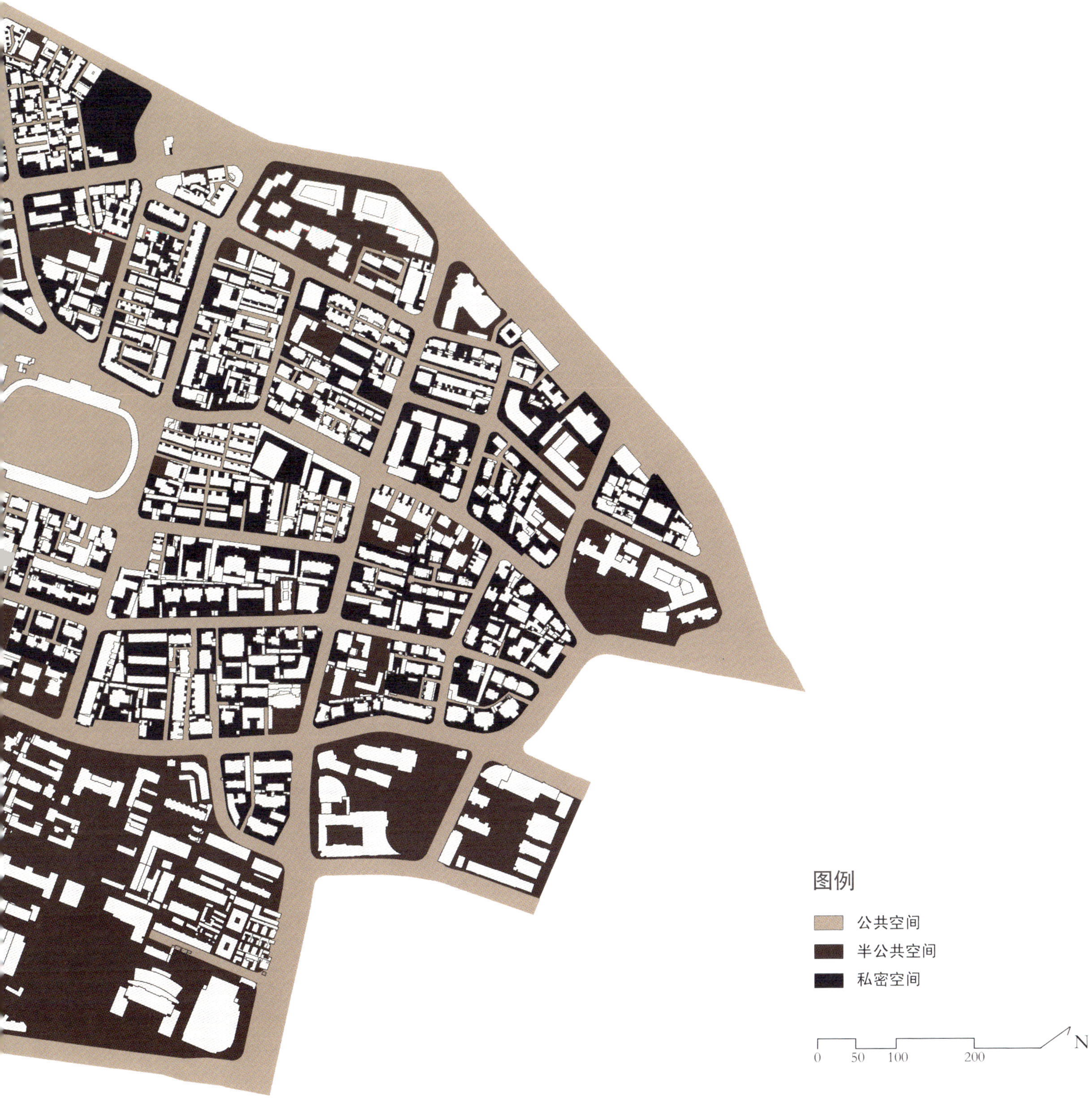
图例
公共空间
半公共空间
私密空间
0
50
100
200
N

历史街道与街巷分类规划图

图例
一类历史街道
二类历史街道
三类历史街道
一类历史街巷
二类历史街巷
建议打通步行街巷
0
50
100
200
N

用地功能规划图

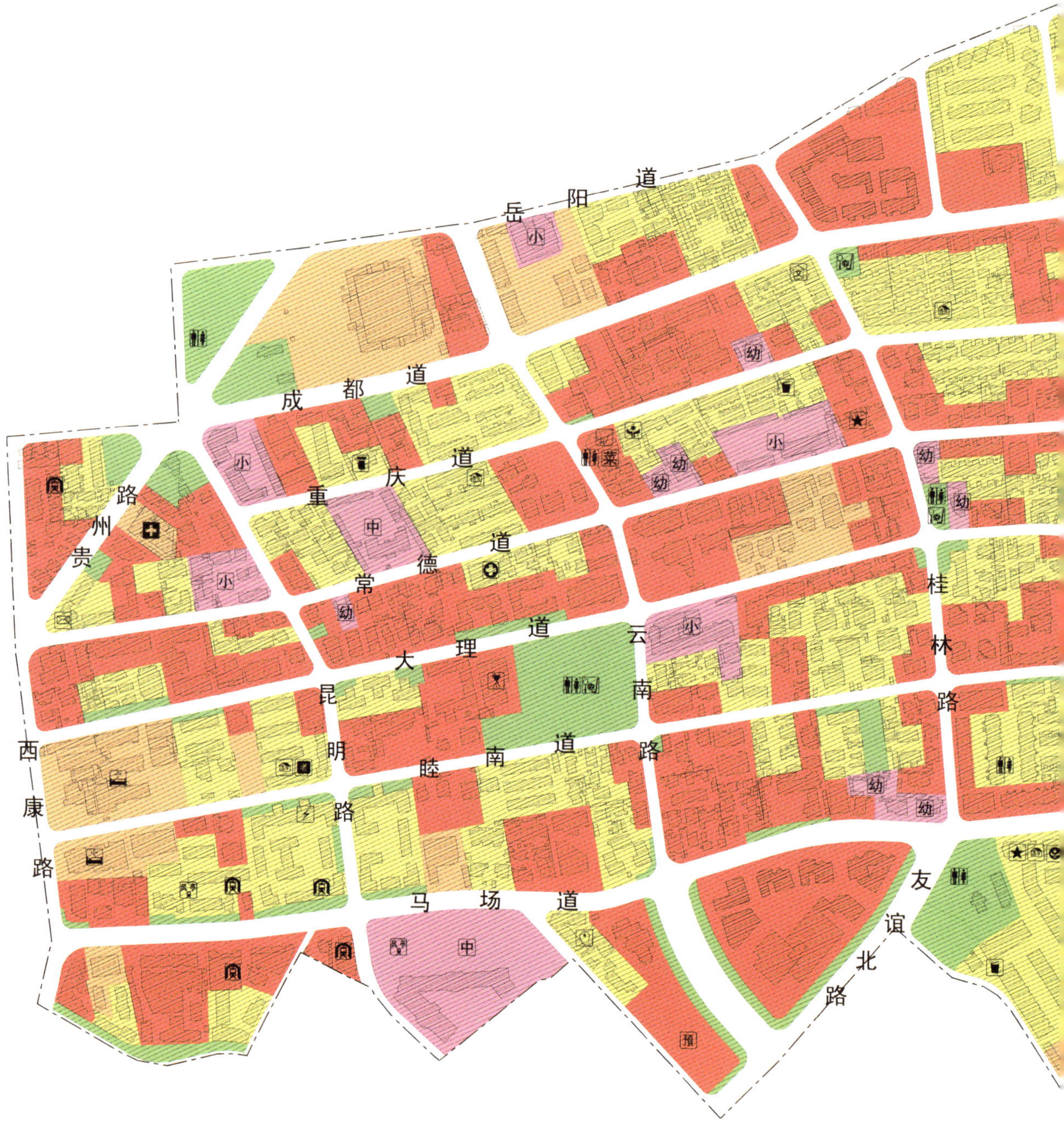

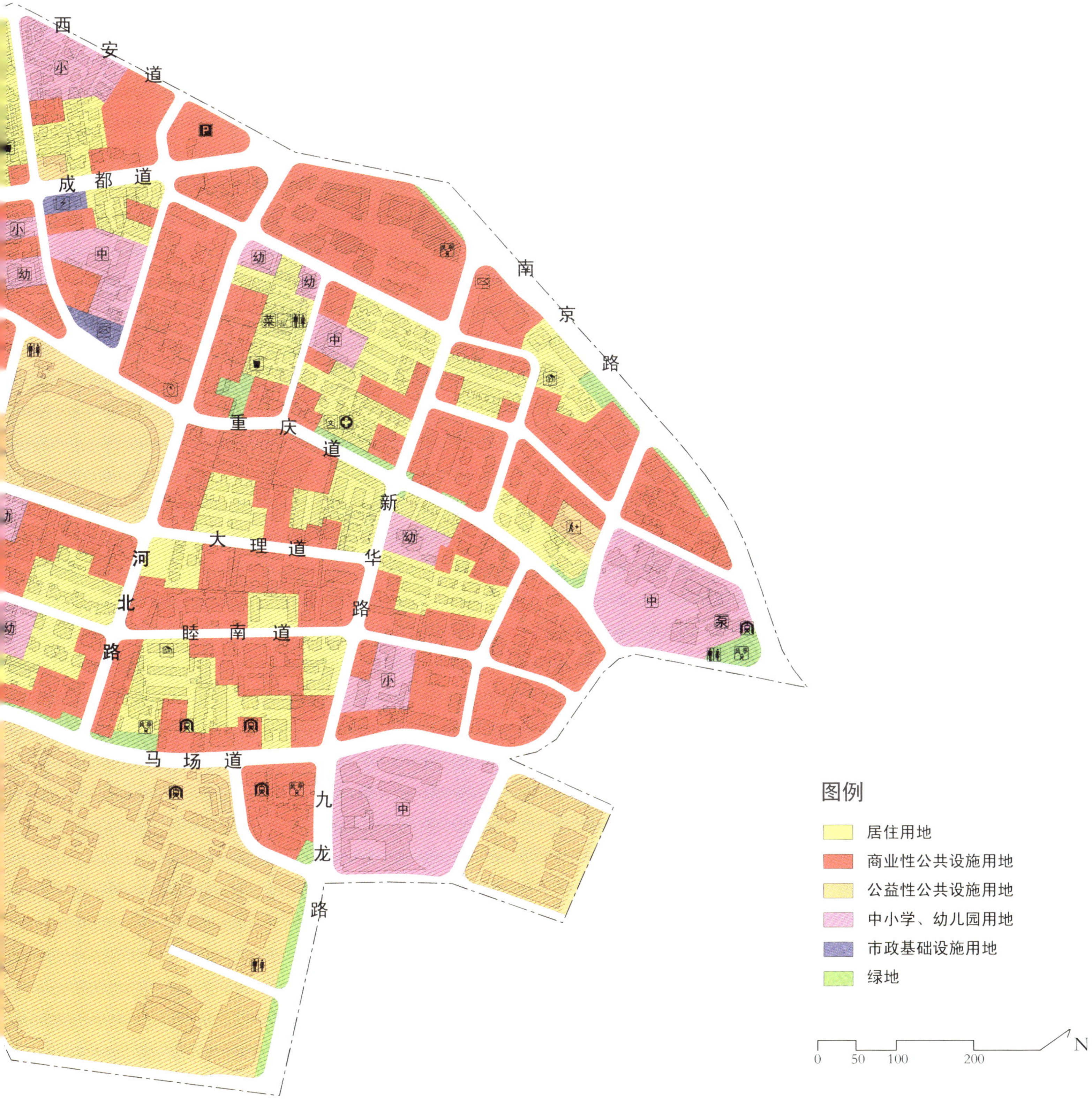
西安道
成都道
南京路
重庆道
大理道
睦南道
马场道
新华路
河北路
九龙路
小
幼
中
菜
泵
图例
居住用地
商业性公共设施用地
公益性公共设施用地
中小学、幼儿园用地
市政基础设施用地
绿地
0
50
100
200
N

建筑高度控制示意图

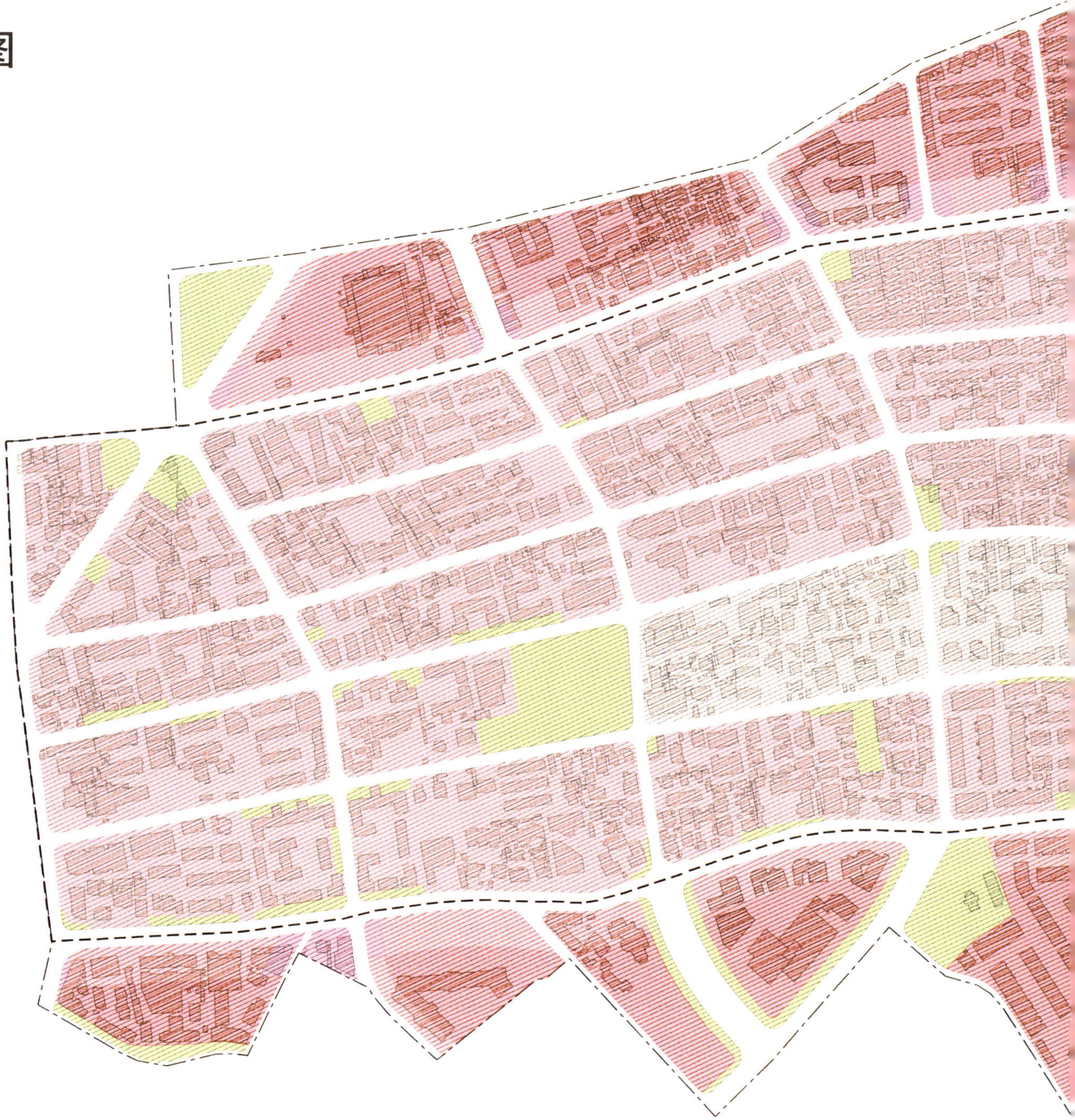

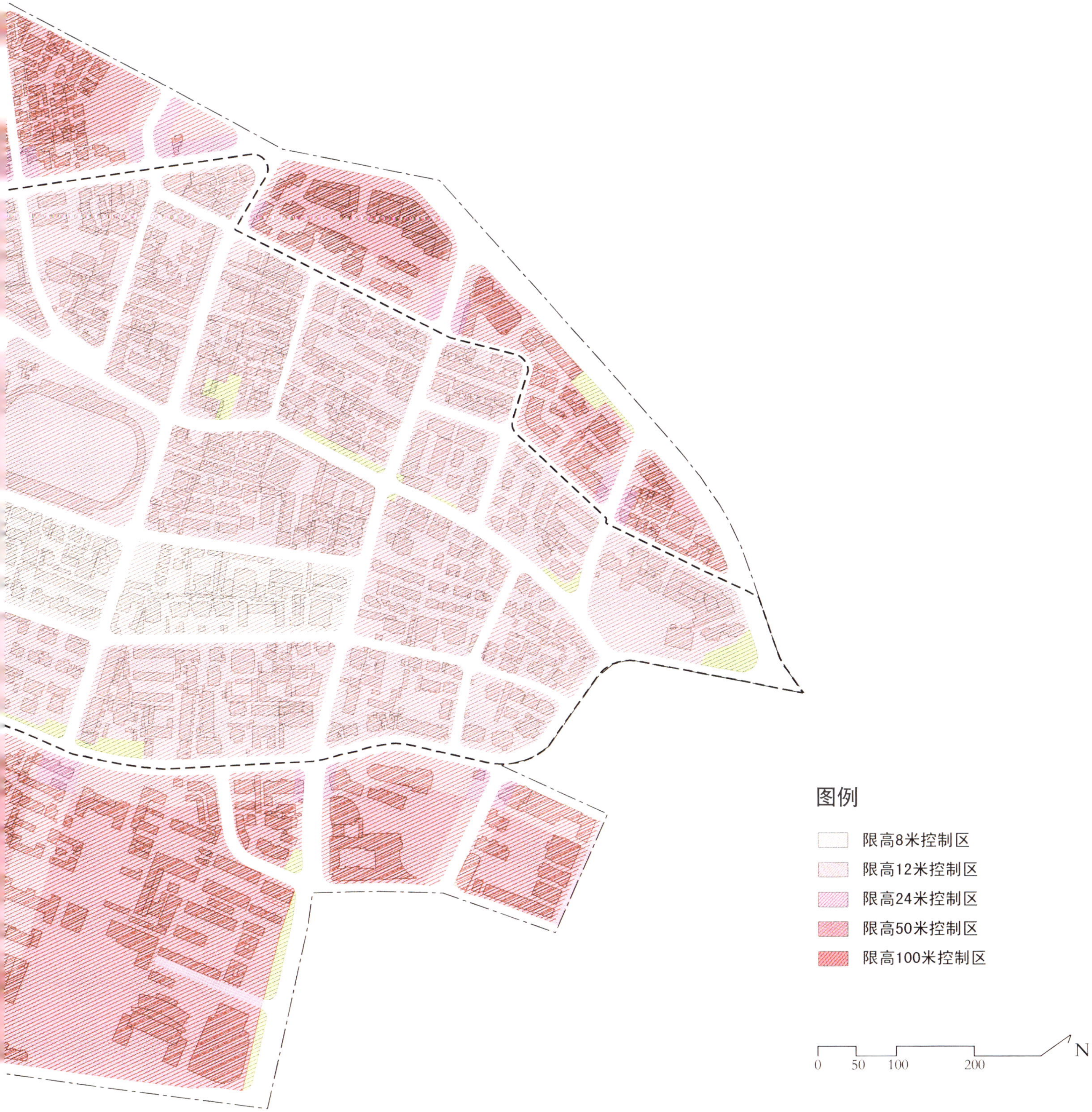
图例
限高8米控制区
限高12米控制区
限高24米控制区
限高50米控制区
限高100米控制区
0
50
100
200
N

开发热点示意图

黄家花园节点
核心一
民园体育场
小白楼节点
图例
开发核心
开发节点
0
50
100
200
N

公共服务设施规划图

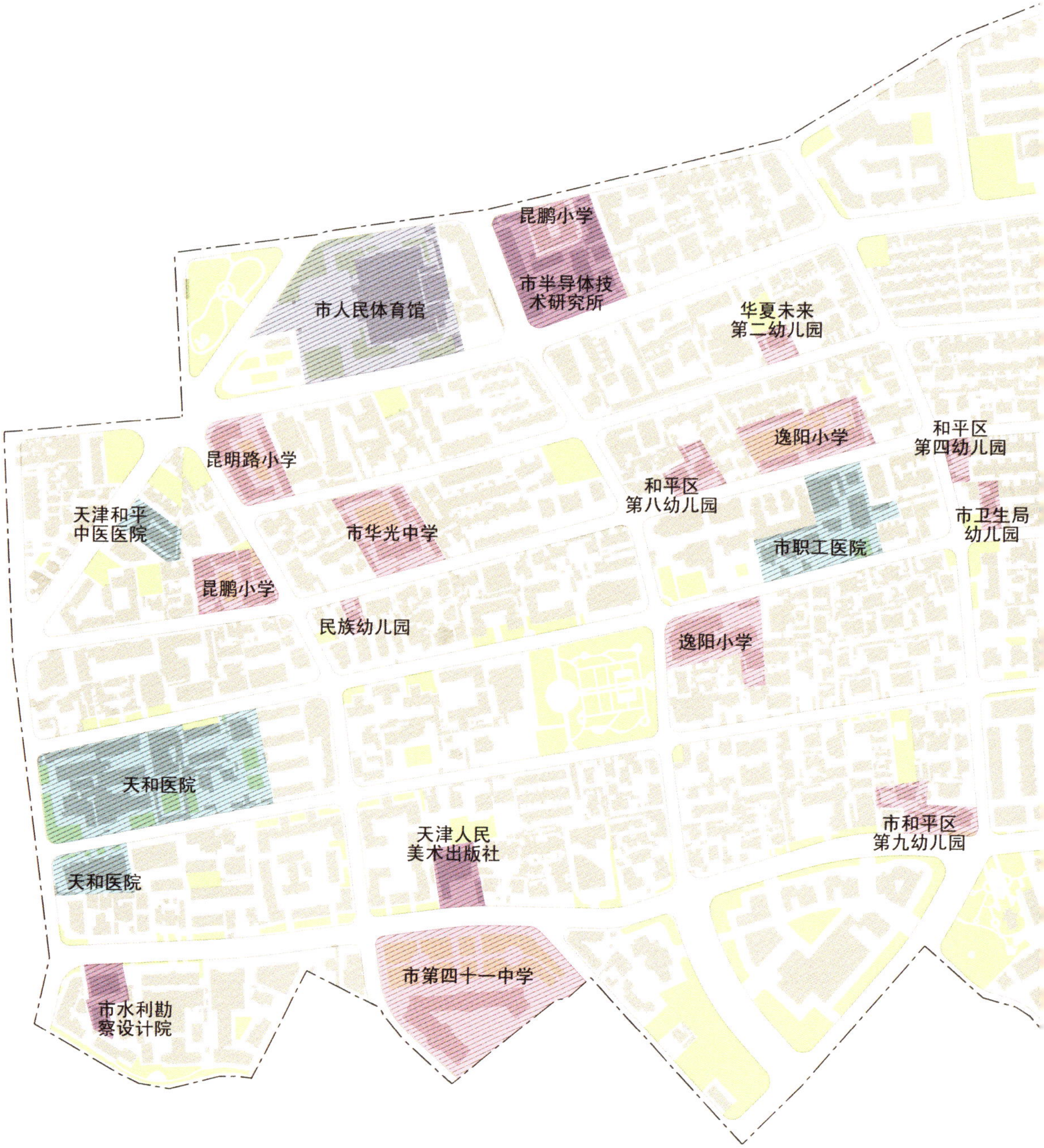

昆鹏小学
市半导体技术研究所
市人民体育馆
华夏未来第二幼儿园
逸阳小学
和平区第四幼儿园
昆明路小学
和平区第八幼儿园
天津和平中医医院
市华光中学
市卫生局幼儿园
市职工医院
昆鹏小学
民族幼儿园
逸阳小学
天和医院
天津人民美术出版社
市和平区第九幼儿园
天和医院
市第四十一中学
市水利勘察设计院

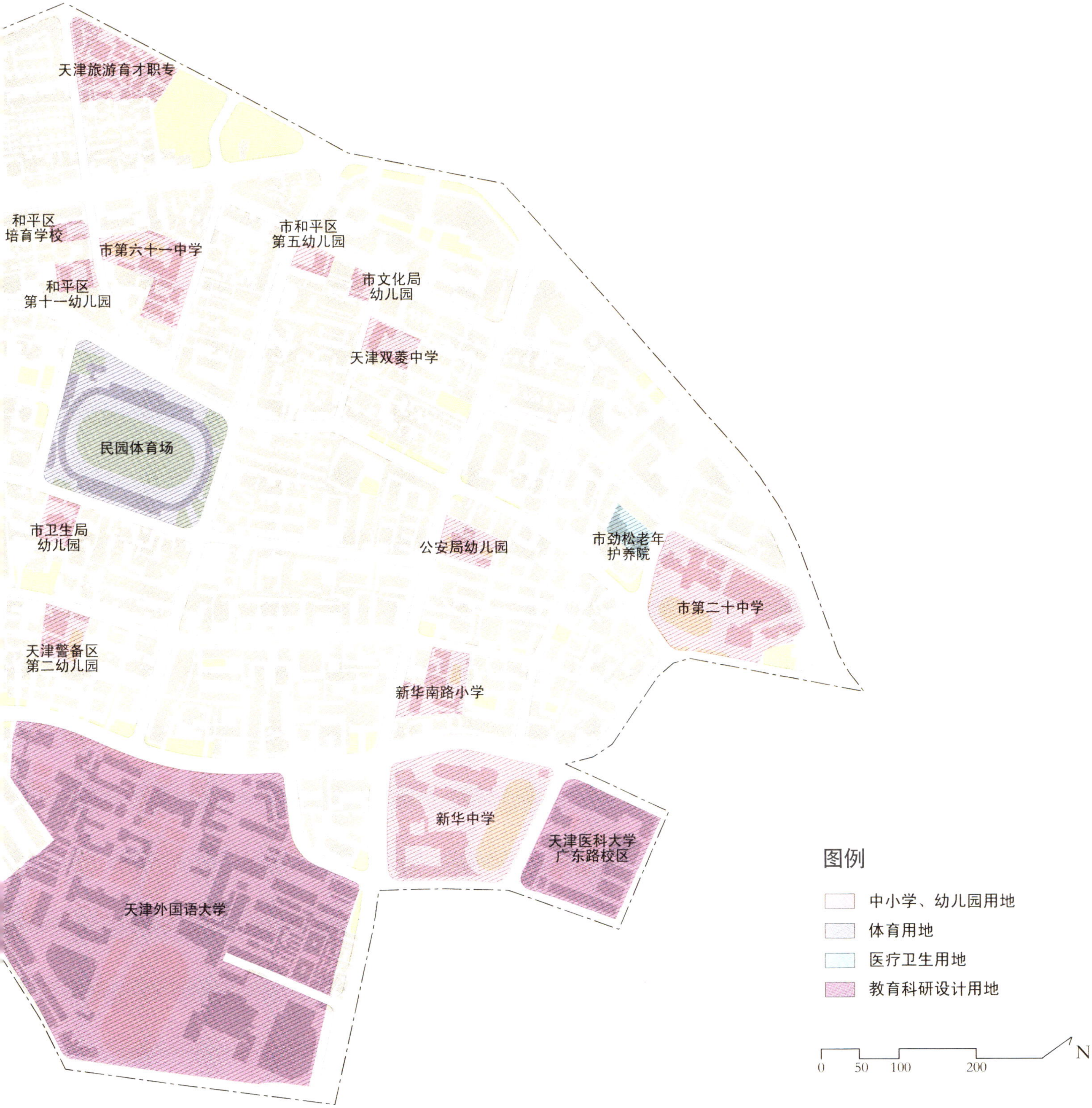

天津旅游育才职专
和平区
培育学校
市第六十一中学
市和平区
第五幼儿园
市文化局
幼儿园
和平区
第十一幼儿园
天津双菱中学
民园体育场
市卫生局
幼儿园
公安局幼儿园
市劲松老年
护养院
市第二十中学
天津警备区
第二幼儿园
新华南路小学
新华中学
天津医科大学
广东路校区
天津外国语大学
图例
中小学、幼儿园用地
体育用地
医疗卫生用地
教育科研设计用地
0
50
100
200
N

01 街坊

01 街坊位于建设控制地带内，规划为城市公共绿地，规划确定地块三边道路为二类历史街道，引导拆除地块内与传统风貌不相协调的建筑，保留并优化现状绿地。

规划用地图

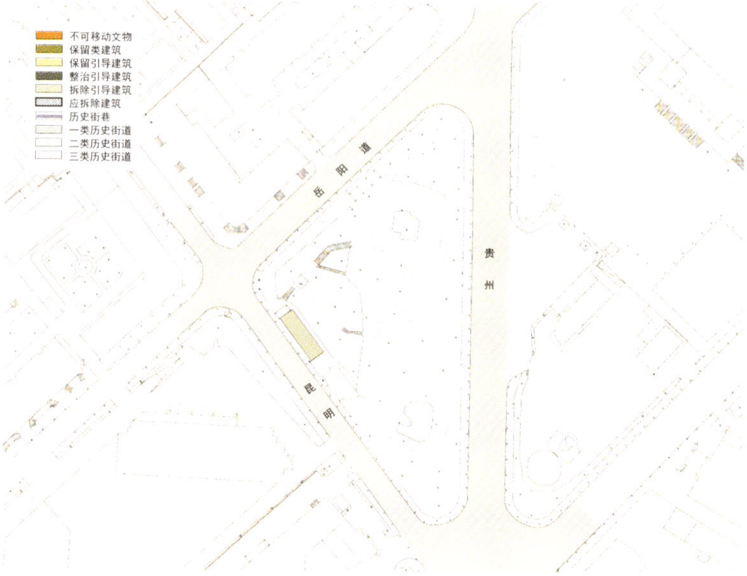

街坊历史文化保护图

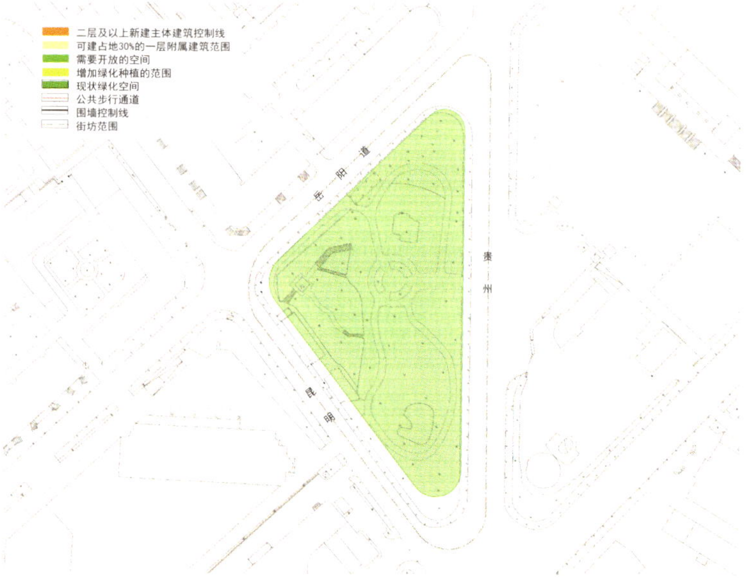

街坊建筑与环境控制引导图

街坊建筑类型分类示意图

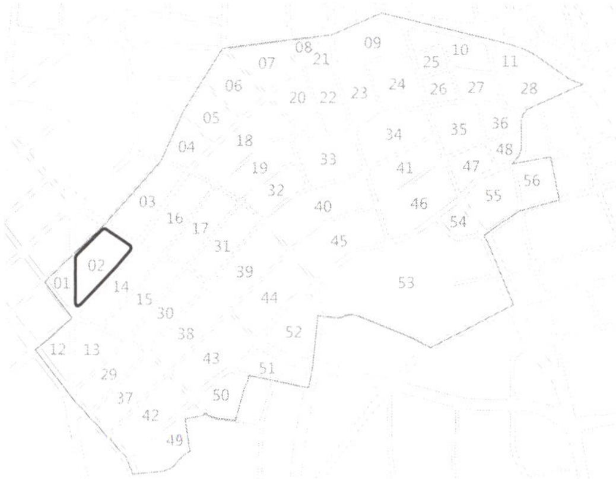

02 街坊

02 街坊位于建设控制地带内，主要规划为公益性公共设施用地，兼有商业性公共设施用地与城市绿地。规划确定地块四边道路为二类历史街道。保护地块内的文物建筑，保留历史建筑及与历史风貌相协调的建筑，对部分与历史风貌不相协调的建筑进行整治改造，拆除部分无法整治的建筑，拆除加建建筑。对街坊内建筑与环境的控制引导，以保留现状为主，于街坊南端及北侧增加两处绿化种植区域。街坊内的建筑布局类型兼有门院式、院落式及其他类型，新建建筑须延续既有布局模式。

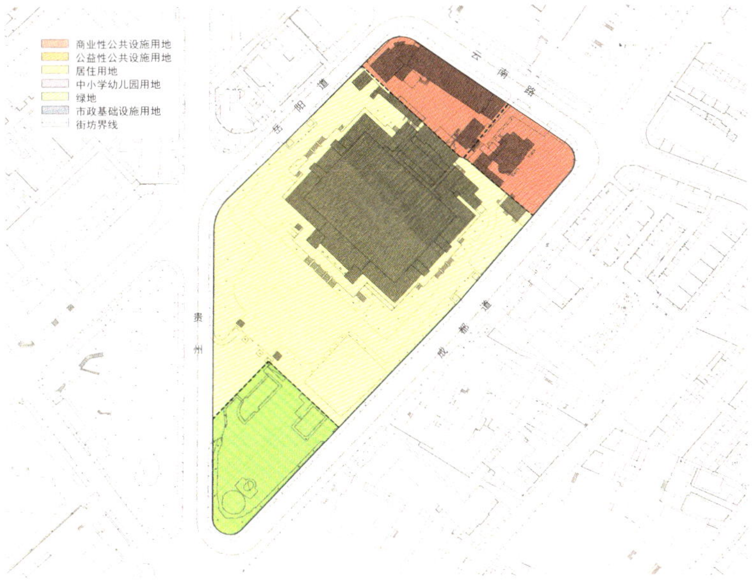

规划用地图

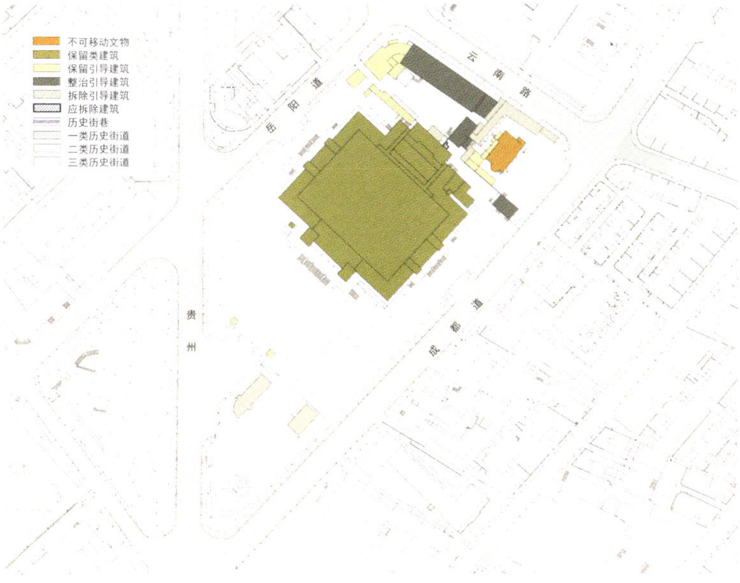

街坊历史文化保护图

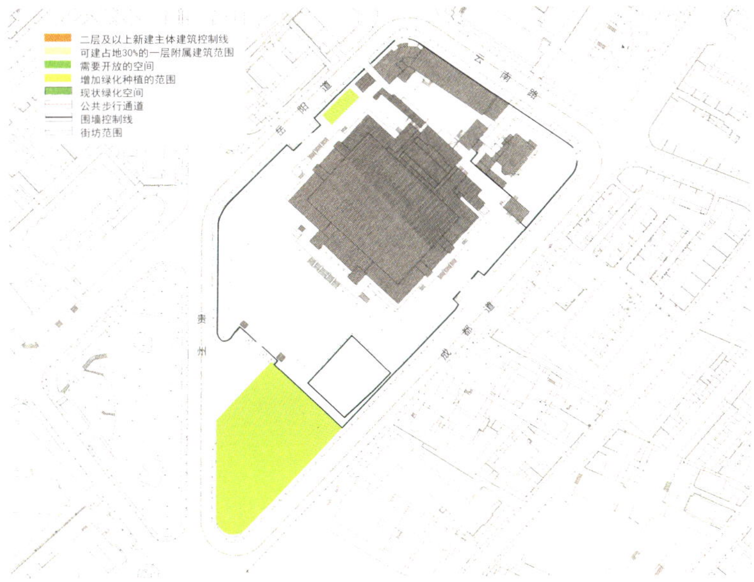

街坊建筑与环境控制引导图

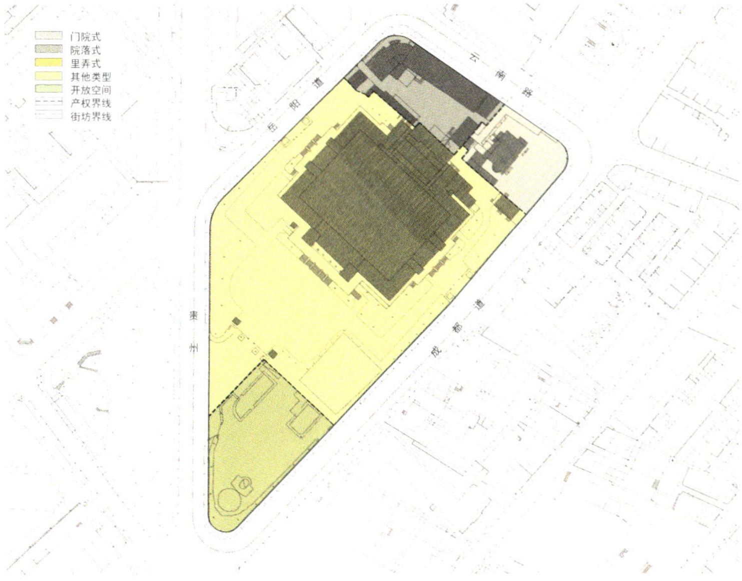

街坊建筑类型分类示意图

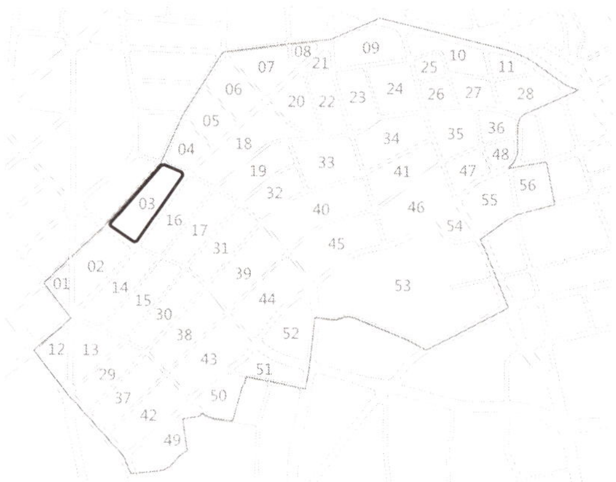

03 街坊

03 街坊位于建设控制地带内，规划为公益性公共设施用地、商业性公共设施用地、居住用地及中小学幼儿园用地。规划确定地块四边道路为二类历史街道。保留历史建筑及与历史风貌相协调的建筑，对部分与历史风貌不相协调的建筑进行整治改造，拆除部分与历史风貌不相协调的、无法整治的建筑，拆除加建建筑。保留并适当拓展街坊内的历史街巷。对街坊内建筑与环境的控制引导，以保留现状建筑为主，新建两栋建筑，其空间尺度、建筑风格与周边相协调，新增五处绿化种植区域。街坊内的建筑布局类型兼有门院式、院落式里弄式及其他类型，新建建筑延续既有布局模式。

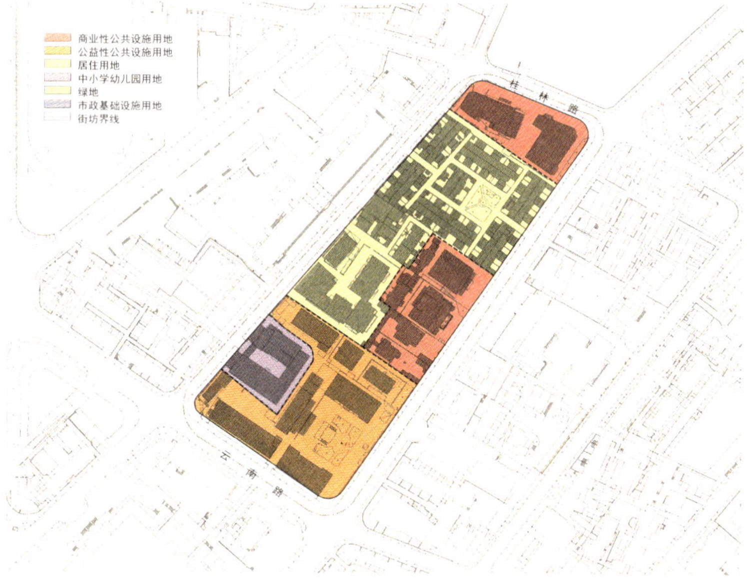

规划用地图

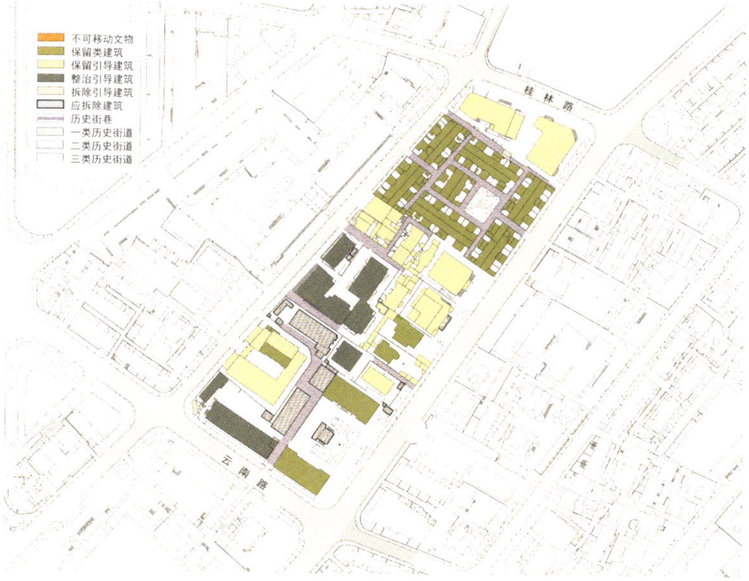

街坊历史文化保护图

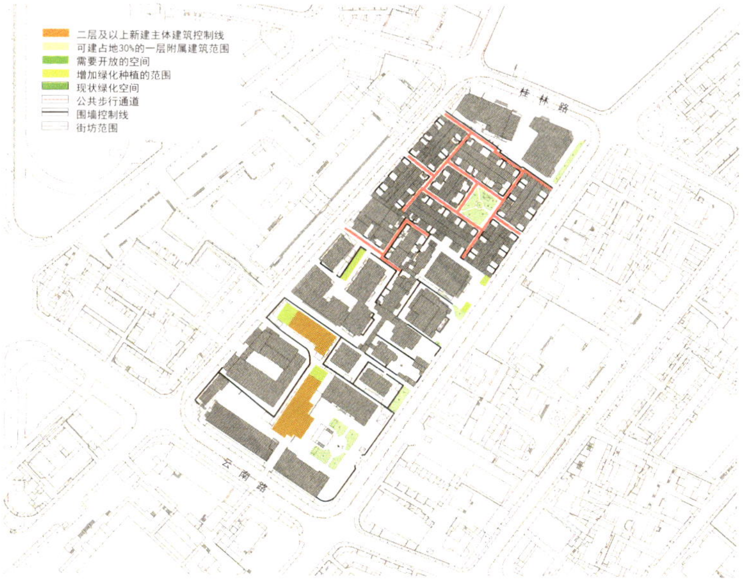

街坊建筑与环境控制引导图

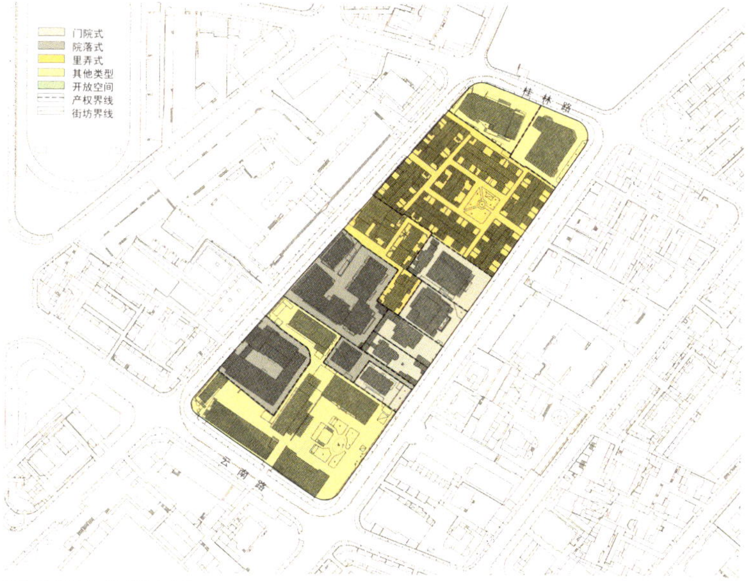

街坊建筑类型分类示意图

03 街坊

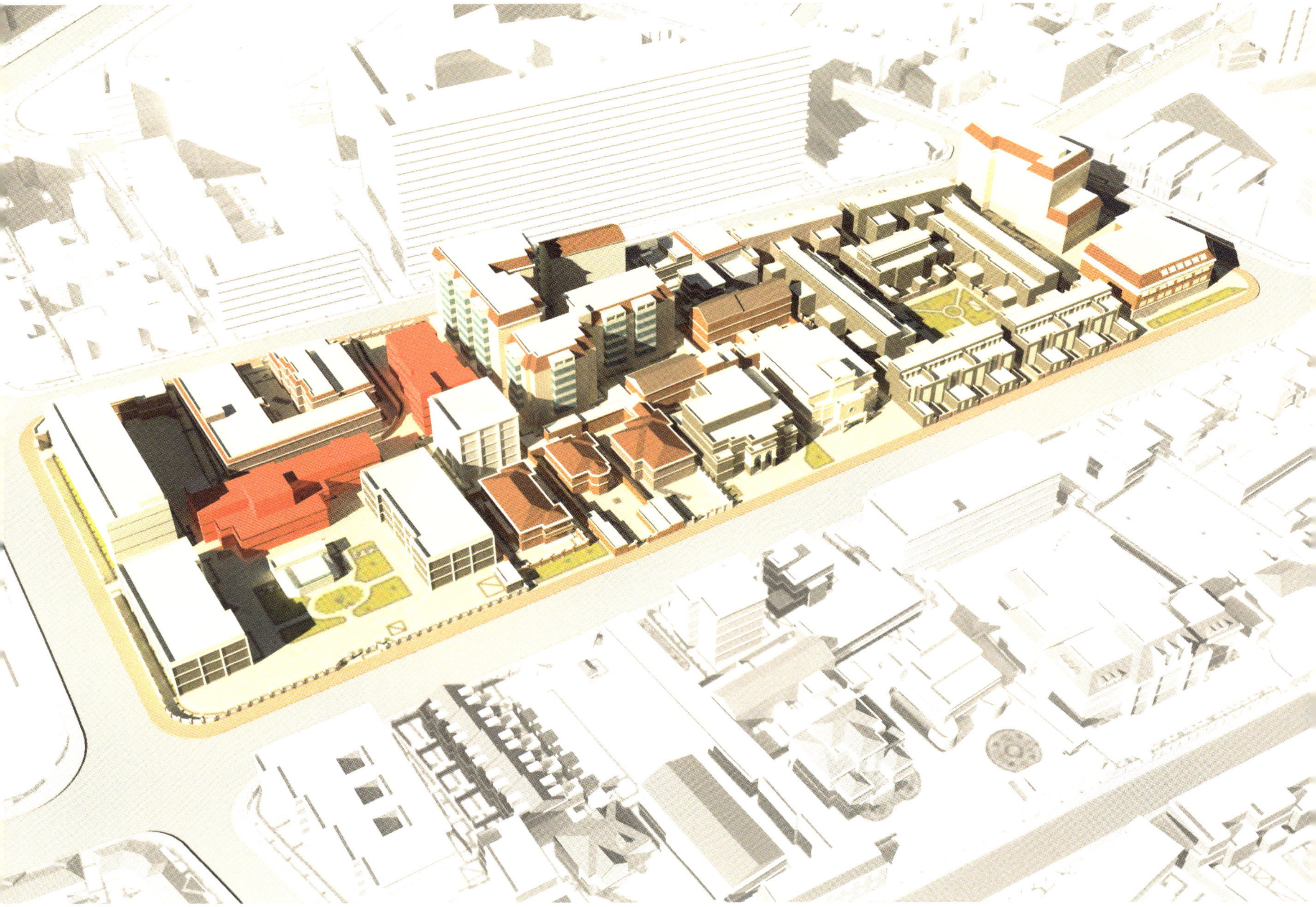

规划三维模型示意

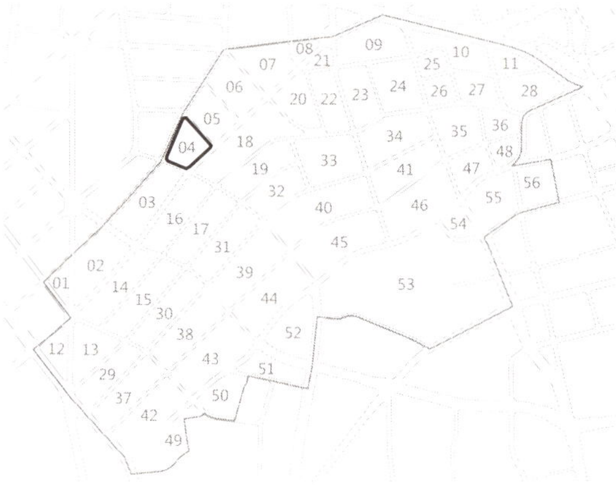

04 街坊

04 街坊位于建设控制地带内，规划为商业性公共设施用地。规划确定地块四边道路为二类历史街道。保留与历史风貌相协调的建筑，对部分与历史风貌不相协调的建筑进行整治改造，拆除部分与历史风貌不相协调的、无法整治的建筑，拆除加建建筑。对街坊内建筑与环境的控制引导，以保留现状主要建筑为主，于街坊中部新建四栋底层建筑，从空间尺度、建筑风格等方面与周边相协调，北部新增两处绿化种植区域。街坊内的建筑布局为其他类型，新建建筑延续既有布局模式。

规划用地图

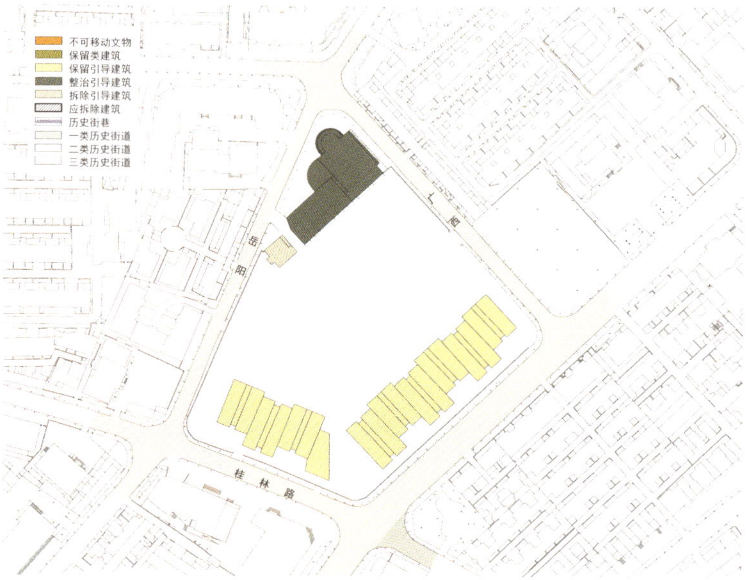

街坊历史文化保护图

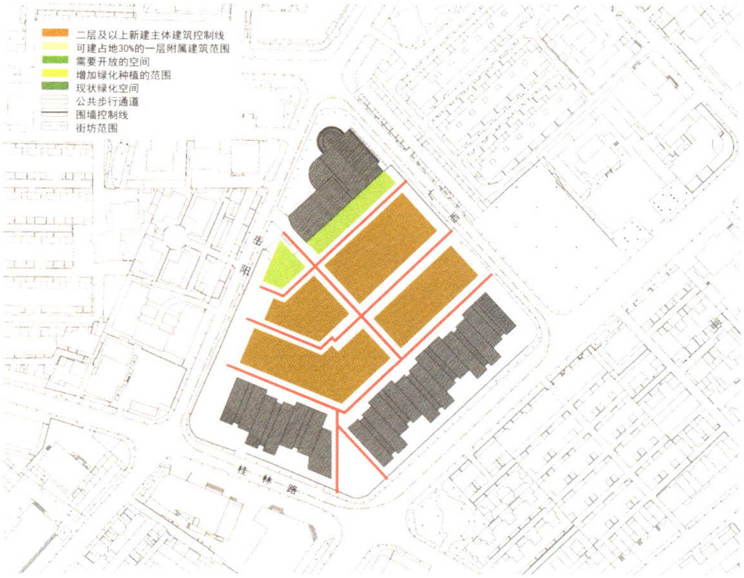

街坊建筑与环境控制引导图

街坊建筑类型分类示意图

04 街坊

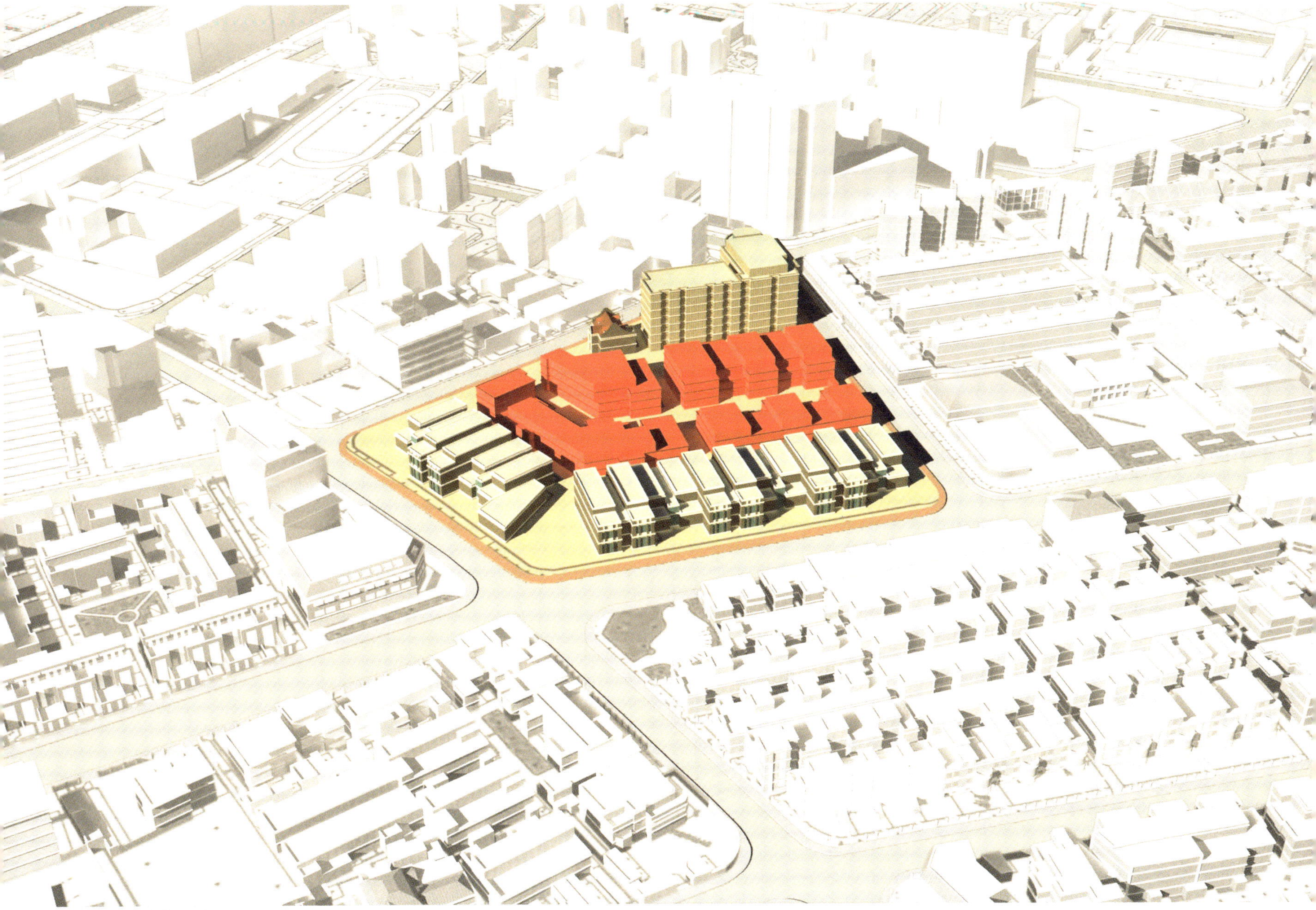

规划三维模型示意

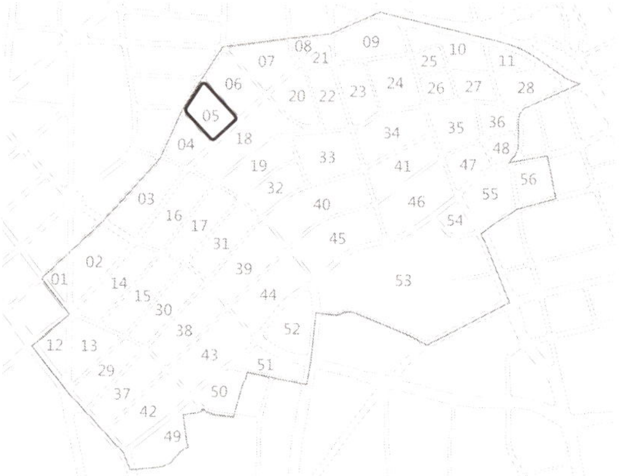

05 街坊

05街坊位于建设控制地带内，规划为商业性公共设施用地与居住用地。规划确定地块四边道路为二类历史街道。保护街坊内的文保单位有张自忠旧居及王怀庆旧居。保留历史建筑及与历史风貌相协调的建筑，对部分与历史风貌不相协调的建筑进行整治改造，拆除部分与历史风貌不相协调的、无法整治的建筑，拆除加建建筑。保留并适当拓展街坊内的历史街巷。对街坊内建筑与环境的控制引导，以保留现状建筑为主，新建一组建筑，其空间尺度、建筑风格与周边相协调，新增四处绿化种植区域。街坊内的建筑布局类型以里弄式为主，兼有门院式与其他类型，新建建筑采用院落式布局模式。

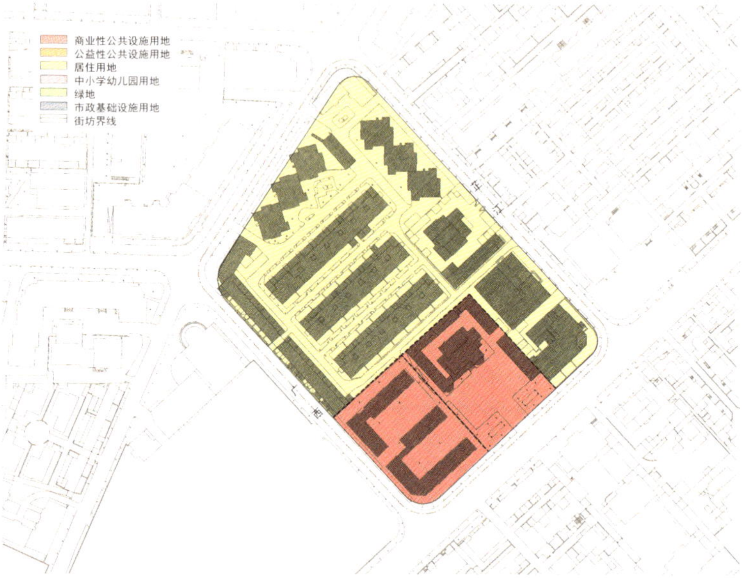

规划用地图

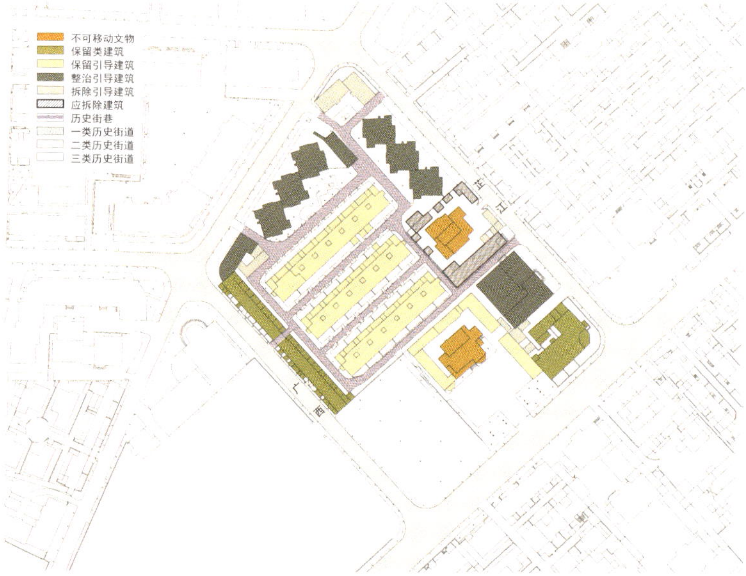

街坊历史文化保护图

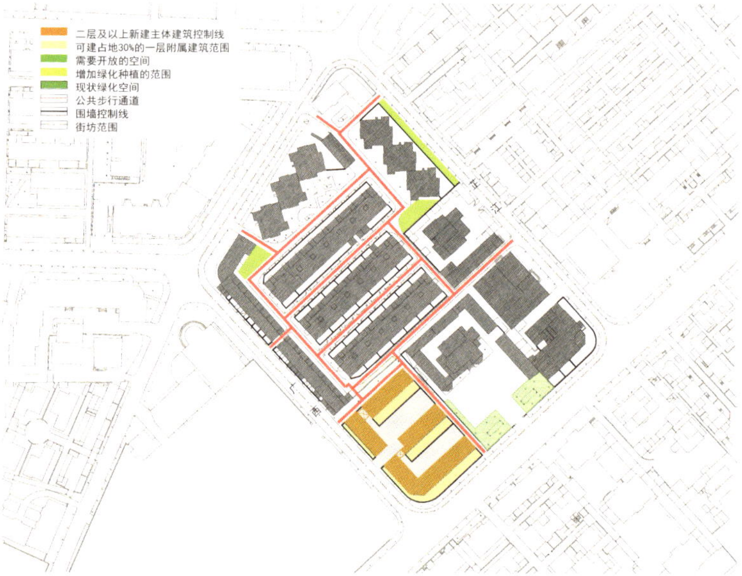

街坊建筑与环境控制引导图

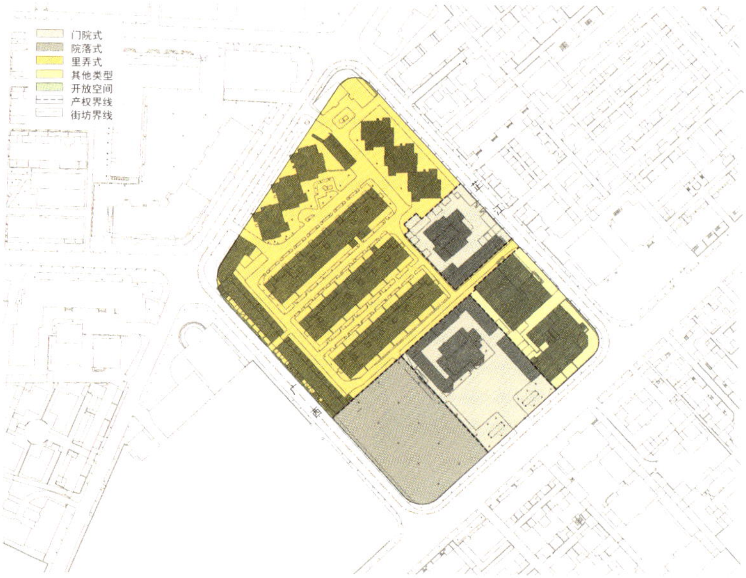

街坊建筑类型分类示意图

05 街坊

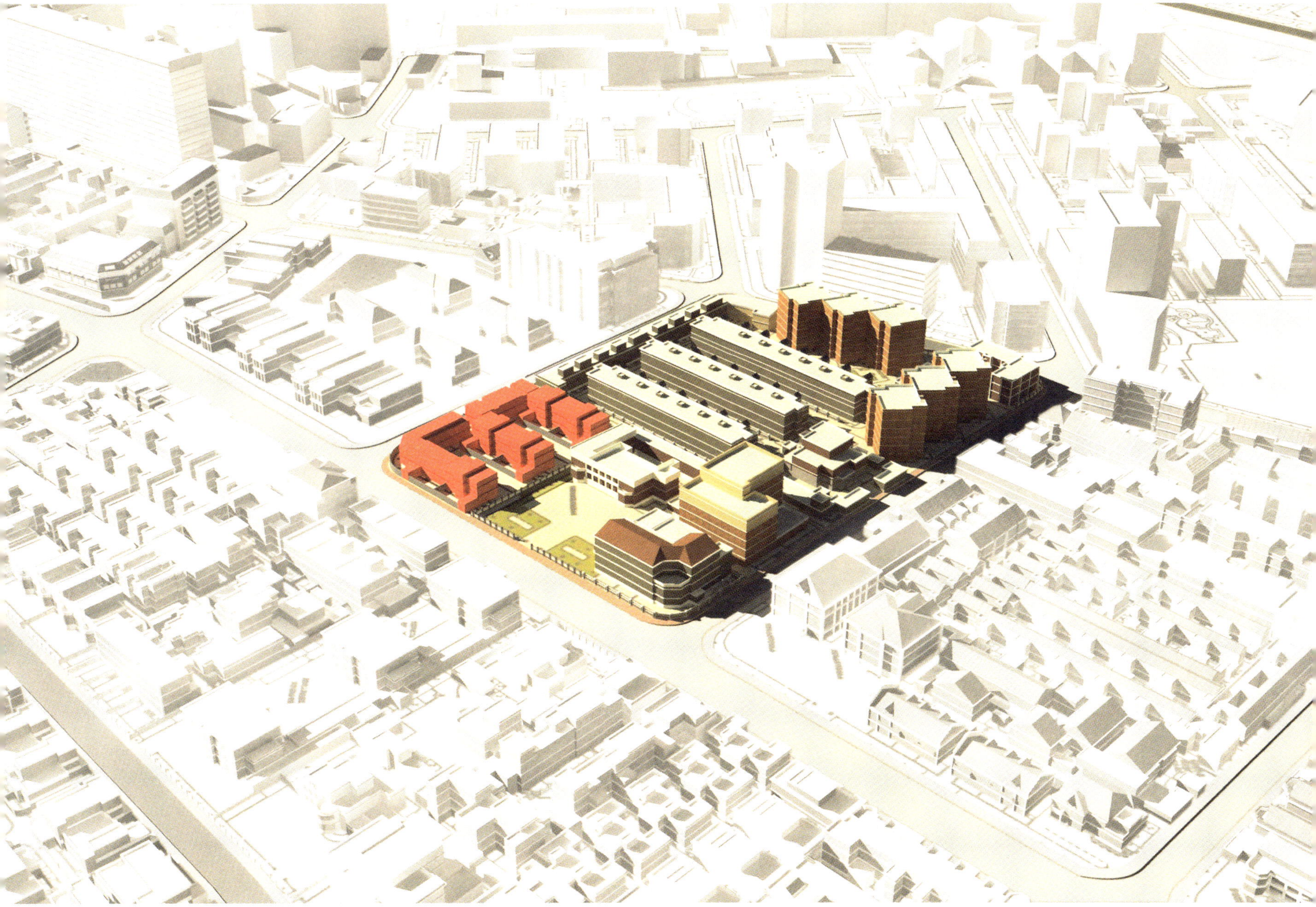

规划三维模型示意

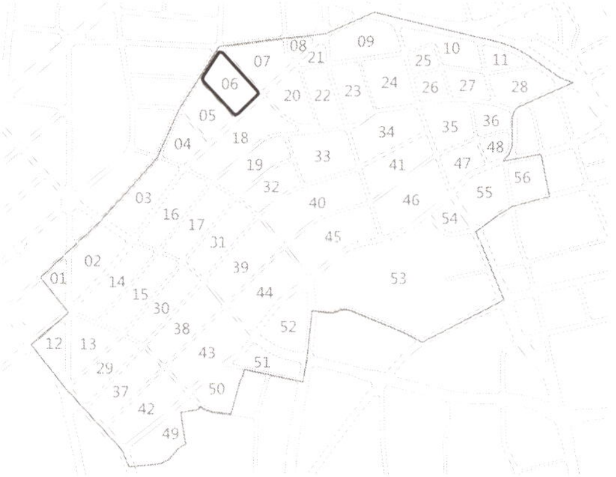

06 街坊

06 街坊位于建设控制地带内，规划以居住用地为主，兼有公益性公共设施用地与商业性公共设施用地。规划确定地块四边道路为二类历史街道。保护杜友樵旧居等文物建筑。保留历史建筑及与历史风貌相协调的建筑，引导拆除与历史风貌不相协调的建筑，拆除加建建筑。保留现有历史街巷，结合新建项目打通南部的历史街巷。对街坊内建筑与环境的控制引导，以保留现状建筑为主，有选择性地新建八栋建筑，延续原有空间尺度、建筑风格与布局模式，新增三处绿化种植区域。街坊内的建筑布局类型以里弄式为主，兼有部分门院式，新建建筑延续既有里弄式布局模式。

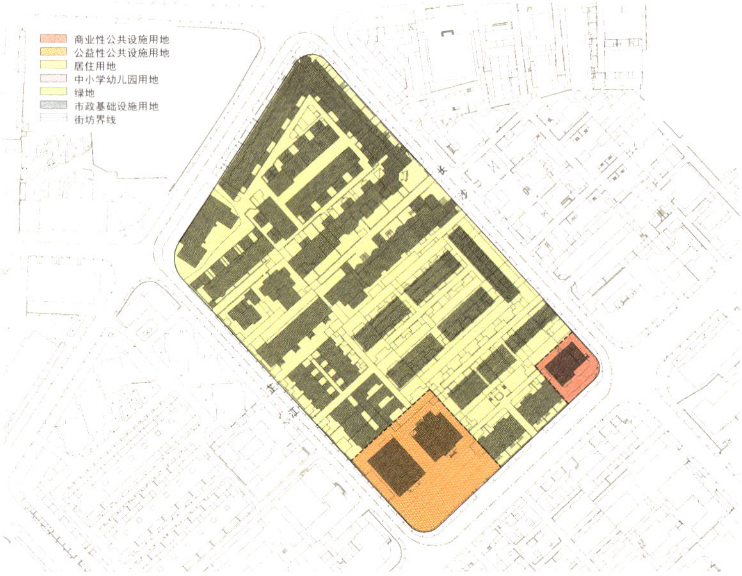

规划用地图

街坊历史文化保护图

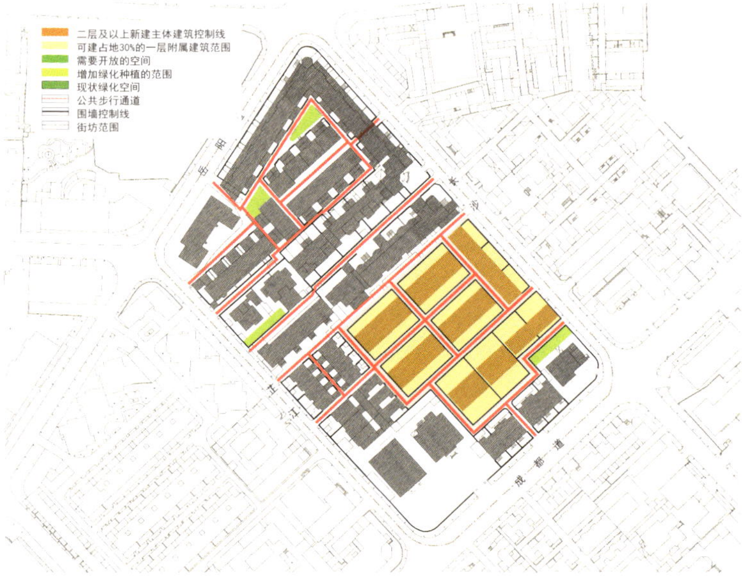

街坊建筑与环境控制引导图

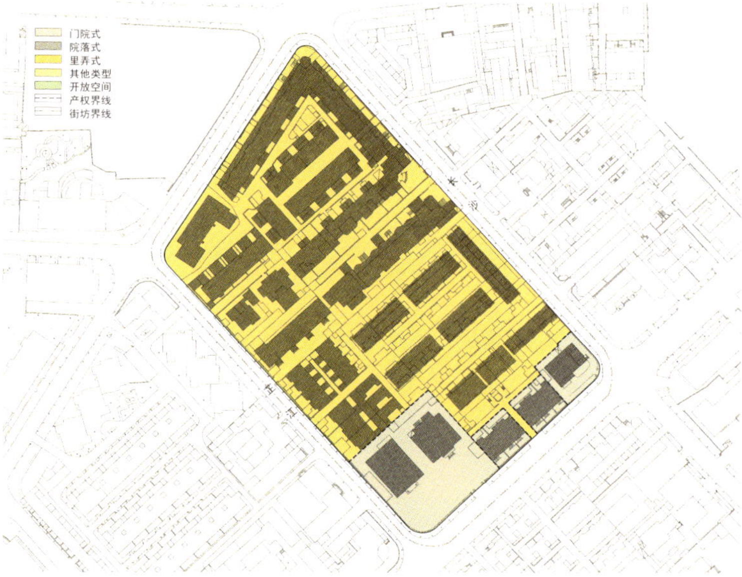

街坊建筑类型分类示意图

06 街坊

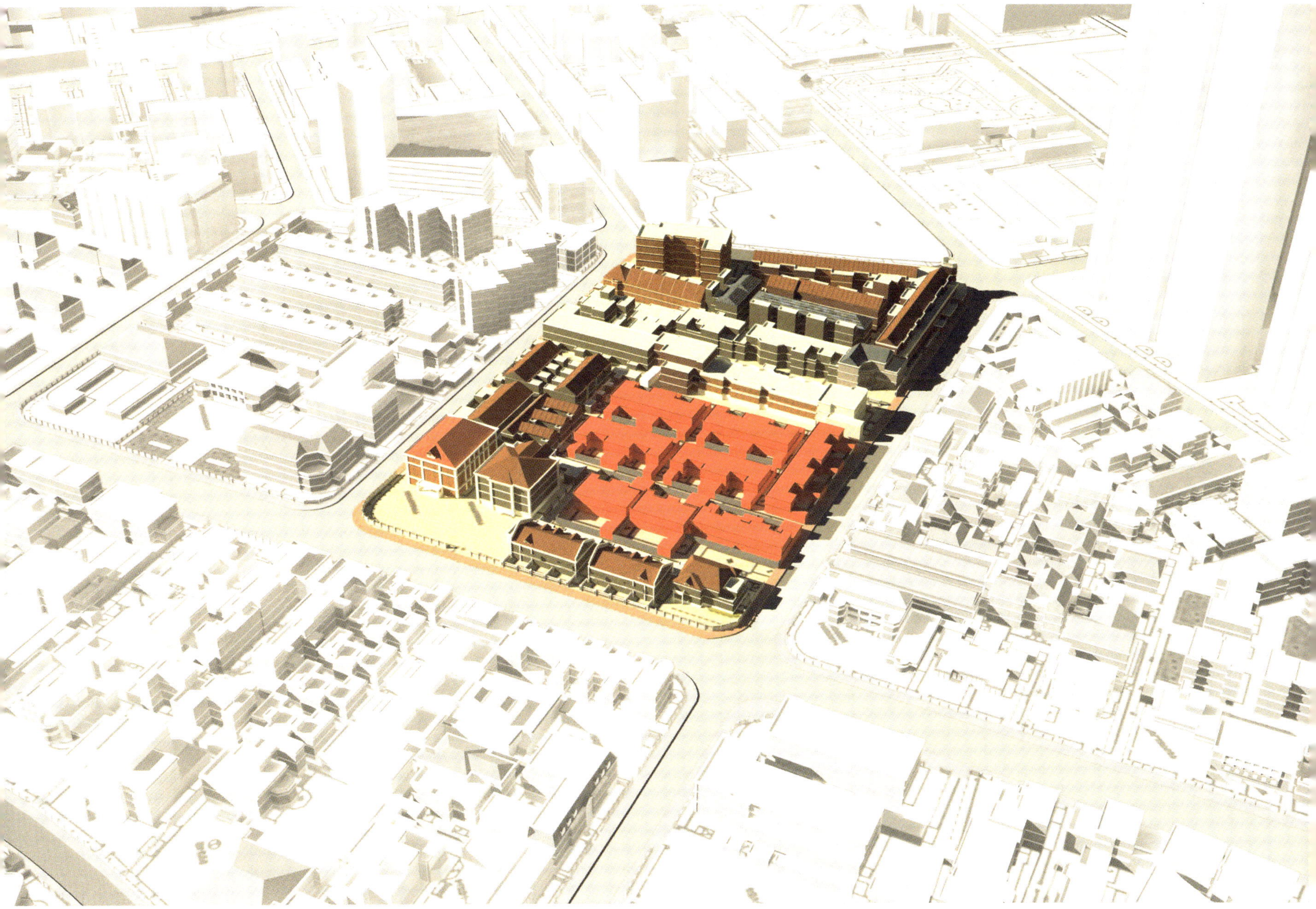

规划三维模型示意

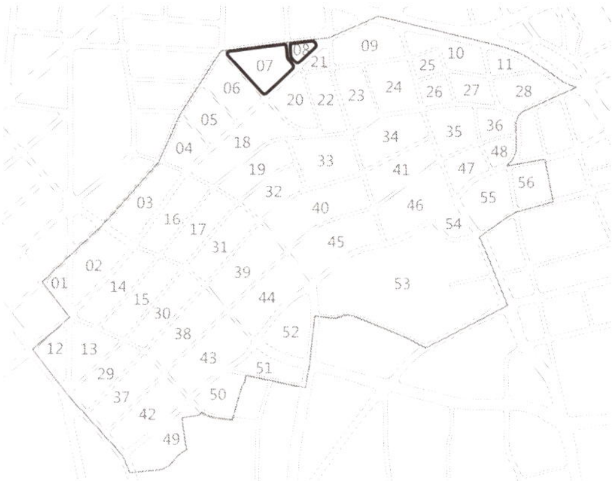

07 街坊

07 街坊位于建设控制地带内，规划兼有居住用地、公益性公共设施用地、商业性公共设施用地与中小学幼儿园用地。规划确定地块四边道路为二类历史街道。保护石敬亭旧居、陶茂正旧居及金邦正旧居等文物建筑。保留历史建筑及与历史风貌相协调的建筑，引导拆除与历史风貌不相协调的建筑，拆除加建建筑。保留现有历史街巷。对街坊内建筑与环境的控制引导，以保留现状建筑为主，于东部新建五栋建筑，新增三处绿化种植区域及一处需要开放的空间。街坊内的建筑布局类型兼有多种类型，新建建筑为其他类型布局模式。

08 街坊

08 街坊位于建设控制地带内，规划为商业性公共设施用地。规划确定地块三边道路为二类历史街道。保护陶湘旧居等文物建筑。新建建筑与周边建筑的空间尺度、风格相协调，采用其他类型布局模式。

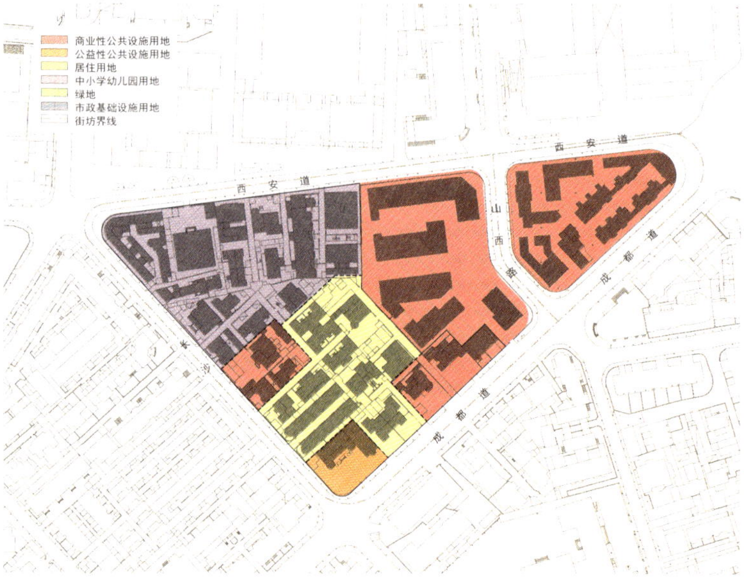

规划用地图

街坊历史文化保护图

街坊建筑与环境控制引导图

街坊建筑类型分类示意图

07、08 街坊

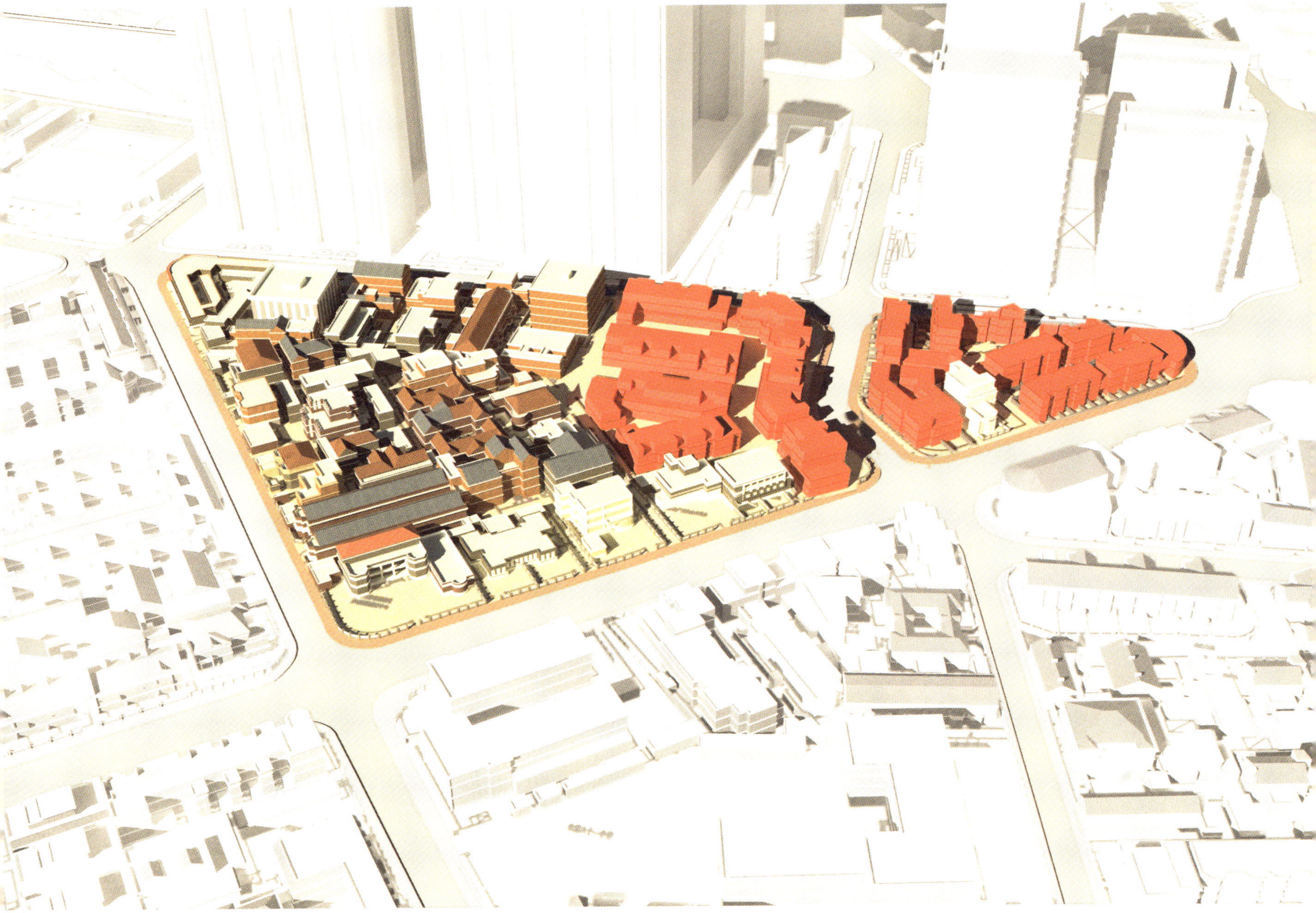

规划三维模型示意

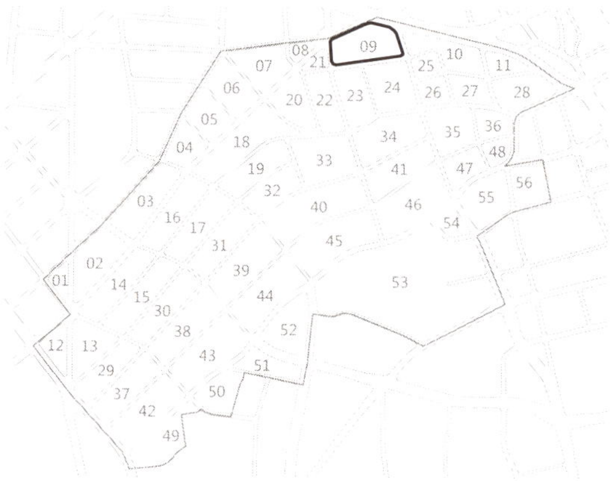

09 街坊

09 街坊位于建设控制地带内，规划为商业性公共设施用地。规划确定地块北侧道路为二类历史街道，东、南、西三侧为一类历史街道。引导拆除与历史风貌不相协调的建筑。对街坊内建筑与环境的控制引导，以新建建筑为主。新建一组六栋低层建筑，与周边历史建筑的空间尺度、风格相协调。新建一组两栋高层建筑，与南京路的高强度开发相协调。新增两处需要开放的空间及一处绿化种植区域。新建建筑采用其他类型布局模式。

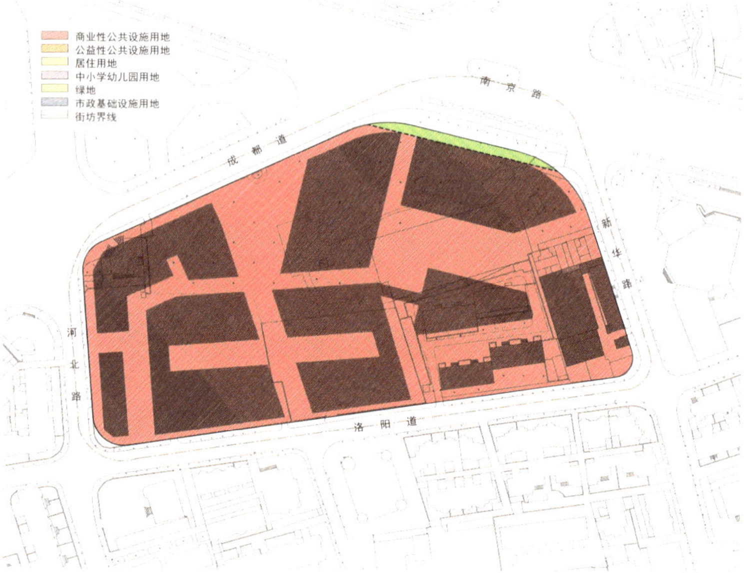

规划用地图

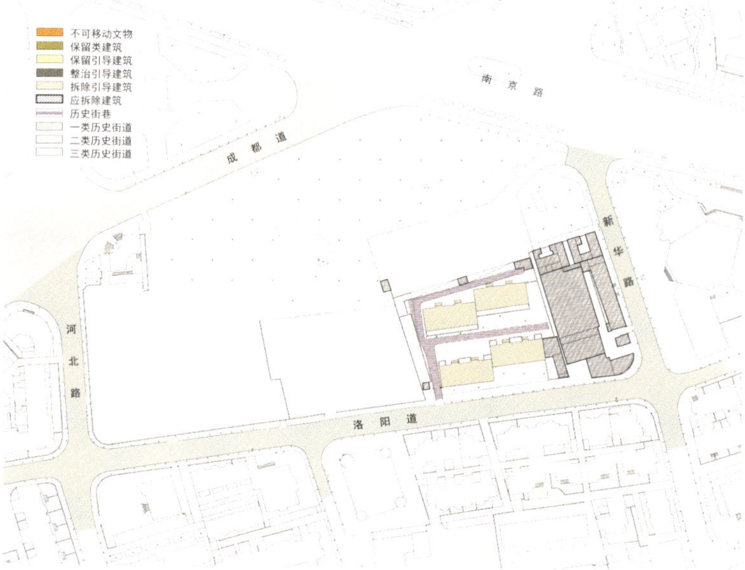

街坊历史文化保护图

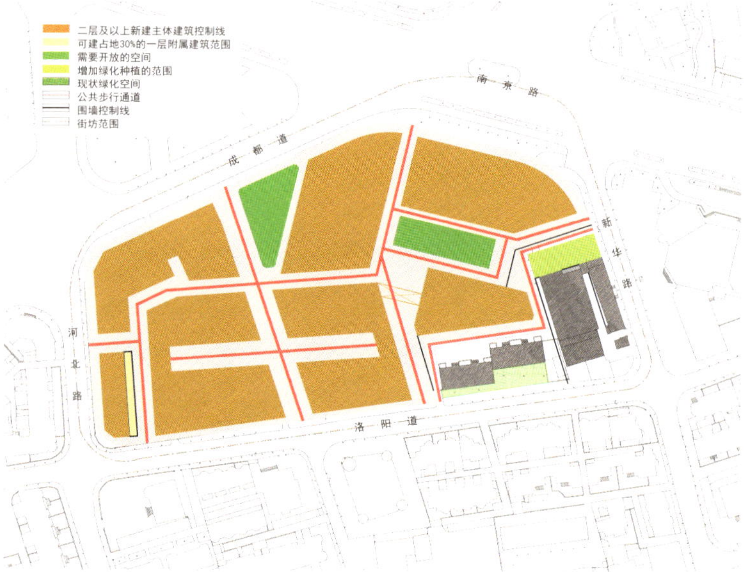

街坊建筑与环境控制引导图

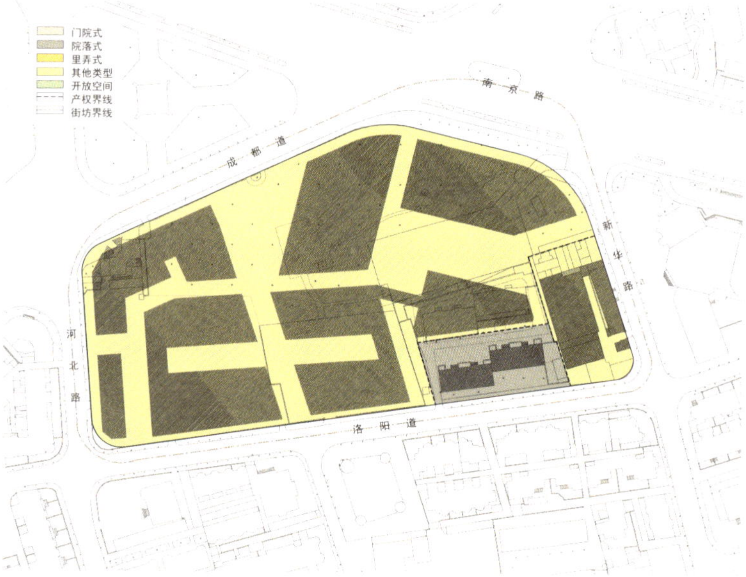

街坊建筑类型分类示意图

09 街坊

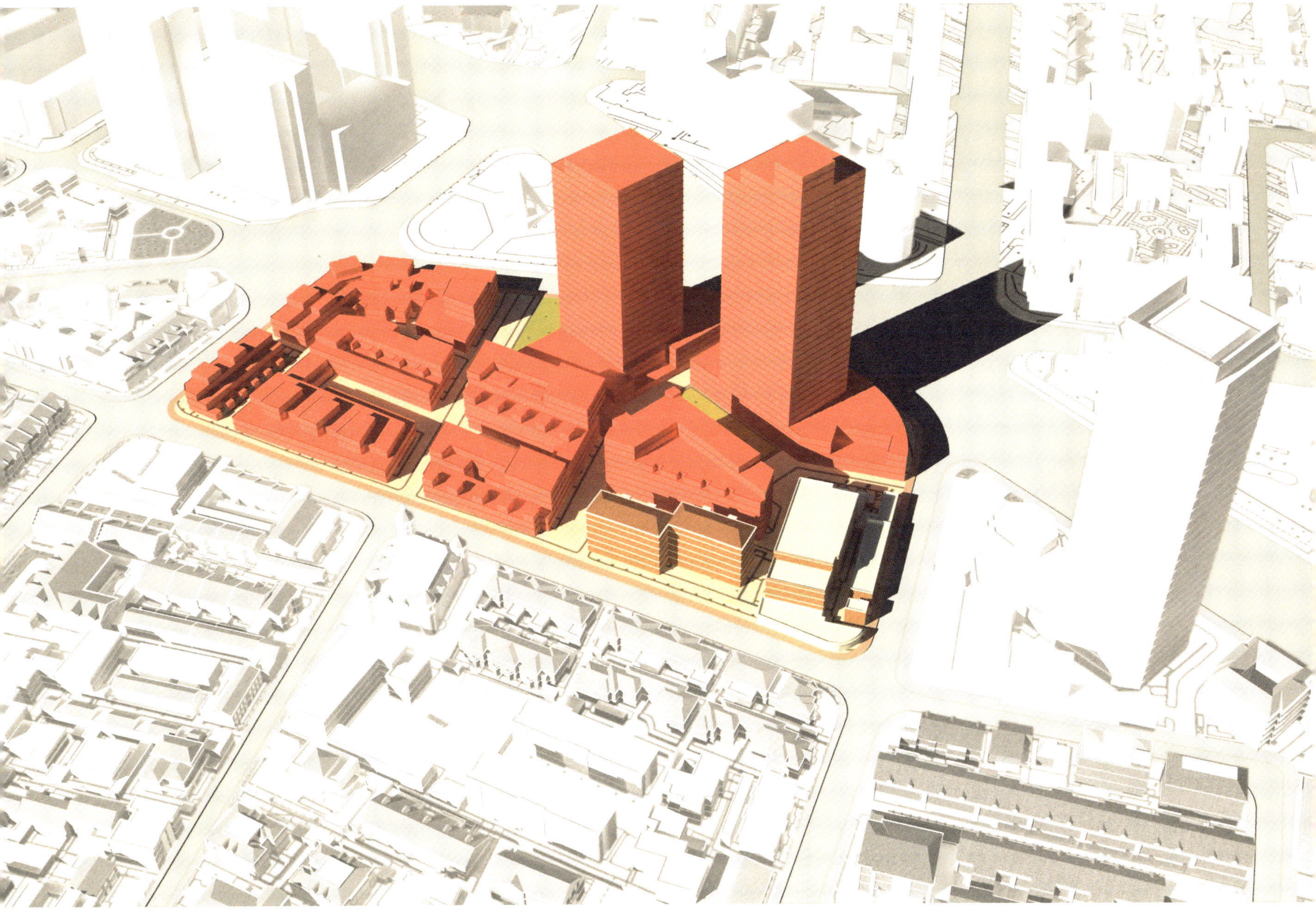

规划三维模型示意

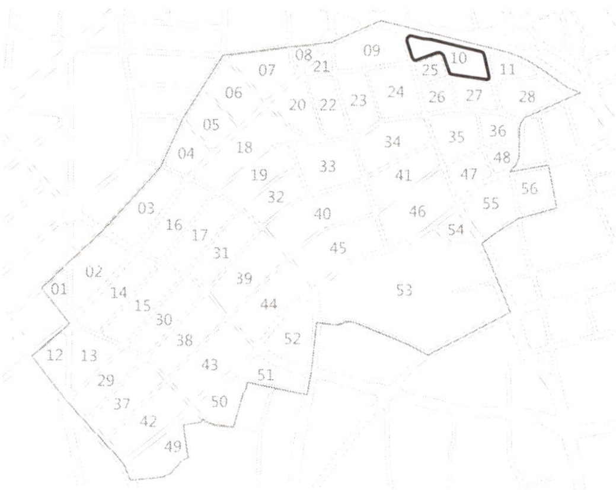

10 街坊

10 街坊位于建设控制地带内，规划以商业性公共设施用地为主，兼有居住用地与城市绿地。规划确定地块三边道路为一类历史街道。保留历史建筑及与历史风貌相协调的建筑，对部分与历史风貌不相协调的建筑进行整治改造，拆除加建建筑。保留现有历史街巷。对街坊内建筑与环境的控制引导，以保留现状建筑为主，新增五处绿化种植区域。街坊内的建筑布局类型兼有门院式、院落式与其他类型三类，新建建筑须延续既有布局模式。

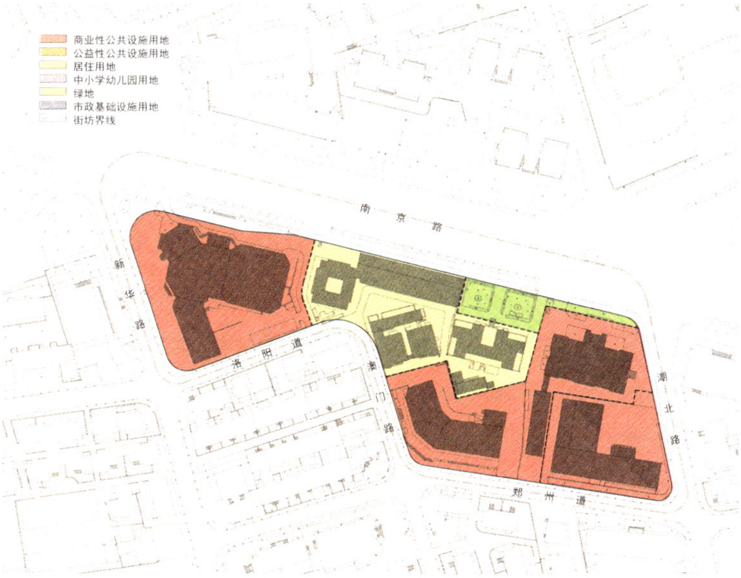

规划用地图

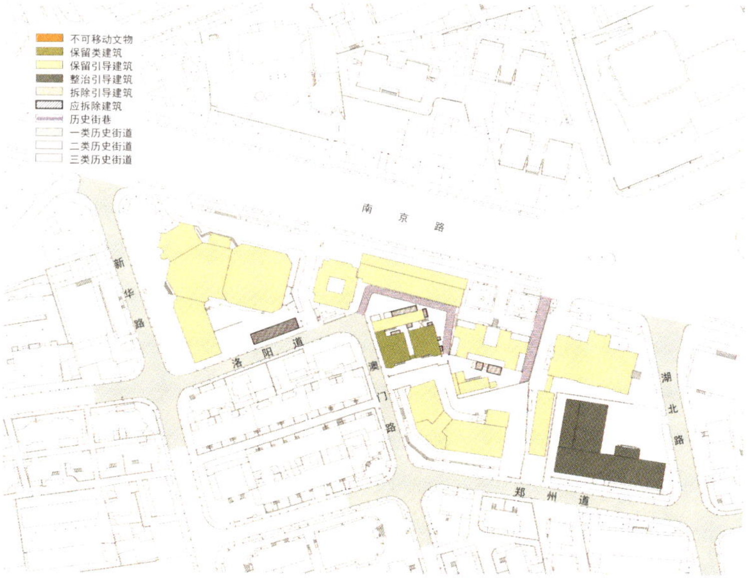

街坊历史文化保护图

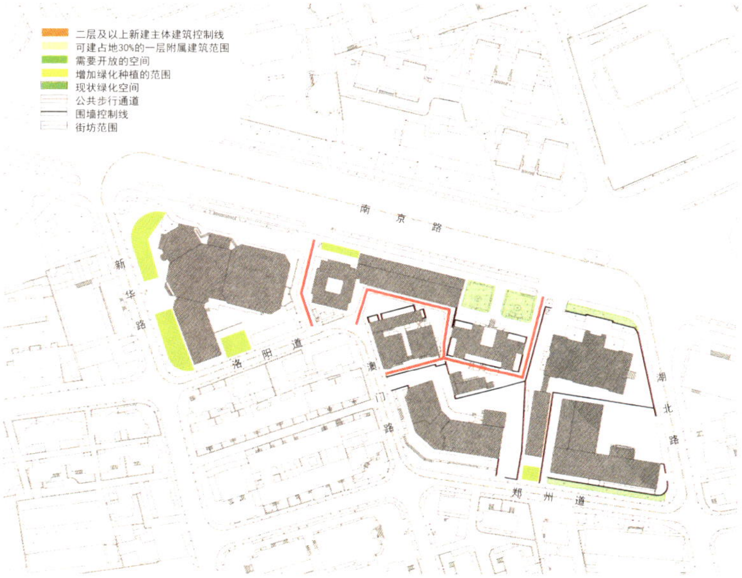

街坊建筑与环境控制引导图

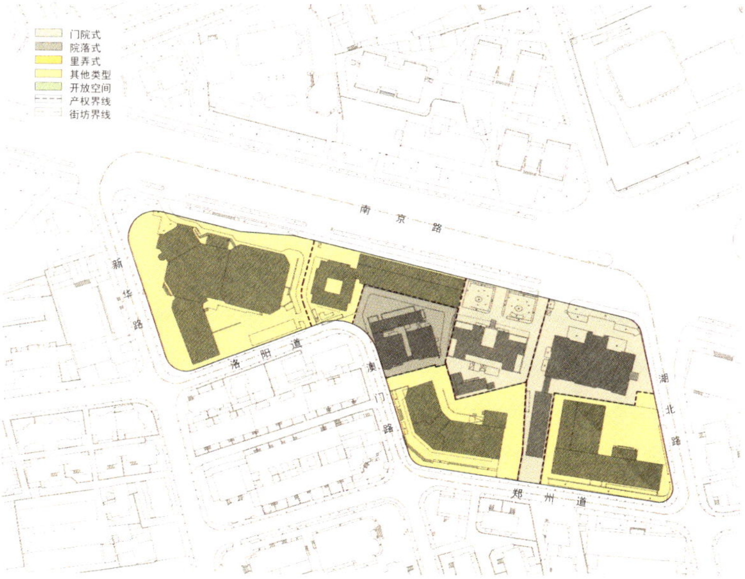

街坊建筑类型分类示意图

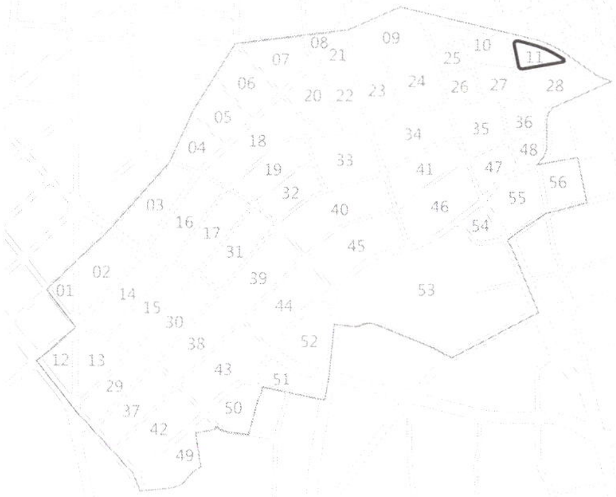

11 街坊

11 街坊位于建设控制地带内，规划为商业性公共设施用地。规划确定地块南、西两侧道路为一类历史街道。保护文物建筑，保留历史建筑及与历史风貌相协调的建筑，对部分与历史风貌不相协调的建筑进行整治改造，引导拆除与历史风貌不相协调的建筑，拆除加建建筑。对街坊内建筑与环境的控制引导，以保留现状建筑为主，新增四处绿化种植区域。街坊内的建筑布局类型兼有门院式、院落式与其他类型三类，新建建筑须延续既有布局模式。

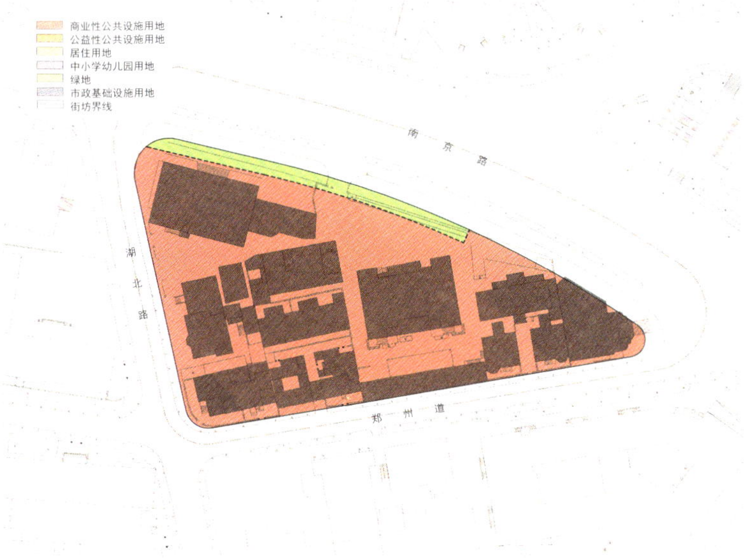

规划用地图

街坊历史文化保护图

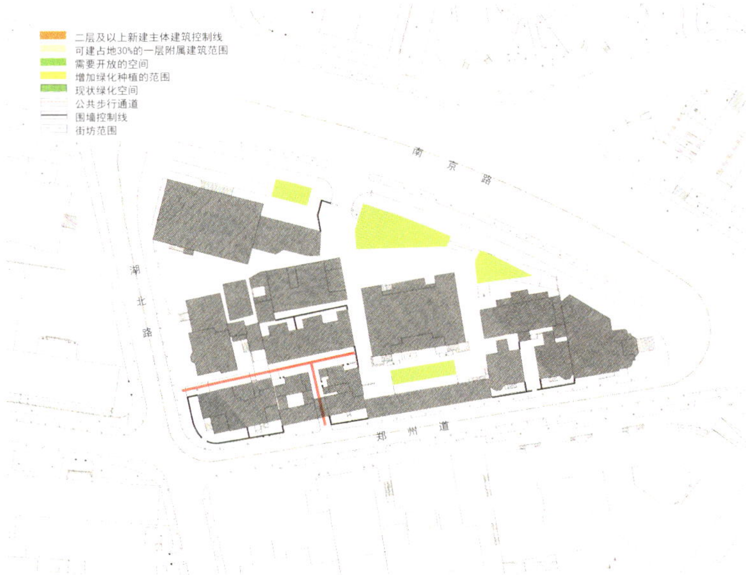

街坊建筑与环境控制引导图

街坊建筑类型分类示意图

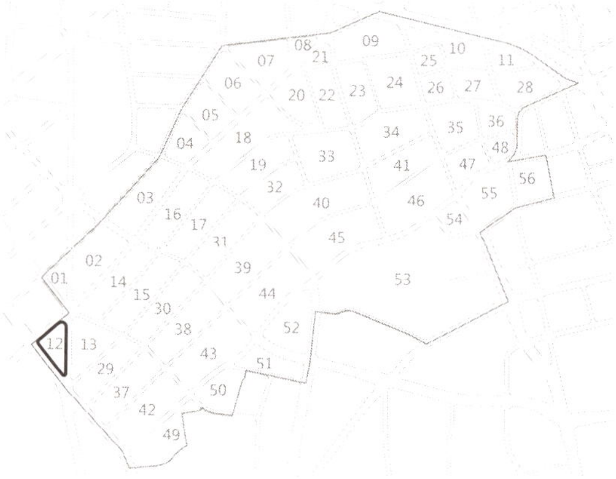

12 街坊

12 街坊位于核心保护区内，规划以商业性公共设施用地为主，兼有居住用地与城市绿地。规划确定地块东、北两侧道路为二类历史街道，西侧道路为三类历史街道。保护曹汝霖旧居、张鸣岐旧居等文物建筑，保留历史建筑及与历史风貌相协调的建筑，对部分与历史风貌不相协调的建筑进行整治改造，拆除加建建筑。保留并拓展现有历史街巷。对街坊内建筑与环境的控制引导，以保留现状建筑为主，新建五栋低层建筑，新增四处绿化种植区域与一处需要开放的空间。街坊内的建筑布局类型兼有门院式与里弄式，新建建筑需延续既有的里弄式布局模式。

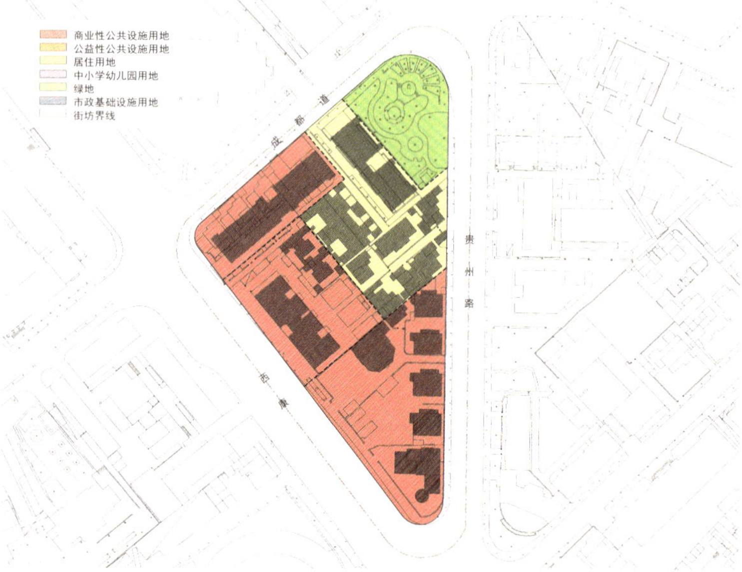

规划用地图

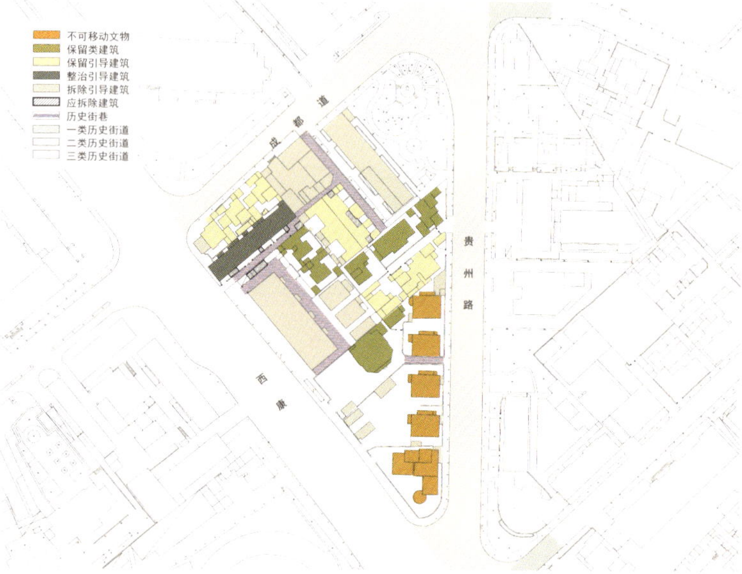

街坊历史文化保护图

街坊建筑与环境控制引导图

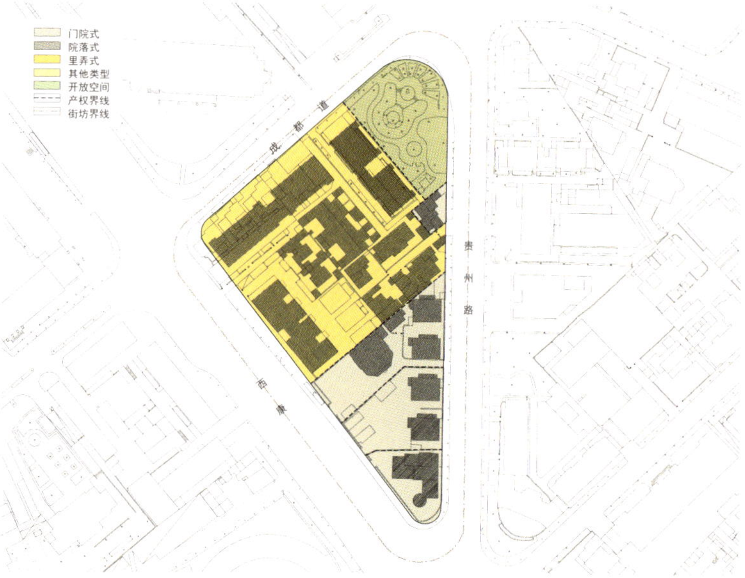

街坊建筑类型分类示意图

12 街坊

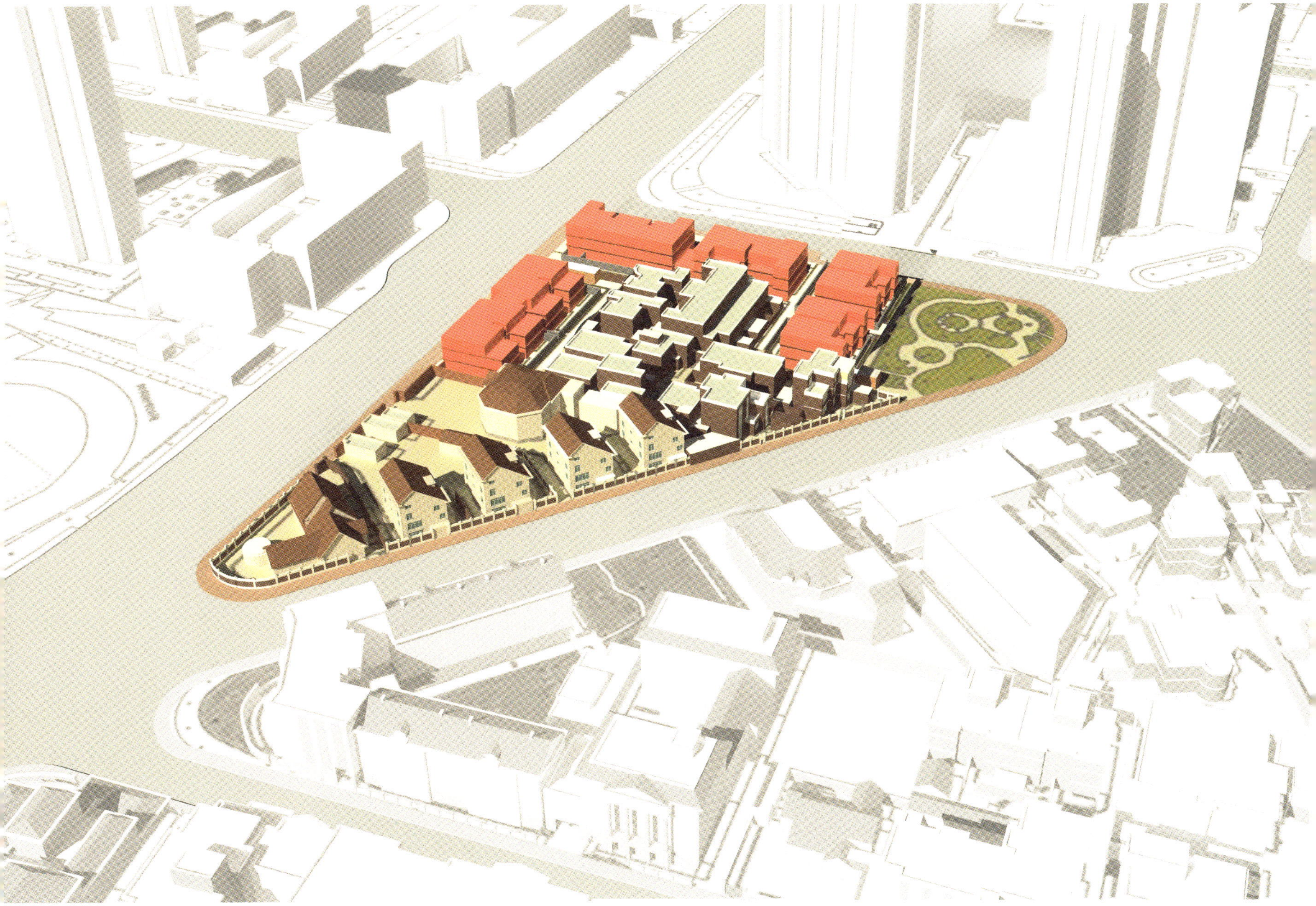

规划三维模型示意

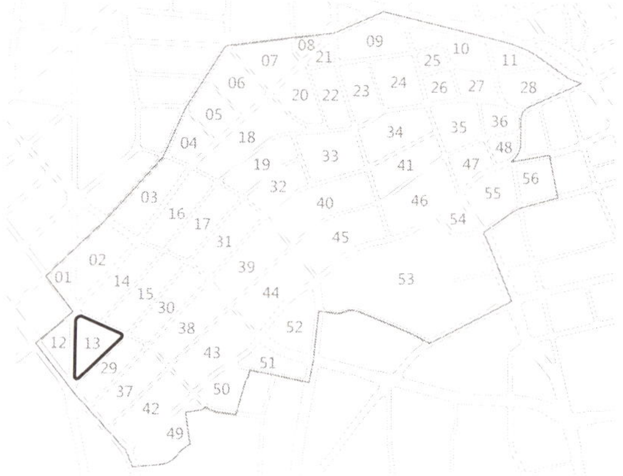

13 街坊

13 街坊位于核心保护区内，规划为公益性公共设施用地、商业性公共设施用地、居住用地、中小学幼儿园用地与城市绿地。规划确定地块东、北两侧道路为一类历史街道，西侧道路为二类历史街道。保护文物建筑，保留历史建筑及与历史风貌相协调的建筑，对部分与历史风貌不相协调的建筑进行整治改造，拆除加建建筑。保留并拓展现有历史街巷。对街坊内建筑与环境的控制引导，以保留现状建筑为主，新建三栋低层建筑，新增一处绿化种植区域与一处需要开放的空间。街坊内的建筑布局类型兼有门院式、院落式、里弄式与其他类型，新建建筑延续既有的布局模式。

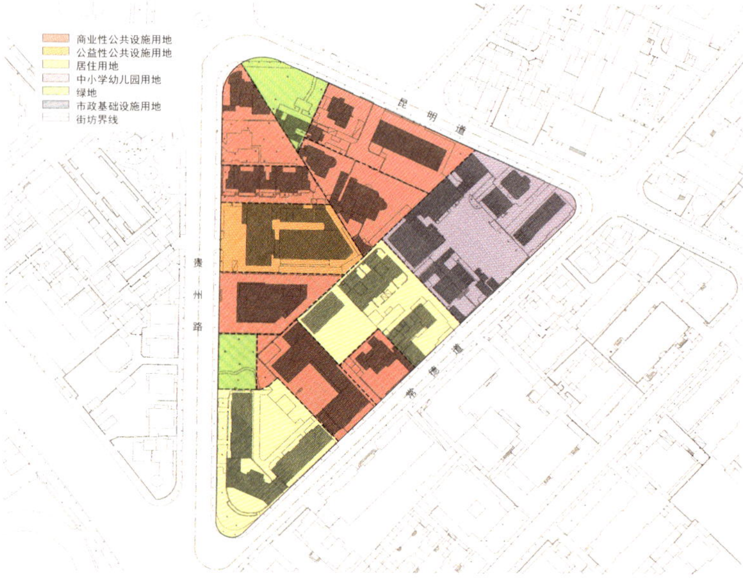

规划用地图

街坊历史文化保护图

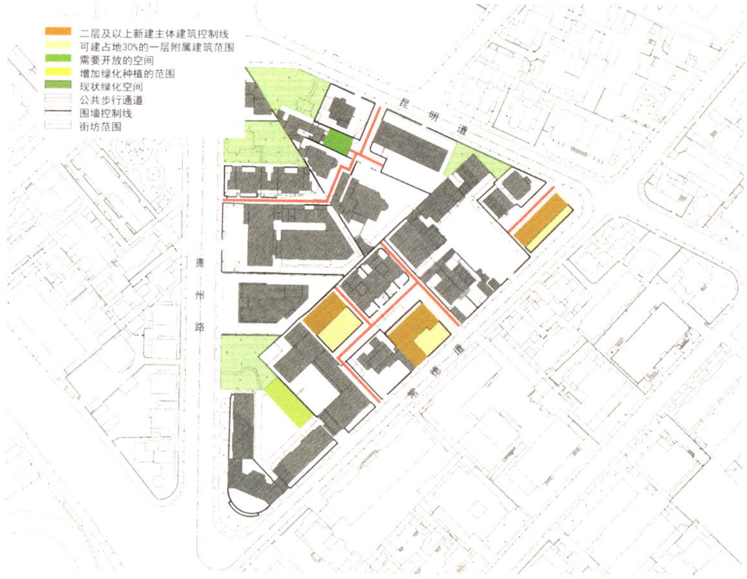

街坊建筑与环境控制引导图

街坊建筑类型分类示意图

13 街坊

规划三维模型示意

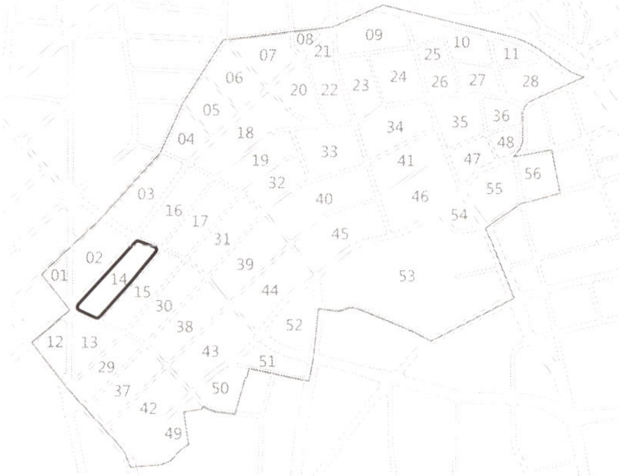

14 街坊

14 街坊位于核心保护区内，规划以商业性公共设施用地与居住用地为主，兼有中小学幼儿园用地。规划确定地块东、南、北三侧道路为一类历史街道，西侧道路为二类历史街道。保护严修旧居等文物建筑，保留历史建筑及与历史风貌相协调的建筑，对部分与历史风貌不相协调的建筑进行整治改造，拆除加建建筑。保留并拓展现有历史街巷。对街坊内建筑与环境的控制引导，以保留现状建筑为主，新建两组六栋多层建筑，新增一处需要开放的空间。街坊内的建筑布局类型兼有门院式、院落式、里弄式与其他类型，新建建筑延续既有的布局模式。

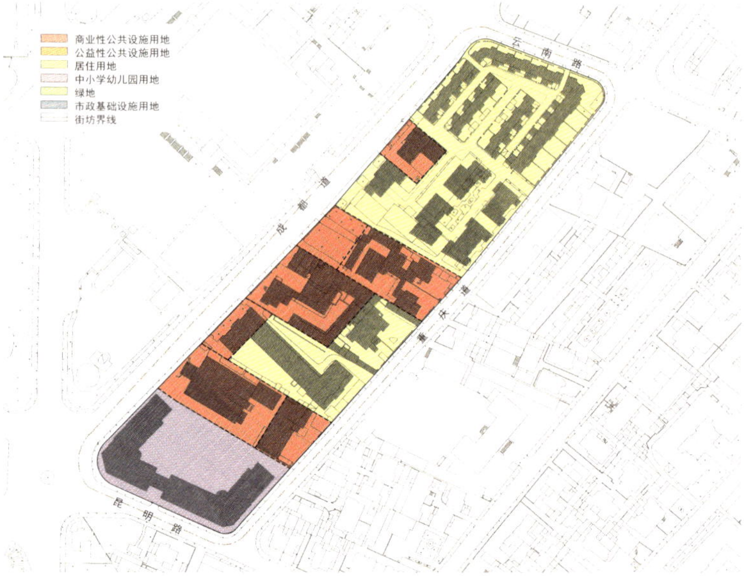

规划用地图

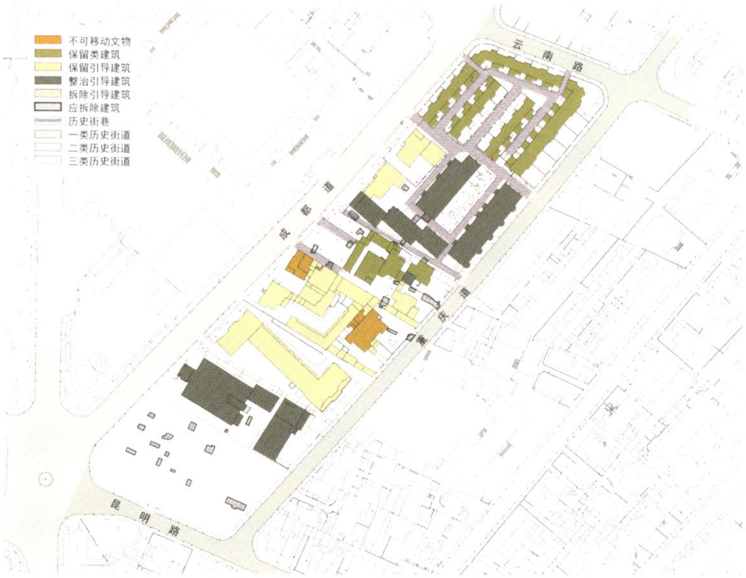

街坊历史文化保护图

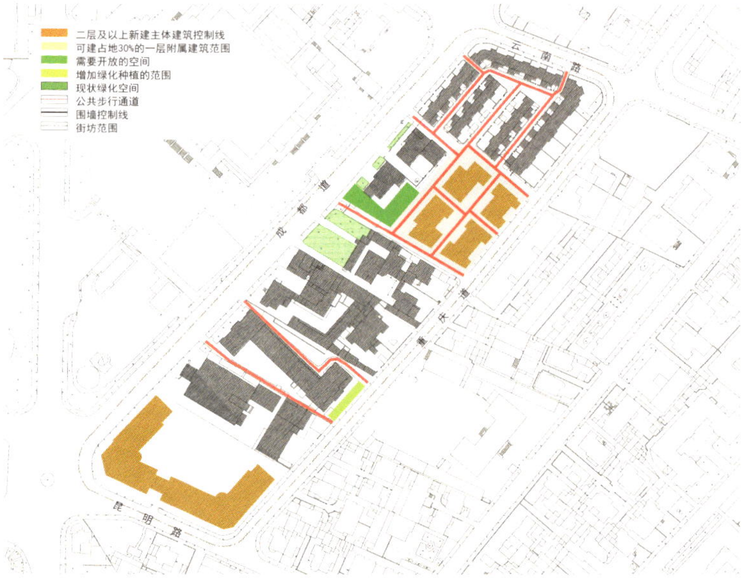

街坊建筑与环境控制引导图

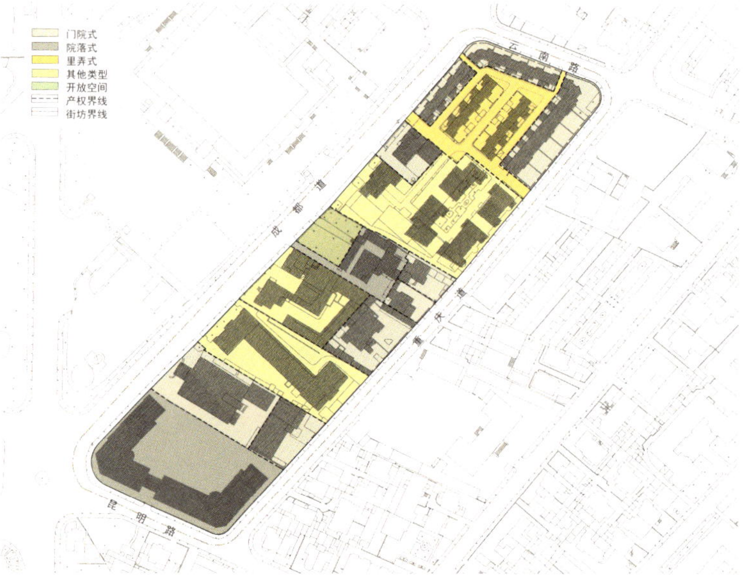

街坊建筑类型分类示意图

14 街坊

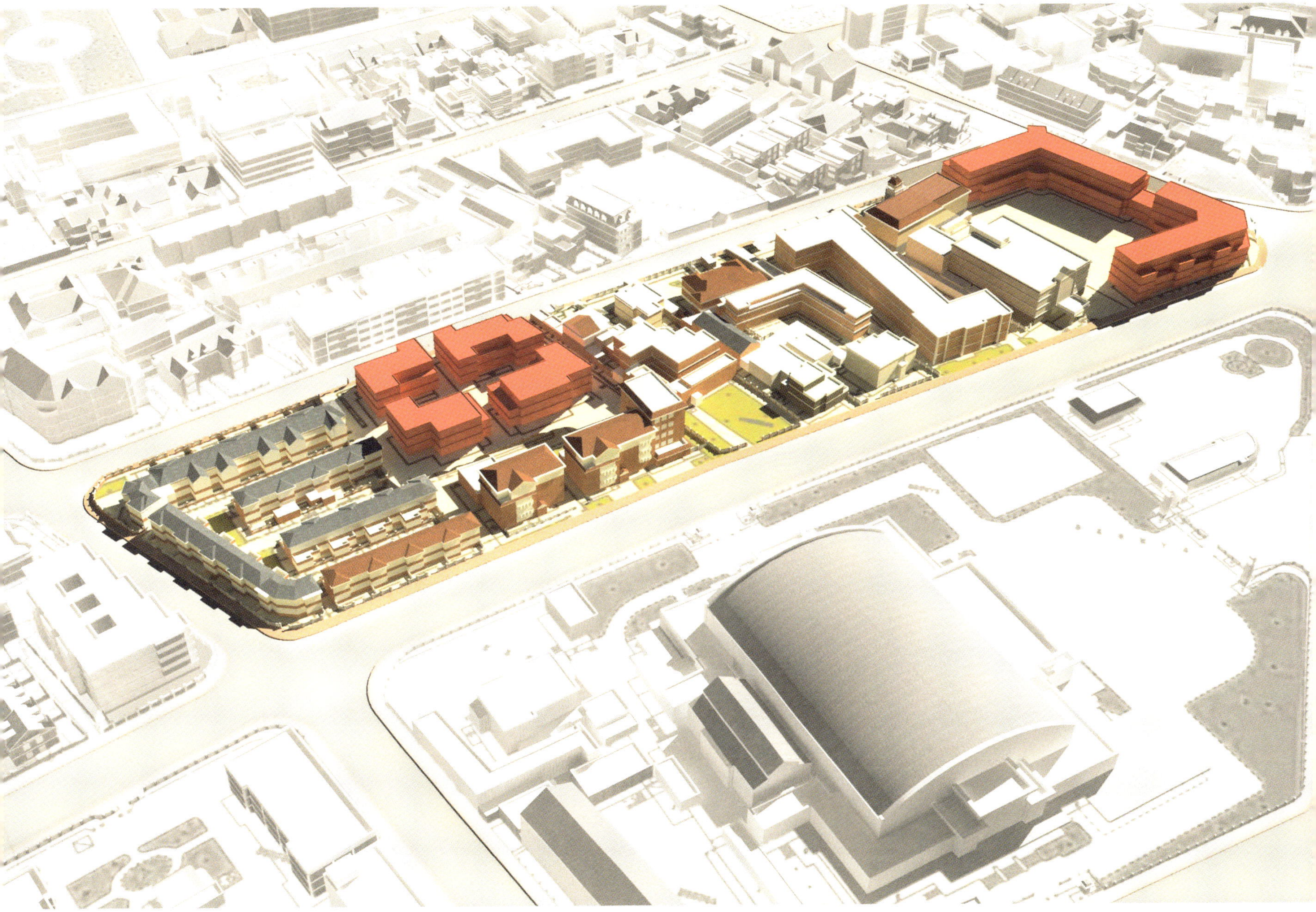

规划三维模型示意

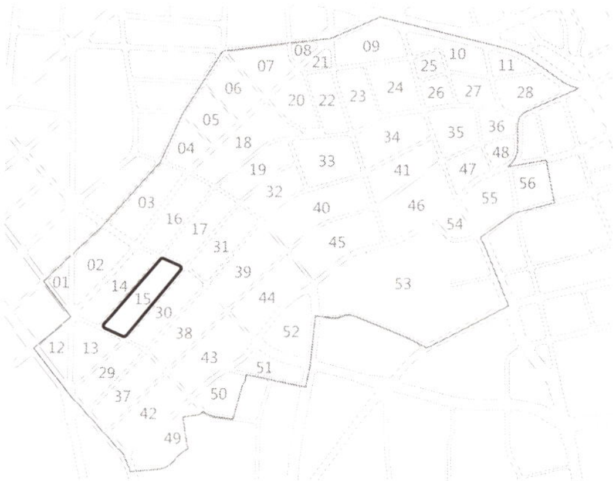

15 街坊

15 街坊位于核心保护区内，规划为商业性公共设施用地、居住用地与中小学幼儿园用地。规划确定地块四周道路为一类历史街道。保护佟兆元旧居、田大文旧居及胡奇旧居等文物建筑，保留历史建筑及与历史风貌相协调的建筑，对部分与历史风貌不相协调的建筑进行整治改造，拆除加建建筑。保留并拓展现有历史街巷。对街坊内建筑与环境的控制引导，以保留现状建筑为主，新建一栋多层建筑，新增一处增加绿化种植的区域。街坊内的建筑布局类型兼有门院式、院落式、里弄式与其他类型，新建建筑采用其他类型布局模式。

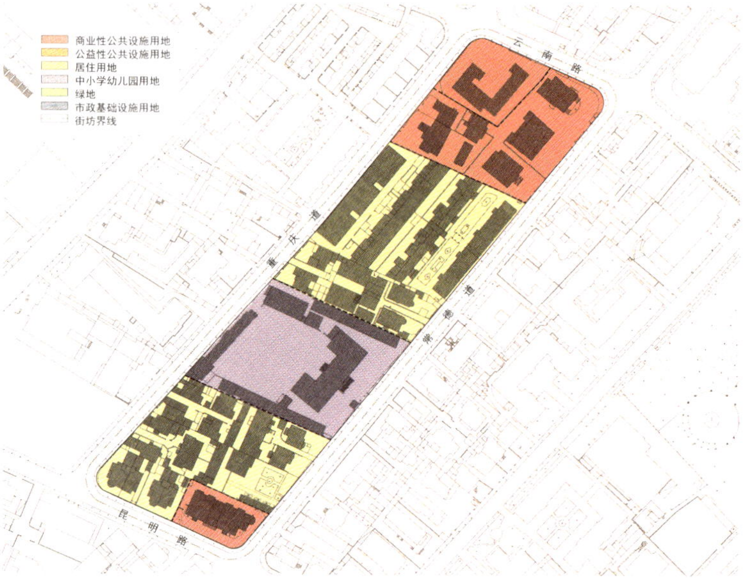

规划用地图

街坊历史文化保护图

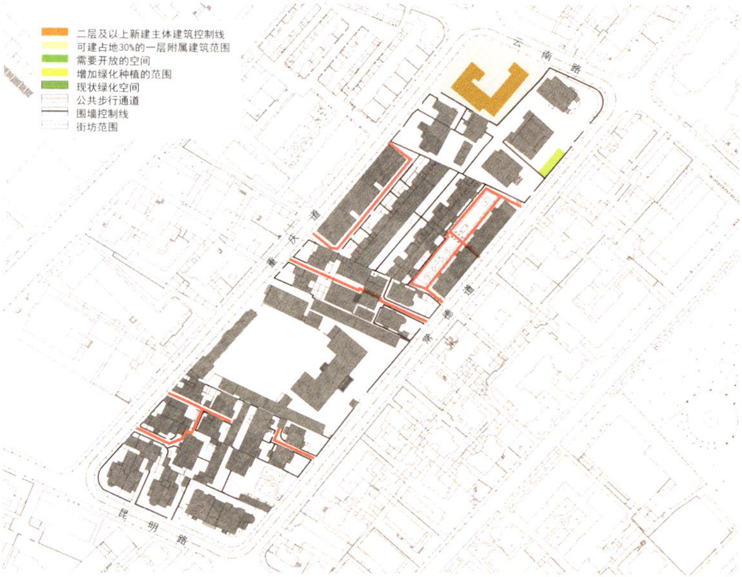

街坊建筑与环境控制引导图

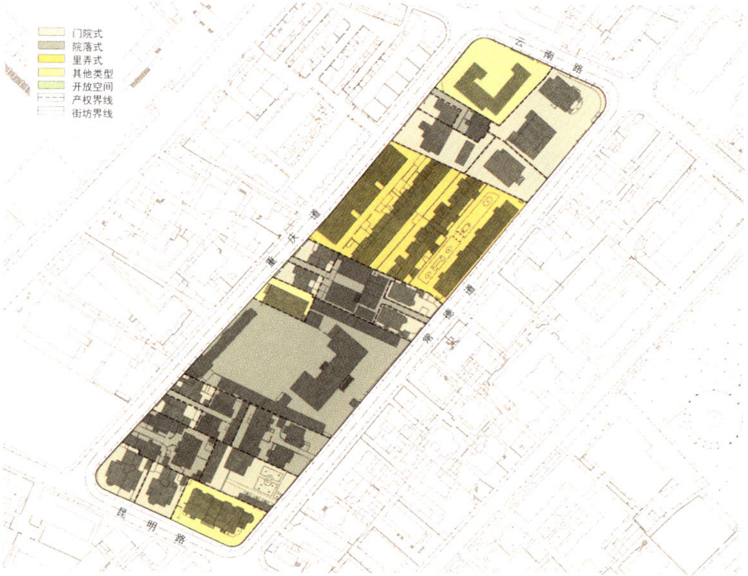

街坊建筑类型分类示意图

15 街坊

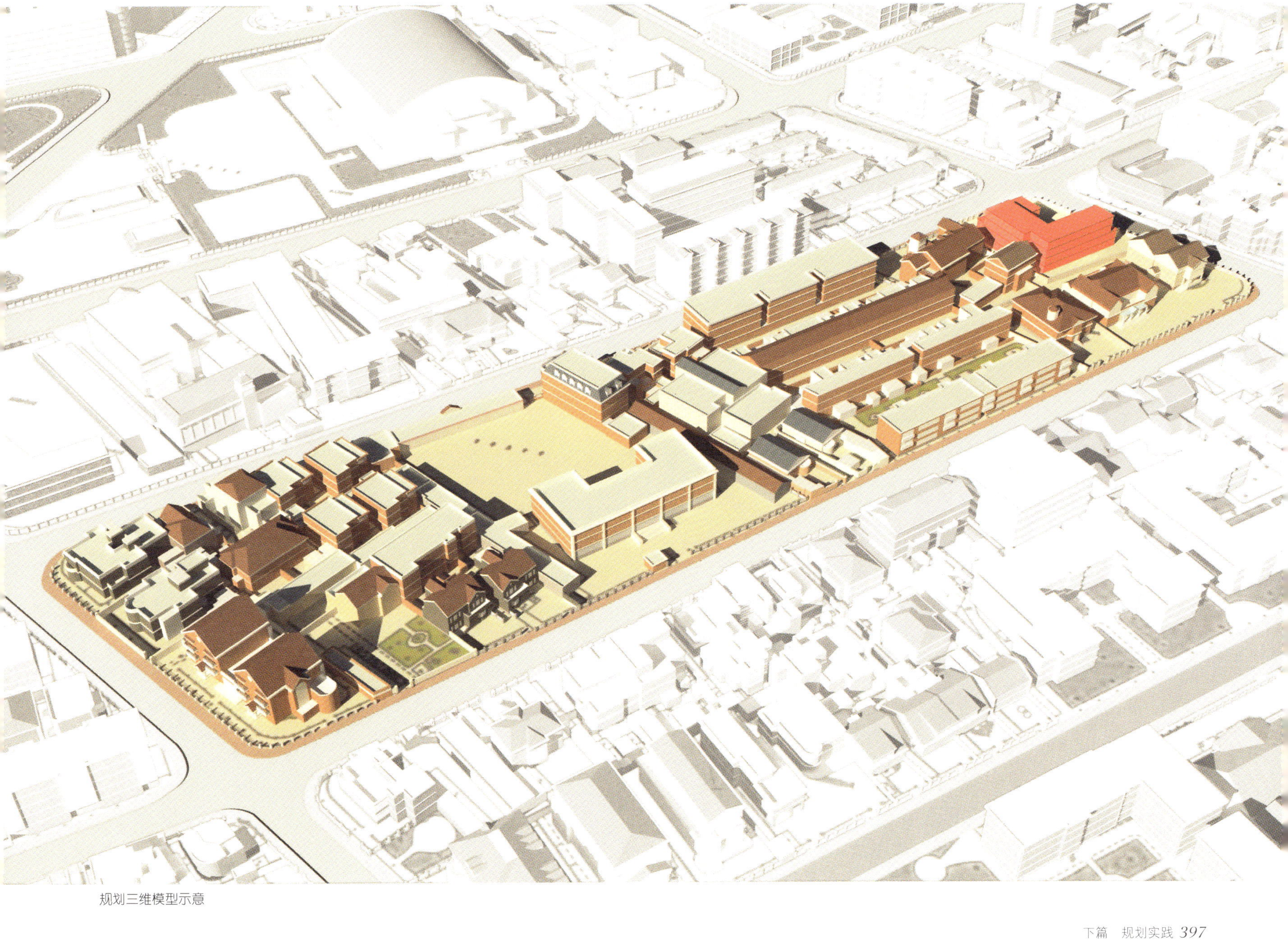

规划三维模型示意

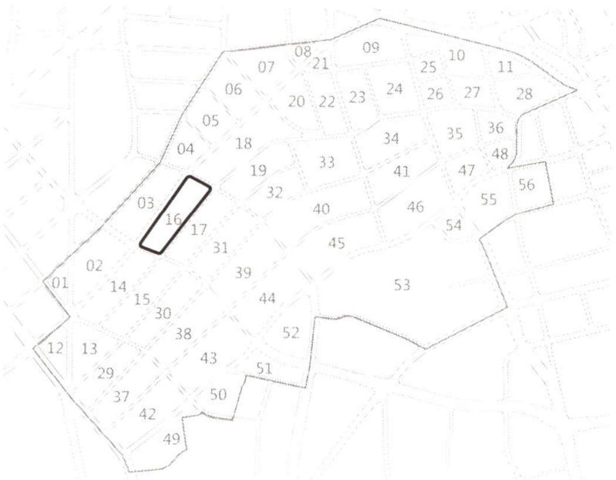

16 街坊

16 街坊位于核心保护区内，规划以商业性公共设施用地与居住用地为主，兼有中小学幼儿园用地。规划确定地块东、北两侧道路为一类历史街道，西、南两侧道路为二类历史街道。保护金邦平旧居等文物建筑，保留历史建筑及与历史风貌相协调的建筑，对部分与历史风貌不相协调的建筑进行整治改造，引导拆除与历史风貌不相协调的建筑，拆除加建建筑。保留并拓展现有历史街巷。对街坊内建筑与环境的控制引导，以保留现状建筑为主，新建三栋低层建筑，新增四处增加绿化种植的区域。街坊内的建筑布局类型兼有门院式、院落式、里弄式与其他类型，新建建筑延续既有的布局模式。

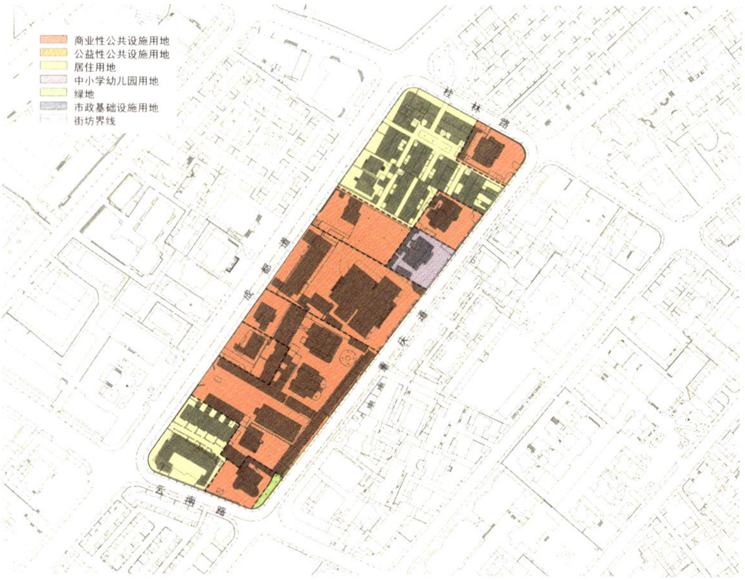

规划用地图

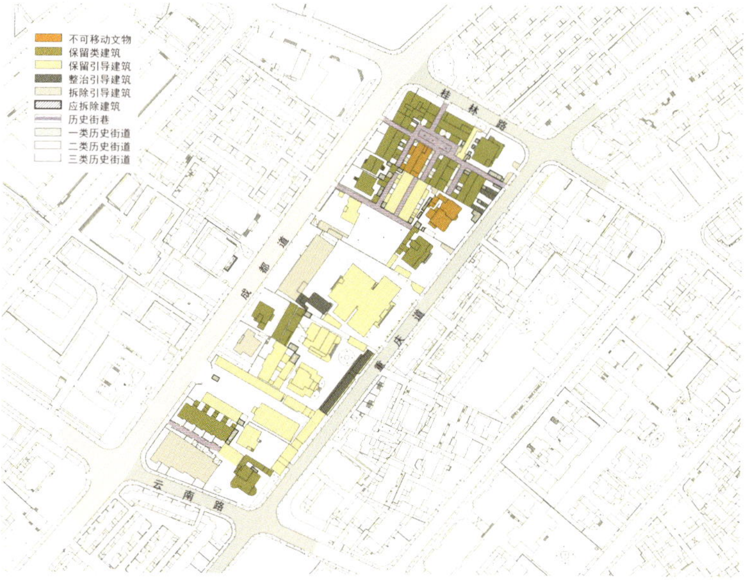

街坊历史文化保护图

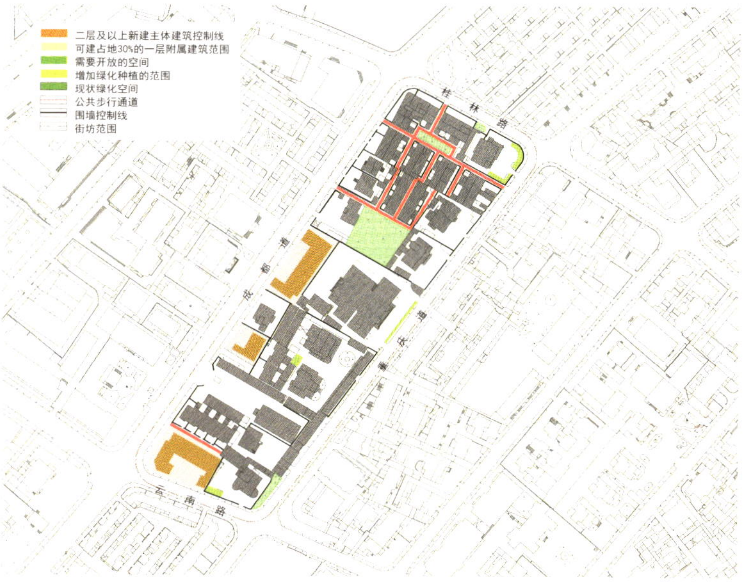

街坊建筑与环境控制引导图

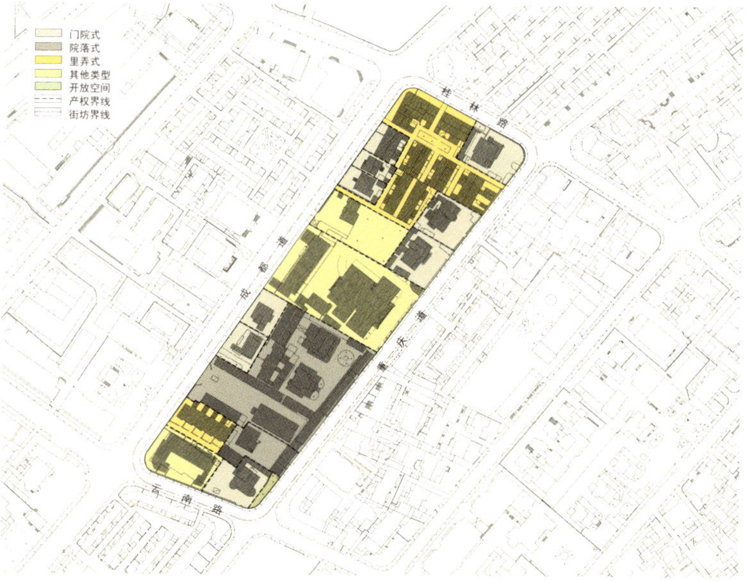

街坊建筑类型分类示意图

16 街坊

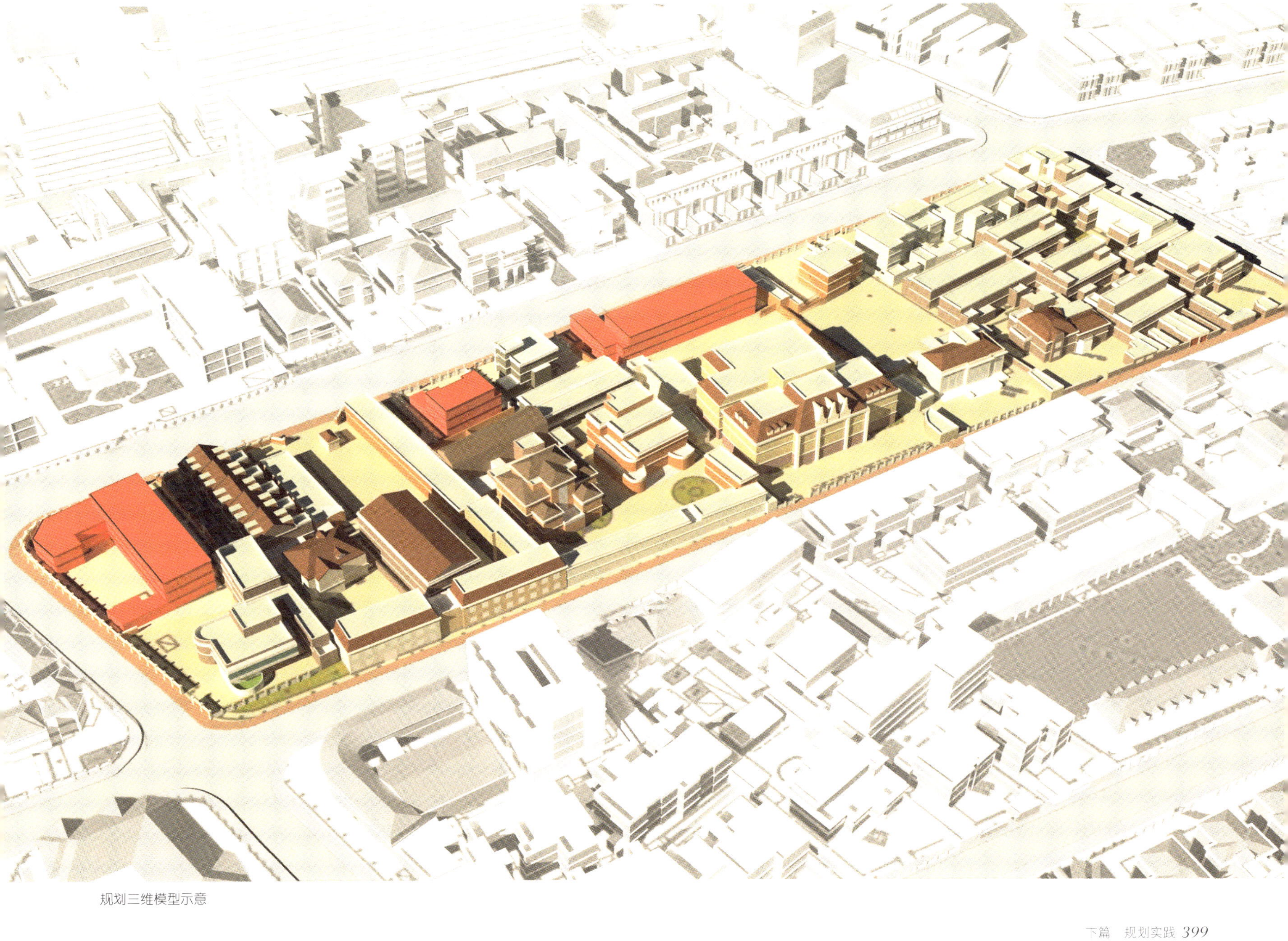

规划三维模型示意

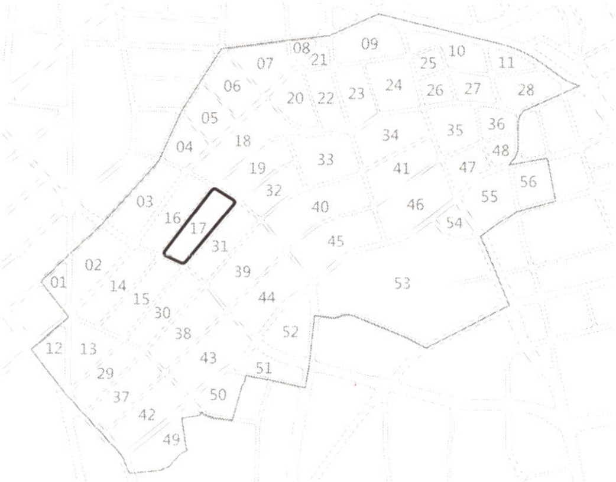

17 街坊

17 街坊位于核心保护区内，规划为商业性公共设施用地、居住用地与中小学幼儿园用地。规划确定地块四周道路为一类历史街道。保护范权旧居、孟氏旧居、林修竹旧居等文物建筑，保留历史建筑及与历史风貌相协调的建筑，对部分与历史风貌不相协调的建筑进行整治改造，引导拆除与历史风貌不相协调的建筑，拆除加建建筑。保留并拓展现有历史街巷。对街坊内建筑与环境的控制引导，以保留现状建筑为主，新建一栋低层建筑，新增三处需要开放的空间。街坊内的建筑布局类型兼有门院式、院落式、里弄式与其他类型，新建建筑延续既有的布局模式。

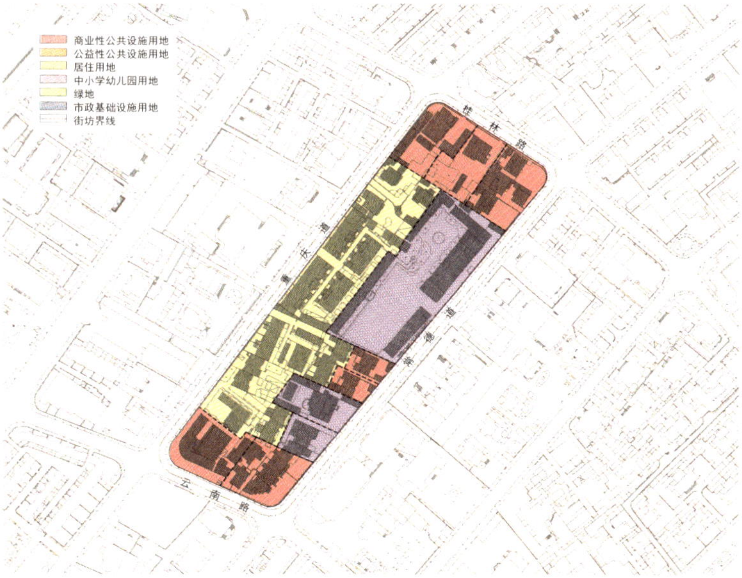

规划用地图

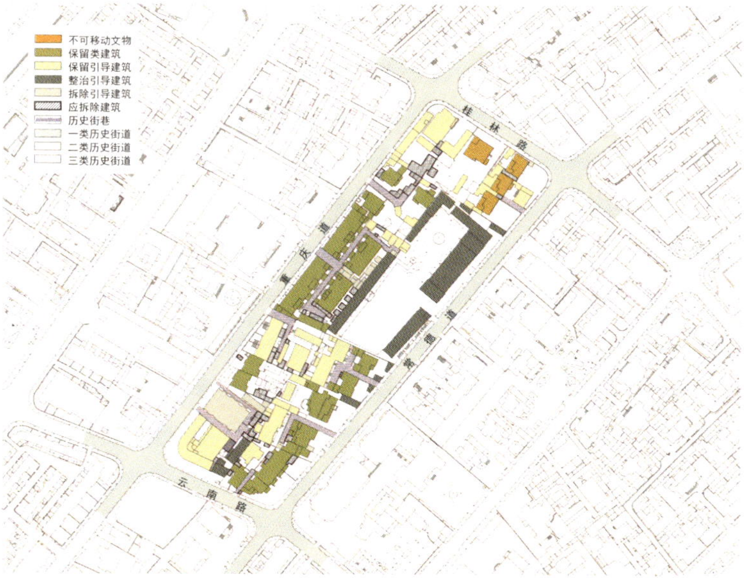

街坊历史文化保护图

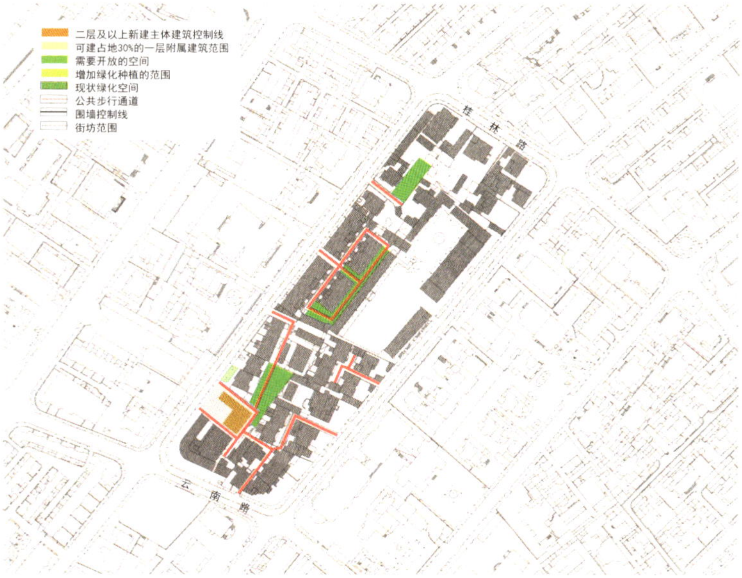

街坊建筑与环境控制引导图

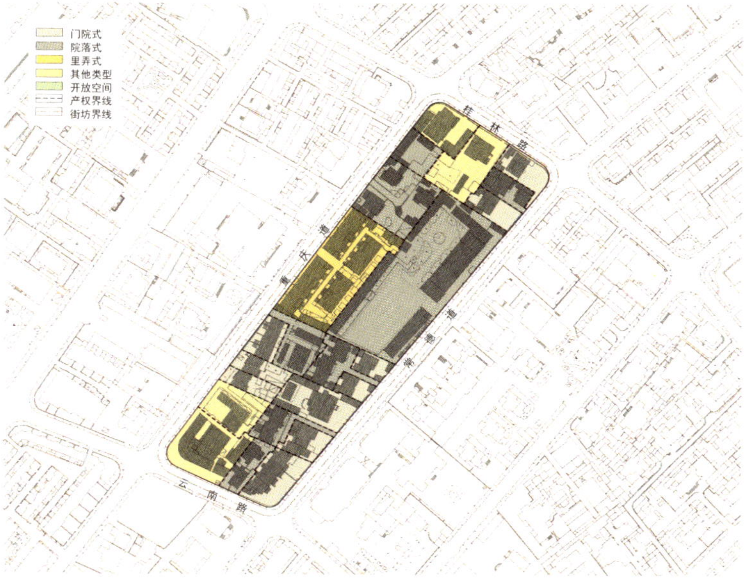

街坊建筑类型分类示意图

17 街坊

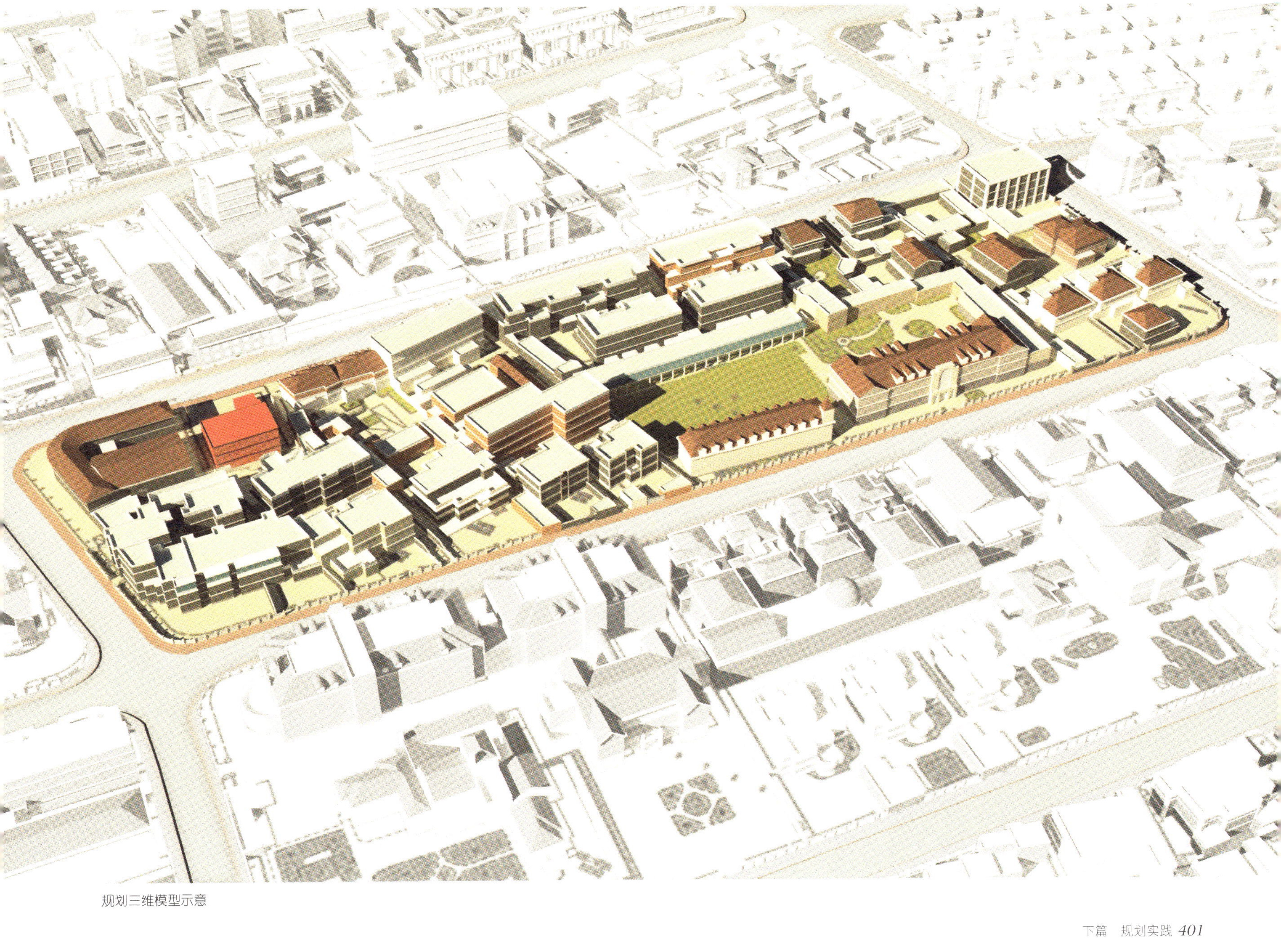

规划三维模型示意

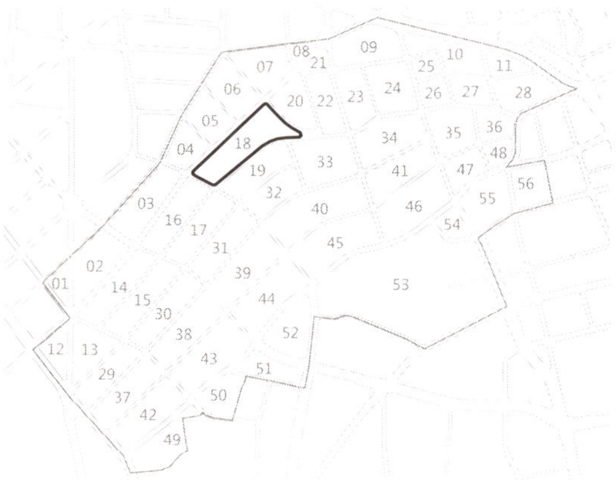

18 街坊

18 街坊位于核心保护区内，规划以商业性公共设施用地与居住用地为主，兼有中小学幼儿园用地与城市绿地。规划确定地块北、东、南三侧道路为一类历史街道，西侧道路为二类历史街道。保护孙桐萱旧居、龚心湛旧居、民园大楼等文物建筑，保留历史建筑及与历史风貌相协调的建筑，引导拆除与历史风貌不相协调的建筑，拆除加建建筑。保留并拓展现有历史街巷。对街坊内建筑与环境的控制引导，以保留现状建筑为主，新建一栋低层建筑，新增三处需要开放的空间与一处增加绿化种植的区域。街坊内的建筑布局类型兼有门院式、院落式、里弄式与其他类型，新建建筑延续既有的布局模式。

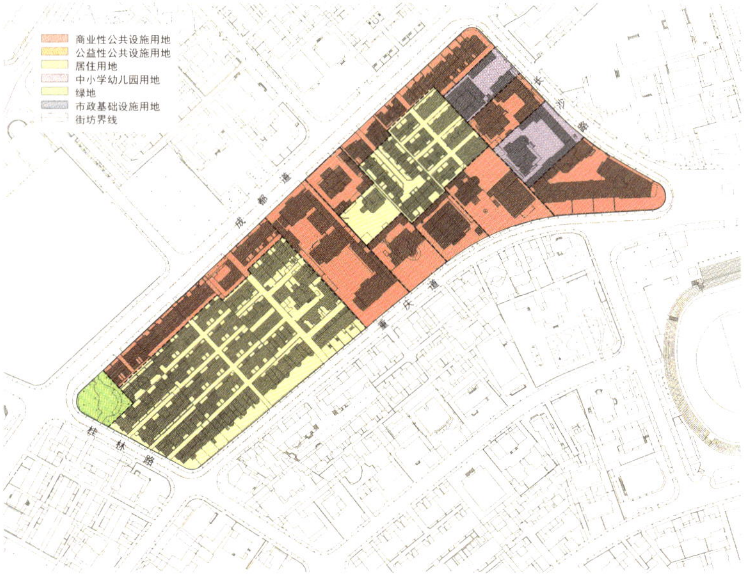

规划用地图

街坊历史文化保护图

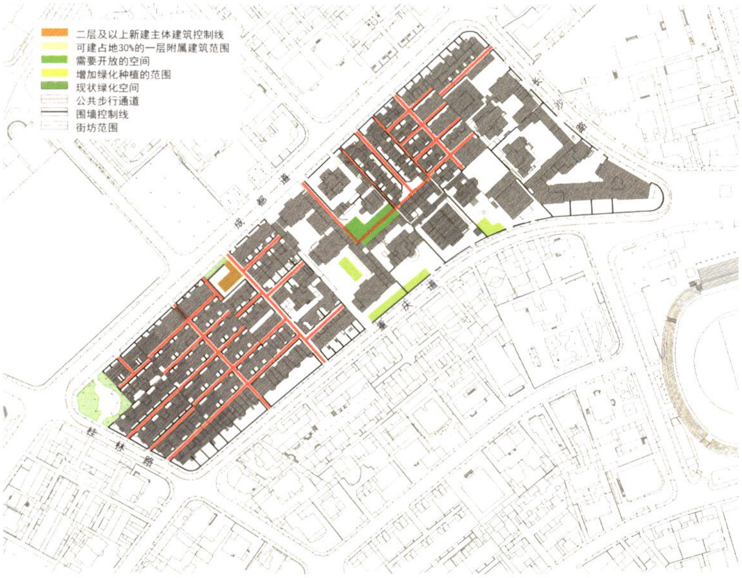

街坊建筑与环境控制引导图

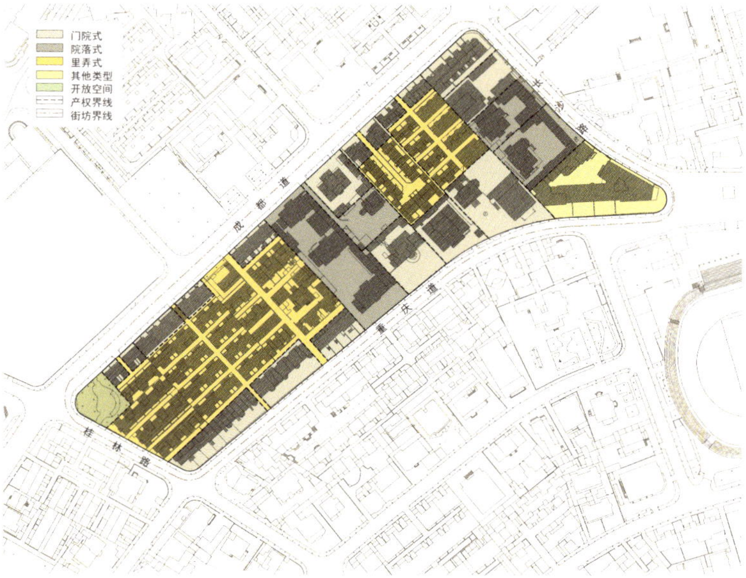

街坊建筑类型分类示意图

18 街坊

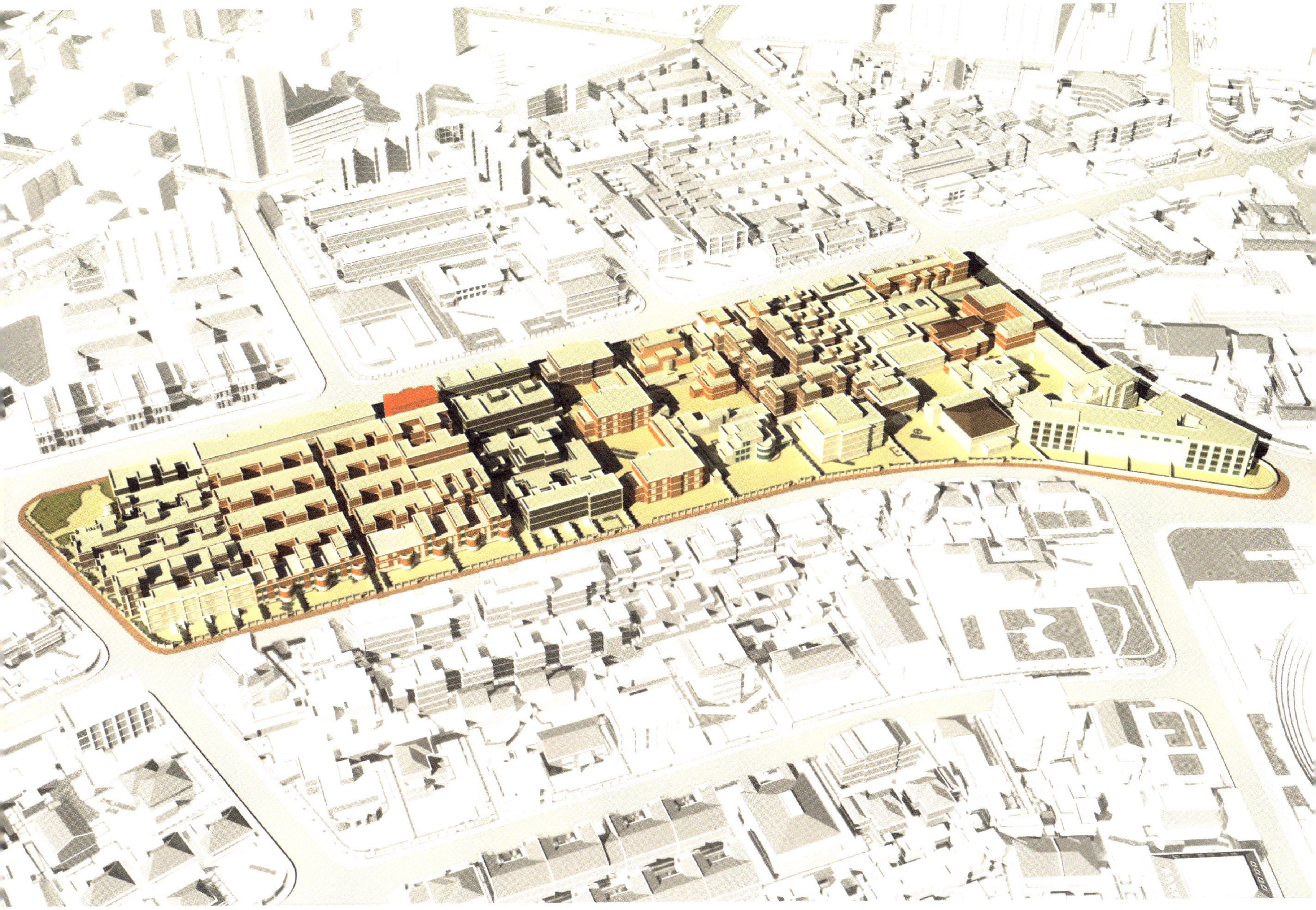

规划三维模型示意

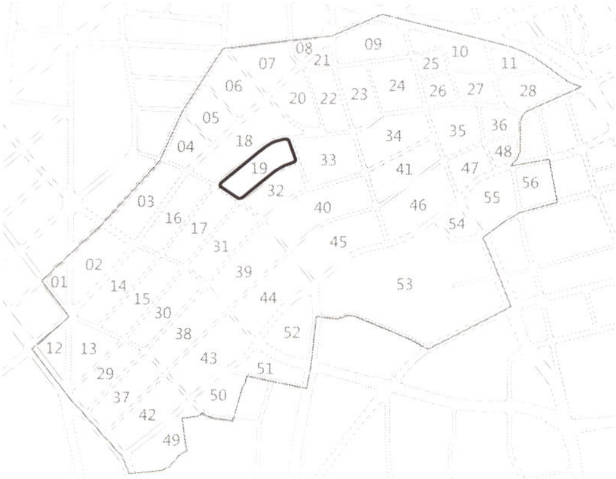

19 街坊

19 街坊位于核心保护区内，规划为商业性公共设施用地与居住用地。规划确定地块四周道路为一类历史街道。保护孙啸南旧居、林鸿赉旧居等文物建筑，保留历史建筑及与历史风貌相协调的建筑，对部分与历史风貌不相协调的建筑进行整治改造，引导拆除与历史风貌不相协调的建筑，拆除加建建筑。保留并拓展现有历史街巷。对街坊内建筑与环境的控制引导，以保留现状建筑为主，新增两处需要开放的空间与三处增加绿化种植的区域。街坊内的建筑布局类型兼有门院式、院落式、里弄式与其他类型，新建建筑须延续既有的布局模式。

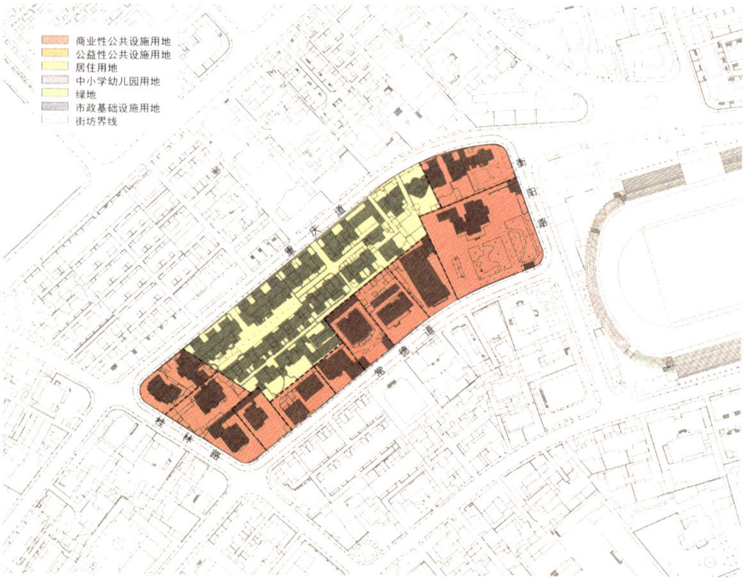

规划用地图

街坊历史文化保护图

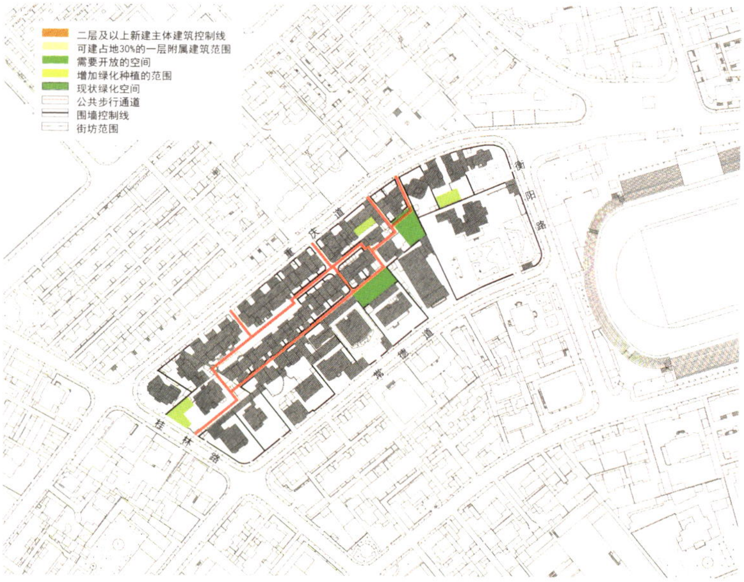

街坊建筑与环境控制引导图

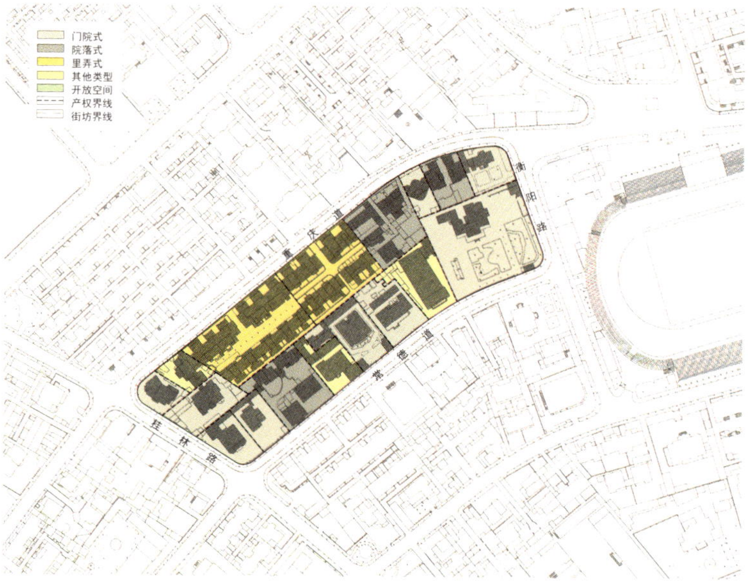

街坊建筑类型分类示意图

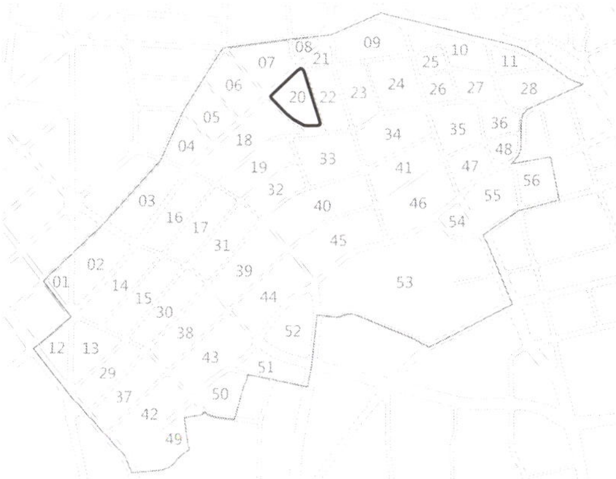

20 街坊

20 街坊位于核心保护区内，规划为商业性公共设施用地、居住用地及市政基础设施用地。规划确定地块东西两侧道路为一类历史街道，北侧道路为二类历史街道。保护关麟征旧居等文物建筑，保留历史建筑及与历史风貌相协调的建筑，对部分与历史风貌不相协调的建筑进行整治改造，拆除加建建筑。对街坊内建筑与环境的控制引导，以保留现状建筑为主，新增两处需要开放的空间与一处增加绿化种植的区域。街坊内的建筑布局类型兼有门院式、院落式、里弄式与其他类型，新建建筑须延续既有的布局模式。

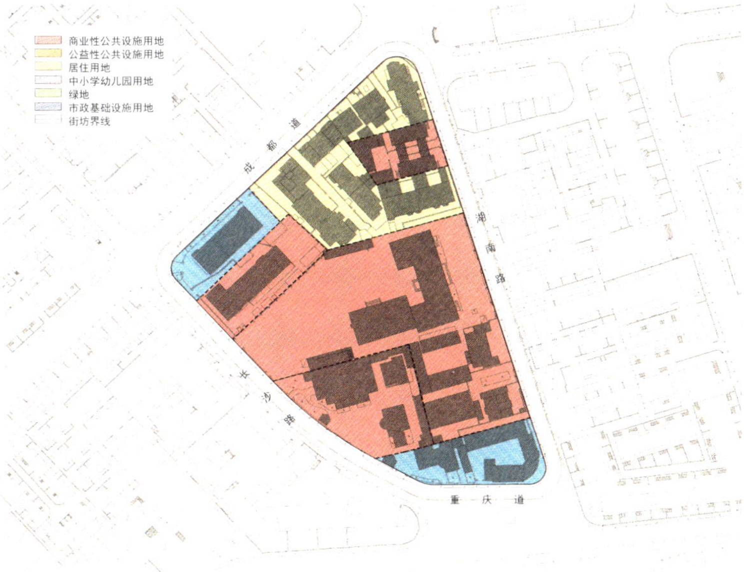

规划用地图

街坊历史文化保护图

街坊建筑与环境控制引导图

街坊建筑类型分类示意图

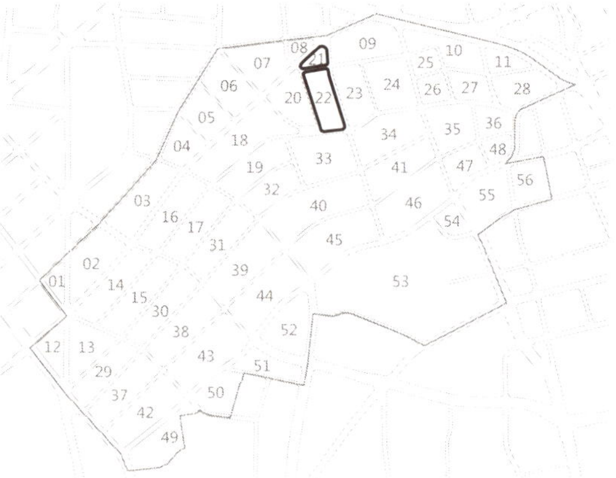

21 街坊

21 街坊位于核心保护区内，规划为商业性公共设施用地。规划确定地块东、南两侧道路为一类历史街道，北侧道路为二类历史街道。保留历史建筑及与历史风貌相协调的建筑，对部分与历史风貌不相协调的建筑进行整治改造，拆除加建建筑。对街坊内建筑与环境的控制引导，以保留现状建筑为主。街坊内的建筑布局类型兼有门院式、里弄式与其他类型。

22 街坊

22 街坊位于核心保护区内，规划为商业性公共设施用地。规划确定地块四周道路为一类历史街道。保留历史建筑及与历史风貌相协调的建筑，对部分与历史风貌不相协调的建筑进行整治改造，引导拆除与历史风貌不相协调的建筑，拆除加建建筑。对街坊内建筑与环境的控制引导，以保留现状建筑为主，新建一栋低层建筑，新增两处需要开放的空间及三处需要增加绿化种植的区域。街坊内的建筑布局类型兼有门院式、院落式与里弄式。

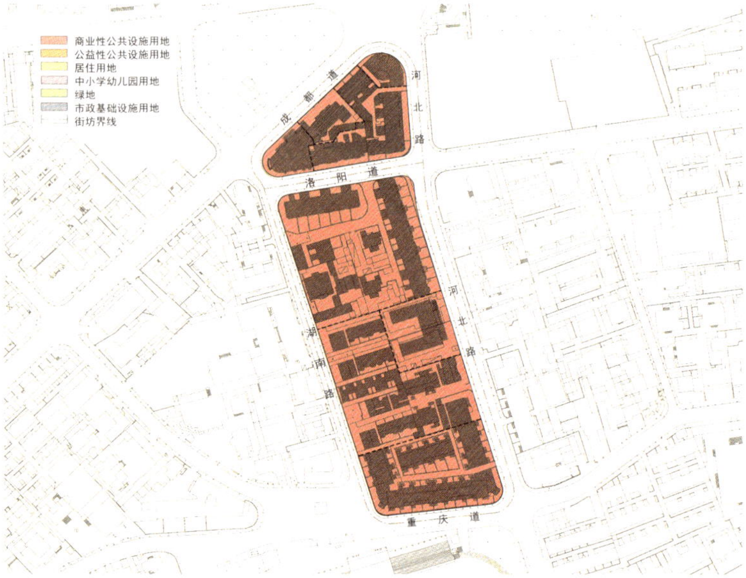

规划用地图

街坊历史文化保护图

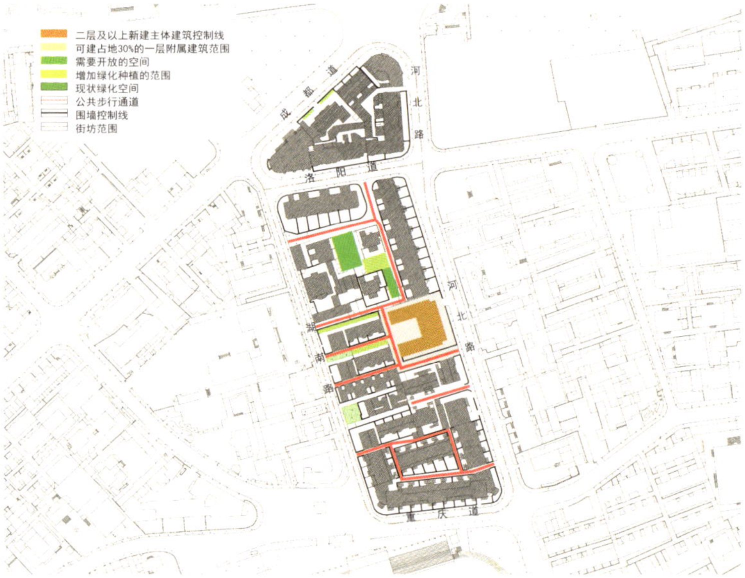

街坊建筑与环境控制引导图

街坊建筑类型分类示意图

21、22 街坊

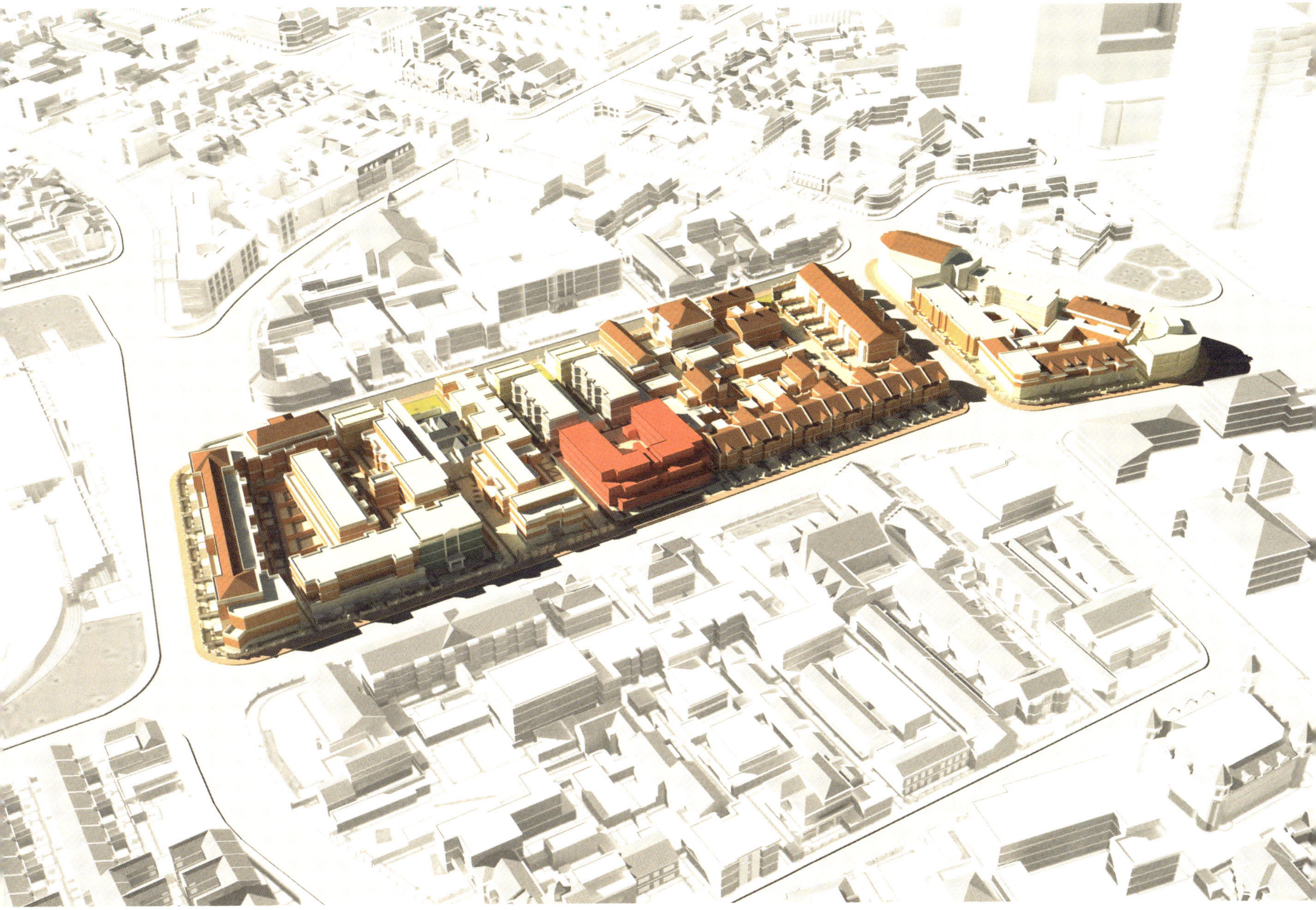

规划三维模型示意

22 街坊更新方案

现状使用功能图

沿街建筑界面

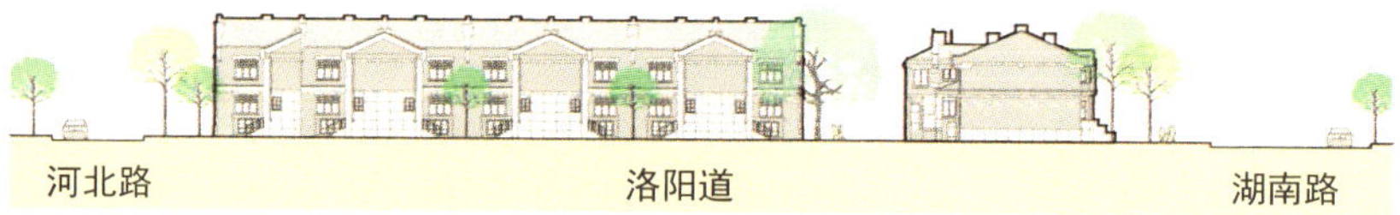

洛阳道界面

重庆道界面

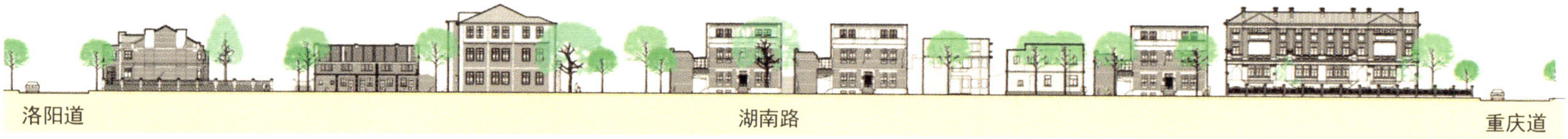

湖南路界面

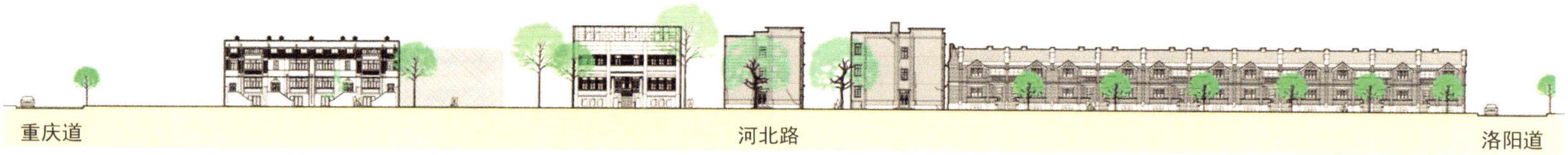

河北路界面

街坊剖切分析

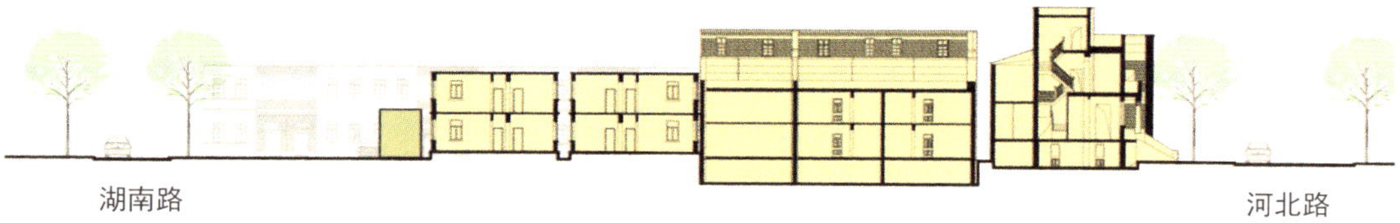

A—A剖面图

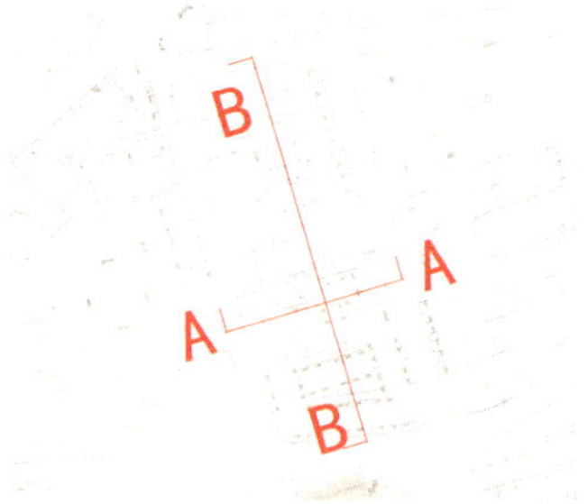

剖切位置图

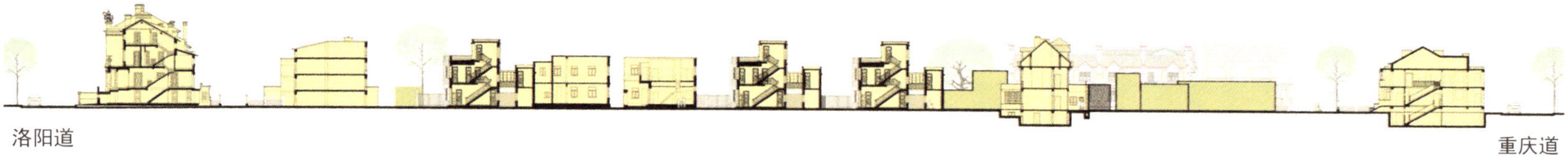

B—B剖面图

改造界面分析

视点位置

改造后的街坊内建筑界面

规划总平面图

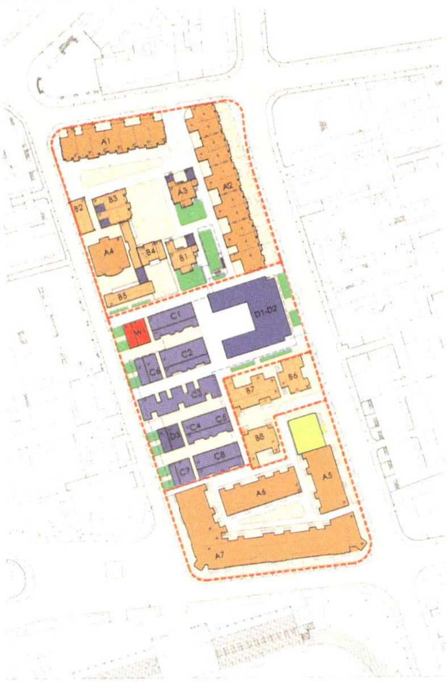

规划建筑功能图

道路用地
广场用地
绿化用地
历史风貌建筑
保留建筑
原风貌重建
其他建筑
新建地下室边界
商业
居住
文博展出
底层商业、上层居住
地下停车、机电
规划界限

改造效果图

洛阳道入口

休闲街区

主要广场

湖南路9号

（天津市风貌整理公司提供）

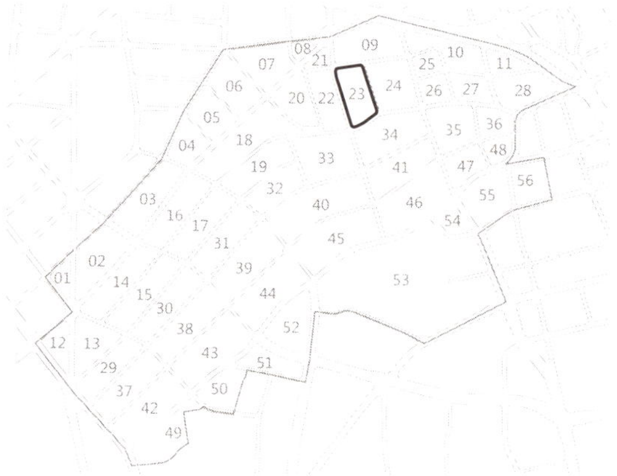

23 街坊

23 街坊位于核心保护区内，规划为商业性公共设施用地、居住用地与中小学幼儿园用地。规划确定地块四周道路为一类历史街道。保护曹锟旧居、李爱锐故居、马鸿逵旧居、顾维钧旧居等文物建筑，保留历史建筑及与历史风貌相协调的建筑，对部分与历史风貌不相协调的建筑进行整治改造，引导拆除与历史风貌不相协调的建筑，拆除加建建筑。保留并拓展现有历史街巷。对街坊内建筑与环境的控制引导，以保留现状建筑为主，新增一处需要开放的空间与两处增加绿化种植的区域。街坊内的建筑布局类型兼有门院式、院落式、里弄式与其他类型，新建建筑须延续既有的布局模式。

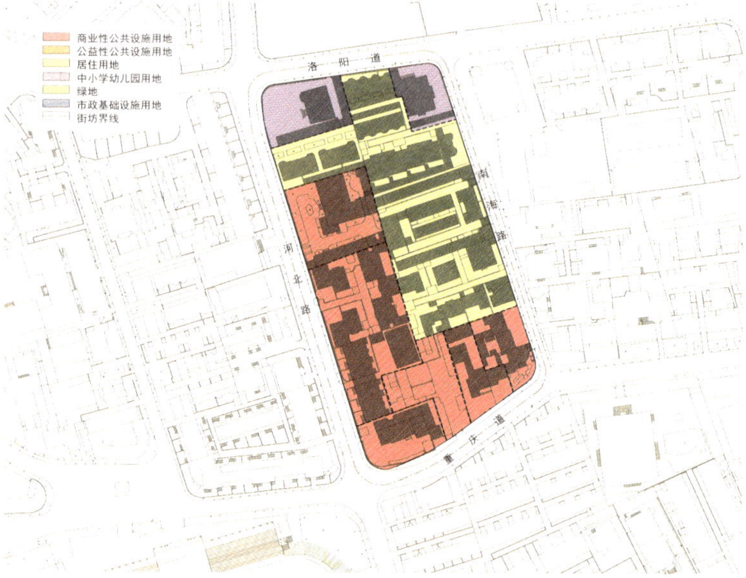

规划用地图

街坊历史文化保护图

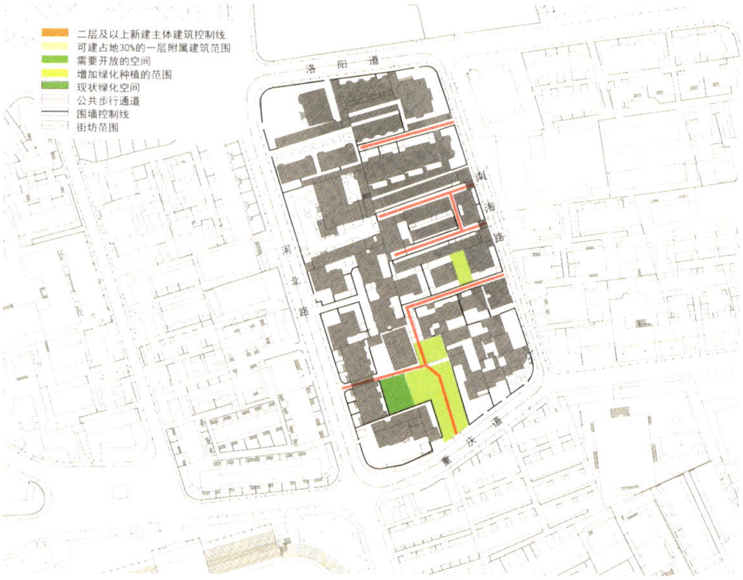

街坊建筑与环境控制引导图

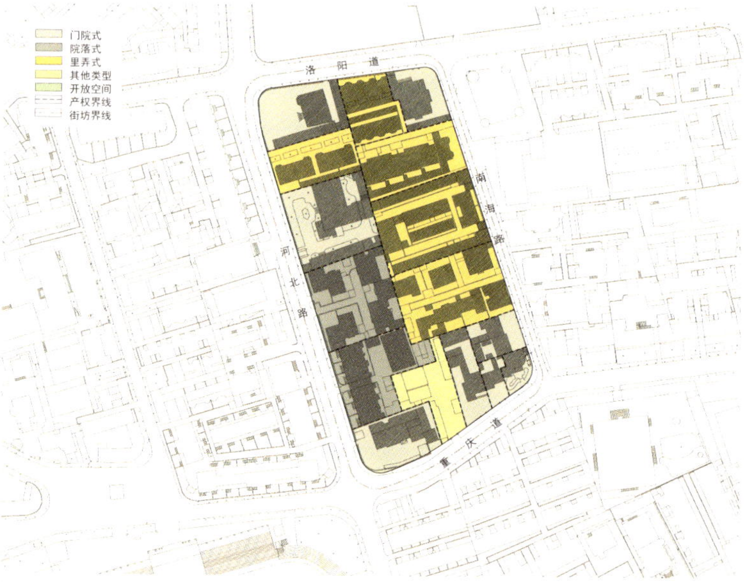

街坊建筑类型分类示意图

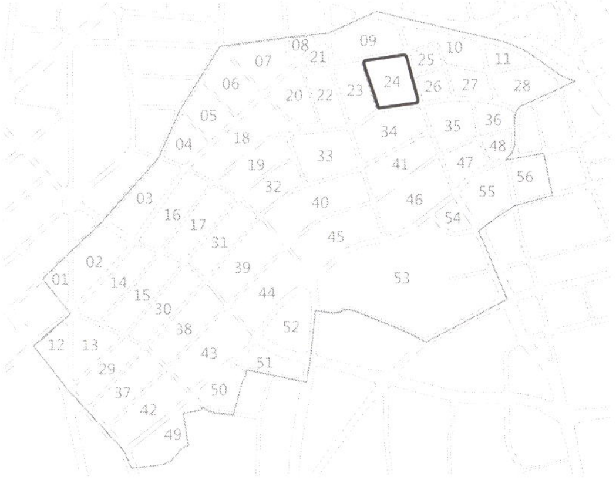

24 街坊

24 街坊位于核心保护区内，规划为商业性公共设施用地、公益性公共设施用地、居住用地、中小学幼儿园用地及城市绿地。规划确定地块四周道路为一类历史街道。保护剑桥大楼等文物建筑，保留历史建筑及与历史风貌相协调的建筑，对部分与历史风貌不相协调的建筑进行整治改造，引导拆除与历史风貌不相协调的建筑，拆除加建建筑。保留并拓展现有历史街巷。对街坊内建筑与环境的控制引导，以保留现状建筑为主，新建两组六栋建筑，新增一处增加绿化种植的区域。街坊内的建筑布局类型兼有门院式、院落式与里弄式，新建建筑延续既有的布局模式。

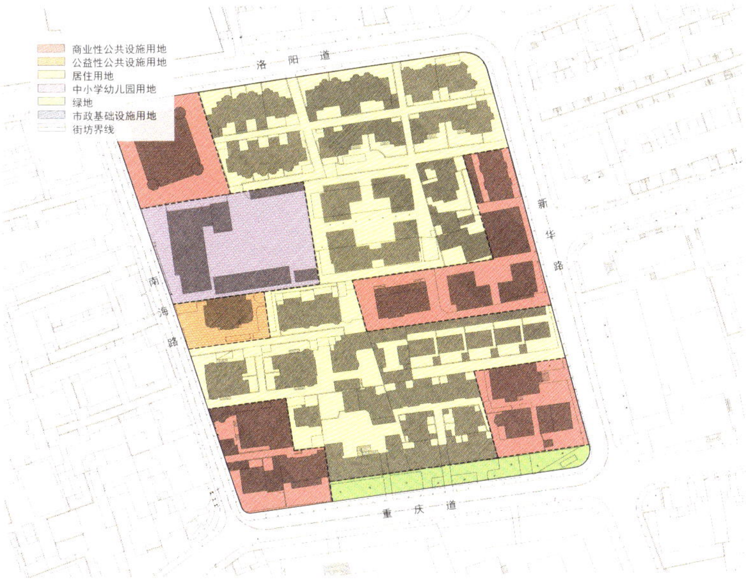

规划用地图

街坊历史文化保护图

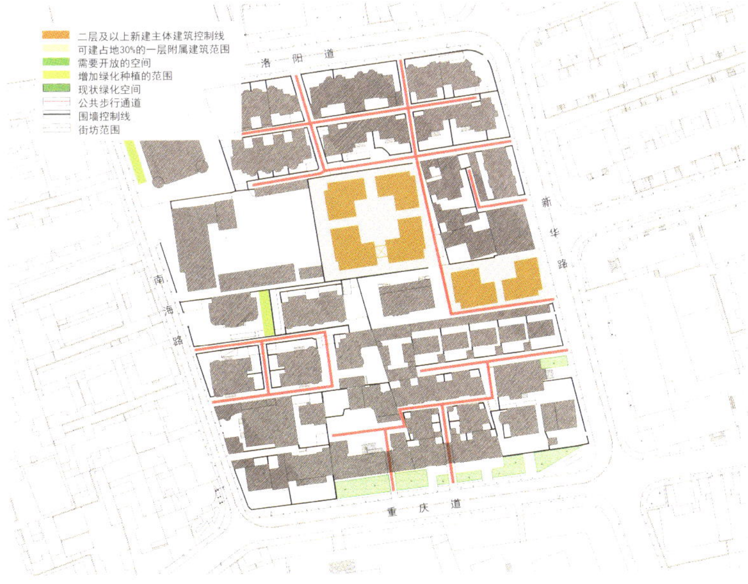

街坊建筑与环境控制引导图

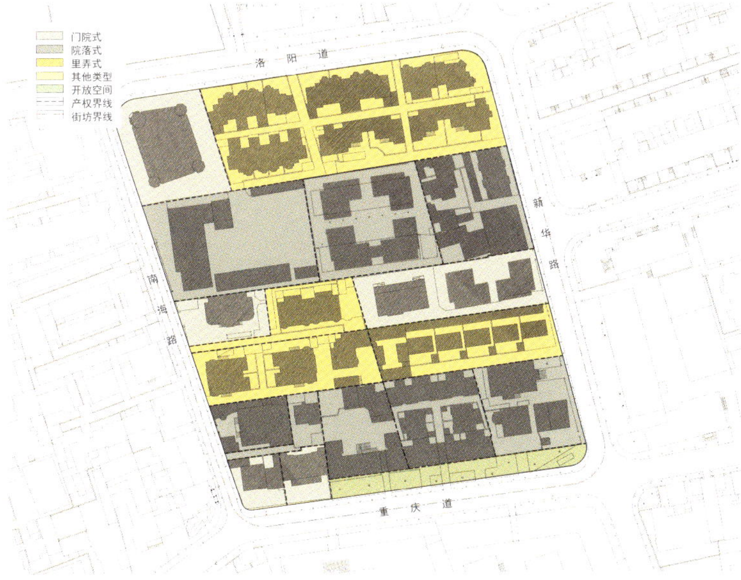

街坊建筑类型分类示意图

24 街坊

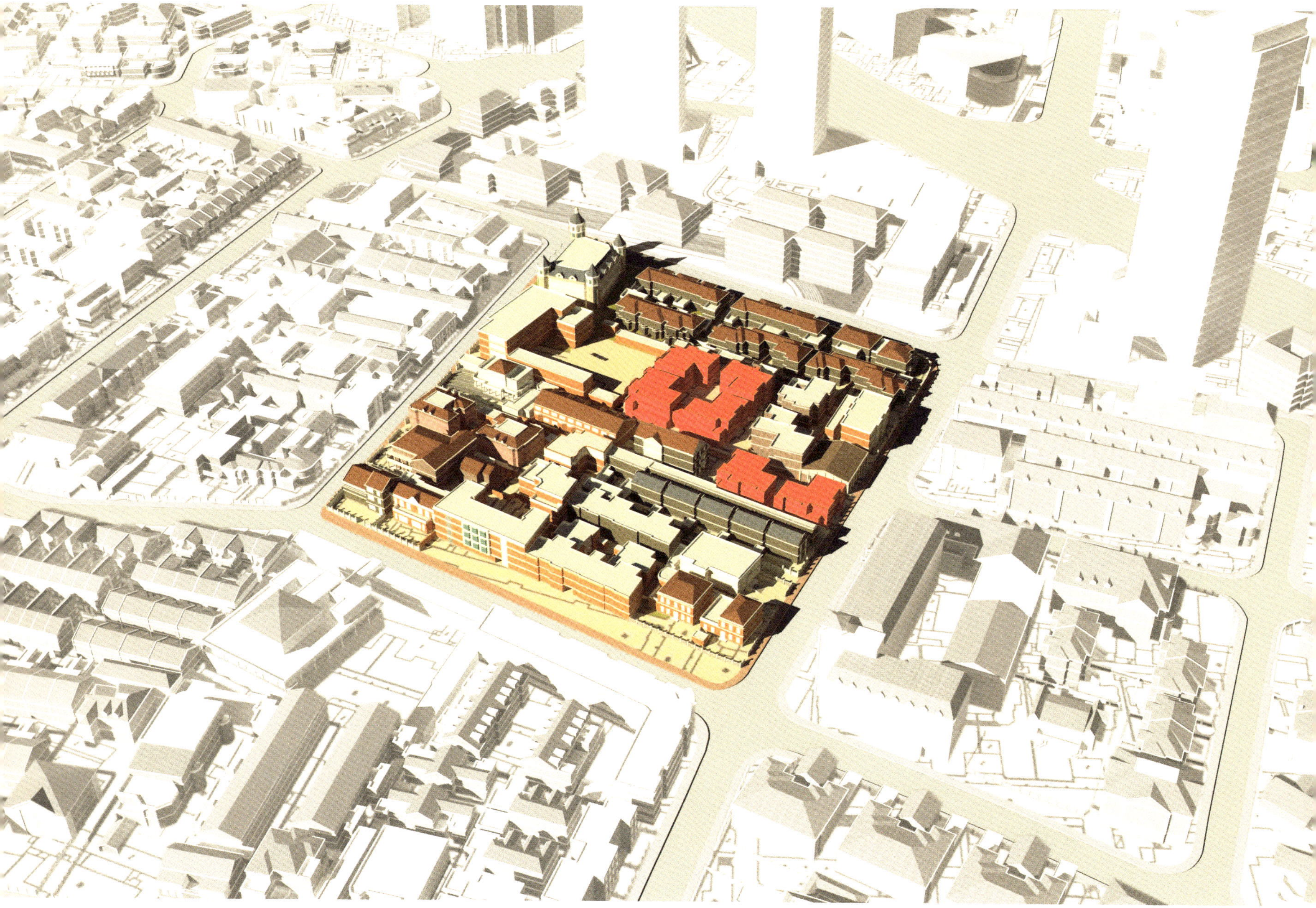

规划三维模型示意

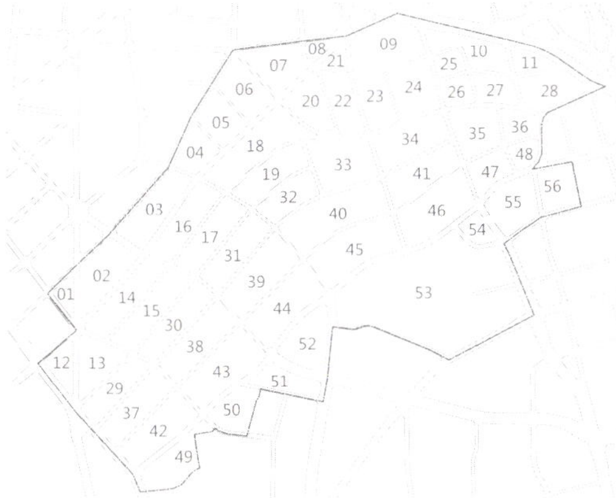

25 街坊

25 街坊位于核心保护区内，规划为商业性公共设施用地与居住用地。规划确定地块四周道路为一类历史街道。保护孙季鲁旧居等文物建筑，保留历史建筑及与历史风貌相协调的建筑，拆除加建建筑。保留现有历史街巷。对街坊内建筑与环境的控制引导，以保留现状建筑为主，新增一处增加绿化种植的区域。街坊内的建筑布局类型兼有门院式与里弄式，新建建筑需延须既有的布局模式。

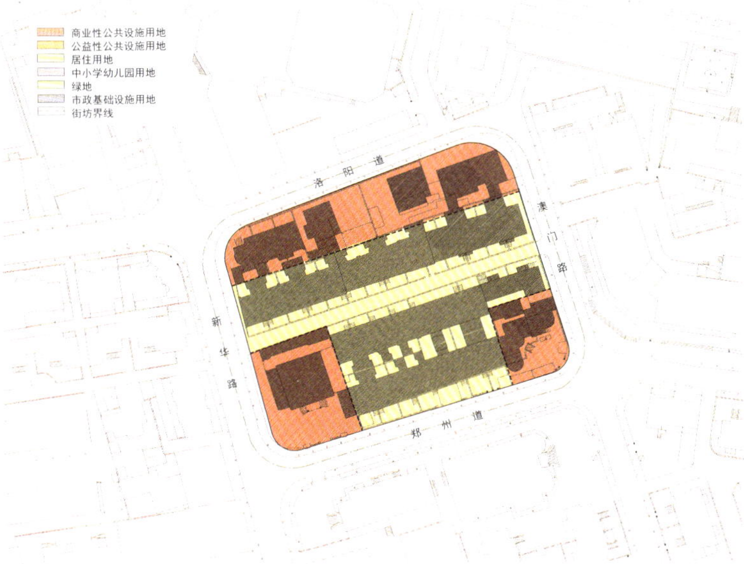

规划用地图

街坊历史文化保护图

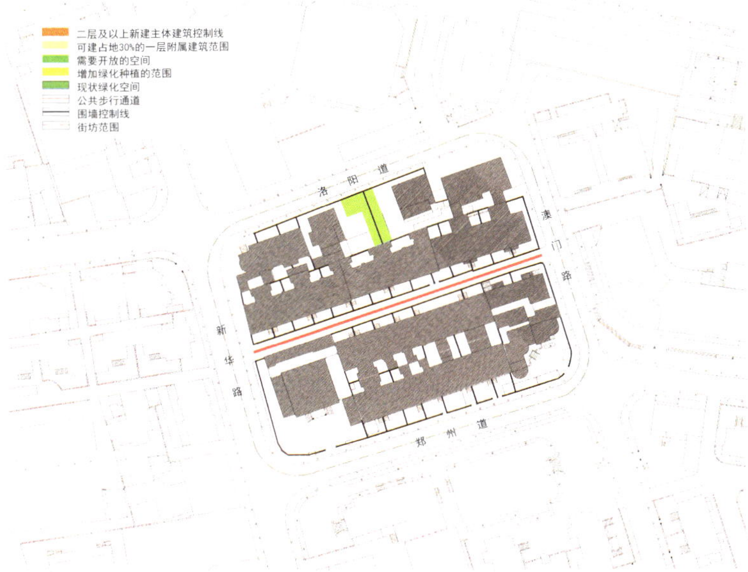

街坊建筑与环境控制引导图

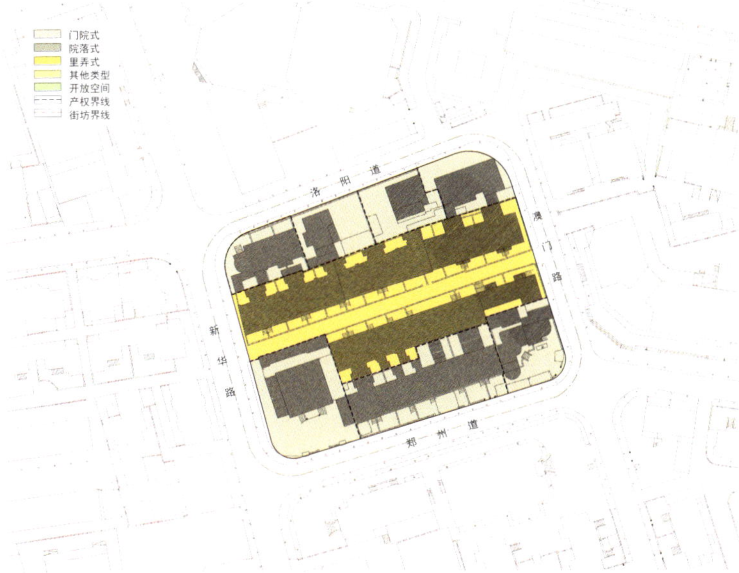

街坊建筑类型分类示意图

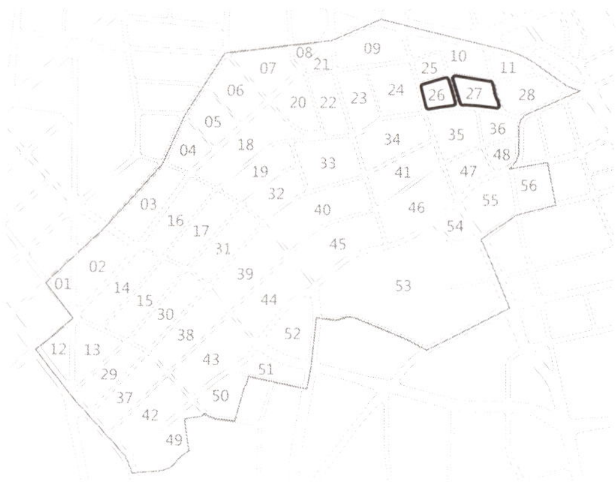

26 街坊

26 街坊位于核心保护区内，规划为商业性公共设施用地与城市绿地。规划确定地块四周道路为一类历史街道。保留历史建筑及与历史风貌相协调的建筑，对部分与历史风貌不相协调的建筑进行整治改造，引导拆除与历史风貌不相协调的建筑，拆除加建建筑。对街坊内建筑与环境的控制引导，以保留现状建筑为主，新建两栋多层建筑，新增五处绿化种植的区域。街坊内的建筑布局类型兼有门院式、院落式与其他类型，新建建筑延续既有的布局模式。

27 街坊

27 街坊位于核心保护区内，规划为商业性公共设施用地、公益性公共设施用地、居住用地与城市绿地。规划确定地块四周道路为一类历史街道。保护张作相旧居等文物建筑，保留历史建筑及与历史风貌相协调的建筑，拆除加建建筑。对街坊内建筑与环境的控制引导，以保留现状建筑为主，新增两处绿化种植区域。街坊内的建筑布局类型兼有门院式、院落式、里弄式与其他类型。

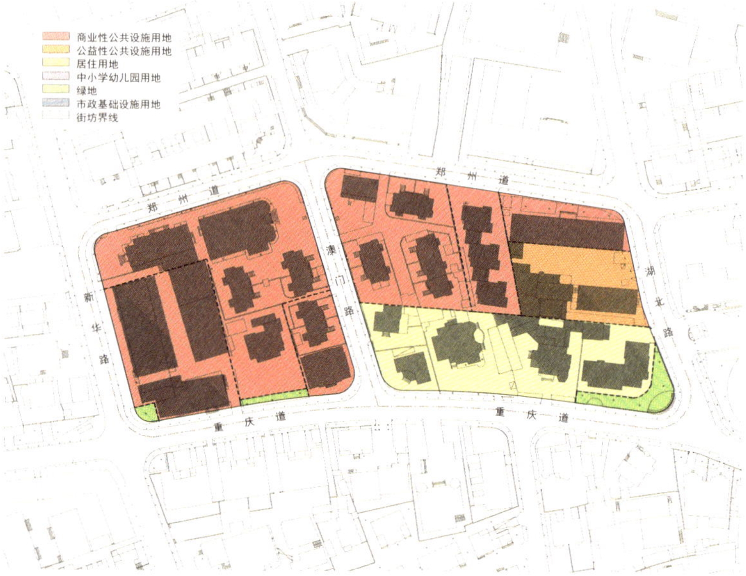

规划用地图

街坊历史文化保护图

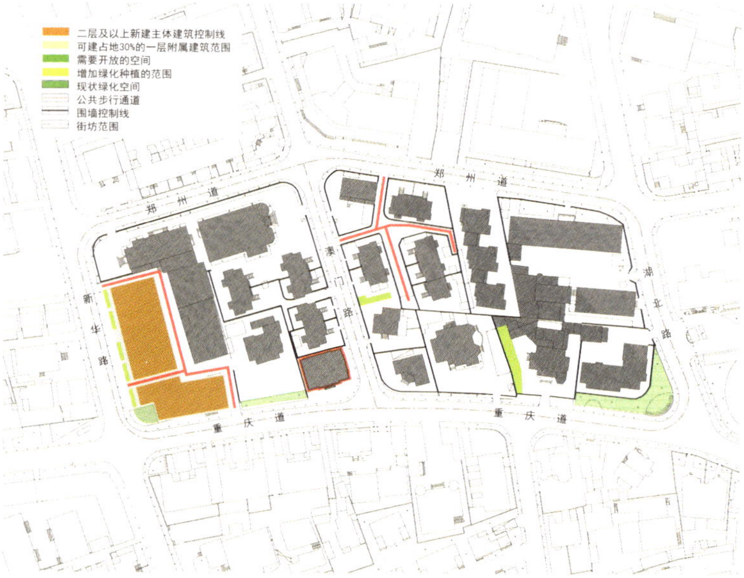

街坊建筑与环境控制引导图

街坊建筑类型分类示意图

26、27 街坊

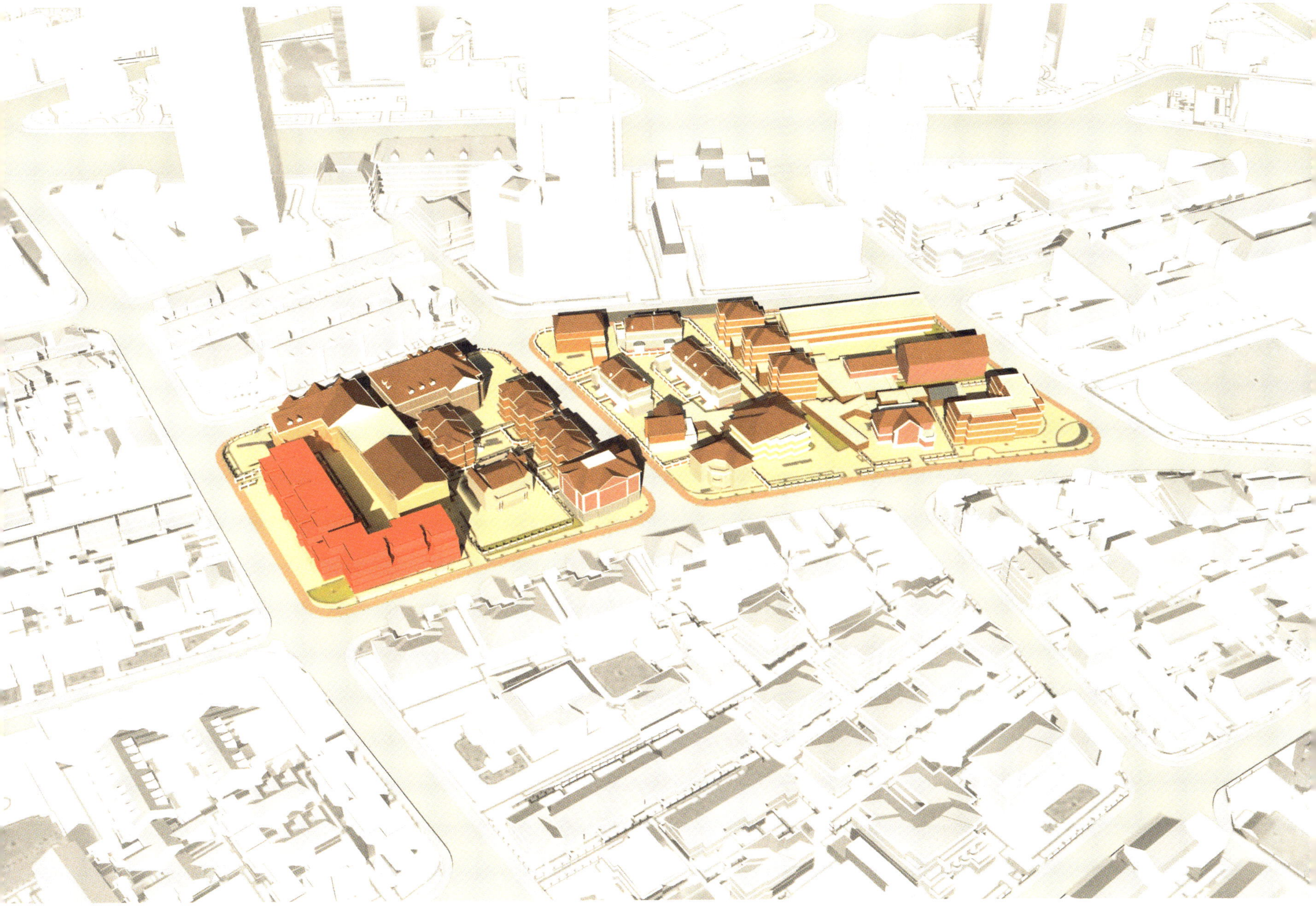

规划三维模型示意

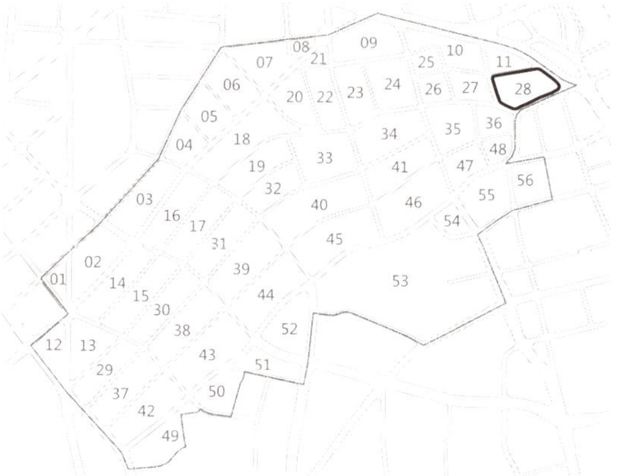

28 街坊

28 街坊位于核心保护区内，规划为中小学幼儿园用地与城市绿地。规划确定地块四周道路为一类历史街道。保护潘复旧居及英国文法学校旧址等文物建筑。保留与历史风貌相协调的建筑。对街坊内建筑与环境的控制引导，以保留现状建筑为主。街坊内的建筑布局类型为院落式，新建建筑须延续既有的布局模式。

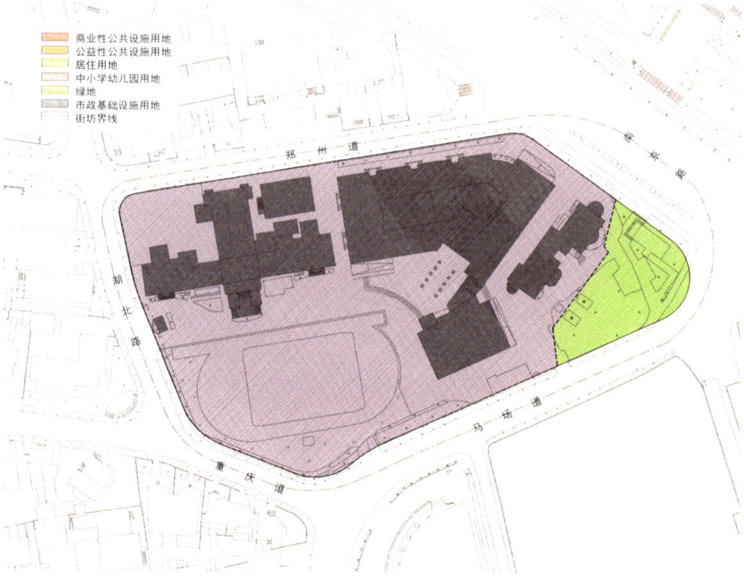

规划用地图

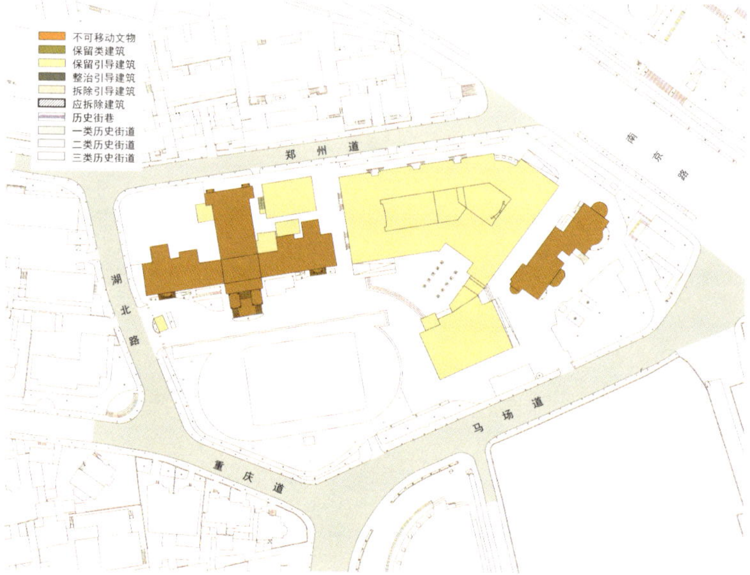

街坊历史文化保护图

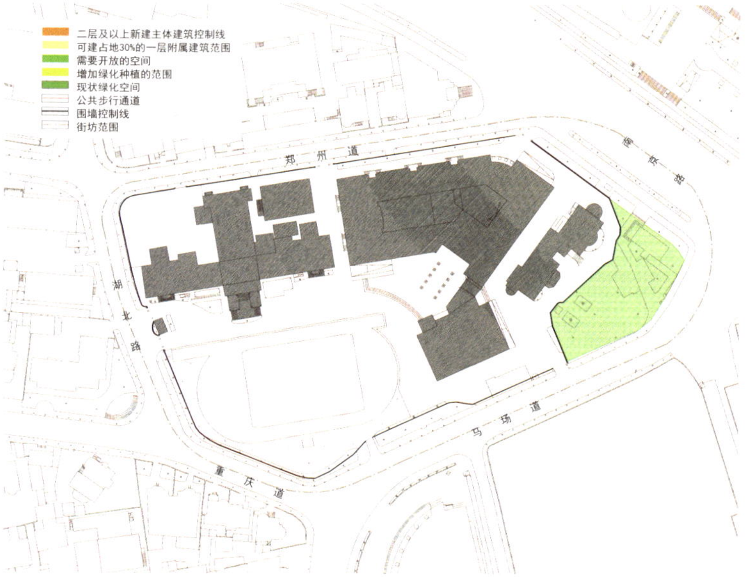

街坊建筑与环境控制引导图

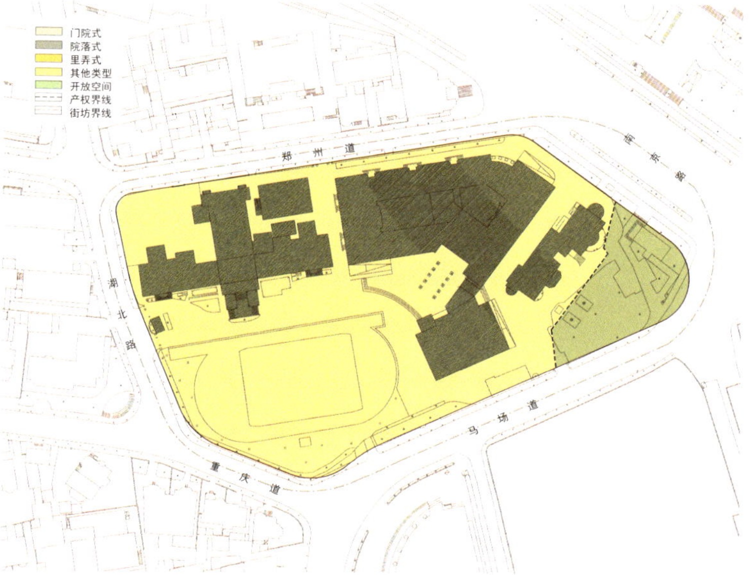

街坊建筑类型分类示意图

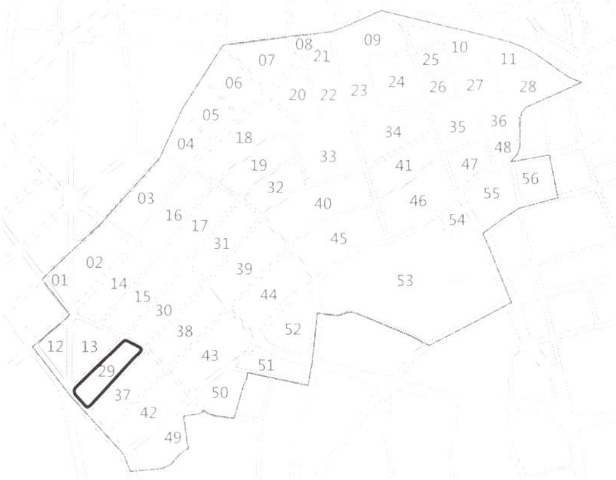

29 街坊

29 街坊位于核心保护区内，规划为商业性公共设施用地、居住用地与城市绿地。规划确定地块北、东、南三侧道路为一类历史街道，西侧道路为三类历史街道。保护茂根大楼等文物建筑，保留历史建筑及与历史风貌相协调的建筑，对部分与历史风貌不相协调的建筑进行整治改造，引导拆除与历史风貌不相协调的建筑，拆除加建建筑。对街坊内建筑与环境的控制引导，以保留现状建筑为主，新建两栋低层建筑，新增两处绿化种植的区域。街坊内的建筑布局类型兼有门院式、院落式、里弄式与其他类型，新建建筑延续既有的布局模式。

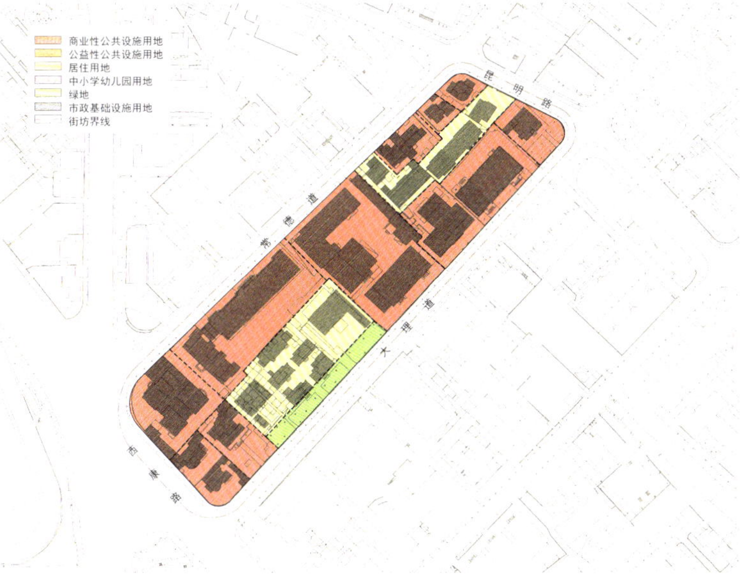

规划用地图

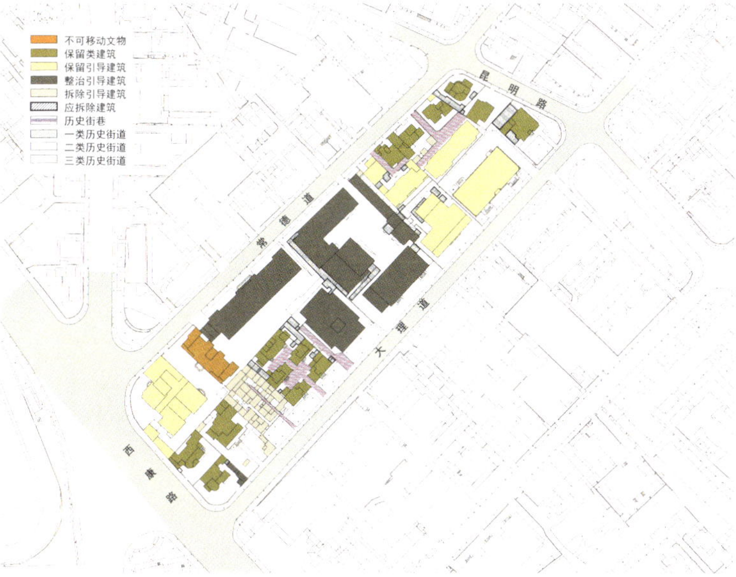

街坊历史文化保护图

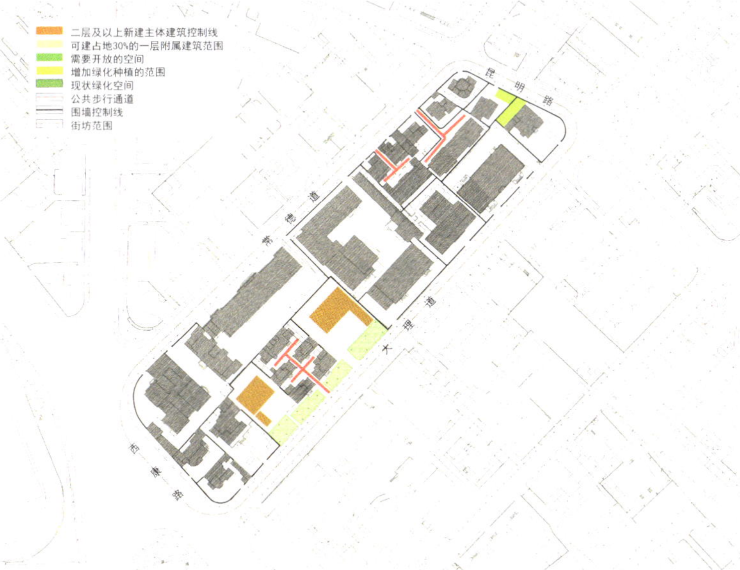

街坊建筑与环境控制引导图

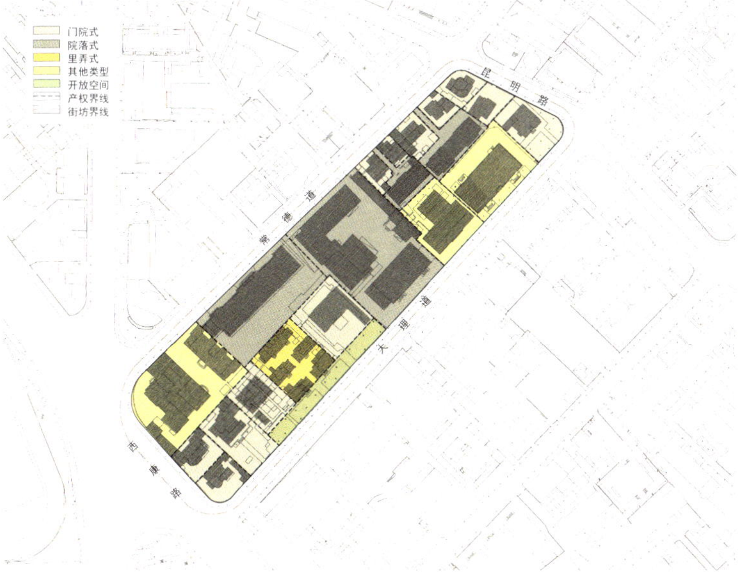

街坊建筑类型分类示意图

29 街坊

规划三维模型示意

30 街坊

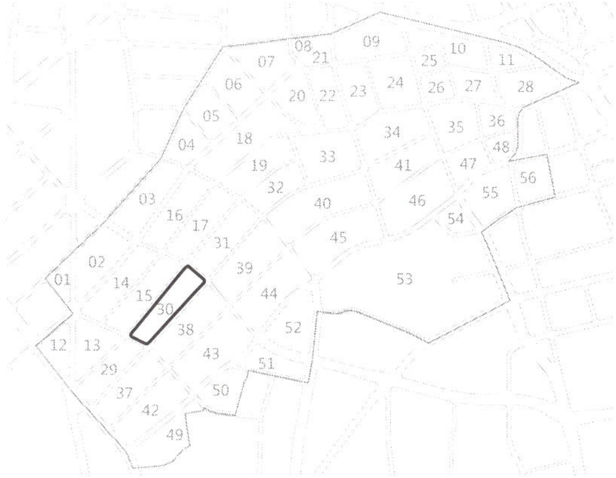

30 街坊位于核心保护区内，规划以商业性公共设施用地为主，兼有居住用地、中小学幼儿园用地与城市绿地。规划确定地块四周道路为一类历史街道。保护赵以成、汪培娲旧居文物建筑等，保留历史建筑及与历史风貌相协调的建筑，对部分与历史风貌不相协调的建筑进行整治改造，引导拆除与历史风貌不相协调的建筑，拆除加建建筑。对街坊内建筑与环境的控制引导，以保留现状建筑为主，新建一栋多层建筑，新增两处绿化种植的区域与一处需要开放的空间。街坊内的建筑布局类型兼有门院式、院落式与其他类型，新建建筑延续既有的布局模式。

规划用地图

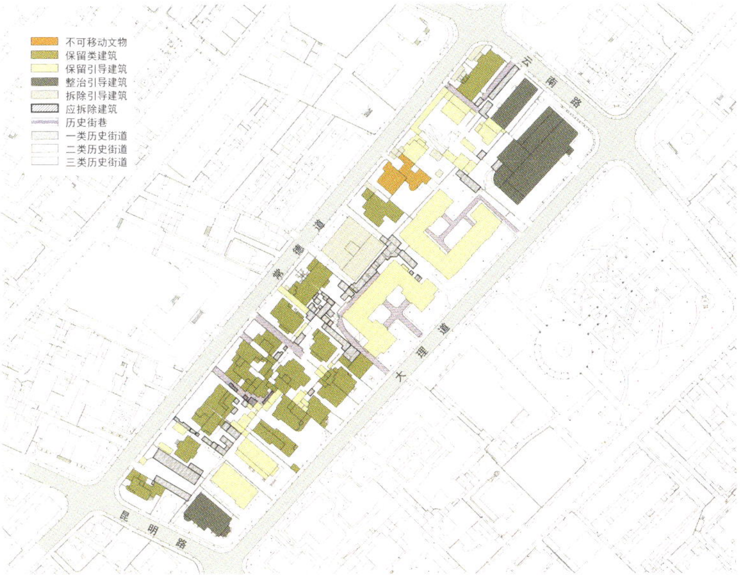

街坊历史文化保护图

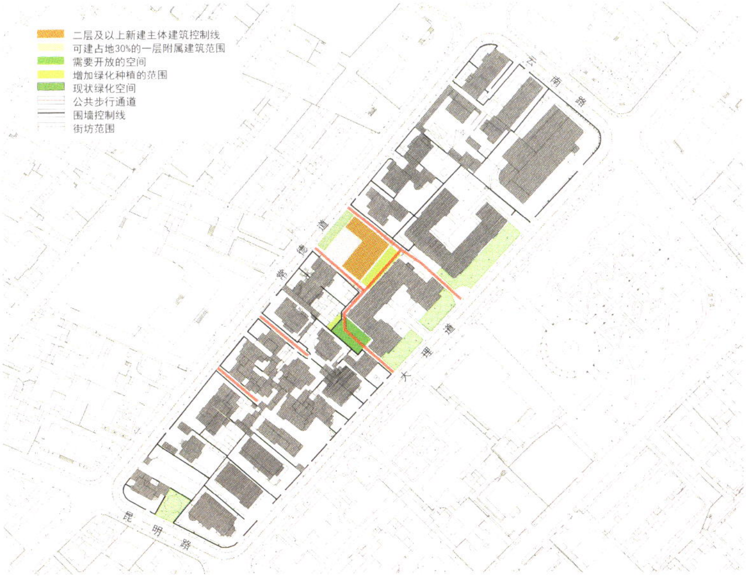

街坊建筑与环境控制引导图

街坊建筑类型分类示意图

30 街坊

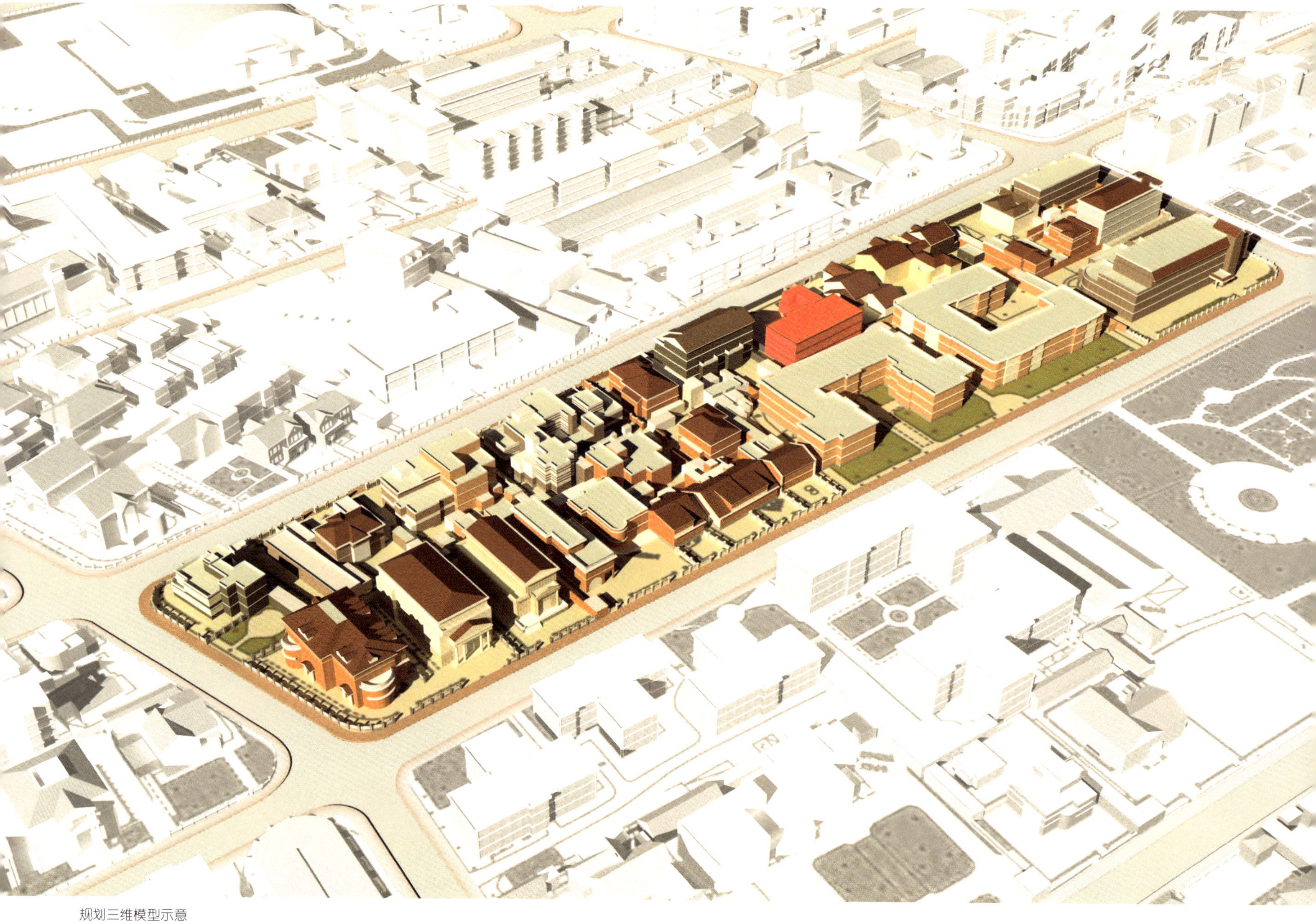

规划三维模型示意

31 街坊

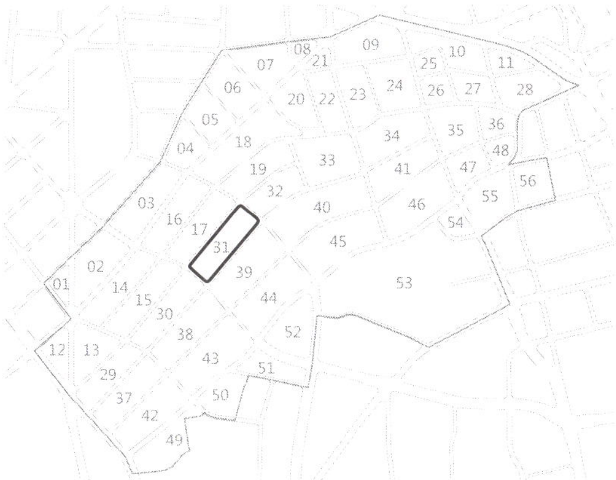

31 街坊位于核心保护区内，规划为商业性公共设施用地与公益性公共服务设施用地。规划确定地块四周道路为一类历史街道。保护孙氏旧居与王占元旧居等文物建筑，保留历史建筑及与历史风貌相协调的建筑，对部分与历史风貌不相协调的建筑进行整治改造。对街坊内建筑与环境的控制引导，以保留现状建筑为主，新增一处绿化种植的区域。街坊内的建筑布局类型兼有门院式、院落式与其他类型，新建建筑须延续既有的布局模式。

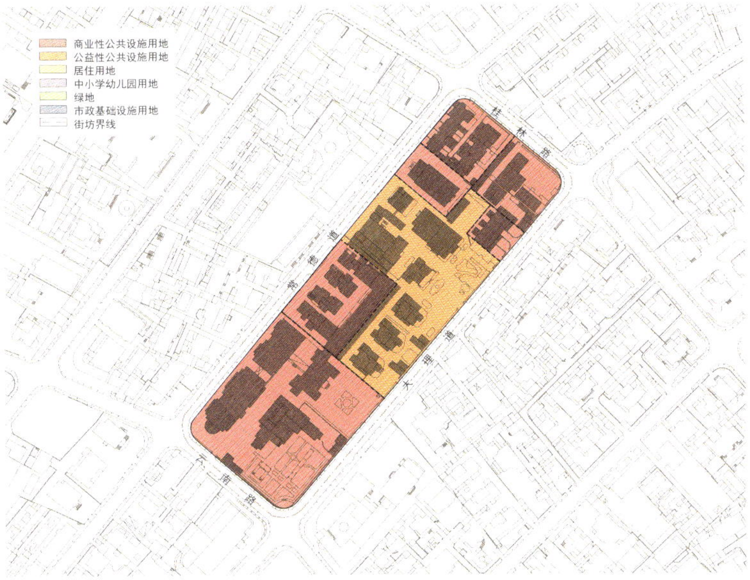

规划用地图

街坊历史文化保护图

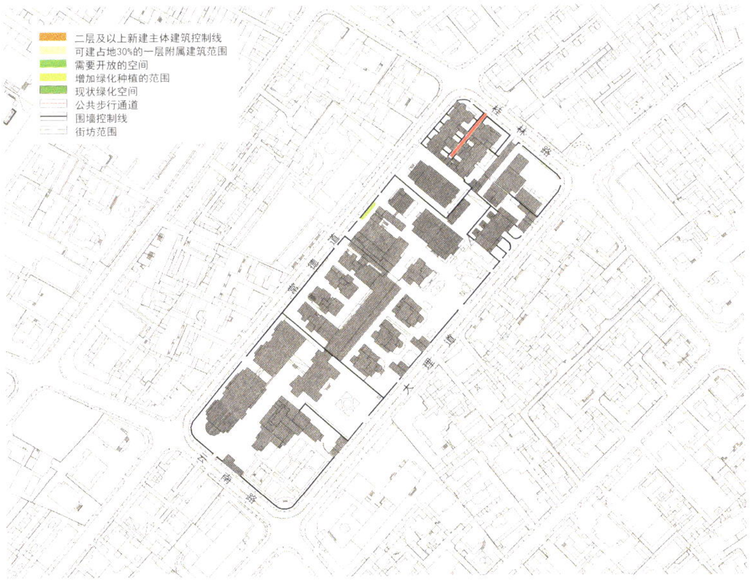

街坊建筑与环境控制引导图

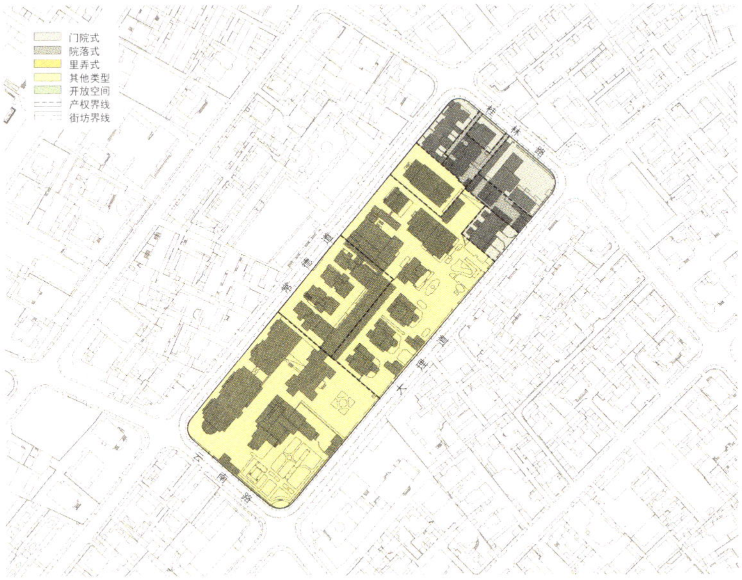

街坊建筑类型分类示意图

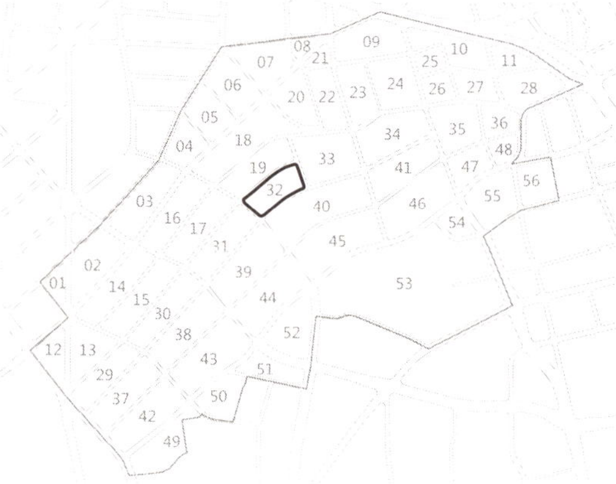

32 街坊

32 街坊位于核心保护区内，规划以商业性公共设施用地与居住用地为主，兼有中小学幼儿园用地与城市绿地。规划确定地块四周道路为一类历史街道。保护曾延毅旧居与陈光远旧居文物建筑等，保留历史建筑及与历史风貌相协调的建筑，对部分与历史风貌不相协调的建筑进行整治改造，拆除部分与历史风貌不相协调的建筑。对街坊内建筑与环境的控制引导，以保留现状建筑为主，新建一处低层建筑，新增一处绿化种植的区域。街坊内的建筑布局类型兼有门院式、院落式与其他类型，新建建筑须延续既有的布局模式。

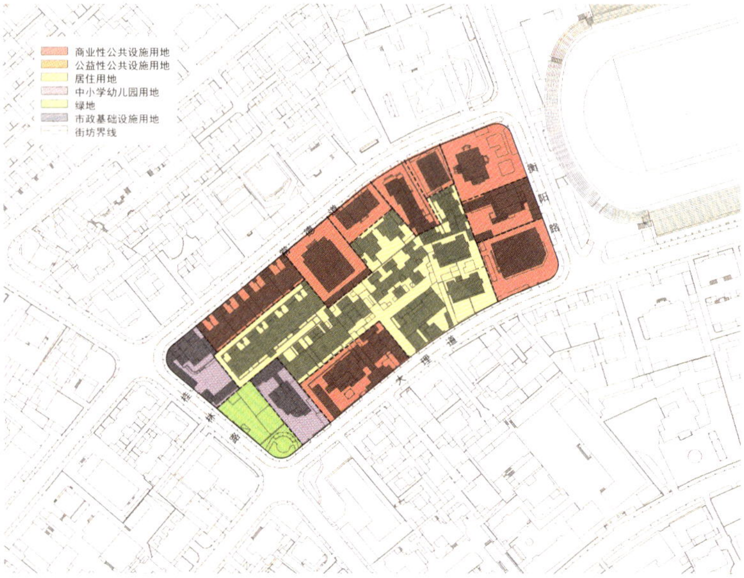

规划用地图

街坊历史文化保护图

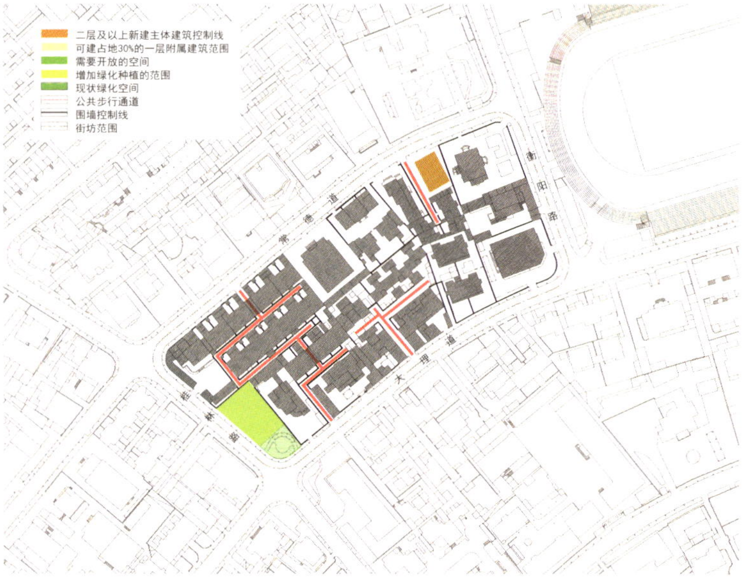

街坊建筑与环境控制引导图

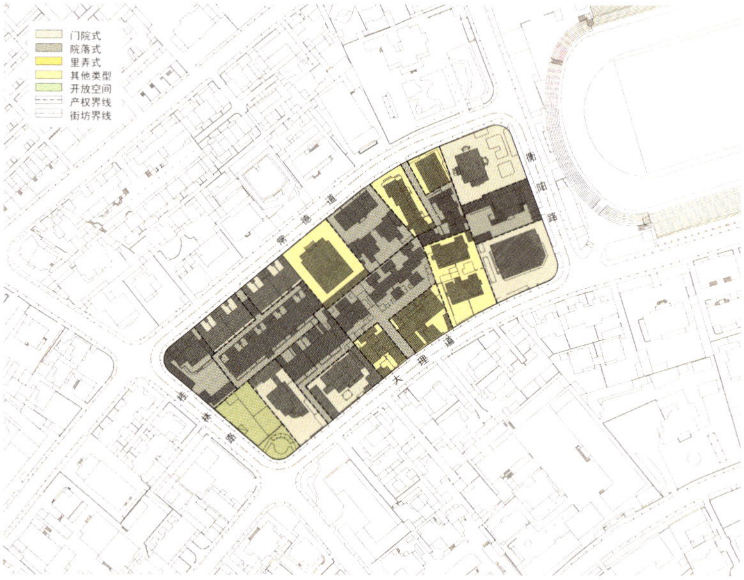

街坊建筑类型分类示意图

32 街坊

规划三维模型示意

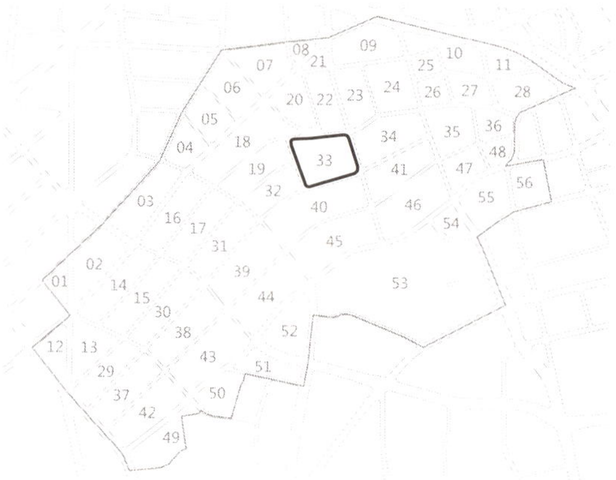

33 街坊

33 街坊位于核心保护区内，规划为公益性公共设施用地。规划确定地块四周道路为一类历史街道。对部分与历史风貌不相协调的建筑进行整治改造，拆除部分与历史风貌不相协调的建筑。对街坊内建筑与环境的控制引导，以保留现状建筑为主。街坊内的建筑布局类型为其他类型。

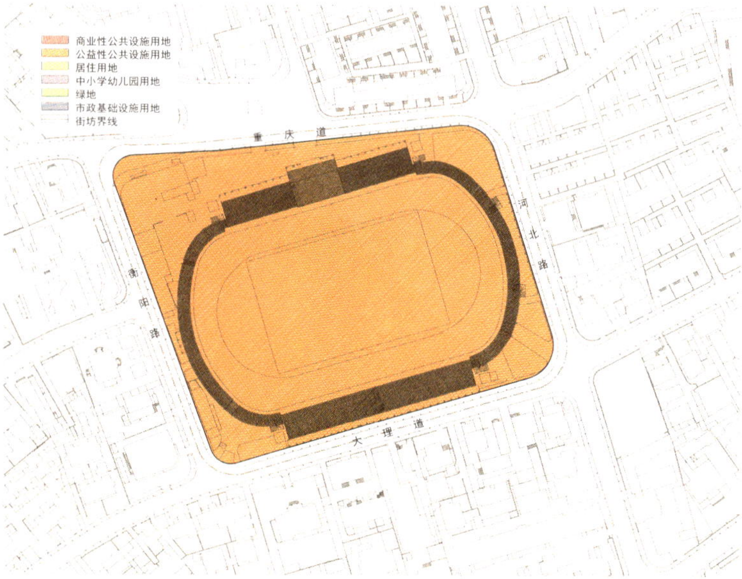

规划用地图

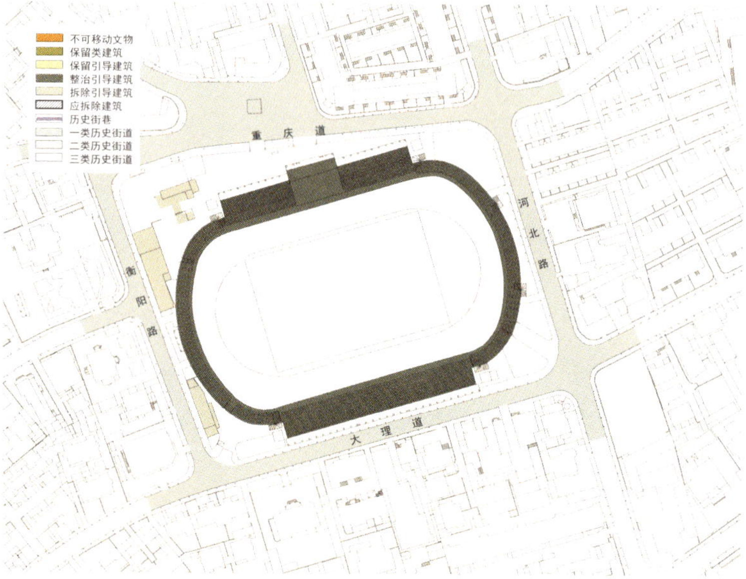

街坊历史文化保护图

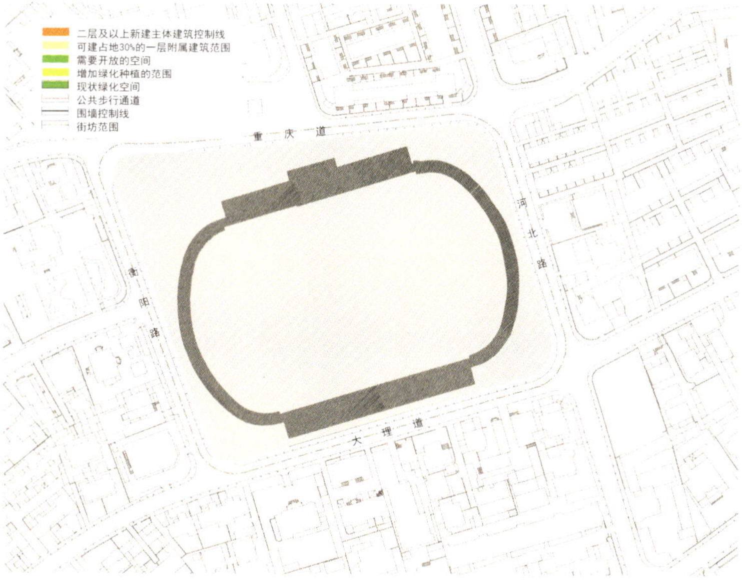

街坊建筑与环境控制引导图

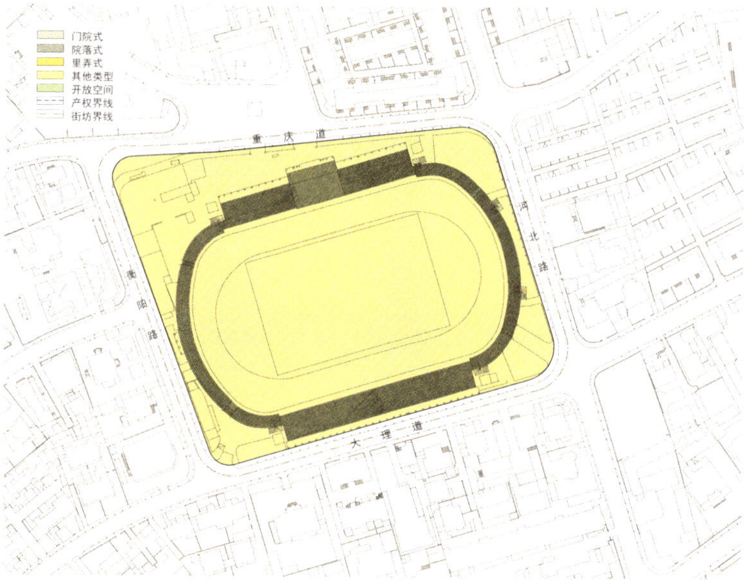

街坊建筑类型分类示意图

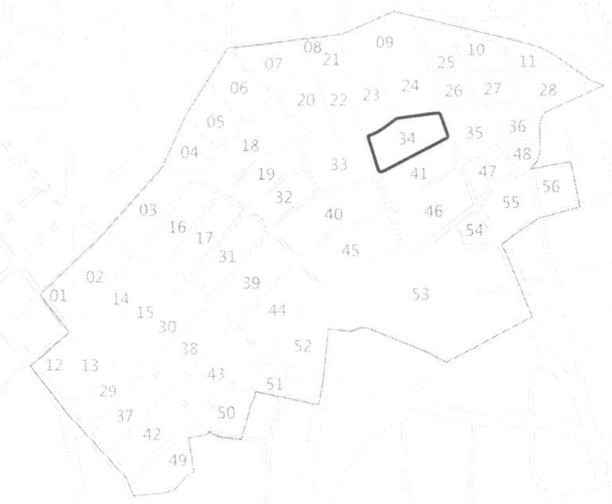

34 街坊

34 街坊位于核心保护区内，规划以商业性公共设施用地与居住用地为主，兼有公益性公共设施用地。规划确定地块四周道路为一类历史街道。保护徐世章旧居、庆王府等文物建筑，保留历史建筑及与历史风貌相协调的建筑，对部分与历史风貌不相协调的建筑进行整治改造，拆除部分与历史风貌不相协调的建筑。保留并拓展历史街巷。对街坊内建筑与环境的控制引导，以保留现状建筑为主，新建一处低层建筑。街坊内的建筑布局类型兼有门院式、院落式、里弄式与其他类型，新建建筑延续既有的布局模式。

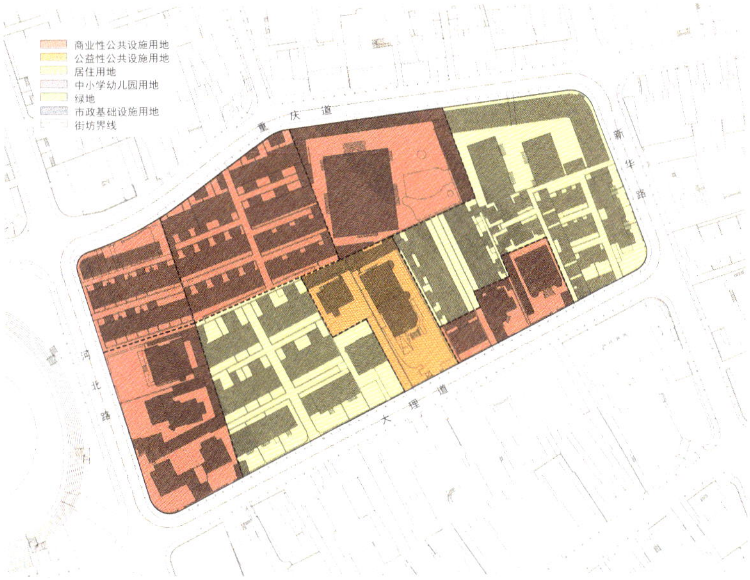

规划用地图

街坊历史文化保护图

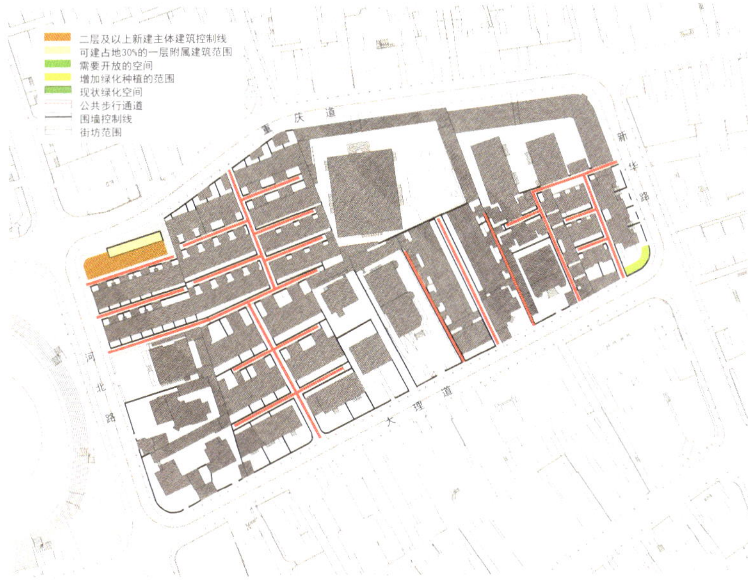

街坊建筑与环境控制引导图

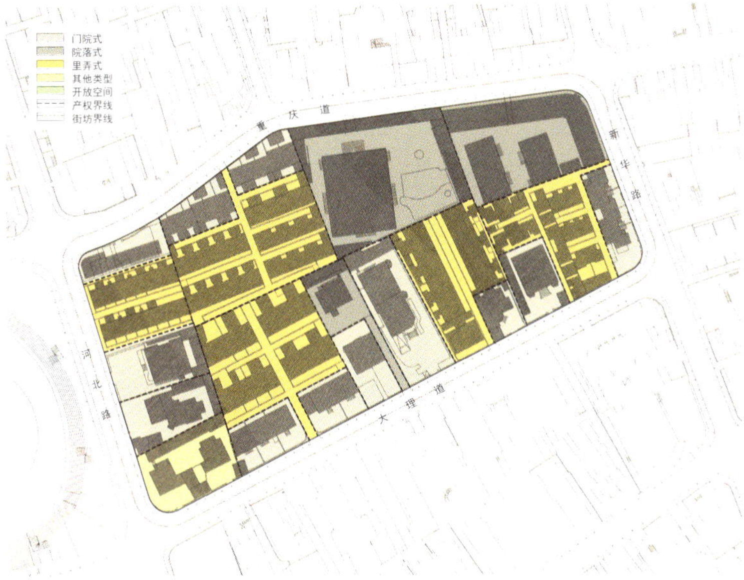

街坊建筑类型分类示意图

34 街坊

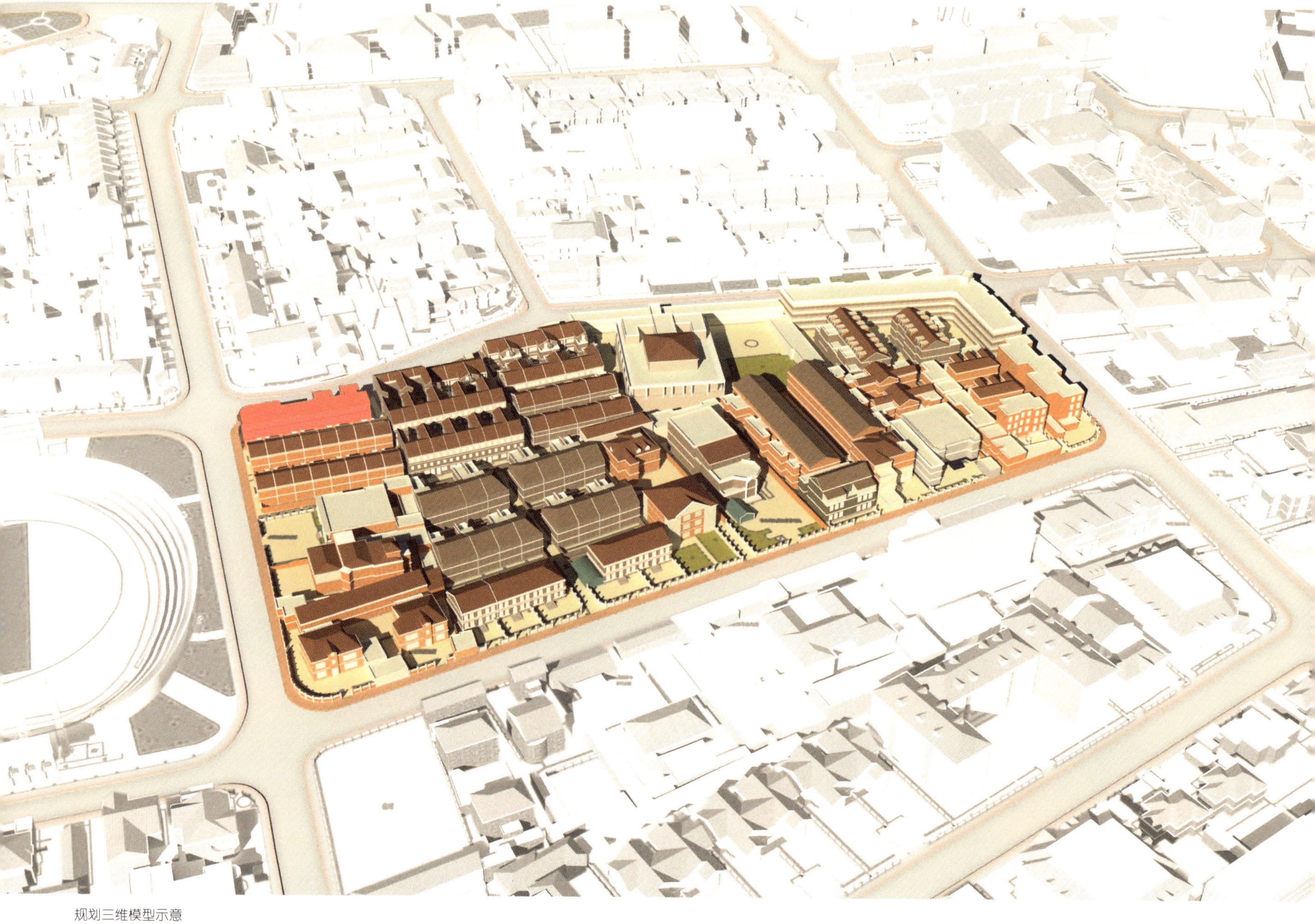

规划三维模型示意

34 街坊庆王府、山益里改造实景

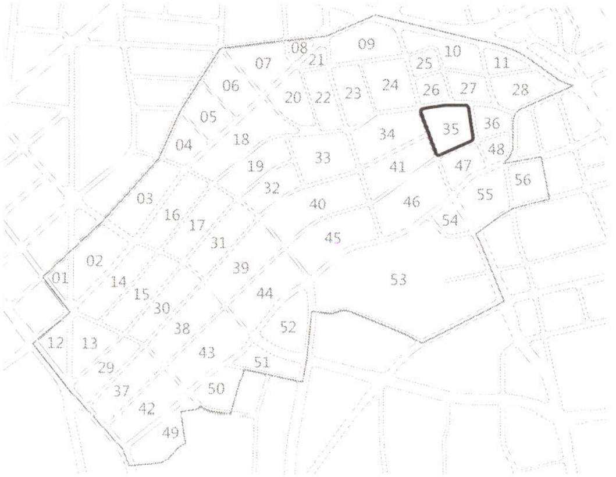

35 街坊

35 街坊位于核心保护区内，规划以商业性公共设施用地与居住用地为主，兼有中小学幼儿园用地与城市绿地。规划确定地块四周道路为一类历史街道。保护孙殿英旧居、伪满洲国领事馆等文物建筑，保留历史建筑及与历史风貌相协调的建筑，对部分与历史风貌不相协调的建筑进行整治改造，拆除部分与历史风貌不相协调的建筑，拆除加建建筑。保留并拓展历史街巷。对街坊内建筑与环境的控制引导，以保留现状建筑为主，新建一处低层建筑，新增一处需要开放的空间和一处绿化种植的范围。街坊内的建筑布局类型兼有门院式、院落式、里弄式与其他类型，新建建筑延续既有的布局模式。

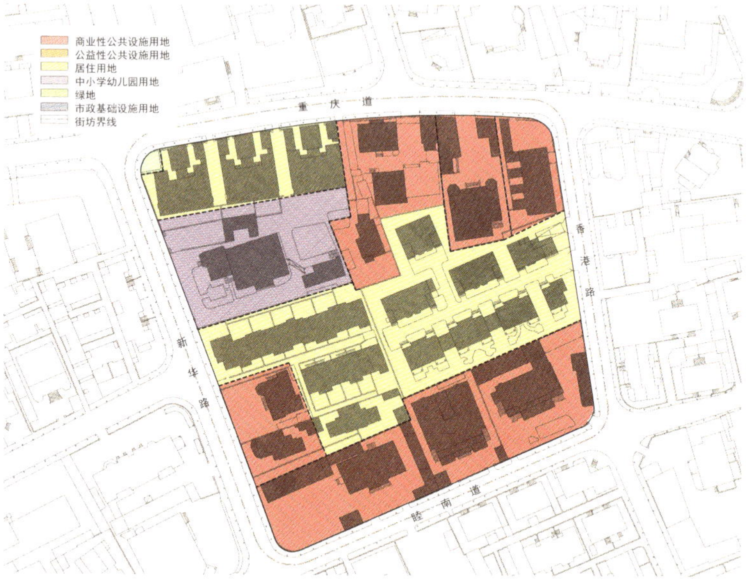

规划用地图

街坊历史文化保护图

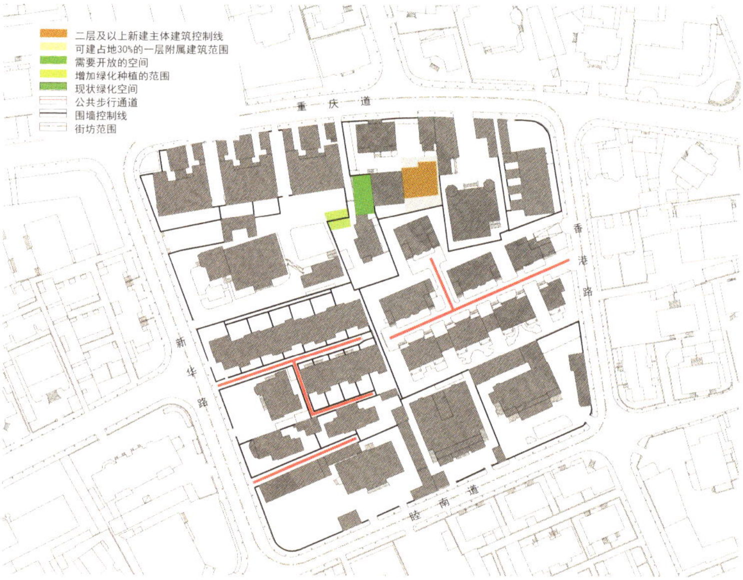

街坊建筑与环境控制引导图

街坊建筑类型分类示意图

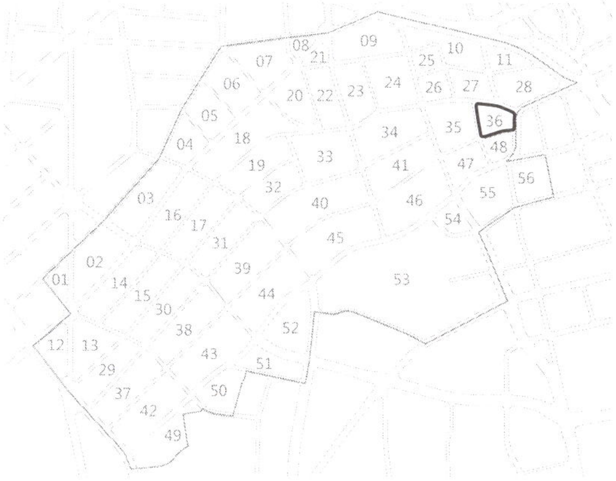

36 街坊

36 街坊位于核心保护区内，规划为商业性公共设施用地。规划确定地块四周道路为一类历史街道。保护香港大楼等文物建筑，保留历史建筑及与历史风貌相协调的建筑，对部分与历史风貌不相协调的建筑进行整治改造，拆除部分与历史风貌不相协调的建筑，拆除加建建筑。对街坊内建筑与环境的控制引导，以保留现状建筑为主，新增两处需要开放的空间和一处绿化种植的区域。街坊内的建筑布局类型兼有门院式与院落式，新建建筑须延续既有的布局模式。

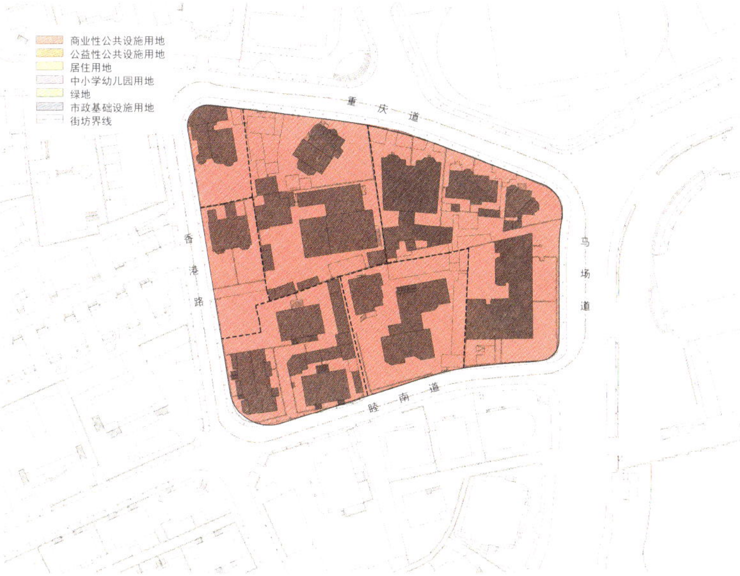

规划用地图

街坊历史文化保护图

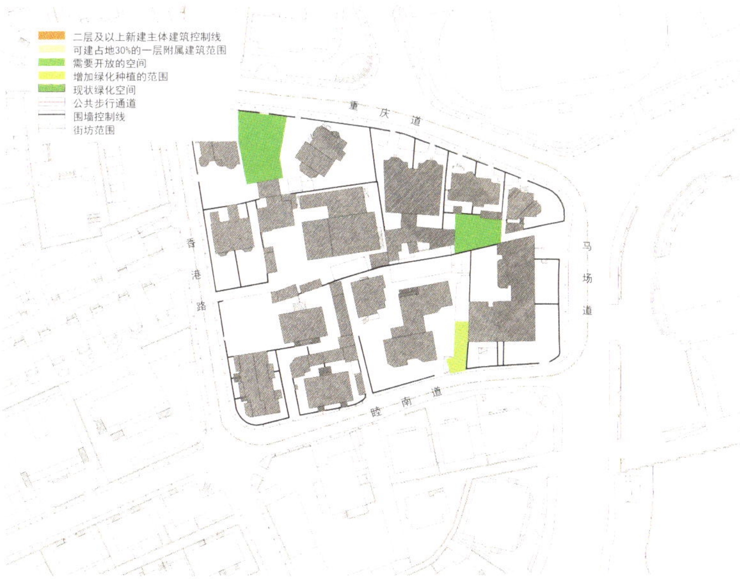

街坊建筑与环境控制引导图

街坊建筑类型分类示意图

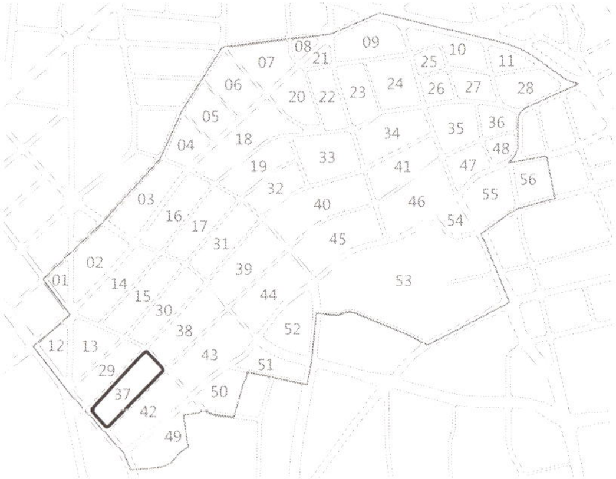

37 街坊

37 街坊位于核心保护区内，规划以公益性公共设施用地与居住用地为主，兼有商业性公共设施用地与城市绿地。规划确定地块北、东、南三侧道路为一类历史街道，西侧道路为三类历史街道。保护徐世章旧居等文物建筑，保留历史建筑及与历史风貌相协调的建筑，对部分与历史风貌不相协调的建筑进行整治改造，拆除部分与历史风貌不相协调的建筑，拆除加建建筑。保留并拓展历史街巷。对街坊内建筑与环境的控制引导，保留现状与新建兼重，新建一组多层建筑。街坊内的建筑布局类型兼有门院式、里弄式与其他类型，新建建筑延续既有的布局模式。

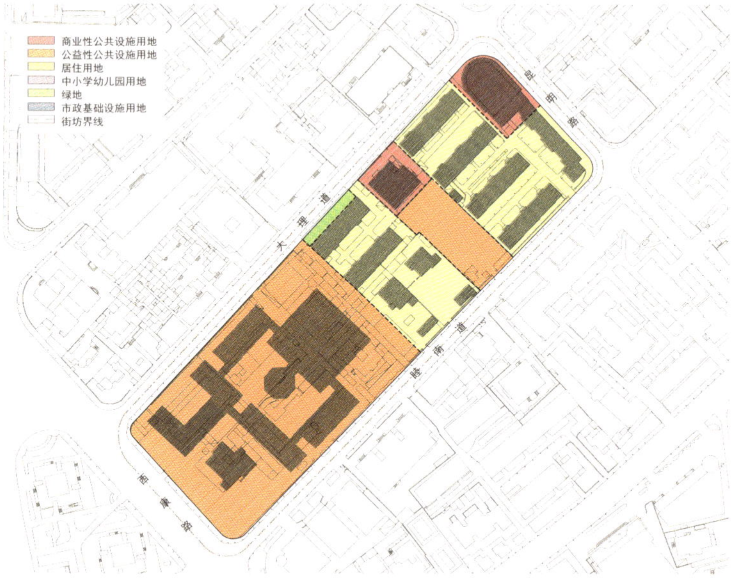

规划用地图

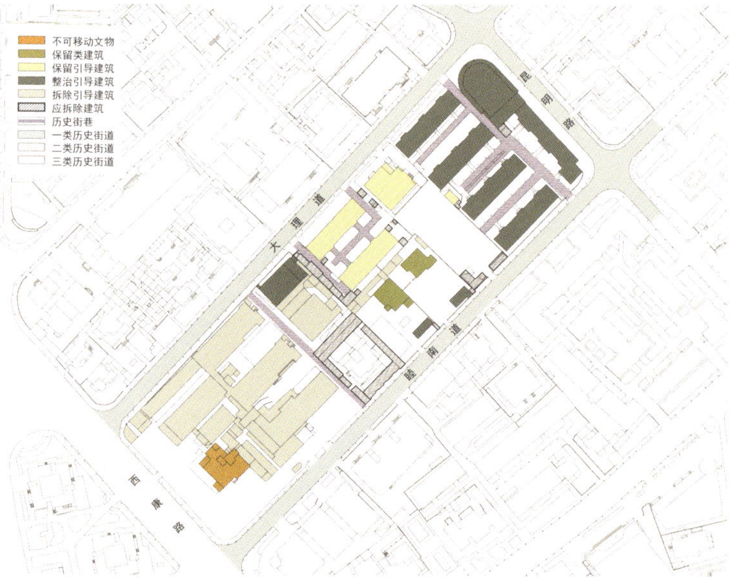

街坊历史文化保护图

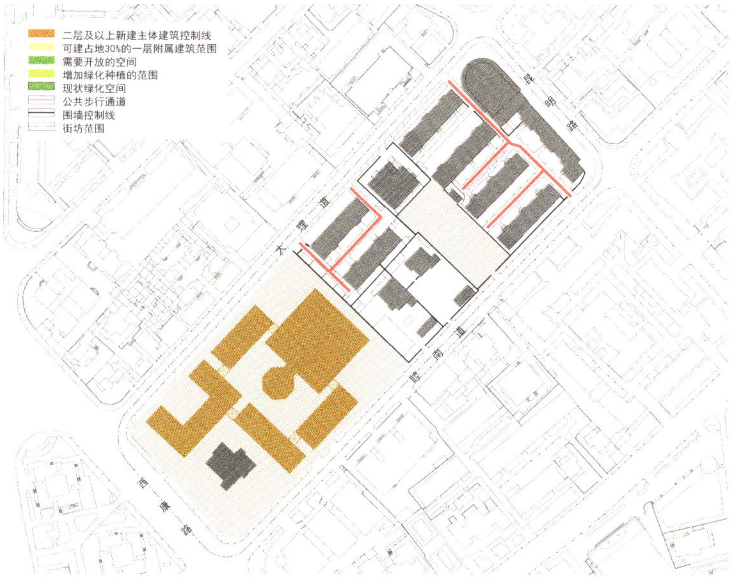

街坊建筑与环境控制引导图

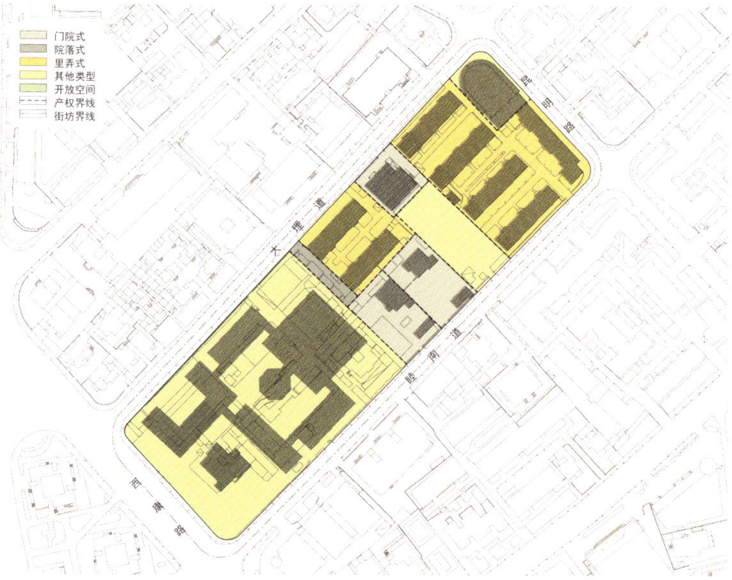

街坊建筑类型分类示意图

37 街坊

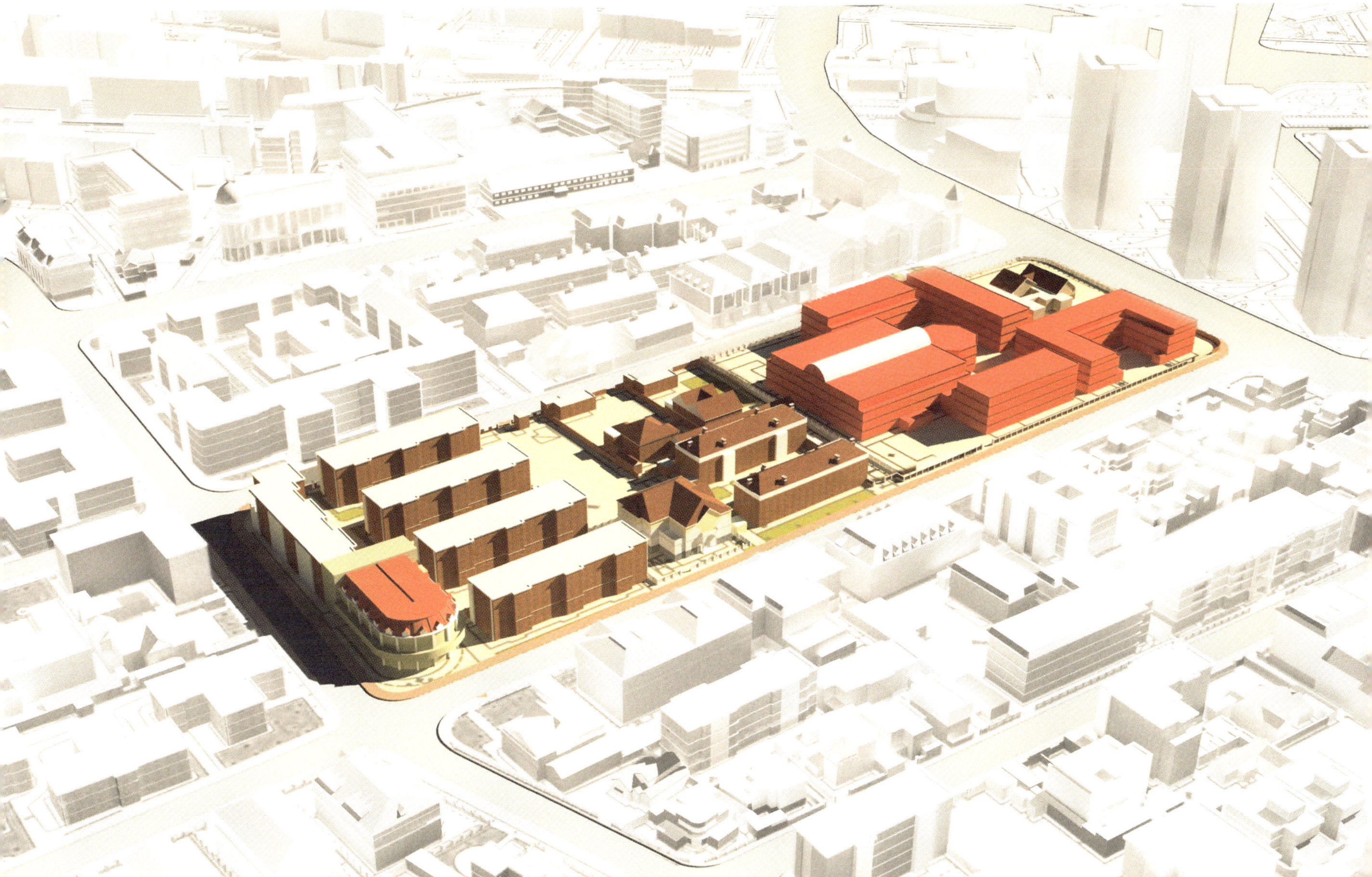

规划三维模型示意

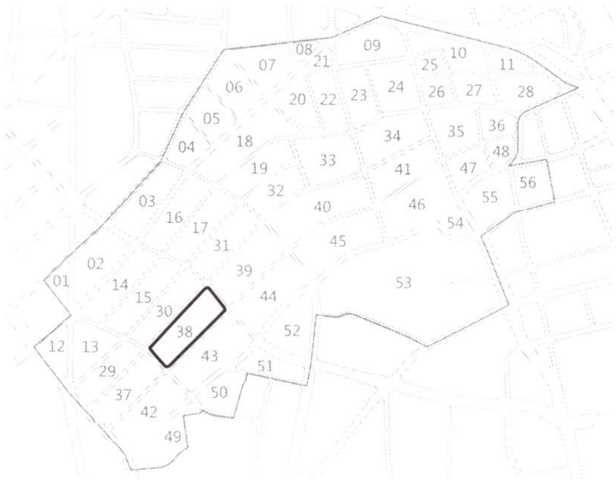

38 街坊

38 街坊位于核心保护区内，规划为居住用地、商业性公共设施用地与城市绿地。规划确定地块四周道路为一类历史街道。保护吴颂平旧居、林子香旧居等文物建筑，保留历史建筑及与历史风貌相协调的建筑，对部分与历史风貌不相协调的建筑进行整治改造，拆除部分与历史风貌不相协调的建筑，拆除加建建筑。保留并拓展历史街巷。对街坊内建筑与环境的控制引导，以保留现状建筑为主，新建一栋低层建筑。街坊内的建筑布局类型兼有门院式、院落式与其他类型，新建建筑延续既有的布局模式。

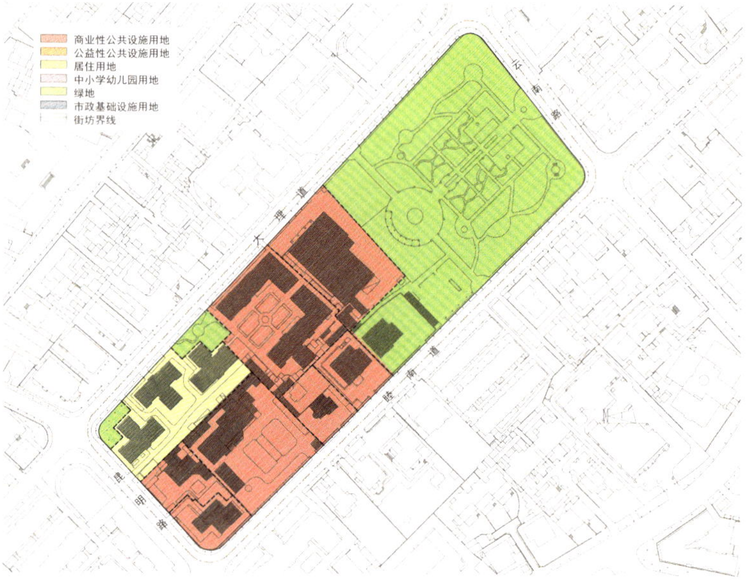

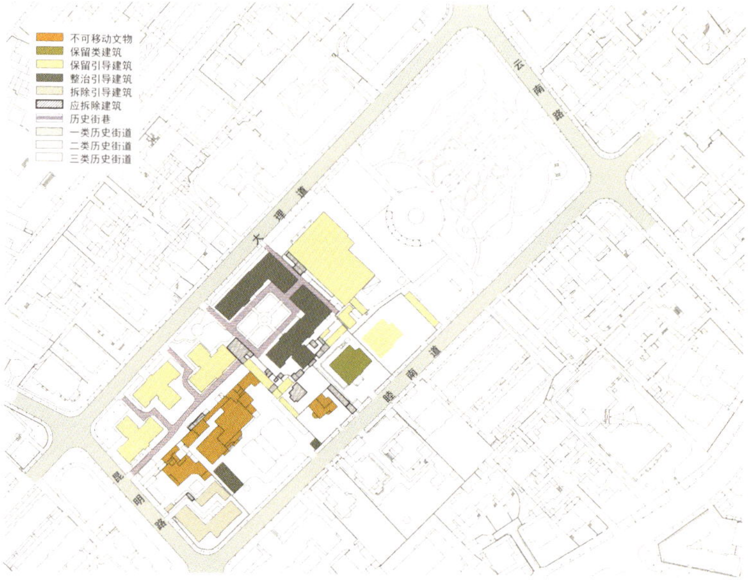

规划用地图

街坊历史文化保护图

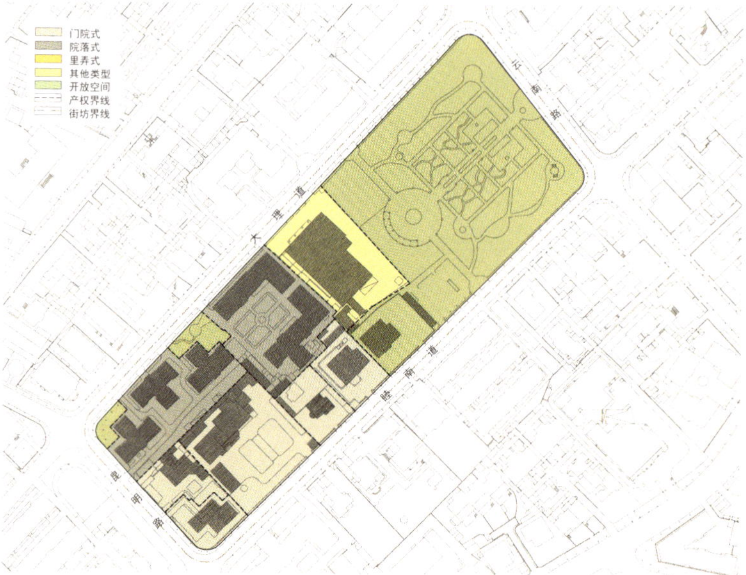

街坊建筑与环境控制引导图

街坊建筑类型分类示意图

38 街坊

规划三维模型示意

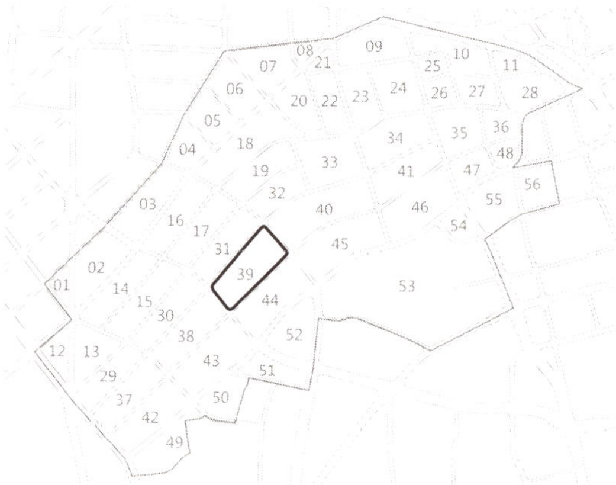

39 街坊

39 街坊位于核心保护区内，规划为居住用地、商业性公共设施用地、中小学幼儿园用地与城市绿地。规划确定地块四周道路为一类历史街道。保护徐树强旧居、张兰德旧居等文物建筑，保留历史建筑及与历史风貌相协调的建筑，对部分与历史风貌不相协调的建筑进行整治改造，拆除加建建筑。保留并拓展历史街巷。对街坊内建筑与环境的控制引导，以保留现状建筑为主，新增一处需要开放的空间和三处绿化种植的区域。街坊内的建筑布局类型兼有门院式、院落式、里弄式与其他类型，新建建筑须延续既有的布局模式。

规划用地图

街坊历史文化保护图

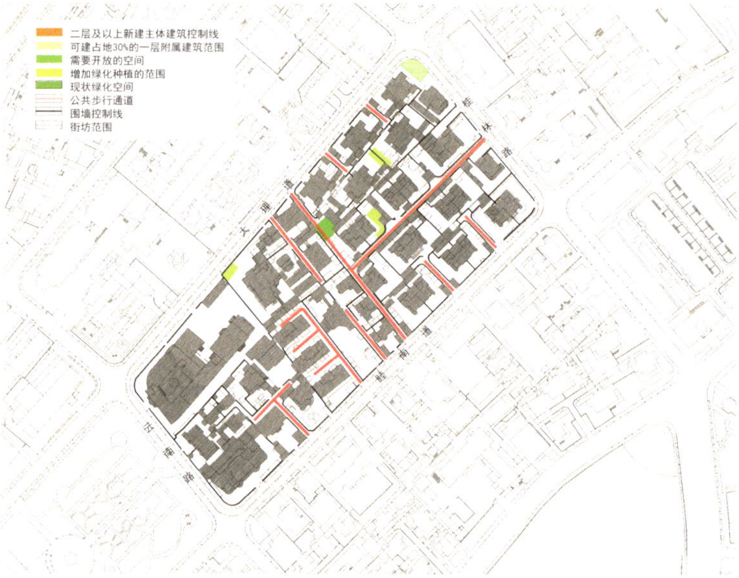

街坊建筑与环境控制引导图

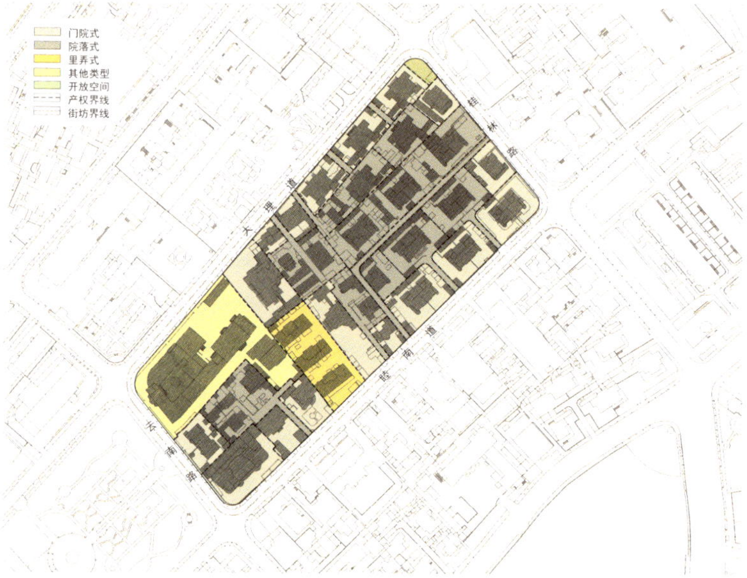

街坊建筑类型分类示意图

40 街坊

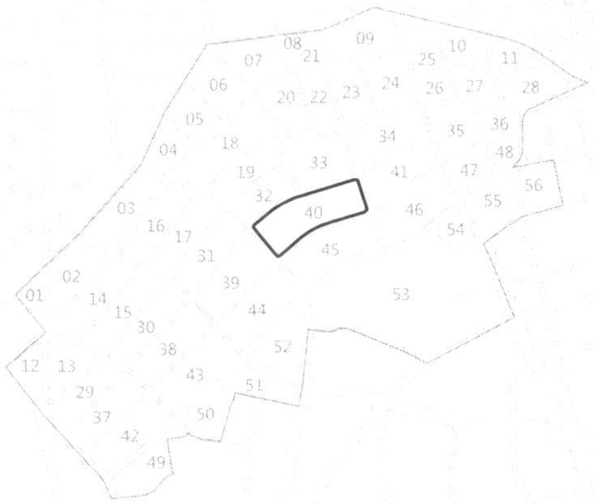

40 街坊位于核心保护区内，规划为居住用地、商业性公共设施用地、公益性公共设施用地与小学幼儿园用地。规划确定地块四周道路为一类历史街道。保护李勉之旧居、纳森旧居、訾玉甫旧居、张伯苓旧居等文物建筑，保留历史建筑及与历史风貌相协调的建筑，对部分与历史风貌不相协调的建筑进行整治改造，拆除加建建筑。保留并拓展历史街巷。对街坊内建筑与环境的控制引导，以保留现状建筑为主，新建一栋低层建筑，新增三处需要开放的空间和一处绿化种植的区域。街坊内的建筑布局类型兼有门院式、院落式、里弄式与其他类型，新建建筑延续既有的布局模式。

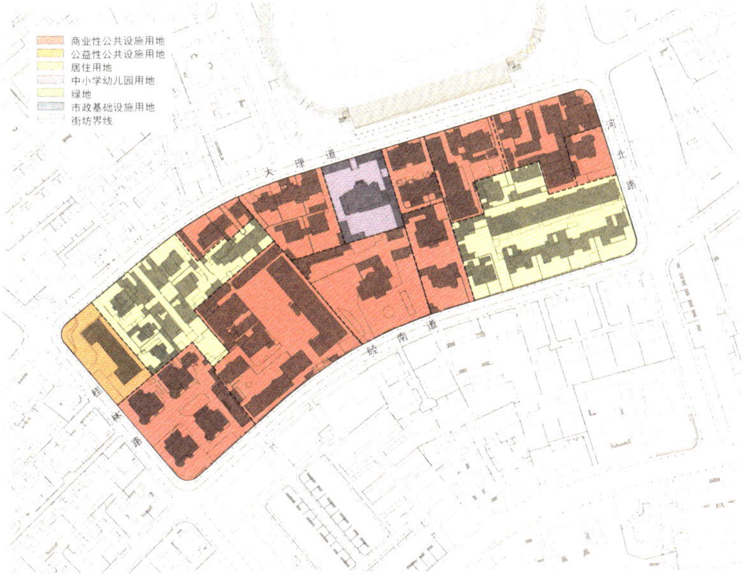

规划用地图

街坊历史文化保护图

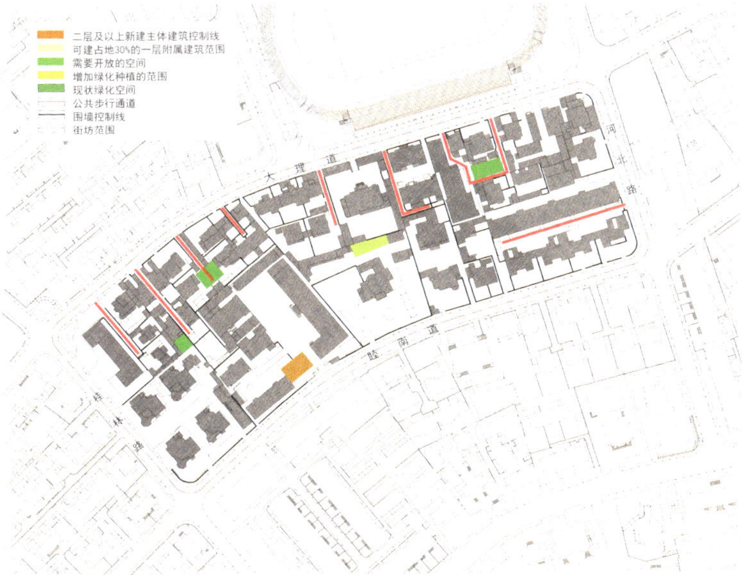

街坊建筑与环境控制引导图

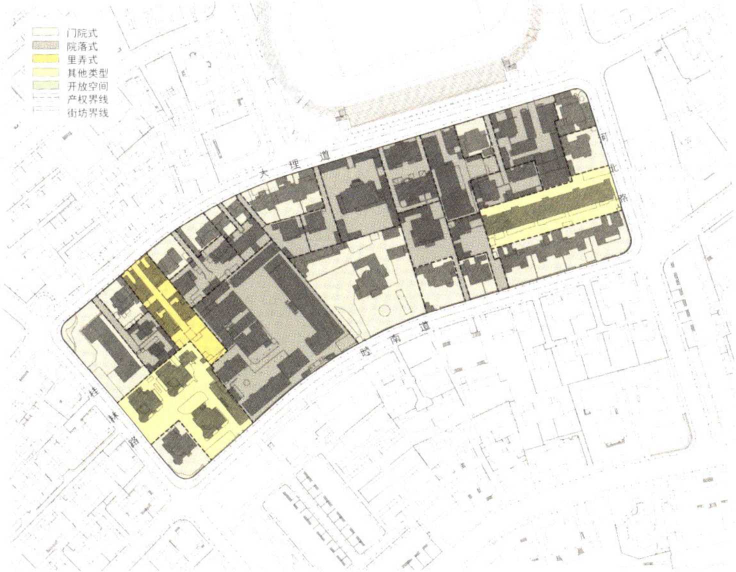

街坊建筑类型分类示意图

40 街坊

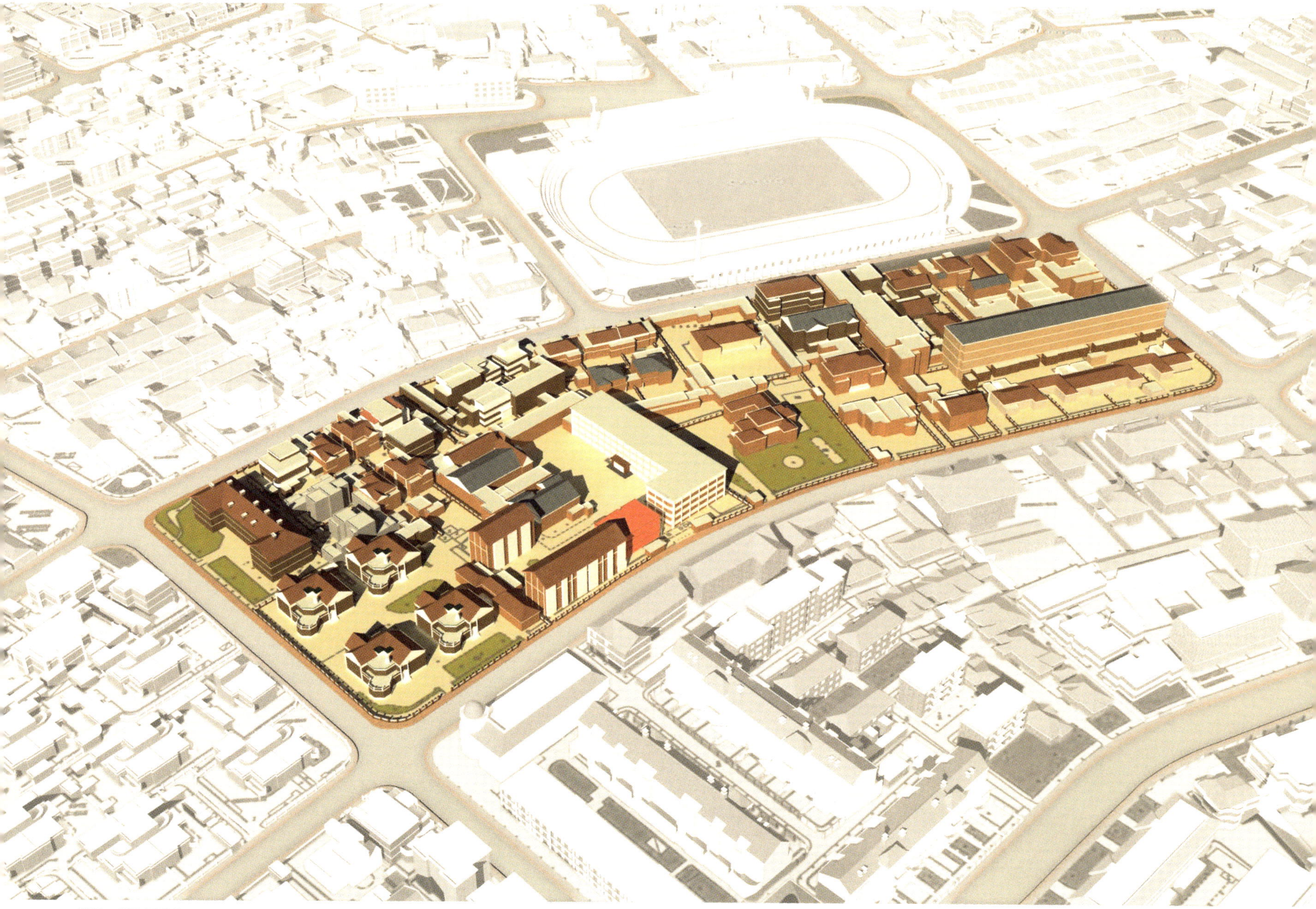

规划三维模型示意

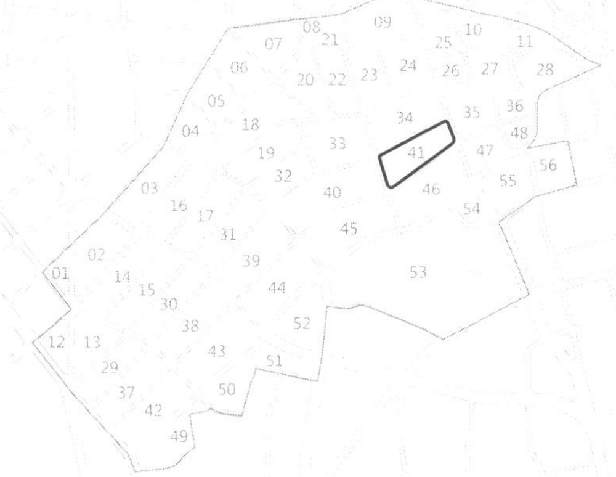

41 街坊

41 街坊位于核心保护区内，规划为居住用地与商业性公共设施用地。规划确定地块四周道路为一类历史街道。保护蔡成勋旧居、张学铭旧居及李霁野旧居等文物建筑，保留历史建筑及与历史风貌相协调的建筑，对部分与历史风貌不相协调的建筑进行整治改造，拆除部分与历史风貌不相协调的建筑，拆除加建建筑。对街坊内建筑与环境的控制引导，以保留现状建筑为主，新建四栋低层建筑。街坊内的建筑布局类型兼有门院式、院落式与其他类型，新建建筑延续既有的布局模式。

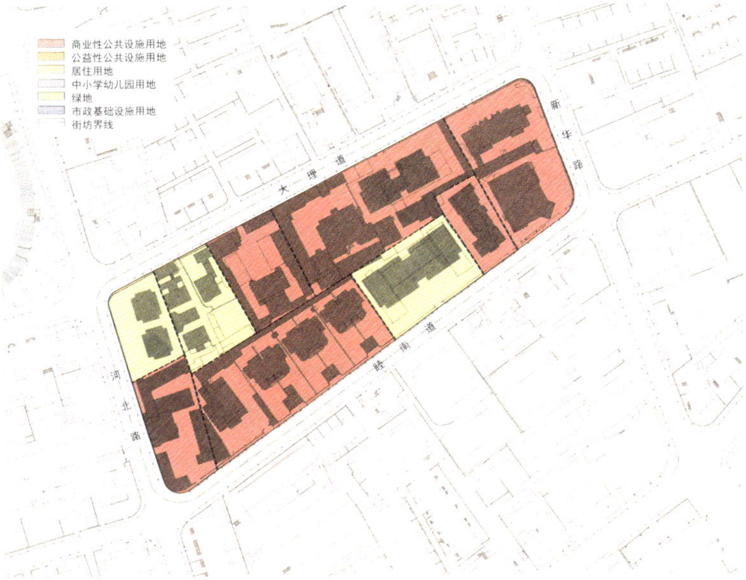

规划用地图

街坊历史文化保护图

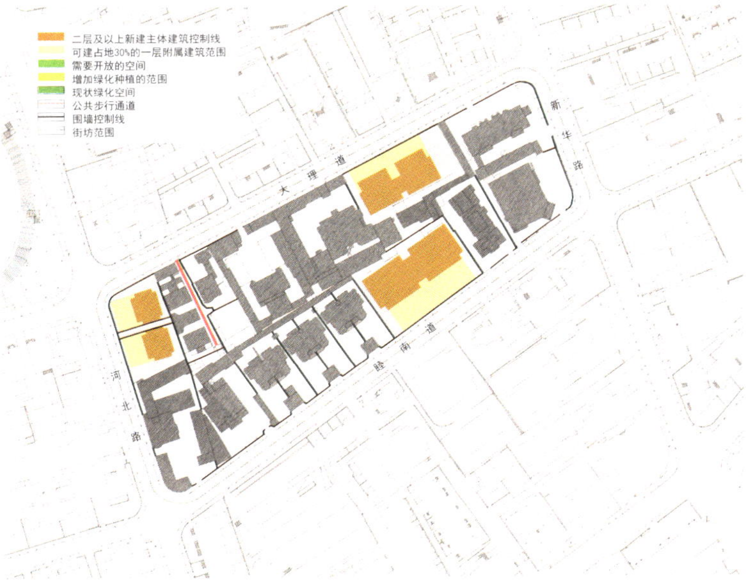

街坊建筑与环境控制引导图

街坊建筑类型分类示意图

41 街坊

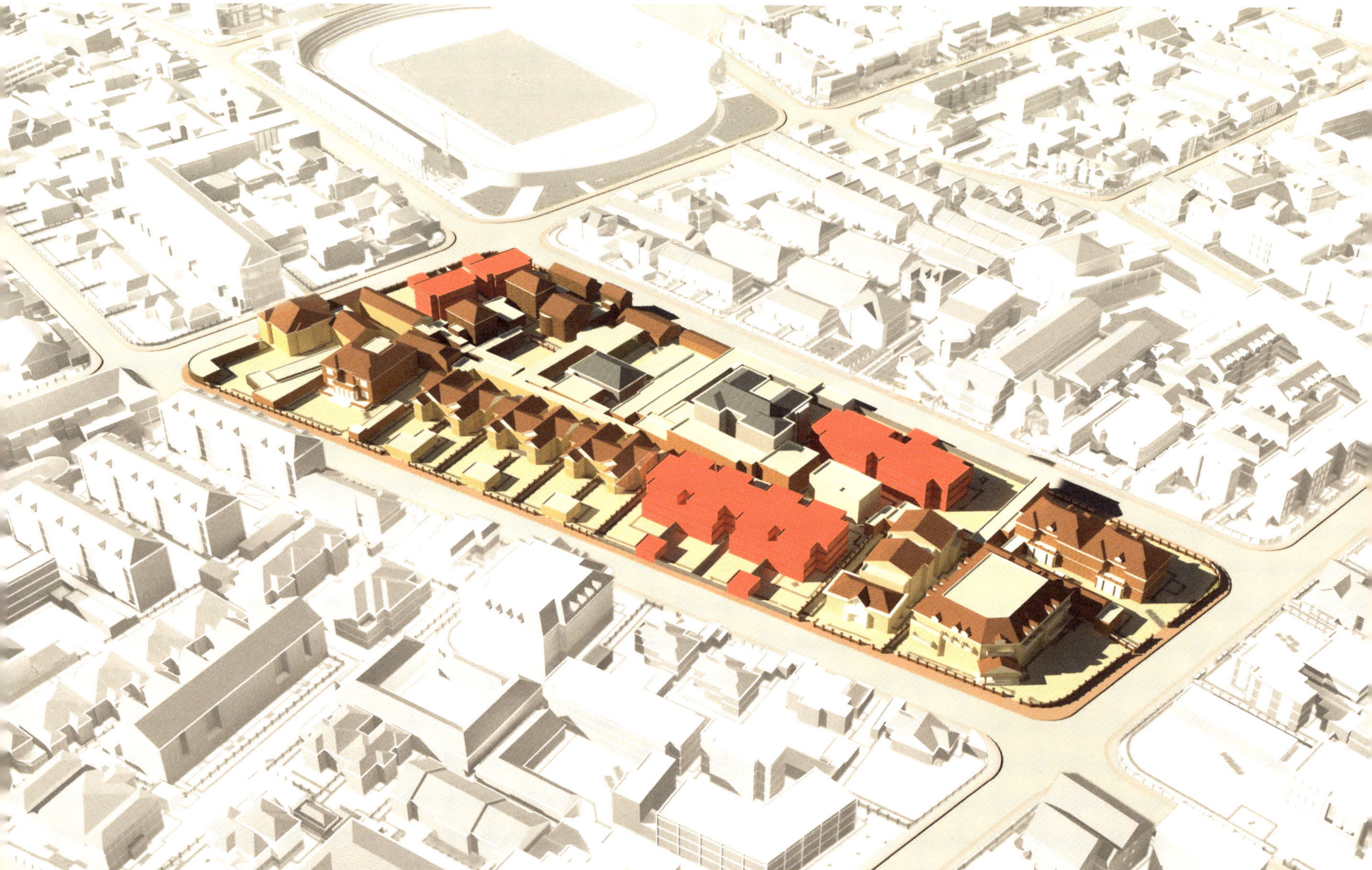

规划三维模型示意

42 街坊

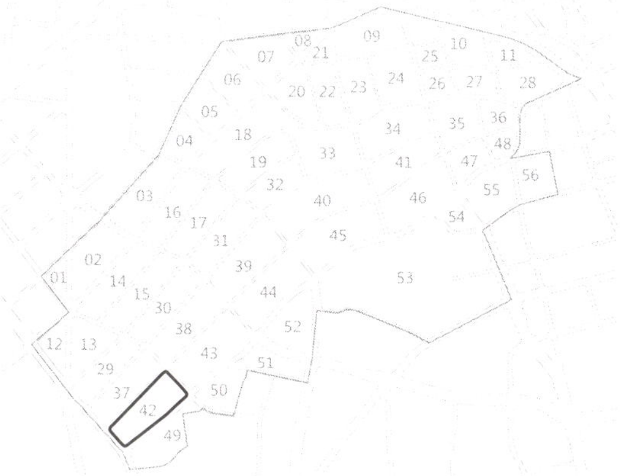

42 街坊位于核心保护区内，规划为居住用地、商业性公共设施用地、公益性公共设施用地与城市绿地。规划确定地块北、东两侧道路为一类历史街道，南侧道路为二类历史街道，西侧道路为三类历史街道。保留历史建筑及与历史风貌相协调的建筑，对部分与历史风貌不相协调的建筑进行整治改造，拆除加建建筑。保留并拓展历史街巷。对街坊内建筑与环境的控制引导，以保留现状建筑为主，新增三处需要开放的空间和六处绿化种植的区域。街坊内的建筑布局类型兼有门院式、院落式与其他类型，新建建筑须延续既有的布局模式。

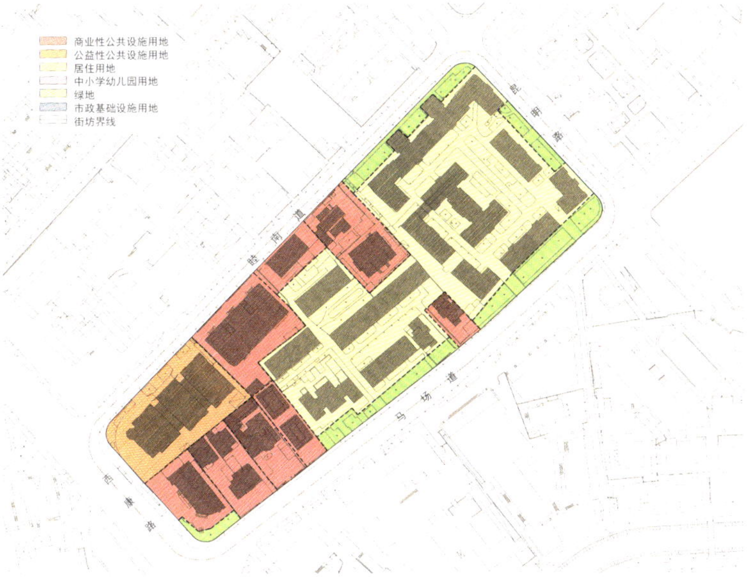

规划用地图

街坊历史文化保护图

街坊建筑与环境控制引导图

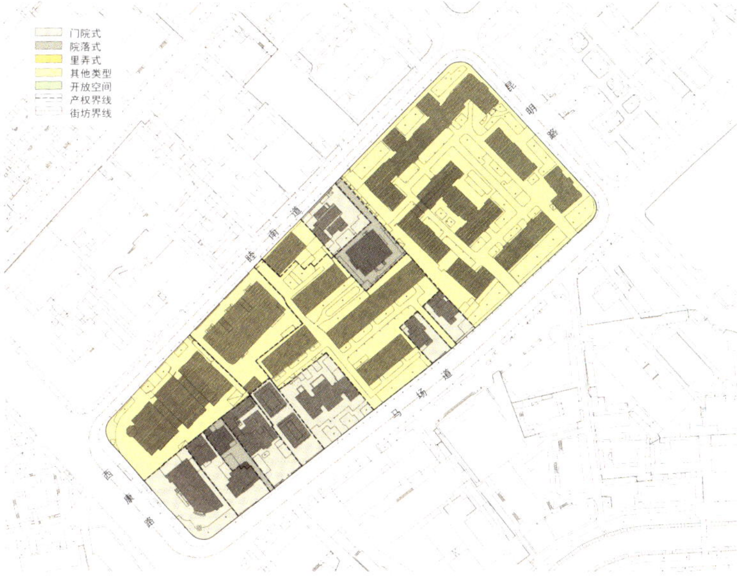

街坊建筑类型分类示意图

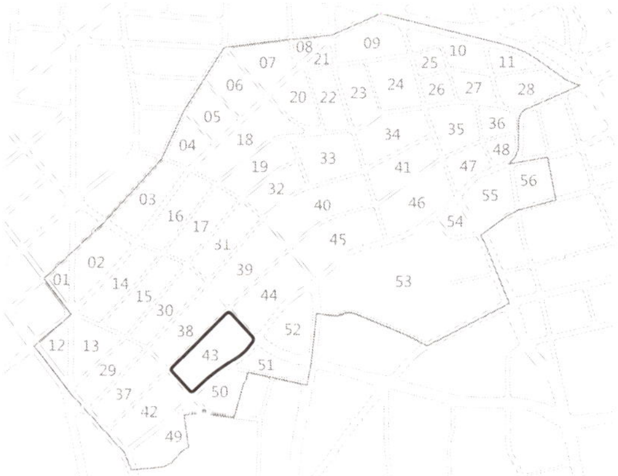

43 街坊

43 街坊位于核心保护区内，规划为居住用地、商业性公共设施用地、公益性公共设施用地与城市绿地。规划确定地块北、东、西三侧道路为一类历史街道，南侧道路为二类历史街道。保护熊炳琦旧居、高树勋旧居等文物建筑，保留历史建筑及与历史风貌相协调的建筑，对部分与历史风貌不相协调的建筑进行整治改造，拆除加建建筑。保留并拓展历史街巷。对街坊内建筑与环境的控制引导，以保留现状建筑为主，新增四处需要开放的空间和三处绿化种植的区域。街坊内的建筑布局类型兼有门院式、院落式、里弄式与其他类型，新建建筑须延续既有的布局模式。

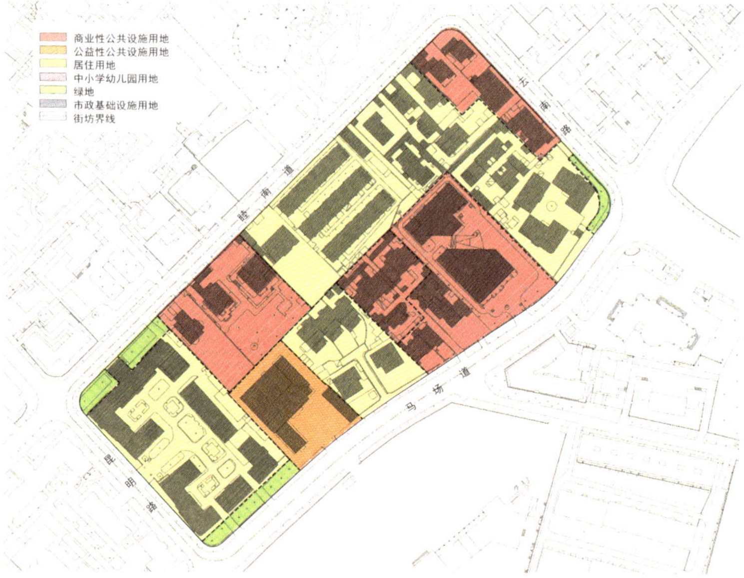

规划用地图

街坊历史文化保护图

街坊建筑与环境控制引导图

街坊建筑类型分类示意图

44 街坊

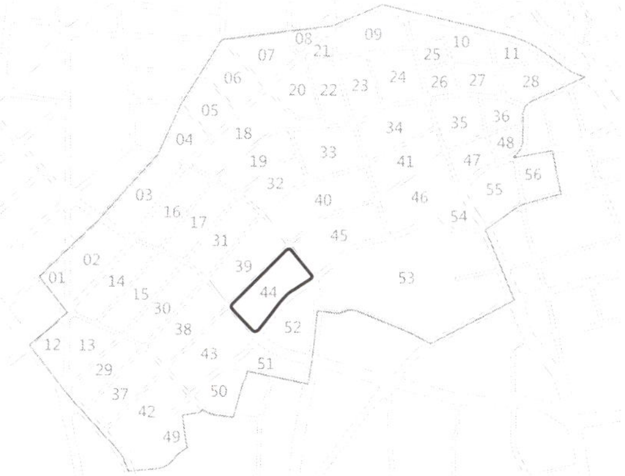

44 街坊位于核心保护区内，规划为居住用地、商业性公共设施用地、中小学幼儿园用地与城市绿地。规划确定地块北、东、西三侧道路为一类历史街道，南侧道路为二类历史街道。保护方先之旧居、卞万年旧居等文物建筑，保留历史建筑及与历史风貌相协调的建筑，对部分与历史风貌不相协调的建筑进行整治改造，拆除部分与历史风貌不相协调的建筑，拆除加建建筑。保留并拓展历史街巷。对街坊内建筑与环境的控制引导，以保留现状建筑为主，新建一栋低层建筑，新增两处需要开放的空间和三处绿化种植的区域。街坊内的建筑布局类型兼有门院式、院落式与其他类型，新建建筑延续既有的布局模式。

规划用地图

街坊历史文化保护图

街坊建筑与环境控制引导图

街坊建筑类型分类示意图

44 街坊

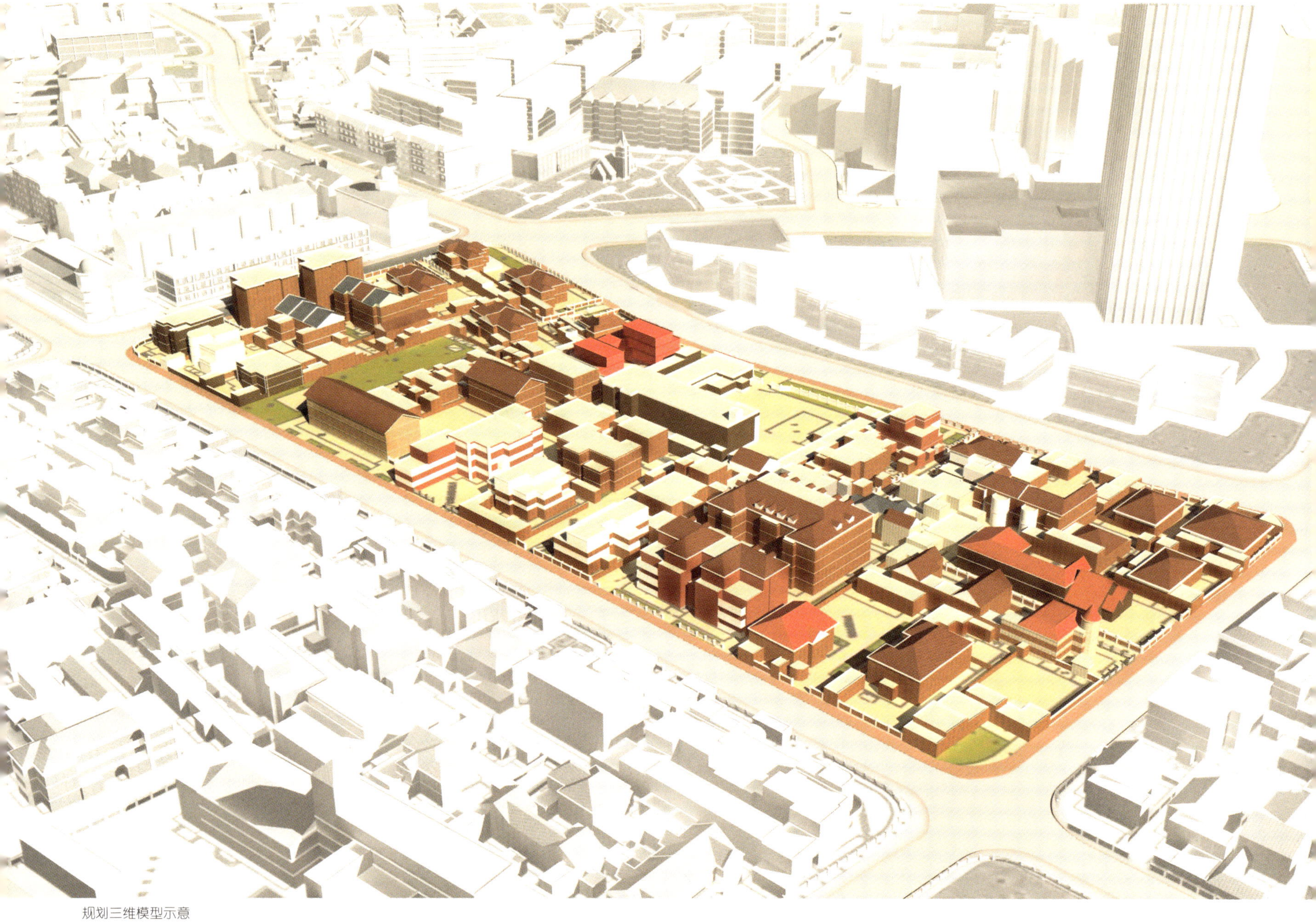

规划三维模型示意

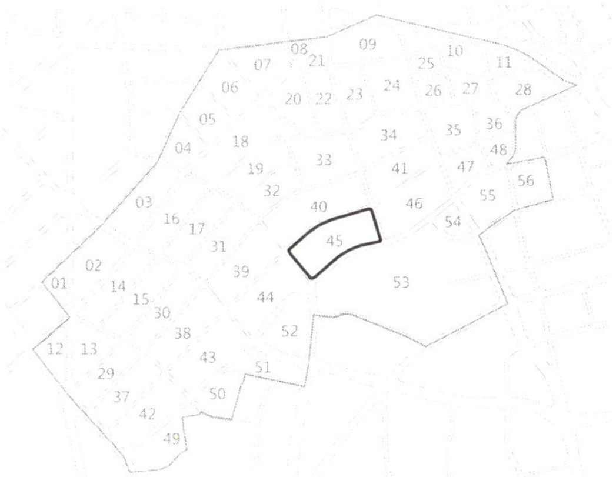

45 街坊

45 街坊位于核心保护区内，规划为居住用地、商业性公共设施用地、中小学幼儿园用地与城市绿地。规划确定地块北、东、西三侧道路为一类历史街道，南侧道路为二类历史街道。保护张绍曾旧居、安乐邨等文物建筑，保留历史建筑及与历史风貌相协调的建筑，对部分与历史风貌不相协调的建筑进行整治改造，拆除加建建筑。保留并拓展历史街巷。对街坊内建筑与环境的控制引导，以保留现状建筑为主，新建一栋多层建筑，新增两处需要开放的空间和三处绿化种植的区域。街坊内的建筑布局类型兼有门院式、院落式、里弄式与其他类型，新建建筑延续既有的布局模式。

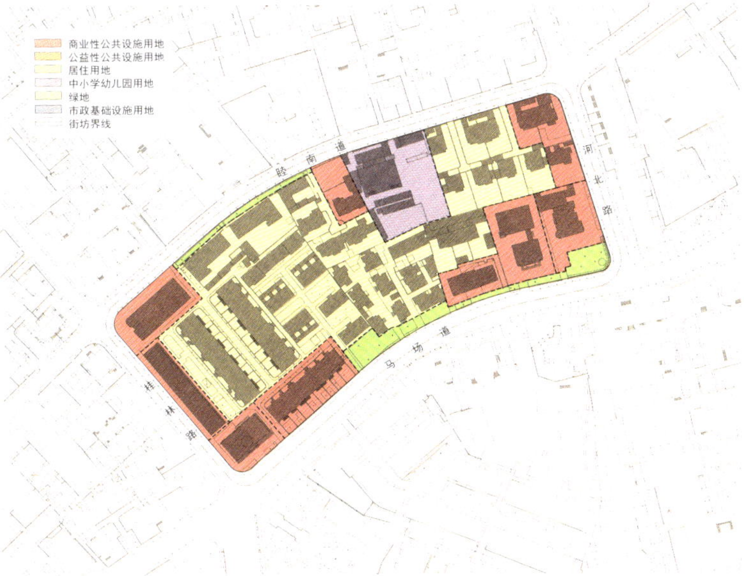

规划用地图

街坊历史文化保护图

街坊建筑与环境控制引导图

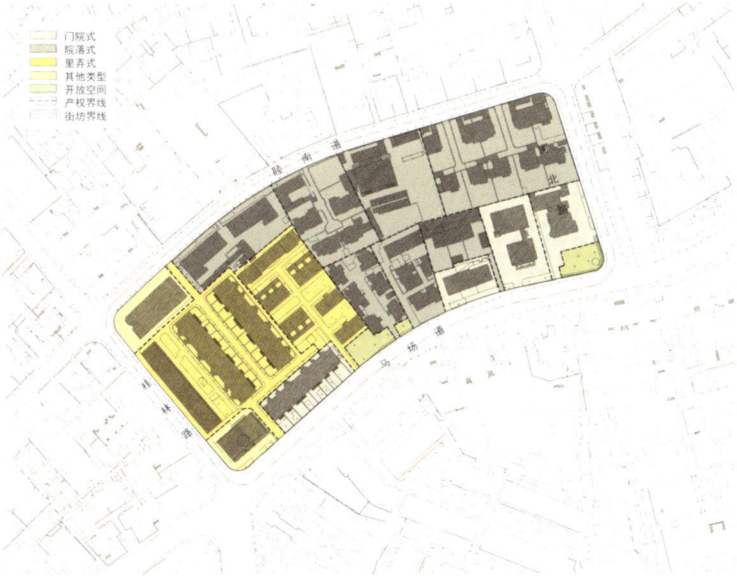

街坊建筑类型分类示意图

45 街坊

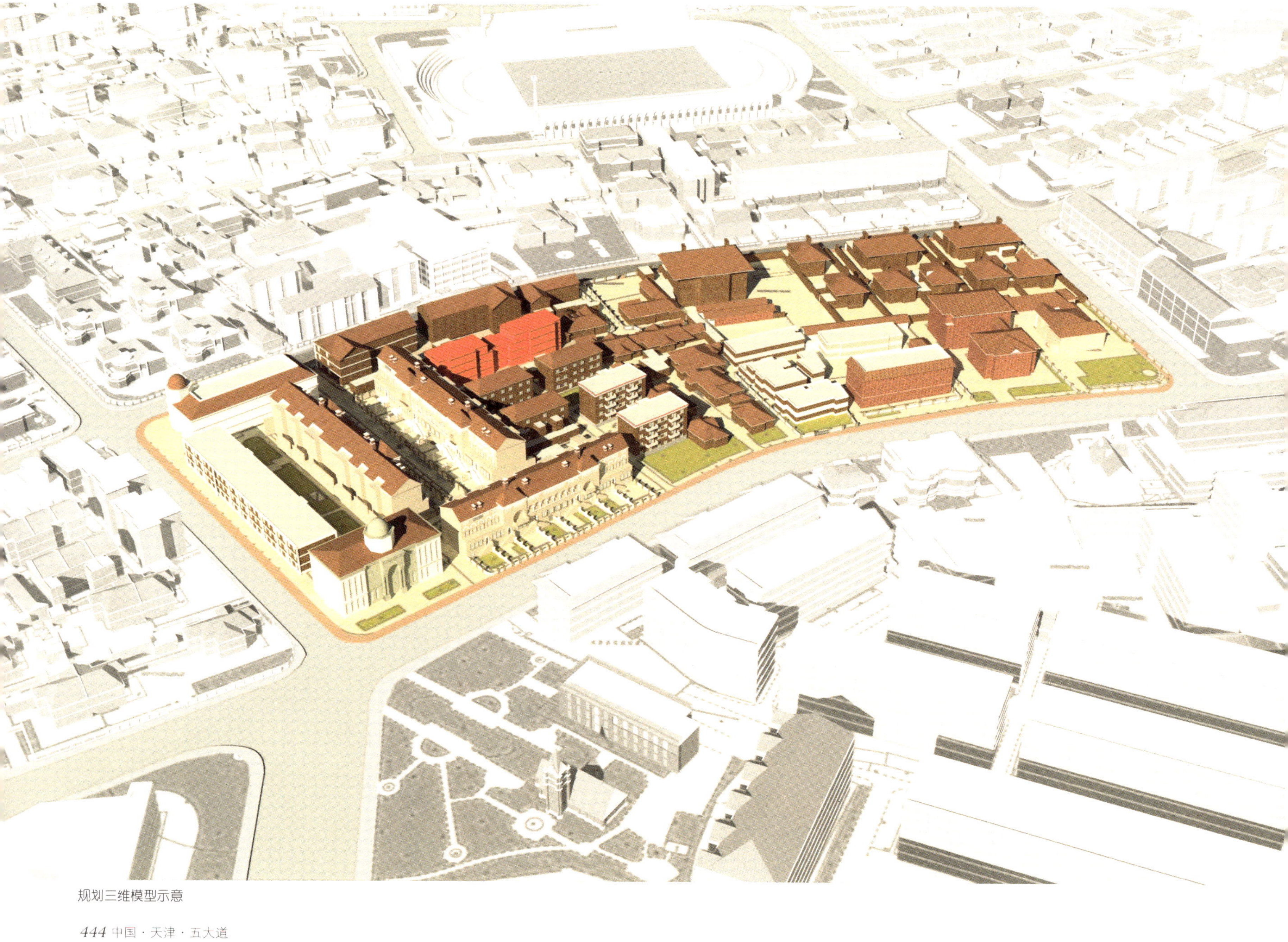

规划三维模型示意

46 街坊

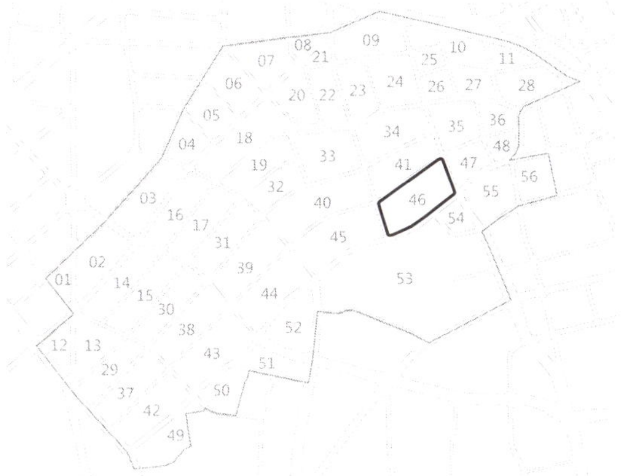

46 街坊位于核心保护区内，规划为居住用地、商业性公共设施用地与城市绿地。规划确定地块北、东、西三侧道路为一类历史街道，南侧道路为二类历史街道。保护徐世章旧居、马连良旧居等文物建筑，保留历史建筑及与历史风貌相协调的建筑，对部分与历史风貌不相协调的建筑进行整治改造，拆除加建建筑。保留并拓展历史街巷。对街坊内建筑与环境的控制引导，以保留现状建筑为主，新建三栋低层建筑，新增一处绿化种植的区域。街坊内的建筑布局类型兼有门院式、院落式、里弄式与其他类型，新建建筑延续既有的布局模式。

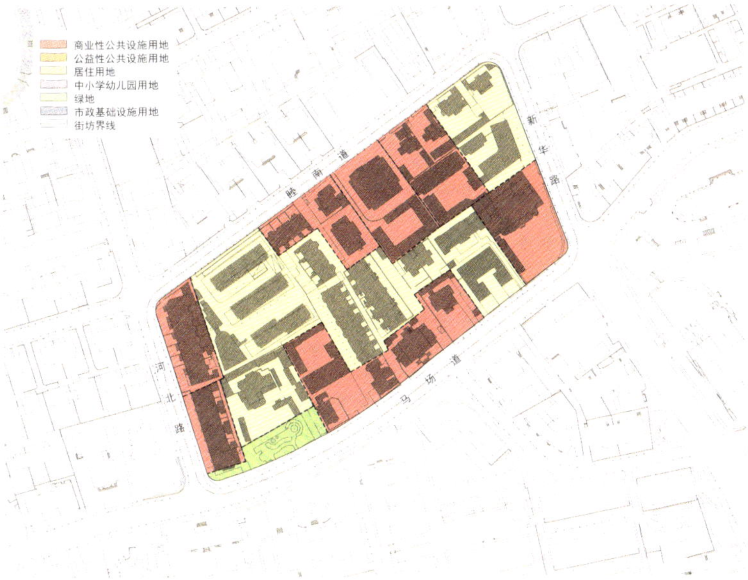

规划用地图

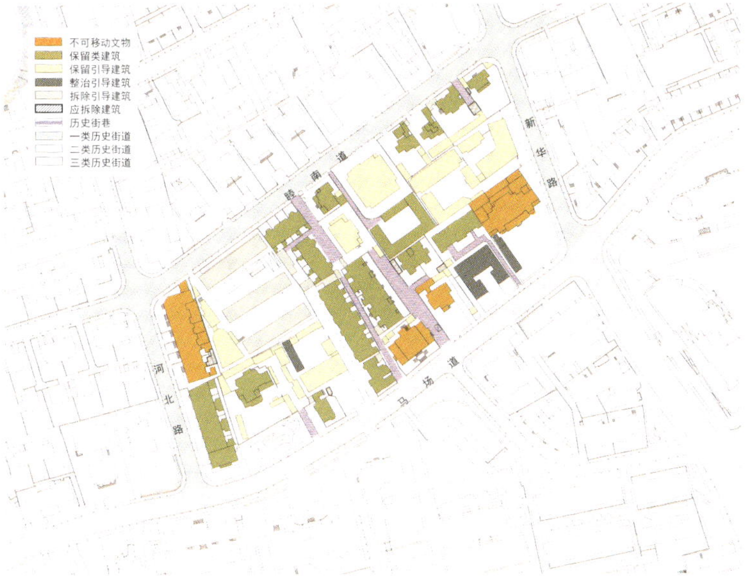

街坊历史文化保护图

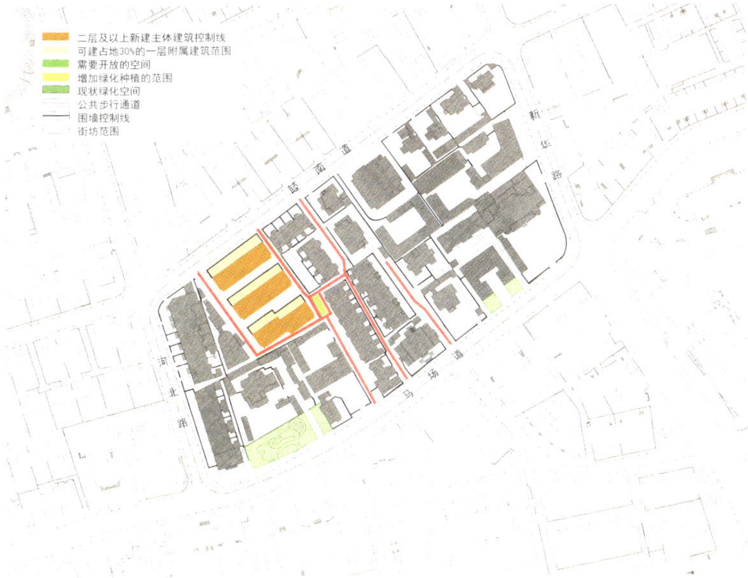

街坊建筑与环境控制引导图

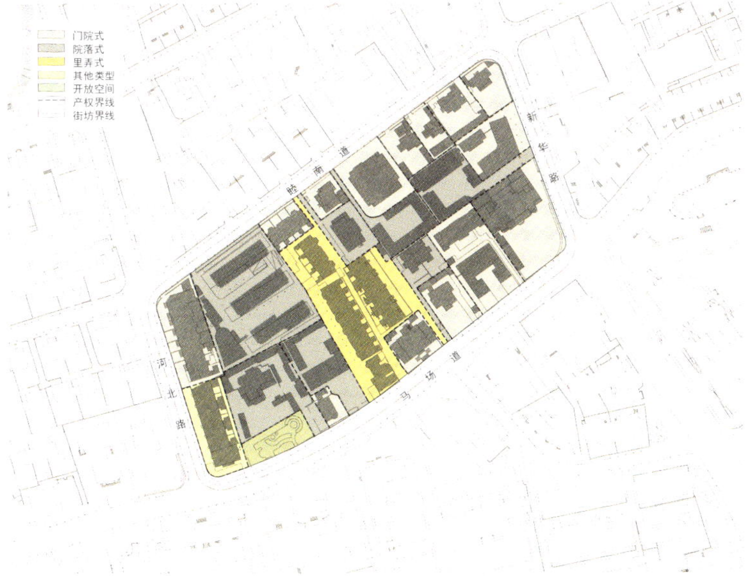

街坊建筑类型分类示意图

46 街坊

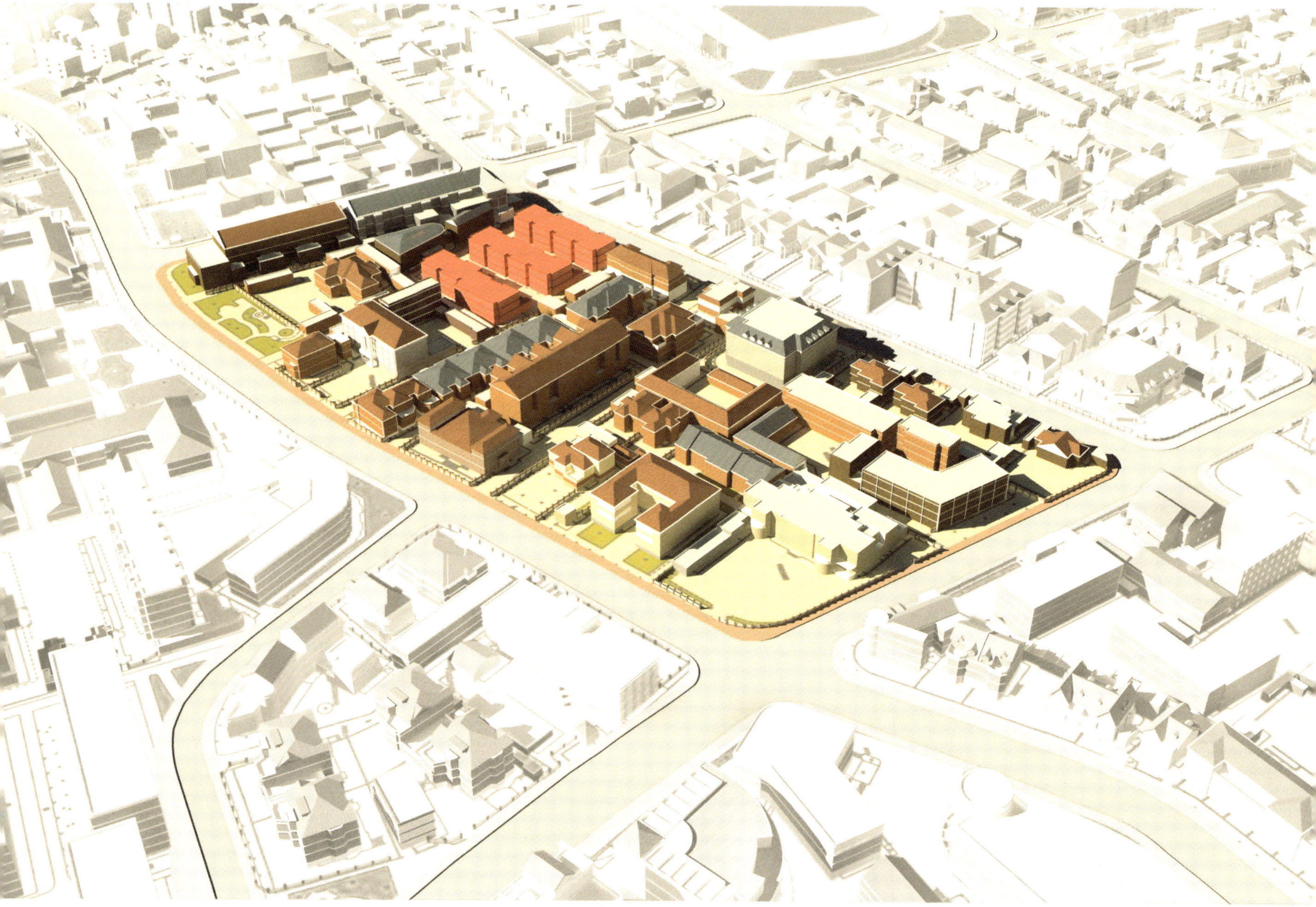

规划三维模型示意

47 街坊

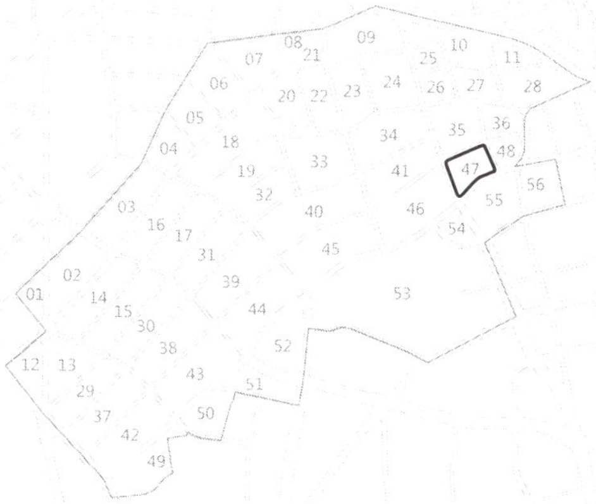

47 街坊位于核心保护区内，规划为商业性公共设施用地与中小学幼儿园用地。规划确定地块北、东、西三侧道路为一类历史街道，南侧道路为二类历史街道。保护徐世昌旧居、法国教会公寓等文物建筑，保留历史建筑及与历史风貌相协调的建筑，拆除部分与历史风貌不相协调的建筑，拆除加建建筑。保留并拓展历史街巷。对街坊内建筑与环境的控制引导，以保留现状建筑为主，新建三栋低层建筑，新增一处需要开放的空间。街坊内的建筑布局类型兼有门院式与院落式，新建建筑延续既有的布局模式。

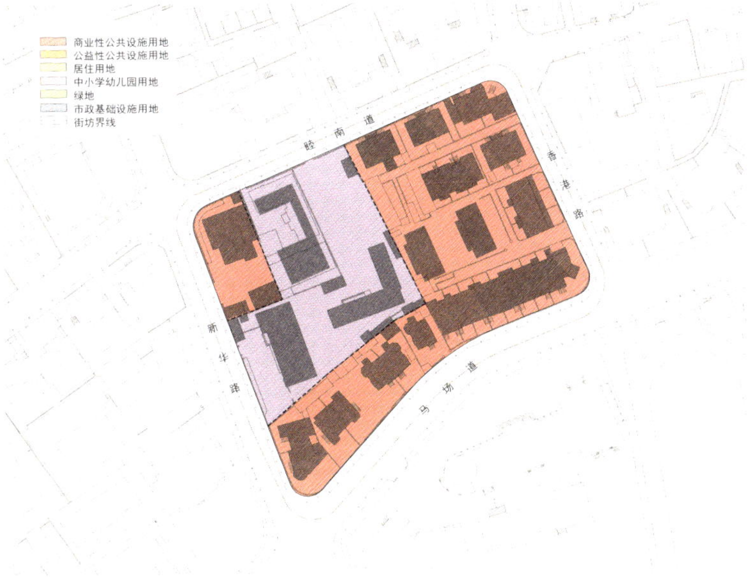

规划用地图

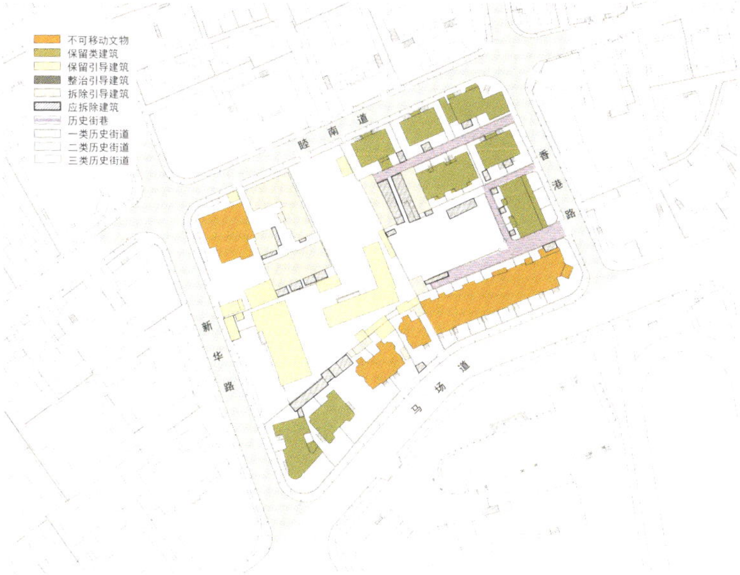

街坊历史文化保护图

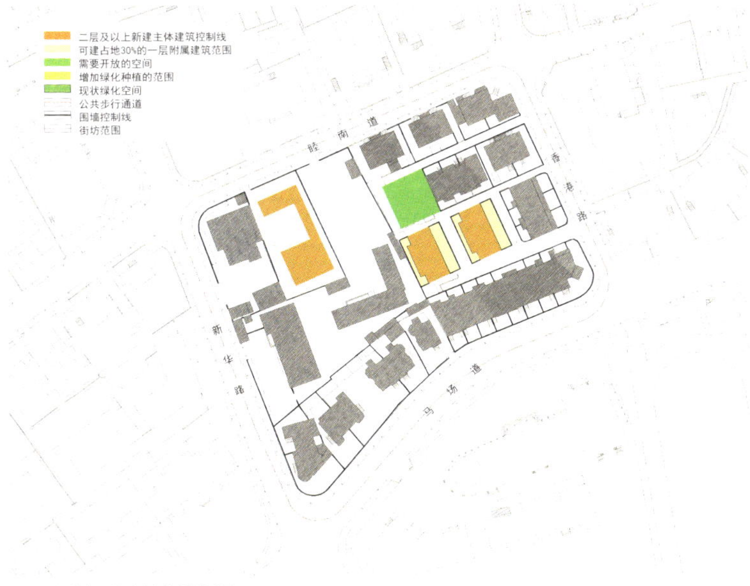

街坊建筑与环境控制引导图

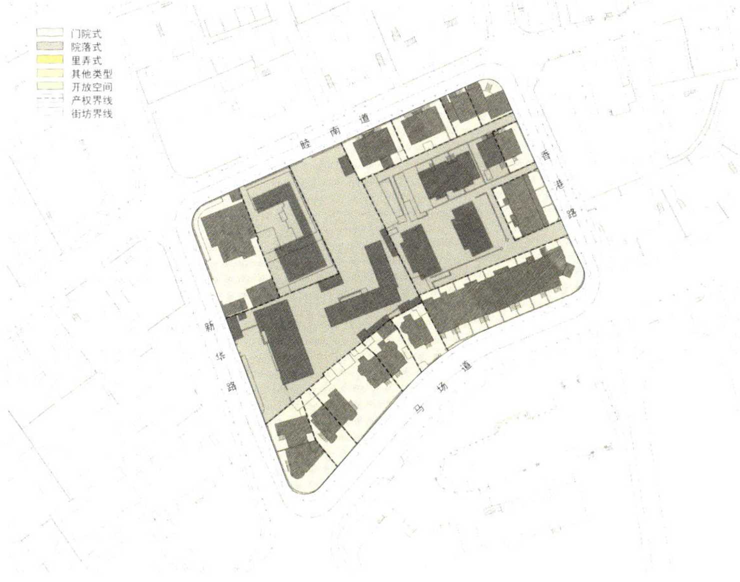

街坊建筑类型分类示意图

47 街坊

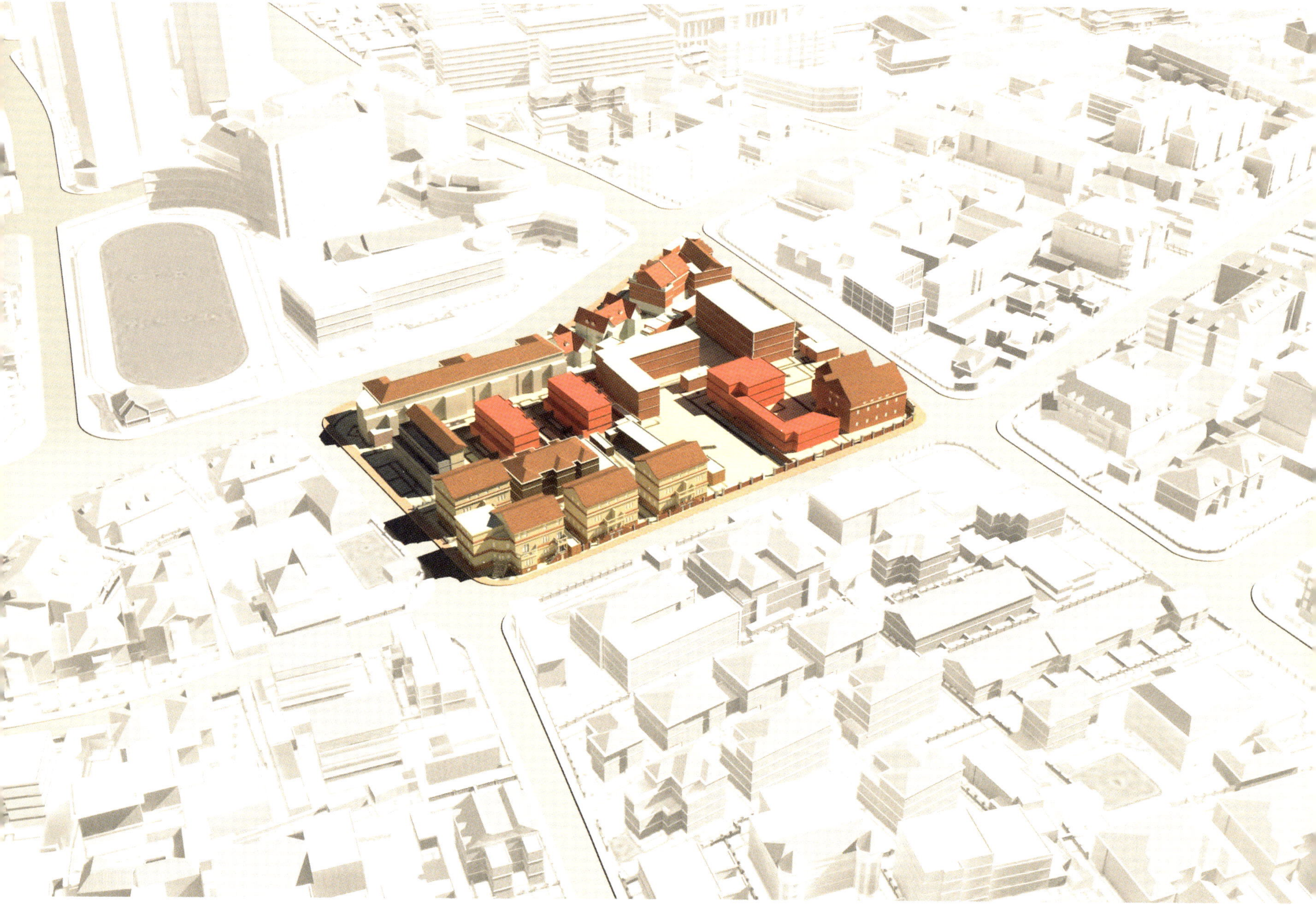

规划三维模型示意

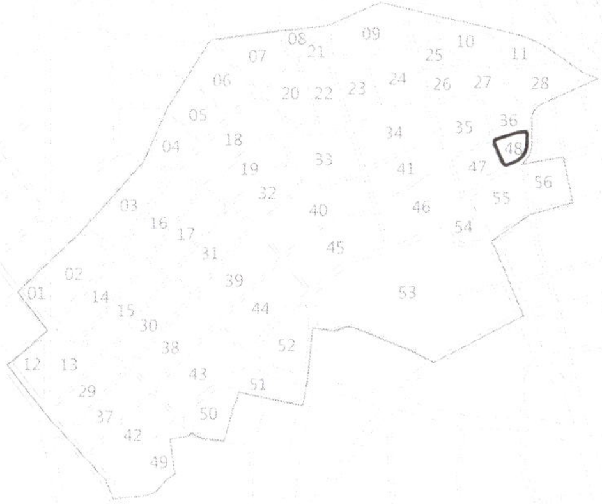

48 街坊

48 街坊位于核心保护区内，规划为商业性公共设施用地。规划确定地块北、东、西三侧道路为一类历史街道，南侧道路为二类历史街道。保护许氏旧居、吴泰勋旧居等文物建筑，保留历史建筑及与历史风貌相协调的建筑，拆除部分与历史风貌不相协调的建筑，拆除加建建筑。对街坊内建筑与环境的控制引导，以保留现状建筑为主，新增两处绿化种植的区域。街坊内的建筑布局类型兼有门院式与院落式，新建建筑延续既有的布局模式。

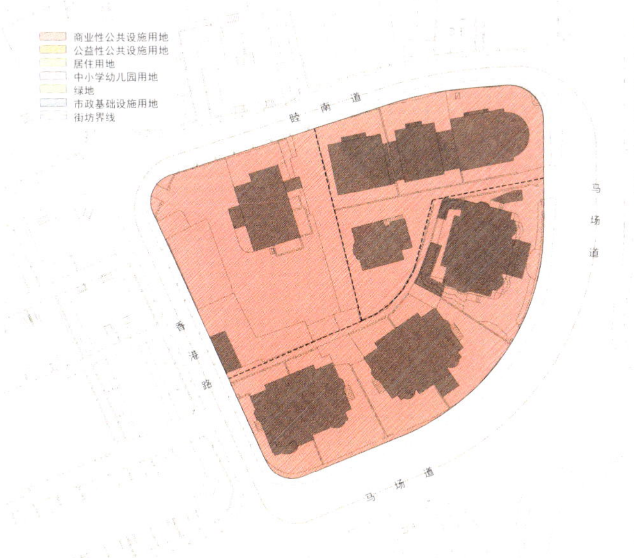

规划用地图

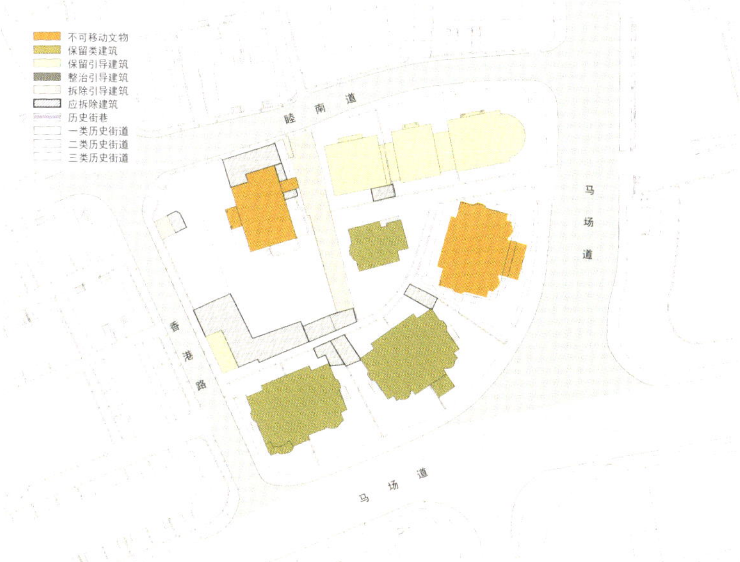

街坊历史文化保护图

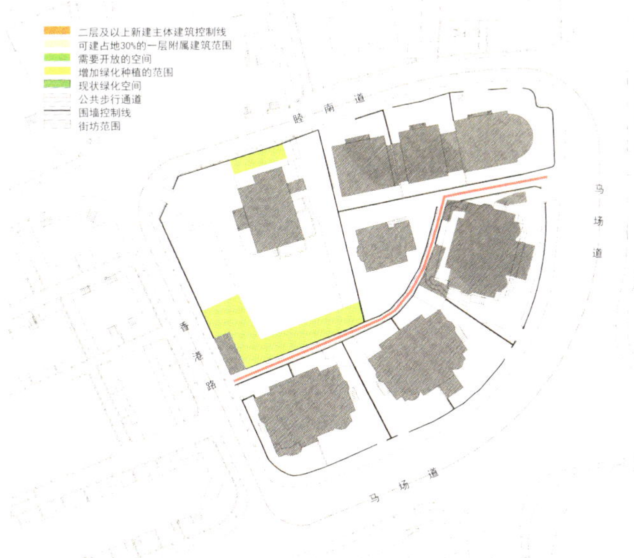

街坊建筑与环境控制引导图

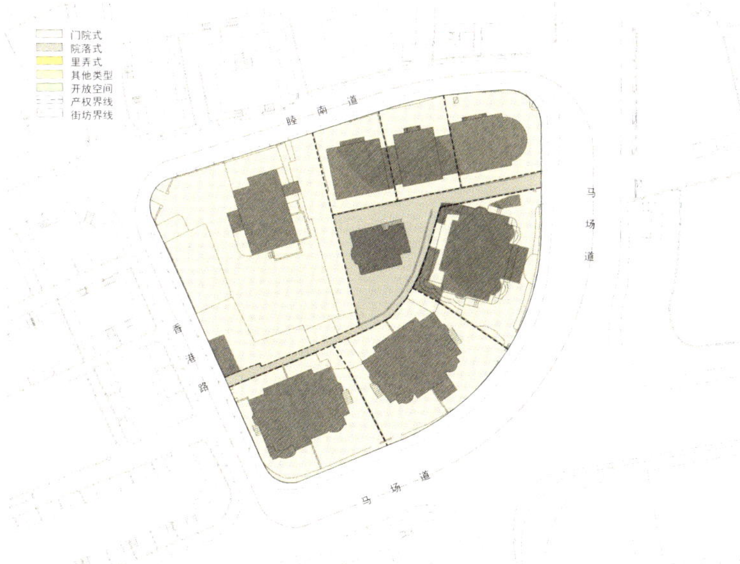

街坊建筑类型分类示意图

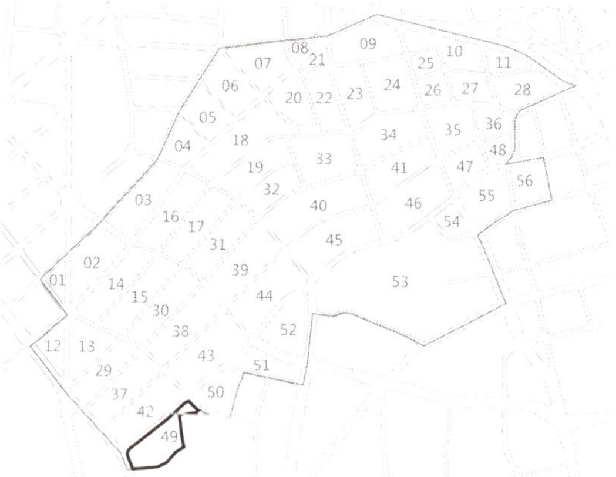

49 街坊

49 街坊位于建设控制地带内，规划为居住用地、商业性公共设施用地、公益性公共设施用地与城市绿地。规划确定地块北侧道路为二类历史街道，西侧道路为三类历史街道。保护文物建筑，保留与历史风貌相协调的建筑，对部分与历史风貌不相协调的建筑进行整治改造。对街坊内建筑与环境的控制引导，以保留现状建筑为主，新增一处绿化种植的区域。街坊内的建筑布局类型兼有门院式、院落式与其他类型，新建建筑须延续既有的布局模式。

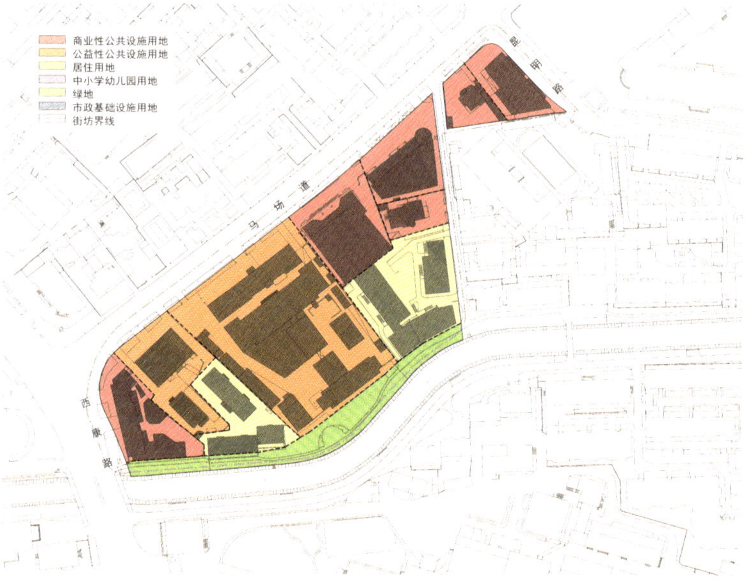

规划用地图

街坊历史文化保护图

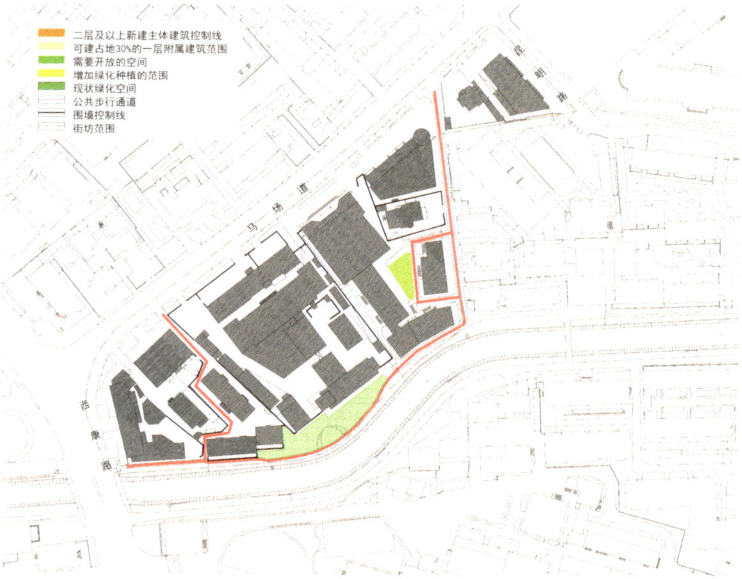

街坊建筑与环境控制引导图

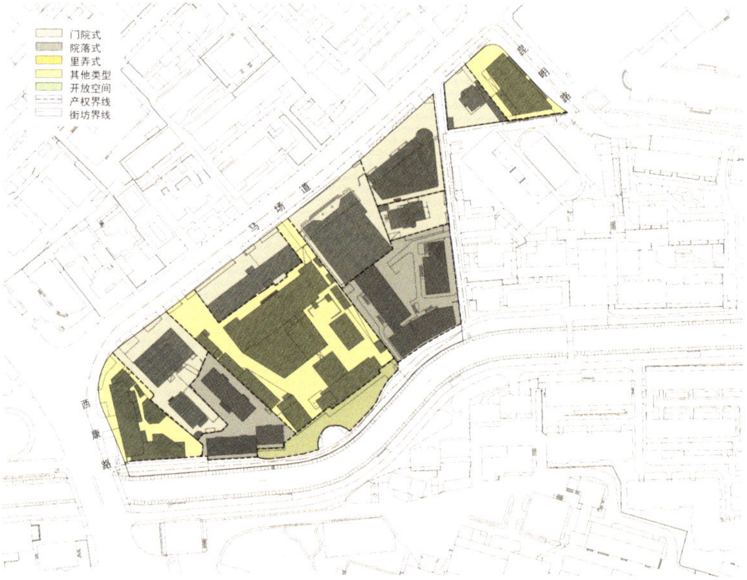

街坊建筑类型分类示意图

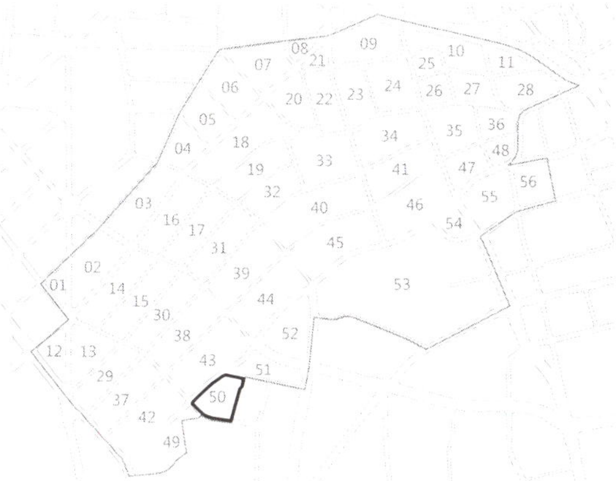

50 街坊

50 街坊位于建设控制地带内，规划为公益性公共设施用地。规划确定地块北三侧道路为二类历史街道。保留与历史风貌相协调的建筑。对街坊内建筑与环境的控制引导，以保留现状建筑为主。街坊内的建筑布局类型为其他类型。

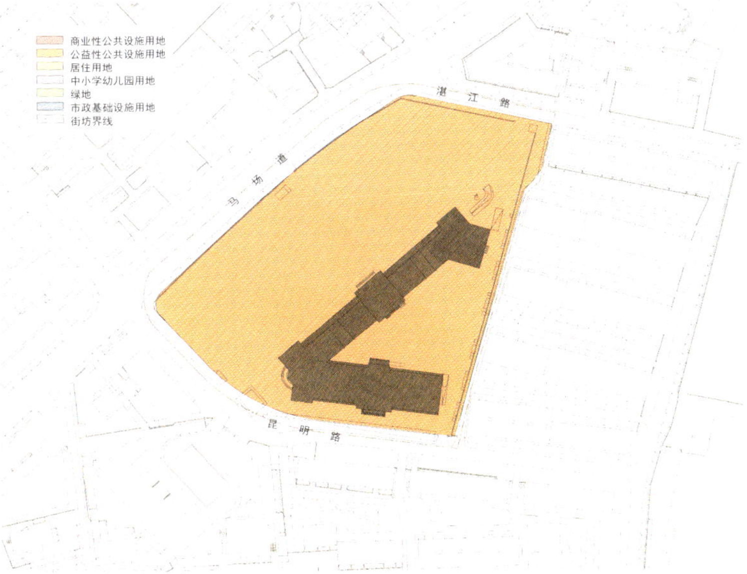

规划用地图

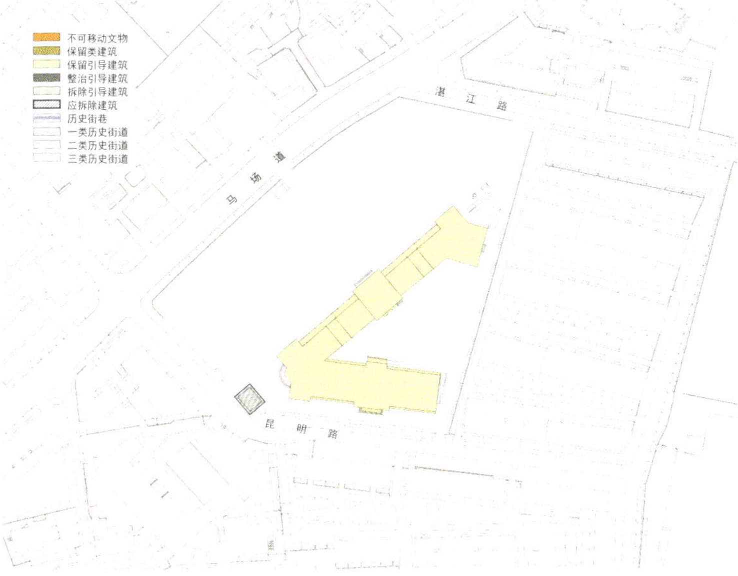

街坊历史文化保护图

街坊建筑与环境控制引导图

街坊建筑类型分类示意图

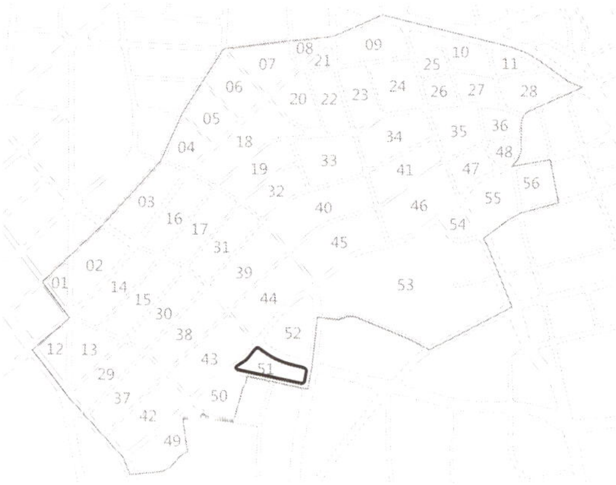

51 街坊

51 街坊位于建设控制地带内，规划为居住用地与商业性公共设施用地。规划确定地块西侧道路为二类历史街道。保留与历史风貌相协调的建筑，对部分与历史风貌不相协调的建筑进行整治改造，拆除加建建筑。对街坊内建筑与环境的控制引导，采用保留现状建筑与新建并重的方式，新建十二栋低层建筑。街坊内的建筑布局类型兼有门院式、院落式与其他类型，新建建筑延续既有的布局模式。

规划用地图

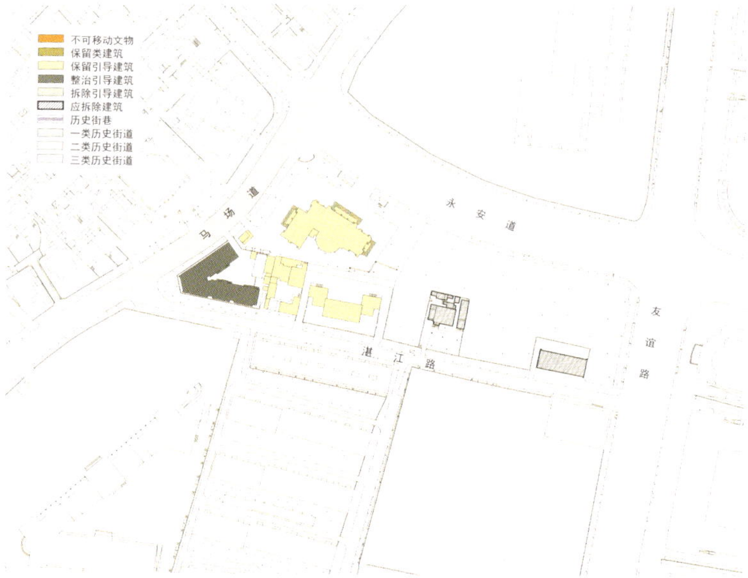

街坊历史文化保护图

街坊建筑与环境控制引导图

街坊建筑类型分类示意图

51 街坊

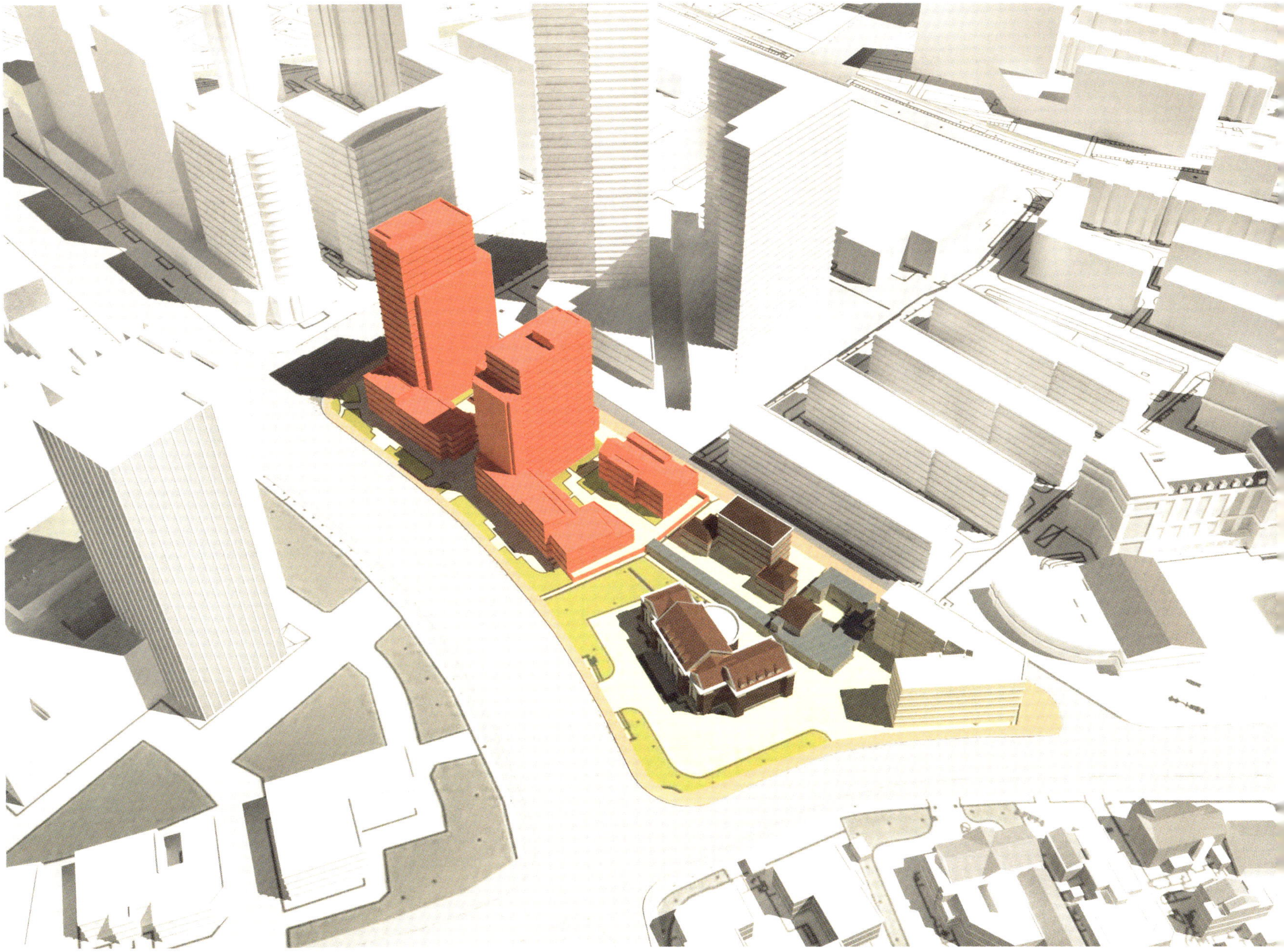

规划三维模型示意

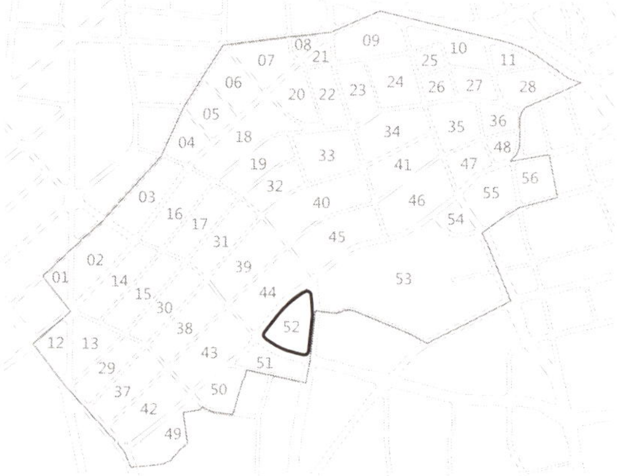

52 街坊

52 街坊位于建设控制地带内，规划为商业性公共设施用地与城市绿地。规划确定地块西侧道路为二类历史街道。保留与历史风貌相协调的建筑。对街坊内建筑与环境的控制引导，以保留现状建筑为主。街坊内的建筑布局类型为其他类型。

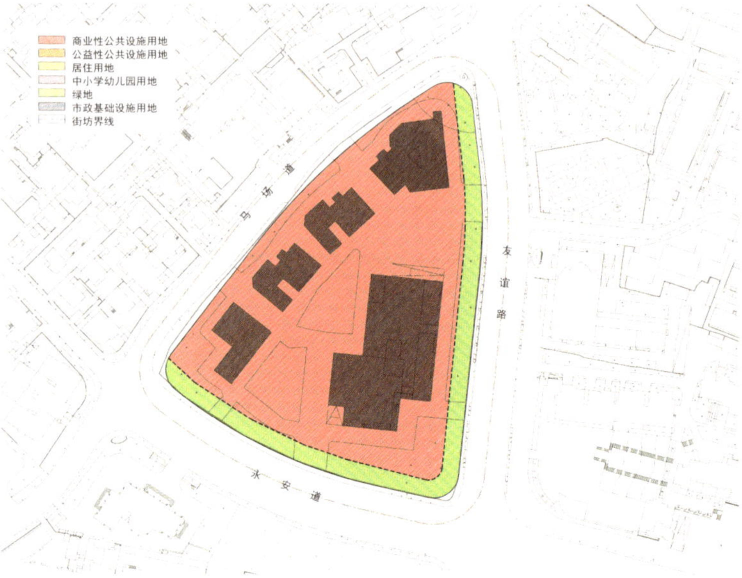

规划用地图

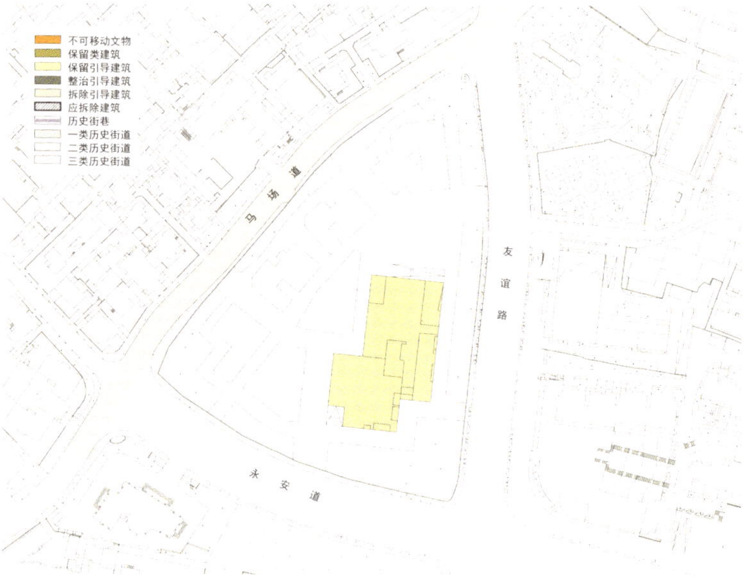

街坊历史文化保护图

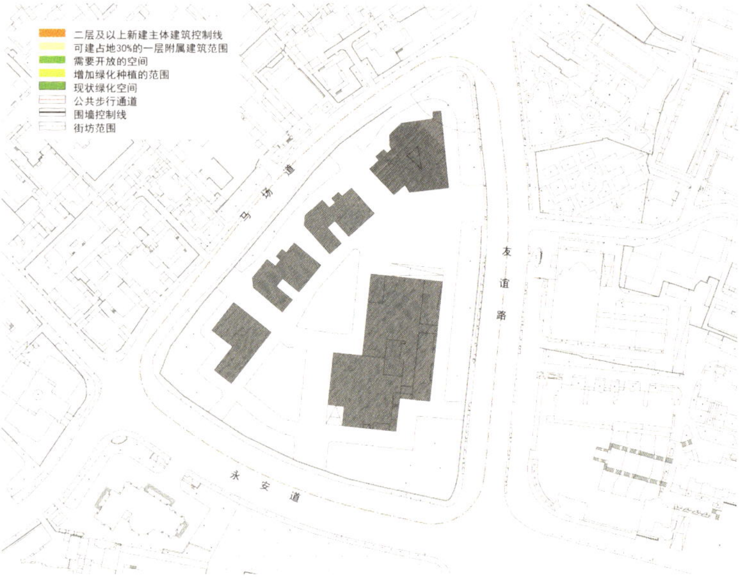

街坊建筑与环境控制引导图

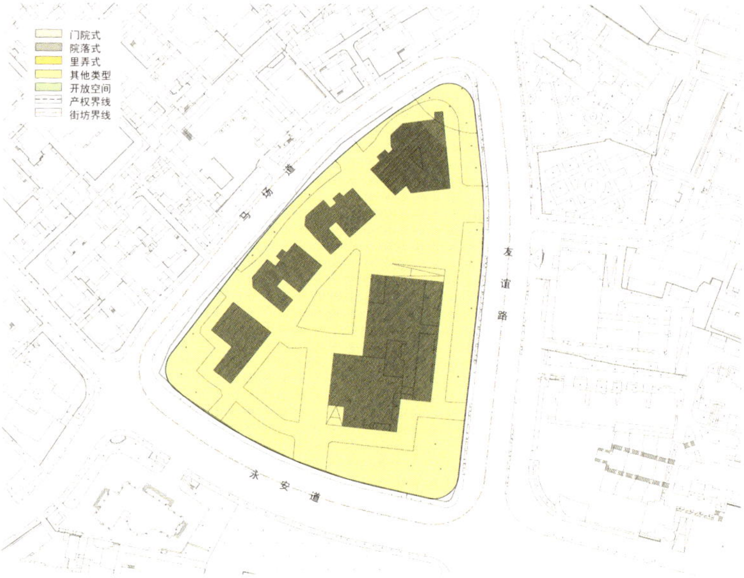

街坊建筑类型分类示意图

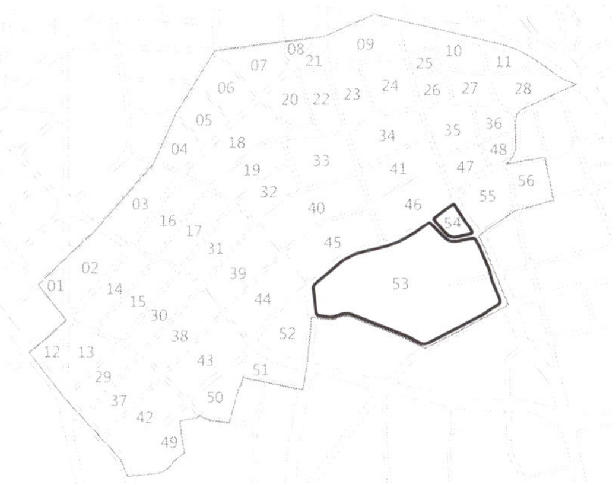

53 街坊

53 街坊位于建设控制地带内，规划为居住用地、公益性公共设施用地与城市绿地。规划确定地块北侧道路为二类历史街道。保护北疆博物院旧址、达文士旧居、刘冠雄旧居等文物建筑，保留历史建筑及与历史风貌相协调的建筑，拆除加建建筑。对街坊内建筑与环境的控制引导，以保留现状建筑为主，新建两栋多层建筑，新增一处需要开放的空间。街坊内的建筑布局类型兼有门院式、院落式、里弄式与其他类型，新建建筑延续既有的布局模式。

54 街坊

54 街坊位于建设控制地带内，规划为商业性公共设施用地与城市绿地。规划确定地块北、西、南三侧道路为二类历史街道。保护原德国武官公寓等文物建筑，保留与历史风貌相协调的建筑。对街坊内建筑与环境的控制引导，以保留现状建筑为主。街坊内的建筑布局类型兼有门院式、院落式与其他类型，新建建筑须延续既有的布局模式。

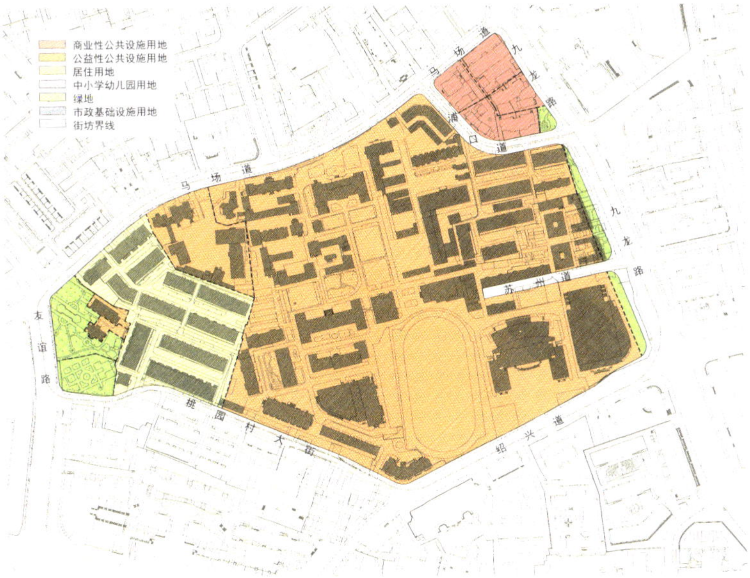

规划用地图

街坊历史文化保护图

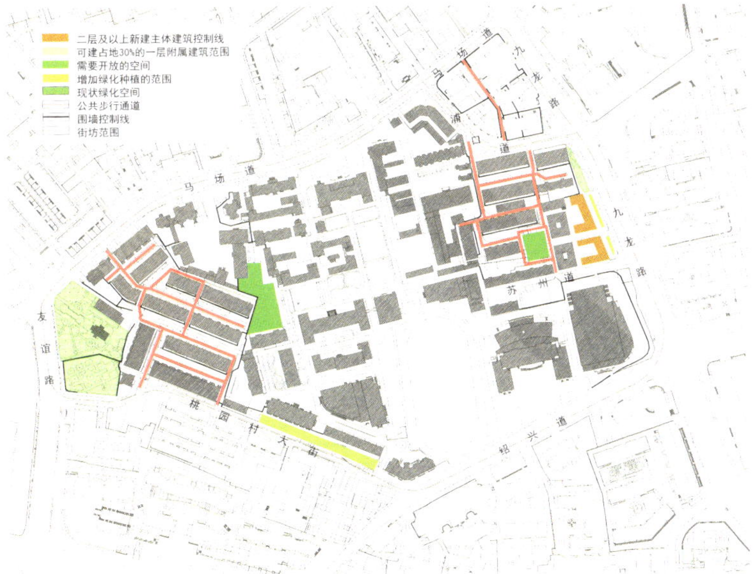

街坊建筑与环境控制引导图

街坊建筑类型分类示意图

53、54 街坊

规划三维模型示意

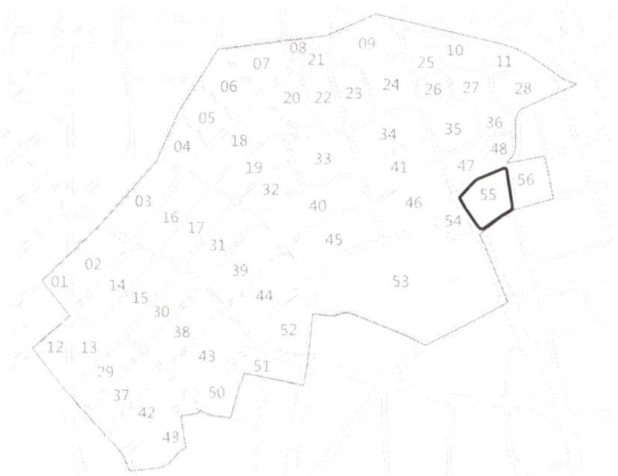

55 街坊

55 街坊位于建设控制地带内，规划为中小学幼儿园用地。规划确定地块北侧道路为二类历史街道。保护圣公学校旧址等文物建筑，保留与历史风貌相协调的建筑。对街坊内建筑与环境的控制引导，以保留现状建筑为主。街坊内的建筑布局类型为其他类型。

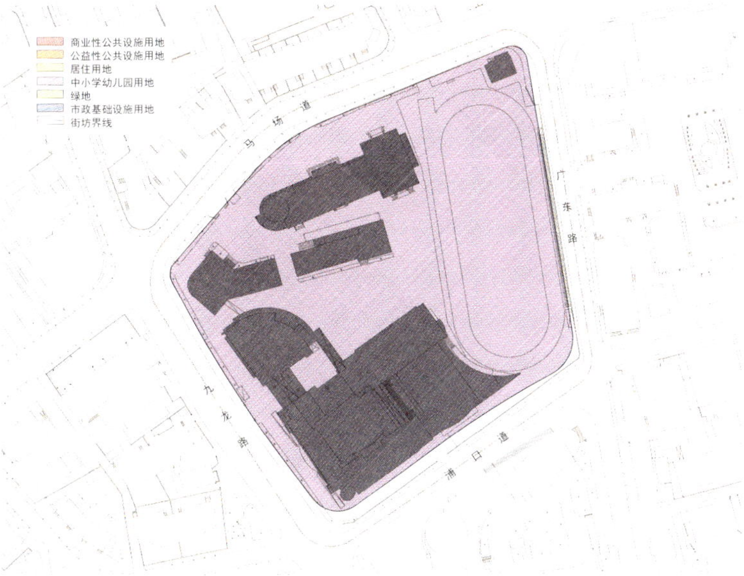

规划用地图

街坊历史文化保护图

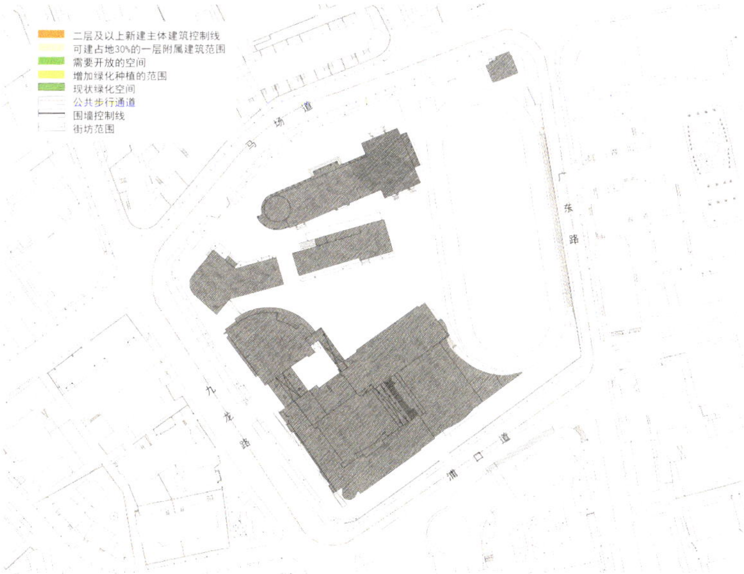

街坊建筑与环境控制引导图

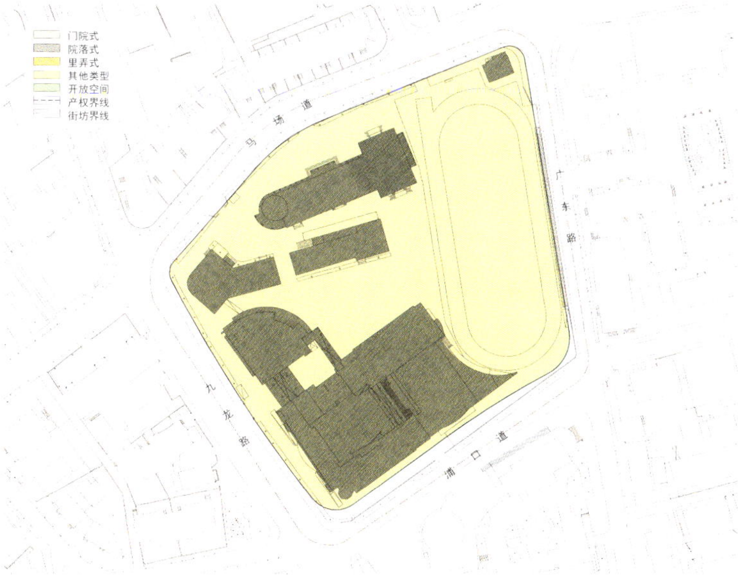

街坊建筑类型分类示意图

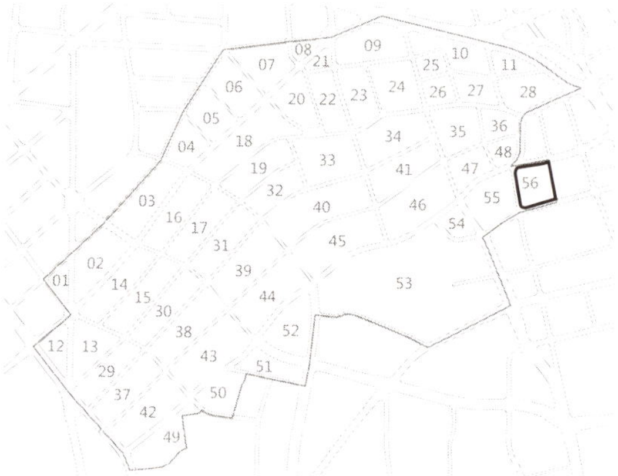

56 街坊

56 街坊位于建设控制地带内，规划为公益性公共设施用地。保护美国兵营旧址等文物建筑，保留历史建筑及与历史风貌相协调的建筑。对街坊内建筑与环境的控制引导，以保留现状建筑为主。街坊内的建筑布局类型为院落式。

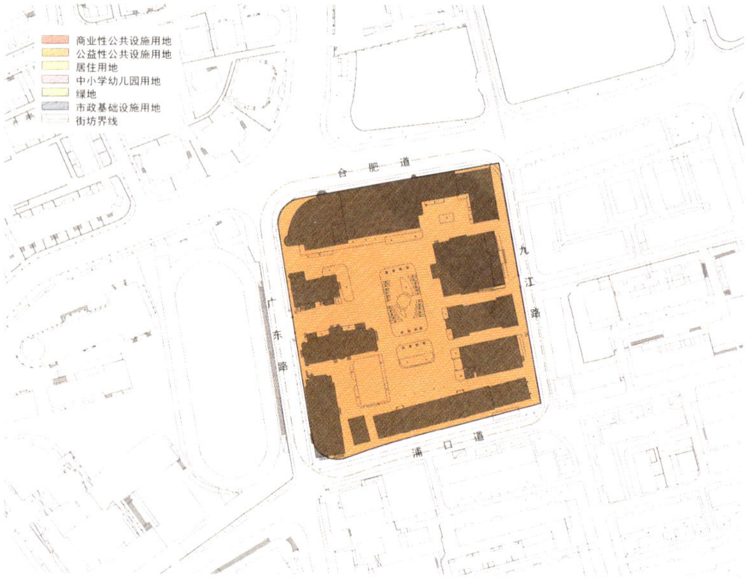

规划用地图

街坊历史文化保护图

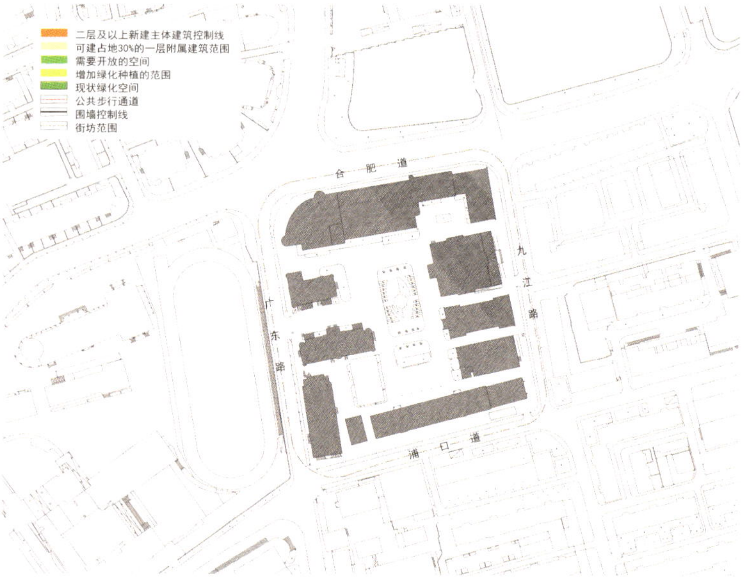

街坊建筑与环境控制引导图

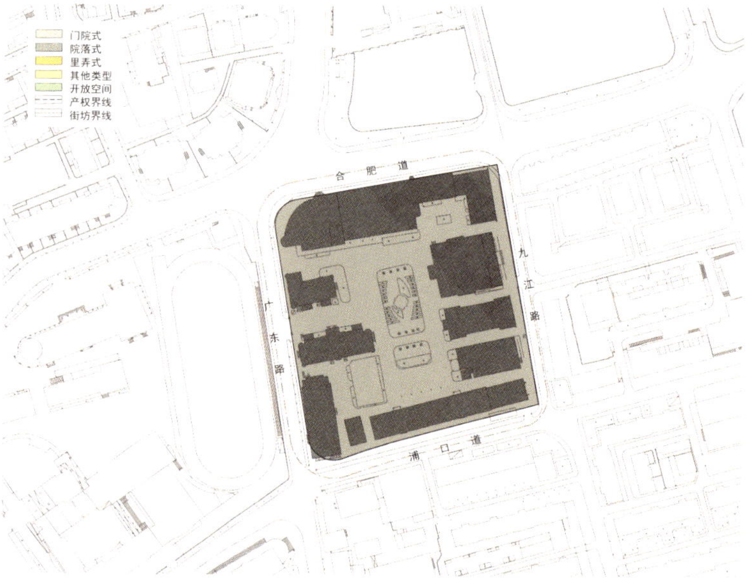

街坊建筑类型分类示意图

周学熙旧居

ZHOU XUE XI' S RESIDENCE

周学熙旧居总平面分三部分：前部临街为庭院，并有花饰围墙，院门南侧有门房和汽车库，北侧有花窖、暖房和附属平房；中间部分为主楼。平面呈梯形。主楼平面：一层为客厅、餐厅、书房和暖房，二层为四间卧室和卫生间，三层有一间起居室，两间卧室和卫生间，并设有小楼梯，可通向屋顶凉亭。院后部为一"L"形二层附属用房，为廊式，首层采用拱券，设有钢筋混凝土楼梯，可通向主楼。后小楼为厨房、仓库、用人室和一个大平台。主楼首层为连列柱券敞廊，二层成为双柱式外廊，窗间墙饰以花草浮雕，檐口下墙面采用水泥砂浆黏河光石，并有回纹饰带。屋顶为四坡瓦顶，显得活泼典雅，外檐采用钢门窗，内檐木装修和设备考究。

建于 1933 年。由沈理源建筑师设计。占地 1400 平方米，建筑面积约 1300 平方米。

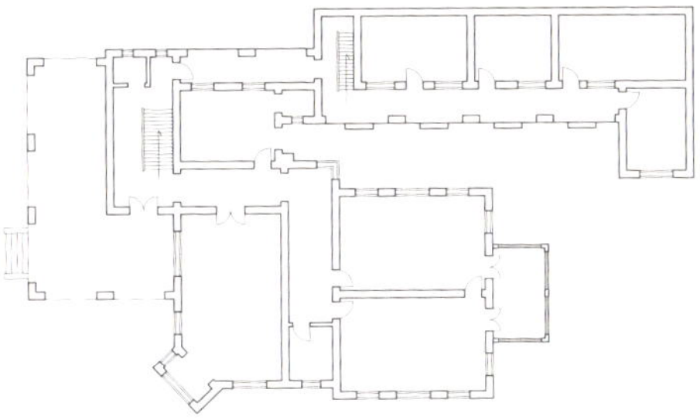

平面图

立面图

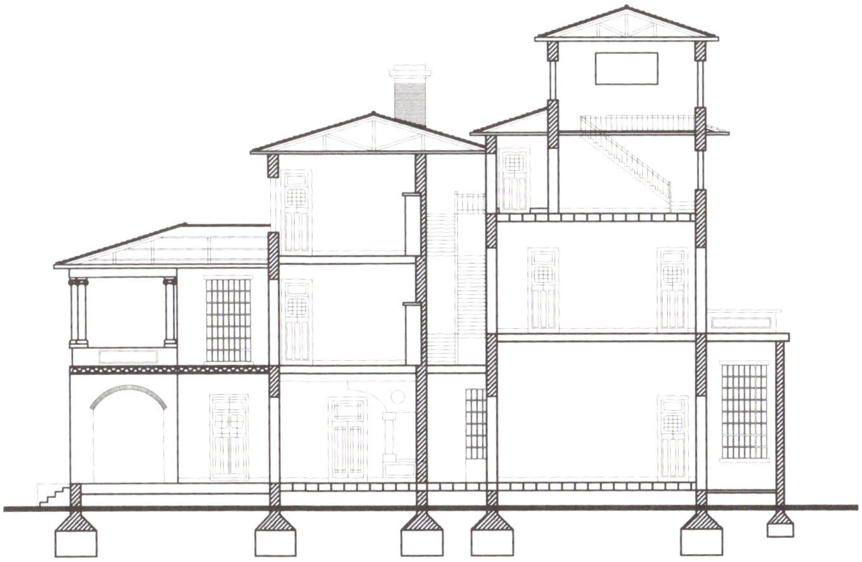

剖面图

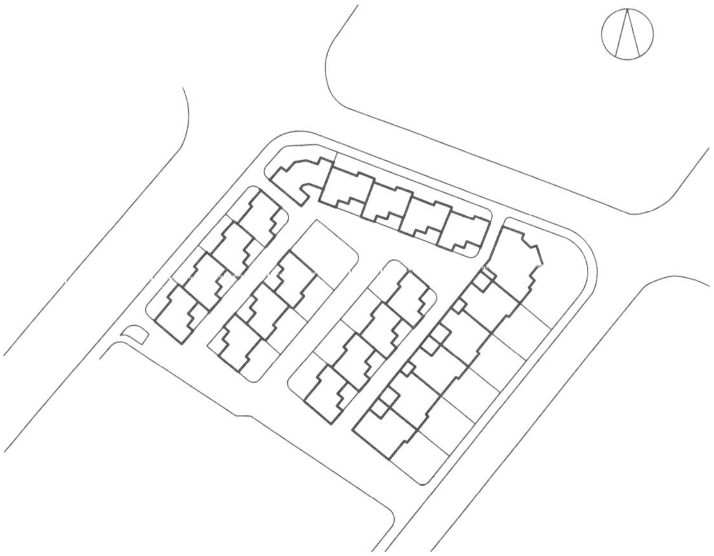

云成里住宅

YUN CHENG LANE HOUSES

云成里住宅位于和平区成都道与云南路交口处。为二层砖木结构住宅楼。沿成都道、云南路、重庆道各布置一排，里弄内两排。平面布局紧凑，充分利用地形。

占地 5450 平方米，建筑面积 3593 平方米。由 23 个单体组成，分甲、乙两种类型。甲型：首层设一间会客室、一间卧室、一间厨房和一间厕所；二层为三间卧室、一间卫生间。乙型：首层设一间会客室、两间卧室及一间厨房、一间厕所；二层为三间卧室、一间卫生间。

沿街建筑立面以清水墙为主，部分水泥罩面，做横线条。其他部分均为清水墙。多坡大筒瓦屋顶。内部装修注重实用，进深较小，辅助面积较大，后部房屋顶子做凉台使用。前后均设有小院，独户使用，实用方便。

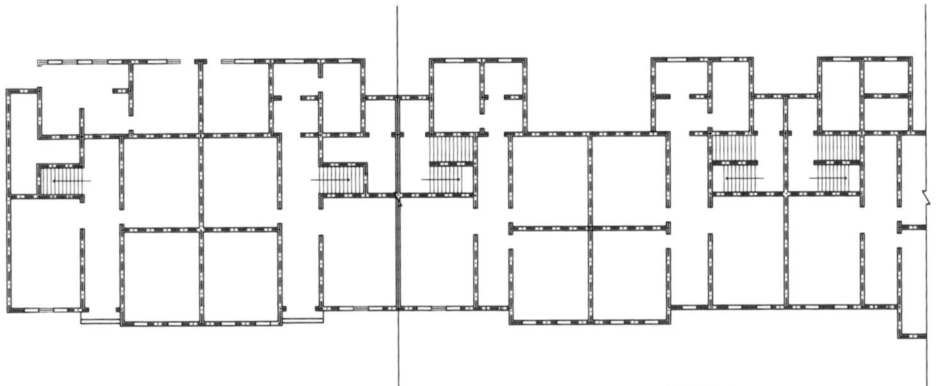

首层平面图　　二层平面图

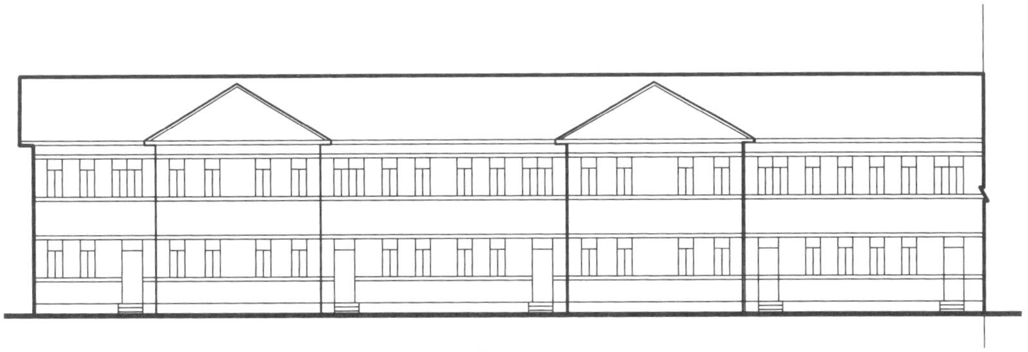

立面图

先农大院

TIENTSIN LAND INVESTMENT COURT

坐落在河北路与洛阳道交口处，建于 1925 年，为砖木结构。占地 4188 平方米，建筑面积 5355 平方米。由先农公司英籍工程师雷德设计。毗连式住宅，多为该公司职员居住，故取名先农大院。

整个大院的楼房采用周边式布置，由甲、乙单元组成，每户设有前、后院，前院种些花草树木，美化环境；后面除各有小后院之外，还有一块集中的绿化场地。从东西街道通入一条"L"形弄道，其尽端设有汽车房。

正立面图

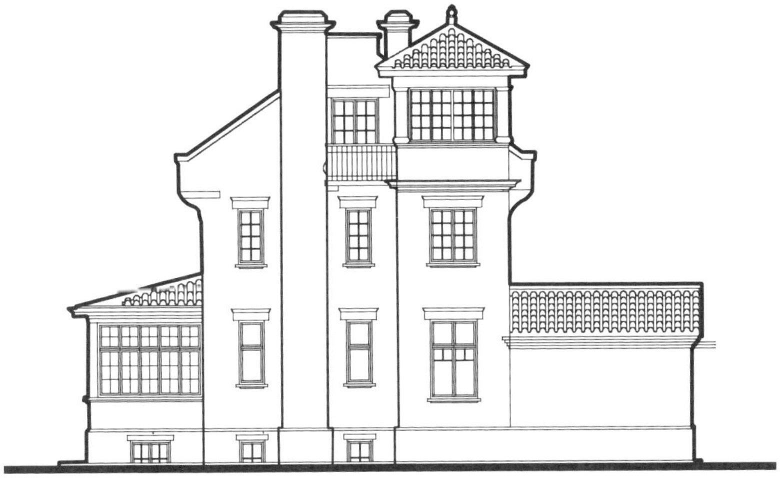

侧立面图

剖面图

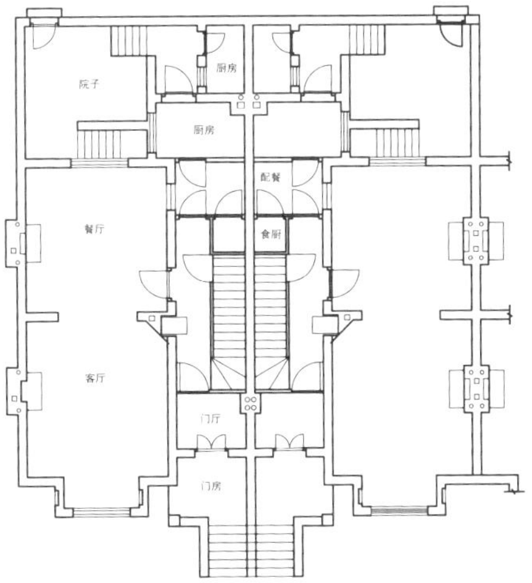

平面图

平面布局：一层设有会议室、饭厅、厨房；二层设有卧室、卫生间、储藏室，卧室间的隔墙以壁橱和门相连，充分利用了空间；地下室为用人住房。楼梯间从一层到二层采用单跑楼梯，两端用两个斜踏步来收尾，可以少占用门厅的面积。楼梯的下部空间用作壁橱。在起居室前面凸出一个小廊子，做大玻璃窗，既可丰富立面造型又可增加住房日照。卫生间与卧室相通。卧室的门窗大小和位置对面通直布置，使室内气流畅通。

临街的外檐墙插入起脊的山花，形成了一定的高差，凸出的立面使建筑造型产生阴影交错的效果，再与院内的花草及路边的树木相呼应，给人以优雅之感。该建筑为横墙承重，筒瓦屋顶。

茂根大楼
COUNTRY FLATS

茂根大楼地处和平区常德道西头南侧，是一幢高级公寓式住宅楼。

中间四层，两翼三层，带半地下室。砖木混合结构，平屋顶。占地1527平方米，总建筑面积约2100平方米。中国工程司阎子亨、陈炎仲设计。建于1936—1937年。由茂根堂投资建造，故称茂根大楼。这幢大楼的原租用户多为外籍人。大楼坐东朝西，南北为长向。底平面可视为大小若干个矩形的组合。平面布局：半地下室前面是汽车房，两端设夜间值班室，后面是锅炉房、存煤间、储藏室。一至四层为高级公寓，每层两套。每套均有带卫生间的卧室二间，工作室一大间，还有厨房、备餐室以及男、女用人居室各一间，并有公厕、卫生间等。楼梯间和水箱室高出于屋顶。结构特点：带形基础；局部是钢筋混凝土独立柱基。主体为砖木混合结构，局部变截面钢筋混凝土柱子承重。一至四层为木龙骨地板。屋顶结构也是木龙骨顶，上面加隔热保温层和油毡防水层。立面琉缸砖清水墙。双层钢玻璃窗。半地下室正面突出，外做混水，水平槽线分格，作为大楼的基座。正立面，大门居中，上面是大面积清水实墙，对称地饰以两条平行线脚。窗有平窗、联角窗、圆形窗等。背立面，阴阳角多，窗户较少，竖向线条突出。整个立面造型对称，设计手法严谨。

立面图

剖面图

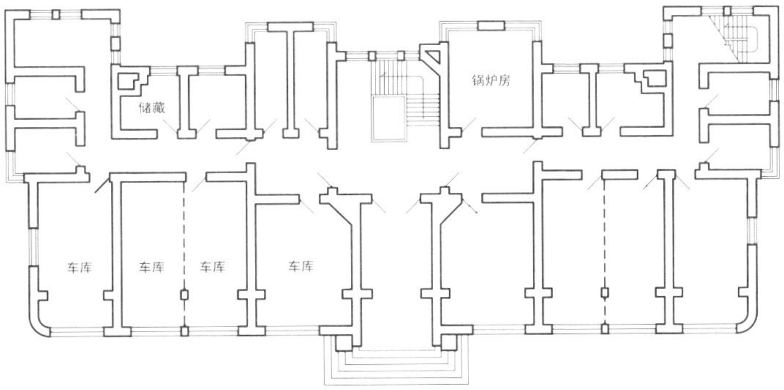

平面图

PAST FUTURES: HORIZONTAL DENSITIES

过去的未来：传递历史的密度

伯克利大学建筑学师生设计作品展示

天津市城区中心五大道是一片占地约200公顷的历史保护地区。天津规划院城市设计所邀请美国加州大学伯克利分校环境设计学院师生参与，就该地区城市设计和建筑单体提出学术观点和贡献经验。天津，和中国众多城市一样正在经历前所未有的高速发展和转变，五大道将向大众证实某些尝试，突破20世纪末以来普遍的大尺度、高楼林立的建设行为，为当代城市成长提供另一种可能。他们致力于寻求方法来理解我们生活的城市在空间维度上的延展，重新思考将建筑物当作竖直容器的思维定式。

2010—2011年，美国加州大学伯克利分校环境设计学院的建筑系师生两度前往天津原英国租界与本地多年从事这里研究和规划工作的同行共同进行深入的探索和实验，并于2011年5月反邀规划院的专业设计师参与最终的课程设计结业答辩会，学习历时近一年。在教师指导和与本地规划专业人员的互动中，通过观察与亲身经历，学生们逐渐理解了住宅发展的社会背景与建筑实践如何互动。他们的研究内容和思维方式也为本地设计师提供了非常重要的参考借鉴价值。

五大道风情旅游区
WUDADAO Outlandish Tourist Area
0.5km
南 西康路 北

城市的演变：道路网络系统

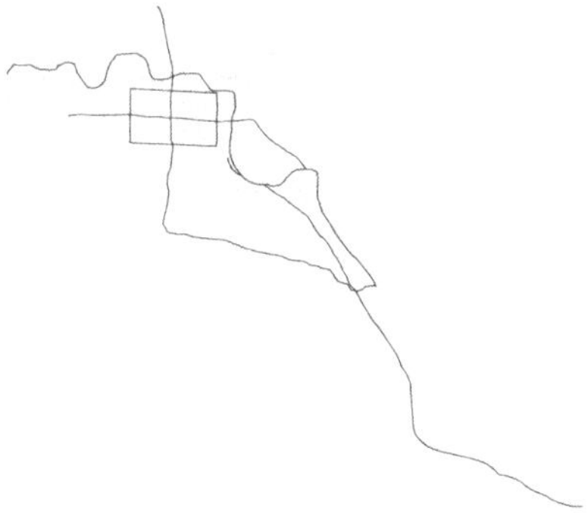

古典老城厢

中规中矩的四方城、几乎正南北的轴线、被城墙与城门围合起来的形制正符合典型的中国古城营造法。其中南北轴线标志着行政权力的核心与座次，东西轴线是一条繁华的市场大街，延伸指向海河。

殖民港口城市

19世纪中期天津开埠。从1860年到新中国成立前夕，共有9个国家在天津开设租界区，每个区独立铺设道路和设计建筑格局，租界区与区之间很少有连续可穿通的街道。每个租界区的道路格局都和海河水道有一定关系，这也成为交通路网朝向的模式。

现代城市

现代城市的兴起依赖于中国城市统一的建城法则，连通的主路不仅整合交通，也划分出新的城市片块。虽然连通性是这些地区交通的关键，不过海河蜿蜒曲折的形态使得天津城若想继续传承老城厢横平竖直的规矩秩序会变得格外困难，与城市的大范围连通只能依靠有限的外围路。

交通网络化城市

近十年间地铁系统和主干道的建设彻底改变了城市大景观格局。老城之外层层环线包围着城市。城区内部，道路大都为适应机动车的发展而重新拓宽。在如今城市交通快速发展的过程中，很多新的道路将城市原来断开的地区连接起来。

城市研究区位：五大道

想象一下在一个面积约 200 公顷的地区做历史街区的复兴计划，这种尺度和命题对大多数美国学生而言是新鲜的挑战，虽然我们这些年早就对此见怪不怪。

五大道是城市中心内部曾经的英国租界，因区内的五条平行并延伸通向海河的马路得名。在过去，与水产生联系对租界区来说是一个很多人都会认同的强烈概念，只不过每个国家在自己的租界范围内做这样的事，当时并未促成城市向公众开放的连续的道路网络连通海河边的各个道路及租界以外的地区。为了适应小汽车的普及使用，五大道周边的主干道不断拓宽，这种现象也构成了城市未来发展的愿景。五大道于是与海河的关系进一步弱化了，和城市其他地区的交通也不太方便。

总之，五大道像是城市的一座孤岛，人们很难找到它，身在其中，导向、识途也很困难。因此通过在城市尺度上研究步行和车行系统，进而找出可以在现状基础上增强与城市的连通就显得特别重要。

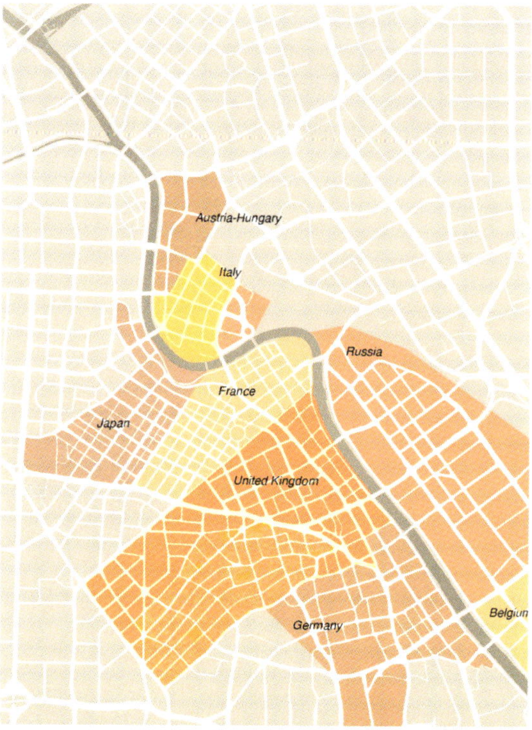

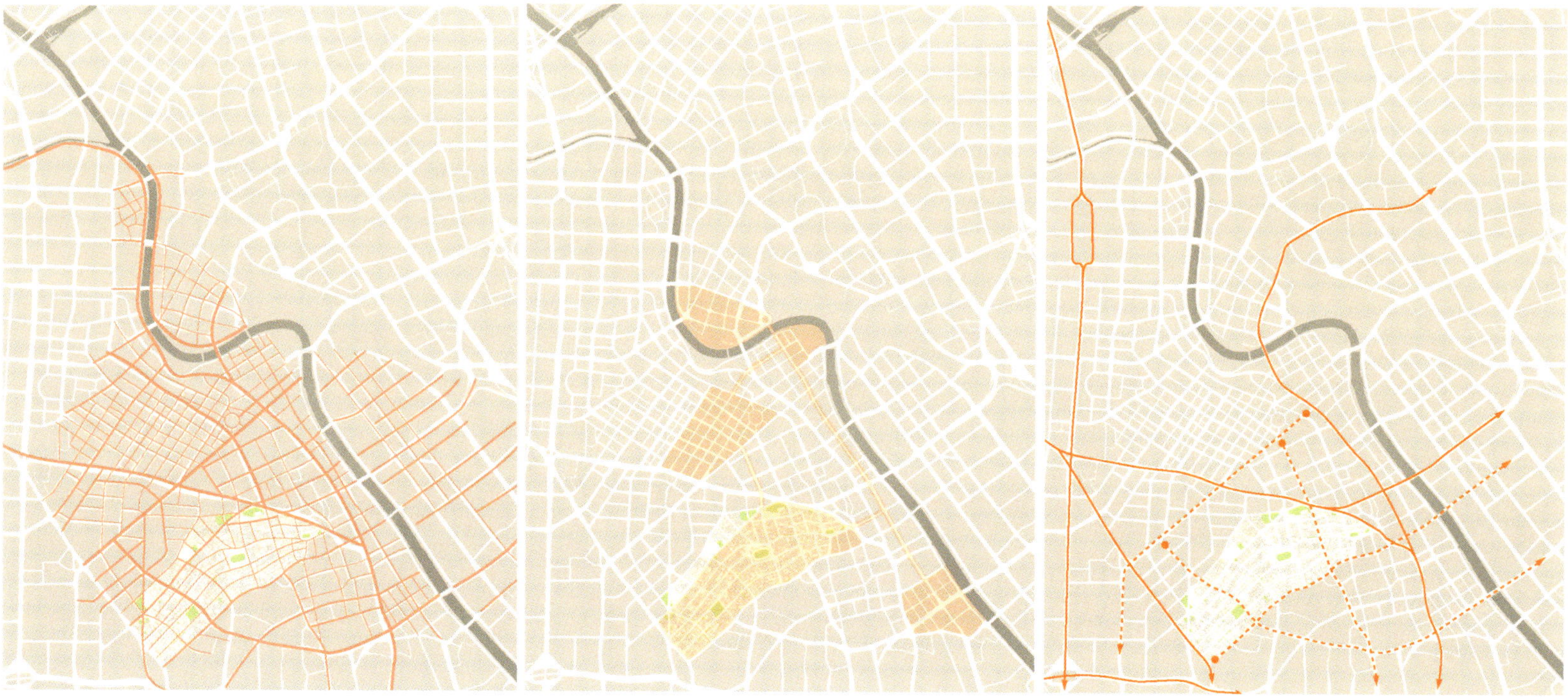

城市研究区位：五大道

天津本地已经在 20 世纪 90 年代完善了对文物及风貌保护建筑体系的制定，在这个体系下，小洋楼建筑被当作独特的资源被赋予特殊的意义。在城市快速发展的进程中，由于这些严格的具有法定效力的控制，在城市核心区为天津保留下一大批建设水平高超、有珍贵历史价值的建筑群体。我们的建筑课程着眼于在这样一个尊重历史和尺度的背景中，穿梭于空间和时间的过渡地带，并引导学生在不同的空间维度上研究不同问题。

五大道这样的历史街区是不可能单纯依靠保护而得以复兴的，因为在经济急速发展的中国社会背景中，保护意味着增加政府投资，曾经的文化标志维持不变，对变化的社会需求不作为、不理会。我们应该采取更加积极的态度，从转型的角度看待它，五大道必然经受小心而反复的试探、更替和重要节点的强调激活整个地区活力与文化内涵。这其中有时做对了，比如开了一家生意很好的咖啡馆，为寂静的夜晚增添一点人气，也有可能不是一下子就能成功——画廊开了一年却生意冷清，没有引起足够的关注而被迫改做其他生意。这样的事在市场大潮中哪里都会出现，而规划师和建筑师在这中间能做的是塑造适合的环境、场景和建筑形态，为潜在的机遇提供舞台。

设计的重点并非通常西方团队为中国城市带来的迪斯尼乐园式的植入主题或梦幻观感，建筑教学的重点是让学生们探索设计的可能性，在原先被忽略掉的街区形态与社会变迁对应的传承脉络中寻找答案。

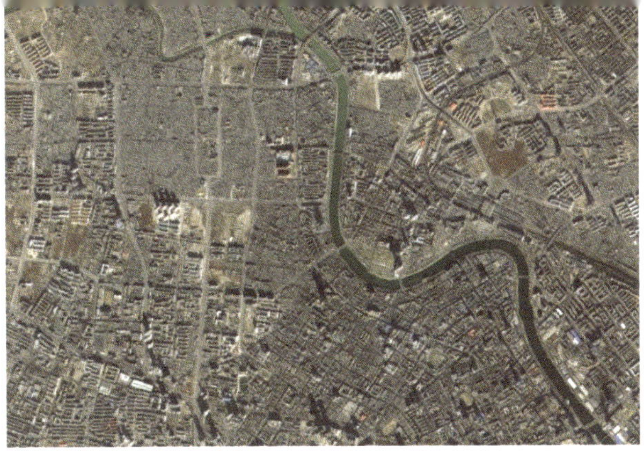

2000年

2004年

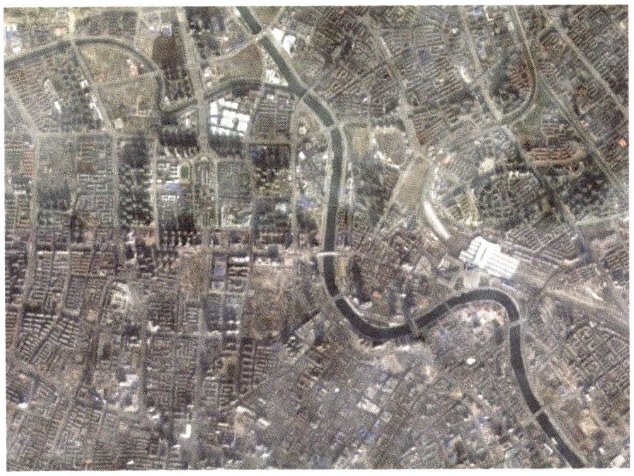

2007年

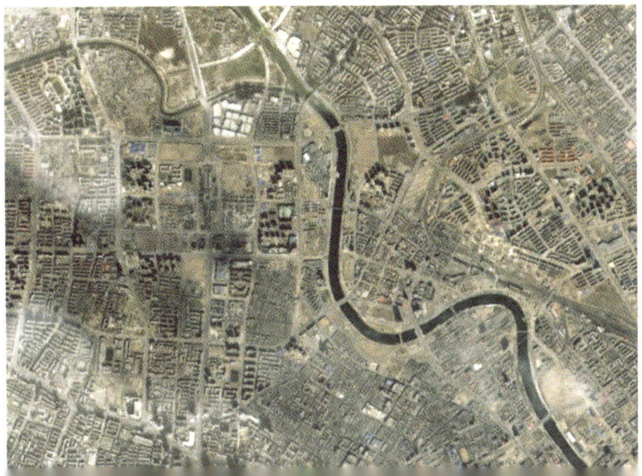

2010年

从谷歌地图上看天津老城厢的变迁

HORIZONTAL

DENSITIES

中国近二十年来，以项目引导的城市建设促成了私有观念盛行的城市化景观：从原先建筑底层和街面形成的相互依偎、可共享的体验衰变为建筑与环境彼此隔离的面貌。为了满足不断增长的密度要求，城市向高空发展，颠覆了人们习以为常的尺度关系。与此同时，标准化的建设规范和城市设计导则，促成了高楼林立的模式化环境。

从现状地图上可以看出，在天津五大道的周边已经形成与风貌保护核心区截然不同的图底关系，充斥着城市发展常见的公共及私人大型项目。五大道是代表传统城市尺度和风貌的大型历史街区，几十年来人们对历史风貌保护区的规划措施及保护内容已经基本达成共识，无可争议。因此，在本次课程设计中，我们选择在历史街区建设控制地带即历史街区紧靠保护核心区的若干连续的地块，探索一种新的建构城市框架的方法，向大众证实某些突破性的工作方法是有意义的，它为当代城市成长提供另一种可能。

这种方法并不一定值得即刻推广到管理层面，但是它在历史风貌保护区的边缘地带，尝试一种会面对争议和挑战、人们并不熟悉的思维方式，这种新的城市框架关注我们生活的城市在水平方向延展的空间维度，反思将建筑物当作竖直容器的思维定式。

经历了反复重申、证实和必要的妥协，终于达成一致，在若干方面做出完整的导则，便于独立的建筑师在设计每个单独的地块时服从它的构造要求。

公共墙与界面

五大道具有很多与墙有关的建筑语汇，现状里弄式的联排住宅就将这种感觉通过临街的缝隙延续到过渡带内部。墙的位置是由产权地界和现状相邻建筑关系确定的，设计中的公共墙有长有短，具体的尺寸由它的相邻地块负责建筑师判断，他可以决定这里是隔断产权之间的界墙抑或是连接彼此的软边。

水公园带

城市框架中一个重要的目标是在城市的多个层面高度上实现雨水管理。因此基地上的市政基础设施要能做到在标高相差 6 米的南北跨度上收集并引导雨水。图中蓝色区域是地面上水能够流通的新平面。成都道将来是消防车和收集垃圾等服务车辆停靠路，路面较高，并且沿街要能够容纳并迎接过渡带访客地面的各种活动，因此这条雨水管理带也是可以直观地看到水元素的公共活动带。这样延长水在场地上停留的时间，也为建筑屋顶、其他外表面和植被吸收干净的雨水提供可能。

控制建筑阴影和通风

目前居住区建设中为了满足日照间距的要求，绿地和开放空间都是间隔设置的。建筑之间的控制距离是由前面的建筑高度决定的。通风的原理类似，要想阻挡冬季寒风又能使夏季东南风流通，就要在南北向预留出没有建筑阻挡的区域，图中绿色部分就是导则中达成的无建筑物空地。如果建筑底下两层不是住宅，那么按照导则的规定每个建筑师只要保证建筑北边的住户大寒日两小时日照到达第三层地面也就是 6 米高就可以了。

导则结语：以上层次的导则是建筑师和城市设计师、规划师集体创作的结果。作为一项试验，可以想象当一个大型项目在设计之初如果有类似的约定达成共识，这和以往由规划导则“控制”建筑师创作的效果不可同日而语。

各层次的系统叠加形成综合的城市框架

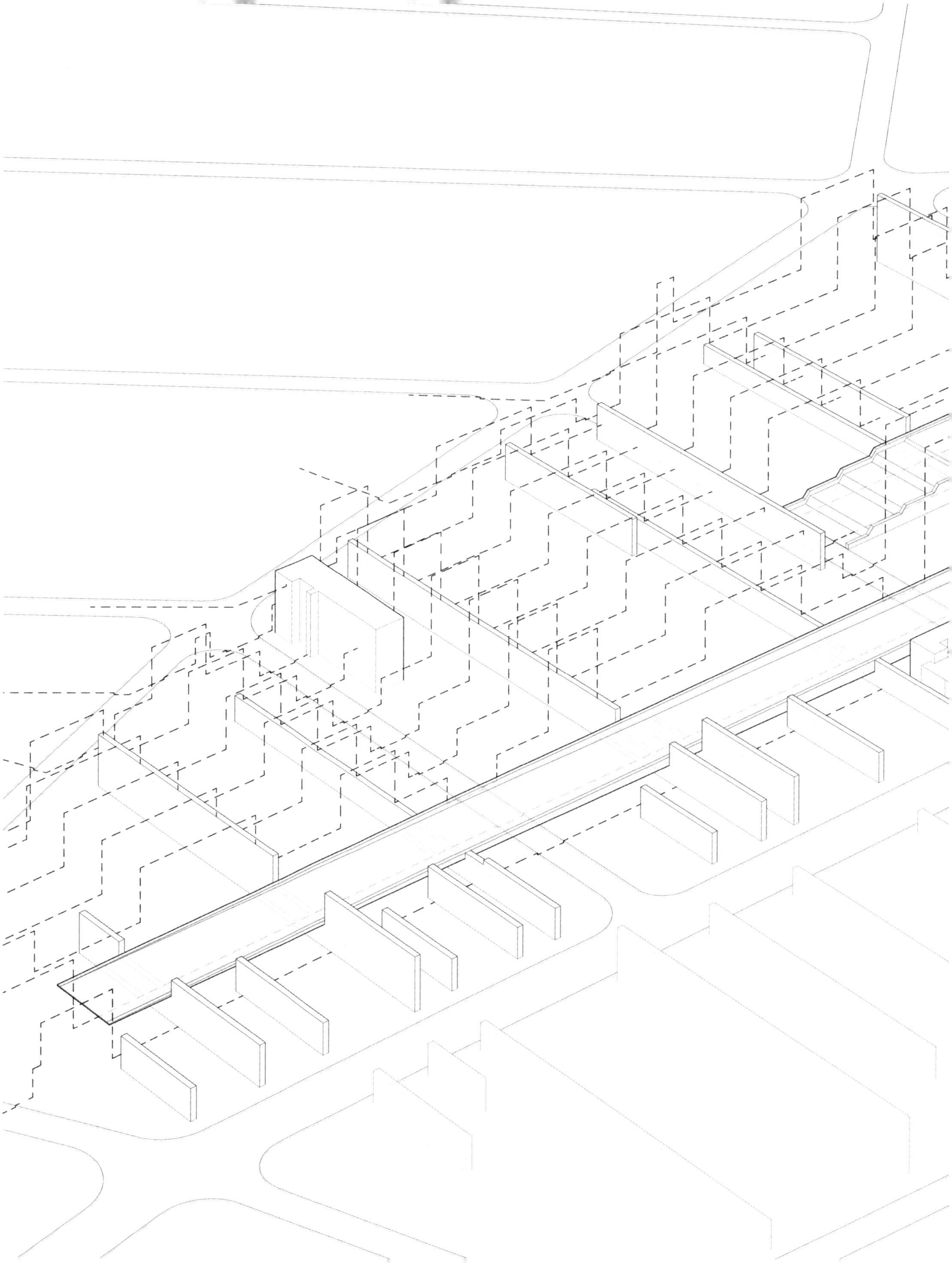

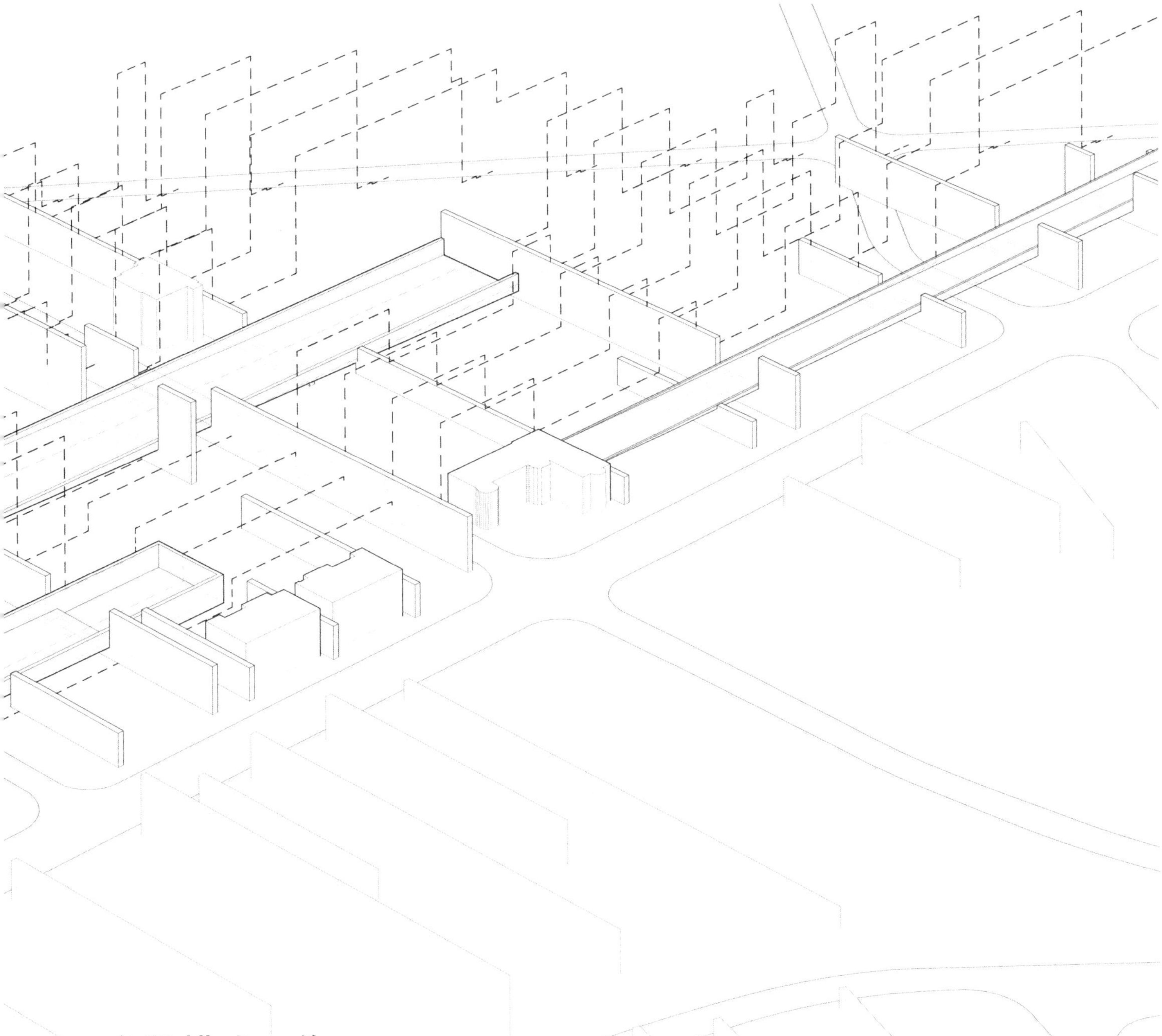

参数模式工作

WORKING PARAMETERS

经过了一系列工作方法的探讨与测试，在此引入我们在课堂上的叙述，参数模式工作寻求的是发展出一种设计师可以引导和控制的方法，将基地上与形态相关并相互影响的因素一并考虑，而不是将彼此孤立起来。同时这种方法有意识地强化了建筑师之间的协调，而不是像传统那样单纯由规划师为建筑设计作统一的规定，造成地块关系上的隔离和特定用地的浪费。在这次建筑课程设计上，学生们反复讨论和分组辩论之后，共同约定了 6 项组合要素：墙体、水、日照、风、尺度适应性和容积率 / 开放率。

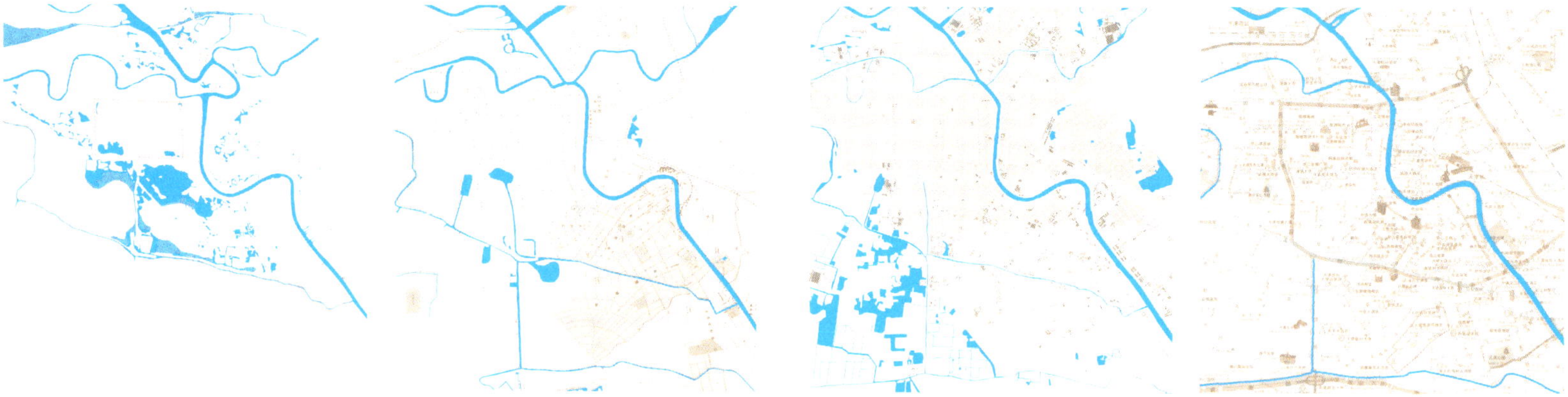

天津城市发展市内水网和地表水总量的变化标示着很多大城市潜在的生态安全困境，在基地上特别考虑水作为城市公共环境特色和舒缓微环境作用的因素。

打破景观在建筑设计完工后才考虑的惯例，预先设定位置的公共水庭院与建筑“长”在一起。

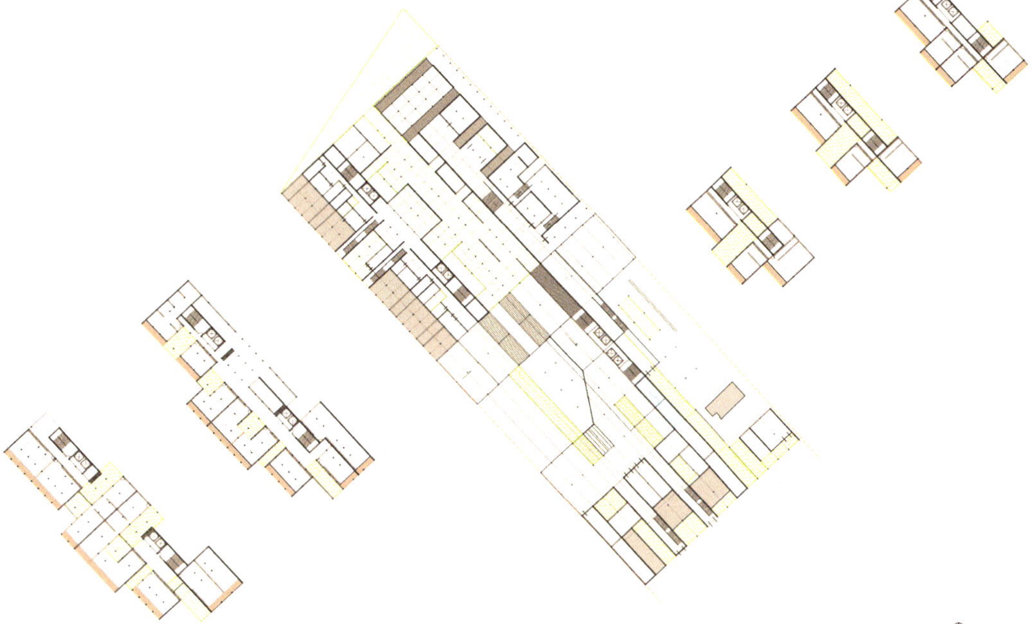

"可建"与"空白"地带的控制不仅确保每个重要的房间获得充足日照，同时也揭示了建筑功能较为合理的布局。

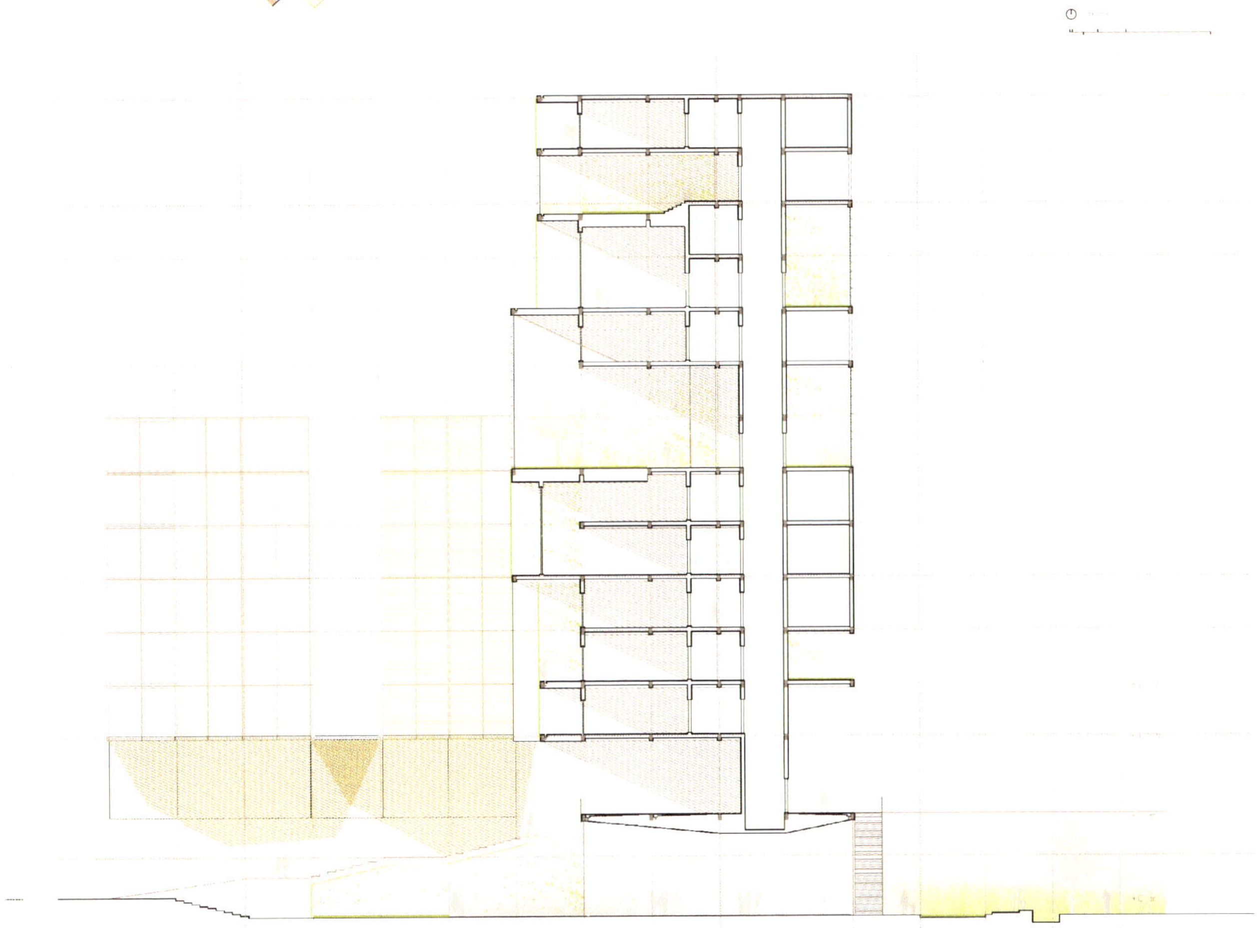

61

切片展示公共“墙”，在地块之间形成有活动发生的具有意义的通道。

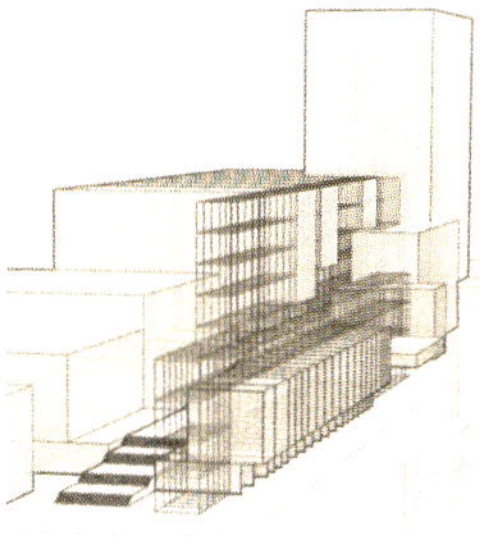

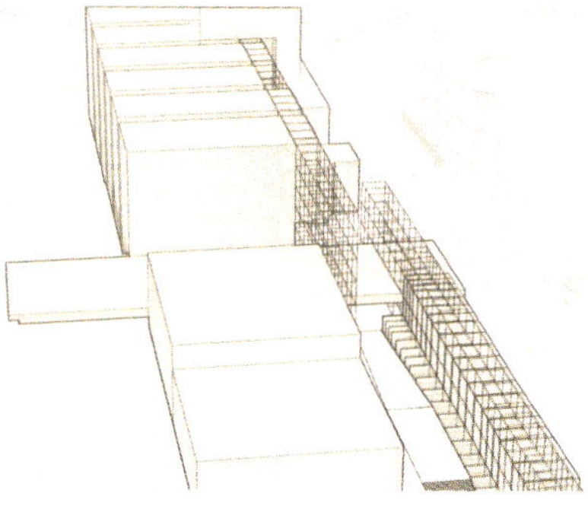

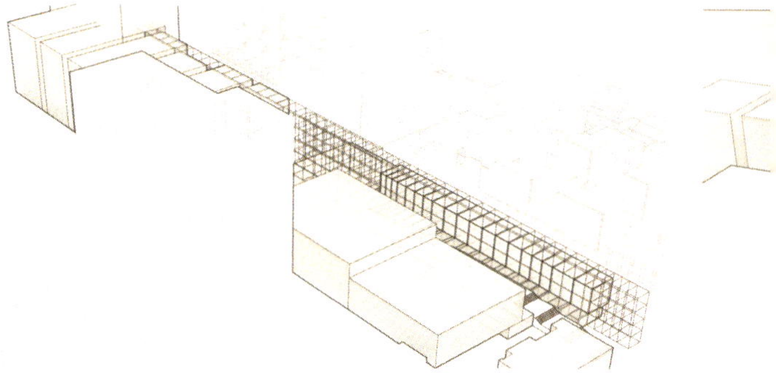

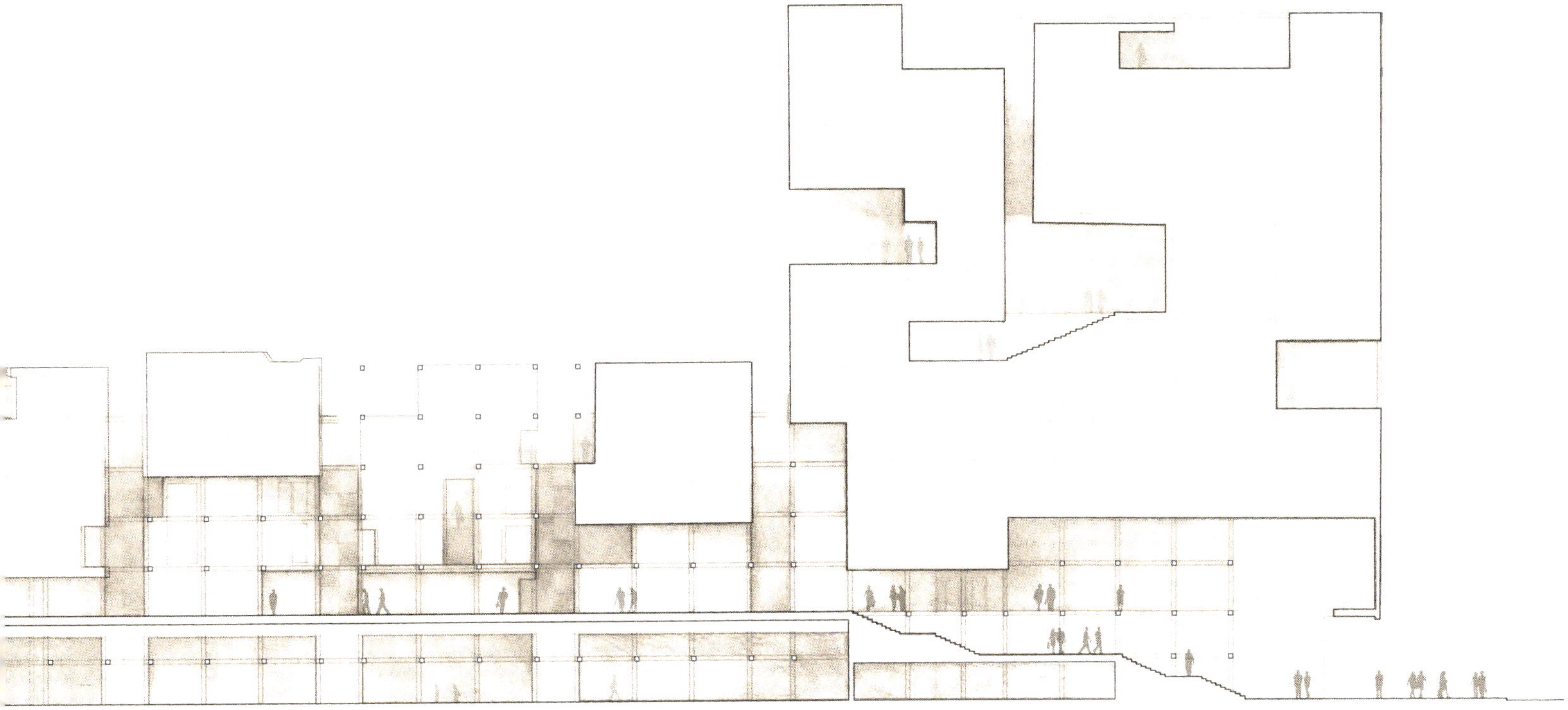

FAMOUS
SICHUAN

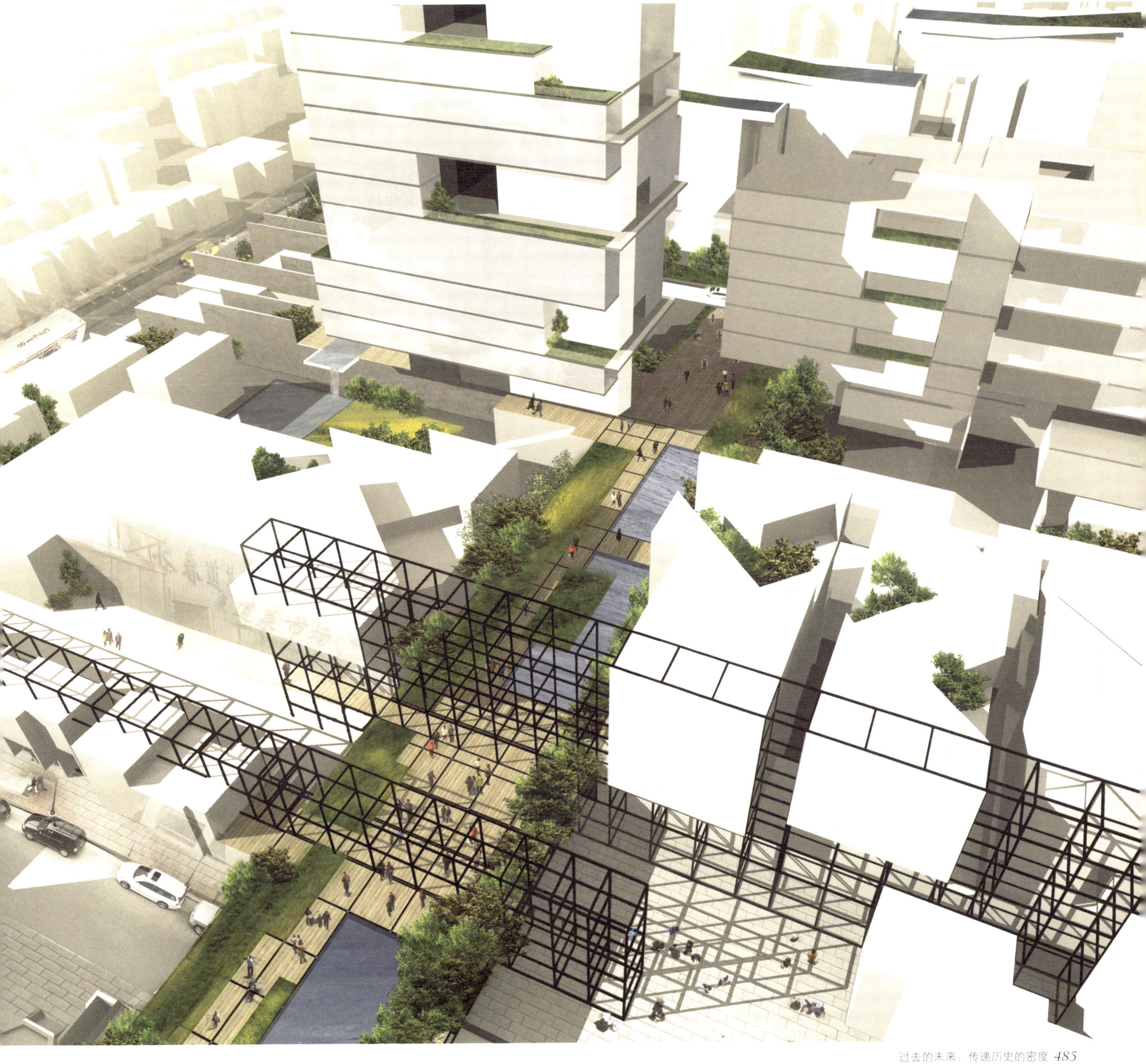

Water Movement Treatment Recharge

经过建筑师间的协调，在适合的场地，“预留”室外水院收集并净化雨水、组织公共活动。

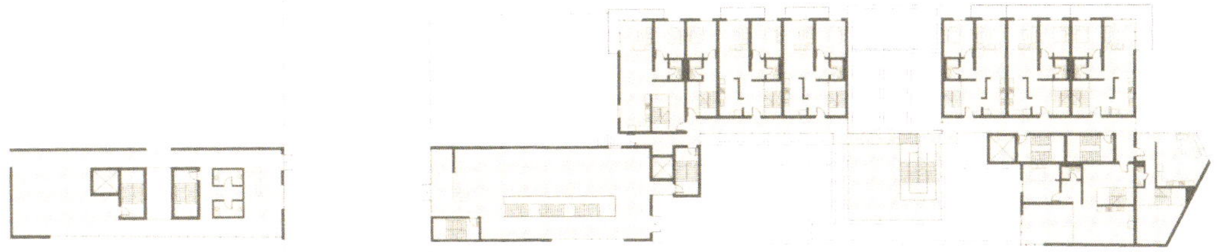

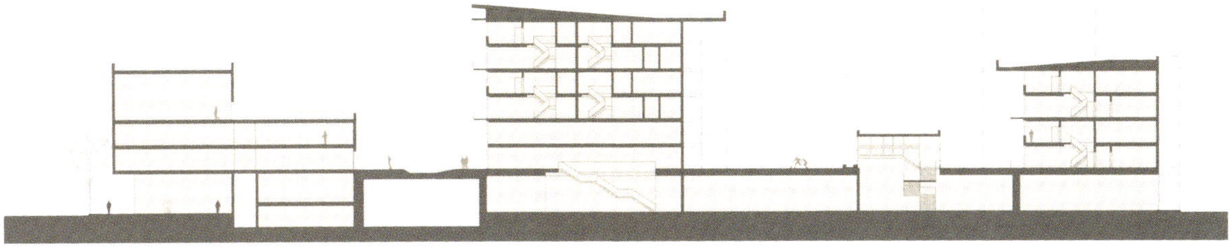

建筑之间的联系包括视线、连廊和墙体。未能接受日照的部分安置公共服务所需的空间。

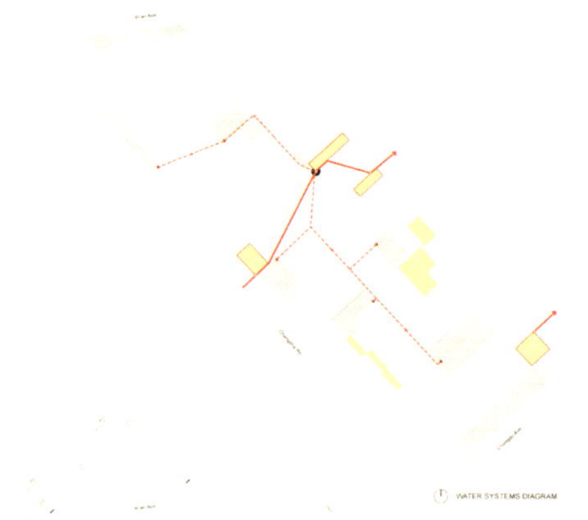
WATER SYSTEMS DIAGRAM

NEW GROUND PLAN +6m

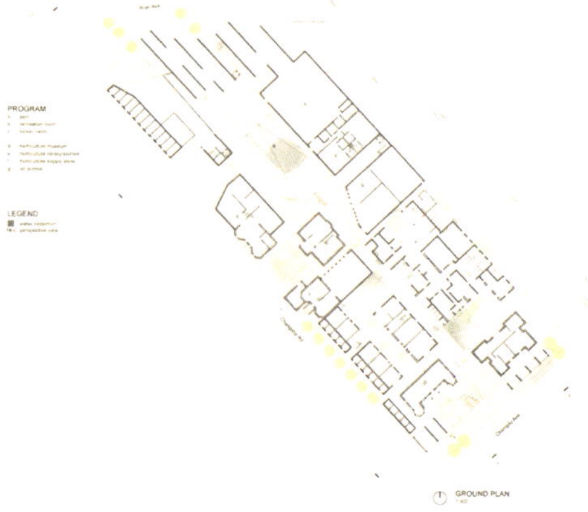
PROGRAM
LEGEND
GROUND PLAN

T5

T1

T4

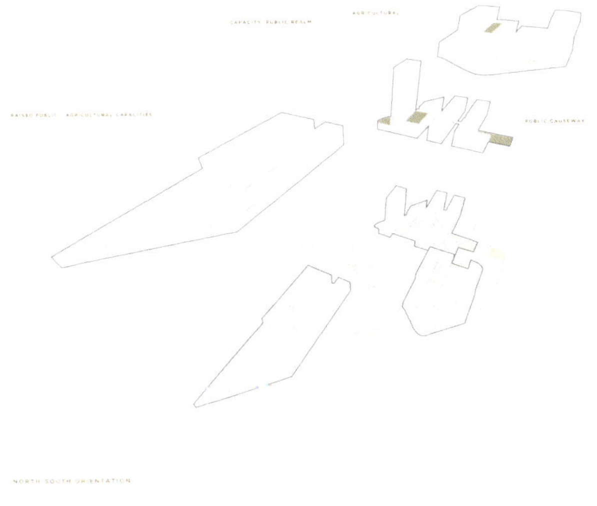

南北方向的尺度适应性，协调若干建筑功能之间的联系。

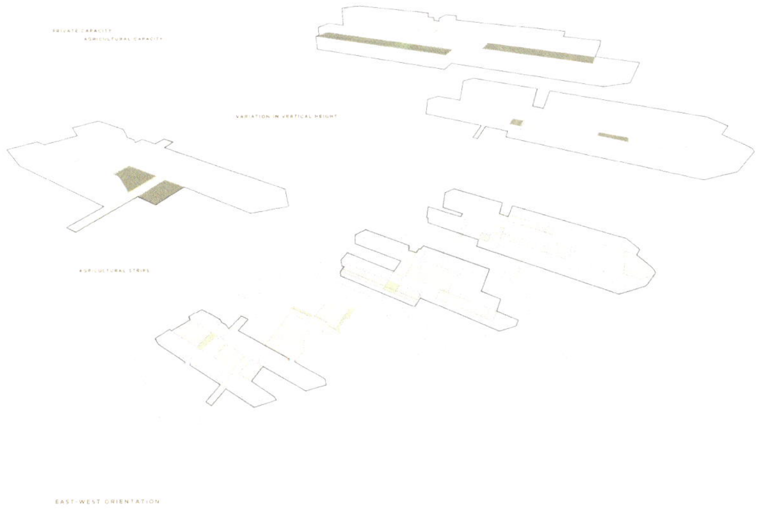

东西方向的尺度适应性，增加建筑之间空间的趣味和多样性。

里巷和院落供孩子和成人嬉戏、交谈

PANORAMA WUDADAO

全景五大道

辉煌晨光
五大道鸟瞰（陈月峰摄）

旧世传奇

庆王府山益里片区（尔惟摄）

花园城市

云南路地区（尔惟摄）

都市印章

鸿德里地区（尔惟摄）

绿色街区

长沙路地区（尔惟摄）